KB274779

과정과 실재 — 유기체적 세계관의 구상

Process and Reality
An Essay in Cosmology

과정과 실재 — 유기체적 세계관의 구상

A. N. 화이트헤드

오영환 옮김

민음사

개정판을 내며

케임브리지, 런던, 그리고 하버드로 이어지는 화이트헤드의 3기에 걸친 학구적 생애는 각기 독립된, 별개의 연구였다기보다는 일관된 지적 관심의 지속적인 전개 과정으로 보아야 할 것이다. 특히 후기 형이상학은 초기 논리학과 중기 과학철학의 연구 성과를 심화·발전시킨 결실이라고 할 수 있다. 여기에 번역된 『과정과 실재』는 그의 후기 저서 중에서도 주저로 꼽히는 대표작일 뿐만 아니라 저자 자신도 〈가장 쓰고 싶었던 저작〉이라고 고백한 바 있는, 화이트헤드의 학문적 생애의 집대성이라고 볼 수 있다. 『과정과 실재』는 그보다 4년 전에 썼던 『과학과 근대세계』(1925)에서 예고된 〈유기체 철학〉의 체계화이며, 유럽 근대 과학의 고유한 기계론적 자연관의 극복을 과제로 삼았으며, 나아가서는 근대의 인간 중심주의의 틀을 벗어나 환경 세계와 인간 사이의 조화와 질서를 주제로 하는 새로운 우주론을 시도한 것이었다.

화이트헤드 철학이 현대 사상에 미친 영향은 먼저 종교 사상적 측면에서 현저하게 나타났다. 그의 종교 철학적 고찰은 〈프로세스 신학〉이라는 신학 사상으로 계승·전개되고 있다. 한편 그의 〈유기체 철학〉은 종종 인도나 중국의 동양 철학 사상과 일맥상통하는 이론적 친근성이 있는 것으로 지적되고 비교 연구되기도 한다.

그러나 화이트헤드는 우리의 구체적 경험에 대한 분석과 세계 전체에 대한 이해를 도모하는 데 힘썼고, 그 결과로 도달한 형이상학 체계도 동시대의 과학적 성과를 섭취하면서 구축된 것이다. 신(神)이라는 개념도 그와 같은 구상으로부터 필연적으로 요청된 것이었다. 그렇기 때문에 화이트헤드 사상의 가능성에 대해서는 비단 종교적·신학적 측면뿐만 아니라 그 기본 관점과 구상 전체를 놓고 검토해야 할 것이다. 화이트헤드의 〈과정(process)〉 개념은 반드시 일의적으로만 사용되는 것이 아니고 여러 현상을 설명하는 데 각기 걸맞은 형태로 사용되고 있다. 그러나 우리는 그 기본적인 사고법의 패턴이 아리스토텔레스적 존재론의 전통이 가지고 있는 실체적 사고나 근대 과학적 사고의 기본인 관계적 사고에도 속하지 않는, 공간적·물리적 관계와 진화적인 시간 경과의 통일적인 사고법을 지향하고 있는 것으로 해석한다. 그러나 이러한 사고 양식을 명확히 하고, 더욱 보편적인 방법론이 되게 하기 위해서는 아직도 분명히 밝혀야 할 문제점이 적지 않을 것으로 보인다. 또 한편에서는 현대 프랑스의 포스트모더니즘 철학의 기수로 불리는 질 들뢰즈 같은 이는 화이트헤드를 가리켜 〈영미권의 마지막 위대한 철학자〉로 평가하면서 검토하고 있는 논의 등에도 주목해 볼 필요가 있을 것이다.

한국어 판 『과정과 실재』가 출간된 지 어느덧 10여 년이 지나면서 그동안 10쇄의 증판을 거듭해 왔다. 이 책의 전문성과 난해성에 비추어 볼 때, 이처럼 많은 독자들의 지속적인 관심을 끌어왔다는 것은 옮긴이로서 반갑고 또 한편으로는 놀라울 따름이다. 이에는 아마도 한국 화이트헤드학회 회원들의 학문적 열기가 크게 도왔을 것으로 믿는다.

이번에 민음사의 고마운 성원에 힘입어 개정판을 내면서, 거듭 오식을 바로잡았고 본문과 각주에서 약간의 자구를 수정하고 첨삭했으며, 10년 전의 구형 활자판을 신형으로 교체하면서 80여 쪽이 더 늘어나게 되었다. 그리고 70여 쪽에 달하는 세밀하고도 전문적인 찾아보기를 본문과 일일이 대조하면서 재조정하는 작업에도 예상 밖으로 상당한 시일이 소모되었다. 이러한 개정 작업을 마무리하는 데 1년 넘게 소요되었고 이러한 교정 작업을 치밀히 감당해 주고 수고해 준 연세대학교 철학과 김규선 박사, 박상태 박사, 전원섭 씨, 이혁주 씨에게 깊은 사의를 표하고 싶다. 그리고 개정 작업을 위해 수고해 준 민음사 편집부 여러분에게도 깊은 감사를 전하고 싶다.

2003년 가을 경실서옥(景實書屋)에서 오영환

옮긴이 서문

화이트헤드를 일컬어 〈20세기의 데카르트〉라고 한다. 그는 수학, 논리학, 과학철학, 형이상학, 종교철학 등 여러 분야에서 걸출한 업적을 남겼다. 분명히 20세기의 철학을 대표하는 한 사람이다. 하지만 그의 철학은 너무나 광범위하고 난해하다는 인상이 짙어서, 『수학 원리 *Principia Mathematica*』(러셀 B. Russell과의 공저)와 함께 자주 그 이름이 거론되기는 하지만 실제로 그의 철학에 친근감을 가지고 접근할 수 있는 계기를 얻기가 어려운 실정이다. 그러나 그렇다고 해서 우리의 현실은 마냥 화이트헤드를 경원시할 수만은 없게 되었다. 오늘날 넓은 의미의 생명 윤리나 환경 윤리와 같은, 말하자면 유기체적인 문제가 실제로 우리의 피부에 와 닿고 있는 현실에서 그러한 물음을 주제(主題)적으로 전개하려고 했던 화이트헤드의 유기체 철학이 갖는 의의는 더욱 높아져 가고 있다고 보아야 할 것이다.

화이트헤드의 철학을 체계적으로 서술한 대표작 『과정과 실재』는 20세기에 등장한 가장 적절한 형이상학의 이론으로 평가된다. 『과학과 근대세계』, 『관념의 모험』과 함께 『과정과 실재』는 그의 철학 체계의 토대를 이루고 있다. 이 고명한 학술원 회원에 의해 이루어진 일련의 이 강의들은 우리의 경험의 모든 요소를 해석해 낼 수 있는 일반적 관념의 정합적, 논리적, 필연적 체계를 시도한 하나의 사변철학의 시론이다.

이 책에서 화이트헤드는 자신이 유기체 철학이라고 명명한 일종의 사변철학을 설명하고 있으며, 문명 사상의 복잡한 직물을 직조하고 있는 관념과 문제를 해석하는 데 그의 철학 체계를 활용하고 있다. 나아가서 우리의 경험의 다양한 요소들을 어떻게 일관된 상호 관계 속에 질서화하느냐를 보여주고 있다. 인간의 경험을 전통적인 철학적 문제와 연관시키면서 화이트헤드는 특히 데카르트, 뉴턴, 로크, 흄, 칸트를 중심으로 하는 17-18세기 철학자들을 비판적으로 검토하고 있다.

이 책 전편에 걸쳐 화이트헤드는 현대에도 집요하게 살아남아 있는 근대 철학의 근본적인 사고의 구조와 사유 양식의 잘못된 기초 구조를 신화로 보면서 그것들을 대담하게 파괴하고 초극할 것을 주장해 마지않는다. 그러한 신화들로는, 언어를 마치 명제를 완벽하게 표현할 수 있는 것으로 믿는 것, 주어-술어의 표현 형식, 지각의 감각주의적 학설, 공허한 현실태의 학설, 순수한 주관적 경험만으로 객관적 세계를 이론적으로 구성하려는 칸트적 학설 등을 들었다. 화이트헤드는 힘, 시간, 공간, 지각, 인과성, 질서, 느낌 등 경험의 다양한 주제들과의 대결을 통해서 발전시킨 우주론적 관념의 압축된 도식을 제시해 준다. 이 책의 마지막 부분에서 그는 〈도대체 무엇이 일어나고 있는가 what does it all come to?〉라는 물음에 대답하기 위하여 우주론적 문제를 해석하는 궁극적 방법에 대하여 고찰하고 있다.

화이트헤드의 사상과 용어들은 일반적으로 난해하다는 평을 듣는다. 그의 사상을 난해하게 만드는 최대의 요인은 그것이 변화와 유동에 관한 철학이기 때문이다. 그는 정지된 우주를 기술하는 것이 아니라 변화와 유동의 한복판에 있는 〈과정〉을 대상으로 그의 철학을 기술한다.

1929년에 간행된 이 책의 초판은 인쇄상의 많은 오식과, 영국 케임브리지판과 미국 맥밀런판 사이의 적지 않은 상치점을 내포하고 있어서 그만큼 그러한 구절들을 명쾌하게 이해하기가 어려웠다. 그래서 화이트헤드의 『과정과 실재』보다도 플라톤의 『이상 국가』가 더 좋은 텍스트의 상태에서 읽힐 수 있다고까지 말할 정도였다. 그로부터 반세기가 지나서 저명한 화이트헤드 연구학자인 그리핀과 셔번에 의해 더 바랄 나위 없는 최신 교정판이 공간(公刊)되었다. 이 책은 이 최신 교정판(1978년판)에 의거한 번역이며, 사용한 대본은 A. N. Whitehead, *Process and Reality : An Essay in Cosmology*(Corrected Edition. Edited by David Ray Griffin and Donald W. Sherburne, New York : The Free Press, A Division of Macmillan Pub. co., 1978)이다. 이 교정판과 초판과의 차이점에 관해서는 「편찬자 서문」을 참조하기 바란다.

권말에는 새로운 관념을 표현하는 용어법을 충분히 이해한 교정자가 작성한 상세한 색인을 첨부하였고, 부록으로 옮긴이가 작성한 「화이트헤드의 용어 해설집」을 첨가하는 한편, 각 절의 첫머리에 그 절의 개요(원전에는 목차에만 있음)를 삽입하여 화이트헤드의 사색을 입체적으로 파악하는 데 도움이 되도록 배려하였다. 각주는 해당되는 쪽 아랫단에 달았고 기호는 원저자 주를 반괄호 번호(1), 2), 3) ……)로, 편찬자 주를 꽃무늬표(*)로, 옮긴이 주를 동그라미 번호(①, ②, ③ ……)로 각각 사용하였다. 화이트헤드 용어법의 전문성에 비추어 원어의 역어 선정은 옮긴이의 해석을 요구하는 독특한 성격을 띤 것이기 때문에, 독자의 공정한 이해를 돕기 위해서 번거로움을 무릅쓰고 의도적으로 원어를 되도록 삽입하였다.

문화권이 다른 언어를 우리말로 번역하는 데는 언제나 어려움이 따르기 마련이지만, 특히 화이트헤드의 저작을 번역하려고 할 때 부딪히는 가장 큰 난관은 그의 독특한 술어를 어떻게 한국어화하느냐의 문제이다(예를 들면 actual entity, prehension, superject 등). 화이트헤드는 3기에 걸친 사상적 발전을 거듭할 때마다 새로운 용어를 신중하게 그리고 의도적으로 도입하고 있다. 그의 새로운 구도를 전달하자면 낡은 용어로는 불충분하다고 생각했기 때문이다. 그래서 그의 독특한 술어를 낡은 철학 어휘로 옮겨놓았을 때 우리는 화이트헤드 철학의 독창성을 놓치기 쉽다. 이 역서에도 낯선 용어가 여러 개 나온다. 이런 경우에 우리는, 화이트헤드의 의도가 다만 새로운 용어를 도입하는 것으로 자족하려는 데 있었던 것이 아니라는 것을 알아야 한다. 그 용어의 전제가 무엇이냐를 주의해 보고, 또 그 용어의 전개 과정에서 그것이 어떤 의미를 지니고 있는지를 알아둘 필요가 있는 것이다. 문제가 되고 있는 것은 자명성의 전제를 탐구하는 일이며, 진리를 가장 깊은 뿌리에서부터 탐구하는 일이다.

어떠한 것이라도 그것만으로 자족적으로 고립해서 존재하지 않는다. 존재하는 것은 언제나 서로 연관되어 있고 또 그 체계적 우주를 필요로 한다는 인식이 화이트헤드 철학의 근저에 일관해서 흐르고 있다. 화이트헤드의 주안점은 지금까지 낡은 용어로 말미암아 무용지물이 되어버린 직접적 경험을 구출해 내는 데 있고, 역동적인 우주론을 통해서 보다 넓은 일반성을 탐구하려고 노력한 데에 있었다고 할 수 있다. 용어의 참신성이 화이트헤드를 이해하는 데 걸림돌이 되는 것같이 보여도, 말이 갖는 난점과 싸우면서 말의 직접적 의미를 초월해서 형성하는 것의 중요성이야말로 화이트헤드가 가장 말하고 싶었던 것이라고 생각한다.

철학은 물론 언어에 의해서 표현된다. 그러나 화이트헤드에 의하면, 언어를 철학의 필수적 도구로 본다는 것은 일종의 주술이다. 사상 그 자체에 장애가 되는 사고의 전문 용어는 과감하게 버려야 한다. 따라서 언어는 재설계 redesign될 수밖에 없다. 그래서 〈철학이란 제한된 언어를 가지고 무한한 우주를 표현하려는 시도 Philosophy is an attempt to express the infinity of the universe in terms of the limitation of languge〉이며, 그에게 있어 새로운 개념에는 새로운 용어를 만들어낼 필요가 있었던 것이다.

언어를 대하는 자세에 있어서 화이트헤드는 특히 러셀과 매우 대조적이다. 아니, 러셀에 대한 〈철학적〉 비판은 준엄한 바가 있었다. 그가

『대화록』(Lucian Price, *Dialogues of Alfred North Whitehead*, 149–501쪽)에서 술회한 바에 의하면, 러셀은 말을 사랑한 나머지 말을 가지고 직접 작문을 했고, 말이 실제로 그의 표현욕을 충족시켜 주었지만, 화이트헤드는 먼저 어떤 아이디어에 사로잡히고 나서 그것을 가장 잘 표현할 수 있는 낱말을 찾는다. 다시 말하면 그는 〈개념 속에서 작문을 하고, 그 다음으로 그 개념들을 번역할 수 있는 말을 찾아내려고 한다〉는 것이다. 그 성공 여부는 신만이 안다고 화이트헤드는 고백한다. 〈문장이 될 때도 있고, 되지 않을 때도 있고〉, 〈썼던 원고가 수없이 파지가 되기도 한다〉는 것이다. 이렇게 해서 창조된 『과정과 실재』가 영어로 쓰인 철학서 가운데서 가장 난해하다는 평을 듣게 된 것도 어쩌면 당연한지 모른다. 화이트헤드의 내부에서 약동하고 있는 개념이 자연언어인 영어로 겨우 번역되어 나온 것을 다시 한국어로 번역한다는 것은 그야말로 무모한 모험일지도 모른다. 그러나 옮긴이는 번역이라는 작업은 원저에서 한 말을 정확히 한국어로 옮기는 것이 아니라, 원저에서 한 말을 정확히 한국어로 말하는 것이라고 믿기 때문에 이 책에서도 경우에 따라서는 대담하게 한국어 문맥에 알맞은 표현을 택했다. 그러나 천학비재로 뜻하지 않은 오역이 적지 않을 것이다. 독자 여러분의 기탄없는 비판과 질정을 기다린다. 칸트의 『순수이성 비판』과도 비견될 만큼 난해하기로 정평이 나 있는 화이트헤드 최대의 역저 『과정과 실재』의 우리말 번역 출간을 계기로, 미래의 철학자라고 불리는 화이트헤드의 〈유기체 철학〉의 웅장함을 해명하고, 나아가서 그것이 현대 문명에 대해서 갖는 깊은 의미를 발견하고 혼미한 우리 사상계에 하나의 사고하는 방식, 사는 방식의 이치를 터득하고 밝히는 데 작은 디딤돌이 되었으면 하는 마음 간절하다.

돌이켜보니 이 책의 연구 번역에 착수한 지 어느덧 6년이 넘은 것 같다. 그동안 연세대학교 대학원 철학과 〈화이트헤드 철학 연구 세미나〉 과정에서 『과정과 실재』 원전을 텍스트로 하여 여러 학기 동안 강독과 연습, 강의 등의 자료로 활용해 오긴 했으나 여의치 못한 형편과 분망함 가운데서 뜻대로 잘 진척되지 않았었다. 초고는 이미 작년 봄에 탈고했으나, 다시 수정 가필하고 퇴고를 거듭하는 데만도 1년 남짓 소요되어, 그만큼 지난한 작업이기도 하였다. 이 때늦은 미숙한 번역이나마 성원해 준 여러분들의 고마운 도움이 없었더라면 햇빛을 보기 어려웠을 것이다. 그들에게 충심으로 감사를 드린다. 특히 연세대학교 철학과 문창옥 강사는 부정확한 표현을 개선하고, 부록으로 첨가한 「화이트헤드의 용어 해설집」을 작성하는 데도 적지 않은 도움을 주었다. 그리고 나의 친근한 동료이며 이론물리학자인 연세대학교 물리학과 전일동 교수와 다년간의 격의 없는 대화를 나누면서 현대 물리학의 기초 개념을 이해하는 데 적지 않은 도움을 받았다. 결과적으로 이 연구 번역을 위해서도 그만큼 힘이 되어주었다. 한편 나의 〈화이트헤드 철학 연구 세미나〉에 참여하고 활발한 토론과 비판으로 유익한 대화를 나누던 여러 대학원생들, 그리고 특히 그중에서도 교정 작업을 성실히 도와준 물리학과 출신 고인석 군에게 고맙게 생각한다. 한편 방대한 양의 원고를 정서하는 데 수고해 준 김양미 양, 딸 수경에게도 고마움을 잊지 않는다. 민음사 편집부 여러분의 노고에도 감사한다.

이제는 벌써 고희를 넘긴 40여 년 전 이래의 옛 친구, 네덜란드 라이덴 대학교 명예교수 휘스 F. Vos 박사의 변함없는 우정과 성원과 격려에도 힘입은 바가 컸으며, 이 자리를 빌려 충심으로 감사드리고 싶다.

끝으로 이 연구 번역을 위해 학술 연구비를 지원해 준 대우재단에게도 충심으로 감사드린다.

1991년 7월

목동 경실서옥(景實書屋)에서

오영환

차례

세부 차례

1부 사변적 구도

1장 사변철학

2장 범주의 도식

3장 몇 개의 파생적 개념들

2부 논의와 적용

1장 사실과 형상

2장 연장적 연속체

3장 자연의 질서

4장 유기체와 환경

5장 로크와 흄

6장 데카르트로부터 칸트에게로

7장 주관주의적 원리

8장 상징적 연관

9장 명제

10장 과정

3부 파악의 이론

1장 느낌의 이론

2장 최초의 느낌

3장 느낌의 전달

4장 명제와 느낌

5장 경험의 보다 고차적인 위상

4부 연장의 이론

1장 등위적 분할

2장 연장적 결합

3장 평탄한 장소

4장 변형

5장 측정

5부 최종적 해석

1장 이념적으로 대립하는 것들

2장 신과 세계

편찬자 서문

화이트헤드 Alfred North Whitehead(1861-1947)의 대표작 『과정과 실재』는 현대의 위대한 철학서의 하나이다. 그리고 이 저서와 관련하여 방대한 연구 문헌들이 나타나고 있다. 그런데 지난 2세기 동안에 나왔던 중요한 철학서 가운데서 이 저서만큼 통탄할 만한 상태에서 출판된 책은 일찍이 없었던 것 같다. 이 책은 몇 백 개가 넘는 오식, 미국판(맥밀런판)과 영국판(케임브리지판) 사이에 300개가 넘는 상이한 대목을 방치해 둔 채로, 게다가 페이지 매김도 서로 다르고 체제도 다른 판형으로 출판되었던 것이다. 이 저서는 그 자체가 매우 전문적이고 쉽게 이해될 수 없는 것이지만, 지난날의 판들 속에 들어 있는 이러한 오류들이 그만큼 많은 구절들을 더욱 난해한 것으로 만든 요인이 되고 말았다. 그러기에 지난 수십 년 동안 새로운 교정판이 필요하다는 것을 절실히 느껴왔던 것이다.

그렇지만 어떤 종류의 교정을 『과정과 실재』의 새 판에서 선택하느냐를 결정하는 데 적용할 원칙이 당장에는 분명히 드러나지 않는다. 이러한 원칙의 결정에는 다음과 같은 것들에 대한 고려가 필요하다. 즉 저서를 출판함에 있어 화이트헤드가 보여준 태도, 이 저서가 나오게 된 믿을 만한 근거가 있는 역사, 서로 비교되고 또한 그 밖의 화이트헤드의 저서들과 비교될 수 있는 앞의 두 원판 등에 대한 고려이다. 우리가 내렸던 편찬상의 결정에 대한 근본 이유를 독자가 이해하는 데에 도움이 될 만한 배경을 제공하기 위해서 그러한 여러 요인을 논해 보고자 한다.

화이트헤드는 저서 출판에 따르는 판에 박힌 작업에 많은 시간을 들이지 않았다. 라파엘 데모스 교수는『과학과 근대세계 *Science and the Modern World*』가 출판되던 1925년 당시, 하버드 대학에 있었던 화이트헤드의 젊은 동료 교수였다. 데모스는『과학과 근대세계』의 원고를 편집자가 하듯 철저히 검토하고, 교정쇄를 교열하고, 이 책의 색인을 작성하였다. 화이트헤드는 이 저서의「서문」마지막 문장을 다음과 같이 쓰고 있다. 〈나의 동료 라파엘 데모스 씨가 이 책의 교정쇄를 보아주셨고 표현에 있어서도 많은 조언을 해주셨는데, 이 자리를 빌려 그분에게 충심으로 감사드린다.〉 1960년대 초반에 하버드를 정년퇴임한 후, 데모스는 4년간, 밴더빌트 대학에서 셔번 교수와 동료가 되었는데, 그는 화이트헤드의 출판 과정에 대한 무관심에 관해서 자신이 직접 목격한 바를 들려주었다.

버트런드 러셀[1)]도 화이트헤드가 평소 어떤 점을 최우선의 것으로 여기고 있었는지를 보여주는 한 사례를 증언해 주고 있다. 러셀이 여러 차례 화이트헤드에게 편지를 보냈는데도 아무런 답장이 없어 불평을 한 것에 대해서, 화이트헤드는 〈답장을 쓰자면 그만큼 독창적인 작업을 할 시간이 없어지게 된다〉고 자기 변명했다는 것이다. 러셀은 이러한 변명이 〈완벽하고도 반박할 수 없는 것〉이었음을 인정하였다.

1929년,『과정과 실재』가 마침내 출판되려던 무렵에도 과제의 우선순위에 대한 이와 같은 평소의 신념이 그대로 반영되고 있었다. 화이트헤드는 당시에 68세였지만, 그의 머릿속에는『관념의 모험 *Adventures of*

---

1) 버트런드 러셀 B. Russell,『자전적 회상 *Portraits from Memory*』(New York : Simon and Schuster, 1956), 104쪽.

Ideas』(1933), 『사고의 양태 *Modes of Thought*』(1938)와 같은 중대한 연구 계획이 성숙 단계에 있었으며, 그 밖의 수많은 논문들과 강연도 예정되고 있던 때였다. 다행히 그의 인생에서 〈창조적 작업 original work〉이 단조롭고 지엽적인 사소한 작업보다 줄곧 우선하고 있었던 것이다. 그런데 불행히도 데모스는 1929년에 (러셀을 연구하기 위해) 영국에 머물고 있었다. 아무리 생각해 보아도 이 무렵에, 화이트헤드의 사상을 잘 이해하고 있던 사람들 가운데, 『과정과 실재』의 출판 과정에서 이를 세심한 눈으로 검토해 준 사람은 아무도 없었다고 단정하지 않을 수 없다. 특히 데모스는 철학계 출신이 아닌 다른 누군가가 원고나 교정에 영향을 주었으리라고는 꿈에도 생각지 못하였다. 이 저서의 서문에서 화이트헤드가 감사를 표한 특정인은, 〈나의 아내가 베풀어준 격려와 조언〉이라는 말 속에 들어 있는 그의 아내뿐이었다.

위에서 말한 두 종류의 초판 사이에서 볼 수 있는 상이점이나, 거기에 들어 있는 여러 유형의 오류를 포함한 손에 넣을 수 있는 증거들을 음미한 결과, 우리는 출판의 과정 및 일부 유형에 대한 오류의 근원을 다음과 같이 복원하기에 이르렀다.

첫째로, 화이트헤드는 어느 정도 그의 기퍼드 연속 강의의 준비와 관련하여, 또 어느 정도 그 강의*를 발전시키고 수정할 의도에서, 육필 원고를 준비하고 있었다. 최종적인 작업 과정에서의 많은 실수, 즉 부정확한 참조, 잘못 인용된 시(詩), 그 밖의 그릇된 인용문, 일관성 없는 잘못된 구두점, 실수로 누락시킨 낱말 같은 것들은 분명히 이 단계에서 생긴 것들이며, 이들은 화이트헤드가 지엽적인 것에 주의를 기울이지 않았던 데 기인한 것들이다. 게다가 형식상의 문제에서 앞뒤가 맞지 않는 것은, 원고가 매우 길고, 적어도 일 년 반이 넘는 기간에 걸쳐 쓰였다는 사실에 어느 정도 근거한다는 것도 의심할 여지가 없다.

---

* 빅터 로 Victor Lowe, 「화이트헤드의 기퍼드 강의 Whitehead's Gifford Lectures」, *The Southern Journal of Philosophy*, Vol. 7, No. 4(Winter, 1969-1970), 329-338쪽 참조.

둘째로, 타자수가 (아마 맥밀런 출판사에서) 식자공을 위해 타자 원고를 작성했는데 이 단계에서 원고에 은연중 들어간 오류는, 흔히 있음직한 인쇄상의 실수 말고도, 다소 판독하기 어려운 화이트헤드의 필적*을 잘못 읽은 데에 기인한 것으로 보인다. 예를 들면, 화이트헤드가 장식체로 쓴 대문자 〈H〉는 이따금 〈T〉로 타자되어 His가 This로 되어 있다거나 Here가 There로 되어 있는 것이다. 그리고 〈Monadology〉를 〈Monodology〉로 잘못 타자한 경우와 같이 흔히 있을 수 있는 것들 이외에도 〈transmitted〉(전달된)를 〈transmuted〉(변형된)로, 또 〈goad〉(자극물)를 〈goal〉(목표)로 잘못 타자한 것도 이 단계에서 이루어졌을 가능성이 크다. 빅터 로 교수는, 화이트헤드의 육필을 잘못 판독했든 안했든 간에 이 저서에서 일어나게 될지도 모르는 불길한 징조──로가 말하듯──가 된 다음과 같은 일화 하나를 전하고 있다. 〈1928년 4월 11일, 켐프 스미스는 화이트헤드로부터 다음과 같은 전보를 받았다. 기퍼드 강의 제목은 과정과 실재, 개요는 곧 우편으로 보내겠음, 예의를 모르는 요술사 TITLE GIFFORD LECTURES IS PROCESS AND REALITY SYLLOBUS FOLLOWING SHORTLY BY MAIL WHITCHCAD.〉**

셋째로, 맥밀런 출판사가 먼저 활자 조판을 짜고, 그보다 조금 뒤늦게 케임브리지 출판사가 타자 원고 사본 아니면 맥밀런 출판사의 교정쇄의 사본을 사용해서 조판을 짰음이 분명한 것 같다. 이 두 판에는 공통된 다수의 오류가 들어 있고 케임브리지판에 없던 많은 오류가 맥밀런판에 있으며, 또 맥밀런판에 없던 소수의 오류가 케임브리지판에 들어 있다. 이와 같은 오류의 분포 상황과 그것의 성격은 다음과 같은 추정적 판단을 가능케 한다. 맥밀런 출판사는 어설픈 교정을 제공했다. 케

---

* 화이트헤드의 필적을 보여주는 표본으로는 클라인 George L. Kline 엮음, 『앨프리드 노스 화이트헤드──그의 철학에 관한 연구 논문집 *Alfred North Whitehead : Essays on His Philosophy*』(New York : Prentice-Hall, 1963), 197쪽 및 실프 P. A. Schilpp 엮음, 『앨프레드 노스 화이트헤드의 철학 *The Philosophy of Alfred North Whitehead*』, 2nd ed. (New York : Tudor Pub., 1951), 644-665쪽에 공표된 서한을 보라.

** 로, 앞의 책, 334쪽, 각주 14).

임브리지 출판사의 편집인은 인쇄상의 잘못을 집어내려고 보다 치밀한 작업을 했다. 그리고 케임브리지 출판사의 편집인은 텍스트 전체를 일관성 있게 다루지는 않았지만 구두점을 포함한 편집상의 변경에도 부분적으로 손을 댔다. 그리고 마지막으로 케임브리지판에만 있는 유형의 잘못은 어떤 부주의 탓이기보다는 텍스트를 더 잘 이해할 수 있게 하려는 시도——케임브리지판의 편집인이 화이트헤드의 전문적인 개념을 이해하지 못했기 때문에 그 의도를 살리지 못했던 시도——의 결과인 것으로 보인다.

화이트헤드 자신이 교정쇄를 보았다는 사실을 입증할 만한 독립된 증거가 있다. 1929년 8월 12일자로 아들에게 보낸 화이트헤드의 편지를 로가 공개했는데 그 속에는 다음과 같은 글이 적혀 있다. 〈마침내 기퍼드 강의안을 마무리했다. 최종분의 교정쇄가 교정되었고, 색인이 인쇄되었으며, 마지막 수정 사항도 집어넣었다.〉* 화이트헤드가 평소 이런 종류의 작업에 열성을 다하지 않았다는 사실과 함께 텍스트의 이와 같은 통탄스러운 상태로 판단해 볼 때, 그가 교정쇄를 세밀하게 교정하지 않았음이 분명하다. 로의 기록에 의하면** 화이트헤드는 루이스 C. I. Lewis와의 토론 끝에 Category(범주)의 형용사형을 Categorical에서 Categoreal로 바꾸기로 결정하고 교정쇄 전체를 바로잡았다고 한다. 화이트헤드가 교정 과정에서 했던 작업은 대부분 이와 같은 극히 주목할 만한 특수한 수정에만 국한된 것이 아니었나 하는 생각이 강하게 든다.

이 교정판을 준비하는 데 있어 화이트헤드의 육필 원고와 타자 원고 또는 그중의 어느 한쪽만이라도 입수할 수 있었더라면 유익한 자료가 되었을 것이다. 그러나 불행히도 이를 찾아내려는 모든 노력은 수포로 돌아가고 말았다. 육필 원고도 타자 원고도 이미 남아 있지 않은 것으로 보인다. 우리는 화이트헤드 자신이 약간의 수정을 추가하여 난외에

---

* 같은 책, 338쪽.

** 같은 책, 각주 19). 로는 이 사실에 관해 리 H. N. Lee에게서 들었다고 쓰고 있다.

써넣은 저자 소유의 케임브리지판 책과 맥밀런판 책을 가지고 있다. 그 밖에 〈오식 misprint〉이라고 제목을 붙인 1페이지의 정오표(분명 누군가가 화이트헤드에게 준)가 있고, 그 뒷면에는 〈이 정오표에 있는 것은 모두 정정되었다〉는 화이트헤드의 육필 기록이 있다. 이 자료는 화이트헤드에 관한 권위 있는 전기의 저자이며 가족 소장 자료의 열람을 허가받고 있는 로가 우리에게 제공한 것인데, 우리는 그에게 깊은 감사의 뜻을 표하고 싶다. 끝으로 1966년의 일이었지만, 로는 헨리 커플리 그린 부인으로부터 허락을 받아, 『과정과 실재』 제5부의 타자 원고를 볼 수 있는 기회를 얻기도 했다. 거기에는 〈앨프리드 화이트헤드로부터 문안을 드리며, 로잘린드 그린에게, 1928년 10월 12일〉이라는 헌정사가 적혀 있다. 이 타자 원고에는 화이트헤드의 손으로 약간의 수정이 가필되고 있다. 로는 하나만을 예외로 한다면 공표된 텍스트들은 모두 이 수정들을 반영했다고 보고하고 있다(예를 들면, 마지막 단락의 Creature와 Itself의 대문자 사용).

우리는 이상과 같은 증거와 해석에 기초하여, 지엽적인 문제점이나 중대한 문제점에 있어서 우리의 편집 작업을 이끌었던 원칙에 도달하게 되었던 것이다. 아이러니컬하게도 우리는 비교적 사소한 문제, 특히 구두점과 관련된 사소한 문제들에 대하여 가장 어렵고도 논쟁의 여지가 많은 결단을 내리지 않으면 안 되었다. 우리는 두 개의 받아들이기 어려운 양극단 가운데서 가능한 한 중간노선을 택하고자 하였다.

한편으로는, 〈교정판〉을 만들겠다는 편집자가 아직도 생존해 있는 저자에게 제안함직한 변경 내용을 모두 텍스트에 반영시키는 경우를 생각해 볼 수 있겠다. 이 대안의 명백한 문제점은, 저자가 이미 생존해 있지 않기 때문에 그러한 편집자의 수정을, 저자 자신이 의도하고 있는 의미 내지 선호하는 문체와 일치하지 않는 것으로서 거부할 수 있는 기회를 갖지 못한다는 것이다.

다른 한편으로는, 이런 문제점을 피하기 위해 편집자가 단지 아주 명백한 잘못만을 제거하고 그 밖에는 텍스트를 본래 있던 그대로 두기로 결심할 수도 있을 것이다. 이 길을 택했을 때의 한 가지 문제는, 화이트헤드가 당연히 기대할 권리를 가지고 있던 세밀한 편집 작업──케임브리지의 편집자가 착수했으나 일관성 있게 성취하지 못했던 작업──의 혜택을 누리지 못한 채 다시 출판될 것이라는 점이다. 또 다른 문제는 두 초판에서 상이한 부분이 300군데가 넘고 있다는 사실이다. 상이한 이런 대목들은 단순히 텍스트를 원상 그대로 둘 수 없게 하는 것들이다. 편집자로서는 어느 한쪽을 선택하지 않으면 안 되는 것이다. 그리고 그 대부분의 대목에서 우리가 케임브리지의 구두법을 택하고 이에 따라야 할 것이라는 점에는 의심의 여지가 없다.──맥밀런의 구두법으로 되돌아간다는 것은 전적으로 무책임한 처사가 될 것이다. 그러나 일단 케임브리지의 구두법을 택한다고 했을 때 다음과 같은 문제가 생긴다. 케임브리지의 수정안을 이들 사례에서는 용인하면서 이와 유사한 구절에서 만약 동일한 수정을 가하지 않는다면, 이것이 과연 정당화될 수 있겠느냐 하는 문제이다.

따라서 이 양극단의 중간 노선을 택하려고 할 때, 가장 확실한 전략은 케임브리지의 편집자가 도입하였던 변경들(이것들은 물론 화이트헤드의 생존 시에 이루어졌고, 그의 본인용 사본에서 거부하려고 했다면 그렇게 할 수도 있었을 것이다)을 선례로 하여 일관성 있게 작업을 수행하는 일이라고 결심하기에 이르렀다. 그 가장 좋은 예는 케임브리지판이, 맥밀런판에서 종종 주어와 동사 사이에 나타났던 많은 쉼표들을 전부는 아니지만 제거했다는 사실에서 나타나고 있다. 그러나 우리는 그 외에 약간의 의문의 여지가 있는 관례들(예를 들면 문법 규칙에서는 쉼표(,)가 요구되는 자리에 세미콜론(;)을 자주 사용하고 있는 것)을 그대로 두었다. 왜냐하면 설사 우리들이 1929년에 이 저작을 편집하면서 우리 자신이 변경을 화이트헤드에게 제안했다고 하더라도, 이 케임브리지판이 변경을 위한 충분한 선례가 되지 못했을 것이기 때문이다.

우리 편찬자는 이러한 몇 가지 지침에 따라 작업을 하면서, 초판에, 특히 맥밀런판에 들어 있는 몇 백 개의 명백한 오류가 없을 뿐만 아니라, 케임브리지 편집자가 인지하고 어느 정도 시정했던 다수의 사소한 불일치 부분들을 해결한 텍스트를 만들려고 노력하였다.

낱말의 변경과 같은 보다 중요한 교정에 있어서는 편견이 원문을 왜곡할 위험이 있으므로 편찬자들은 이를 주의하지 않으면 안 된다. 이러한 가능성을 배제하는 데 있어 우리는 다음의 세 가지 사실에 크게 힘입었다. 첫째로 우리는 이미 셔번에 의해 조정된 바 있는 상당량의 착실한 작업에 크게 의존했다. 그 작업에서 셔번은 여섯 명의 학자들이 제시한 정오표를 대조하고, 이를 다시 여덟 명의 학자들에게 회람시켜 그들의 의견과 논평을 구했던 것이다. 이러한 논의* 끝에 나타난 성과를 공표하고, 이를 전후해서 오래도록 계속된 바 있던 여러 논의를 거쳐, 그는 우리의 작업의 길잡이가 된 많은 사항에 대한 일치된 의견을 확립시켜 놓았던 것이다. 둘째로 우리 두 사람은 작업 과정에서 각기 다른 관점을 가지고 화이트헤드의 사상에 접근하고, 서로 다른 종류의 관심에 따라 작업의 초점을 맞추었다. 셋째로 우리는 우리 두 사람이 함께 승인하지 않는 한, 어떠한 변경도 텍스트에 도입하지 않겠다는 원칙을 지켰다.

마지막으로 우리는 객관성을 유지하고 왜곡을 방지하는 순수한 기계적 지침 같은 것은 있을 수 없다는 점을 지적해 두고자 한다. 궁극적으로 편찬자들은 그들 자신의 판단, 텍스트에 대한 그들의 지식, 그들의 양식 등에 의지할 수밖에 없다. 이 점을 인정하기 때문에 우리는 우리가 내린 여러 결단에 대하여 모든 책임을 진다.

이미 논했던 문제점 말고도 결단을 내려야 할 편찬상의 문제들이 있었다. 두 개의 초판은 형태상으로 상당한 차이가 있었다. 케임브리지판에는 서두에 상세한 내용의 목차가 들어 있는 데 반해 맥밀런판은 서두에서 간단히 주요 부분을 구별하고, 5개 주요 부(部, Part)의 첫머리에는

* 셔번 D. W. Sherburne, 「『과정과 실재 *Process and Reality*』를 위한 정오표」, 클라인 엮음, 앞의 책, 200-207쪽.

각기 〈개요 Abstract〉라는 표시 밑에 이 책 전체에 걸쳐 전개되고 있는 세부적인 관념들을 열거해 놓고 있다. 우리는 이 문제에 있어 케임브리지판을 따랐는데, 이는 무엇보다도 맥밀런판의 다양한 절과 항의 소재를 일일이 밝히는 작업이 번거롭기 때문이었다. 또한 우리는 몇몇 인용문을 다른 글과 구분하는 데 있어서도 케임브리지판을 따랐고, 어떤 인용문을 부각시킬 것이냐에 관한 문제에서도 역시 이 판을 지침으로 삼아 정리했다(맥밀런판은 심지어 1페이지 길이나 되는 사항조차도 구분하지 않았다).

『과정과 실재』를 연구한 문헌들의 대다수가 맥밀런판의 페이지를 참조한 것이기 때문에 우리는 새 판에서 맥밀런판의 페이지 매김을 그대로 사용할 수 있는지의 여부를 진지하게 고려해 보았지만, 몇 가지 기술적 이유 때문에 실현시킬 수가 없었다. 그 대신 우리는 이 텍스트에서 맥밀런판의 페이지 번호를 괄호 속에 넣어 ― 내용 목차를 빼고 ― 삽입했다.①

미국인 대 영국인의 사소한 관습상의 차이점에 관해서는 맥밀런판을 따랐다. 인용 부호 안에 마침표와 쉼표를 둔다든지, 각주의 번호를 페이지마다가 아니고 장(章)별로 일련번호를 매긴다든지, 〈§〉라는 기호 대신 〈Section〉(절)이라고 쓴 것은 모두 그러한 실례들이다.

단순한 관습상의 차이점을 반영하고 있는 이러한 것들 이외에 우리가 손댄 변경을 모두 기록으로 남겨 놓았다. 즉 이 책의 말미에 있는 〈편찬자의 주해〉에서 두 초판의 모든 차이점(또는 몇몇 사례에 있어서의 차이의 유형)을 표시해 두었다. 이를 통해서 아무리 사소한 것이라 할지라도, 관심 있는 학자는 이 교정판을 통해서 두 개의 기존 판 사이의 차이점에 접할 수 있게 될 것이다. 텍스트 속에서 이러한 차이점이 있는 부분을 단검표(†)와 이중 단검표(‡)로 표시해 놓았다. 이러한 기호들의 보다 정확한 의미 및 꽃무늬표와 이중 꽃무늬표의 의미도 〈편찬자의 주해〉의

① 인쇄상 너무나 번거롭기 때문에, 이 역서에서는 부득이 생략하기로 하였다.

서문에서 설명해 놓았다.②

두 초판에는 안타깝게도 불충분한 색인이 붙어 있다. 이 교정판을 위해 그리핀은 완전히 새롭고도 세밀한 색인을 준비했다. 이 새 판의 페이지 매김과 색인 사항을 서로 대조하고 연관시켜 준 마조리 스코키 교수와, 몇 해 전에 다른 학자들이 이용할 수 있도록 상세한 색인을 작성한 버나드 M. 루머 교수에게 진심으로 깊은 감사를 드린다.

지금까지 언급하지 않았던 또 하나의 『과정과 실재』의 판이 1969년에 프리 프레스(The Free Press) 사에 의해 페이퍼백으로 간행된 바 있다. 그것이 같은 출판사에서 간행된 이 교정판과 결코 혼동되어서는 안 된다. 1969년판에는 셔번이 공개한 정오표가 반영되지 않았고, 게다가 그 판에서 야기된 약간의 실수도 첨가되어 있다. 그리고 그 이전까지의 표준적인 페이지 매김을 무시하고 별개의 페이지 매김을 도입하고 있다. 또한 새로운 색인조차 포함시키지 않았다. 우리는 프리 프레스 사가 지금의 이 교정판을 간행하는 데 대하여 진심으로 찬사를 보내고 싶다.

우리는 셔번에게 여비와 이 연구 계획을 위한 자유로운 시간을 제공한 밴더빌트 대학교 연구협의회의 지원에 최대의 감사를 드린다. 우리는 또 이 연구 계획을 폭넓게 지원해 준 프로세스 연구 센터, 그리고 이 연구 센터를 지원하고 있는 클레어몬트 대학원 및 클레어몬트 신학부 당국자에게도 깊은 감사를 드린다. 끝으로 여러 텍스트를 비교 대조하고 교정을 점검해 줌으로써 우리를 크게 도와준 레베카 파커 베이야에게 충심으로 감사를 드린다.

데이비드 레이 그리핀(프로세스 연구 센터)

도널드 W. 셔번(밴더빌트 대학교)

② 단 이 역서에서는 〈편찬자의 주해〉에 나오는 내용들 중에서 중요하다고 판단되는 것들을 선별하여 꽃무늬표(*)와 이중 꽃무늬표(* *)로 표시했다.

지은이 서문

이 강의는, 데카르트(René Descartes, 1596-1650)로부터 시작되어 흄(David Hume, 1711-1776)에게서 마감되고 있는 철학 사상의 국면으로의 회귀(回歸)에 그 기초를 두고 있다. 이 강의에서 설명하려고 노력한 철학의 구도는 〈유기체(有機體) 철학 Philosophy of Organism〉이라고 불린다. 누가 어떤 학설을 제기하건 간에 그 사람은 자신의 학설을 뒷받침하기 위해, 저 일군(一群)의 철학자들 가운데 어느 한 사람의 명확한 진술, 또는 모든 서양 사상의 창시자인 플라톤(Platon, B. C. 427〔?〕-347〔?〕)이나 아리스토텔레스(Aristoteles, B. C. 384-322) 중의 어느 한 사람의 명확한 진술을 인증(引證)할 수 있을 것이다. 하지만 유기체 철학은 이 위대한 거장들의 저작 속에 들어 있는 것 중에서 후대의 체계가들이 등한시했던 요소들을 종종 강조하고 있다. 이 유기체 철학의 주된 입장을 가장 완벽하게 앞질러 표현했던 철학자는 『인간 지성론』의 저자인 존 로크(John Locke, 1632-1704), 특히 그 후반부[1]의 존 로크이다.

---

1) 존 로크 John Locke, 『인간 지성론 *An Essay Concerning Human Understanding*』, 제4권, 제6장, 제11절 참조.*

* 화이트헤드는 로크의 『인간 지성론』 제30판(J. 니콜스에 의해 1846년 런던에서 토머스 테그를 위해 인쇄된 것)을 사용했다. 니콜스는 문 앞에 내건 〈광고〉에서 이 판

이 강의는 5부로 나뉜다. 제1부에서는 방법이 설명되고, 또한 우주론을 구축하게 될 여러 관념의 구도가 개괄적으로 진술되고 있다.

제2부에서는 문명 사상의 복잡한 구조물을 구성하고 있는 여러 관념이나 문제를 해석하는 데 있어, 이러한 구도가 적절하다는 것을 밝히고자 노력하였다. 이러한 연구를 도외시한다면 제1부의 개괄적 진술은 사실상 이해하기 어렵게 된다. 따라서 제2부는, 이 구도의 언어적 표현들을 논의 속에 사용함으로써 그것들에다 의미를 부여하는 동시에, 우리들의 경험의 여러 요소를 하나의 일관된 상호 관계 속에 정초(定礎)시키는 구도의 힘을 보여준다. 자연스럽게 생겨나는 철학상의 문제들과 관련하여 고찰된 인간의 경험을 어느 정도 완벽하게 설명하기 위하여 17-18세기의 일군의 철학자와 과학자, 특히 데카르트, 뉴턴(I. Newton, 1642-1727), 로크, 흄, 칸트(I. Kant, 1724-1804) 등이 고찰되고 있다. 이들은 모두 경험의 토대를 제시하는 데 있어 제각기 어느 한쪽에 편중되어 있지만, 전체적으로 놓고 보면 그 이후의 철학 발전을 지배하는 일반적 토대를 제시해 주고 있다. 나는 이 연구에 착수하면서 이 일군의 철학자들 가운데 어느 누구의 관점과도 다른 관점을 제시하여 설명할 수 있으리라고 예상했었다. 그러나 그들의 정확한 진술을 세밀히 검토해 본 결과, 나는 유기체 철학이 주로 칸트 이전의 사고 양식에로의 회귀라는 점을 깨닫게 되었다. 이 철학자들은 그들이 계승한 표현 양식의 기초가 되고 있는, 일관성이 결여된 전제 때문에 어찌할 바를 몰랐던 것이다. 그들이나 그 후계자들이 엄밀한 체계에 도달하고자 노력했던 한에 있어서, 그들의 사상에 들어 있는 여러 요소들 가운데서 바로 유기체 철학이 기초로 삼고 있는 요소들이 도외시되는 경향이 있었다. 나

은 〈제6판과 거의 같은 재판이다〉라고 쓰고 있지만, 또 제6판은 〈부주의하게 인쇄되었으며〉 자신의 판에서는 〈구두법에 상당히 많은 고심을 했다〉고도 쓰고 있다. 이 판의 구두법은 오늘날 선호되고 있는 여러 판의 구두법과 상당한 차이가 있다. 케임브리지판과 맥밀런판에서의 인용이 이 판과 다른 몇몇 대목에서는, 우리는 이 판에 따랐다.

는 그들과의 일치점과 불일치점을 정확히 지적하고자 노력하였다.

제2부에서, 현대 사상에 대한 논의는 세부적인 것을 조심스럽게 피하면서 물리학과 생물학의 가장 일반적 관념에만 한정시켰다. 또한 미적, 도덕적, 종교적 관심사를 자연과학에 기원을 둔 세계의 개념과 연관시키는 관념 체계를 구축하는 것도, 완전한 우주론의 여러 동기 가운데 하나가 되어야 한다.

제3부와 제4부에서는 우주론의 구도 Scheme가 그 자신의 범주적(範疇的) 개념에 의해 전개되었고, 이 과정에서 그 밖의 다른 사상 체계는 별로 고려되지 않았다. 예를 들어 제2부에는 〈연장적 연속체(延長的 連續體, Extensive continuum)〉에 관한 장이 있다. 이는 주로 데카르트와 뉴턴의 관념과 연관되는 것으로서, 여기서는 유기체 철학이 이 세계의 특성〔연장성〕을 해석하는 방식과 그들의 관념을 비교하고 있다. 그러나 제4부에서 이 물음은 유기체 철학이 이 문제에 대한 이론을 확립하는 상세한 방법을 전개시켜 가는 관점에서 다루어지고 있다. 이 강의의 주제는 전통적 사상 체계 속에서 어떤 긴급을 요하는 전통적인 철학의 문제들을 초연한 시각에서 고찰하는 것이 아니라는 점을 분명하게 인식해야 한다. 이 강의의 의도는 우주론의 관념들을 압축시킨 구도를 제시하고, 그 관념들의 의미를 경험의 다양한 주제들과 대결시키면서 전개하여, 궁극적으로는 모든 특수한 논제를 서로 결합시킬 수 있는 충분한 우주론을 정교하게 구축하는 데 있다. 그렇기 때문에 논술의 통일성은 특수한 논제를 순차적으로 취급해 가는 데에서가 아니라, 구도의 점진적인 전개 속에서 그리고 의미와의 관련 속에서 찾아져야 한다. 예를 들어 시간, 공간, 지각 및 인과성 등에 관한 학설은 우주론이 전개되어 감에 따라 몇 번이고 되풀이된다. 그것이 되풀이될 때마다 이 논제들은 구도에 새 빛을 던지게 되든가, 아니면 새로이 해명되든가 하게 된다. 마지막에 가서, 이러한 시도가 성공을 거두는 한, 시-공(時-空)이나 인식론 그리고 인과성 같은 문제로서 논의의 여지가 남아 있는 것은 찾아볼 수 없게 될 것이다. 그때 그 우주론의 구도는, 사물들의 모든 가능한

상호 관계를 표현하는 데 충분한 모든 유적(類的, generic) 관념의 전개를 끝낸 셈이 될 것이다.

현대 사상의 학파들 가운데서 내가 영국과 미국의 실재론자들로부터 영향을 받고 있다는 것은 분명하다. 이와 관련하여 나는 특히 런던 대학교의 넌(T. P. Nunn, 1870–1944) 교수를 들고 싶다. ≪아리스토텔레스 학회 회보≫에 발표된, 최근의 실재론의 학설들에 관한 그의 선구적 업적은 충분히 알려져 있다고 생각되지 않는다.

나는 또 베르그송(H. Bergson, 1859–1941), 윌리엄 제임스(William James, 1842–1910), 존 듀이(John Dewey, 1859–1952)에게도 힘입은 바가 크다. 내가 먼저 해야 할 일 중의 하나는, 그들의 사고 유형을, 정당하게든 부당하게든 간에 그것에 줄곧 퍼부어져 왔던 반주지주의 anti-intellectualism라는 비난으로부터 구출해 내는 데 있었다. 마지막으로, 이 저작의 주요 부분 전체에 걸쳐 브래들리(F. H. Bradley, 1846–1924)[①]와 나는 예리하게 맞서고 있지만, 최종적 결말에 있어서는 결국 큰 차이가 없을 것으로 본다. 나는 특히 그의 『진리와 실재에 관한 논고 *Essays on Truth and Reality*』에 포함되어 있는 경험의 본성에 관한 장에서 도움을 받았다. 〈느낌 feeling〉에 관한 그의 주장은 나 자신의 결론과 전적으로 일치하고 있다. 전반적으로 이 형이상학은 〈공허한 현실태 vacuous actuality〉[②]를 축으로 하는 학설을 암암리에 부인하는 입장을 취하고 있는 것이다.

제5부는 우주론의 문제를 고찰해야 할 궁극적 방법에 대한 최종적 해석과 관계된다. 그것은 우주론의 문제가 결국 어떻게 귀결되는가라는 물음에 답변한다. 이 제5부에서 브래들리의 우주론과의 유사성이 분명해진다. 실제로, 이 우주론이 성공적이라고 볼 수 있다면, 함의되어 있는 사고의 유형이, 절대적 관념론 Absolute Idealism의 어떤 주요 학설

---

① 영국의 관념론적 철학자. 대표작으로는 *Principles of Logic*, *Appearance and Reality* 등이 있다.

② 공허한 현실태란 〈느낌〉이라는 방식으로 파악되는 주체적 직접성을 결여한 현실태를 의미한다.

을 실재론적 기반으로 전환시킨 것이 아니겠느냐고 묻는 것은 이제 당연한 일이 된다고 하겠다.

이 강의는 철학에의 영향에 관한 한 거부되어야 할 다음과 같은 항목의 널리 보급된 사고 습성들을 주목한다면, 가장 잘 이해될 수 있을 것이다.

i) 사변철학에 대한 불신.

ii) 명제의 충분한 표현으로서의 언어에 대한 신뢰.

iii) 능력 심리학 faculty-psychology을 함의하고, 또 그것에 함의되어 있는 철학적 사고의 양식.

iv) 주어-술어라는 표현 형식.

v) 지각에 관한 감각주의적 학설.

vi) 공허한 현실태 vacuous actuality의 학설.

vii) 순수한 주관적 경험으로부터의 이론적 구성물로서의 객관적 세계에 대한 칸트적 학설.

viii) 귀류법(歸謬法, *ex absurdo* argument)에 의한 독단적 연역.

ix) 논리적 모순이, 선행하는 오류 이외의 다른 어떤 것을 지적할 수 있다는 신념.

이러한 9개의 신화 내지 잘못된 절차를 부분적으로 혹은 전체적으로 순순히 받아들였기 때문에, 대부분의 19세기의 철학은 일상생활의 평범하고도 굽힐 수 없는 엄연한 사실 ordinary stubborn facts③로부터 유리되고 있는 것이다.

이 강의의 적극적인 학설은, 생성한다는 것 the becoming, 존재한다는 것 the being, 〈현실적 존재〉의 관계성 the relatedness of 'actual entities'

---

③ 굽힐 수 없는 사실이란, 윌리엄 제임스가 그의 동생 헨리 제임스 Henry James에게 보낸 편지 속에서 한 말로, 〈나는 원리에로 환원시킬 수 없고 굽힐 수도 없는 엄연한 사실들을 앞에 놓고 모든 문장 하나하나를 만들어내지 않으면 안 된다 I have to forge every sentence in the teeth of irreducible and stubborn facts〉로 되어 있다.(『과학과 근대세계』, 오영환 옮김(서광사, 1989), 제1장, 16쪽 참조)

이라는 것을 문제삼는다. 〈현실적 존재〉는 데카르트적 의미의 진정한 사물 *res vera*[2)]이다. 그것은 데카르트의 〈실체〉이지만, 아리스토텔레스의 〈제1실체〉는 아니다. 그러나 데카르트는 그의 형이상학설에서, 아리스토텔레스가 〈성질〉의 범주를 〈관계성〉의 범주보다 우월한 것으로 내세웠던 주장을 그대로 유지하고 있다. 이 강의에서는 〈성질〉보다 〈관계성〉이 우위를 차지하고 있다. 모든 관계성은 그 기초를 현실태의 관계성에 두고 있다. 이러한 관계성은 산 자가 죽은 자를 전유(專有)하는 것, 다시 말하면 〈객체적 불멸성 objective immortality〉과 전적으로 관계된다. 이 불멸성에 의하여, 자기 자신의 살아 있는 직접성을 잃어버린 존재자는 다른 생성의 살아 있는 직접성에 있어서의 실재적 real 구성 요소가 된다. 이는 세계의 창조적 전진 creative advancement of the world이란, 굽힐 수 없는 엄연한 사실 stubborn fact을 공동으로 구성하고 있는 사물들이 생성하고, 소멸하며, 또한 객체적으로 불멸한다는 것을 말한다는 학설이다.

철학의 역사는, 각기 다른 시기에 유럽의 사상을 지배해 왔던 두 개의 우주론을 보여주고 있다. 그 하나는 플라톤의 『티마이오스 *Timaeus*』[3)]이며, 다른 하나는 갈릴레오(G. Galileo, 1564-1642), 데카르트, 뉴턴, 로크를 주요 창시자로 하는 17세기의 우주론이다. 이와 같은 종류의 작업을 시도함에 있어서는 일관성과 지식의 진보에 의해 요구되는 수정을 가하면서, 이 두 기존의 도식을 융합하는 것이 아마도 진정한 해결책이 되리라는 생각에 따르는 것이 현명할 것이다. 이 강의에서 설명되는 우주론은 철학적 전통의 긍정적 가치에 대한 이와 같은 신뢰를 바탕으로

---

2) 데카르트 사상의 이러한 요소에 대한 나의 이해는 소르본 대학의 질송 E. Gilson 교수로부터 얻은 것이다. 질송 교수는 이러한 요소의 의의를 강조한 최초의 사람이라고 믿는다. 이 강의에서 시도되고 있는 이러한 개념의 용법에 대하여 그에게 아무런 책임이 없음은 말할 것도 없다.

3) 테일러 A. E. Taylor의 *A Commentary on Plato's Timaeus*가 출판되었는데, 나의 책이 인쇄에 돌려진 직후여서 애석하게 생각한다. 따라서 약간의 참조를 빼놓는다면, 이 책에서는 아무것도 원용하지 못했다. 테일러 교수의 다른 저서로부터는 많은 신세를 지고 있다.

구축되었다. 우주론의 성공 여부는 관념들로 이루어지는 그 도식의 한계 내에서, 경험의 다양성이 완벽하게 파악될 수 있는가에 달려 있다. 이러한 조건을 충족시키려는 노력은, 제2부의 〈자연의 질서〉, 〈주관주의적 원리〉, 〈과정〉이라고 각기 표제한 제3장, 제7장, 그리고 제10장을, 제3부의 〈경험의 보다 고차적인 위상〉이라고 표제한 제5장, 제4부의 〈측정〉이라고 표제한 제5장, 그리고 제5부의 〈신과 세계〉라고 표제한 제2장과 각기 비교해 보면 분명하게 드러난다. 이 장들은 제1부의 제2장에서 개진(開陳)된 관념들로 이루어지는 하나의 도식의 정당한 귀결로 인정되어야 할 것이다.

이 강의에서 나는 여러 해 동안의 사색으로 얻은 소재를 압축시켜 보려고 노력하였다. 이러한 노력의 성과를 출판함에 있어 나의 마음을 지배하고 있는 것은 다음과 같은 네 개의 강렬한 인상이다. 첫째는 지난 2세기 동안을 전반적으로 지배해 왔던 고립된 문제들에 대한 역사적, 철학적 비판 운동은 이제 그 역할이 끝났으며, 따라서 그것은 건설적인 사상의 보다 부단한 노력으로 보완될 필요가 있다는 점이다. 둘째로 철학적 구성의 참된 방법은, 가능한 한 최선을 다해 관념들의 도식을 축조하고, 그 도식에 의거하여 과감하게 경험을 해석해 나가는 것이라는 점이다. 셋째로 과학적 관심의 대상이 되는 여러 특수한 논제에 관여하는 모든 건설적 사고는, 승인되지는 않았지만 상상력을 이끌어가는 데 있어 적잖은 영향력을 행사하고 있는 이와 같은 어떤 도식에 의해 좌우되고 있다는 점이다. 그리고 철학의 중요성은 그러한 도식을 명확히 하고, 또 그렇게 함으로써 그것을 비판하고 개선할 수 있도록 하려는 끊임없는 노력에 있는 것이다.

그리고 마지막으로 남는 반성은 사물의 본성의 깊이를 타진하려는 노력이 참으로 천박하고 미약하며 불완전한 것일 수밖에 없다는 것이다. 철학적 논의에서는 어떤 진술을 궁극적인 것으로 보려는 독단적인 확실성을 암시하는 것만으로도 어리석음의 징표가 된다.

이 강의를 현재의 규모로 확대함에 있어, 나는 하버드 대학교의 클래스 멤버들이 시사해 준 비판적인 이론(異論)에 힙입은 바가 크다. 그리고 이 저술은 나의 아내의 변함없는 격려와 조언이 없었더라면 결코 집필될 수 없었을 것이다.

1929년 1월
하버드 대학교
앨프레드 노스 화이트헤드

1부 사변적 구도

1장

사변철학

제 1 절

사변철학. 관념들의 정합적, 논리적, 필연적인 체계. 경험의 해석.

이 연속 강의는 사변철학(思辨哲學)을 위한 하나의 시론으로 꾸며진 것이다. 그 첫 과제는 무엇보다도 〈사변철학〉이라는 말의 뜻을 분명히 밝히고, 나아가서는 중요한 지식을 가능케 하는 생산적 방법으로서의 사변철학을 옹호하는 것이어야 한다.

사변철학이란 우리의 경험의 모든 요소를 해석해 낼 수 있는, 일반적 관념들의 정합적이고 논리적이며 필연적인 체계를 축조하려는 시도이다. 여기서 내가 말하는 〈해석 interpretation〉이라는 개념은, 우리가 향유하고 지각하고 의지(意志)하고 생각할 때 의식되는 모든 것이 일반적 도식의 특수한 사례라는 성격을 갖게 되리라는 것을 의미한다. 따라서 이러한 철학적 도식은 정합적이고도 논리적이어야 하며, 그 해석은 적용 가능하고 충분한 것 applicable and adequate이어야 한다. 여기에서 말하는 〈적용 가능〉이란 경험의 여러 사항들이 그 도식에 의해 해석될 수 있다는 것, 그리고 〈충분〉이란 그 도식에 의해 해석이 불가능한 사항은 하나도 없다는 것을 말한다.

여기에서 사용되고 있는 〈정합성 coherence〉이란, 그러한 도식을 전개시키고 있는 기초적 관념들은 상호 간에 전제되고 있으며, 따라서 그것들이 고립될 경우 무의미해진다는 것을 말한다. 이러한 요건은 그 관념들이 상호 간의 견지에서 정의될 수 있다는 것을 의미하는 것이 아니고, 어느 한 관념에 있어 정의될 수 없는 것은 다른 관념들과의 관련으로부터 추상될 수 없다는 것을 의미한다. 그러한 기초적 관념들은 상호 간에 분리 불가능한 것임을 보여주려는 것이 사변철학의 이상이다. 다시 말하면, 어떠한 존재 entity도 우주의 체계로부터 완전히 분리되어서는 파악될 수 없다는 것, 그리고 사변철학의 임무는 바로 이러한 진리를 밝히는 일이라는 것이 전제되어 있다. 이러한 특성이 사변철학의 정합성이다.

〈논리적〉이라는 말은 통상적인 의미를 가진다. 즉 〈논리적〉 일관성, 무모순성, 논리적 용어에 의한 구문의 정의, 특수한 사례에 있어서의 일반적인 논리적 관념의 예증, 그리고 추론의 원리를 포함한다. 논리적 관념은 그 자신의 위치를 철학적 관념의 도식 속에서 찾지 않으면 안 된다는 것을 알게 될 것이다.

그리고 사변철학의 이러한 이상은 합리적 측면과 경험적 측면을 함께 가지고 있다는 것도 알게 될 것이다. 합리적 측면은 〈정합적〉 및 〈논리적〉이라는 용어로 표현된다. 경험적 측면은 〈적용 가능〉 및 〈충분〉이라는 용어로 표현된다. 그러나 이 두 측면은 〈충분〉이라는 용어에 대한 앞에서의 설명에서 남겼던 모호성을 제거함으로써 하나로 결합된다. 모든 사항에 대한 이 도식의 충분성이란 우연히 고찰의 대상이 되었던 사항에 대한 충분성을 의미하는 것이 아니다. 그것이 의미하는 바는, 철학적 도식을 예증하는 것으로서의 관찰된 경험의 구조가 모든 관련된 경험이 반드시 동일한 구조를 나타내게 되는 그러한 성격의 것이어야 한다는 것이다. 따라서 철학적 도식은 직접적인 사실과 소통하는 것에 국한시킨다면, 그 도식 자신 속에 모든 경험과 통하는 보편성의 근거를 간직하고 있다는 의미에서 〈필연적〉인 것이 된다고 하겠다. 이처럼 소통하지 않는 것은 알 수 없으며, 알 수 없는 것은 미지의 것이다.[1] 따라서 소통 communication에 의해 한정되는 이 보편성은 충분한 것일 수 있다.

보편성에 있어서의 필연성에 관한 이 학설은, 우주에는 자기 자신을 초월하는 관계를 자신의 합리성에 대한 침해로 보고 이를 금하는 본질이 있다는 것을 의미한다. 사변철학은 그러한 본질을 탐구한다.

제 2 절

통찰과 언어의 결함. 관찰의 조건들. 경직된 경험론, 상상력, 일반화. 정합성과 부정합성. 창조성, 궁극자.

철학자들이 이러한 형이상학의 제1원리를 최종적인 형태로 정식화할 수 있으리라고 기대하는 것은 전적으로 허망한 일이다. 통찰력의 허약과 언어의 결함이 무정하게 그 길을 가로막고 있는 것이다. 낱말과 구(句)는 일상적인 용법과는 관계가 없는 일반성으로까지 확대해서 사용하지 않으면 안 된다. 그리고 아무리 언어의 이러한 요소들이 전문 용어로서 고정된다고 하더라도 그것은 여전히 암암리에 상상적 비약에 호소하는 은유(隱喩)인 것이다.

본질적으로 불가지적(不可知的)인 것이어서 통찰의 섬광으로도 파악할 수 없는 그런 제1원리란 없다. 그러나 언어가 갖는 난점은 제쳐놓고라도, 상상력으로 꿰뚫어 보는 안목 imaginative penetration에서의 결함

1) 이 학설은 하나의 패러독스이다. 일종의 잘못된 겸양에 빠져들면서, 〈신중한〉 철학자들은 이 학설의 정의를 시도하고 있다.

은 원리들의 도식에 일종의 점근선적 접근(漸近線的 接近, asymptotic approach)이라는 형태의 진보 이외에 다른 어떤 형태의 진보도 허용하지 않는다. 그리고 그 도식은 다만 그 원리들이 만족시켜야 할 이상(理想)에 의해 한정될 수 있을 뿐이다.

이러한 난점의 소재는 철학의 경험적인 측면에 있다. 우리의 여건 datum은 우리 자신을 포함한 현실의 세계 actual world이다. 이 현실 세계는 관찰에 있어 우리의 직접 경험의 주제라는 모습으로 펼쳐지고 있다. 그 어떤 사상이든 자신을 정당화하는 유일한 길은 직접 경험을 해명하는 것이며, 사상의 출발점은 이러한 경험의 구성 요소를 분석적으로 관찰하는 데에 있다. 하지만 우리는 직접 경험을 뚜렷하게 하는 여러 세부적인 것들에 의한 직접 경험의 명쾌하고 완전한 분석을 의식하고 있는 것은 아니다. 우리는 습관적으로 차이의 방법 method of difference에 의해서 관찰한다. 우리는 코끼리를 보고 있을 때도 있고 또 보지 않을 때도 있다. 그 결과 코끼리가 눈앞에 있을 때 우리는 코끼리에 주목하게 된다. 관찰의 용이성은, 관찰되는 대상이 현존하고 있을 때 그 대상이 중요하다는 사실, 그리고 때로는 그것이 부재한다는 사실에 달려 있다.

형이상학의 제1원리들은 예증(例證, exemplification)되지 않는 법이 없다. 우리는 현실 세계가 그러한 원리의 지배로부터 벗어나 있는 것을 포착하지 못한다. 따라서 형이상학적인 발견을 하고자 할 경우, 이미 앞서의 관찰에 의해 만들어진 세밀한 식별을 엄밀히 체계화하는 데에 사고를 못 박는 식의 방법으로는 실패하고 만다. 이러한 경직된 경험주의의 방법적인 좌절은 비단 형이상학에만 국한되지 않는다. 우리가 보다 큰 일반성을 탐구할 때면 언제나 그런 일이 생긴다. 자연과학에서 이러한 경직된 방법이 베이컨적 귀납법인데, 그 방법을 시종 일관되게 따를 경우, 그것은 과학을 찾아낸 지점에 과학을 그대로 남겨 두게 될 것이다. 베이컨이 등한시했던 점은 정합성과 논리라는 요건에 의해 통제되는 자유로운 상상력의 작용이었다. 진정한 발견의 방법은 마치 비행기의 비행(飛行)과 흡사하다. 그것은 개별적인 관찰이라는 대지에서 출발한다. 그리고 상상력에 의한 일반화라는 희박한 대기권을 비행한다. 그러고 나서 합리적 해석으로 예민해지고 새로워진 관찰을 위해서 착륙한다. 이 상상력에 의한 합리적 방법이 성공하는 근거는, 차이의 방법이 실패했을 때 거기에 변함없이 현존하고 있는 요인들이 상상적 사고의 영향 아래에서 관찰될 수 있다는 사실에 있다. 그러한 사고는 직접적 관찰에서 드러나지 않는 차이를 보완한다. 그것은 심지어 모순까지도 적절히 다룰 수 있다. 그래서 경험에 나타난 일관된 요소, 영속적인 요소들을, 상상 속에서는 그것들과 모순되는 것과 비교함으로써 그것들을 조명할 수가 있는 것이다. 부정적 판단negative judgment은 정신 활동의 정점을 이룬다. 그러나 상상력에 의한 구성imaginative construction이 성공하기 위한 조건들은 엄격히 지켜져야 한다. 첫째로 이 구성은 인간이 관심을 갖는 특정의 주제에서, 예를 들면 물리학, 생리학, 심리학, 미학, 윤리적 신념, 사회학, 또는 인간의 경험의 보고(寶庫)로 여겨지는 언어에서 인정되는 특정한 요소들에 대한 일반화에 그 기원을 두어야 한다는 것이다. 이렇게 하여 어쨌든 어떤 중요한 적용이 있어야 한다는 첫째 요건이 확보된다. 상상적 실험의 성공 여부는 언제나 그것이 시작되었던 좁은 장소를 벗어나서 그 결과가 갖는 적용 가능성에 의해 검증되어야 한다. 이와 같은 확장된 적용이 없을 때에는, 예를 들어 물리학에서 출발했던 일반화는 단지 물리학에만 적용될 수 있는 개념들의 또 다른 표현에 그치고 만다. 부분적으로 성공한 철학적 일반화는, 그것이 물리학에서 출발했다면 물리학을 넘어서는 영역의 경험에 적용될 것이다. 그것은 멀리 떨어진 영역의 관찰을 계발해 줄 것이다. 따라서 일반적 원리는 마치 도해(圖解)하는 과정에서 보는 것처럼 식별될 수 있게 된다. 그러나 상상적 일반화가 없을 경우, 일반적 원리들은 그들의 집요한 예시에 의해 도리어 모호하게 되고 만다.

따라서 첫째 요건은 일반화의 방법으로 밀고 나가는 것이기 때문에, 거기에는 분명히 어떤 적용 가능성이 있게 마련이다. 그리고 성공 여부는 직접적인 기원을 넘어서서 적용되느냐의 여부에 의해 판가름된다. 달리 말하면, 전체를 내다보는 비전synoptic vision을 얻게 되었느냐 하는 것이다.

철학적 방법을 이렇게 기술하는 데 있어 〈철학적 일반화〉라는 용어가 의미하는 바는 다음과 같은 것이었다. 즉 〈모든 사실에 적용되는 유적(類的)인 개념을 점치기 위하여, 한정된 사실들의 무리〔群〕에 적용되는 종적(種的)인 개념들을 이용한다〉는 것이었다.

자연과학은 이 방법을 사용함에 있어, 합리주의와 비합리주의의 미묘한 혼합을 보여주었다. 자연과학의 지배적 사고의 풍조는 그 자신의 경계 안에서는 열렬히 합리주의적인 데 반하여, 그 경계를 벗어나면 독단적으로 비합리주의적이었다. 실제로 이러한 태도는, 더 이상 일반화되지 않는 그 자신의 근본적인 관념으로도 완전히 표현될 수 없는 요인들이 이 세계에 있다는 것을 독단적으로 부정하기 쉽다. 이러한 부정은 사고의 자기 부정이다.

상상력에 의한 구성이 성공하기 위한 둘째 조건은 두 합리주의적 이상, 즉 정합성과 논리적 완전성을 단호하게 추구하는 일이다.

논리적 완전성은 이 자리에서 세부적인 설명을 필요로 하지 않는다. 그것이 중요하다는 하나의 보기로는, 자연과학이라는 한정된 분야에서 수학이 차지하는 역할을 들 수 있다. 수학의 역사는 개별적인 사례에서 관찰된 특수한 관념들의 일반화를 보여준다. 수학의 어느 부문에서도 관념들은 상호 간에 서로를 전제하고 있다. 수학의 여러 부문이 순수한 상상적 충동하에서 발전되고, 정합성과 논리에 의해 통제되고, 마침내는 중요한 대목에서 적용된다는 것은 사상사의 주목할 만한 특징이라고 하겠다. 시간을 필요로 할는지는 모른다. 원추곡선론(圓錐曲線論)은 천팔백 년 동안이나 기다려야 했다. 보다 최근에는 확률론(確率論), 텐서tensor 이론, 행렬론(行列論)의 경우가 이에 해당된다.

정합성(整合性)이라는 요건은 합리주의적 건전성을 위한 강력한 예방약이다. 그러나 정합성에 의한 비판이 지니는 타당성이 언제나 용인되는 것만은 아니다. 우리들이 철학상의 여러 논쟁을 고찰해 보면, 논쟁자가 상대방에게는 정합성을 요구하면서도, 자기 자신에게는 이를 면제하는 경향이 있다는 것을 발견하게 된다. 하나의 철학 체계는 결코 논박되는 것이 아니고 다만 버려지는 것일 뿐이라고 여겨져 왔다. 그 이유로는, 논리적 모순이란 일시적인 착오——일시적이라고는 하지만 많은——의 결과인 것을 제외하고는 오류 중에서 가장 근거가 없는 것이고, 대개는 사소한 것이기 때문이라는 것이다. 따라서 비판을 받고 났을 때 체계는 단순히 비논리성만을 노출하는 것이 아니다. 그것은 불충분성과 부정합성 때문에 상처를 입게 된다. 한 체계의 범위 안에 어떤 명백한 경험의 요소를 포함시키는 데 실패할 경우, 그 체계는 사실들을 대담하게 부인함으로써 그에 대처한다. 또한 한 철학 체계가 어떤 신선한 매력을 간직하고 있는 동안은 정합성이 결여되었더라도 이에 대하여 말하자면 사면(赦免)의 특전을 누리게 된다. 그러나 한 체계가 정통성을 획득하게 되고, 권위를 가지고 교육되게 되면 그 체계는 한층 예리한 비판을 받게 된다. 사실들에 대한 거부와 부정합성이 더 이상 용인될 수 없게 될 때, 이에 대한 반작용이 시작된다.

부정합성(不整合性, incoherence)이란, 주요 원리들이 임의로 단절되어 있음을 말한다. 근대 철학에서는 데카르트의 두 종류의 실체, 즉 물체적 실체와 정신적 실체가 부정합성을 예증하고 있다. 데카르트의 철학에는 어째서 전적으로 물질적인 하나의 실체 세계나 아니면 전적으로 정신적인 하나의 실체 세계가 존재해서는 안 되는지에 대한 이유가 없다. 데카르트에 의하면 실체적 개체는 〈존재하기 위해서 자기 자신 이외의 아무것도 필요로 하지 않는다〉. 따라서 이 체계는 자기의 부정합성을 일종의 미덕으로 삼고 있는 셈이다. 그러나 다른 한편으로, 데카르트의 체계와는 달리 사실들은 결합되어 있는 것처럼 보인다. 예를 들면 심신 문제를 다루는 데서 그렇다. 데카르트의 체계가 참된 무엇인가를 말해 주고 있다는 것은 분명하지만, 그 체계 내의 개념들은 사물의 본질을 꿰뚫어 보기에는 너무나 추상적이다.

스피노자 철학의 매력은 데카르트의 견해를 수정하여 보다 정교한 정합성을 확보한 데에 있다. 스피노자는 하나의 실체, 자기 원인 *causa sui* 에서 출발하여 그것의 본질적인 속성과 개체화된 그것의 양태(樣態, modes) 즉 실체의 변용(變容, *affectiones substantiae*)을 고찰하고 있다. 이 체계는 양태라는 것을 임의로 도입함으로써 틈새가 생겨나고 있다. 그렇긴 하지만 이 도식이 경험 세계의 많은 계기들과 어떤 직접적인 관련을 맺을 수 있으려면 양태의 다양성은 결정적으로 불가결한 것이 된다.

유기체 철학은 스피노자의 사상의 도식과 매우 유사한 데가 있다. 그러나 유기체 철학은 사고의 주어-술어 형식 subject-predicate form을 버린다는 점에서 그의 사상 도식과 다르다.① 즉 이 형식이 사실의 가장 궁극적인 특징을 직접적으로 표현한다는 전제와 관련되어 있는 한, 이런 형식을 버린다는 것이다. 그 결과 〈실체-속성 substance-quality〉 개념은 무효가 되는 동시에 형태론적 기술이 유기체 철학에서는 역동적 과정 dynamic process의 기술로 대체된다. 그리고 스피노자의 〈양태〉도 이제는 단순한 현실태 actualities가 된다. 따라서 이 양태들에 관한 분석은 우리의 이해를 넓혀주기는 하지만 어떤 보다 높은 실재의 발견으로 우리를 이끌어가지는 않는다. 이 유기체 철학이 유지하려는 정합성은 어떤 현실적 존재의 과정 또는 합생(合生, concrescence)도 그 구성 요소 속에 다른 현실적 존재들을 포함하고 있다는 것을 발견해 내는 데 있다. 그리고 여기서 이 세계가 갖는 명백한 연대성 solidarity이 설명된다.

무릇 철학 이론에는 우유성(偶有性, accidents)에 힘입어 현실적인 것이 되는, 어떤 궁극자 an ultimate가 존재한다. 그것은 오직 그 우유적인 것들의 구현을 통해서만 그 특성이 규정될 수 있는 것인데, 그러한 우유성

---

① 전통적인 철학 사상은 실체, 즉 성질들의 변화가 그것에 기초해서 성립된다는, 자기 동일적인 기체(基體)로서의 실체를 기초로 하여 성립되어 있고, 사고의 주어-술어 형식은 이러한 입장과 밀접히 연결되어 있다. 화이트헤드는 이러한 입장을 비판하면서 유기체 철학을 제창하고 있다.

으로부터 단절될 때 그것은 현실성을 잃게 된다. 유기체 철학에서는 이런 궁극자를 가리켜 〈창조성 creativity〉이라고 부른다. 그리하여 신은 그것의 원초적인 비시간적 우유성(偶有性) primordial, non-temporal accident* 이다. 스피노자의 철학이나 절대적 관념론 등의 일원론적 철학에서는 이런 궁극자가 신이며, 이와 동등한 의미에서 〈절대자〉라고도 불린다. 그러한 일원론적 도식에 있어서는 궁극자 속에, 우유성에 돌려야 할 것을 초월하는 최종적인 어떤 〈탁월한〉 실재성이 부당하게 허용되어 있다. 이와 같은 일반적 관점에서 본다면 유기체 철학은 서아시아나 유럽의 사상보다는 인도나 중국의 사상의 기조에 더 가까운 것으로 생각된다. 후자 쪽에서는 과정(過程)을 궁극자로 보는데, 전자 쪽에서는 사실을 궁극자로 보고 있다.

제 3 절

합리주의와 독단주의. 모체(母體, Matrix)로서의 도식, 참과 거짓의 명제, 모체의 사용. 실험적 모험.

어떤 철학도 차례가 되면 뒷전으로 물러나게 마련이다. 그러나 많은 철학적 체계들은 우주에 관한 다양한 일반적 진리를 표현하면서, 그것들이 타당성을 획득할 수 있는 영역의 조정과 배정을 고대하고 있다. 이러한 조정에 있어서의 진보는 철학의 전진에 의해 이루어지는데, 이런 의미에서 철학은 플라톤 이래로 전진해 왔던 것이다. 합리주의의 성과를 이렇게 설명해 본다면, 철학에서의 주된 과오는 과잉 주장에 있다. 일반화를 지표로 삼겠다는 것은 건전한 것이지만 그 성공에 대한 평가

---

* 화이트헤드는 자신의 맥밀런판 사본에 〈비시간적 우유성〉 밑에 선을 긋고, 난외에 〈비역사적 non-historical〉이라고 써놓았다.

는 과장되어 있는 것이다. 이 과잉 주장에는 두 가지의 주요 형태가 있다. 그 하나는 내가 다른 곳[2]에서 〈잘못 놓인 구체성의 오류 fallacy of misplaced concreteness〉라고 불렀던 것이다. 이 오류는 하나의 현실적 존재를 그것이 오직 일정한 사고의 범주를 예증하는 한에서만 고찰하게 될 경우 문제가 되는 추상성의 정도를 무시한 데에 있다. 우리의 사고를 단순히 이러한 범주들에만 제한할 경우, 간단히 무시되어 버리는 현실태의 양상이 있게 마련이다. 따라서 한 철학의 성공 여부는, 사고가 그 범주의 범위 안에 제한되어 있을 때 이러한 오류를 어느 정도로 모면하느냐에 따라 평가되어야 한다.

과잉 주장의 또 다른 형태는 확실성에 관한, 그리고 그 전제에 관한 논리적 절차를 잘못 평가하는 데 있다. 철학은 오랫동안 다음과 같은 잘못된 생각에 사로잡혀 왔다. 즉 철학의 방법이라는 것은 명석판명하고도 확실한 전제를 독단적으로 명시해야 하고, 나아가서 그러한 전제들 위에 연역적 사상 체계를 구축해야 한다는 것이다.

그러나 궁극적인 일반성을 정확히 표현한다는 것은 논의의 목표이지 그 출발점은 아니다. 철학은 수학의 본보기로 말미암아 오도되어 왔다. 수학에서조차도, 궁극적인 논리적 원리에 관한 진술에는 아직도 극복할 수 없는 난점이 따르고 있다.[3] 하나의 합리주의적 도식에 대한 검증은 그것의 전반적인 성공에서 구해야 할 것이지, 그 제1원리의 특수한 확실성이나 최초의 명석성 같은 데서 구할 일은 아니다. 이와 관련하여 귀류법(歸謬法, *ex absurdo* argument)의 남용에 주의할 필요가 있다. 왜냐하면 많은 철학적 추론이 이것의 남용으로 말미암아 손상을 입고 있기 때문이다. 일련의 추론에서 모순이 생겼을 때 거기에서 이끌어낼 수 있는 유일한 논리적 결론은, 그 추론 속에 들어 있는 전제들 가운데 적어도 하나의 전제가 거짓이라는 것이다. 그런데 여기서 문제의 그릇된

2) 『과학과 근대세계』, 제3장 참조.

3) 화이트헤드 · 러셀, 『수학원리 *Principia Mathematica*』, 제1권, 「서문」 및 「제2판 서문」 참조. 이 「서문」의 논의는 러셀에 힘입고 있으며, 「제2판 서문」은 전적으로 그러하다.

전제는 더 문제삼지 아니한 채로 성급하게 가정되어 있는 것이다. 수학에서는 이런 가정이 흔히 정당화되기도 하는데, 이로 말미암아 철학자들은 오도되어 왔던 것이다. 그러나 만족할 만한 형이상학의 체계가 될 수 있는, 존재에 관해서 명확히 정의된 범주의 도식이 없을 경우에 철학적 논의의 전제는 모두 의심을 받게 된다.

범주의 도식 ── 그것은 진보의 각 단계에서 명확히 진술되는 것이지만 ─ 을 점진적으로 보다 정교하게 구축해 나가는 것이 철학 본래의 목표로 인정되기 전에는, 철학이 자신의 고유한 지위를 되찾지 못할 것이다. 이런 도식들 가운데는 서로 일치하지 않는, 그러면서도 각기 장점과 단점도 아울러 갖고 있어서 서로 경합하고 있는 것들이 있을 수 있다. 이런 경우에는 그러한 차이점들을 조정하는 것이 연구의 목적이 될 것이다. 형이상학적 범주란 어떤 자명한 것에 대한 독단적 진술이 아니라 어디까지나 궁극적 일반성에 대한 시론(試論)적 정식화인 것이다.

철학적 범주의 도식을 하나의 복합적인 주장으로 보고 거기에다 논리학자가 말하는 참과 거짓이라는 양자택일적 척도를 적용시킬 경우, 그 대답은 그 도식이 거짓이라는 것이 될 것임에 틀림없다. 그리고 어느 과학에나 있게 마련인 정식화된 원리에 대하여 이와 비슷한 질문을 했을 때에도 틀림없이 그와 똑같은 대답이 나오게 될 것이다.

철학적 도식은 정식화되지 못한 제한, 예외, 한계, 보다 일반적인 관념에 의한 새로운 해석의 가능성 등을 인정한다는 조건하에서 참이 된다. 우리는 아직도 이 도식을 어떻게 논리적인 참으로 고쳐 만들지를 모르고 있다. 그러나 이 도식은 그로부터 특정의 환경에 적용 가능한 참명제를 이끌어낼 모체 matrix가 된다. 이 도식이 유효한 것이 되는 그런 환경을 식별해 내는 문제와 관련해서 볼 때, 현재의 우리로서는 오직 우리의 훈련된 본능을 믿을 수밖에 달리 방법이 없겠다.

그러한 모체를 사용할 때는 대담하고도 엄밀한 논리를 가지고 그 모체에 의거하여 논의를 밀고 나가야 한다. 그렇기 때문에 이 도식은 그러한 추론을 하기 위하여 최대한의 정확성과 명료성을 가지고 진술되어야 한다. 그리고 이러한 논의의 결론은 그것이 적용되어야 할 환경과 대조해 보아야 한다.

이렇게 해서 얻게 되는 첫째의 이점은 경험이, 그것을 억압하여 마비시키는 상식에 의해 더 이상 심문받지 않게 된다는 것이다. 이 논의의 결론이 환기시키는 기대 때문에 관찰은 한층 고양된 통찰력을 획득하게 된다. 이러한 절차를 거쳐 나타나는 결과는 다음의 세 가지 형태 중의 하나를 취한다. i) 그 결론이 관찰된 사실과 일치한다, ii) 그 결론은 세부적인 점에서는 일치하지 않지만 일반적인 점에서는 일치한다, iii) 그 결론은 사실과 전혀 일치하지 않는다.

첫째의 경우, 사실들은 보다 충분하게 인식되기에 이르며, 세계에 대한 이 체계의 적용 가능성도 밝혀진 것이 된다. 둘째의 경우에는, 사실의 관찰에 대한 비판과 그 도식의 세부에 대한 비판이 다 같이 요구된다. 사상의 역사는 관찰된 사실에 대한 잘못된 해석이 그 관찰 기록 속에 끼어든다는 것을 보여주고 있다. 따라서 이론과, 사실에 관하여 받아들인 개념들은 모두 의심스럽게 된다. 셋째의 경우에는 이론의 근본적인 재구성이 요구되는데, 그 방법으로는 그 이론을 어떤 특수한 분야에 국한시키는 방법, 또는 그 사고의 주요 범주를 전적으로 버리는 방법이 있다.

최초의 합리적인 생활의 터전이 문명적인 언어와 더불어 다져진 이후, 모든 생산적인 사고는 예술가들의 시적인 직관에 힘입어, 또는 논리적 전제로 이용할 수 있는 사고의 도식을 상상력으로 정교하게 만들어내는 데에 힘입어 생겨나게 되었다. 얼마 정도의 차이는 있겠지만, 진보는 언제나 자명한 것을 초극함으로써 이루어진다.

합리주의는 실험적 모험이라는 자신의 지위를 결코 포기하지 않는다. 철학의 융성에 그토록 지대한 공헌을 하였던 수학과 종교의 결합된 영향은, 다른 한편으로 철학에 정적인 독단주의의 굴레를 씌우는 불행한 결과를 가져오기도 하였다. 합리주의는 사상을 명석하게 하려는 하나의 모험이며, 끊임없이 전진할 뿐 결코 멈추는 법이 없는 하나의 모험이다. 그러나 이 모험은 부분적인 성공도 중요시하는 모험이다.

제 4 절

철학과 과학, 일반성의 등급. 수학의 독단적 영향. 철학의 진보.

특수 과학의 영역은 사실의 한 가지 유(類, genus)에 국한되어 있는데, 이 유 이외의 사실들에 관해서는 아무런 진술도 할 수 없다는 의미에서 그러하다. 어떤 한 조(組)의 사실과 관련하여 하나의 과학이 자연스럽게 생겨나게 되었다는 사실 자체가 다음과 같은 점을 확증한다고 할 수 있다. 즉 그러한 유형의 사실들은 그들 사이에, 모든 인류에게 지극히 명백해 보이는 일정한 관계를 가지고 있다는 것이다. 사실들을 명료하게 이해하는 것이 생존이나 향유를 위해서, 다시 말하면 〈존재하는 것 being〉과 〈좋은 생활 상태〔행복〕 well-being〉라는 목적을 위해서 직접적으로 중요하게 될 경우, 사실들은 그와 같은 자명한 공통성을 띠게 된다. 이렇게 해서 추출된 인간 경험에 있어서의 요소는, 그에 관해서 말하는 언어가 풍부해지고 또 그 한계 내에서 정밀해지는 그런 요소이다. 그러므로 특수 과학은 검증하기 쉽고 언어로 쉽게 표현될 수 있는 논제들을 다룬다.

철학의 연구는 보다 광범한 일반성을 향해 나아가는 항해(航海)이다. 이런 이유에서 과학의 요람기, 즉 당면의 주제에 유효하게 적용될 수 있는 가장 일반적인 관념의 발견에 치중하고 있었던 시기에는 철학과 과학이 예리하게 구별되지 않았다. 오늘에 이르기까지, 그 관념들이 어떤 실질적인 참신성을 갖는 새로운 과학은 어떻게든지 특별히 철학적인 데가 있는 것으로 간주되는 경향이 있다. 대부분의 과학이, 일시적인 혼란을 별문제로 한다면, 후기의 단계에서는 자신을 전개시키는 데 사용하고 있는 일반적 관념들을 이의 없이 받아들인다. 주된 관심은 보다 특수한 진술들을 조정하고 직접적으로 확증하는 데에 쏠리게 된다. 이러한 시기에는 과학자들이 철학을 거부한다. 뉴턴은 자신의 물리학의 원리에 전적으로 만족한 나머지 형이상학을 거절하였다.

뉴턴 물리학의 운명이 우리에게 경고해 주는 바는, 과학의 제1원리에는 발전이 있다는 것, 그리고 이 제1원리의 원형(原形)은 오직 의미의 해석과 그 적용 영역의 제한——성공리에 사용되던 초기에는 의문시되지 않았던 해석과 제한——에 의해서만 보존될 수 있다는 것이다. 문화사의 한 장(章)은 일반성의 성장을 문제삼는다. 이러한 장에서 낡은 일반성은 오래된 언덕처럼 마멸되어 그 높이가 낮아지다가 급기야 새로운 경쟁자에 의해 대치되고 있음을 보게 된다.

따라서 철학의 목적 가운데 하나는 과학의 제1원리를 구성하고 있는 반쪽짜리 진리 half-truths에 도전하는 일이다. 지식의 체계화는 선박의 방수격실 같은 곳에서 이루어질 수 없다. 모든 일반적 진리들은 상호 간에 제약하고 있어서, 그 적용 범위는 보다 광범위한 일반성을 토대로 하는 그들 상호 간의 관계를 떠나서는 적절히 규정될 수 없다. 원리에 대한 비판은 다양한 과학의 기초 개념들이, 상호 간에 연관되어 있는 그들의 지위와 관련해서 고찰되는 경우, 주로 그 기초 개념에 배정되어야 할 고유한 의미를 결정한다는 형식을 취해야 한다. 이런 지위의 결정은 어떠한 특수 주제도 초월하는 일반성을 필요로 한다.

피타고라스학파의 전통을 믿어도 좋다면, 서구 철학의 출현은 수학이 추상적 일반성의 과학으로 발전함으로써 크게 촉진되었다고 할 수 있겠다. 그러나 그 후의 발전 과정에서 철학의 방법은 수학이라는 본보기로 말미암아 손상을 입기도 하였다. 수학의 주요 방법은 연역법이고, 철학의 주요 방법은 기술적 일반화(記述的 一般化, descriptive generalization)이다. 수학의 영향으로 말미암아 연역법은 일반성의 범위를 시험하는, 본질적으로 보조적인 검증 방식이라는 그 진정한 위치를 점하는 대신, 철학의 표준적인 방법으로서 철학에 떠맡겨졌던 것이다. 철학의 방법에 대한 이와 같은 오해는, 경험적 사실을 파악함에 있어 명료성을 더해 주는 유적 개념을 제공할 때 철학이 거두는 매우 중요한 성공을 베일로 가리고 말았다. 플라톤, 아리스토텔레스, 토마스 아퀴나스, 데카르트, 스피노자, 라이프니츠, 로크, 버클리, 흄, 칸트, 헤겔 등이 뒷전으로 물러나게 되었다는 사실이 의미하는 바는 다른 것이 아니고, 이들이 철학의 전통에 끌어들였던 관념들은 그들이 미처 알지 못했거나 아니면 심지어 그들이 명백하게 거절했던 제한과 적용 그리고 전환을 통해 해석되지 않으면 안 된다는 것이다. 새로운 관념은 새로운 대안을 이끌어 들인다. 또한 어떤 사상가가 버린 대안을 취한 경우에도 우리는 그에게 큰 은혜를 입고 있는 셈이 된다. 철학은 위대한 철학자로부터 충격을 받고 난 후에는 결코 옛날 자리로 되돌아가지 않는다.

제 5 절

언어의 결함. 명제와 그 배경. 형이상학적 전제. 언어에 대한 지나친 믿음. 형이상학과 실천. 형이상학과 언어적 표현.

모든 학문은 저마다 자신의 도구를 고안하지 않으면 안 된다. 철학의 필수적인 도구는 언어이다. 그렇기 때문에 철학은 물질과학에서 기존의 장치를 고쳐 설계하는 것과 마찬가지로 언어를 고쳐 설계 redesign한다. 사실에 호소하는 작업이 얼마나 어려운가는 바로 이 점에서 분명해진다. 사실에 호소한다는 것은 단지 일상적인 말로 진술되는 사실의 표현에 호소하는 것에 그치는 것이 아니다. 그러한 문장의 충분성 여부가 바로 중요한 문제점이 된다. 경험된 사실에 관한 인류의 일반적인 의견 일치가 언어에서 가장 잘 표현된다는 것은 사실이다. 그러나 문헌상의 언어는 보다 넓은 일반성을 명확한 형태로 표현하려는 과제 앞에서 여지없이 실패하고 만다. 그 일반성이야말로 바로 형이상학이 표현하려고 하는 것이다.

문제의 핵심은 모든 명제가, 일반적이며 체계적인 형이상학적 성격을 갖는 우주와 관계된다는 데에 있다. 이러한 배경을 떠난다면 명제를 이루는 개별적인 존재들과 전체로서의 명제는 결정적인 성격을 결여한 것이 된다. 이런 경우에는 아무것도 확정된 것이 없다. 왜냐하면 모든 확정적 존재는 자신의 필수적인 지위를 충족시키기 위해 어떤 체계적인 우주를 필요로 하기 때문이다. 따라서 사실을 제시하는* 모든 명제는 그 완전한 분석에 있어서, 그 사실이 필요로 하는 우주의 일반적인 성격을 보여주어야 한다. 무(無) 속에 떠도는 자기 충족적 사실 같은 것은 존재하지 않는다. 한 명제를 현실 세계의 체계적 문맥으로부터 끊을 수 없다고 보는 이러한 학설은, 우리가 뒤의 제2장에서 부연하고 예시하게 될 제4와 제20의 기본적인 범주적 설명으로부터 직접 이끌어낸 결론에서 나온 것이다. 명제란 그 의미 속에 전제되어 있는 일정한 유형의 체계적 환경을 요구할 뿐이기 때문에 그것은 부분적인 진리만을 구체적으로 나타낼 따름이다. 명제는 우주를 그 모든 세부적인 면에 걸쳐 언급하고 있는 것이 아니다.

형이상학의 실제적인 목적 가운데 하나는 명제의 정확한 분석이다. 그것은 단지 형이상학적 명제뿐만 아니라, 〈오늘 저녁의 식사에는 쇠고기가 있다〉라든지 〈소크라테스는 죽는다〉와 같이 전적으로 일상적인 명제에 대한 분석이기도 하다. 어떤 특수 과학의 영역을 구성하고 있는 사실들의 한 유(類, genus)는 그 우주에 대한 어떤 공통의 형이상학적 전제를 필요로 한다. 언어적 표현을 명제의 충분한 언명으로 본다면 이는 전적으로 경솔한 처사이다. 언어적 표현과 완전한 명제의 차이는, 어째서 논리학자가 말하는 엄격한 선택지인 〈참 또는 거짓〉이 지식의 탐구를 위해서는 그토록 지극히 부적절한 것이 되는가라는 물음에 답하는 하나의 근거가 된다.②

언어적 표현에 대한 과신(過信)이 고대 그리스 사람들의, 그리고 고

---

* 화이트헤드는 자신의 맥밀런판 사본에 〈사실을 제시하는 proposing a fact〉 밑에 선을 긋고, 〈부주의한 careless〉이라고 써놓았다.

② 명제는 우주와 관계되고, 언어적으로는 추상적으로 주어-술어 형식으로 표현된다. 논리학자는 이 형식의 참과 거짓을 문제삼고 있지만, 화이트헤드에 의하면 명제의 참과 거짓에 대한 양자택일적인 결정이란 있을 수 없다.

대 그리스적 전통을 계승한 중세 사상가들의 철학과 자연학을 크게 손상시킨 주범이었다는 것은 널리 알려진 일이다. 예를 들면 존 스튜어트 밀은 다음과 같이 말하고 있다.

> 그들〔고대 그리스 사람들〕은 그들의 말이 혼동하고 있는 사물들을 구별하는 데 있어, 또는 말이 구별한 사물들을 정신적으로 결합시켜 생각하는 데 있어 상당한 어려움을 겪었다. 그래서 자연 속의 대상을, 그들 자신의 모국어의 일상적인 어구로 그 대상을 위해 마련되어 있는 부류 class 이외의 다른 부류 속에 집어넣는 일은 거의 하지 못했다. 기껏해야 그들은 그 대상을 위해 만들어진 부류를 자연적인 것으로, 그리고 그 밖의 다른 모든 부류를 임의적이며 인공적인 것으로 생각해 보는 것이 고작이었다. 그렇기 때문에 고대 그리스의 사변학파(思辨學派)나 중세 후계자들의 학문 연구는 대체로 일상적인 말과 결부된 개념들을 가려내거나 분해하는 작업에 그치고 말았다. 그들은 말의 의미를 결정하면 사실에 정통하게 될 것으로 생각했던 것이다.[4)]

나아가서 밀은 휴얼 William Whewell③의 저서에서 고대 그리스 사상의 같은 약점을 설명하고 있는 문장을 인용하고 있다.[5)]

그러나 밀도 휴얼도 언어에 관한 이러한 난점을 그 근원으로까지 거슬러 올라가서 추적하지는 않았다. 이들은 모두 언어는 명확하게 한정된 명제를 진술한다고 전제하고 있다. 이는 사실과 전혀 다르다. 언어는, 모든 사건이 일정한 체계적인 유형의 환경을 전제로 하고 있다는 사실 때문에 전적으로 불확정적인 것이다.

예를 들면, 어떤 한 문장에서 철학자를 가리키는 〈소크라테스〉라는 말은 다른 문장에서 그 철학자를 가리키는 〈소크라테스〉라는 말보다도 훨씬 면밀히 한정된 배경을 전제로 한 존재를 나타내고 있을 수도 있

---

4) 밀 J. S. Mill, 『논리학 대계 *Logic*』, 제5권, 제3장.

③ 1794-1866. 영국의 철학자. 과학사가.

5) 『귀납적 과학의 역사 *History of the Inductive Science*』 참조.

다. 〈죽는다 mortal〉라는 말도 이와 유사한 가능성을 지닌다. 정확한 언어는 완결된 형이상학적 인식을 기다려야만 하는 것이다.

철학의 전문적 언어는 경험적 사실들이 전제하는 일반적 관념의 명확한 표현을 획득하려는 다양한 사상적 유파들의 시도를 반영한다. 따라서 형이상학적 학설의 참신성이란 언제나 그 학설이 당대에 널리 유포되어 있는 철학적 문헌에서 볼 수 있는 사실의 진술과 부분적으로 일치하지 않음을 나타내는 것이라는 결론이 나온다. 이 불일치의 정도가 형이상학적 차이의 정도를 가늠하는 척도가 된다. 그렇기 때문에, 한 형이상학파의 학설이 다른 학파가 받아들였던 사실의 언어적 표현으로부터 귀결되지 않는다고 지적하는 것은 전자의 형이상학파에 대한 타당한 비판이 되지 못한다. 가장 중요한 점은, 문제되고 있는 그 학설이 우리로 하여금 완벽하게 표현된 명제에로 더 가까이 접근할 수 있게 한다는 데에 있다.

세계의 유기적 현실태들의 합성적 성질이 신의 본성 divine nature 속에서 어떻게 완전히 표현되느냐가 바로 진리 그 자체이다. 이러한 표현들이 신의 〈결과적 본성 consequent nature〉을 구성한다. 이 신의 본성은 진화하고 있는 세계와의 관계에 있어, 신의 원초적인 개념적 본성 primordial conceptual nature의 영원한 완성을 향해 퇴락함이 없이 진화해 간다. 이런 방식으로 〈존재론적 원리〉는 유지된다. 왜냐하면 많은 현실적 존재의 부분적 경험들을 공평하게 서로 연관시키는 그런 확정된 진리는, 그것이 소속될 수 있는 하나의 현실적 존재를 떠나서는 존재할 수 없기 때문이다. 신의 본성에 대한 시간적 세계의 반작용에 관해서는 뒤의 제5부에서 고찰된다. 그것은 제5부에서 〈신의 결과적 본성〉이라고 불린다.

〈실천〉 속에서 발견되는 것은 무엇이든지 형이상학적 기술(記述)의 범위 안에 있어야 한다. 형이상학적 기술이 〈실천〉을 포섭하지 못할 때 그 형이상학은 불충분한 것이고 수정을 요하는 것이 된다. 우리들이 자기의 형이상학적 학설에 계속 만족하고만 있는 한, 형이상학을 보완하기 위해서 실천에 호소하는 일은 있을 수 없게 된다. 형이상학은 실천의 모든 세부에 적합한 일반성의 기술일 뿐이다.

어떠한 형이상학적 체계도 이런 실제적인 테스트를 전적으로 만족시켜 주지는 못한다. 잘해야 형이상학적 체계는 탐구되고 있는 일반적 진리의 근사치에 머물고 있을 뿐이다. 특별히 출발점으로 삼아야 할, 엄밀히 진술된 공리적 확실성 같은 것은 존재하지 않는다. 그것을 표현할 언어 같은 것도 존재하지 않는다. 단 하나의 가능한 절차는, 그것의 통속적인 의미만을 취했을 경우 의미가 불명확하고 모호해지는 그런 언어 표현에서 출발하는 것이다. 이런 언어 표현은 그 후의 논의에 의한 해명을 도외시하고 그것으로부터 직접 추론해 나갈 수 있는 그러한 전제가 아니다. 그것은 그 후의 경험적 사실의 기술에서 예증될 일반적 원리를 진술하려는 시도이다. 후속되는 이 면밀한 마무리 과정이 여기에 사용되는 말이나 구절에 부여해야 할 의미를 밝히게 될 것이다. 그러한 의미는 그것들을 위해서 우주가 제공하고 있는 형이상학적 배경에 대한 그에 걸맞은 확실한 이해를 떠나서는 정확하게 파악될 수 없는 것이다. 그러나 모든 언어는 생략된 형태의 것일 수밖에 없으며, 직접 경험과 연관시켜서 그 의미를 이해하려면 상상력의 비약이 요구되는 것이다. 어떠한 언어 진술도 명제의 충분한 표현이 아니라는 것을 명심하지 않는다면, 문화의 발전 과정에서 형이상학이 차지하는 위치는 이해하지 못하게 된다.

기존의 낡은 형이상학 체계가 겉보기에 마치 충분한 정확성을 가지고 있는 듯이 보이는 까닭은, 거기서 사용되었던 어구(語句)들이 흔히 접할 수 있는 문헌 속에서 통용되어 왔다는 데에 기인한다. 그래서 그러한 어구로 표현된 명제는 형이상학적 진리 속으로 가볍게 뛰어드는 우리의 직관과 보다 손쉽게 연관을 맺게 된다. 이와 같은 언어적 진술을 신뢰하고, 마치 그것들이 그 의미에 있어 충분히 분석된 것처럼 주장한다면, 우리는 실제로 전제되어 있는 것을 부정하는 난점에 말려들게 된다. 그러나 그런 언어 진술들이 제1원리로 상정될 때, 그것은 온건한 자명성이라는 과분한 외양(外樣)을 취하게 된다. 그 언어 진술의 결함은 그 언어 진술이 표현하려는 참된 명제가 충분하게 표현되기에 이르렀을 때, 그 언어 진술이 갖고 있던 근본 성격을 더 이상 갖고 있지 않게 된다는 점이다. 예를 들면, 〈잔디는 푸르다〉라든지 〈고래는 크다〉와 같은 유형의 명제를 생각해 보자. 이 진술의 주어-술어 형식은 아주 간단하면서도 형이상학의 제1원리에 직결되어 있는 것같이 보이지만, 이들 예문에서 그것은 위에서 말한 바와 같은 복잡하고 다양한 의미를 숨기고 있다.

제 6 절

사변철학과 지나친 야심. 지나친 야심, 독단주의와 진보. 해석과 형이상학. 경험의 보다 고차적인 요소, 주체성과 형이상학적 정정. 철학에 의해 결합되는 도덕성, 종교, 과학. 종교와 과학의 대비. 결론.

사변철학은 그것이 지나치게 야심적이라 하여 지금까지 비난을 받아왔다. 합리주의가 특수 과학의 한계 안에서 전진을 이루게 하는 방법이라는 데에는 의문의 여지가 없다. 그러나 이 제한된 성공이, 사물의 보편적인 본성을 표현하기 위한 야심적인 도식을 구성하려는 시도를 고취해서는 안 된다고 여겨져 왔다.

이러한 비판의 정당화는 그런 시도의 실패를 예시함으로써 이루어지고 있다. 즉 유럽의 사상은 화해되지 않는 버려진 여러 형이상학의 체계로 어수선하게 어지럽혀져 있는 것으로 묘사되고 있다.

이러한 주장은 암암리에 진부한 독단적 테스트를 철학에 적용하고 있다. 이와 동일한 비판의 기준은 과학에도 실패를 뒤집어씌울 것이다. 우리는 이미 17세기의 데카르트 철학을 그대로 유지하고 있지 않은 것과 마찬가지로, 17세기의 물리학도 그대로 유지하고 있지 않다. 그럼에도 불구하고 이 두 체계는 일정한 한도 내에서는 중요한 진리를 표현하고 있다. 그리고 우리는 그것들이 올바르게 적용될 수 있는 한계를 결정해 주는, 보다 넓은 범주를 이해하기 시작하고 있다. 말할 것도 없이 17세기에는 독단적 견해가 지배적이었다. 그렇기 때문에 물리학적 개념과 데카르트적 개념의 타당성이 왜곡되고 있었던 것이다. 인류는 자기가 무엇을 지향하고 있는지를 완전히 알지는 못한다. 사상의 역사를, 그리고 마찬가지로 실천의 역사를 개관해 볼 때, 관념이 순차적으로 하나하나 시험되고, 그 한계가 제한되고, 그 진리의 핵심이 유도되어 나오는 것을 발견하게 된다. 특정한 시대에 요구되는 지적 모험의 본능에 맞추어 말한다면, 〈세상은 괘념하지 않고 판단한다 *Securus judicat orbis terrarum*〉④는 아우구스티누스의 수사적인 구절 속에 많은 진리가 깃들어 있다. 적어도 사람들은 그들이 할 수 있는 것을 체계화라는 방식으로 해내고 있으며, 그 결과 무엇인가를 달성하고 있는 것이다. 적절한 테스트는 최종적인 것에 대한 테스트가 아니라, 진행 과정에 대한 테스트인 것이다.

그러나 16세기에 시작되어 프랜시스 베이컨이 최종적으로 표현했던 주된 반론은 철학적 사변이란 무익하다는 것이다. 이러한 반론을 제기하는 이들의 입장에 따르면, 우리는 무엇보다도 세밀한 사실 기술에 힘써야 하며, 이렇게 기술된 세부의 체계화에만 엄밀히 한정되는 그런 일반성을 띤 법칙을 이끌어내야 한다는 것이다. 이와 같은 한정이 없는 일반적 해석은 이러한 절차와는 무관하며, 따라서 참이든 거짓이든 간에 일반적 해석의 체계는 본질적으로 불모지로 남아 있게 된다는 것이다. 그런데 이 반론의 입장에서 본다면 불행한 일이지만, 일정한 체계의 한 요소로서 해석되지 않고서도 이해될 수 있는 맹목적이고 자족적인 사태란 존재하지 않는다. 직접 경험의 사태를 표현하려고 할 때마다 발견하게 되는 것은, 그 사태에 대한 이해가 그 사태 자체를 넘어서, 그것

---

④ 성 아우구스티누스 St. Augustinus, *Contra Epistulam Parmeniani Libri Tres*, Ⅲ, 4 · 24. 성 아우구스티누스의 「반(反)도나투스파 문서」의 하나인 「3개의 자유에 관한 파르메니데스의 서한에 대한 반박」에서 인용한 문장이다.

과 동시적인 것에, 그것의 과거에, 그것의 미래에, 그리고 그것의 한정성을 나타내는 여러 보편적인 것에로 우리를 이끌어간다는 사실이다. 그런데 이러한 보편적인 것은 바로 보편성으로 말미암아 여러 유형의 한정성을 수반한 다른 사실들의 가능태를 구현한다. 따라서 직접적이고 맹목적인 사실을 이해하자면, 그 사실을 그것과 어떤 체계적인 관계를 갖는 세계에 있어서의 한 항목으로 보는 형이상학적 해석이 필요하다. 사상이 무대에 등장하면, 실천상의 문제로서의 해석을 찾게 된다. 철학은 해석을 창시하지 않는다. 합리주의적 도식을 위한 철학의 탐구는 우리가 어쩔 수 없이 이용하게 되는 해석에 대한 보다 완전한 비판을 위한 탐구이며, 보다 완전한 정당화를 위한 탐구이다. 우리의 습관적인 경험은 해석을 기도함에 있어서의 실패와 성공의 복합체이다. 해석되지 않는 경험의 기록을 바란다면, 우리는 돌에게 자신의 전기를 기록하도록 부탁해야 한다. 〈사실〉을 기록하고 있는 모든 과학적 논문은 예외 없이 철저하게 해석으로 짜여 있다. 합리적 해석의 방법론은 의식의 일정치 않은 모호성의 소산이다. 어떤 환경에서는 직접적인 명료성으로 빛나는 요소가 다른 환경에서는 반음지(半陰地) 속으로 물러나고, 다른 계기에서는 암흑 속으로 가라앉는다. 그럼에도 불구하고, 모든 계기(契機) all occasions는 해석의 통일성을 요구하면서, 자신이 견실한 세계의 유동 내에 들어 있는 현실태임을 선언한다.

철학이란 그 자신의 초기의 과잉 주관성을 의식하고 행하는 일종의 자기 교정이다. 각 현실적 계기(現實的 契機, actual occasion)는 그것이 성립된 환경에다 자신의 특수한 개체성을 심화시키는 부가적인 형성적 요소를 제공한다. 의식은 이러한 요소 중의 최종 및 최대의 것에 지나지 않고, 이것에 의해 그 개체의 선택적 성격은, 그 개체를 성립시키고 있으며 또 그 개체가 구현하고 있는 외적 전체를 불분명하게 만든다. 이러한 고도의 현실적 개체는 그 단적인 현실성 때문에 사물의 전체와 관계를 맺게 된다. 그러나 그것이 개체로서의 존재의 깊이를 달성하게 되었던 것은 그 자신의 목적에 맞게 한정된 선택적 강조 selective emphasis에 의해서였다. 철학의 임무는 그러한 선택으로 말미암아 불분명하게 되어버린 전체를 회복하는 데 있다. 철학은, 높은 차원의 감성적 경험에서 가라앉아 버리는 것, 그리고 의식 그 자체의 최초의 작용에 의해서 더욱 깊숙이 가라앉아 버리게 되는 것을 합리적 경험 속에다 복원시킨다. 개인적 경험의 선택성은 그것이 합리적 비전에 나타난 중요성의 균형에 순응하고 있는 한 도덕적이다. 역으로, 지적 통찰을 정서적 힘으로 전환시키는 것은 감성적 경험을 도덕성의 방향으로 교정하는 것이 된다. 이 교정은 통찰의 합리성에 비례한다.

전망의 도덕성은 전망의 보편성과 불가분리적으로 결합되어 있다. 보편적인 선(善)과 개별적인 이익과의 대립은 오직 개체의 이익이 보편적 선이 될 때 비로소 없어지게 된다. 이는 보다 작은 쪽의 강도가 상실된다는 것을 예시해 주는 것이지만, 그것은 또한 보다 폭넓은 이익을 더욱 세련된 구조의 것으로서 재발견하기 위한 것이다.

철학은 종교나 과학 ― 자연과학이든 사회과학이든 간에 ― 과 긴밀한 관계를 맺을 때, 무기력하다는 오명에서 벗어날 수 있다. 철학은 이 양자, 즉 종교와 과학을 하나의 합리적인 사고의 도식 속에 융합시킴으로써 그 최고의 중요성을 획득한다. 종교는 특정한 사회, 특정한 시대에 솟구쳐 나온, 그리고 특정한 선행자(先行者)들에 의해 제약된 정서나 목적을 철학의 합리적 일반성과 결합시켜야 한다. 종교는 일반적 관념들을 특수한 사상, 특수한 정서, 특수한 목적으로 번역한다. 그것은 개인적 관심을, 그 자멸적인 특수성을 넘어서 신장시킨다는 목적을 향해 나아가도록 한다. 철학은 종교를 발견하고 그것을 수정한다. 역으로 말하면, 종교는 철학이 자신의 도식에 짜넣지 않으면 안 될 경험의 여건들 가운데 하나인 것이다. 종교란 본래 관념적 사고에만 속하던 저 무시간적 보편성을 정서의 집요한 특수성 속에 주입시키려는 근원적인 갈망이라고 할 수 있다. 고등 유기체에 있어 이와 같은 지고(至高)한 융합이 달성되지 않는다면, 단순한 정서와 관념적 경험 사이의 템포의 차이는 삶의 권태를 낳게 된다. 이러한 유기체의 두 측면은, 정서적 경험이 개념적인 것에서 정당화되고 개념적 경험은 정서적인 것에서 예시되는 그런 화해를 필요로 한다.

생경한 경험을 지적으로 정당화하려는 이러한 요구가 유럽 과학을 전진시키는 원동력이 되기도 하였다. 이런 의미에서, 과학적 관심은 종교적 관심의 변종에 지나지 않는다. 이상(理想)으로서의 〈진리〉에 대한 과학의 헌신을 개관해 본다면 언제나 이 언명은 확증될 것이다. 그러나 과학과 종교는 각기 관여하고 있는 개인적 경험의 위상에 비추어 볼 때 매우 다르다. 종교는 경험이 생겨나는 지각 대상에 대한 감성적 반응을 합리적 사고와 조화시키는 데에 초점을 맞춘다. 과학은 지각 대상 그 자체와 합리적 사고를 조화시키는 데에 관심을 둔다. 과학이 정서를 문제삼을 때, 그 정서는 지각 대상이지 직접적인 정념이 아니다. 즉 타인의 정서이지 나 자신의 것이 아니다. 적어도 회상에 있어서의 나 자신의 정서이지, 직접성에 있어서의 그것은 아니다. 종교가 다루는 것은 경험 주체의 형성인 반면, 과학이 다루는 것은 이 경험에 있어서의 최초의 위상을 형성하는 여건인 객체이다. 주체는 주어진 조건들로부터 그리고 이 조건들 속에서 만들어진다. 과학은 이 원초적인 사실과 사고를 화해시키며, 종교는 이 과정에 포함된 사고와 감성적인 반응을 화해시킨다. 이 과정이란 경험하고 있는 주체 experiencing subject 이외의 것이 아니다. 이 설명에서 경험하고 있는 주체란 현실적 세계에 대하여 감성적으로 반응하고 있는 하나의 계기라고 상정되어 있다. 과학은 그 지각 대상들 가운데서 종교적 경험을 발견한다. 그리고 종교는 특수한 감성적 반응과 융합된 개념적 경험들 속에서 과학적 개념을 발견한다.

지금까지의 논의의 결론은 첫째로, 감성적 경험의 강도에 반응하는 사고의 폭이 존재의 궁극적 요구로서 두드러지게 나타난다고 하는 낡은 학설의 주장이며, 둘째는 특수한 논제에서 출발하여 그것을 일반화시키고, 일반화된 것을 상상력으로 도식화한다는 복잡한 과정에 의해서, 그리고 결국 이 상상된 도식을 그것이 적용되어야 할 직접 경험과 다시 비교해 봄으로써 사고의 발전적인 자기 정당화가 경험적으로 달성되어 왔다는 주장이다.

어떠한 특정의 단계에서도 일반화의 억제는 정당화되지 않는다. 일반화의 각 위상이 보여주는 바는 다른 어떤 단계에서도 아닌, 바로 그 단계에서 두드러지게 눈에 띄는 자신의 특유한 단순성이다. 철봉의 운동과 결부된 단순성이 있다. 이 단순성은 우리들이 개별적인 분자를 사상(捨象)하지 않는다면 불분명하게 된다. 그리고 인간의 행동에도 어떤 단순성이 있다. 이 단순성도 특수한 실례가 갖는 개별적인 특성을 사상하지 않는다면 불분명하게 된다. 이와 마찬가지로 공동의 활동 세계에 존재하는 현실적 사물들에 관해서도 일정한 보편적 진리가 있다. 그런데 그 진리도 그것들을 고찰하는 데 있어서의 어떤 특정의 세밀한 방식에만 주의를 국한시킬 경우에는 불분명하게 된다. 이 보편적 진리는 사물의 활동에 관한 모든 특수 개념의 의미 속에 포함되어 있는 것으로서 사변철학의 주제가 된다.

철학의 유용성이 손상을 입게 되는 것은 철학이 교묘히 둘러대는 재기 넘치는 재주 부리기에 탐닉하는 경우이다. 이때에 철학은 부적당한 장비를 가지고 특수 과학의 영역을 침범하는 것이 된다. 궁극적으로 철학은 우리들이 실제로 경험하고 있는 것에 대한 일반적 의식에 호소한다. 합리적 사회의 여러 시대를 통해서 사회적 표현을 특징짓고 있는 일련의 전제가 어떠한 것이든 간에 그것은 철학 이론 속에서 그 위치를 찾아야만 한다. 사변의 대담성은 논리 앞에서, 그리고 사실 앞에서 철저하게 겸허해짐으로써 균형을 유지하지 않으면 안 된다. 그것이 대담하지도 겸허하지도 않으면서, 단지 유별난 개성에서 나온 기질상의 전제를 반영하고 있을 뿐인 경우에는 철학의 병폐가 되고 만다.

마찬가지로 우리는 되풀이되지 않는 실험의 일회적인 성과를 토대로 하여 과학 이론을 수정하려는 처사를 신뢰하지 않는다. 최종적인 검증은 항상 도처에서 가능한, 반복되는 경험인 것이다. 합리적 도식이 일반적일수록 이러한 최종적인 호소도 더욱 중요성을 띠게 된다.

철학의 유용한 기능은 문명화된 사상의 가장 일반적인 체계화를 촉진하는 일이다. 전문 지식과 상식 사이에는 항상 반작용이 있게 마련이다. 상식을 수정하는 일은 특수 과학의 책임이다. 철학은 상상력과 상식을 결합시킴으로써 전문가를 제약하고, 또 전문가의 상상력을 확대시킨다. 철학은 보편적인 개념을 공급함으로써 자연의 모태 속에서 실현되지 않은 채로 있는, 무한히 다양한 특수 사례들을 보다 손쉽게 파악할 수 있도록 해주어야 한다.

범주의 도식

제 1 절

네 개의 개념, 즉 현실적 존재, 파악, 결합체, 존재론적 원리. 데카르트와 로크. 구체가 아닌 추상을 설명하는 철학.

이 장은 유기체 철학을 구성하는 근본 개념들에 대한 예비적 개요를 내용으로 담고 있다. 이 강의에서 계속되는 모든 논의의 목적은 이 개요를 이해할 수 있도록 하려는 데에 있다. 또한 그 논의는 이 개요가, 우리의 반성적인 경험 가운데 불가피하게 전제되어 있는——전제되고는 있지만 좀처럼 명확히 표현되어 드러나지 않는——유적(類的) 개념 generic notions을 구체화하고 있다는 것을 보여주려는 목적도 가지고 있다. 이 개요 가운데서 네 개의 개념을 특기해 볼 수 있겠는데, 이는 그것들이 종래의 철학적 사고로부터 다소 벗어나는 특성을 내포하고 있기 때문이다. 이 네 개의 개념은 〈현실적 존재 actual entity〉, 〈파악 prehension〉, 〈결합체 nexus〉, 〈존재론적 원리 ontological principle〉라는 개념이다. 철학적 사고가 지금까지 스스로 난점에 빠지게 된 까닭은 그것이 단순한 의식, 단순한 사적 감각, 단순한 정서, 단순한 목적, 단순한 현상, 단순한 인과 작용과 같은 매우 추상적인 관념에만 매달려왔다는 데에 있다. 이것들은 심리학에서 이미 폐기 처분된 〈능력 faculties〉이라는 케케묵은 관념의 망령이지만, 아직도 형이상학에 붙어 따라다니고 있다. 그와 같은 추상물의 〈단순한〉 공재성(共在性) mere togetherness이란 존재할 수 없다. 그 결과는 철학의 논의가 〈잘못 놓인 구체성의 오류 fallacy of misplaced concreteness〉[1)]에 말려들게 된다는 것이다. 현실적 존재, 파악, 결합체라는 세 개의 개념을 통해 시도했던 것은 철학적 사고의 기초를 우리의 경험에 들어 있는 가장 구체적인 요소 위에 올려놓는 일이었다.

〈현실적 존재〉—〈현실적 계기 actual occasion〉라고도 불린다—는 세계를 구성하는 궁극적인 실재적 사물 real thing이다. 보다 더 실재적인 어떤 것을 발견하기 위해 현실적 존재의 배후로 나아갈 수 없다. 현실적 존재들 간에는 차이가 있다. 신은 하나의 현실적 존재이며, 아득히 멀리 떨어져 있는 텅 빈 공간에서의 지극히 하찮은 한 가닥의 현존도 현실적 존재이다. 그런데 비록 그 중요성에 등급이 있고 그 기능에 차이가 있기는 하지만, 현실태가 예증하는 여러 원리에서 볼 때 모든 현실적 존재들은 동일한 지평에 있는 것이다. 궁극적 사실은 이들이 하나같이 모두 현실적 존재라는 것이다. 그리고 이 현실적 존재들은 복합적이고도 상호 의존적인 경험의 방울들 drops· of experience이다.

유기체 철학은 현실적 존재의 복수성 plurality이라는 개념에 의존한다는 점에서 철저하게 데카르트적이다. 〈존재론적 원리〉는 존 로크가 『인간 지성론』(제2권, 제23장, 제7절)에서, 〈힘 Power〉은 〈실체에 관한 우리의 복합 관념의 대부분〉을 이룬다는 주장을 통해 설정했던 일반적 원리를 확장, 확대시킨다. 〈실체〉의 개념은 〈현실적 존재〉라는 개념으로 변형되고, 〈힘〉의 개념은 다음과 같은 원리, 즉 사물의 근거는 언제나 특정

1) 나의 『과학과 근대세계』, 제3장 참조.

한 현실적 존재의 합성적(合成的) 본성 composite nature 속에서 ― 최고도의 절대성①의 근거는 신의 본성 속에서, 특수한 환경과 관계되는 근거는 특정한 시간적인 현실적 존재의 본성 속에서 ― 발견되어야 한다는 원리로 변형되고 있다. 존재론적 원리는 현실적 존재가 없으면 근거도 없다는 명제로 요약될 수 있다.

각 현실적 존재는 무수한 방식으로 분석될 수 있다. 그 구성 요소들은 어떤 분석 방식에 있어서는 다른 분석 방식에서보다도 더 추상적인 것이 된다. 현실적 존재를 〈파악〉②으로 분석하는 것은 현실적 존재의 본성에 들어 있는 가장 구체적인 요소를 제시하는 분석의 방식이다. 이 분석의 방식은 현실적 존재의 〈분할 division〉이라고 불린다. 각 현실적 존재는 무수한 방식으로 〈분할될 수〉 있다. 그리고 각 방식의 〈분할〉은 파악에서 일정한 몫을 할당받는다. 파악은 그 자체가 현실적 존재의 일빙직 성격을 재현한다. 즉 그것은 외계와 관계하고 있으며, 그런 의미에서 〈벡터적 성격 vector character〉을 가진다고 말할 수 있을 것이다. 거기에는 정서, 목적, 가치 판단, 인과 관계가 포함되어 있다. 사실상 현실적 존재의 모든 특징들은 하나같이 파악에 있어서 재현되고 있다. 파악은 완전한 하나의 현실태가 될 수 있었을지도 모른다. 그러나 어떤 불완전한 부분성 때문에 파악은 현실적 존재의 종속적 요소에 불과한 것이 되고 있다. 이러한 파악이 어째서 그 주체적 형식과 관련하여 그런 것이 되고 있는가 what it is in respect to its subjective form라는 물음에 답하기 위해서는 완전한 현실태와의 연관이 고려되지 않으면 안 된다. 이 주체적 형식은, 완결된 주체의 〈만족 satisfaction〉에 도달하기 위

---

① 〈최고도의 절대성〉은 영원한 객체를 의미한다. 영원한 객체는 신의 원초적 본성에 있어서 명상되며, 따라서 신의 원초적 본성에 근거를 두고 있다고 본다.

② 파악 prehension이란 객체로서 주어진 것을 그대로 주체 자신 속에 수용하는 작용을 말한다. 이 용어를 사용하게 된 까닭은 화이트헤드의 유기체 철학에 있어서는 주-객 관계라는 전통적인 생각이 부정되고, 오히려 경험의 객체-주체 구조가 강조된다는 데에 있다. 파악의 〈벡터적 성격〉이란 표현은 단적으로 이러한 입장을 드러내는 말이다.

해 계속적으로 통합을 추구하는 주체적 지향에 의해 규정된다. 달리 말하면, 목적인(目的因)과 원자론은 상호 연관된 철학적 원리들인 것이다.

〈파악〉이란, 유일 실체 one-substance의 우주론에 도달하려는 의도에서, 모든 등급의 개별적 현실태에 적용 가능한 가장 구체적인 방식의 분석을 표현하기 위해 데카르트의 정신적 〈사유〉 및 로크의 〈관념〉을 일반화시킨 것이다. 데카르트와 로크는 두 실체 two-substance의 존재론을 주장하였다. 데카르트는 명시적으로, 또한 로크는 암암리에 그것을 주장하였다. 수리물리학자였던 데카르트는 물질적 실체의 설명에 역점을 두었고, 의사 출신으로 사회학자이기도 하였던 로크는 정신적 실체의 설명에 논의를 한정시켰다. 유기체 철학은 한 가지 유형의 현실적 존재들을 위한 도식에 있어서 다음과 같은 견해를 택한다. 즉 정신적 실체에 대한 로크의 설명은 물질적 실체에 대한 데카르트의 설명이 했던 것보다 훨씬 통찰력 있는 철학적 기술(記述)을 아주 특수한 형식으로 제시하고 있다는 것이다. 그렇기는 하지만 철학적 도식은 데카르트의 설명도 포괄하고 있지 않으면 안 된다. 이는 대체로 라이프니츠의 〈단자론(單子論)〉에서 얻어진 교훈이다. 라이프니츠의 모나드〔單子〕③는 정신 활동에 관한 당시의 관념들의 일반화로서 가장 잘 고안된 것이다. 그러나 그 결과 자연적 물체에 관한 당시의 개념은, 그의 철학에서 종속적이며 파생적인 것으로밖에 다루어지지 않았다. 이 문제에 있어 유기체 철학은 보다 공평한 균형을 유지하기 위해 노력하고 있다. 그러나 이런 노력은 정신 활동에 관한 로크의 설명을 일반화하는 데서 출발한다.

현실적 존재들은 그들 상호 간의 파악 prehensions에 의해서 서로를 포섭한다.④ 그렇기 때문에 현실적 존재들의 공재 togetherness라는 실재

---

③ 모나드는 비물질적인 실체이며, 창(窓)이 없고 다른 모나드에 대해서 개방되어 있지는 않지만, 그 전망에 있어서는 우주를 반영하고 있기 때문에 전체로서는 조화를 이루고 있다.

④ 현실적 존재는 선행하는 현실적 존재를 자기 속에 파악하면서, 다(多)가 일(一)이

적인 개별적 사실이 존재하게 된다. 현실적 존재와 파악이 실재적이고 개별적이며 개체적이라는 것과 동일한 의미에서 실재적이고 개별적이며 개체적인, 현실적 존재들의 공재라는 이와 같은 개체적 사실은 모두 〈결합체 nexus〉(그 복수형은 nexūs라고 쓴다)라 불린다. 직접적인 현실적 경험에 있어 궁극적 사실은 현실적 존재와 파악 그리고 결합체이다. 그 밖의 모든 것은 우리의 경험에 있어서 파생적인 추상물에 지나지 않는다.

철학적 설명의 목적은 흔히 잘못 이해되고 있다. 그것이 하는 일은 보다 구체적인 사물로부터 보다 추상적인 사물이 출현하는 것을 설명하는 일이다. 구체적이며 특수한 사실이 어떻게 보편적인 것들로부터 구성될 수 있는 것인가라고 묻는 것은 전적으로 잘못이다.⑤ 그 답은 〈결코 그럴 수 없다〉는 것이다. 진정한 철학적 물음[2)]은 〈구체적인 사실이 그 자신으로부터 추상되는, 그러면서도 그 자신의 본성상 관여하고 있는 그런 존재들을 어떻게 나타내 보일 수 있는 것인가?〉라는 것이다.

되는 방식으로 그 본래의 것으로 된다. 현실적 존재는 이러한 원자적 개체성들의 실현을 통해서 이제는 뒤따르는 현실적 존재에게 객체로서 주어진다. 즉 거기에 포함된다. 이처럼 현실적 존재가 서로 포함하고 포함되는 관계를 화이트헤드는 『관념의 모험』에서 〈상호적 내재〉의 관념으로 파악하고 있다. 이러한 상호적 내재 때문에 모든 현실적 존재는 다른 현실적 존재와의 관계를 떠나서는 존재하지 않는다는 〈보편적 상대주의〉의 입장이 성립되는 것이다.

⑤ 종래의 인식론은 관념론이건 실재론이건 간에 의식의 입장과 결부되어 있다. 의식은 외적 사물을 여러 방식으로 지각한다. 거기에 다양한 감각 여건이 의식의 직접 소여로서 주어진다. 의식에 주어지는 이러한 지각 대상들은 추상적으로는 보편적인 것으로 간주된다. 그러한 여러 보편적인 것들이 하나로 통일될 때——이때에 그 결합하는 힘이 의식으로부터 독립하여 외적 사물 자체 속에 있고, 의식은 다만 그것을 있는 그대로 모사(模寫)한다고 보는 입장이 실재론이며, 이와는 반대로 그러한 결합이 의식의 통일 작용에 의존한다고 주장하는 입장이 관념론이다——구체적인 개별적 실체로서의 사물이 성립된다고 생각되어 왔다. 화이트헤드는 이러한 종래의 인식론을 전적으로 잘못된 것이라고 보면서 거부한다.

2) 이와 관련하여 나의 『상대성 원리 *The Principle of Relativity*』(Cambridge University Press, 1922), 제2장 참조.

달리 말하면 철학은 추상에 대하여 설명하는 것이지 구체에 대하여 설명하는 것이 아니다. 흔히 독단적 공상과 격세유전적(隔世遺傳的) 신비주의를 연상시킴에도 불구하고 플라톤적 유형의 철학이 지속적인 호소력을 지니는 까닭은, 그것이 이러한 궁극적 진리를 본능적으로 파악했다는 데에 있는 것이다. 그러한 철학은 사실 속에 들어 있는 형상(形相)[6]을 탐구한다. 사실은 저마다 그 형상 이상의 것이며, 각 형상은 어느 곳에서나 사실의 세계에 〈관여하고 participate〉 있다. 사실의 한정성(限定性, definiteness)은 그 형상의 탓으로 돌려야 한다. 그러나 개체적인 사실은 창조된 것이다. 그리고 창조성은 모든 형상의 배후에 있는 궁극적인 것으로서, 형상으로는 설명될 수 없고, 그것이 만들어내는 여러 창조물에 의해 제약되어 있다.

제 2 절

4조의 범주들. 궁극자의 범주. 연접(連接)과 이접(離接). 창조성(창조 활동), 새로움의 원리, 창조적 전진. 공재성(共在性), 합생(合生). 현존의 여덟 개 범주. 설명의 스물일곱 가지 범주.

범주들

Ⅰ. 궁극자 the Ultimate의 범주

Ⅱ. 현존 Existence의 범주

Ⅲ. 설명 Explanation의 범주

Ⅳ. 범주적 제약 Categoreal Obligation

이 강의의 논의는 이러한 범주들의 의미와 그 적용 가능성 및 충분성

---

⑥ 플라톤의 형상은 화이트헤드에 있어서는 〈영원한 객체〉라는 형태로 계승되고 있다.

을 분명히 밝히는 것을 목표로 한다. 논의가 진행되어 감에 따라 그것들이 이러한 이상을 달성하기에 얼마나 요원한 위치에 놓여 있는가 하는 점이 밝혀질 것이다.

모든 존재 entity는 현존 existence의 어느 한 범주의 특수 사례이어야 하고, 모든 설명은 설명의 범주의 특수 사례이어야 하며, 모든 제약은 범주적 제약의 특수 사례이어야 한다. 궁극자의 범주는 이 세 개의 보다 특수한 범주에서 전제되는 일반적 원리를 표현하고 있다.

궁극자의 범주

〈창조성 Creativity〉, 〈다자(多者, many)〉, 〈일자(一者, one)〉는 동의이인 〈사물 thing〉, 〈있는 것 being〉, 〈존재 entity〉의 의미 속에 포함되어 있는 궁극적인 개념이다. 이 세 개의 개념은 궁극자의 범주를 완결지음과 동시에, 보다 특수한 모든 범주의 전제가 되고 있다.

〈일자〉라는 술어(術語)는 복합적인 특수 개념인 〈정수의 1 the integral number one〉을 의미하지 않는다. 그것은 부정관사 〈a나 an〉, 정관사 〈the〉, 지시사 〈this나 that〉, 그리고 관계사 〈which, what, how〉의 밑바닥에 한결같이 깔려 있는 일반적인 관념을 나타낸다. 그것은 하나의 존재가 갖는 단일성 singularity을 나타낸다. 〈다자〉라는 술어는 〈일자〉란 술어를 전제하며, 〈일자〉란 술어는 〈다자〉란 술어를 전제한다. 〈다자〉란 술어는 〈이접적(離接的)인 다양성 disjunctive diversity〉의 관념을 전달한다. 이 관념은 〈있는 것〔有〕〉이라는 개념에 있어 본질적인* 요소이다. 다수의 〈있는 것들 beings〉이 이접적인 다양성 속에 존재한다.

〈창조성〉은 궁극적인 사태를 특징짓는 보편자들의 보편자 the universal of the universals이다. 그것은 이접적 disjunctively 방식의 우주

* 화이트헤드는 자신의 맥밀런판 사본의 난외에 〈'가능태'는 '이접적인 다양성'과 밀접하게 결합되어 있다〉라고 써놓았다.

인 다자를, 〈연접적(連接的, conjunctively)〉 방식의 우주인 하나의 현실적 계기one actual occasion로 만드는 궁극적 원리이다. 다자가 복잡한 통일 속으로 들어간다는 것은 사물의 본성에 속한다.

〈창조성〉은 〈새로움 novelty〉의 원리이다. 현실적 계기는 그것이 통일하고 있는 〈다자〉에 있어서의 어떠한 존재와도 다른, 새로운 존재이다. 그러므로 〈창조성〉은 이접적인 방식의 우주인 다자의 내용에 새로움을 도입한다. 〈창조적 전진 creative advance〉이란, 창조성의 궁극적 원리가 그 창조성이 만들어내는 각각의 새로운 상황에 적용되는 것을 말한다.

〈공재적(共在的, together)〉이란, 여러 종류의 존재가 임의의 한 현실적 계기 속에 〈공재(共在)〉하는 여러 특수한 방식을 포괄적으로 가리키는 일반적인 술어이다. 따라서 〈공재적〉이란 개념은, 〈창조성〉, 〈다자〉, 〈일자〉, 〈동일성〉, 〈다양성 diversity〉의 개념들을 전제하고 있다. 궁극적인 형이상학적 원리는 이접적으로 주어진 존재들과는 다른 또 하나의 새로운 존재를 창출해 내는, 이접에서 연접으로의 전진이다. 이 새로운 존재는 그것이 찾아내는 〈다자〉의 〈공재성〉인 동시에, 또한 그것이 뒤에 남겨 놓는 이접적인 〈다자〉 속의 일자이기도 하다. 즉 그것은, 그 자신이 종합하는 많은 존재들 가운데 이접적으로 자리하게 되는 새로운 존재인 것이다. 다자는 일자가 되며 그래서 다자는 하나씩 증가된다. 존재들은 그 본성상 연접적 통일로 나아가는 과정에 있는 이접적인 〈다자〉인 것이다. 이 궁극적인 것의 범주는 아리스토텔레스의 〈제1실체〉라는 범주를 대체한다.

이리하여 〈새로운 공재성의 산출〉은 〈합생(合生, concrescence)〉이라는 술어에서 구체화되는 궁극적인 개념이다. 이 〈새로움의 산출〉이나 〈구체적 공재성 concrete togetherness〉이라는 궁극적인 개념은 고차적인 보편자나 합생에 관여하는 구성 요소에 의해서는 설명되지 않는다. 구성 요소의 분석은 합생의 사상(捨象)을 초래한다. 오직 직관에 호소할 수밖에 없는 것이다.

현존의 범주

현존의 범주에는 여덟 개가 있다.

i) 현실적 존재 Actual Entities(현실적 계기 Actual Occasions라고도 불린다), 혹은 궁극적 실재 Final Realities, 또는 진정한 사물 *Rēs Verae*.

ii) 파악(把握, Prehensions), 또는 관계성의 구체적 사실 Concrete Facts of Relatedness.

iii) 결합체 Nexūs(Nexus의 복수), 혹은 공적인 사태 Public Matters of Fact.

iv) 주체적 형식 Subjective forms, 또는 사적인 사태 Private Matters of Fact.

v) 영원한 객체 Eternal Objects, 혹은 사실의 특수한 규정을 위한 순수한 가능태 Pure Potentials, 또는 한정의 형식 Forms of Definiteness.

vi) 명제 Propositions, 또는 잠재적으로 규정되어 있는 사태, 또는 사태를 특수하게 규정하기 위한 불순한 가능태 Impure Potentials, 또는 이론.

vii) 다수성 Multiplicities, 또는 다양한 존재들의 순수한 이접성 Pure Disjunction of Diverse Entities.

viii) 대비 Contrasts, 또는 존재들을 하나의 파악에서 종합하는 여러 방식 Modes of Synthesis, 또는 패턴화된 존재들 Patterned Entities.

이 여덟 개의 현존의 범주 가운데서 현실적 존재와 영원한 객체는 어떤 극도의 궁극성을 띠고서 두드러진 위치에 놓여 있다. 그 밖의 여러 유형의 현존들은 어떤 중간적인 성격을 지니고 있다. 여덟 번째의 범주는 우리가 〈대비〉에서 〈대비의 대비〉로 나아가고 이어서 보다 높은 등급의 대비에로 끝없이 계속 나아갈 수 있을 것이라는 데서 보듯이, 범주의 무한한 진행을 포함하고 있다.

설명의 범주

설명에는 스물일곱 개의 범주가 있다.

i) 현실 세계 actual world는 과정 process이라는 것, 그리고 과정은 현실적 존재의 생성 becoming이라는 것. 따라서 현실적 존재는 피조물이며, 〈현실적 계기〉라고도 불린다.

ii) 하나의 현실적 존재의 생성에 있어, 이접적인 다양성에 있어서의* 많은 존재들의 가능적인 통일성――현실적이기도 하고 비현실적이기도 한――은 하나의 현실적 존재의 실재적인 *real* 통일성을 획득한다는 것. 따라서 이 현실적 존재는 많은 가능적인 것들의 실재적인 합생이라는 것.

iii) 하나의 현실적 존재의 생성에 있어서는 새로운 파악, 결합체, 주체적 형식, 명제, 다수성, 그리고 대비도 또한 생성된다는 것. 그러나 새로운 영원한 객체라는 것은 있을 수 없다는 것.

iv) 다수의 존재들로부터 하나의 현실태가 생성되는 실재적인 합생에** 있어 요소가 될 수 있다는 가능성은 모든 현실적 존재와 비현실적 존재가 지니고 있는 하나의 일반적인 형이상학적 성격이며, 그 우주에 있어서의 모든 항목은 각 합생 속에 포함되어 있다는 것. 다시 말하면, 〈있는 것〉의 본성에는 모든 〈생성〉을 위한 가능성이 속해 있다는 것. 이것은 〈상대성 원리 principle of relativity〉이다.

v) 어떠한 두 현실적 존재도 동일한 우주로부터 생기지 않는다는 것. 비록 두 우주의 차이가 단지, 한쪽에만 포함되고 다른 쪽에는 포함되지 않는 약간의 현실적 존재에서, 그리고 각 현실적 존재가 세계에 도입한 종속적인 존재에서 비롯되고 있을 뿐이라고 해도 그러하다. 영원한 객체는 모든 현실적 존재에 있어 동일하다. 합생과 상관적인 우주에 있어서의 현실적 존재의 결합체는 그 합생과 상관적인 〈현실 세계〉라 불린다.

vi) 일정한 합생의 우주 안에 있는 각 존재는 그 자신의 본성에 관한

---

* 〈이접적인 다양성에 있어서〉를 삽입한다. 이 변경은 화이트헤드가 자신의 맥밀런판 사본에 첨가한 것이다.

** 화이트헤드는 자신의 맥밀런판 사본의 난외에 〈플라톤의 『소피스테스』, 247, 즉 이접적 다양성은 가능태이다〉를 참조하라고 써놓았다.

한 여러 양태로 그 합생에 포함될 수 있지만, 실제로는 오직 하나의 양태로만 포함된다는 것. 포함되는 그 특수한 양태는 비록 그것이 상관적인 우주에 의해서 제약되어 있긴 하지만, 오직 그 합생에 의해 비로소 완전히 결정적인 것이 된다는 것, 실재적인 합생에서 결정되도록 되어 있는 이 미결정성이 곧 〈가능태〉의 의미이다. 그것은 제약되어 있는 미결정태이며, 그렇기 때문에 〈실재적 가능태 *real* potentiality〉라 불린다.

vii) 영원한 객체는 현실적 존재의 생성으로 〈진입 ingression〉하기 위한 그 가능태에 의해서만 기술될 수 있다는 것. 그리고 그것의 분석은 다만 다른 영원한 객체만을 드러낼 뿐이라는 것. 그것은 순수한 가능태이다. 〈진입〉이라는 술어는, 어떤 영원한 객체의 가능태가 특수한 현실적 존재의 한정성에 기여하면서 거기서 실현되는 특수한 방식을 가리킨다.

viii) 현실적 존재는 두 가지 기술(記述)을 필요로 한다는 것. (a) 하나는 다른 현실적 존재의 생성에 있어서의 〈객체화 objectification〉의 가능성을 분석하는 기술이고, (b) 또 하나는 그 자체의 생성을 이루고 있는 과정을 분석하는 기술이다. 〈객체화〉라는 술어는 한 현실적 존재의 가능태가 다른 현실적 존재 속에서 실현되는 특수한 방식을 가리킨다.

ix) 현실적 존재가 어떻게 생성되고 있는가 *how* an actual entity *becomes*라는 것이 그 현실적 존재가 어떤 것인가 *what* that atactual entity *is*를 결정한다는 것. 따라서 현실적 존재에 대한 두 가지 기술은 서로 독립해 있는 것이 아니다. 현실적 존재의 〈있음〉은 그 〈생성(生成)〉에 의해 구성된다. 이것이 〈과정의 원리〉이다.

x) 현실적 존재에 대한 그 가장 구체적 요소들로의 최초의 분석은, 그 현실적 존재가 그것의 생성 과정에서 생겨났던 여러 파악들의 합생임을 드러내 보여준다는 것. 그 다음의 모든 분석은 파악에 대한 분석이며, 파악에 의한 분석은 〈분할 division〉이라고 불린다.

xi) 모든 파악은 세 가지 요인으로 이루어져 있다는 것. (a) 파악하는 〈주체 subject〉, 즉 그 파악을 자신의 구체적인 요소로 하고 있는 현실적 존재, (b) 파악되는 〈여건 datum〉, (c) 그 주체가 그 여건을 파악하는 방식인 〈주체적 형식 subjective form〉.

현실적 존재에 대한 파악, 즉 그 여건에 현실적 존재가 포함되어 있는 파악은 〈물리적 파악 physical prehension〉이라 불린다. 그리고 영원한 객체에 대한 파악은 〈개념적 파악 conceptual prehension〉이라 불린다. 이 두 가지 유형의 파악의 주체적 형식 중 어느 것도 반드시 의식을 포함하고 있어야 할 필요는 없다.

xii) 두 종류의 파악이 있다는 것, 즉 (a) 〈느낌 feeling〉이라고 불리는 〈긍정적 파악 positive prehension〉과, (b) 〈느낌으로부터 배제하는 것〉이라고 하는 〈부정적 파악 negative prehension〉. 부정적 파악도 주체적 형식을 가지고 있다. 부정적 파악은 그 여건으로 하여금, 그 주체의 통일성을 구성하는 파악의 전진적 합생에 있어 작용하지 못하도록 한다.

xiii) 주체적 형식에는 정서 emotion, 평가 valuation, 목적 purpose, 역작용 adversion, 혐오 aversion, 의식 consciousness과 같은 많은 종들 species이 있다는 것.

xiv) 결합체란, 현실적 존재들 상호 간의 파악에 의해서 구성되는, 혹은 ── 동일한 사실을 역으로 표현한 것인데 ── 그것들이 상호 간에 객체화됨으로써 구성되는 관계성의 통일 속에 있는 한 조(組)의 현실적 존재들이라는 것.

xv) 명제(命題)란 어떤 현실적 존재들이 결합체를 형성하기 위한 가능태로서 통일되어 있는 것이며, 하나의 복합적인 영원한 객체가 지닌 통일성을 갖는 영원한 객체들에 의해서 부분적으로 한정되는 그러한 가능적인 관계성을 동반하고 있다는 것. 거기에 포함되어 있는 현실적 존재는 〈논리적 주어(論理的 主語)〉라고 불리며, 복합적인 영원한 객체는 〈술어〉라 불린다.

xvi) 다수성 multiplicity은 다수의 존재들로 성립되며, 그것의 통일은 그것을 구성하고 있는 모든 존재들이 제각기, 최소한 다른 존재가 충족시키지 못하는 하나의 조건을 충족시킨다는 사실에 의해서 이루어지고 있다는 것.

어떤 특정의 다수성에 대한 진술은 다음의 어느 하나를 언급하는 진술로 표현될 수 있다. 즉 (a) 그 하나하나의 성원들을 모두 언급하는 진술로, 아니면 (b) 그 성원들 중에서 불특정한 어떤 것을 언급하는 진술로, 아니면 (c) 이들 진술 가운데 어느 하나를 부정하는 진술로 표현될 수 있다. 이러한 형식으로 표현될 수 없는 진술은 모두 다수성에 대한 진술이 아니다. 설사 그것이 어떤 다수성과 깊은 관련이 있는 존재, 즉 어떤 다수성의 각 성원과 체계적으로 관련되어 있는 존재에 관한 진술일지라도 그렇다.

xvii) 어떤 느낌 feeling에 있어, 여건이 되는 것은 무엇이든지 느껴진 것으로서의 통일성을 가진다는 것. 따라서 복합적인 여건의 많은 구성요소는 통일성을 가진다. 이 통일성이 존재들의 〈대비 contrast〉이다. 이는 어떤 점에서 현존(現存)의 범주가 무수히 많다는 것을 의미한다. 왜냐하면 존재들을 하나의 대비 속에 종합하는 것은, 일반적으로 새로운 현존의 유형을 산출하기 때문이다. 예를 들면 명제는 어떤 의미에서 〈대비〉라고 할 수 있다. 〈인간 지성〉의 실제적인 목적을 위해서는 소수의 기본적인 유형의 현존을 고찰하고, 보다 파생적인 유형들을 〈대비〉라는 표제 밑에 총괄하는 것으로 충분하다. 그러한 〈대비〉 가운데 가장 중요한 것은 〈긍정-부정〉의 대비인데 여기서 명제와 결합체는 한 여건 안에서 종합되고, 그 결합체의 구성원은 그 명제의 〈논리적 주어〉가 된다.

xviii) 생성 과정이 임의의 특정 순간에 순응하고 있는 모든 조건은 그 근거를 그 합생의 현실 세계 속에 있는 어떤 현실적 존재의 성격에 두고 있거나 아니면 합생의 과정에 있는 그 주체의 성격 속에 두고 있다. 이러한 설명의 범주는 〈존재론적 원리 ontological principle〉라 불린다. 그것은 또한 〈작용인 및 목적인의 원리 principle of efficient, and final, causation〉라고 할 수도 있다. 이 존재론적 원리가 의미하는 바는 현실적 존재만이 근거가 된다는 것이다. 따라서 근거를 탐색한다는 것은 하나 내지 그 이상의 현실적 존재를 탐색하는 것을 말한다. 그 결과, 과정에 있는 하나의 현실적 존재에 의해서 충족되어야 하는 조건들은 모두,

다른 현실적 존재의 〈실재적인 내적 구조 real internal constitution〉에 관한 사실이나, 그 과정을 제약하고 있는 〈주체적 지향 subjective aim〉에 관한 사실을 표현하고 있는 것이 된다.

〈실재적인 내적 구조〉란 말은 로크의 『인간 지성론』(제3권, 제3장, 제15절)에서 찾아볼 수 있다. 〈따라서 사물의 실재적인 내적(그러나 일반적으로, 인식되지 않는 실체 속에 있는) 구조는 그 사물의 발견 가능한 성질들을 뒷받침해 주고 있는 것으로서, 그 사물의 '본질'이라 불러도 좋겠다.〉 그리고 〈파악〉과 〈느낌〉이라는 술어도 로크의 〈관념〉이라는 술어가 갖는 함축적인 여러 의미 significances와 비교되지 않으면 안 된다. 그러나 그것들은 로크가 사용했던 〈관념〉보다는 한층 일반적이고도 중립적인 술어로 사용되고 있다. 로크는 관념이라는 술어를 의식적인 정신 상태conscious mentality에 국한시켜 사용하는 것 같다. 또한 〈명제〉에 대한 통상적인 논리적 설명은 오직 우주에 있어서의 명제의 역할의 제한된 측면, 즉 명제가 느낌의 여건──그 주체적 형식이 판단의 주체적 형식이 되는 느낌의 여건──일 때의 측면만을 표현할 따름이다. 명제의 일차적 기능은 느낌에의 유혹 lure for feeling과 관련되어 있다는 것이 유기체 철학의 기본 학설이다. 예를 들면, 어떤 명제는 느낌들 자체가 농담을 즐기는 것이 되도록 하는 주체적 형식을 갖고 있는 그런 느낌들의 여건이다. 또 어떤 명제는 공포, 혐오, 분노 같은 주체적 형식을 갖고 있는 느낌들로 느껴지기도 한다. 주체의 생성을 통제하고 있는 〈주체적 지향 subjective aim〉은, 자기 창조의 과정에서 어떤 명제를 실현시키려는 목적의 주체적 형식을 가지고 그 명제를 느끼는 그런 주체이다.

xix) 존재의 기본적인 유형은 현실적 존재와 영원한 객체라는 것. 그리고 그 밖의 다른 유형의 존재는 이 두 가지 기본적인 유형의 존재가 현실 세계에서 어떻게 서로 공동체를 이루고 있느냐를 표현할 뿐이라는 것.

xx) 〈기능한다 to function〉는 것은 어떤 현실 세계의 결합체 속에서 현실적 존재의 결정에 기여하는 것을 말한다는 것. 따라서 한 존재의 결정성과 자기 동일성은, 모든 존재들이 다양하게 기능하고 있는 공동체로부터 추상될 수 없는 것이다. 〈결정성〉은 〈한정성 definiteness〉[⑦]과 〈위치 position〉로 분석될 수 있다. 여기서 〈한정성〉이란 선택된 영원한 객체가 예시된 것을 말하며, 〈위치〉란 현실적 존재들의 결합체에 있어서의 상대적인 지위 status를 말한다.

xxi) 존재 entity는 그 자신의 힘으로 의미관계 significance를 가지게 될 때 현실적이다. 이는 현실적 존재가 그 자신이 결정되어 가는 과정에 참여하여 기능한다는 것을 의미한다. 따라서 현실적 존재는 자기 동일성 self-identity을 자기 다양성 self-diversity과 결부시키고 있다.

xxii) 현실적 존재는 그 자신에 대하여 기능함으로써 그 자기 동일성을 잃지 않고도 자기 형성 self-formation에 있어 다양한 역할을 수행한다는 것. 그것은 자기 창조적 self-creative이다. 그리고 그 창조 과정에서 그 다양한 역할들을 하나의 정합적인 역할로 전환시킨다. 따라서 〈생성〉은 〈부정합〉으로부터 〈정합〉으로의 전환이며, 각각의 특정한 사례에서 그러한 전환이 달성될 때 종결된다.

xxiii) 이러한 자기 활동 self-functioning은 현실적 존재의 실재적인 내적 구조라는 것. 그것은 그 현실적 존재의 〈직접성 immediacy〉이다. 현실적 존재는 그 자신의 직접성의 〈주체〉라 불린다.

xxiv) 하나의 현실적 존재가 다른 현실적 존재의 자기 창조에 있어서 기능한다는 것은, 전자가 후자의 현실적 존재에 대하여 〈객체화 objectification〉된다는 것을 말한다. 현실적 존재의 자기 창조에 있어서 영원한 객체의 활동은, 현실적 존재에로의 영원한 객체의 〈진입 ingression〉이다.

xxv) 현실적 존재를 구성하는 합생 과정의 마지막 위상 phase[⑧]은, 완전히 결정된 하나의 복합적 느낌이다. 이 마지막 위상은 〈만족 satisfaction〉

---

⑦ 〈한정〉이란 〈생성〉이 〈존재〉로 이행하는 것을 말한다. 생성이 존재가 되는 그러한 생성의 이행에 있어, 모든 영원한 객체로부터 선취한 영원한 객체 내지 영원한 객체의 패턴화로서 성립되는 복합적인 영원한 객체가 예시되고 실현되어 있다.

⑧ 위상(位相, phase) : 고대 그리스어 어원은 phasis. 일반적으로 연속적인 존재, 발전하는 일정한 형태를 취하는 사물의 일면. 즉 동일한 대상, 사물이 계기적(繼起的)으로 혹은 달리하는 관점에 대하여 나타내는 현상, 양상, 혹은 특성을 일컬음. 종종 aspect

이라 불린다. 그것은 (a) 그 발생 genesis과 관련하여, (b) 그 초월적 창조성에 대한 객체적 성격과 관련하여, 그리고 (c) 그 우주의 모든 항목 item 하나하나에 대한 ── 긍정적 내지 부정적인 ── 파악과 관련하여 완전히 결정되어 있다.

xxvi) 현실적 존재의 발생 과정에서의 각 요소는 모두 그 최종적인 만족에 있어서, 아무리 복합적이라 하더라도 하나의 일관된 self-consistent 기능을 가지고 있다.

xxvii) 합생의 과정에는 계속되는 일련의 위상들이 있어서, 선행하는 위상에서의 파악들을 통합함으로써 새로운 파악이 생겨난다. 이 통합에 있어 〈느낌〉은 자신의 〈주체적 형식〉과 〈여건〉을 제공함으로써 새로운 통합적 파악의 형성에 이바지한다. 그러나 〈부정적 파악〉은 단지 그 〈주체적 형식〉을 제공함으로써 이바지할 뿐이다. 이 과정은 모든 파악들이 하나의 결정적인 통합적 만족의 구성 요소가 될 때까지 계속된다.

제 3 절

아홉 개의 범주적 제약

아홉 개의 범주적 제약 Categoreal Obligation이 있다.

i) 주체적 통일성의 범주 *Category of Subjective Unity*. 현실적 존재의 과정에 있어서의 미완(未完)의 위상에 속하는 많은 느낌들은 그 위상의 미완결성 때문에 통합되어 있지는 않지만, 그 주체의 통일성 때문에 장

와 동의어로 사용되기도 하지만, 엄밀히 말해서 후자의 경우는 표시의 동시적 양상을 말하는 데 비해서, 전자는 계기적 양상을 가리키는 점에서 서로 다르다. 보다 협의로는 주기적으로 반복되는 상태 중에서 그 순간적 일면이 전체에 대해서 갖는 지위를 나타내는 개념이다.

차의 통합에 있어 서로 모순되지 않는다.

ii) 객체적 동일성 *Objective Identity*의 범주. 현실적 존재의 〈만족〉의 객체적 여건에 있어서 어떠한 요소도, 〈만족〉에 따르는 요소의 기능에 관한 한 중복될 수 없다.

언제나 그러하듯이 여기서도 〈만족〉이라는 술어는 과정에 있어서의 완결된 위상인, 완전히 결정된 하나의 복합적 느낌을 의미한다. 이 범주가 표현하고 있는 바는 각 요소가 아무리 복합적이라 하더라도 하나의 일관된 기능을 가진다는 것이다. 논리학은 자기 일관성 self-consistency에 대한 일반적 분석이다.

iii) 객체적 다양성 *Objective Diversity*의 범주. 현실적 존재의 객체적 여건에 있어서의 가지각색의 요소에는, 그 만족에 따르는 요소들의 기능에 관한 한 어떠한 〈합체(合體, coalescence)〉도 있을 수 없다.

여기서 말하는 〈합체〉란 여러 요소가 그 다양성에 속하는 대비를 갖지 않으면서 절대적으로 동일한 기능을 행사하는 가지각색의 요소를 의미하는 개념이다.

iv) 개념적 평가 *Conceptual Valuation*의 범주. 각 물리적 느낌 physical feeling으로부터 순수한 개념적 느낌이 파생된다. 이 개념적 느낌의 여건은 물리적으로 느껴진 현실적 존재나 결합체의 한정성(限定性)을 결정하는 영원한 객체이다.

v) 개념적 역전 *Conceptual Reversion*의 범주. 개념적 느낌의 제2차적 발생이 있다. 그것은 정신적 극 mental pole의 최초 위상에 있어서의 여건을 형성하고 있는 영원한 객체와 부분적으로 동일하고, 부분적으로 상이한 여건을 가진다. 이 다양성은 주체적 지향에 의해 결정되는, 적절한 관련을 지니고 있는 다양성이다.

범주 iv)는 물리적 느낌의 개념적 재생 conceptual reproduction과 관계되고, 범주 v)는 물리적 느낌과의 개념적 다양성과 관계된다는 데에 주목하기 바란다.

vi) 변환 *Transmutation*의 범주. (범주 iv), 또는 범주 iv)와 v)에 따라)

전적으로 동일한 하나의 개념적 느낌이, 파악하는 주체에 의해서 현실적 세계 속의 여러 현실적 존재에 대한 유사하고 단순한 물리적 느낌들로부터 공평하게 도출된다. 그때 그 단순한 물리적 느낌들을 이 파생적인 개념적 느낌과 함께 통합해 가는 그 후속(後續) 위상에 있어 그 파악하는 주체는, 이 개념적 느낌의 여건을, 그 파악된 현실적 존재들을 자신의 구성원으로 포함하고 있는 결합체의 특성으로, 또는 그 결합체의 어떤 부분적 특성으로 변환시킬 수 있을 것이다. 그리고 이런 방식으로 규정되는 특성을 지닌 결합체(또는 그 부분)는, 그 파악 주체가 품고 있는 entertained 느낌의 객체적 여건이다.

이처럼 변환된 느낌의 완결된 여건이 하나의 대비, 즉 〈영원한 객체와의 대비를 통한 하나로서의 결합체〉가 된다는 것은 분명하다. 이런 유형의 대비는 〈성질에 의한 물리적 실체의 규정〉이라는 관념이 갖고 있는 여러 의미들 가운데 하나이다.

이 범주는 현실태에 관한 원자론적 이론인 유기체 철학이 모든 단자적(單子的) 우주론에 내재하는 난처한 문제에 대처하는 방식이다. 라이프니츠는 그의 『단자론(單子論)』에서 바로 그러한 난점을 〈혼란된 confused〉 지각 perception의 이론으로 대처하고 있다. 그렇지만 그는 어떻게 해서 〈혼란〉이 생기게 되는지를 분명히 밝히지 못하였다.

ⅶ) 주체적 조화 *Subjective Harmony*의 범주. 개념적 느낌들에 대한 가치 평가는, 이러한 느낌들이 주체적 지향과 조화되는 대비된 요소가 되도록 적응시켜 가는 과정에서 상호적으로 결정된다.

범주 ⅰ)과 범주 ⅶ)은 공동으로, 어느 한 주체의 합생 과정에서의 예정 조화 pre-established harmony를 표현한다. 범주 ⅰ)은 느껴진 여건과 연관되어 있고, 범주 ⅶ)은 개념적 느낌의 주체적 형식과 연관된다. 이 예정 조화는 비록 파악 prehension이 그 주체를 만들어내는 과정에서 생기는 것이긴 하지만, 그 주체로부터 추상되어서는 생각될 수 없는 것이라는 사실에서 귀결되는 것이다.

ⅷ) 주체적 강도 *Subjective Intensity*의 범주. 개념적 느낌의 기점이 되

고 있는 주체적 지향은 (a) 직접적 주체에서의, 그리고 (b) 이에 관련된 미래에서의 느낌의 강도를 지향하고 있다.

직접적 현재와 이에 관련된 미래를 지향하는 이 이중의 지향은 겉보기만큼 그렇게 분리되어 있는 것이 아니다. 왜냐하면 관련된 미래를 결정하는 일이나 그 강도를 예비하는 데 관여하는 예기적 느낌 *anticipatory* feeling은 모두 느낌의 직접적 복합체에 영향을 끼치는 요소이기 때문이다. 도덕성의 대부분은 미래와의 관련성 *relevance*을 어떻게 결정하느냐에 달려 있다. 관련된 미래는 예기된 미래의 요소들로 이루어져 있는데, 이 요소들은 현재의 주체 자체로부터 도출될 실재적인 가능태이기 때문에 현재의 주체에 의해 현실적인 강도 effective intensity로써 느껴지고 있는 것들이다.

ix) 자유와 결정성 *Freedom and Determination*의 범주. 개개의 개체적인 현실적 존재의 합생은 내적으로 결정되어 있으되, 외적으로는 자유롭다.

이 범주는 다음의 정식으로 압축될 수 있다. 즉 개개의 합생에 있어 결정 가능한 것은 무엇이든지 결정되지만, 거기에는 그 합생의 자기초월적 주체 subject-superject⑨의 결단에 맡겨지는 것이 언제나 남아 있다는 것이다. 이 자기초월적 주체는 그 종합에 있어서의 우주이며, 그것 너머에는 아무것도 존재하지 않는다. 여기서 최종적으로 내려지는 결단은, 그 전체의 통일체가 그 자신의 내적 결정에 대하여 나타내는 반작용이다. 이 반작용은 정서, 이해, 목적의 최종적인 수정이다. 그러나 전체의 결단은 부분들의 결단에 엄밀하게 관련되도록 그 부분들의 결단에서 생겨나는 것이다.

---

⑨ 화이트헤드는 주체를 항상 자기초월적 주체로 파악하고 있다. 그것은 환경 세계 속에서 한정되면서 자신을 한정하는 것이기 때문에, 이미 있는 것이면서도 또한 없는 것이다. 그것은 환경 세계 속에서 한정되고 있는 한 자유롭다고 할 수는 없다. 그러나 이처럼 한정되면서 자신을 한정하며, 최종적 결단을 통해서 그것이 그 자신이 되는 한 그것은 자유롭다고 할 수 있다. 이러한 자유는 피한정적(被限定的), 능한정(能限定)으로서 성립된다. 주체는 최종적 결단을 통해서 자기초월체가 된다.

제 4 절

예비적 주석. 자기모순인 완전한 추상. 불안정의 원리와 상대성 원리. 현실적 존재는 결코 변화하지 않는다. 계기의 소멸과 그 객체적 불멸성. 목적인(目的因)과 작용인(作用因). 다수성. 실체.

다음의 각 부(部)에서 이루어지는 논의 전체는 위에서 말한 (네 가지 유형의) 범주를 향해 점차적으로 접근해 가든가, 그것들을 설명하든가, 아니면 그 범주들에 비추어 세계에 대한 우리의 경험을 고찰하든가 하게 될 것이다. 그런데 여기서 약간의 예비적인 주석을 붙여두는 것이 도움이 되겠다.

설명의 범주 ⅳ)에서, 〈완전한 추상complete abstraction〉이란 관념은 자기모순이 된다는 결론이 나온다. 왜냐하면 현실적인 것이든 비현실적인 것이든 간에 그 어떤 존재를 완전히 고립된 상태에서 고찰하기 위해 그 존재로부터 우주를 사상(捨象)해 버릴 수는 없기 때문이다. 우리가 어떤 존재에 대해 생각할 때면 언제나 우리는 그것이 무엇과 어울리는지를 묻고 있는 것이다. 어떤 의미에서 모든 존재는 저마다 세계 전체에 널리 스며들고 있다. 왜냐하면 이 물음이 어떠한 현실적 존재 내지 현실적 존재의 결합체와 관련하여 제기되더라도, 각각의 현실적 존재를 위한 명확한 답변이 제시될 수 있기 때문이다.

설명의 범주 ⅰ)에서, 〈생성〉은 새로움을 향한 창조적 전진이라는 결론이 나온다. 이런 이유 때문에 〈현실 세계〉라는 말의 의미는, 현실 세계를 다른 어떤 의미에서보다도 생성이라는 의미에서 고찰해 볼 때, 새로우면서도 현실적인 일정한 현실적 존재의 생성과 상관적인 것이 된다. 따라서 역으로 말하자면, 각 현실적 존재는 자신의 특유한 〈현실 세계〉의 의미와 대응하고 있는 것이다. 이 점은 설명의 범주 ⅲ)과 ⅴ)에서 보다 더 일반적으로 다루어지고 있다. 현실 세계는 하나의 결합체이다. 그리고 하나의 현실적 존재의 현실 세계는 그 존재 너머에 있는 여러 현실 세계에 있어 하나의 종속적인 결합체의 수준으로 가라앉는다.

설명의 범주 i), iv), xviii), 그리고 xxvii)은 전적으로 동일한 일반적인 형이상학적 진리의 상이한 측면들을 진술하고 있다. 범주 i)은, 모든 궁극적 현실태가 그 자신의 본질에 있어서, 알렉산더 Samuel Alexander⑩가 〈불안정(不安定)의 원리 a principle of unrest〉[3]라 불렀던 것, 즉 그 생성을 구현하고 있다는 학설을 일반적인 방식으로 진술한 것이다. 범주 iv)는 이 학설을 〈존재 entity〉라는 개념 그 자체에 적용하고 있다. 그래서 이 〈존재〉라는 개념은 〈생성의 과정에 기여하는 요소〉를 의미한다고 주장한다. 우리는 이 범주에서 〈상대성〉 개념에 대한 최고의 일반화를 확보하게 된다. 범주 xviii)은, 모든 특정한 각 현실적 존재의 생성에 부과되는 제약이 다른 현실적 존재들의 구조에서 생겨난다고 주장한다.

x)에서 xiii)까지의 네 가지 설명의 범주는 실재론적 철학에 늘 붙어 따라다니는 〈공허한 현실태 vacuous actuality〉라는 개념을 거부한다. 여기서 〈공허한 현실태〉라는 용어가 의미하는 바는 주체적 직접성을 결여한 진정한 사물 *res vera*이라는 관념이다. 이 거부는 유기체 철학에 있어 근본적인 것이다(제2부, 제7장 「주관주의적 원리」 참조). 〈공허한 현실태〉의 관념은 〈실체에 있어서의 성질의 내속(內屬) inherence of quality in substance〉이라는 관념과 매우 밀접하게 결부되어 있다. 기본적인 형이상학적 범주로서 잘못 적용되고 있는 이 두 관념은, 〈현시적 직접성(顯示的 直接性, presentational immediacy)〉의 진정한 분석에 대한 오해에 그 주요 기반을 두고 있다(제2부, 제2장, 제1절 및 제5절 참조).

유기체 철학의 형이상학적 학설에 있어 근본적인 점은 변화의 불변적 주체로서의 현실적 존재라는 개념이 완전히 폐기된다는 데에 있다. 현실적 존재는 경험하고 있는 주체이며 동시에 그 경험의 자기초월체 su-

---

⑩ 1859-1938. 영국의 실재론적 형이상학자.

3) 「예술적 창조와 우주적 창조 Artistic Creation and Cosmic Creation」, *Proc. Brit. Acad.*, Vol. XIII(1927) 참조.

perject이기도 하다. 그것은 자기초월적 주체 subject-superject이며, 이 두 측면의 기술(記述)은 어느 한순간도 간과될 수 없다. 〈주체〉라는 술어는 현실적 존재가 그 자신의 실재적인 내적 구조와 관련하여 고찰되는 경우에 주로 사용된다. 그러나 〈주체〉는 항상 〈자기초월적 주체〉의 생략형으로 해석되어야 한다.*

〈아무도 같은 강물을 두 번 다시 건너지 못한다〉는 고대의 가르침이 확장된다. 어떤 사상가도 두 번 다시 사고하지 않는다. 이를 보다 일반화시켜 말한다면, 어떤 주체도 두 번 다시 경험하지 않는다. 이는 로크가 〈끊임없는 소멸〉⑪로서의 시간에 관한 자신의 학설로써 의미했음에 틀림없는 그런 것이다.

이러한 부정(否定)은 칸트의 〈경험의 제1유추(類推)〉(『순수이성 비판』의 제1판과 제2판⑫ 가운데 어느 쪽의 표현에서 보더라도)와 직접적으로 모순된다. 유기체 철학에서 영속하는 것은 〈실체〉가 아니라 〈형상〉(形相)이다. 형상은 변화하는 관계를 감수한다. 현실적 존재는 주체적으로는 〈끊임없이 소멸〉되지만 객체적으로는 불멸 immortal한다. 현실태는 소멸될 때 주체적 직접성을 상실하는 반면 객체성을 획득한다. 그것은 그 불안정의 내적 원리인 목적인을 상실하지만 작용인을 획득한다.

---

* 맥밀런판의 최초의 인쇄에서는 〈But subject-superject, and neither half of this description can of 'subject-superject'〉로 되어 있다. 화이트헤드는 자신의 맥밀런판 사본에 다른 문장 〈But 'subject' is always to be construed as an abbreviation of 'subject-superject'〉를 써놓았다. 이 문장은 케임브리지판의 최초의 인쇄 및 맥밀런판의 그 이후의 인쇄에서는 바르게 인쇄되어 있다.

⑪ 이 〈끊임없는 소멸 perpetual perishing〉은 로크의 『인간 지성론』에 나오는 말이다. 이는 사전적 의미로는 〈영각(永刦)으로 사라진다〉 혹은 〈끊임없이 소멸된다〉로 번역될 수 있다. 현실적 존재는 다자(多者)가 일자(一者)로 합생하는 과정이다. 그래서 그것이 〈생성〉에서 〈존재〉로 되는 순간, 그 직접 경험은 주체적으로 〈영겁으로 사라진다〉고도 말할 수 있고, 〈끊임없이 소멸된다〉고도 말할 수 있다.

⑫ 칸트 I. Kant의 『순수이성 비판』, 제2편, 제2장, 제3절에서, 경험의 제1유추로서 〈실체의 불변성의 원칙〉이 검토되고 있다. 거기에서는 항구 불변의 실체가 있기 때문에 시간 관계가 가능하다고 주장되고 있다. A판과 B판은 이 대목의 문장에 약간의 차이가 있다.

이 작용인으로 말미암아 그것은 창조성을 특징짓는 제약 obligation의 근거가 된다.

현실적 계기는 그 〈형상적〉 구조에 있어서는 어떠한 미결정성 indetermination도 갖지 않는다. 가능태는 실현된 것으로 변해 있다. 현실적 계기는 어떠한 미결단성 indecision도 지니고 있지 않은 완전한 결정적 사태인 것이다. 그것들은 제약의 근거를 형성한다. 그러나 영원한 객체, 명제, 약간의 한층 복합적인 종류의 대비(對比)는 그 자신의 본성 속에 미결단성을 내포하고 있다. 이들은 모든 존재가 그렇듯이 생성의 과정에 있어서의 가능태인 것이다. 그것들의 진입은 문제되는 현실태의 한정성 definiteness을 표현한다. 그러나 그것들 사신의 본성 그 자체만을 놓고 본다면, 거기에는 그러한 진입의 가능태가 어떤 현실적 존재에서 실현될 것인가 하는 것이 드러나 있지 않다. 그렇기 때문에 그것들은 그 앞의 조(組)에 들어 있는 존재들보다도 어떤 의미에서 더욱 완전한 미결정성을 내포하고 있다.

다수성 multiplicity은 단지 그 하나하나의 구성원을 통해서 과정 속으로 들어갈 뿐이다. 다수성에 대해서 할 수 있는 유일한 언명이 있다면, 그것은 그 하나하나의 구성원이 현실적 세계의 과정에 어떻게 들어가느냐를 표현하는 것이다. 이런 방식으로 과정 속에 들어가는 존재는 모두 다수성에 속하게 되지만, 그렇지 않은 다른 존재는 이에 속하지 않는다. 다수성은 이 목적을 위해서, 그리고 오직 이 목적을 위해서만 통일체 unity로 취급된다. 예를 들면, 이미 말한 여섯 종류의 존재⑬는 저마다 하나의 다수성이다(즉 그러한 종류의 개별적 존재가 아니고 집합적 collective 종류의 존재들이다). 다수성은 현실 세계에 대해서 단지 이접적 관계를 가질 뿐이다. 하나의 현실적 존재에 있어 완전한 최초의 여건을 구성하는 〈우주〉는 하나의 다수성이다. 다수성을 마치 다른 여섯 종류 중

⑬ 현실적 존재, 파악, 결합체, 주체적 형식, 영원한 객체, 명제의 여섯 개의 존재 범주를 말한다.

어느 한 종류에 속하는, 단일성을 갖는 것인 양 취급한다면 이는 논리적 착오를 유발하게 된다. 어느 때고 〈존재 entity〉라는 말을 사용할 때면, 단서가 없는 한, 여섯 종류 가운데 어느 한 종류의 존재를 말하고 있는 것이지, 다수성에 관해서 말하고 있는 것이 아님이 전제되어 있게 될 것이다.

다수성과 관계되는 창발적 진화(創發的 進化, emergent evolution) 같은 것은 없다. 따라서 다수성에 관한 언명은 모두 그 하나하나의 구성원에 관한 선언적 언명(選言的 言明)인 것이다. 최초의 여섯 종류에 속하는 존재 및 유적 대비는 〈고유한 존재 proper entities〉라고 불리게 될 것이다.

다음에 계속되는 유기체 철학의 논의는, 명제의 주어-술어 형식이라는 것이, 주체적 형식에 적용되는 경우 이외에는 고도의 추상과 관계된다는 신념을 가지고 전개되고 있다. 이러한 예외는 별문제로 하고, 이런 종류의 추상은 형이상학적 기술과 거의 관계가 없다. 고대 말기 이래로 아리스토텔레스 논리학의 권세는 그 표현법에서 자연적으로 파생되는 범주들을 형이상학적 사고에 부과해 왔다. 그의 논리학의 이러한 권세는 아리스토텔레스 자신의 형이상학적 사변의 특징이었다고 생각되지는 않는다. 말할 것도 없이 이 책의 논의와 다른 철학 이론과의 차이점은 주로 다음과 같은 사실에 기인한다. 즉 많은 철학자들이 아리스토텔레스의 〈실체〉 관념을 명확한 진술로 비판하면서도, 그들의 논의를 통해서 암암리에 명제의 〈주어-술어〉 형식이 현실 세계에 대한 최종적이고도 충분한 언명의 방식을 구현하고 있는 것으로 가정한다는 사실이다. 아리스토텔레스 유의 〈제1실체〉가 낳은 악은 바로 이처럼 명제의 〈주어-술어〉 형식을 형이상학적으로 강조하는 습관인 것이다.

3장

몇 개의 파생적 개념들

제 1 절

신의 원초적 본성. 관련, 신의 질서. 신의 결과적 본성. 창조성과 그 성격의 획득. 피조물, 객체적 불멸성, 욕구, 새로움, 관련. 욕구와 정신성, 개념적 파악, 순수한 파악, 불순한 파악. 동의어와 유사성, 즉 개념적 파악・욕구・직관・물리적 목적・비전・직시.

원초적으로 창조된 사실은 영원한 객체의 다양성 전체에 대한 무제약적인 개념적 가치 평가conceptual valuation이다. 이것이 신의 〈원초적 본성primordial nature〉이다. 이 완전한 가치 평가로 말미암아 개개의 파생적인 현실적 존재에 있어서의 신의 객체화는, 그 파생적인 계기의 합생 중에 있는 위상과 영원한 객체와의 관련성의 등급 매기기graduation로 귀착된다. 선택된 영원한 객체가, 합생 중에 있는 문제의 계기의 현실 세계에 속하는 파생적인 현실적 존재로 진입하기 때문에, 그 영원한 객체가 〔합생 중에 있는 계기와〕 관련성을 맺게 되는 또 하나의 근거가 있게 될 것이다. 하여간 여기에는 언제나 신으로부터 도출된 일정한 관련성이 있게 마련이다. 신을 도외시할 경우, 현실 세계에서 실현되지 않은 영원한 객체는 문제의 합생에 있어 상대적으로 비존재(非存在, non-existent)가 될 것이다. 왜냐하면 현실적 관련 effective relevance은 비교의 작인(作因, agency)을 필요로 하며, 작인은 전적으로 현실적 계기*에 속하고 있기 때문이다. 신에 의한 이 질서화는 그 자체가 하나의 사태 matter of fact이며, 이것에 의해 창조성을 제약한다. 따라서 실현된 시간적 사태를 초월하는 가능성은 창조적 전진과의 실재적 관련성 real relevance을 갖게 된다.① 신은 원초적인 피조물 primordial creature이다. 그러나 신의 본성에 대한 기술은 그것이 지닌 이와 같은 개념적 측면을 보이는 것만으로 완결되는 것이 아니다. 파생적인 현실적 존재에 대한 신의 물리적 파악 physical prehension에서 신의 〈결과적 본성 consequent nature〉이 생겨난다(제5부 참조).

〈창조성〉은 아리스토텔레스의 〈질료 matter〉 및 근대의 〈중성적 질료 neutral stuff〉를 달리 표현한 것이다. 그러나 이 술어에는 〈형상〉이라

---

* 여기서 화이트헤드는 신을 궁극의 작인으로 상정하고 있고, 그러면서도 다른 곳에서는 〈현실적 계기 actual occasion〉라는 용어가 신을 제외시키고 있기 때문에, 〈현실적 계기〉는 〈현실적 존재〉로 읽어야 할 것으로 생각된다. 화이트헤드는 이 단락을 쓰고 있던 당시로서는 아직 이 두 용어의 구별을 확정짓지 못하고 있는 것 같다.

① 어떤 현실적 존재가 어떤 영원한 객체를 자신 속에 수용한다는 것(개념적 파악)은, 문제의 현실적 존재의 합생 과정에 대하여, 모든 영원한 객체가 전망의 정도에 따라 관련을 맺게 된다는 것을 의미한다. 이는 신(神)이 그 현실적 존재에게 자신을 객체화한다는 작용을 떠나서는 생각할 수 없는 일이다. 여기에서 신(神)은 그 원초적 본성에 있어 세계에 내재한다. 어떤 영원한 객체가 문제의 현실적 존재의 합생 과정에 〈진입〉하여 그것에다가 한정성(限定性)을 부여한다는 방식으로 거기서 실현된다는 것은, 원초적 본성에 있어 신의 세계 내재(內在)를 떠나서는 생각될 수 없는 일이다. 여기에서 〈실현된 시간적 사태를 초월하는 가능성〉이라는 것은, 영원한 객체를 가리키는 것일 것이다. 영원한 객체가 현실적 존재로 실현되고 현실적 존재가 객체화되어 뒤따르는 현실적 존재에게 여건으로서 주어진다는 데에 창조적 전진이 성립된다. 〈가능성이 창조적 전진에의 실재적인 관련을 가진다〉는 말은 이렇게 이해된다. 그리고 이러한 실재적인 관련은 신이 원초적 본성에 있어 세계에 내재한다는 것과 무관하지 않다.

든지 외적 관계와 같은 것에 대한 수동적인 수용성의 관념이 들어 있지 않다. 그것은 현실 세계 — 항상 신에 의해 질서화된 안정된 요소를 가진다고는 하나, 결코 두 번 다시 동일한 것일 수 없는 세계 — 의 객체적 불멸성에 의해 제약되는, 순수 활동의 관념이다. 아리스토텔레스의 〈질료〉가 그 자신의 성격을 갖지 아니한 것과 전적으로 동일한 의미에서 창조성은 그 자신의 성격을 갖지 않는다. 그것은 현실태의 근저에 있는 최고의 일반성을 지닌 궁극적 관념이다. 성격이란 것이 모두 그것보다 특수하기 때문에, 그것은 어떤 성격으로도 특징지어질 수 없다. 창조성은 항상 여러 제약 속에서 발견되며, 제약된 것으로 기술된다. 모든 것에 미칠 뿐만 아니라 그 어떤 것에 의해서도 구속받지 않는 가치 평가 valuation라는 비시간적 행위는 창조성에 의한 피조물인 동시에 창조성을 위한 조건이 되고 있다.② 이 행위는 그러한 이중적 성격을 다른 모든 피조물과 함께 공유하고 있다. 피조물로서의 성격 때문에 그것은 세계로부터 반작용을 받아들이지만, 그것은 항상 합생에 있어서 그러한 것이지, 결코 과거에 있어서 그러한 것은 아니다. 이 반작용이 그 행위의 결과적 본성이다. 이것은 여기서 〈신〉이라고 불린다. 왜냐하면 모든 질서의 초시간적 원천에서 유래하는 실재적인 느낌을 향유할 때, 우리의 본성에 대한 관조 contemplation는 종교가 지향하고 있는 신선함과 친교(親交) refreshment and companionship라는③ 저 〈주체적 형식(主體的 形式)〉을 획득하기 때문이다.

② 이 작용은 신의 원초적 본성을 의미한다. 이 본성은 창조성에 의해 만들어진 그것의 원초적 우연사이다. 그러나 동시에 신은 또한 원초적 본성에 있어 세계에 내재하면서, 합생의 과정에 있어 시간적인 현실적 존재에게 한정성의 유인을 부여한다는 방식으로 세계를 창조적으로 전진케 한다. 창조적으로 전진하고 있는 세계의, 신에 있어서의 결과가 곧 신의 결과적 본성이다. 신은 다른 현실적 존재의 합생을 매개로, 그 원초적 본성을 결과적 본성과 통합시키면서, 세계의 창조적 전진을 관통하는 순수한 작용으로서의 창조성을 제약한다. 따라서 신은 창조성에 있어 원초적으로 만들어진 것이면서 동시에 창조성도 제약하고 있는 것이다.

③ 화이트헤드에 의하면 가장 발달된 종교의 단계에서는 신이 한 동아리로 나타난다.

피조물은 창조성의 변화하는 성격 shifting character을 구성하고 있는데, 피조물의 이러한 기능은 여기서 현실적 존재의 〈객체적 불멸성 objective immortality〉이라 불린다. 따라서 신은 신의 원초적 본성과 결과적 본성에 있어서 객체적 불멸성을 가진다.④ 신의 결과적 본성의 객체적 불멸성에 대해서는 나중에(제5부 참조) 검토된다. 우리는 지금 신의 원초적 본성을 문제삼고 있다.

세계 속의 신의 내재는 신의 원초적 본성의 견지에서 본다면 현재의 욕구에 따른 미래에의 충동이다. 욕구 appetition란, 개념적으로 파악된 여건을 실현시키려는 충동과 결부되어 있는, 직접적인 물리적 느낌에 대한 개념적 가치 평가이다. 예를 들면 〈갈증〉은 그 갈증을 해소한다는 개념적 파악과 통합되어 있는 직접적인 물리적 느낌이다.

욕구 appetition[1)]란 지금은 없지만 있게 될지도 모르는 것의 실현을 수반하는 불안정의 원리를 자기 자신 속에 간직하고 있는 직접적인 사태이다. 이것에 의해 직접적 계기는, 여러 개념적 파악에 본질적으로 내재해 있는 다양한 가치 평가에 따라, 미래에 있어 그 정신적 극 mental pole의 물리적 실현을 달성하기 위해 창조성을 제약한다. 모든 물리적 경험에는 그것을 지속시키려고 하거나 지속시키지 않으려고 하는 욕구가 수반되어 있다. 자기 보존의 욕구는 그 한 예가 된다. 그러나 새로운 개념적 파악의 성립에 관해서는 보다 깊이 있는 설명이 필요하다. 갈증은 차이에 대한――관련된 어떤 것, 대체로 동일한 어떤 것, 그러나 뚜렷한 새로움을 갖는 어떤 것에 대한――욕구이다. 이는 자유로운 상상력의 발아 germ를 보여주는 낮은 차원의 한 예가 된다.

어떤 의미에서 아직 실현되지 않은 추상적 형상이 관련될 수 있는 것

---

④ 신이 그 원초적 본성에 있어 객체적 불멸성을 가진다는 것은 신이 원초적 본성에 있어 세계 속에서 객체화되고, 내재한다는 것을 말한다. 신이 그 결과적 본성에 있어 객체적 불멸성을 가진다는 것은, 신이 스스로 원초적 본성을 결과적 본성과 통합을 이루게 할 때마다 자신을 세계에 부여한다는 것을 말한다. 신의 이러한 방식이 〈신의 자기초월적 본성〉이라고 불린다.

1) 라이프니츠 G. W. Leibniz, 『단자론』 참조.

인가? 그러한 관련성의 토대는 대체 무엇인가? 〈관련성 relevance〉은 여러 형상 간의 공재성 togetherness이라는 어떤 실재적인 사실을 반드시 표현해야 한다. 존재론적 원리는 다음과 같이 표현될 수 있다. 즉 모든 실재적 공재성은 현실태의 형상적 구조 내에서의 공재성이라는 것이다. 그래서 시간적 세계에서 실현되지 않은 것과의 관련성이 있다면, 그 관련성은 무시간적 현실태의 형상적 구조에서의 공재성을 나타내고 있어야 한다. 그러나 상대성 원리에 따라, 현실적 세계에 대한 자신의 파악에 의해 제약되지 않는 비파생적(非派生的)인 현실태는 오직 하나가 있을 수 있을 뿐이다. 창조성의 이와 같은 원초적인 자기초월체 primordial superject는 그 만족이라는 통일성에 있어서, 모든 영원한 객체에 대한 완전한 개념적 평가를 달성한다. 이것은 창조적 질서가 의존하는 영원한 객체들의 공재에 대한 궁극적이고도 기본적인 조정 adjustment이다. 그것은 혐오나 역작용이라는 형식에 의한 모든 욕구의 개념적 조절이다. 그것은 관련성의 의미를 구성한다. 현실적으로 작용하는 사실로서의 그 지위는, 그것을 〈신의 원초적 본성〉이라고 명명할 때 분명해지게 된다.

〈욕구〉란 말은 전문 용어가 내포하고 있는 위험성을 예시해 주고 있다. 이와 같은 위험은 프로이트에서 나온 심리학에도 예시되어 있다. 현실태의 정신적 극은, 그것을 요인으로서 포함하고 있는 현실태에 대하여 다양한 등급의 복합적인 느낌을 부여한다. 정신성의 기본 작용은 〈개념적 파악 conceptual prehension〉이다. 이것이 〈순수한 pure〉 정신성의 유일한 작용이다. 그 밖의 다른 모든 정신 작용은, 개념적 파악과 물리적 극 physical pole에 대한 물리적 파악과의 통합을 포함한다는 의미에서 〈불순한 impure〉 것들이다. 파악에 있어서의 〈불순성〉은 〈순수한〉 물리적 파악을 〈순수한〉 정신적 파악과 통합하는 데서 생겨나는 파악에 관계되는 것이기 때문에 다음과 같은 결과가 나온다. 〈불순한〉 정신적 파악은 〈불순한〉 물리적 파악이며, 그 역도 성립한다는 것이다. 그렇기 때문에 파악에 적용된 〈불순〉이란 용어는 전적으로 명확한 의미를 가지며, 그에 관한 논의 과정에서 어느 한쪽에 주목하는 일이 없다면 〈정신적〉 내지 〈물리적〉이란 용어는 필요치 않게 된다.

〈개념적 파악〉이란 술어는 전적으로 중성적인 것으로, 어떠한 암시성도 갖고 있지 않다. 하지만 그러한 용어는 어떤 특정한 예증도 시사하지 않는다는 사실 때문에 심히 이해하기 어렵게 된다. 그래서 우리는 주변의 친숙한 사실을 시사하는 동의어를 찾게 된다. 이에 우리들이 선택한 것이 욕구 appetition라는 술어였는데, 이는 우리 자신의 경험 가운데서뿐만 아니라 곤충이나 식물과 같은 보다 낮은 차원의 생명 형태에서도 예증되고 있음을 시사하는 것이다. 그러나 인간의 경험에서조차, 〈욕구〉가 시사하는 것은 보다 강한 작용 가운데 있는 저 기본적 활동의 품위를 떨어뜨리는 그런 관념이다. 약간의 차이는 있지만, 우리가 생각하고 있는 것과 밀접한 연관성을 갖는 것으로서 베르그송이 말한 〈직관〉을 들 수 있겠다.⑤ 베르그송의 〈직관〉은 〈불순한〉 작용이다. 즉 그것은 개념적 파악——이것은 물리적 파악으로부터 〈개념적 재생의 범주〉(범주적 제약 iv)에 따라 도출된 것이지만——과 물리적 파악과의 종합에서 생기는 통합적 느낌인 것이다. 베르그송의 〈직관〉이란 말은 이 책 제3부의 〈물리적 목적 physical purpose〉과 같은 의미를 갖는 것으로 생각된다. 그리고 베르그송의 〈직관〉은 정서와 목적이라는 주체적 형식에서 추상된 것으로 보인다. 이 주체적 형식은 실제로 어떠한 파악에 있어서도 그러한 것처럼, 〈개념적 파악〉이라는 관념에 있어 본질적인 요소이다. 그것은 〈물리적 목적〉에 있어서도 본질적인 요소이다(제3부

---

⑤ 베르그송은 생명의 흐름을 그 요소들이 상호 침투·교섭하는 순수 지속으로 파악하고, 이러한 생명의 순수 지속은 직관을 통해서만 그 전체적 진실상이 파악될 수 있다고 보았다. 이때의 직관은 지성에 의한 개념적 파악과 대립되는 것으로 간주된다. 또한 여기에서 〈욕구〉는 베르그송과 어떤 유사성을 갖는 것으로 시사되고 있지만, 화이트헤드는 베르그송처럼 지성에 의한 개념적 파악을, 생명의 실상을 파악하는 데는 불충분한 것이라 하며 낮게 평가하고 있지 않다는 것이 양자의 큰 차이점의 하나라고 볼 수 있다. 화이트헤드에 의하면 지성의 작용은 영원한 객체의 개념적 파악에 해당한다.

참조). 만일 우리들이 이 〈순수한〉 정신적 작용을 그 가장 강한 작용에서 고찰해 본다면 우리는 〈비전 Vision〉이라는 말을 골라야 할 것이다. 개념적 파악은 선 내지 악의 가능성 ― 현실태가 어떻게 한정적인 것이 될 수 있는가 하는 가능성 ― 에 대한 직접적인 비전이다. 여기서 특정한 현실태와는 아무런 연관이 없으며, 또 어떠한 특수한 현실적 세계와도 아무런 연관이 없다. 〈선이나 악〉이라는 말은 주체적 형식과의 연관 때문에 부가된 것이며, 단순히 〈본다 vision〉라는 말은 개념적 파악에서 이러한 요인을 사상(捨象)해 버린 것이다. 우리가 신의 원초적 본성을 〈욕구〉의 완전성이라고 말한다면, 그만큼 우리는 주체적 형식에다 그에 합당한 가중치를 부여하고 있는 것이다. 우리가 신의 원초적 본성을 〈직관 intuition〉이라고 말한다면, 우리는 물리적 파악과의 종합 때문에 〈불순〉해진 정신성을 암시하고 있는 것이다. 우리가 신의 원초적 본성을 〈비전〉이라고 말한다면, 우리는 주체적 형식으로부터 구체적 사실 ― 특수한 사실이 아닌, 어떤 현실태 ― 에의 동경을 빼앗고 있는, 주체적 형식에 대한 불완전한 전망 maimed view을 암시하고 있는 것이다. 신의 원초적 본성 가운데는 〈비전〉이라는 말이 모호하게 만들어버리는 결함이 들어 있다. 〈비전〉이라는 말이 갖는 하나의 장점은, 그것이 신에 관한 학설을 철학의 전통과 더욱 긴밀히 연결시켜 준다는 것이다. 〈마음에 그린다〔直視〕 envisagement〉는 말이 〈본다 vision〉는 말보다 무난하다. 요약하면, 신의 〈원초적 본성〉은 〈여러 특수적인 것〉과 신과의 교섭 commerce에서 추상되어 있으며, 그래서 그것은 명제를 포함하는 〈불순한〉 지성의 작용을 결여하고 있다(제3부 참조). 그것은 단지 자기 자신과 관계하는 추상에 있어서의 신이다. 이러한 신의 원초적 본성을 그 자체로 놓고 본다면, 그것은 현실태를 결여한, 신의 한 요인에 지나지 않는다.

제 2 절

사회적 질서, 한정 특성, 실체적 형상. 인격적 질서, 순차적 계승, 존속하는 객체. 입자적(粒子的) 사회.

〈사회적 질서 social order〉와 〈인격적 질서 personal order〉의 개념을 이 예비적 고찰에서 생략할 수 없다. 여기서 쓰이고 있는 의미의 〈사회 society〉란 사회적 질서를 갖는 결합체를 말한다. 그리고 〈존속(存續)하는 객체 enduring object〉 또는 〈존속하는 피조물〉이란, 그 사회적 질서가 〈인격적 질서〉라는 특수한 형태를 취하고 있는 그런 사회이다.

결합체는 다음과 같은 경우에 〈사회적 질서〉를 향유하고 있다. i) 그 결합체에 포함된 각 현실적 존재들의 한정성에 예시된 공통 요소로서의 형상이 있을 것, ii) 그 결합체의 각 구성원이 그 결합체의 다른 구성원들을 파악함으로 말미암아 그 결합체에 부과되는 조건들에 근거하여, 이 공통 요소로서의 형상이 결합체의 각 구성원에서 생겨나고 있을 것, 그리고 iii) 이때의 파악들이 그 공통 형상에 대한 긍정적 느낌* 을 포함하고 있음으로 해서 재생의 조건을 부여하고 있을 것 등이다. 그러한 결합체를 〈사회〉라 부르며, 거기서의 공통 형상은 그 사회에 대한 〈한정 특성 defining characteristic〉이다. 〈한정 특성〉이라는 개념은, 아리스토텔레스의 〈실체적 형상 substantial form〉의 개념과 동류에 속한다.

형상의 공통 요소는 단지 그 결합체의 각 성원에서 예시된 복합적인 영원한 객체에 지나지 않는다. 그러나 결합체의 사회적 질서는 그 성원 모두에게서 나타나는 이러한 공통 형상의 단순한 사실이 아니다. 결합체를 통한 공통 형상의 재생은 그 결합체의 성원 상호 간의 발생적 관

---

* 『관념의 모험』에서 이 단락을 인용했을 때에는 〈그것을 포함하는 긍정적 느낌 positive feelings involving that〉이 〈그것에 대한 긍정적 느낌 positive feelings of that〉으로 되어 있다.

계 genetic relation에 힘입고 있으며, 또한 그 발생적 관계가 공통 형상에 대한 느낌을 포함한다는 부가적 사실에 힘입고 있다. 따라서 한정 특성은 그 결합체의 도처에서 계승되고 있는데, 이는 그 각 성원이 자신의 합생에 앞서는 결합체의 다른 성원으로부터 그 한정 특성을 이어받음으로써 이루어지고 있다.

결합체는 (α) 그것이 〈사회〉일 때, 그리고 (β) 그 성원들 간의 발생적 관계성 genetic relatedness이 성원들을 〈순차적으로 serially〉 질서화할 때, 〈인격적 질서〉를 향유하게 된다.

발생적 관계성에서 생기는 이러한 〈순차적 질서화 serial ordering〉는 다음과 같은 것을 의미한다. 즉 결합체의 모든 성원은 ― 처음의 것과 마지막의 것은, 비록 그런 것이 있다고 해도, 제외하고 ― 제각기 그 결합체에 있어서의 〈절단 cut〉을 구성하고 있다는 것, 그 결과 (a) 임의의 한 성원은 그 절단부 한쪽 편의 모든 성원으로부터 이어받지만, 그 절단부의 다른 편의 성원으로부터는 이어받지 않는다는 것, 그리고 (b) 만일 A와 B가 그 결합체의 두 성원이라 하고 B가 A로부터 이어받는다고 한다면, B로부터 이어받고 있는 B의 절단의 한편은 A로부터 이어받고 있는 A의 절단의 한편의 부분을 형성하며, A가 그로부터 이어받는 그런 A의 절단의 한편은 B가 그로부터 이어받는 그런 B의 절단의 한편의 부분을 형성한다는 것이다. 이리하여 결합체는 그 한정 특성을 계승하는 외줄기의 계열을 형성한다. 그러한 결합체를 〈존속하는 객체〉라 부른다. 이는 정당한 의미에서 〈인격 person〉이라고 부를 수도 있었을 것이다. 하지만 불행히도 〈인격〉은 의식이라는 관념을 암시하기 때문에 이 말을 사용한다면 오해의 소지가 있게 될 것이다. 결합체는 〈하나의 특성을 유지한다 sustain a character〉. 그리고 이것은 페르소나 *persona*라는 라틴어가 갖고 있는 의미 가운데 하나이기도 하다. 그러나 〈인격〉으로서 〈존속하는 객체〉는 하나의 특성을 유지하는 것 이상의 일을 한다. 왜냐하면 한 특성의 유지 sustenance는 결합체의 성원들 간의 독특한 발생적 관계에서 생겨나기 때문이다. 시간적인 존속성을 지니고 있는 일상적인 자연물 physical object은 하나의 사회이다. 이상적인 단순한 사례인 경우 그것은 인격적 질서를 가지며, 하나의 〈존속하는 객체〉이다. 사회는 많은 요소의 〈존속하는 객체들〉로 분석될 수도 있을 것이다(또는 그렇지 않을 수도 있을 것이다). 이는 대다수의 일상적인 자연물에 해당된다. 존속하는 객체와, 이들 요소로 분석될 수 있는 〈사회〉는 시간과 공간을 통하여 변화의 모험을 향유하는 항구적 존재들 permanent entities이다. 예를 들면 그것들은 역학의 주제를 이루고 있다. 현실적 존재는 소멸하지만 변화하지 않는다. 그것들은 언제나 그것 자체일 뿐이다 they are what they are. i) 사회적 질서를 누리며, ii) 그 요소들인 존속하는 객체로 분석 가능한 결합체는 〈입자적 사회(粒子的 社會, corpuscular society)〉라 불릴 수 있겠다. 입자적인 결합체 전체의 한정 특성의 중요성과 비교된, 여러 존속하는 객체의 한정 특성들의 상대적인 중요성에 따라 사회는 보다 더 입자적인 것이 될 수도 있고 보다 덜 입자적인 것이 될 수도 있다.

제 3 절

시간에 대한 고전적 관념, 유일한 순차성(順次性). 생성의 연속성, 연속성의 생성, 제논. 원자론과 연속성. 빛의 입자설과 파동설.

〈생성 becoming〉이란 새로움에의 전진을 위한 유일한 〈순차성(順次性, unique seriality)〉의 관념을 포함한다고 보는 오해가 널리 퍼져 있다. 이는 철학이 상식에서 이끌어낸 〈시간〉에 대한 고전적 관념이다. 인류는 존속하는 객체에 대한 경험에서 잘못된 일반화를 만들어냈었다. 최근의 물리학은 이런 관념을 버렸다. 따라서 이제 우리는, 궁극적인 형이상학적 원리로서 채택해서는 안 될 견해를 우주론으로부터 추방해야 한다. 이 책에서 말하는 〈창조적 전진 creative advance〉이란 용어는 유일한 순차적 전진의 의미로 해석되어서는 안 된다.

마지막으로, 물리적 우주의 연장적 연속성 extensive continuity은 흔히 생성의 연속성이 있다는 것을 의미하는 것으로 이해되어 왔다. 그러나 〈어떤 것이 생성한다〉는 것을 인정할 경우, 제논의 방법을 원용하여 생성의 연속성이 있을 수 없다는 것을 증명하기란 어렵지 않다.[2)] 연속성의 생성은 있지만, 생성의 연속성은 없다. 현실적 계기는 생성하는 피조물이며, 연속적인 연장적 세계를 구성한다. 다시 말하면 연장성은 생성하지만 〈생성〉 그 자체는 비연장적이다.⑥

따라서 궁극적인 형이상학적 진리는 원자론이다. 피조물은 원자적이다. 현재의 우주 시대에는 연속성의 창조가 존재한다. 아마도 이와 같은 창조는 모든 우주 시대에 타당한 궁극적인 형이상학적 진리일 것이다. 그러나 이것이 필연적인 결론이라고 생각되지는 않는다.* 보다 그럴듯해 보이는 견해는 연장적 연속성이 우리가 당면하고 있는 시대를 구성하고 있는 피조물의 사회에서 생겨나고 있는 특수한 조건이라는 것이다. 그러나 원자론은 복합성도 보편적 상대성도 배제하지 않는다. 각 원자는 모든 사물의 체계인 것이다.

원자론과 연속성 간의 적절한 균형은 물리학에 있어 중요한 의의를 가진다.⑦ 예를 들어 여기서 설명되고 있는 학설은 뉴턴의 빛의 입자설

2) 이 논증의 논의를 위해서는 제2부, 제2장, 제2절과 나의 『과학과 근대세계』, 제7장을 참조.

⑥ 화이트헤드에 의하면, 생성이란 각 현실적 존재의 합생 과정을 말한다. 그것은 공간적 넓이를 갖는 시간, 즉 지속에 있어서 생겨난다. 생성은 질적으로 변화하지 않는다고 한다. 즉 생성은 원자적 개체성을 실현하기 때문에, 그 연속성이 아니다. 생성은 순간에 소멸한다. 그 자체가 연장적인 것이 아니라는 이유도 바로 여기에 있다.

* 화이트헤드는 자신의 맥밀런판 사본에서 이 〈않는다 not〉에 밑줄을 긋고, 난외에 두 개의 의문 부호를 표기하고, 그 위에 〈173쪽 참조〉라고 써놓았다. 여기서 참조란 이 번역본에서는 251쪽 2행에 해당한다.

⑦ 물리적 현상을 원자성과 연속성, 입자성과 파동성과의 모순된 두 요소 간의 상보성에서 보려는 학설에 관해서는 『관념의 모험』, 255쪽 참조. 화이트헤드는 이러한 상보적 관계를 비단 물리적 현상뿐만 아니라 인간 경험을 포함한 모든 현상 속에서

을 파동설과 조화시키고 있다. 왜냐하면 입자도 그리고 〈물마루〔波頭面〕 wave front)〉의 전진하는 요소도 단지 원자적 피조물에서 원자적 피조물로 전파되는 항구적 형태에 지나지 않기 때문이다. 입자란 사실상 〈존속하는 객체〉이다. 그러나 〈존속하는 객체〉란 그 실현에 있어 완결의 정도 차가 있을 수 있는 것이다. 따라서 빛의 파동은 그 실현 과정 career의 여러 다른 단계에서 입자성의 정도가 달라질 수 있는 것이다. 그러한 일련의 파동은 그 실현 과정의 모든 단계에서 사회적 질서를 포함하고 있다. 그러나 보다 초기의 단계에서 이 사회적 질서는 인격적 질서의 요소들이 느슨하게 관계 맺고 있는 보다 특수한 형태를 취한다. 이때 이와 같은 인격적 질서는 시간이 진행됨에 따라 점차 그 지배력을 상실해 간다. 그 한정 특성은 그것의 여러 특징이 차츰 쇠퇴해 감에 따라 그 중요성이 줄어들게 된다. 그리고 그 결과 파동은 중요한 사회적 질서를 갖는 결합체가 되기에 이른다. 하지만 이 결합체는 인격적 질서의 요소는 하나도 갖고 있지 않게 된다. 그러므로 일련의 파동은 입자적 사회로서 출발하여 입자가 아닌 사회로 종결되고 있는 것이다.

제 4 절

의식, 사고, 감각 지각은 경험의 사례에 있어서 비본질적 요소들이다.

이 예비적 고찰에서 마지막으로 지적해 두어야 할 점은, 여기에 그 개요가 약술되고 있는 우주론의 도식에 있어서는 철학의 전통이 갖는 하나의 묵시적인 가정이 거부되고 있다는 것이다. 그 가정이란, 경험의 기본적인 요소가 의식, 사고, 감각 지각 sense-perception이라는 세 가지

볼 수 있다고 주장한다.

요인 가운데 하나 또는 그 전부에 의해서 기술되어야 한다고 보는 것을 말한다. 이 마지막 술어 〈감각 지각〉은 〈현시적 직접성의 양태에 있어서의 의식적 지각 conscious perception in the mode of presentational immediacy〉이라는 의미로 사용되고 있다. 그리고 실제로는 감각 지각이 시지각(視知覺, visual perception)으로 국한되어 있기도 한다. 유기체 철학에 따르면 이 세 가지 구성 요소는, 물리적인 경험에서이건 정신적인 경험에서이건 간에 비본질적인 요소들이다. 경험의 사례는 그것이 신이든 세계의 현실적 계기이든 간에 모두 양극적(兩極的, dipolar)이다. 신의 성립은 정신적 극에서 시작되고, 현실적 계기의 성립은 물리적 극에서 시작된다. 하지만 그 어느 경우에도 이들 요소, 즉 의식, 사고, 감각 지각은, 적어도 그것들이 유효한 의미로 개입할 경우, 합생의 파생적인 〈불순한〉 국면에 속한다.

이 논제와 관련하여 현시적 직접성의 지위 문제가 이 책의 이하 여러 부(部)에서 되풀이하여 주제로 등장하고 있는 까닭도 이러한 가정을 거부한다는 데에 있는 것이다.

Process and Reality

2부 논의와 적용

1장

사실과 형상

제 1 절

사실에의 호소, 유럽의 전통. 플라톤, 아리스토텔레스, 데카르트, 로크, 흄, 칸트. 본질적인 합리성. 플라톤에 대한 각주. 이 우주론은 플라톤적인 것이다. 관여하는 형상. 신의 질서 작용. 존재론적 원리. 사실이 유일한 근거. 사실은 과정이다. 파악, 만족.

제기한 진술이 마땅히 중요한 것으로 고려되어야 할 것이라는 주장의 근거를 그 진술의 진리성에서 찾는 인간 특유의 논술은 모두 사실에 호소하지 않으면 안 된다. 철학의 어떠한 부문도 이러한 원칙에서 예외이기를 요구할 수 없다. 그런데 철학의 경우에는 다음과 같은 어려움이 따른다. 즉 사실의 기록은 부분적으로는 문명화된 언어와 문예의 다양한 언어 표현들 가운데 모호한 상태로 도처에 흩어져 있으면서, 또 한편으로는 과학과 철학의 전통에서 일반적으로 통용되고 있는 사고의 도식들로부터 영향을 받아 보다 정밀하게 표현되고 있다는 것이다.

이 책의 제2부에서는 유기체 철학의 기초가 되는 사고의 도식 scheme

of thought을, 문학, 철학, 과학의 유럽적 전통 가운데서 널리 수용되고 있는 사실에 관한 해석들과 대결시키고 있다. 철학과 관련해서는 선별된 일군의 철학만이 명확히 언급된다. 상이한 철학자들의 여러 해석을 무리하게 막연한 일치점으로 몰고 가려는 시도는 아무런 의미가 없다. 중요한 점은, 여기서 채택하고 있는 해석의 도식이 그 각각의 주요 입장을 옹호하기 위해, 플라톤, 아리스토텔레스, 데카르트, 로크, 흄, 칸트와 같은 뛰어난 사상의 거장들 중 누군가의 명백한 권위에 의존할 수 있다는 것이다. 하지만 궁극적으로는 그 어떠한 권위에도 의존하지 않는다. 호소할 최종의 법정은 본질적인 합리성 intrinsic reasonableness이다.

유럽의 철학적 전통을 가장 확실하게 일반적으로 특징짓는다면 그것은, 그 전통이 플라톤에 대한 일련의 각주로 이루어져 있다는 것이다. 나는 학자들이 일정한 주견도 없이 플라톤의 저작에서 끄집어낸 사상의 체계적 도식을 말하고 있는 것이 아니다. 나는 플라톤의 저작 도처에 산재해 있는 일반적인 관념들의 풍부함을 들어 말하고 있는 것이다. 플라톤이 개인적으로 천부적 자질을 타고났었다는 것, 저 위대한 문명의 시기에 그가 폭넓은 경험의 기회를 가졌다는 것, 그때까지만 해도 과도한 체계화로 말미암아 경직되지 않았던 지적 전통을 그가 계승하고 있었다는 것 등은 그의 저작들로 하여금 풍부한 시사를 던져주는 무진장한 보고가 되게 하는 요인들이었다. 따라서 어떤 의미에서, 이 책에 전개되고 있는 사상이 플라톤적인 것이라고 하는 나의 신념을 피력하는 가운데 내가 의도하고 있는 것은 단지, 그것이 유럽의 전통 속에 들어가리라는 희망을 표명하는 것일 뿐, 그 이상을 말하자는 것이 아니다. 그러나 내가 염두에 두고 있는 것은 그 이상의 것으로서, 만일 플라톤의 일반적 견지를 〔플라톤과 현대 사이에〕 개재된 이천 년이라는 세월 때문에 불가피하게 된 사회 조직, 미적 성취, 과학, 종교 등에서의 인간 경험의 최소한의 변화를 그것에 반영시켜 묘사해야 한다면, 우리는 유기체 철학의 구축에 착수해야 할 것이라는 점이다. 그러한 철학에 있어서는 세계의 과정을 구성하는 현실태가, 모든 현실적 존재에 있어 그 한정 definiteness의 가능태를 구성하는 다른 사물의 진입 ingression 또는 관여 participation를 예시하고 있는 것으로 간주되고 있다. 시간적인 사물들은 영원적인 사물에 관여함으로써 생겨난다. 이 두 조(組)는 시간적인 것의 현실태를 가능적인 것의 초시간성과 결합시키는 어떤 것 a thing[①]에 의해 매개된다. 이 궁극적 존재는 세계 속의 신적 요소이며, 이것으로 말미암아 추상적인 가능태의 건조하고도 무기력한 이접(離接, disjunction)은 이상적인 실현으로서의 효과적인 연접(連接, conjunction)을 원초적으로 획득하게 된다. 원초적인 현실적 존재에 있어서의 가능태의 이러한 이상적 실현은 형이상학적 안정을 이루어내고 있으며, 이로 말미암아 현실적 과정은 형이상학의 일반적 원리를 예시하고, 발현하는 질서의 각 특수한 유형에 고유한 목적을 달성한다. 순수한 가능태를 이처럼 원초적으로 가치 평가하는 이 현실태 때문에, 각 영원한 객체는 각각의 합생 과정과 일정한 효과적 관련을 맺게 된다. 그와 같은 질서화 ordering를 제쳐놓는다면 시간적 세계 내에서 실현되지 않은 영원한 객체들의 완전한 이접 상태만이 있게 될 것이다. 새로움은 무의미하게 되고 생각조차 할 수 없게 될 것이다. 우리는 여기서 반성의 관념은 현실적 사실에서 도출된다는 흄 D. Hume의 원리[②]를 확장시켜 엄격하게 적용하고 있는 것이다.

---

① 이는 신(神)을 의미한다.

② 흄에 의하면 모든 관념은 감각 인상과 내성(內省)으로부터, 즉 여기서 화이트헤드가 말하는 현실태 혹은 현실적 존재를 의미하는 사실로부터 도출된다. 화이트헤드는 이 절에서 이러한 경험론적 입장을 유기체 철학에 적용시켜 번역하고 있다. 현실태는 영원한 객체 ― 관념이라고 해도 좋다 ― 를 예시하는 것으로 간주되기 때문에, 이러한 객체는 현실태를 인과적 효과라는 방식으로 지각하는 데서 생겨난다. 그리고 영원한 객체는 그 자체가 하나의 현실적 존재로서의 신 속에서 이념적으로 실현되고, 거기서 질서 잡혀져 있으며, 따라서 현실적 존재가 어떤 영원한 객체를 자신 속에 실현시켜, 그것에 〈참여〉한다는 것은, 문제의 현실적 존재 자신이 그러한 존재로서의 신을 지각함으로써 이루어진다. 여기에서는 관념적인 것이 무엇이든 간에 현실적인 것 속에 있으며, 그로부터 도출된다는 전통적인 영국 경험론의 입장이 유지되어 있다.

이러한 신적 요소를 인정함으로써, 현실적인 것을 떠나서는 아무것도 ── 사실에 있어서든 효과에 있어서든 ── 존재하지 않는다는 아리스토텔레스의 일반 원리가 보존된다. 이는 데카르트의 다음과 같은 언명, 즉 〈이러한 이유 때문에 어떤 속성이 지각된다면 이로부터 우리는 그 속성이 귀속될 수 있는 어떤 존재하는 사물 내지 실체가 반드시 존재한다고 결론짓는다〉[1]는 언명의 기초가 되기도 하는 진정한 일반 원리이다. 그리고 또 그는 〈왜냐하면 모든 명석판명한 지각 perception은 의심할 나위도 없이 현실적으로 존재하는 어떤 것이고, 따라서 무(無)로부터 나온 것일 수 없기에……〉[2]라고도 말하고 있다. 이 일반 원리는 〈존재론적 원리〉라 불리게 될 것이다. 이는 모든 것이 적극적으로 현실태의 어딘가에 있으며, 가능태에 있어서는 어디에나 있다는 원리이다. 이 원리가 적용되어 나타나게 되는 것들 가운데 하나는 〈개념론 conceptualism〉의 학설이다. 따라서 어떤 근거의 탐구는 항상 그 근거의 담지자인 어떤 현실적 사실에 대한 탐구이다. 여기에서 정의되고 있는 바와 같은 존재론적 원리는, 많은 현실적 존재의 연대성 solidarity[3]으로서의 우주에 대한 기술에 있어 그 첫걸음이 된다. 현실적 존재 하나하나는 그 여건에서 생겨나는 경험의 행위로 간주된다. 그것은 다수의 여건들을 하나의 개체적 〈만족〉의 통일 속에 흡수하기 위해 그 여건들을 〈느끼는〉 과정 a process of feeling이다. 여기서 〈느낌〉이란 용어는, 여건의 객체성으로부터 문제되는 현실적 존재의 주체성으로 이행하는 기본적인 일반적 작용을 지칭하는 데 사용되는 용어이다. 느낌은 주체성으로의 전이(轉移)를 가능케 하는 다양하게 특수화된 작용이다. 이것은 일

1) 할덴 E. S. Haldane과 로스 G. Ross의 영역판 『철학 원리』, 제1부, 원리 52〔화이트헤드가 사용한 것은 1911-1912년에 출판된 것〕. 데카르트로부터의 인용은 모두 이 영역판에 따름.

2) 『성찰』 4, 마지막 부분.

3) 〈연대성 solidarity〉이란 말은 카 Wildon Carr 교수의 1917-1918년 회기의 아리스토텔레스 협회의 회장 취임 연설에서 빌렸다. 그 연설 ── 〈몸과 마음의 상호 작용〉 ── 에서 이 말이 시사하고 있는 근본 원리가 전개되고 있다.

부의 실재론 철학자들이 말하는 〈중성적 소재 neutral stuff〉와 대체된다. 현실적 존재는 과정이며, 그것은 〈소재〉의 형태론으로는 기술될 수 없다. 느낌이란 용어의 이러한 용법은 알렉산더[4]의 〈향유 enjoyment〉라는 용어의 용법과 매우 유사한 점이 있다. 그리고 베르그송의 〈직관 intuition〉이란 용어의 용법과도 어떤 공통성을 가진다. 〈개개의 사물에 대한 관념〉을 포함하고 있는, 로크의 〈관념〉이란 용어의 용법도 이와 가까운 유사성이 있다(『인간 지성론』, 제3권, 제3장, 제2, 6-7절을 참조). 하지만 이 책에서 사용되고 있는 〈느낌〉이란 용어는 이들보다도 데카르트를 한층 더 연상케 한다. 예를 들면, 〈그렇다고 해도 최소한 나에게는, 내가 빛을 보며 소리를 들으며 열을 느끼는 것처럼 생각된다는 것은 아주 분명하다. 그것은 거짓일 수 없다. 그것은 정확히 말해 내 속에 있는 '감각 feeling, *sentire*'이라 불리는 것이다. 그리고 이처럼 엄밀한 의미에서 사용된다면 그것은 사유 이외의 다른 아무것도 아니다〉.[5]

데카르트의 주장에서 보면, 현실적 존재의 본질은 오로지 그것이 파악하는 사물 a prehending thing(즉 그 본질 내지 본성이 파악하는 데 있는 실체)이라는 사실에 있다.[6] 〈느낌〉은 〈파악〉의 긍정적 종 positive species에 속한다. 파악에는 두 종, 즉 〈긍정적 종〉과 〈부정적 종〉이 있다. 현실적 존재는 우주 안에 있는 각 사항 item과 완전히 한정된 유대 관계를 갖고 있다. 이 결정적 유대 관계가 그 사항에 대한 현실적 존재의 파악이다. 부정적 파악이란 주체 자신의 실재적인 내적 구조에 그 사항이 적극적으로 기여하지 못하도록 그 사항을 완전히 배제하는 것을 말한다. 여기에는 부정적 파악도 하나의 유대 관계를 표현한다는 견해가 포함되어 있다. 긍정적 파악이란 주체 자신의 실재적인 내적 구조에 그

4) 알렉산더 S. Alexander, 『공간, 시간, 신성 *Space, Time and Deity*』의 여러 곳을 참조.

5) 할덴과 로스의 영역판 『성찰』 2.

6) 이 문장과 유사한 것으로 『성찰』 6을 참조하기 바란다. 거기서 〈사유하는 것 *Ens cogitans*〉을 〈파악하는 것 *Ens prehendens*〉으로 대치시켜 보라. 〔데카르트는 여기서 *res cogitans*를 사용하고 있다. *ens cogitans*로 한 것은 아마도 화이트헤드의 착오일 것이다.〕

사항이 적극적으로 기여하도록 그 사항을 명확히 포섭하는 것을 말한다. 이 긍정적 포섭은 그 사항에 대한 주체의 〈느낌〉이라고 불린다. 다른 존재들은 임의의 한 사항이 어떻게 느껴지느냐를 표현하는 데에 필요한 것들이다. 〈주체〉로서의 일정한 현실적 존재와 관련시켜 말한다면, 현실 세계의 모든 현실적 존재는 대개 막연하게나마 그 주체에 의해서 필연적으로 〈느껴진다〉. 느껴진 것으로서의 현실적 존재는 그 주체에 대하여 〈객체화되었다〉고 말한다. 영원한 객체들인 경우는 단지 어떤 선택된 일부만이 어떤 특정 주체에 의해서 〈느껴진다〉. 이때에 그 영원한 객체들은 그 주체에게로 〈진입 ingression〉한다고 일컬어진다. 그렇다고 해서 느껴지지 않은 영원한 객체들이 무시될 수 있는 것은 아니다. 왜냐하면 부정적 파악도 모두 자기 자신의 주체적 형식 ── 아무리 이것이 사소하고 미약한 것일지라도 ── 을 가지고 있기 때문이다. 그것은 또한 객체적 여건에 대해서는 아니라고 하더라도 정서적 복합에 대해서는 첨가 요인이 된다. 이 정서적 복합은 최종적인 〈만족 satisfaction〉의 주체적 형식이다. 부정적 파악의 중요성은 다음의 사실에서 나타난다. 즉 i) 현실적 존재들은, 저마다 다른 현실적 존재의 구조 속으로 개입해 들어간다는 의미에서 체계를 형성하고 있다는 것, ii) 존재론적 원리에 의해 모든 존재 entity는 어떤 현실적 존재에 의해 느껴진다는 것, iii) i) 및 ii)의 한 결과로서, 합생 중에 있는 현실태의 현실 세계 속의 모든 존재는 그 합생에 대하여 어떤 등급 gradation의 실재적인 관련을 맺고 있다는 것, iv) iii)의 결과로, 어떤 존재의 부정적 파악은 그 정서적인 주체적 형식을 동반한 적극적 사실이라는 것, v) 파악의 주체적 형식에는 상호적인 감수성이 있으며, 따라서 그것들은 서로 무관하지 않다는 것, vi) 합생은 만족이라는 하나의 구체적 느낌으로 귀착된다는 것 등이 그것이다.

제 2 절

합리주의는 신념이며, 희망의 모험이다. 이론의 한계, 소여성, 플라톤에 관한 A. E. 테일러 교수. 결단, 존재론적 원리. 존재와 과정, 현실적 존재와 결단. 굽힐 수 없는 엄연한 사실.

본질적으로 일반 이론을 예증하고 있는 사례로서 나타낼 수 없는 요소란 경험 가운데 하나도 없다는 것이 합리주의의 희망이다. 이러한 희망은 형이상학적 전제가 아니다. 그것은 형이상학을 포함하여 모든 학문적 연구 활동의 동기를 이루고 있는 신념이다.

이러한 요구는 형이상학이 우리로 하여금 사물의 합리성을 파악할 수 있도록 하는 한도 내에서 정당화된다. 모든 형이상학적 체계가 불완전하다는 것을 고려한다면, 우리가 처해 있는 현시점에서 이러한 희망을 잃어버리게 된다는 것도 흔히 있을 수 있는 일이다. 이러한 신념을 유지하자면 지적 활동의 본성에 대한 궁극적인 도덕적 직관에, 즉 지적 활동은 희망의 모험을 구현시킬 것임에 틀림없다고 하는 도덕적 직관에 의존해야 한다. 그와 같은 직관은, 형이상학 ── 아니 사실상 모든 학문 ── 이 종교로부터 확증을 얻기도 하고 또 종교에 그것을 넘겨주기도 하는 장소를 이루고 있다. 그러나 그 신념 자체가 이론이 출발하는 전제가 되지는 않는다. 그것은 그 실현을 추구하고 있는 이상(理想)인 것이다. 우리가 이러한 학설을 믿는 한, 우리는 합리주의자가 된다.

그러나 우주에 있어서의 모든 요소가 〈이론〉으로 설명될 수 있다는 주장에는 한계가 있어야 한다. 왜냐하면 〈이론〉 그 자체는, 이론화하기 위한 소재가 될 〈주어진〉 요소가 전제되어야 한다는 것을 필요조건으로 하고 있기 때문이다. 플라톤 자신은 이러한 한계를 인정하고 있다. 『티마이오스』에 관한 테일러 A. E. Taylor 교수의 요약 중에서 인용해 보자.

현실의 세계에는 〈법칙〉을 초월하는 것으로서, 설명됨이 없이 단지 주어진 것으로서 받아들여져야 하는 〈단순한 여건〉이라든지 〈맹목적인 사실 brute fact〉이라는 요인이 언제나 있게 마련이다. 단순하게 주어진 것을 결코 그대로 받아들이지 않고, 합리적인 법칙을 통해 그것을 보다 단순한 최초 〈여건〉의 결과로서 〈설명〉하려는 것이 과학의 임무이다. 하지만 아무리 과학이 이런 절차를 밀고 나간다 해도, 과학에 의한 사물의 설명 가운데에는 단순히 주어진 것, 즉 맹목적 사실의 어떤 요소가 항상 남아 있을 수밖에 없다. 『티마이오스』가 필연성에 관한 기술에서 의인화시키고 있는 것으로 보이는 것은 바로 자연 속에 현존하고 있는 여건의 이런 요소—때로는 이를 부진근수(不盡根數) 또는 무리수라 부르기도 하는데—이다.[7)]

플라톤 해석에 관한 한, 나는 테일러 교수의 권위를 인정한다. 그러나 이러한 역사상의 문제를 떠나서, 세계 내의 〈주어진〉 요소를 명석하게 이해하는 것은 모든 형태의 플라톤적 실재론에 있어 본질적인 것이다.

합리주의적 사고에 있어서 〈소여성(所與性, givenness)〉의 관념은 문제의 단순한 여건을 넘어서는 관계를 함의하고 있다. 그것은 어떤 〈결단〉과 관계된다. 이 결단에 의해서, 〈주어진〉 것은 그 계기에 있어 〈주어져 있지 않은 것〉으로부터 분리된다. 사물에 있어서의 이러한 〈소여성〉의 요소는 한계를 끌어들이는 어떤 활동성을 함의하고 있다.[③] 〈결단〉이란 말은 여기서 어떤 의식적 판단을 의미하지 않는다. 약간의 어떤 〈결

---

7) 테일러, 『플라톤, 사람과 그의 작품 *Plato, The Man and His Work*』(New York : Lincoln MacVeagh, 1927), 455쪽.

③ 각 현실적 존재는 그 자신의 세계를 가지고 있다. 이 상대적인 현실 세계는 문제의 주체에게는 소여성이다. 그것은 이성적으로는 설명할 수 없는, 단지 주어진 것으로서 받아들일 수밖에는 없는 것이다. 이러한 소여성은 문제의 주체에게는, 〈단지 주어진 것〉으로부터 〈주어져 있지 않은 것〉을 절단해 내는 어떤 활동성을 지향하고 있다. 이러한 절단을 화이트헤드는 〈초월적 결단〉이라고 부른다. 초월적으로 결단하는 어떤 활동성은 신—더 자세히 말해서 신의 자기초월체로서의 본성—이다. 따라서 각 현실적 존재에 상대적으로 현실 세계가 주어진다고 했을 때, 이러한 소여성의 근거는 신이라는 하나의 현실적 존재 속에서 발견된다.

단〉에서 의식이 하나의 요소가 되는 수는 있겠지만 말이다. 그 말은 〈잘라낸다 cutting off〉라는 그 어원의 의미로 쓰이고 있다. 존재론적 원리는 모든 결단이 하나의 혹은 그 이상의 현실적 존재와 관계될 수 있다고 선언한다. 왜냐하면 현실적 존재를 떠나서는 아무것도 없고, 단지 비존재 non-entity가 있을 뿐이며, 이때 〈남아 있는 것은 침묵뿐 The rest is silence〉[④]일 것이기 때문이다.

존재론적 원리는 결단의 상대성을 주장한다. 여기서 결단의 상대성이란, 그것에 대해서 결단이 내려지는 현실적 사물과 그것에 의해서 결단이 내려지는 현실적 사물과의 관계를 표현하는 말이다. 그러나 〈결단〉이 현실적 존재의 일시적인 부속물과 같은 것으로 이해되어서는 안 된다. 그것은 현실태 그 자체의 의미를 이루고 있다. 현실적 존재는 그것을 위해 주어진 여러 결단에서 생겨나며, 바로 그 자신의 현존에 의해, 그것 다음에 오는 현실적 존재들을 위한 결단을 제공한다. 따라서 존재론적 원리는 〈현실적 존재〉와 〈소여성〉 및 〈과정〉의 개념을 포괄하는 하나의 이론을 구성함에 있어 첫 단계가 된다. 〈과정을 위한 가능태〉가 〈존재 entity〉라든지 〈사물 thing〉과 같은 일반적 용어의 의미가 되듯이, 〈결단〉은 〈현실적〉이라는 말이 〈현실적 존재〉라는 표현 속에 끌어들인 부가적 의미가 된다.[⑤] 〈현실태 actuality〉란 〈가능태 potentiality〉의 한 복판에서의 결단이다. 그것은 피할 수 없고 굽힐 수 없는 엄연한 사실을 나타낸다. 현실적 존재의 실재적인 내적 구조는, 현실태를 초월하는

---

④ 셰익스피어, 『햄릿 *Hamlet*』, 제5막, 제2장.

⑤ 〈과정을 위한 가능태〉로서 주어진다는 것은 초월적 결단과 관계된다. 또 한편으로는, 〈결단〉이 〈현실적〉이라는 용어가 〈현실적 존재〉라는 표현 속에 끌어들인 부가적 의미라고 했을 때, 이 결단은 문제의 현실적 존재가 다(多)의 일(一)에의 통합적 과정을 통해서 그 존재 자체가 되고, 그럼으로써 후속하는 현실적 존재에게 〈주어진 것〉이 된다는 내재적 결단을 의미하게 된다. 이렇게 여러 가능적인 것의 실현을 통하여 하나의 현실태가 생긴다. 이처럼 결단을 통해서 생기는 현실태는 굽힐 수 없는 엄연한 사실로서 후속하는 현실적 존재에게 〈주어진 것〉이 되며, 그 자신을 넘어섬으로써 창조성을 제약한다. 그것은 창조성으로 말미암아 만들어지고 제약되면서, 창조성을 제약한다.

창조성을 제약하는 결단을 구성해 나간다. 에든버러 성곽의 벽돌은, 그 자신의 역사적 경로에 있어 선행하는 여러 계기에 대해 내려진 결단에 근거하여 순간순간 존재하고 있을 뿐만 아니라 여러 세기에 걸쳐 존재하고 있는 것이다. 그리고 만일 어떤 자연의 거대한 변동으로 말미암아 그것이 산산조각 난다고 하더라도, 그 대격변은 그것이 그 암석의 파괴였다는 사실에 의해 여전히 한정될 것이다. 강조해야 할 점은 경험되는 사물과 경험하는 행위의 집요한 특수성이다. 브래들리의 학설[8)⑥] ― 즉 늑대가 어린 양을 잡아먹는 것을, 절대자를 규정하는 하나의 보편자로 간주하는 Wolf-eating-Lamb as a universal qualifying the absolute ― 은 이 분명한 사실에 대한 곡해(曲解)이다. 그 늑대는 그 양을 그 시간 그 지점에서 잡아먹었다. 그 늑대는 그것을 알고 있었고, 그 어린 양도 그것을 알고 있었다. 그리고 독수리도 그것을 알고 있었다. 명제의 모든 표현은, 그것이 문장으로 표현된 경우에는 명시적으로, 그리고 그것을 머릿속에서 생각하고 있는 주체의 이해 가운데서는 은연중에 지시적 요소를 포함하고 있다. 사실상 하나하나의 말과 하나하나의 상징적 표현은 존재의 어느 한 범주에 속하는 어떤 존재에 대한 의식적 파악을 환기시키는 그런 요소인 것이다.

8) 브래들리 F. H. Bradley, 『논리학 *Logic*』, BK. I, ch. II, Sec. 42 참조.

⑥ 〈늑대가 양을 잡아먹는다〉는 명제는 절대적 관념론자 브래들리 Bradley에게는 보편적인 것이 절대자를 규정하는 것으로 이해되고 있다. 그러나 실재론자 화이트헤드에게 그것은 〈그 늑대가 그 양을 그 장소에서 그 시간에 잡아먹는다〉는 식으로, 지시적인 요소를 포함하고 있다. 여기서는 어디까지나 경험되는 사물 ― 현실적 존재 그 자신의 역사적 경로를 이루고 있는 ― 도 경험 주체 ― 문제의 현실적 존재 ― 도 특수적인 것으로서, 일반적인 것은 특수적인 것을 떠나서는 존재하지 않는 것으로 이해된다.

제 3 절

플라톤적 형상(形相), 이데아, 본질, 영원한 객체. 가능태와 소여성. 여건의 배제. 자기초월적 주체, 생성과 존재. 합생에 있어서 미결정의 소멸, 결정적이며 배타적인 만족. 양극적 합생(兩極的 合生). 가능태, 소여성, 불가능성. 자체적 존재.

역으로 말하면, 배제exclusion를 수반하는 결단이 없는 곳에는 어떠한 소여성도 없다. 예를 들면 플라톤적 형상의 총체적 다수성은 〈주어져 있는 것〉이 아니다. 각 현실적 존재와 관련하여 비로소 그와 같은 형상의 소여성이 있게 된다. 각 현실태의 결정적인 한정성은 이러한 형상들로부터의 선택의 표현이다. 그것은 이런 형상들을 다양한 관련성 속에 등급화시킨다. 이러한 관련성의 질서화는 가장 완전한 의미에서 예시되고 있는 형상들로부터 출발하여, 여러 등급의 관련성을 지닌 형상들을 거쳐, 현실적 사실과의 대비 때문에 막연한 의미에서 근사적으로만 관련되고 있는 형상으로까지 내려가게 된다. 이러한 관련된 전 영역이 〈주어져〉 있으며, 이는 현실태의 결단과 연관되어 있어야 한다.

〈플라톤적 형상〉이란 말은 여기서 문제의 존재를 적시(摘示)하는 가장 간결한 방도로 사용되어 왔다. 그러나 이 책은 플라톤 저작의 주석서가 아니다. 문제의 존재는 플라톤이 〈형상〉으로 인정했을 법한 것에만 반드시 국한되는 것은 아니다. 그리고 〈이데아〉란 용어가 근대 철학에서는 주관적인 뜻을 내포하고 있는데, 이 점은 지금의 나의 목적에 비추어 볼 때 오해를 낳을 소지가 매우 크다. 어쨌든 이 말은 다양한 의미로 사용되어 왔고, 그 결과 모호한 것이 되고 말았다. 비판적 실재론자들이 사용해 온 〈본질〉이란 용어도 나의 의도와는 다른, 그들 나름의 용법을 연상케 하고 있다. 그렇기 때문에 오해의 소지가 없는 용어를 사용한다는 취지에서, 나는 이 절의 앞에서 〈플라톤적 형상〉이라 불렀던 것을 이제 〈영원한 객체〉란 말로 부르기로 하겠다. 그에 대한 개념적 인지conceptual recognition에 있어 시간적 세계의 어떠한 특정의 현실적 존재와도 필연적 관련이 없는 그런 존재entity는 모두 〈영원한 객체〉라 불린다.

이 정의에서 〈개념적 인지〉는, 말할 것도 없이 어떤 현실적 존재에 속하는 실재적 느낌을 구성하고 있는 작용이어야 한다. 여기서 중요한 점은 단순히 영원한 객체를 품고 있는 현실적 주체는, 그때 그 주체의 다른 특이성을 제쳐놓는다면, 다른 현실적 존재와의 직접적 관계는 갖지 않는다는 것이다. 이 학설은 모든 영원한 객체에 대한 완벽한 직시(直視) complete envisagement라는 신의 원초적 본성에도 적용된다. 신은 그러한 직시만으로는 특정한 역사의 진로에 직접 관계되지 않는다. 특정한 역사의 진로는 신의 원초적 본성을 전제로 하고 있지만, 신의 원초적 본성은 그것을 전제하지 않는다.

영원한 객체는 항상 현실적 존재들을 위한 가능태이다. 그러나 그 본질상 그것은 개념적으로 느껴지는 것으로서, 시간적 세계의 임의의 특정 현실적 존재에로의 그 물리적 진입과 관련하여 중성적이다. 〈가능태〉는 〈소여성〉과 상관적이다. 〈소여성〉의 의미는, 지금 〈주어져 있는 것〉* 이 〈주어지〉지 않았을 수도 있으며, 또 지금 〈주어지〉지 않은 것이 〈주어졌〉을 수도 있다는 것이다.

더 나아가서 어떤 현실적 존재에 있어 전적으로 특수한 〈소여성〉에는 배제의 요소가 들어 있다. 여러 다양한 원초적 여건과 합생 중에 있는 느낌들concrescent feelings은 단순히 다수성을 형성하고 있는 것이 아니다. 그것들이 하나의 현실적 존재의 최종적 통일에서 종합된다는 것은 또 하나의 〈소여성〉의 사실이 된다. 이 현실적 존재는 우주의 모든 항목과의 완벽하게 결정된 유대 관계——이는 긍정적인 파악이거나

* 화이트헤드는 자신의 케임브리지판 사본의 난외에, 〈따라서 의식은 주어진 것으로서의 여건에 대한 파악의 주체적 형식에 있어서의 요인이다. 긍정-부정의 대비에 대하여, 344, 365쪽을 참조할 것〉이라고 써놓았다.

부정적인 파악*이다——를 동반하는 하나의 복잡한 느낌에서 그 생성을 종결한다. 이러한 종결이 그 현실적 존재의 〈만족〉이다. 따라서 다른 구성 요소의 부가는 이 종합적인 〈소여〉를 변모시킨다. 그러므로 어떠한 부가적 구성 요소도 이와 같은 본래의 통합적 〈소여성〉에 반(反)하는 것이다. 이 원리는 그림을 보는 우리의 지각 경험에서 예시될 수 있을 것이다. 여러 빛깔의 패턴이 우리에게 주어진다. 그러나 거기에 붉은 빛깔의 반점이 하나 첨가될 경우 그것은 단순한 부가로 끝나지 않는다. 그것은 모든 균형을 변모시킨다. 이처럼 현실적 존재에 있어 〈소여〉 전체의 균형 잡힌 통일은 주어지지 않은 것을 모두 배제하고 있는 것이다.

이는 자기초월체의 발현적 통일성 emergent unity of the superject에 관한 학설이다. 현실적 존재는 그 자신의 생성의 직접성을 관장하는 주체로서, 그리고 객체적 불멸성의 기능을 행사하는 원자적 피조물인 자기초월체로서 각각 고찰되지 않으면 안 된다.⑦ 그것은 〈있음 being〉으로 되어온 것인데, 모든 〈있음〉이 모든 〈생성 becoming〉을 위한 가능태라는 것은, 모든 〈있음〉의 본성에 속한다.

현실적 존재의 최종적인 〈만족〉이 어떠한 추가물도 허용하지 않는다는 이 학설은 모든 현실적 존재——그것은 그것 자체 what it is이기 때문에——그 자신이, 결국 그것이 무엇을 빠뜨리고 있느냐에 대한 근거가 되고 있다는 사실을 표현하고 있다. 현실적 존재의 실재적인 내적

---

* 화이트헤드는 자신의 케임브리지판 사본의 난외에 〈배중률(排中律)〉이라고 써놓았다.

⑦ 화이트헤드에게 있어 주체의 개념은 종래의 것과는 다르다. 주체는 그 자신의 생성의 직접성을 관장하면서, 만들어지면서 만들어가는 것으로 간주된다. 다(多)의 일(一)에의 통합 과정이 생성의 직접성이다. 이는 그것이 〈존재〉가 되었다는 것을 말한다. 〈존재〉의 본성에는 후속하는 〈생성〉을 위한 가능태라는 것이 속해 있다. 즉 주체가 〈존재〉로 되었다는 것은 자신을 초월해서, 후속하는 현실적 존재에 대하여 객체로서 주어진다는 것을 말한다. 객체로서 주어진다는 것은 객체적 불멸성을 얻는다는 것이며, 이러한 기능을 행사하는 것이 〈자기초월체〉라는 것이다. 그렇기 때문에 화이트헤드에게 있어서 주체는 항상 자기초월적 주체로서 파악되어 있다.

구조 속에는 항상 빠뜨려진 요소와 모순되는 어떤 요소가 들어 있다. 여기서 말하는 〈모순〉이란 동일한 의미에서의 공동 참여 joint entry의 불가능성을 의미한다. 달리 말하면 미결정 상태가 〈만족〉에 있어서 소멸하였기 때문에, 거기에는 그 우주에 관한 〈느낌〉 또는 〈느낌에 대한 부정〉의 완전한 결정이 있게 된다. 이 미결정의 소멸이라는 측면은 현실적 존재가 그 여건으로부터 생기는 과정을 고찰하는 또 하나의 방식에 지나지 않는다. 따라서 또 다른 의미에서 보자면, 각 현실적 존재는 우주의 모든 요소에 대한 그 자신의 결정적 태도를 근거로 해서 그 우주를 포함하고 있는 것이다.

이처럼 생성의 과정은 i) 현실적 세계의 결정성에 의해 제약되기 때문에, 그리고 ii) 영원한 객체의 미결정성을 개념적으로 파악하기 때문에, 양극적(兩極的, dipolar)이다. 이 과정은, 현실적 세계를 새로운 현실태 속으로 흡수하는 느낌의 새로운 결정 속으로 영원한 객체가 유입해 옴으로써 이루어지고 있다.

현실적 존재의 〈형상적(形相的)〉 구조는 미결정으로부터 종국적 결정 terminal determination으로의 이행 과정이다. 그러나 미결정은 결정되어 있는 여건과 연관된다. 현실적 존재*의 〈객체적〉 구조는 결정된 구성 요소의 복합체로 간주되는, 그것의 종국적 결정이다. 그리고 그것이 결정된 구성 요소의 복합체임으로 해서, 그 현실적 존재는 창조적 전진을 위한 여건이 된다. 현실적 존재는 물리적 측면에서 보자면 현실 세계에 대한 그 자신의 결정적 느낌들로 구성되어 있지만, 정신적 측면에서 보면 그 자신의 개념적 욕구에 의해 생겨나고 있는 것이다.

〈소여성〉과 〈가능태〉의 상관관계로 다시 이야기를 돌려보면, 〈소여성〉은 〈가능태〉와, 그리고 〈가능태〉는 〈소여성〉과 연관되고 있다는 것을 알 수 있다. 그리고 현실적 사실에 있어서의 〈소여성〉의 완결은 그

* 화이트헤드는 자신의 케임브리지판 사본의 난외에, 〈즉 '만족'은 항상 객체적이다. 그것은 자기 자신을 느끼는 일은 없다〉고 써놓고 있다.

사실에 있어서의 〈비소여 not-given〉를 그 사실에 있어서의 〈불가능성〉으로 전환시킨다는 것 또한 알 수 있다. 현실적 존재의 개체성은 배제적인 제한을 포함하고 있다. 이 〈배제적 제한 exclusive limitation〉이라는 요소는 현실적 존재의 종합적 통일에 있어서의 본질적인 〈한정성 definiteness〉이다. 이 종합적 통일은 내포된 요소에의 단순한 부가라는 관념을 허용하지 않는다.

〈소여성〉과 〈가능태〉가 모두 다수의 가능적 존재를 떠날 때 의미를 잃는다는 것은 명백하다. 이들 가능태가 〈영원한 객체〉이다. 〈가능태〉와 〈소여성〉을 떠나서, 새로운 현실적 사물에 의한 대체 과정에 있는 현실적 사물의 결합체란 존재할 수 없다. 이때 얻어지는 유일한 귀결은, 실현되지 않은 가능태란 하나도 지니고 있지 않은 정적인 일원론적 우주가 된다. 왜냐하면 이 경우 〈가능태〉란 말이 무의미해지기 때문이다.

존재론적 원리의 작용 범위가 〈결단〉이 현실적 존재와 관계되어야 한다는 명제로부터의 여러 논리적 귀결에 의해 완전히 드러나는 것은 아니다. 모든 것은 어떤 곳에 있어야 한다. 여기서 〈어떤 곳〉이란 〈어떤 현실적 존재〉를 의미한다. 따라서 우주의 일반적인 가능태도 어떤 곳에 있어야 한다. 왜냐하면 그것은, 그것이 거기서 아직 실현되지 않고 있는 그런 현실적 존재에 대하여 근사적인 관련을 보유하고 있기 때문이다. 이 〈가장 가까운 관련 proximate relevance〉은 새로운 것의 출현을 규제하는 목적인(目的因)으로서, 연이어 계속되는 합생 가운데 다시 나타난다. 지금 말한 이 〈어떤 곳〉은 비시간적인 현실적 존재이다. 따라서 〈근사적인 관련〉은 〈신의 원초적인 정신에 있어서의 관련 relevance as in the primordial mind of God〉을 의미한다.⑧

---

⑧ 화이트헤드는 『과학과 근대세계』에서 〈영원한 객체의 영역〉을 논한 바 있다. 그것은 일종의 우주적 질서의 일반적 구도를 형성한다. 이 책에서 화이트헤드는 〈영역〉이라는 용어를 사용하지 않는다. 그 대신 그는 영원한 객체란 신의 원초적 본성 속에 개념적으로 파악되어 있다고 주장하고 있다. 〈영역〉이라는 개념을 철회한 이유

설명해 주는 사실이 〈비존재〉로부터 현실 세계로 흘러 들어올 수 있다고 가정한다면, 이는 개념상 모순이다. 〈비존재〉란 무 nothingness를 말한다. 모든 설명해 주는 사실은 현실적 사물의 결단 및 효력과 관계한다. 〈자체적 존재 subsistence〉란 개념은 영원한 객체가 어떻게 신의 원초적 본성의 구성 요소가 될 수 있는 것인가 하는 방식의 개념에 지나지 않는다. 이는 뒤에서 논의될 물음(제5부 참조)이다. 그러나 신의 원초적 본성 속에 있는 영원한 객체는 플라톤적인 이데아계를 구성하고 있다.

그렇지만 단순히 모든 영원한 객체의 집합이라 할 수 있는 것과 같은 하나의 존재 one entity란 없다. 왜냐하면 우리가 어떤 영원한 객체의 집합을 머리에 떠올린다 하더라도, 거기에는 그 집합을 전제하면서도 그것에 속하지 않는 부가적인 영원한 객체가 언제나 존재할 것이기 때문이다. 이런 이유로, 이 절(節)의 서두에서 〈플라톤적 형상의 집합〉이라는 보다 자연스러운 표현 대신에 〈플라톤적 형상의 다수성〉이라는 표현을 사용했던 것이다. 다수성은, 그 각 구성 요소에 개별적으로 참여하는 어떤 규정에서 파생되는 통일성을 갖고 있는 복잡한 사물의 한 유형이다. 그러나 다수성은 단순히 그 다양한 구성 요소들로부터 파생되는 통일성을 갖고 있지는 않다.

는 필경 플라톤의 이데아계처럼 그것이 현실적 존재의 세계를 떠난 초월적인 배후 세계의 존재를 시사하기 때문일 것으로 생각된다. 만일 영원한 객체가 현실적 존재로 구성된 현실 세계와 독립해서 초월적 세계를 형성하는 것이라면, 현실적 존재 이외에는 다른 것이 존재할 이유가 없다는 존재론적 원리와 모순된다. 신의 원초적 본성 속에 있는 것으로서의 영원한 객체가 비록 플라톤적 이데아계를 구성한다고 하더라도, 화이트헤드의 경우, 영원한 객체가 신이라는 하나의 현실적 존재를 떠나서는 존립할 수 없으며, 어디까지나 거기에 근거를 두고 있다는 점에서 플라톤의 경우와는 다르다.

제 4 절

현실적 계기는 내적으로 결정되어 있으며, 외적으로는 자유롭다. 역사의 진로는 필연적인 것이 아니다, 완전성이란 없다. 작용인과 최종적인 반작용. 신(神)의 원초적 자유. 일정한 자유로운 창시와 일정한 자유로운 종결 사이의 각각의 합생(合生), 전자는 대우주적이며 후자는 소우주적이다.

지금 말한 학설──설명해 주는 모든 사실은 현실적 사물의 결단 및 효력과 관계된다는 것──은 제9의 범주적 제약과 연관시켜 논할 필요가 있다. 이 범주는 〈각 개별적인 현실적 존재의 합생이 내적으로는 결정되어 있지만 외적으로는 자유롭다〉는 것이다.

역사의 진로의 특이성은 〈존재론적 원리〉와 이 범주적 제약이 서로 관련되어 있음을 예시해 주고 있다. 역사의 진보는 선행자들에 의한 후속자들의 결정을 고찰함으로써 합리적으로 설명될 수 있다. 그러나 또 한편으로 역사의 진보는, 그것이 자신에 관여하고 있는 형상의 어떤 선별된 흐름 flux을 나타내고 있기 때문에 합리적 설명이 불가능하다. 역사의 내부에서는, 어째서 어떤 다른 형상의 흐름이 아니라 바로 그 형상의 흐름이 예시되어 왔어야만 했는가 하는 데에 대한 이유를 찾아볼 수 없기 때문이다. 사실상 모든 흐름은 내적 결정의 성격을 반드시 나타내도록 되어 있다. 여기까지는 존재론적 원리로부터 이끌어낼 수 있다. 그러나 내적 결정의 모든 실례는 그 시점까지 그 흐름을 취하고 있다. 그 내적 결정의 원리를 나타낼 또 다른 흐름이 어째서 있을 수 없는가 하는 것에 대한 이유는 존재하지 않는다. 현실의 흐름은 단지 〈주어져〉 있다는 성격을 가지고 나타난다. 그것은 〈완전성 perfection〉의 어떤 특성도 나타내지 않는다. 이와는 반대로 세계의 〈불완전성 imperfection〉은, 해탈의 길을 제공하려는 모든 종교의 주제가 되는 동시에 널리 퍼져 있는 미신을 개탄하는 모든 회의론자의 주제가 된다. 라이프니츠의 〈최선의 가능한 세계〉라는 이론은 당시와 그 이전의 신학자들이 꾸며낸 것으로, 창조주의 체면을 세우기 위해 만들어진 넉살 좋은 허튼 소리다. 더 나아가서 그 직접 경험이 우리들에게 가장 완전하게 열려져 있는 현실태, 즉 인간의 경우, 주체적 지향subjective aim의 궁극적 변형을 구성하는 직접적인 자기초월적 주체subject-superject의 최종 결단은 책임, 시인이나 불찬성, 자기 시인이나 자책, 자유, 강조 등에 대한 우리의 경험의 기초가 된다. 경험 내의 이러한 요소는 단순히 잘못된 구성물로 제쳐놓기에는 너무나 큰 요소이다. 그것은 인생의 색조 전체를 좌우한다. 또한 그것은 사실이나 허구에 속한 두드러진 사례를 통해서 예증될 수 있다. 그러나 이러한 사례는 인간 경험이 어떤 일정 시간 동안 띠게 되는 특성들을 예시하고 있을 뿐이다. 모든 결정의 피안에 있는 사물의 궁극적 자유는 저 갈릴레오가 속삭였던—〈그래도 지구는 움직인다 *E pur si muove*〉라는—바로 그 자유이다. 그것은 종교 재판관에게는 부당하게 사고할 수 있는 자유였고, 갈릴레오에게는 정당하게 사고할 수 있는 자유였으며, 지구에게는 갈릴레오나 종교 재판관의 생각에 구애됨 없이 움직일 수 있는 그러한 자유였다.

유기체 철학의 학설은, 합생의 구성 요소들—그 여건, 정서, 평가, 목적, 주체적 지향의 여러 위상—을 결정함에 있어 작용인이 아무리 광범하게 그 영향력을 행사한다 해도, 이러한 구성 요소들의 결정 너머에는 언제나 우주의 자기 창조적 통일의 최종적 반작용final reaction이 있다고 본다. 이 최종적 반작용은 작용인의 여러 결정에다 창조적 강조creative emphasis의 결정적인 날인(捺印)을 함으로써 자기 창조적 활동을 완결짓는다. 각 계기는 그 주체적 강도의 정도measure of subjective intensity에 비례하여 그 창조적 강조의 정도를 나타낸다. 이러한 강도의 절대적 표준은 신의 원초적 본성의 강도이다. 그것은 어떠한 현실적 세계로부터도 생겨나지 않으므로 크지도 작지도 않은 것이다. 그것은 자기 자신 속에 비교의 기준이 될 만한 아무런 구성 요소도 가지고 있지 않다. 그러나 시간적 세계에 있어 비교적 경미한 경험적 강도를 지니는 계기들인 경우, 그 창조적 강조의 결단 하나하나는, 그것들이 수용하여 전달하는 결정된 구성 요소들과 비교해 볼 때 무시될 수 있다. 그러나 이러한 모든 결단——신의 본성에 대한 결단과 모든 계기들에 대한 결단——의 최종적인 누적은 역사 속에서 형상의 흐름의 특수한 요소를 구성한다. 그 요소는 〈주어진〉 것이며, 그 내부에서 결정될 수 있는 모든 구성 요소는 내적으로 결정되어 있다는 사실 이상으로는 합리적으로 설명될 수 없는 그런 것이다.

우리의 학설에 따르면 각 합생은 일정한 자유로운 시발 initiation 및 일정한 자유로운 종결과 연관되어야 한다. 그 최초의 사실은 모든 계기와 동등한 관련을 맺고 있다는 의미에서 대우주적이며, 그 최종적 사실은 그 계기에 있어 독특하다는 의미에서 소우주적이다. 이 두 가지 사실 가운데 그 어느 것에 대해서도, 그것을 결정하는 선행자를 추적하여 밝힌다는 의미에서의 합리화는 불가능하다. 최초의 사실은 원초적인 욕구 primordial appetition이며, 최종적 사실은 궁극적으로 〈만족〉을 창출하는 강조의 결단이다.

제 5 절

보편자와 개별자, 잘못된 의미를 포함하고 있는 부적당한 용어. 데카르트와 흄으로부터의 예증. 데카르트의 또 다른 학설, 상념적 실재 *Realitas Objectiva*, 내관 *Inspectio*, 직관 *Intuitio*, 판단 *Judicium*. 주어와 술어·실체와 성질·개별자와 보편자에 의해서는 기술될 수 없는 세계. 보편적 상대성.

〈보편자〉와 〈개별자〉라는 상반된 술어는, 여기서 〈영원한 객체〉와 〈현실적 존재〉라고 불리는 존재들과, 전적으로는 아니지만[9] 밀접하게 대응되는 존재를 각각 지시하기 위해서 사용된 통상적인 낱말이다. 〈보

9) 예를 들면, 〈파악〉과 〈주체적 형식〉도 〈개별자〉이다.

편자〉와 〈개별자〉라는 술어는 이 두 낱말의 어감에서나 일반적으로 통용되는 그 철학적 용법에 있어서나 다소간 오해의 여지가 있는 말들이다. 존재론적 원리와, 현재의 형이상학적 논의가 기초하고 있는 보편적 상대성에 관한 보다 광범한 학설은 보편적인 것과 개별적인 것 사이의 예리한 구별을 모호하게 만든다. 보편자라는 개념은 많은 개별자의 기술 속에 들어갈 수 있는 것의 개념인 반면, 개별자라는 개념은 그것이 보편자에 의해 기술되지만, 그 자신은 다른 어떤 개별자의 기술에도 들어가지 않는 그런 것의 개념이다. 이 강의에서 형이상학적 체계의 기반인 상대성에 관한 학설에 따르면, 이 두 개념은 그릇된 생각을 내포하고 있다. 현실적 존재는 보편자에 의해서는 불충분하게조차도 기술될 수 없다. 왜냐하면 어떠한 현실적 존재의 기술에도 다른 현실적 존재들이 개입하기 때문이다. 따라서, 이른바 〈보편적인 것〉이란 모두, 그것은 그것 자체일 뿐 그 밖의 다른 모든 것과 구별된다는 의미에서 개별적인 것이며, 이른바 〈개별적인 것〉이란 모두, 다른 현실적 존재의 구성에 개입한다는 의미에서 보편적인 것이다. 이와 반대되는 견해가 도달하게 되었던 결론은 스피노자의 단일 실체에로의 데카르트의 다수 실체의 와해, 라이프니츠의 예정 조화를 수반한 창(窓)이 없는 모나드, 흄 철학에서의 회의주의적 환원──최초로 흄 자신에 의해서 이루어졌고, 다시 산타야나 George Santayana[8]가 자신의 저서 『회의주의와 동물적 믿음 *Scepticism and Animal Faith*』에서 가장 뛰어난 해설로 재론(再論)했던 회의주의적 환원──이었다.

문제는 보편자와 개별자에 대한 통속적 견해가 불가피하게 데카르트의 다음과 같은 인식론적 입장으로 귀결되기에 이른다는 데에 있다. 그는 다음과 같이 말한다.

---

⑧ 1863-1952. 스페인 마드리드 태생의 미국 철학자. 주저로는 *The Sense of Beauty* (1896), *The Life of Reason*(1905-1906), *Scepticism and Animal Faith*(1923), *Realm of Being* (1927-1940) 등이 있다.

> 그래서 나는 밀랍을 시각에 의해 인식하며, 정신의 통찰만으로 인식하는 것이 아니라는 결론을 내려야 할 것으로 보인다. 그러나 이제 내가 우연히 창 너머로 길을 지나가는 사람들을 바라본다고 해보자. 이때 나는 내가 밀랍을 보는 경우와 꼭 마찬가지로, 사실상 사람들을 보고 있는 것이 아니라 내가 보는 것이 사람들이라고 추론하고 있는 것이다. 내가 창 너머로 보는 것은 어쩌면 자동 기계를 감싸고 있을지도 모르는 모자와 옷뿐이지 않은가? 그러나 나는 그것들이 정말 사람들이라고 판단한다. 이와 마찬가지로, 나는 내가 눈으로 보았다고 믿고 있던 것도, 오직 내 정신 속에 있는 판단의 능력에 의해 비로소 이해하는 것이다.[10)]

이 구절에서 데카르트 ── 문제의 자아 Ego ── 는 보편자에 의해서만 특징지어지는 개별자로 상정되어 있다.[11)] 그래서 그의 인상들 ── 흄의 용어를 빌리면 ── 은 보편적인 것에 의해서 특징지어지고 있다. 따라서 개별적인 현실적 존재에 대한 지각이라는 것은 없다. 그는 〈판단의 능력〉에 의해서 현실적 존재에 대한 믿음에 이르고 있다. 그러나 이런 이론 위에 선다면, 그는 지극히 미미한 개연성을 지닐 뿐인 추론이라 하더라도 그것에 근거를 부여할 어떠한 유추도 결코 확보하지 못하게 된다. 이 구절에서의 데카르트의 지각론 ── 이는 또한 『인간 지성론』의 몇몇 절에서 로크도 말한 것이지만 ── 을 받아들임으로써 흄은 쉽사리 회의적 결론을 이끌어냈던 것이다. 산타야나는 이 회의론의 궁극적이고도 불가피한 귀착점을, 반박할 여지가 없을 만큼 분명히 밝혀 주고 있다. 유기체 철학은 데카르트의 상념적 실재 *realitas objectiva*에 관한 또 다른 이론으로 되돌아가서 이를 일관성 있는 존재론으로 해석하려고 노

---

10) 『성찰』 2.

11) 이는 필경 데카르트가 다른 곳에서 말한 바와 상치된다. 다른 구절에서는, 이때의 정신 활동이 해당 관념의 구성 요소로서의 〈상념적 실재 *realitas objectiva*〉를 발견하는 분석인 것처럼 보인다. 따라서 그것은 〈판단 *judicium*〉이라기보다는 〈내관 *inspectio*〉인 것이다.

력한다. 데카르트는 이 두 이론을 결합시켜 보려고 하였다. 하지만 그는 주어-술어의 독단을 의심치 않고 받아들였기 때문에 지각의 표상 이론 representative theory of perception을 취할 수밖에 없었다. 이 이론은 신의 능력과 선을 우리가 확신함으로써 유효하게 되는 〈판단〉을 포함하고 있다. 유기체 철학은 파악 prehension을 설명함에 있어 〈상념적 실재〉, 〈내관 *inspectio*〉, 〈직관 *intuitio*〉이라는 데카르트의 용어에 의거하고 있다. 여기서 마지막 두 용어는 〈긍정적 파악〉의 개념과, 물리적이고 개념적인 기원의 여러 범주로 기술될 수 있는 작용으로 변형되고 있다. 신의 관념에 호소한다는 것이 물리적 파악과 개념적 파악을 매개시키기 위해서는 여전히 필요하지만, 판단 *judicium*을 위한 제한된 신용장을 준다는 식의 조잡한 형태로는 아니다.

사실상 흄은 〈정신〉을 원초적 여건에서 생긴 합생의 과정으로 보는 데에 동의한다. 그의 설명에 따르면 이러한 여건은 〈감각 인상 impressions of sensation〉이며, 이 인상들 속에서는 보편자 이외에는 아무것도 발견되지 않는다. 유기체 철학에서 원초적 여건은 언제나, 객체화된 현실태와 경험 주체가 동등하게 공유하고 있는 어떤 보편자들을 통해서 느낌 속에 흡수된 현실적 존재이다(제3부를 참조). 데카르트는 중간의 입장을 취하고 있다. 그는 지각을 흄의 용어로 설명했지만, 정신이 행하는 〈내관〉과 〈판단〉에 의한, 개별적인 현실적 존재에 대한 이해를 추가하고 있다(『성찰』 2와 3). 여기서 그는 칸트를 위한 길을 열어놓고 있는 것이며, 또한 세계를 〈단순한 현상 mere appearance〉으로 하락시키는 길을 터놓고 있는 것이다.

근대 철학은 모두 주어와 술어, 실체와 성질, 개별자와 보편자로 세계를 기술하려는 난점을 둘러싸고 움직이고 있다. 그 결과 그것은 언제나, 우리의 행동, 희망, 공감, 목적 등으로 우리가 표현하고 있는 직접 경험을 왜곡하고 있으며, 또한 그에 대한 언어적 분석을 위한 표현을 가지고 있지 않음에도 우리들이 향유하고 있는 직접 경험을 왜곡하고 있는 것이다. 우리는 우리의 동료인 수많은 인간들과 함께 민주주의 제도하의 소란스러운[12)] 세계 속에 살고 있다. 그런데도 정통 철학은 여러 모양의 탈을 쓰고, 우리를 고독한 실체—〈오, 보텀, 딴판으로 변해 버린 모습! 이제 무엇을 찾아보리 O Bottom, thou art changed! What do I see on thee?〉[⑨] 식으로, 저마다 환상적 경험을 향유하고 있는 실체—로 이끌어갈 수 있을 뿐이다. 우리가 상식이 내리는 강력한 판단에 따라 경험을 해석하고자 노력한다면, 17·18세기의 철학적 탐구가 밝혀 놓은 함정을 피할 수 있도록 수정된 플라톤적 실재론의 재현으로 틀림없이 되돌아가게 될 것이다.

〔근대 철학과의〕 진정한 분기점은 〈개별자〉와 〈보편자〉라는 말의 자연스러운 의미들 간의 대비로 암시되는 잘못된 관념에 있다. 〈개별자〉는 다른 어떤 개별자와도 필연적 관련이 없는, 개체적 자기일 뿐인 것으로 간주되어 왔다. 그것은 〈실체란 존재하기 위해서 자기 자신 이외의 아무것도 필요로 하지 않는 존재자 an existent thing라고밖에는 달리 이해할 수 없는 것이다〉[13)]라는, 실체에 대한 데카르트의 정의와 부합된다. 이 정의는 정확히 아리스토텔레스의 정의, 즉 제1실체는 〈어떠한 주체에 대해서도 술어가 되지 않으며, 다른 어떠한 주체 속에도 들어가지 않는다〉[14)]에서 파생된 것이다. 우리는 『성찰』 2의 표제에다 그의 두 언명을 첨가시켜야 한다. 즉 〈인간 정신의 본성에 대하여; 정신은 신체보다도 잘 인식된다는 것〉에다, 〈……사고는 생각하는 실체의 본성을 이루고 있다〉와 〈정신 속에서 찾아볼 수 있는 것은 모두 사고의 여러 양태에 지나지 않는다〉[15)]는 것을 첨가해야 한다. 이 일련의 인용문은 로크의 경험론과 칸트의 비판 철학—이 둘은 그 후의 근대 사상에 강력한 영향을 끼쳤다—을 선도했던 일련의 전제에 속한다. 이것이, 여

---

12) 이 형용구는 물론 윌리엄 제임스 William James로부터 빌려 왔다.

⑨ 셰익스피어, 『한여름 밤의 꿈』, 3막.

13) 『철학 원리』, 제1부, 원리 51.

14) 로스 W. D. Ross의 『아리스토텔레스』, 제2장 참조.

15) 『철학 원리』, 제1부, 원리 53 참조.

기서는 폐기되고 있는 17세기 철학의 한 측면이다.

보편적 상대성 universal relativity의 원리는, 〈실체는 다른 주체에 내재하지 않는다 is not present〉는 아리스토텔레스의 언명을 정면에서 파기한다. 그와는 반대로 이 원리에 따르면 현실적 존재는 다른 현실적 존재에 내재한다. 사실 우리가 다양한 정도의 관련성 및 무시할 수 있는 관련성을 참작한다면 모든 현실적 존재는 다른 모든 현실적 존재에 내재한다고 보아야 한다. 유기체 철학은 〈다른 존재에 내재한다〉는 관념을 명확하게 밝히려는 작업에 주력하고 있다. 이 구절은 아리스토텔레스에게서 유래한 것이지만 상서로운 표현이 못 된다. 그래서 이하의 논의에서는 그것을 〈객체화 objectification〉라는 용어로 대치하기로 하겠다. 아리스토텔레스의 구절은 한 현실적 존재가 다른 존재에 단순히 *simpliciter* 부가된다는 조잡한 관념을 암시하고 있다. 이는 〔유기체 철학이〕 의도하는 바가 아닌 것이다. 영원한 객체의 한 가지 역할은 그것이, 하나의 현실적 존재가 어떻게 해서 다른 현실적 존재들의 종합 synthesis에 의해 구성되는가, 그리고 어떻게 그 현실적 존재가 원초적인 소여적 위상 dative phase에서, 그 개체적인 향유와 욕구를 포함하는 그 자신의 개체적인 현실적 현존재 existence로 발전하는가를 표현하는 요소가 된다는 데에 있다. 현실적 존재는 우주의 그와 같은 특수한 합생이기 때문에 구체적이다.

제 6 절

로크의 『인간 지성론』, 그것과 유기체 철학과의 일치. 〈지성〉을 〈경험〉으로 대치시킨다. 관념과 파악. 관념에 대한 로크의 두 학설, 개별 사물의 관념. 지각 표상설. 논리적 단순성과 발생적 우선성이 동일시되어서는 안 된다. 실체, 외적 사물, 사회. 우주의 연대성.

로크의 『인간 지성론』에 대한 짤막한 검토는 유기체 철학이 발원하고 있는 전제들을 조명해 줄 것이다. 로크로부터 인용한 다음의 언명들은, 당연한 제약을 받고 표현된 상식의 자명한 내용에 대한 명확한 진술로서의 가치가 있다. 만족스러운 철학 체계라면 받아들이지 않을 수 없는 사실들을 제시하고 있다는 점에 있어서는, 이를 능가할 만한 것이 없다.

첫째로 주목할 점은, 여기서 전개시키고 있는 유형의 유기체 철학의 명확한 표현과 로크의 어떤 언명이 매우 가깝게 접근하고 있다는 것이다. 다만 그는 그의 문제가, 실제로 그가 행했던 것보다 더 철저한 전통적 범주의 수정을 필요로 한다는 것을 깨닫지 못했기 때문에 모호한 진술을 하게 되었고, 또 일관성이 결여된 요소도 이끌어들이게 되었던 것이다. 이것은 바로 흄으로 하여금 로크를 회의론적으로 타파하는 방향으로 나아가게 했던, 로크의 또 다른 보수적 일면이기도 하였다. 흄도 (『인성론』, 제1부, 제6절에서 그 자신이 명백히 부인하긴 했지만) 철저한 보수주의자였으며, 정신성과 그 내용에 관한 그의 설명에 있어서 그는, 기나긴 중세를 거치는 동안 지나치게 강조되어 왔던 아리스토텔레스 논리학이 유럽 정신에 심어놓았던 주어-술어적 사고 습성에서 탈피하지 못하고 있었다. 이러한 정신의 왜곡과 관련시켜 볼 때 아마도 아리스토텔레스는 아리스토텔레스주의자가 아니었을 것이다. 그러나 흄에 의한 인식의 회의론적 환원은 (그 논증을 놓고 볼 때) 정신을 주어로 하고 그 내용을 술어로 하는 무언의 전제 —— 그가 명시적으로 부인하고 있는 전제 —— 에 전적으로 의존하고 있다.

로크의 『인간 지성론』의 장점은 그것의 충분성 adequacy에 있는 것이지 일관성 consistency에 있는 것이 아니다. 그는 상식이 결코 간과하지 않는 여러 경험적 요소를 가장 냉철하게 기술하고 있다. 유감스럽게도 로크는 그가 한 번도 비판한 적이 없는 부적당한 형이상학적 범주의 방해를 받고 있다. 그는 그의 저서의 제목을 『경험에 관한 시론』으로 확대했어야 옳았을 것이다. 로크의 진정한 논제는 현실적 존재가 누리고 있는 갖가지 유형의 경험을 분석하는 데 있다. 그런데 이 완결적인 경험이란 그 현실적 존재의 즉자적(卽自的), 대자적(對自的) 본질 what the actual entity is in itself, for itself에 지나지 않는다. 나는 칸트 이전의 용어법을 채택해서, 현실적 존재가 향유하는 경험은 형상적 *formaliter* 존재라고 말하겠다. 이것을 통해 내가 뜻하는 바는, 〈형상적으로〉 고찰되고 있는 존재는 그 구조의 여러 형상과 관련하여 기술되고 있다는 것이다. 그리고 여기서 그 존재는 그 형상에 힘입어 그 나름의 절대적인 자기실현을 달성한 개체적 존재가 되고 있다. 그 현실적 존재가 갖는 〈사물들에 대한 관념 idea of things〉이란 그 존재에 있어서의 다른 사물들의 본질 what other things are for it을 말한다. 이 강의의 용어법에 따르자면 현실적 존재의 〈사물에 대한 관념〉은 그 존재의 〈느낌 feeling〉이다. 현실적 존재는 복합적이며 분석이 가능하다. 그리고 그것이 갖는 〈관념〉은, 다른 사물이 그 자신의 구조 속에서 어떻게 그리고 어떤 의미에서 구성 요소가 되고 있는가를 표현한다. 따라서 그 구조의 형상은 로크적 관념의 분석을 통해 찾아져야 한다. 로크는 〈지성 understanding〉과 〈지각 perception〉에 대하여 논하고 있다. 그는 이 우주의 많은 사물이 그것에 의해 하나의 현실적 존재가 되는 그런 종합적 합생을 표현하는 데 있어 보다 보편적인 중립적 용어로 시작했어야 옳았을 것이다. 그래서 나는 현실적 존재가 그 자신에게서 다른 사물들을 구체화 concretion시켜 가는 활동을 표현하기 위해 〈파악 prehension〉이라는 용어를 채용했던 것이다.

한 현실적 존재에 의한 다른 현실적 존재의 〈파악〉은 완전한 거래 행위 transaction이다. 이 거래 행위는 후자의 존재가 전자에게 있어 하나의 여건으로서 객체화되어 가는 것으로, 그리고 그 여건을 ―〈주체적 형식〉의 다양한 요소로 〈뒤덮인 clothed〉― 주체적 만족 속으로 흡수하는 완전히 뒤덮인 느낌으로 분석될 수 있다. 그러나 이 정의는 현실적 존재에 의한 영원한 객체의 파악의 경우도 포섭할 수 있도록, 보다 일반적인 방식으로 표현될 수 있겠다. 즉 어떤 현실적 존재에 의한 어떤 존재의 〈긍정적 파악〉은 완전한 거래 행위이며, 거래 행위는 이 후자의 존재가 느낌의 여건으로서 진입 ingression 내지 객체화 objectification되어 가는 것으로, 그리고 그 여건을 주체적 만족으로 흡수하는 느낌으로 분석될 수 있다는 것이다. 나는 로크의 〈관념〉이라는 용어도 버리겠다. 그 대신에, 문제의 현실적 존재에 있어 요소로서의 제한된 역할을 하는 다른 사물은 그 존재에 대한 〈객체 object〉라고 부르겠다. 객체에는 네 가지의 주된 유형이 있는데, 〈영원한 객체〉, 〈명제〉, 〈객체화된〉 현실적 존재, 그리고 결합체가 그것이다. 이 〈영원한 객체〉는 『인간 지성론』(제2권, 제1장, 제1절)에서 로크가 설명하고 있는 것과 같은 관념이다. 그는 이렇게 말하고 있다.

> 관념은 사고의 대상이다. ──사람은 누구나 자신이 사고한다는 것을 의식하고 있다. 그리고 사고하는 동안에 마음이 향하고 있는 것은 마음속에 있는 관념이기 때문에, 사람들이 〈백색, 단단함, 단맛, 사고, 운동, 인간, 코끼리, 군대, 술 취함〉 등과 같은 말로써 표현되는 여러 관념들을 마음속에 품고 있다는 것은 의심의 여지가 없다.

그러나 뒤에(제3권, 제3장, 제2절) 일반적 용어를 논하는 대목에서 (그리고 무의식적으로는 그보다 앞서 제2권, 제23장의 〈실체〉에 관한 논의에서) 그는, 실제로 내가 〈객체화된 현실적 존재〉라든지 〈결합체〉라 부르고 있는 또 다른 유형의 관념들을 괄호에 넣어 삽입하고 있다. 그는 이것들을 〈개별 사물에 대한 관념 ideas of particular things〉이라 부르고, 어째서 이 관념들은 일반적으로 각자 자신의 이름들을 가질 수 없는지를 설명하고 있다. 그 이유는 단순하면서도 흠잡을 데가 없다. 즉 너무나 현실적 존재가 많다는 것이다. 그는 다음과 같이 말한다. 〈그런데 우리가 접하는 하나하나의 모든 사물에 대하여 개별적인 관념들을 만들어 내어 보유한다는 것은 인간 능력의 한계를 넘어서는 일이다. 아무리 뛰어난 능력을 지닌 지성일지라도 사람들이 보았던 모든 새와 짐승, 오관을 촉발했던 모든 초목 하나하나를 모조리 다 수용하지는 못할 것이다.〉

이 문맥이 시사하는 바는 개별적 사물에 대한 〈관념〉의 불가능성에 난점이 있다는 것이 아니라, 오로지 그 수(數)에 난점이 있다는 것이다. 현실적 존재에 대한 직접적인 관념 — 또는 〈느낌〉 — 이라는 개념은 모든 상식의 전제이다. 산타야나는 이를 〈동물적 믿음 animal faith〉으로 돌리고 있다. 하지만 이는 로크의 여러 저작의 다른 부분에서 이끌어낼 수 있는 감각주의적 인식론에 크게 배치된다. 로크도 데카르트도 바로 이와 동일한 난점과 맞붙어 싸우고 있는 것이다.

내가 택한 원리는, 의식은 경험을 전제로 하지만 경험은 의식을 전제로 하지 않는다는 것이다.⑩ 의식은 어떤 느낌의 주체적 형식에서의 특수한 요소이다. 따라서 현실적 존재는 그 경험의 어떤 부분을 의식하고 있을 수도 있고, 의식하지 않고 있을 수도 있다. 현실적 존재의 경험은, 그 의식 — 만일 있다면 — 을 포함하는 완전한 형상적 구조이다. 따라서 로크의 용어법을 사용한다면, 현실적 존재가 갖는 〈개별적 사물에 대한 관념〉은 그 구조의 느껴진 구성 요소로서 기능하고 있는 다른 사물이다. 로크라면 이런 객체화가 의식으로 조명된 경험의 영역에 속하고 있을 경우에만, 그것들을 〈관념〉이라고 부를 것이다. 같은 장의 제4절에서 그는 모든 인식이 〈개별적 사물에 근거하고 있다〉고 분명하게 말하고 있다. 그는 다음과 같이 쓰고 있다. 〈……하지만 모든 개별적 사물들의 하나하나에다 상이한 이름들을 붙인다 하더라도, 그런 이름들이 지식의 진보에 크게 도움이 되지는 못할 것이다. 무릇 지식은 개별적 사물에 근거하고 있는 것이긴 하지만, 일반적인 관점에 의해 그 자신을 확장시킨다. 그래서 지식에는 일반적인 이름을 통해 종(種)으로 정리된

---

⑩ 종래의 인식론에서는 경험이 의식을 전제하는 입장을 취하고 있다. 의식의 입장은 경험의 주-객 구조와 결부되어 있다. 화이트헤드는 이러한 사고 방식을 부정한다. 그는 경험의 객-주 구조라는 입장에 선다. 주관이 먼저 실체로서 있고, 그것이 객관을 구성하고 인식하는 것이 아니고, 객관이 주관을 한정하는 데서 경험이 시작된다. 그리고 객-주 구조는 원초적으로 정서적인 것으로 본다. 인간을 포함한 모든 경험 구조는 원초적으로 정서적이다. 의식은 인간의 후기 경험 단계에서 나타난다. 의식이 명제적 느낌의 주체적 형식이라고 불리는 이유도 여기에 있다.

사물이 본래 유용한 것이다.〉[16] 따라서 로크의 이 구절을 놓고 볼 때, 처음에 성질들이 있고, 그 다음에 그로부터 추론된 개별적 사물이 있는 것이 아니라 그 반대이다. 뿐만 아니라 로크는 그가 생각했던 〈개별적 사물〉이 무엇을 의미하는지를 보여주기 위해 한 개의 〈꽃잎〉, 한 마리의 〈까마귀〉, 한 마리의 〈양〉, 한 개의 〈모래알〉 등을 예시하고 있다. 그렇기 때문에 그는 빛깔의 특수한 반점과 같은 어떤 감각 여건[17]을 생각하고 있는 것이 아니다. 예를 들면 같은 장의 제7절에서 어린이와 관련하여, 〈유모나 어머니의 관념은 어린이의 마음속에 뚜렷이 형성되어 있어서, 유모나 어머니의 그림이 그렇듯이 오직 그 개인들만을 어린이의 마음속에 재현시킨다〉라고 말하고 있다. 로크의 이 학설은 데카르트의 〈상념적 실재 *realitas objectiva*〉설과 비교되어야 한다. 로크는 정신과 육체의 이원론적 분리를 계승하고 있다. 만일 그가 〈현실적 존재〉라는 하나의 기본 개념에서 출발했더라면, 의식에 나타난 관념의 복합체는 그 즉시로, 그것이 의식적인 한 ― 단속적, 부분적으로 그러하든가 그렇지 않으면 전혀 그렇지 않든가이다 ―, 그 자신의 의식에 나타난 현실적 존재의 복합적 구조로 전환되었을 것이다. 로크는 관념이 어떻게 일반화되는가를 분명히 밝히고 있다. 같은 장의 제6절에서 그는 다음과 같이 쓰고 있다. 〈……그리고 관념은, 이 관념으로부터 시간이나 장소의 환경, 그 밖에 이 관념을 이러저러한 어떤 특정 존재에 한정시킬 수 있는 온갖 관념들을 분리시킬 때 일반화된다.〉 그러므로 로크에 있어 〈개별적 존재의 관념〉이 추상 관념에 선행한다. 〈어린이들은, 그런 많은 개별적인 것들이 관여하고 있는 것으로서 발견되는 하나의 관념을 형성한다〉는 것이다. 로크의 이 진술은 제4의 범주적 제약인 개념적 평가의

16) 고딕체는 필자의 것임.

17) 로크는 『인간 지성론』, 제1권, 제2장, 제15절에서 다음과 같이 말하고 있다. 〈맨 처음에 여러 감관이 하나하나의 관념을 받아들여, 그때까지 비어 있던 마음속에 심어놓는다.〉 여기서 〈하나하나의 관념〉과 〈하나하나의 사물의 관념〉을 구별하고 있는 데 주목하기 바란다.

범주와 비교되어야 할 것이다.

로크는 현실적 사물의 구조를 〈실재적 본질 real essence〉이라는 용어로 논하고 있다. 그는 (같은 장의 제15절* 에서) 다음과 같이 말한다. 〈따라서 발견될 수 있는 사물의 성질들이 의존하고 있는 사물의 실재적인 내적 (그러나 일반적으로 인식되지 않는 실체 속에 있는) 구조는 그 사물의 '본질'이라 불릴 수 있을 것이다.〉 여기서의 핵심은 로크가 현실적 존재가 다른 존재들을 포함하는 복합적인 구조에서 생겨난다는 학설을 전적으로 시인하고 있다는 점인데, 불행히도 그는 〈텅 빈 마음 cabinet〉과 같은 용어를 사용함으로써 흙만큼도 〈과정〉의 개념에 역점을 두지 않고 있다.

로크는 실제로 그의 저작에서 유기체 철학에 있어 중요한 하나의 문제를 취급하였다. 그는 마음이란 여러 관념들을 하나의 구체적인 사물로 능동적으로 파악하는 데서 생기는 통일체라는 것을 발견했던 것이다. 불행히도 그는, 마음을 한쪽의 특수한 종류로 보고 자연적 존재를 또 다른 쪽의 특수한 종류로 본 데카르트적 이원론과 주어-술어의 도그마를 전제로 삼고 있다. 그 결과 로크는 데카르트와 함께 표상적 지각설 theory of representative perception로 몰릴 수밖에 없었다. 그 예로는 앞서 인용했던 글 가운데 〈유모나 어머니의 그림이 그렇듯이, 오직 그 개인만을 어린이의 마음속에 재현시킨다〉고 말한 부분을 들 수 있다. 이 학설은 분명히 인식론에 있어 해결될 수 없는 문제를 만들어 낸다. 이 문제는 산타야나가 말했듯이 〈동물적 믿음〉이라는 강력한 허구에 의해서이든가, 아니면 브래들리가 말했듯이 어떤 환상성 illusoriness에 관한 학설 ── 즉 만일 실재하는 것으로 간주될 경우 모순이 발생하게 되는 그런 단순한 현상에 관한 학설 ── 에 의해서가 아니고는 해결되지 않는다. 어쨌든 〈표상적 지각〉은 그 자체의 형이상학적 학설의 범위 내에서는, 관념에 의한 사실 표상의 타당성을 보증해 줄 권리 증서

* 〈제13절〉을 〈제15절〉로 변경.

를 결코 만들어내지 못한다.

로크와 그 시대——17 · 18세기——의 철학자들은 하나의 근본적인 오해에 의해 오도되고 있다. 그것은 논리적 단순성이, 경험하고 있는 계기 experient occasion를 구성하는 과정에 있어서의 우선성과 동일시될 수 있다는 무의식적이고도 무비판적인 전제이다. 로크는 그의 『인간 지성론』 제1권과 제2권의 기초를 이 전제 위에 올려놓고 있다. 다만 바로 다음에 인용되고 있는 〈실체〉에 관한 절은 그 점에서 예외가 된다. 그런데 그 제3권과 제4권에서 그는 이 전제를, 역시 무의식중에 그랬던 것처럼 보이긴 하지만, 버리고 있다.

논리에 있어서의 우선성과 실제에 있어서의 우선성을 이처럼 동일시하는 일은 고대 그리스인들에 의해 수학과 논리가 처음 발견된 이후 줄곧 사고와 방법을 침해해 왔다. 예를 들면 교육 방법에 있어 몇몇 최악의 결함은 여기에 기인한 것이었다. 유기체 철학에 로크가 가장 가깝게 접근하고 있는 대목, 그러나 그 학설의 견지에서 볼 때 로크가 대체로 간과해 버렸던 대목은 〈실체에 관한 우리의 복합 관념에 대하여〉(제2권, 제23장, 제1절)라는 절에서 가장 잘 예시되고 있다. 그는 이렇게 말한다.

> 이미 언명한 바와 같이 마음은 외적 사물에서 발견되는 것과 같은, 오관이 전달해 주는 다수의 단순 관념이나, 그 (마음) 자신의 작용에 대한 내성(內省)이 전달해 주는 다수의 단순 관념을 제공받게 될 때, 이들 가운데 일정 수의 단순 관념들이 항상 함께 들어온다는 사실에도 주목하게 된다. 이 일정 수의 단순 관념들은 하나의 사물에 속한다고 추정되기에, 그리고 말이란 것은 공통의 인지(認知)에 적합할 뿐 아니라 신속하게 처리하기 위해 사용되는 것이기에, 일정 수의 단순 관념들은 그렇게 인지되고 처리되도록 하나의 주체 속에 통폐합되어 하나의 이름으로 불린다. 뒷날 이를 우리는 무심코 마치 하나의 단순 관념처럼 말하게 되고, 또 그렇게 생각하기 쉽지만 사실은 많은 관념들이 결합된 복합체인 것이다. 우리가 그렇게 하게 되는 데에는 다음과 같은 까닭이 있다. 즉 이미 말한 바 있지만(제1권, 제4장, 제19절), 어떻게 복합

체를 구성하는 단순 관념들이 자립적으로 존속할 수 있는지 우리로서는 상상해 볼 수 없기 때문에 우리는 어떤 기체(基體, *substratum*)를 상정하고, 그 속에 그러한 단순 관념들이 존립하며 또 그로부터 그것들이 생겨난다고 생각하는 데에 익숙해져 있다는 점이다. 또 그렇기 때문에 이 기체를 우리는 〈실체 substance〉라 부르고 있는 것이다.

위의 단락에서 〈마음은 외적 사물에서 발견되는 것과 같은, 오관이 전달해 주는…… 다수의 단순 관념을 제공받게 될 때……〉라고 한 로크의 첫머리 진술은 그 절의 나머지 부분의 기초가 되는 것으로서, 정확히 유기체 철학의 제1전제가 된다. 여기서 〈외적 사물에서 발견되는 것과 같은 as they are found in exterior things〉이라는 구절은 내가 뒤에서 원초적 느낌의 벡터적 특성 vector character of the primary feelings이라 부르게 될 것을 주장한 것이 된다. 여기에 들어 있는 보편자들이 그런 지위를 획득하게 되는 까닭은 〈그것들이 외적 사물에서 발견된다〉는 사실에 있다. 이것이 로크의 주장이며 또한 유기체 철학의 주장이기도 하다. 이는 또한 데카르트의 〈상념적 실재 *realitas objectiva*〉에 관한 학설의 발전이라고 볼 수도 있다. 보편적인 것은 개념으로만 기술될 수 있는 여건의 유일한 요소이다. 왜냐하면 개념은 보편적인 것의 분석 도구에 지나지 않기 때문이다. 그러나 〈외적 사물〉들은, 비록 그 개별적 특수성이 개념으로 표현될 수는 없다 해도 느낌을 위한 여건인 것이다. 따라서 합생하고 있는 현실태는 그것들의 개별적 특수성이라는 지위를 느끼는 데서 생겨나게 된다. 그렇기 때문에 또한 그 특수성은, 그로부터 느낌이 생겨나고 또 그것에 느낌이 관계하고 있는 그런 하나의 요소로서 그 현실태 속에 포함되게 된다.

위의 문장은 〈이들 가운데 일정 수의 단순 관념들이 항상 함께 들어온다〉로 이어지고 있다. 이는 다만 다음과 같은 것을 의미할 수 있을 뿐이다. 즉 직접적인 지각에 있어 〈이러한 일정 수의 단순 관념〉은 하나의 어떤 외적 사물 속에서 함께 발견된다는 것, 그리고 지나간 순간의 경험 내용들에 대한 기억은, 하나의 어떤 외적 사물 속에서의 공재성(共在性, togetherness)에 관한 사실이 그와 동일한 조(組)의 단순 관념들에 대해서 그대로 적용된다는 것을 보여준다는 것이다. 유기체 철학은 이러한 서술이 직접 경험의 순간에 해당된다는 데에 또한 동의한다. 그러나 로크는 그의 제2의 전제를 〈항상 함께 들어온다〉는 말로 은폐하고 있다는 사실 때문에, 계기하는 순간순간에 있어서의 〈외적 사물〉이 과연 동일한 것으로 간주될 수 있는 것인가라는 문제에 대한 고찰을 소홀히 하고 있다.

이에 대한 유기체 철학의 해답은, 로크가 여기서 말하고 있는 의미에서 계기하는 순간에 있어서의 외적 사물들은 서로 동일하다고 볼 수 없다는 것이다. 외적 사물은 저마다 하나의 현실적 존재이든가 아니면 (보다 많은 경우에 있어) 서로 동시적인 직접성을 수반한 현실적 존재들의 결합체이다. 논의를 간결하게 하기 위해서 우리는 〈외적 사물〉이라는 것이 문제의 순간에 있어서 하나의 현실적 존재를 의미하는, 보다 단순한 경우만을 들어 말해 보겠다. 그러나 로크의 뚜렷한 관심사는 몇 해 동안, 또는 몇 초 동안, 또는 몇 세대 동안 유지되는 하나의 지속하는 물체가 갖는 자기 동일성의 관념이다. 그가 고찰하고 있는 것은 (아리스토텔레스적 의미의) 개체화된 개별적 실체라는 통속적인 철학적 관념인데, 이는 변화하고 있는 우유적 속성(偶有的 屬性)들의 한복판에서 그 실체적 형상을 유지하면서 변화의 모험을 겪고 있는 어떤 것이다. 『인간 지성론』에서 로크는 사실상 이 관념의 모호성과 불명확성을 적절히 강조하면서도 그것을 존속시키고 있다. 유기체 철학은 다음과 같은 점에서 로크와 흄에 동의한다. 즉 개체화되지 않는 실재적 형상이란 각기 계기하는 순간에서의 〈외적 사물〉들의 계기에 공통된 보편자의 집합, 또는 더 정확히 말해서 하나의 복합적인 보편자에 지나지 않는다는 것이다. 달리 말하면, 〈외적 사물〉은 하나의 〈현실적 존재〉이든가 아니면 〈한정 특성 defining characteristic〉을 갖는 〈사회 society〉라는 것이다. 유기체 철학에서는 이러한 (전자의 의미에서) 〈외적 사물〉을 궁극적인 구체적 현실태로 본다. (로크의) 개체화된 실체는 최초의 〈사물〉로부터 마지막 〈사물〉에 이르기까지 뻗어 있는, 근본적인 〈외적 사물〉들의 어떤 사회에 의해 구성된 역사적 경로로서 해석되어야 한다.

그러나 로크는 『인간 지성론』을 통해서 〈실체〉 개념의 주된 내용은 〈힘〉의 개념이라고 적절하게 주장하고 있다. 유기체 철학에서는, 〈힘〉을 이해하자면 각 개별적인 현실적 존재가 여건 —— 그 후속자가 그로부터 생겨나고 또 그것에 순응하지 않으면 안 되는 그런 여건 —— 으로서 어떻게 기여하는가에 대한 정확한 개념을 가져야 한다고 보고 있다. 로크 시대의 철학이 개체화된 실체로 간주했던 존속하는 사물 enduring things이 각별히 힘의 학설과 연관되는 까닭은, 한 역사적 경로의 계기(繼起)하는 계기(契機)들 간의 유사성이, 후속하는 현실적 존재의 여건에 대한 그 계기(契機)들의 기여들 사이에서 상응하는 동일성을 획득하며, 따라서 그 유사성은 순응성을 부과함 imposition of conformity에 있어 상응하는 강도 corresponding intensification를 보장한다는 데에 있다. 이 원리는 빈 공간 속에 보다 넓게 산재해 있는 계기들에 있어 타당한 원리와 동일한 것이지만, 역사적 경로에 들어 있는 제일성(齊一性)은 그 경로가 미래에 대하여 강요하는 순응성의 정도를 증가시킨다. 특히, 유사한 계기들의 역사적 경로는 저마다 그 성원으로부터 파생되는 제일적(齊一的)인 계승의 무게 때문에 그 자신을 연장하는 경향이 있다. 유기체 철학은 고립된 정신 detached mind을 폐기한다. 정신적 활동이 어느 정도는 모든 현실적 존재에 속한 느낌의 한 양태이긴 하지만, 오직 몇몇 현실적 존재에게 있어서만 의식적인 지력(知力, intellectuality)이 된다. 이러한 고도의 정신 활동은 미완성의 초기 단계에 있어서의 존재에 대한 지성적인 자기 분석인데, 이러한 분석은 합생의 후기 단계에서 산출되는 지성적 느낌 intellectual feeling에 의해 수행된다.[18)]

현실적 존재의 지각 구조는, 저마다 그 나름의 형상적 존재를 수반하

18) 제3부, 제5장 참조.

는 현실적 존재들이 어떻게 문제되는 현실적 존재의 지각 구조 속에 객체적으로 개입할 수 있는 것인가 하는 문제를 제기한다. 이는 우주의 연대성 solidarity of the universe에 관한 문제이다. 보편자와 개별자, 주어와 술어, 다른 개별적 실체 속에 내재할 수 없는 개별적 실체, 관계의 외재성 등에 관한 고전적 학설은 하나같이 이 문제를 해결 불가능한 것으로 만들고 있다. 유기체 철학이 제시하는 해결책은, 합생적인 통합에 포함되어 있다가 느낌의 일정한 복합적 통일성에서 종결되는 파악에 관한 학설 doctrine of prehensions이다. 현실적이라는 것 to be actual은, 모든 현실적 사물이 창조적 활동을 펴나가는 데 있어 하나같이 객체적 불멸성을 향유하는 객체라는 것, 그리고 모든 현실적 사물은 저마다 자기가 생겨나온 우주를 파악하는 주체라는 것을 의미해야 한다. 창조적 활동은, 항상 자기 경험의 특수한 통일성에 있어 하나가 되어가고 있는 우주이며, 그렇게 함으로써 다자로서의 우주인 다수성에다 자신을 추가해 가고 있는 우주이다. 통일성에로의 이와 같은 집요한 합생은 각 존재의 궁극적인 자기 동일성의 산물이다. 어떠한 존재도 ── 그것이 〈보편자〉이건 〈개별자〉이건 간에 ── 두 가지 이상의 분리된 역할을 수행하지 못한다. 자기 동일성은 모든 존재가 저마다 하나의 접합된 자기 정합적인 기능 ── 이 기능이 아무리 복잡하다 하더라도 ── 을 가질 때에만 가능한 것이다.⑪

⑪ 현실적 존재는 여럿〔多〕이 하나가 되고, 하나만큼 증가한다고 한다. 그것은 다(多)인 우주에서 출발하여, 다(多)의 일(一)에의 통합 과정을 통해서, 궁극적인 자기 동일성을 획득함으로써 다(多)인 우주에 일(一)을 증가시킨다. 다시 말하면 현실적 존재는 다(多)인 우주를 그 궁극적인 자기 동일성에 있어, 일(一)이 되게 함으로써 그 자신이 우주를 구성하는 다양성의 한 요소가 된다. 이러한 우주는 현실적 존재의 합생 과정을 매개로 하여 자신을 형성해 간다. 화이트헤드는 늘 우주의 〈창조적 전진〉을 말한다.

제 7 절

로크의 힘의 학설, 힘과 실체. 인과적 객체화와 현시적(顯示的) 객체화. 변화란 영원한 객체의 모험을 의미한다. 실재적 본질, 추상적 본질, 유기체의 학설과 현실적 존재의 생성.

로크의 이론에는 〈힘〉의 학설이라는 또 다른 측면이 있다. 이 학설은 로크의 일관성 consistency보다는 그의 뛰어난 충분성 adequacy을 더 잘 예시해 주고 있다. 이 학설은 그것이 결코 순수한 감각주의자의 철학과 양립할 수 없다는 흄의 반론을 모면할 길이 없다. 그러한 철학의 확립이 로크에게서 비롯된 것이긴 하지만 거기에 그의 뚜렷한 목적이 있었던 것은 아니다. 모든 철학의 학파는 저마다 그 역사적 과정에서 두 사람의 주도적인 철학자를 필요로 한다. 한 사람은 그 학파의 주요 학설의 조명하에서 일관성은 없지만 충분성을 가지고 경험을 바라보려는 철학자이고, 또 한 사람은 그 학파의 학설에 엄밀한 일관성을 부여하려는 철학자인데 이를 실천함에 있어 그는 귀류법(歸謬法, *reductio ad absurdum*)을 효과적으로 이용하곤 한다. 어떠한 사상의 학파도 이러한 사람들이 배출되기까지는 철학을 위해 충분한 공헌을 했다고 볼 수 없는 것이다. 이런 식으로 감각주의적 경험론 학파의 중요성은 로크와 흄에게서 유래한다.

로크는 그의 〈힘〉의 학설을 다음과 같이 이끌어들이고 있다(제2권, 제21장, 제1-3절*).

이 관념은 어떻게 얻어지는가. ――우리의 마음은 날마다 외부의 사물에서 관찰되는 단순 관념의 변화를 감각을 통해 전달받아 알고 있으며, 어떤 관념이 어떻게 끝나고 없어지게 되는지, 그리고 어떻게 전에는 없었던 다른 관념

* 〈제1절〉을 〈제1-3절〉로 변경.

이 존재하기 시작하는지를 인지한다. 그리고 마음은 자신 속에 스쳐가는 것을 내성(內省)하며, 관념이 어떤 때는 감각에 주어지는 외적 대상의 인상을 통해서, 또 어떤 때는 마음 자신의 선택적 결정에 의해 끊임없이 변화해 가는 것을 관찰한다. 이로부터 마음은 지금까지 늘 그랬던 것으로 끊임없이 관찰되어 온 바를 토대로 하여, 미래에도 동일한 사물에 있어 유사한 변화가 유사한 작용자에 의해 유사한 방식으로 일어나리라고 추정한다. 여기서 결국 마음은 어떤 사물에 있어서 그것의 단순 관념들 가운데 일부가 변화될 가능성과, 다른 또 하나의 사물에 있어서 그러한 변화를 일으킬 가능성을 생각하게 되며, 이로부터 마음은 우리들이 〈힘 power〉이라고 부르는 관념을 얻게 되는 것이다. 그래서 우리는 불이 금을 녹이는 힘을 가지며, ……금은 용해되는 힘을 가진다고 말한다. 이 경우 그리고 이와 유사한 경우에 있어서, 우리들이 생각하는 힘은 지각될 수 있는 관념들의 변화와 연관되고 있다. 왜냐하면 사물의 감지 가능한 관념의 변화에 대한 관찰을 통하지 않고서는 그 사물에서 일어나는 변경, 다시 말하면 그 사물에 가해지는 작용을 관찰할 수 없고, 그 사물의 일부 관념의 변화를 상정하지 않고서는 그 사물에서 이루어지는 어떤 변경도 상정할 수 없기 때문이다. ……힘을 이와 같이 생각할 때, 힘에는 두 가지, 즉 어떤 변화를 일으킬 수 있는 것과 변화를 받아들일 수 있는 것이 있게 되는데, 전자는 〈능동적〉 힘, 후자는 〈수동적〉 힘이라 부를 수 있겠다. ……솔직히 말해서 힘은 그 속에 어떤 종류의 관계——활동 내지 변화와의 관계——를 포함하고 있다. 그러나 사실상 우리가 갖고 있는 관념들을 주의 깊게 검토해 본다면, 어떤 종류의 것이든 간에 그 어느 것이 그렇지 않겠는가? 연장, 지속, 수와 같은 우리의 관념들도 모두 그 속에 부분 간의 은밀한 관계를 포함하고 있지 않은가? 형태와 운동 속에는 관계적인 무엇인가가 보다 많이 눈에 뜨인다. 그리고 빛깔이나 향기와 같은 감각적 성질들은 우리의 지각과의 관계에 있어서 다양한 물체들의 힘이 아니고 무엇이겠는가? ……그러므로 우리의 힘의 관념은 당연히 다른 단순 관념과 같은 지위를 가지며, 또 그런 것으로 간주되어야 한다고 나는 생각한다. 그 까닭은, 뒤에 말할 기회가 있겠지만, 힘이 실체에 관한 우리의 복합 관념의 주요

성분을 이루는 단순 관념들 가운데 하나라는 데에 있다.

이 중요한 일절에서 로크는 유기체 철학의 주요 학설들을 제시하고 있다. 즉 상대성 원리, 영원한 객체의 관계적인 성격——이것에 의해 영원한 객체는 현실적 존재들 상호 간의 객체화의 형식을 구성한다——, 현실적 존재——즉 실체——의 합성적composite 성격, 현실적 존재 개념의 주된 성분을 이루는 〈힘〉의 개념이 그것이다. 이 힘의 개념에서 로크는 존재론적 원리와, 한 현실적 존재가 다른 현실적 존재에 작용하는 〈힘〉이란 단지 전자가 후자의 구조 속에서 객체화되는 방식에 지나지 않는다는 원리의 윤곽을 예시해 주고 있다. 따라서 지각(知覺)의 문제와 힘의 문제는, 적어도 지각이 현실적 존재의 단순한 파악으로 환원되는 한, 전적으로 동일한 문제이다. 이러한 파악에 대한 의식이라는 의미에서의 지각은 다시 영원한 객체에 대한 개념적 파악이라는 보충적인 요인을 필요로 할 뿐 아니라 이들 두 요인의 통합의 과정도 필요로 한다(제3부 참조).

로크의 〈힘〉의 학설은 유기체 철학에서 두 유형의 객체화, 즉 (α) 인과적 객체화(因果的 客體化, causal objectification)와 (β) 현시적 객체화(顯示的 客體化, presentational objectification)에 관한 학설로 재생된다. 〈인과적 객체화〉에 있어서, 객체화된 현실적 존재에 의해 주체적으로 느껴진 것은 그 존재 다음에 오는 합생적 현실태concrescent actualities에게 객체적으로 전달된다. 로크의 용어법에 따른다면, 이때 객체화된 현실적 존재는 〈힘〉을 발휘하고 있는 셈이다. 이런 유형의 객체화에 있어, 객체와 주체 사이의 관계를 이루는relational 영원한 객체는 객체화된 현실적 존재의 형상적 구조를 표현하고 있다.

〈현시적 객체화〉에 있어서 관계를 이루는 영원한 객체는 두 조로 나뉜다. 그 하나는 지각 대상에 대한 지각자perceiver의 위치에서의 〈연장적〉 전망perspective에 의해 제공되는 것이고, 다른 하나는 지각자의 선행하는 합생 국면에서 제공되는 것이다. 흔히 〈지각 perception〉이라 불리는 것은 현시적 객체화에 대한 의식을 말한다. 그러나 유기체 철학에 따르면 두 유형의 객체화 모두에 대한 의식이 있을 수 있다. 이처럼 두 유형 모두에 대한 의식이 있을 수 있는 까닭은, 유기체 철학에 따를 때 인식될 수 있는 것이란 인식자의 완결된 성질로서, 적어도 인식 작용에 앞서는, 그 인식자의 여러 위상과 같은 것들이기 때문이다.

그런데 로크는 하나의 본질적인 이론을 깨닫지 못했다. 그것은 내적 관계 internal relation의 학설이 〈변화〉를 어떠한 현실적 존재에도 귀속시킬 수 없게 한다는 이론이다. 모든 현실적 존재는 저마다 그것 자체일 뿐 what it is이며, 다른 현실적 존재와의 내적 관계로 결정된 일정한 지위를 가지고 우주 속에 존재한다. 〈변화〉란 현실적 사물들로 이루어진 발전하는 우주에서 영원한 객체들이 겪는 모험을 기술하는 말이다.

내적 관계의 학설[12]은, 그것을 간과할 경우 반드시 실수를 저지르게 되는 그런 또 하나의 고찰을 이끌어들인다. 로크는 사물의 〈실재적 본질 real essence〉과 〈명목적 본질 nominal essence〉을 고찰하고 있다. 그러나 현실적인 사물들 간의 일반적 상대성 및 이것들 간의 관계의 내재성에 관한 이론에서 보자면 〈실재적인 본질〉이라는 용어 속에는 두 가지 중요한 별개의 개념이 숨겨져 있다. 로크는 다음과 같이 말한다(제3권, 제3장, 제15절).

---

⑫ 관계에는 내적인 것과 외적인 것이 있다. A와 B 사이에 어떤 관계가 있다고 하자. 이때에 A와 B는 이 관계의 관계항(項)이라고 한다. A와 B가 관계된다고 할 때, 이렇게 관계되는 것이 A의 본질을 구성할 때, 이 관계는 A에게 있어 내적이라고 한다. 일정한 현실적 존재는 그것에 선행하는 현실적 존재들이 그것에 객체화되는 방식으로, 그것들과 내적으로 관계되어 있다. 그리고 문제의 그 현실적 존재도 그것의 합생 과정이 종식됨에 따라 후속하는 현실적 존재에 여건으로서 객체화된다는 방식으로 그것과 관계지어진다. 통상적으로 우리가 경험하는 존속물에 있어 성질의 〈변화〉는 하나의 현실적 존재가 다른 현실적 존재와 내적으로 관계지어지는 방식으로 이행함으로써 성립된다. 각 현실적 존재는 〈생성〉은 하지만 〈변화〉하지는 않는다. 〈변화〉는 임의의 현실적 존재에 귀속시킬 수 없다는 것이 화이트헤드의 견해이다. 내적 관계와 외적 관계에 관해서는 『과학과 근대세계』, 오영환 옮김(서광사, 1989), 188, 235쪽 이하를 참조할 것.

본질이란 어떤 사물을 지금의 그것이게 하는 그 사물의 존재 방식이라고 할 수 있다. 따라서 사물의 발견될 수 있는 성질들이 의존하고 있는 사물의 실재적인 내적 (그러나 일반적으로 인식되지 않는 실체 속에 있는) 구조는 그 사물의 〈본질〉이라고 불릴 수 있을 것이다. ……여러 종류의 사물의 실재적 구조가 있다고 보통 생각되는 것이 사실이고, 또 공존하는 단순 관념들의 모든 집합체가 저마다 의존하지 않으면 안 되는, 어떤 실재적 구조가 있어야 한다는 것에도 의심의 여지가 없다. 그러나 사물은 이름이 붙여진 일정한 추상 관념과 일치할 경우에만 그 이름을 통해 종(種, sorts of species)으로 분류되는 것이 분명하기 때문에, 각 유(類, genus) 내지 종(種, sort)의 본질은(만일 유에서 〈유적(類的, general)〉이라고 불릴 수 있듯이 종에서 〈종적(種的, sortal)〉이라고 불릴 수 있다면) 유적 내지 종적 이름이 나타내는 추상 관념에 지나지 않게 된다. 그래서 우리는 이것이야말로 본질이라는 말이 그 가장 흔한 용법에서 전달해 주는 의미 내용임을 깨닫게 되는 것이다. 나로서는 이와 같은 두 종류의 본질을 가리켜 전자를 〈실재적 real〉 본질이라 명명하고 후자를 〈명목적 nominal〉 본질이라 명명하는 것이 별 무리가 없을 것이라고 생각한다.

유기체 철학의 근본적인 개념은 로크의 다음과 같은 구절, 즉 〈공존하는 단순 관념들의 모든 집합체가 저마다 의존하지 않으면 안 되는 어떤 실재적 구조가 있어야 한다는 것은 의심의 여지가 없다〉에 표현되어 있다. 로크는 다음과 같은 점을 분명하게 밝히고 있다(제2권, 제2장, 제1절 참조). 즉 그가 〈단순 관념〉이라는 말로 의미하고자 하는 바는 현실적 존재(〈한 조각의 밀랍〉, 〈한 조각의 얼음〉, 〈한 송이의 장미〉로 예증되는)에로의 비복합적인 어떤 추상적 성질(〈유연성〉, 〈따뜻함〉, 〈흰 빛깔〉로 예증되는)의 진입(進入, ingression)이라는 것이다. 로크에 있어 하나의 현실적 존재 속에 공존하고 있는 coexisting 단순 관념들은 그 존재에 있어서의 실재적 구조를 필요로 한다. 그런데 로크의 명시적인 언명을 넘어서는 유기체 철학에 있어서 실재적 구조의 개념은, 영원한 객체가 문제의 현실적 존재를 구성하는 요소로서의 다수의 현실적 존재를 이끌어 들임으로써 기능한다는 것을 의미하는 것으로 되어 있다. 따라서 현실적 존재의 이런 구조가 〈실재적〉인 까닭은 그것이 현실적 존재에다 실재 세계에서의 지위를 부여하기 때문이다. 바꾸어 말하면, 현실적 존재는 어떤 무엇이기 때문에 또한 어떤 곳 somewhere에 있는 것이다. 그것은 그것과 상관적인 현실 세계를 수반하기 때문에, 어떤 곳에 존재한다. 이는 〈……존재하기 위해 그 자신 이외에 아무것도 필요로 하지 않는 존재자〉에 관한 데카르트의 학설을 정면에서 부정하는 것이다. 이는 또한 아리스토텔레스의 〈주어의 술어가 되지도 않으며, 주어 속에 들어가지도 않는다〉는 언명과도 일치하지 않는다.

나는 로크가, 유기체 철학이 이렇게 전개시키고 있는 함축적인 의미를 명확히 파악했다고 주장할 생각은 전혀 없다. 하지만 무심히 한 말에서 단 한걸음만 더 내디디면 통찰의 섬광에 이르게 된다. 로크가 그의 후계자들보다 한층 깊이 형이상학적 문제를 투시했다는 것도 의심할 수 없는 것으로 보인다. 그러나 로크가 과연 그의 마음속에 무엇을 품고 있었는가 하는 문제를 접어둘 때 유기체의 학설이 요구하는 것은, 문제의 현실적 존재를 형성하는 현실적 존재들의 관계와 내적 관계에 대한 완전한 분석이라는 의미에서의 〈실재적 본질〉과, 특수화된 현실적 존재들이 그러한 결합에서 특수화되어 있지 않는 존재들의 관념으로 대치되는 장소인 〈추상적 본질〉이다. 이것이 특수화되지 않고 있는 현실적 존재의 개념이다. 따라서 〈실재적 본질〉은 특수화된 현실적 존재의 실재적인 객체화를 내포하고 있으며, 〈추상적 본질〉은 복합적인 영원한 객체인 것이다. 다수의 현실적 존재가 동일한 하나의 추상적 본질을 가진다는 생각에는 아무런 자기모순이 없다. 그러나 단 하나의 현실적 존재만이 동일한 하나의 실재적 본질을 가질 수 있다. 왜냐하면 실재적 본질은 그 존재가 〈어디〉에 있느냐 하는 것, 즉 실재적인 세계에서의 그것의 지위를 가리키고 있는 데 반해, 추상적 본질은 그 지위의 개별성을 포함하고 있지 않기 때문이다.

유기체 철학은 사실에 호소함에 있어 존 로크의 통찰에 호소함으로써 자신의 지지 기반을 확보할 수 있다. 로크는 그의 천부적인 재능, 폭넓은 경험, 그리고 서로 모순된 직관을 냉철하게 언명한 점 등으로 보아, 능히 그가 생존했던 시대의 영국 철학에 있어 플라톤이었다고 할 만한 인물이다.

이 유기체의 학설은 세계를, 저마다 자신의 절대적인 자기 달성을 갖는 개별적인 현실적 존재들의 발생 과정process of generation으로 기술하려는 시도이다. 개별자의 이러한 구체적인 궁극성은 그 자신을 넘어서는 것과 관계되는 결단 바로 그것이다. 개별적 절대성의 〈끊임없는 소멸perpetual perishing〉(로크, 제2권, 제14장, 제1절 참조)은 이처럼 미리 예정되어 있는 것이다. 그러나 절대성의 〈소멸(消滅)〉은 〈객체적 불멸성(客體的 不滅性, objective immortality)〉의 달성이다. 이 마지막 개념은 유기체의 학설에 들어 있는 또 다른 요소, 즉 생성의 과정은 현실적 존재를 통해서 기술되어야 한다는 것을 표현하고 있다.

2장

연장적 연속체

제 1 절

연속체와 실재적인 가능태, 이들은 현실적 계기에 의해 원자화된다. 연속체는 어떻게 경험되는가, 현시적 직접성, 감각 여건. 실재하는 의자와 의자의 심상(心像, image). 감각 여건의 복합적 진입.

우리가 무엇보다도 먼저 고찰해야 할 것은 세계의 〈연장적〉 관계 extensive relations에 대한 명석판명한 의식을 포함하고 있는 지각 양태(知覺樣態)이다. 이 관계들은 공간의 〈연장성(延長性, extensiveness)〉과 시간의 〈연장성〉을 내포하고 있다. 이러한 명확성이 적어도 공간에 관한 한, 감관을 통한 일상적 지각에서만 얻어진다는 것은 의심의 여지가 없다. 이러한 지각의 양태는 여기에서 〈현시적 직접성(顯示的 直接性, presentational immediacy)〉이라 불린다. 이 〈양태〉에서 동시적 세계 contemporary world는 연장적 제 관계의 연속체로서 의식적으로 파악된다.

유럽 사상의 몇몇 주요 관념은 어떤 잘못된 생각의 영향을 받아 만들어졌고, 이들 가운데서 일부만이 지난 세기의 과학 발달에 힘입어 바로

잡혔다는 것을 분명히 알아둘 필요가 있다. 이 잘못된 생각은 단순한 가능태를 현실태와 혼동한 데에 있다. 연속성 continuity은 가능적인 것과 관계되는 반면, 현실태는 고질적이라고 할 만큼 원자적(原子的, atomic)이다.

이러한 잘못된 생각은, 물리적 관계에 관한 한 동시적인 사건들 contemporary events이 인과적으로 상호 독립하여 일어난다는 원리를 무시함으로써 조장되어 왔다.[1] 이 원리는 나중에 과정과 시간을 검토하는 자리에서 설명되어야 할 것이다. 그것은 동시적인 현실적 존재들의 세계에 대한 우리의 지각의 성격에 예시되어 있다. 저 동시적 세계는 우리에게 〈상념적 실재 *realitas objectiva*〉로서 객체화되어, 감각 여건의 차이에 의해 식별된 다양한 부분들을 갖고 있는 노출된 연장을 예시하고 있다. 여러 연장적 관계에 의해서 도입된 여러 전망(展望, perspectives)과 함께 빛깔, 소리, 신체적 느낌, 맛, 냄새와 같은 성질들은 관계적인 영원한 객체들이며, 이러한 영원한 객체로 말미암아 동시적인 현실적 존재들은 우리의 구조의 구성 요소가 된다. 이것이 (앞 장의 제7절에서) 〈현시적 객체화 presentational objectification〉라고 불러온 유형의 객체화이다.

이런 방식으로 동시적 독립성 contemporary independence의 원리에 의해, 동시적 세계는 수동적인 가능태의 양상 밑에서 우리에게 객체화된다. 동시적 세계의 부분들을 분별케 하는 감각 여건들 sense-data은, 우리 자신의 신체의 선행 상태에 의해 제공되며, 동시적 공간에 있어서 그 감각 여건들의 배치 또한 그렇다. 이렇게 하여 동시적 세계에 대한 우리의 직접적 지각은 연장으로 환원되는데, 이 연장은 ⅰ) 우리 자신의 기하학적 전망, ⅱ) 다른 동시적 존재들 자체 사이 *inter se*의 상호 전망의 가능성, 그리고 ⅲ) 분할의 가능성 등을 한정한다. 이와 같은 분할의 가능성에 근거하여 외적 세계는 연속체(連續體, continuum)가 된다. 왜

1) 이 원리는 물리적 연속체에 대한 기초적인 아인슈타인의 공식에서도 분명히 나타나 있다.

냐하면 연속체는 가분적(可分的)이기 때문이다. 동시적 세계가 현실적 존재에 의해 분할되는 한, 그것은 연속체가 아니라 원자적(原子的)인 것이다. 그러므로 동시적 세계는 연장적 분할을 위한 가능태를 지닌 것으로서 지각되는 것이지, 현실적인 원자적 분할로 지각되는 것이 아니다.

감관에 의해 지각된 것으로서의 동시적 세계는 동시적 현실태를 위한 여건이며, 따라서 그것은 연속적인 것이다. 그것은 분할될 수 있으나 분할되어 있지는 않다. 그러나 동시적 세계는 다수의 일정한 현실적 존재들로 이루어져 있기 때문에 실제로 분할되어 있으며, 그래서 또한 원자적인 것이다. 이 동시적인 현실적 존재들은 서로 분할되어 있지만, 그것들 자체는 다른 동시적인 현실적 존재들로 분할될 수 있는 것이 아니다. 이러한 대립에 관해서는 뒤에서(제4부 참조) 논의되어야 할 것이다. 이 자리에서 필요한 것은 윤곽을 기술하는 일이다.

동시적인 현실적 존재들이 문제되는 주체의 〈형상적〉 현존 formal existence과 연관되는 방식에 있어서 이러한 제한은 다음과 같은 일반적 원리, 즉 객체화는 객체화된 존재의 완전한 구조를 관련성이 없는 것 irrelevance으로, 또는 종속적인 관련성만을 지니는 것으로 축출해 버린다는 원리의 최초의 예가 된다. 객체화된 존재 내의 어떤 실재적 구성요소는, 그 객체화된 특정의 존재가 그 주체의 경험에 있어서 여건이 되는 방식의 역할을 떠맡는다. 이런 경우에 객체화된 여러 동시적인 존재들은, 이것들이 연장적 연속체인 여건에서 생긴다는 그런 성격에서 그 주체와 직접적으로 연관될 뿐이다. 실제로 그것들은 이 연속체를 원자화시키고 있다. 하지만 그것들이 내포하고 있고 또 실현시키고 있는 원생적 가능태(原生的 可能態, aboriginal potentiality)란 그것들이 객체화됨에 있어 관련 요인으로서 기여하고 있는 것을 말한다. 그래서 객체화된 존재들은 동시적 현실태들의 공동체를 수학적 관계를 갖는 공통세계로서 나타낸다. 여기서 〈수학적〉이라는 용어는 순수 수학의 진정한 정의를 현대가 발견하기 이전에 플라톤, 유클리드, 데카르트가 이해하고 있었을 것으로 보이는 것과 같은 의미로 사용되었다.

연장적 연속체가 지니고 있는 그대로의 수학적 가능태들이 주체에 대한 실재적인 객체로서의 역할을 수행하기 위해서는 부가적인 내용물을 필요로 한다. 이 내용물은 감각 여건이라고 불리는 영원한 객체에 의해서 제공된다. 이러한 객체들은 주체의 경험에 대하여 〈주어진다〉. 이 소여성은 그처럼 객체화된 동시적 존재들의 〈결단〉에서 생기는 것이 아니다. 그것은 주체의 선행하는 신체적 작용으로부터 생겨난다. 그리고 이 작용은 다시 보다 먼 과거, 그 주체와 그것의 동시적인 현실적 존재들에게 영향을 표현하는 것으로서 분석될 수 있다. 따라서 이러한 감각 여건들은 하나의 복합적인 관계적 역할을 행사하는 영원한 객체들이다. 이들은 과거의 현실적 존재들을 동시적 세계의 현실적 존재들과 연결시켜 주며, 이를 통해서 동시적 사물과 과거의 사물을 객체화시켜 낸다. 예컨대 우리는 동시적인 의자를 보지만 우리의 눈으로 with 그것을 보며, 우리는 동시적 의자를 만지지만 우리의 손으로 with 그것을 만진다. 따라서 빛깔은 그 의자를 어떤 방식으로 객체화시키는 동시에, 또한 그 눈을 그 주체의 경험 가운데 있는 요소로서 다른 어떤 방식으로 객체화시킨다. 만진다는 것도 그 의자를 어떤 방식으로 객체화시키는 동시에, 또한 손을 그 주체의 경험 가운데 있는 요소로서 다른 어떤 방식으로 객체화시키고 있는 것이다. 그런데 이때의 눈과 손은 과거 ── 직전의 과거 ── 에 있었던 것이지만 그 의자는 현재 속에 있다. 이처럼 객체화된 의자는 현실적 존재들의 동시적 결합체가 통일성을 지닌 것으로서의 하나의 결합체로 객체화된 것이다. 이 결합체는 전망적 관계 perspective relation를 수반하는 공간적 영역에 의해 그 구조를 드러낸다. 이러한 영역은 사실상 그 결합체의 성원에 의해서 원자화되어 있다. 이러한 영역의 점유를 제외하고는, 객체화 과정에서 변환의 범주 Category of Transmutation(제3-4부 참조)의 작용에 의해 그 다수의 모든 성원들과 그들의 형상적인 구조의 모든 구성 요소들이 사상(捨象)되어 버린다. 이러한 파악 prehension은, 앞에서 고찰한 보기의 경우를 들어 말하자면 〈의자-이미지 chair-image〉라고 불리게 될 것이다. 그리고 과거의 개입은 비단 선행하는 눈이나 손에만 국한되는 것이 아니다. 이 신체의 외부에 있는 자연 전체에 걸쳐 보다 먼 과거가 존재한다. 직접적 주체 속에 직접적으로 객체화됨으로써 관련을 맺게 되는 이 먼 과거의 직접적인 관련성은, 엄밀한 물리적 유형의 파악에 관한 한 실제적으로 무시될 수 있다.

그러나 외적 자연은 그 자신을 통해 유사한 파악들을 전달함으로써 간접적인 관련성을 가진다. 이리하여 외적 자연에는 중간적인 객체화의 여러 역사적 경로가 있게 되는 것이다. 이렇게 관련되는 역사적 경로는 그 동물 신체의 여러 부분에 이르기까지 통하고 있으며, 동물 신체에 대한 외적 환경의 물리적 영향을 형성하는 파악들을 그것에 전달한다. 그러나 합생하는 주체의 과거에 있는 이러한 외적 환경은 무시될 수 있는 예외는 있지만, 객체화된 의자-이미지인 결합체의 과거에도 있다. 만일 실재하는 의자가 존재한다면, 그 환경 속에는 결합체로부터 결합체로의 객체화라는 또 하나의 역사적 경로가 있을 것이다. 각 결합체의 성원들은 서로 동시적인 것이다. 그리고 이 역사적 경로는 의자-이미지인 결합체에 이르게 될 것이다. 이 역사적 경로와 의자-이미지로 구성되는 완결된 결합체는 〈입자적 corpuscular〉 사회를 형성할 것이다. 이런 사회가 〈실재하는 의자〉이다.

합생 주체의 파악, 그리고 의자-이미지인 동시적 결합체의 성원들의 형상적 구조는, 이처럼 과거의 동일한 환경의 특성들에 의해 제약되고 있다. 동물 신체는 대체로 정확하게, 그리고 정상적인 조건하에서, 동시적 세계에 있어서의 다음과 같은 영역, 즉 그 직접적인 지각자(知覺者)가 하나의 계기가 되는 그런 존속하는 객체의 미래의 존재와 각별히 관련되어 있는 영역에 중요한 역점을 두도록 구성되어 있다.

변환의 범주에 대한 언급은 〈현시적 직접성〉의 방식에 있어서의 동시적 〈이미지〉에 대한 지각이 〈불순한 impure〉 파악이라는 것을 보여 줄 것이다. 보조적인 〈순수한〉 물리적 파악 physical prehension은 물리적 세계에 관한 일정한 정보를 제공해 주는 구성 요소이며, 보조적인 〈순수한〉 정신적 파악 mental prehension은 〈제2의 성질〉① 이론을 지각 이론 속에 도입하게 되었던 이유가 되는 구성 요소들이다. 여기에서 하고 있는 설명은 이러한 〈제2의 성질〉의 근원이, 〈신체를 가지고 있다는 것 withness of the body〉에 의해서 표현되는 물리적 파악에 뿌리박고 있다는 데까지 추적해 간다.

물리적인 진로와 의자 및 동물적 신체의 생활사 사이의 긴밀한 상관관계가 충족되지 않았을 때, 우리의 지각은 허상적인 것이 된다고 흔히들 말한다. 이 〈허상적 delusive〉이라는 말은 전문 용어로는 매우 적합한 말이지만, 그렇다고 이 말이 우리가 직접 지각한 것을 우리는 직접 지각하지 않았다는 것을 의미하는 것으로 오해되어서는 안 된다. 우리 자신에 대한 어떤 기하학적 전망에 있어, 그리고 동시적 세계와의 어떤 보편적인 기하학적 관계에 있어, 직접적인 연장적 형태 extensive shape에 대한 우리의 감관을 통한 직접적인 지각은 여전히 하나의 궁극적 사실인 것이다. 우리의 추론에 잘못이 있는 것이다. 데카르트의 표현을 빌린다면 그것은 최종적인 〈내관 *inspectio*〉(또는 〈직관 *intuitio*〉이라고도 불림)이며, 모든 〈판단 *judicium*〉 ― 즉 〈추론 *inference*〉 ― 이 제거되었을 때, 신념을 위한 최종적인 것이 된다. 이와 같은 〈허상적〉 지각에 관한 문제 전체는 뒤에 가서 보다 상세하게 고찰되어야 하겠다(제3부, 제3-5장 참조). 그렇지만 〈허상성 delusiveness〉에도 여러 단계가 있다는 것을 당장 알 수 있다. 우리가 의자-이미지를 보고 있고, 또 의자가 실제로 있을 경우, 비허상의 사례가 성립한다. 우리들이 거울 속을 들여다보는 경우, 부분적인 허상적 사례가 성립한다. 이런 경우 우리가 보고 있는 의자-이미지는 우리가 실재적인 의자라 부르고 있는, 여러 존재들로 이루어진 입자적 사회의 정점 culmination이 아니다. 마지막으로, 우리가 마약을 복용했을 때와 같은 경우가 있겠다. 그래서 이런 경우라면 우리가 보고 있는 의자-이미지는 입자적 사회의 그 어느 역사적 경로 속에

---

① 로크는 제1성질과 제2성질을 구별하였다. 전자는 인식 주관과 독립하여 사물이 객관적으로 소유하고 있는 성질로서 굳기, 모양, 크기 등, 그 밖의 기하학적 관계가 이에 해당된다. 후자는 빛깔, 향기 등 인식 주관에 의존하는 성질이다.

서도 가까운 상관자를 전혀 갖고 있지 않은 것이다. 그리고 시간의 경과가 주된 요소가 되는 별개의 허상적인 단계들도 있다. 이러한 사례는 천체에 대한 우리의 지각에서 예시된다. 〈허상〉의 사례에서 우리는 혼동을 일으켜, 우리가 올바르게 추리하기는 했으나 직접 보지는 않은 존재들의 사회를, 우리가 〈실재적으로〉 본 사물이라고 말하기가 쉽다.

이 논의의 결론을 말한다면, 〈감각 여건〉이라고 불리는 영원한 객체가 주체의 경험 속으로 진입하는 것은 현실적 존재 —— 일상적으로 그 감각 여건을 현실적 존재의 성질로 보아 이 존재에다 귀속시키고는 있지만 —— 의 단순한 객체화로 해석될 수 없다는 것이다. 이 진입은 복합적인 관계성을 내포하고 있으며, 이 관계성으로 말미암아 감각 여건은 어떤 과거의 존재를 객체화시키는 〈주어진〉 영원한 객체로서 나타나기도 하며(예컨대 빛깔은 눈으로 보며, 불쾌감은 내장으로부터 전달된다), 또 동시적 세계 속에 있는 현실적 존재들의 사회를 객체화시키는 데 개입하기도 한다. 그래서 감각 여건은 그것이 경험의 계기 occasion 속에서 파악의 복잡하고도 다양한 통합의 본질 what을 형성한다는 데에 근거하여, 그 경험 속에 진입하고 있는 것이다. 예컨대 어떤 시각적인 감각 여건의 진입②은 선행하는 여러 신체적 기관의 인과적 객체화 causal objectification와, 목격된 형태 —— 이 형태는 동시적인 현실적 존재의 결합체이다 —— 의 현시적 객체화를 포함하고 있다. 감각 여건의 진입에 관한 이러한 설명에 있어 동물 신체란 단지 선행하는 안정된 세계 가운데서 가장 친밀하게 연관된 부분에 지나지 않는 것이 된다. 이 설명을 요약

---

② 감각 여건이 동시적인 현실적 존재의 결합체에 진입하여, 예컨대 어떤 형상을 본다 —— 거기에는 현시적 직접성의 지각이 작용한다 —— 고 할 때, 그것은 그에 앞서는 여러 신체적 기관의 인과적 객체화를 통해서 성립된다. 우리는 그것을 눈을 가지고 본다. 이때에 동물 신체는 지각 주체 —— 〈지금-이곳〉에 동시적 존재를 어떤 형상을 갖는 것으로서 지각하고 있는 현실적 존재 —— 가 놓여 있는 정착된 세계 속에 있으며, 신체적 기관의 인과적 객체화는 이러한 세계 전체가 인과적으로 객체화되는 것을 떠나서는 생각될 수 없다고 하더라도, 문제의 지각 주체에게 있어 동물 신체는 이러한 세계 전체의 객체화에 있어 가장 친밀한 연관성을 가진다.

한다면, 우리가 〈의자〉라고 명명한, 동시적인 연장된 형태를 지각할 때 거기에 포함된 감각 여건이 이 의자-이미지의 〈실재적인 내적 구조〉의 요소는 아니라는 것이다. 그것은 우리가 〈의자〉를 지각하는 수단이 되는 with 인체의 선행하는 여러 기관의 〈실재적인 내적 구조〉의 요소——느낌의 어떤 방식에 있어서——인 것이다. 우리들이 그것을 가지고 with 동시적인 것을 지각하는 그와 같은 선행적인 현실적 존재에 대한 직접적인 인지는, 그러한 여건을 오염시키고 있는 공간적·시간적 모호성 때문에 저해되고 있으며, 또 예외적인 환경을 별도로 한다면 불가능한 것이 되고 있다. 뒤에서(제3부, 제3-5장 참조) 이처럼 결합체 nexus를 모호하게 지각하는 것, 다시 말하면 그것을 구성하고 있는 현실적 존재들을 분명히 판별하지 않은 채로 지각하는 것에 관한 전반적인 문제는, 파악이론 theory of prehension에 근거하여 그리고 변환의 범주 Category of Transmutation와 연관하여 논의된다.

제 2 절

일반적 가능태와 실재적 가능태. 현실적 계기의 관점, 이는 주체적 지향의 최초의 위상에 의해 결정된다. 연장적 관계. 시간의 획기성(劃期性) 이론 The Epochal Theory of Time, 제논, 윌리엄 제임스.

〈현시적 직접성 presentational immediacy〉에 관한 이 설명은 다음의 두 형이상학적 가정을 전제로 하고 있다.

그 첫째의 가정은 i) 현실 세계가, 정착되어 있고 현실적이며 이미 생성된 존재들의 공동체인 한, 그것은 자신을 넘어서는 창조를 위한 가능태를 제약하고 한정한다는 것이다. 이 〈주어진〉 세계는 그 현실적 존재들의 성격이 공급할 수 있는, 그 자신의 객체화라는 형태의 결정적인 여건들을 제공한다. 이는 그 성질의 일반성과 관련해서만 고찰된 영원한 객체에 의해 제공되는 일반적 가능성에 부과된 한정이다. 따라서 임의의 현실적 존재와 관련해서 볼 때, 정착된 현실적 존재들로 이루어진 〈주어진〉 세계와, 그 입각점을 넘어서는 창조성을 위한 여건인 〈실재적〉 가능태가 있게 된다. 이 여건은 현실적 존재를 구성하는 과정에서의 최초의 위상 primary phase이지만, 느껴지는 과정을 위한 가능성이라는 성격을 띤 현실 세계 그 자체에 지나지 않는다. 이는 모든 〈존재 being〉는 〈생성 becoming〉을 위한 가능적인 것 potential이라는 형이상학적 원리를 예증하는 하나의 사례이다. 현실 세계는 개개의 새로운 창조의 〈객체적 내용 objective content〉인 것이다.

따라서 우리는 가능태 potentiality가 갖는 두 가지의 의미를 항상 고려해야 한다. 즉 (a) 〈일반적〉 가능태. 이는 영원한 객체의 다수성에 의해 제공되는, 서로 무모순적이거나 선택적인 가능성들의 묶음이다. (b) 〈실재적〉 가능태. 이는 현실 세계에 의해서 제공된 여건에 의해 제약되어 있다. 일반적 가능태는 절대적이지만, 실재적 가능태는 그것에 의해 현실 세계가 한정되는 그런 입각점으로 간주되는 어떤 현실적 존재에 대하여 상대적이다. 〈현실 세계〉란 표현은 〈어제〉라든지 〈내일〉이라든지 하는 것과 같이, 그 입각점에 따라서 의미가 달라진다는 것을 기억해 둘 필요가 있다. 현실 세계는 언제나 모든 현실적 존재의 공동체를, 즉 〈신〉으로 불리는 원초적인 현실적 존재와 시간적인 현실적 존재를 다 같이 포함하는 공동체를 의미하는 것이어야 한다.

기묘하게도 이러한 형이상학적 논의의 초기 단계에서조차도 현대 물리학의 〈상대성 이론〉은 중요한 영향을 준다. 시간을 단일 계열 uniquely serial로 보는 고전적인 견해에 따르면, 두 개의 동시적인 현실적 존재는 동일한 현실 세계를 한정한다. 그러나 현대의 견해에 따르면, 어떠한 두 현실적 존재도 동일한 현실 세계를 한정하지 않는다. 현실적 존재들 가운데 그 어느 것도 다른 것에 의해 한정되는 〈주어진〉 현실 세계에 속하지 않을 때, 그 현실적 존재들은 〈동시적 contemporary〉이라고 불린다.

어떤 의미에서 〈이웃〉이라고 할 수 있는 한 쌍의 동시적 존재가 갖는 현실적 세계들 간의 차이는, 인간의 대부분의 목적에 비추어 볼 때 무시될 수 있는 것들이다. 그러므로 시간에 대한 〈고전적인〉 견해와 〈상대성〉의 견해 간의 차이가 중요한 것으로 등장하게 되는 경우는 그다지 흔치 않다. 나는 어떤 경우에도 상대성의 견해를 채택할 것이다. 그 이유의 하나는 그것이 유기체 철학에 전제되어 있는 일반적인 철학적 상대성 이론과 더 잘 들어맞는 것으로 보이기 때문이며, 또 하나의 이유는 간혹 예외가 있긴 하지만 고전적 이론이 상대성 이론의 특수한 하나의 사례——실험상의 증거와 일치하지 않는다고 생각되는 사례——로 간주될 수 있기 때문이다. 달리 말하면, 고전적인 견해는 일반적인 철학 이론을 제한하고 있는 것처럼 보인다는 것이다. 그것은 보다 광범위한 가정이며, 그 귀결은 다른 과학 원리와 연결시켜 놓고 볼 때 거짓이라고 생각된다.

ii) 둘째의 형이상학적 가정은, 모든 입각점에 상대적인 실재적 가능태들은 하나의 연장적 연속체의 다양한 규정들로서 등위(等位)에 놓여 있다는 것이다. 이 연장적 연속체 extensive continuum은, 모든 가능적인 객체화가 그 속에서 자신들의 적합한 장소 niche를 찾아내는 그런 하나의 관계적인 복합체를 말한다. 그것은 과거, 현재, 미래에 걸쳐 세계 전체의 기초가 되고 있다. 전자, 양성자, 분자 그리고 항성계(恒星系)로 이루어진 이 우주 시대에만 적용되는 부가적인 조건들을 제쳐놓고, 최대한의 일반성이라는 견지에서 고찰해 본다면, 이러한 연속체는 극소수의 특성만을 가지며 계량 기하학의 관계 relationships of metrical geometry도 여기에 포함되지 않는다. 연장적 연속체란 전체와 부분과의 관계, 공통부분을 갖게 되는 중복의 관계, 접촉의 관계, 그리고 이러한 원초적 관계에서 파생된 다른 여러 관계들과 같은 다양한 관계들의 제휴에 의해 통일체가 된 존재들의 복합체를 말한다. 이 〈연속체〉의 개념은 무한한 가분성과 끝없는 연장이라는 특성을 함께 포함하고 있다. 비존재 non-entity는 결코 경계가 될 수 없기 때문에, 존재의 저편에는 언제나 존재가 있게 마련이다. 이 연장적 연속체는 세계의 과정 전체를 꿰뚫고 있는 모든 가능한 관점의 연대성을 표현하고 있다. 그것은 세계에 우선하는 하나의 사실이 아니다. 그것은 세계의 일반적인 성격에서 생기는 질서 ── 즉 실재적 가능태 ── 에 대한 최초의 규정이다. 현재의 우주 시대를 넘어서는 그 완전한 일반성에서 볼 경우, 연장적 연속체는 형태나 차원, 또는 측정 가능성 같은 것들을 포함하지 않는다. 이것들은 우리의 우주 시대에서 비롯되는 실재적 가능태의 부가적인 결정들이다.

이 연장적 연속체는 현실 세계로부터 도출된, 그리고 동시적 현실 세계에 관련되어 있는 하나의 사실을 표현하기 때문에 〈실재적 real〉이다. 모든 현실적 존재는 이 연속체의 규정에 따라 관계를 맺는다. 그리고 미래의 모든 가능적인 현실적 존재는 기존의 현실 세계와의 연관에서 이러한 규정을 예증하지 않으면 안 된다. 이 미래의 실재성 reality은 이러한 연속체의 실재성과 밀접한 관계가 있다. 그것은 현실적인 것의 실재적 구성 요소라는 성격을 갖고 있다는 점에서 가능적인 것의 실재성이기도 하다. 그와 같은 실재적 구성 요소는 파악의 관계성 relatedness of prehension에 의해 해석되어야 한다. 이 과제는 이 책의 제4부, 제5장에서 다루어지게 될 것이다.

현실적 존재들은 연장적 연속체를 원자화시킨다. 이 연속체는 그 자체로는 단지 분할을 위한 가능태에 지나지 않는데, 현실적 존재가 이것을 분할한다. 동시적 세계의 객체화는 단지 세분화를 위한 가능태라는 견지에서, 그리고 그러한 임의의 세분이 실제로 성립시켜 주게 될 여러 상호적 전망이라는 견지에서 그 세계를 표현할 따름이다. 이러한 상호적 전망들은 어떠한 현실적 존재에 있어서도 원초적인 지배적 여건이 된다. 왜냐하면 이것들은 어떤 방식으로 모든 현실적 존재가 하나의 세계 속에서 연대하여 존재하는가를 표현해 주고 있기 때문이다. 시공 연속체(時空連續體, space-time continuum)에 있어 이전에 가능적이었던 것이 이제는 현실적 존재의 생성과 더불어 어떤 현실적인 것에 있어 원초적인 실재적 위상 real phase이 된다.③ 합생의 각 과정에 있어, 객체화를 위한 제한된 가능태를 한정하는, 세계 내부의 영역적 관점 regional standpoint이 채택되어 왔다. 단순한 연장적 연속체 속에는, 어떤 영역적 양자 regional quanta가 원자화되어야 할 것인지를 규정하는 원리, 따라서 현실적 존재의 합생에 있어서의 기본적 위상 basic phase을 구성하는 최초의 여건에 대한 실재적인 전망적 관점을 마련해 주는 원리가 없다. 이것을 결정하는 현실 세계의 여러 요인들에 관해서는 이 연구의 후반부에서 논하게 될 것이다. 그러한 요인들은 〈주체적 지향 subjective aim〉의 최초의 위상 initial phase을 구성한다. 그리고 이 최초의 위상은 신의 원초적 본성 God's primordial nature에서 직접 파생된다. 다른 기능의 경우와 마찬가지로, 이 기능에 있어서도 신은 강화 intensification를 지향하는 새로움의 기관이다.④

단순한 연속체 속에는 상반되는 가능태들이 들어 있다. 현실 세계에는, 현실태의 영역 어디에나 있는 실재적인 분할들을 하나의 정합적인 체계로 결정짓는 일정한 원자적 현실태들이 존재한다. 이런 의미에서 모든 현실적 존재는 다른 현실적 존재들과의 관계에 있어서 연속체 내의 어떤 곳에 somewhere 존재하고 있으며, 이러한 관점에 의해서 제공되는 여건으로부터 생겨나고 있는 것이다. 그러나 다른 의미에서 보면, 그것은 연속체의 어느 곳에나 everywhere 존재한다. 왜냐하면 현실적 존재의 구조는 현실 세계를 객체화시켜 포함하고 있으며, 그럼으로써

③ 연장적 연속체, 즉 4차원의 시공 연속체가 여기서 〈실재적 real〉이라고 한 것은, 그것이 〈실재적인 가능태〉로서 어떤 현실적 존재의 최초의 위상에 있어 여건으로서 객체화되어 있다는 의미에서이다. 위상(位相, phase)이란 본래 주기 운동에 있어서 하나의 주기 중의 어떤 시점들을 가리키는 말이다.

④ 연장적 연속체는 어떤 현실적 존재의 기초가 되는 근저의 여건으로서 객체화되어 있을 뿐이며, 이 객체 중의 어느 것을 어떻게 수용할 것인가는 문제의 현실적 존재의 내적 결단에 맡겨져 있다. 이러한 내적 결단에 의해 연장적 연속체는 이 현실적 존재에 대해서 그 전망과 관련하여 수용된다. 즉 연장적 연속체의 어떤 〈영역적 양이 원자화〉된다. 이때에 현실적 존재의 내적 결단을 처음부터 좌우하는 원리는 〈신의 원초적 본성〉에서 직접 파생되는 〈주체적 지향〉이다. 화이트헤드에 의하면, 경험 주체로서의 현실적 존재는 먼저 신이 그로부터 수육(受肉)하는 주체적 지향이라는 형태로 그 환경적 세계에 놓여 있다.

연속체를 포함하고 있기 때문이다. 또한 그 자신의 잠재적인 객체화는, 연속체가 그 연대성을 표현하고 있는 그런 여러 실재적 가능태에 기여하고 있는 것이다. 이와 같이 연속체는 각 현실적 존재에 현재하며, 각 현실적 존재는 그 연속체에 널리 침투해 있다.

이 결론은 달리 말할 수도 있다. 그 공간화와 시간화를 떠난 연장 extension은, 다수의 객체들이 하나의 경험이라는 실재적 통일 속으로 결합해 들어갈 수 있는 가능성을 제공하는, 관계들의 일반적 도식이다. 따라서 하나의 경험 행위는, 그 자신의 전망적 관점이 연장적 내용을 가지며, 다른 현실적 존재들은 그들 자신의 연장적 관계를 유지한 채 객체화된다는 두 가지 사실에 근거하여 연장적 질서 extensive order의 객체적 도식을 가진다. 이러한 연장적 관계는 그들의 보다 특수한 시공적 관계보다도 더 기초적이다. 연장은 실재적 가능태의 가장 일반적 도식으로서, 다른 모든 유기적 관계의 배경을 제공한다. 이 가능적 도식 potential scheme은 현실적 존재에 의한 자신의 원자화를 결정하지 않는다. 그것은 가분적(可分的)이긴 하지만, 현실적 존재에 의한 그것의 실재적 분할은 선행 환경을 구성하는 현실적 존재들의 보다 특수한 성격에 의존하고 있다. 시간과 관련시켜 말하면, 이 원자화는 〈시간의 획기성(劃期性) 이론 epochal theory of time〉이라는 특수한 형태를 취한다.[2)⑤] 공간과 관련시켜 말하자면, 이 원자화는 시간적 세계의 모든 현실적 존

2) 필자의 『과학과 근대세계』, 오영환 옮김(서광사, 1989), 제7장, 175-194쪽 참조.

⑤ 에포크 epoch성(性)의 시간 이론에 관해서는 『과학과 근대세계』, 오영환 옮김(서광사, 1989), 제7장, 190-193쪽에서 자세히 논하고 있다(같은 책, 역주 5), 190-191쪽 참조). 에포크란 그리스어 *εποχη*에서 파생된 말로 본래 〈중지〉, 〈정지〉를 뜻했던 것이 변화해서 특수한 사건에 의해 표시되는 시간의 조각, 즉 〈획기성〉, 〈신기원〉이란 뜻이 되었다. 여기서 화이트헤드는 시간을 여러 지속의 계기로 보는데, 이 지속은 결코 점적(點的)인 순간이 아니고 어떤 폭을 가지면서 전후의 구획을 내장(內藏)하는 것, 즉 에포크를 말한다. 이에 대하여 화이트헤드는 같은 책, 193쪽에서 다음과 같이 말하고 있다. 〈……시간화 temporalisation란 실현 realisation인 것이다. 시간화는 실현을 떠난 또 하나의 연속적 과정이 아니다. 그것은 원자상(原子狀)을 이루고 있는 것의 계기이다. 따라서 시간화되는 것은 가분적이지만, 시간은 원자적인 것(즉

재가 그 전망적 입각점을 위한 공간적 체적spatial volume을 갖는 것으로 보아야 한다는 의미를 지닌다. 이러한 결론은, 현실적 존재가 경험의 행위라는 가설과 연결시켜, 제논의 논증을 고찰하는 데서[3] 얻어진 것이다. 이 결론은 윌리엄 제임스의 전거(典據)를 인용함으로써 뒷받침될 수 있다. 그는 이렇게 말한다. 〈우리의 경험은 내용도 변화도 없는 것이든가, 아니면 지각될 수 있는 양의 내용이나 변화를 지니고 있는 것이든가 둘 중의 하나이다. 실재에 관한 우리의 인식은 문자 그대로 지각의 싹이나 지각의 방울drops of perception과 같은 것들에 의해서 확대된다. 지성적으로는 그리고 반성하는 견지에서 보면 이러한 싹이나 방울이 여러 구성 요소로 분할될 수 있지만, 직접 주어진 것으로 놓고 볼 때는, 하나의 전체로서 생기든가 아니면 전혀 생기지 않든가 그 어느 한쪽이다.〉[4] 제임스는 제논에 관해서도 언급하고 있다. 실질적으로 나는 그의 제논에 관한 논의에 동의한다. 비록 그가 불충분한 수학적 인식의 소산인 제논의 패러독스에 들어 있는 요소들을 충분히 고려했다고 보지는 않지만. 그러나 정당한 주장은 부당한 부분을 제거하고 났을 때 그대로 존속된다고 나는 생각한다.

이 주장이 정당한 한, 그것은 다음과 같은 두 전제, 즉 ⅰ) 생성에 있어서는 어떤 것(참된 사물 *res vera*)이 생성되며, ⅱ) 모든 생성 활동은 그 자체가 생성 활동들인 전반부와 후반부로 분할 가능하다는 두 전제로부터, 하나의 모순을 유도해 낸다. 예를 들어 1초 동안의 생성 활동을 고

에포크를 이루는 것)이다. 이러한 학설은 사건 및 존속적 대상의 본질에 관한 학설에서 비롯되고 있다.〉

한편 제논의 패러독스에 관해서 같은 책, 제8장(205쪽)에서 다음과 같이 말하고 있다. 〈……시간화란 에포크를 이루는 여러 지속의 계기적 실현이라는 명제를 받아들인다면, 제논이 지적한 난점에서 벗어날 수 있을 것이다.〉

3) 앞의 책 및 이 책의 제4부를 참조.

4) 윌리엄 제임스, 『철학의 문제들*Some Problems of Philosophy*』, 제10장을 참조. 내가 이 구절에 주목하게 된 것은 그것이 빅슬러 J. S. Bixler 교수의 『윌리엄 제임스의 철학에 있어서의 종교*Religion in the Philosophy of William James*』에 인용되어 있었기 때문이다.

찰해 보자. 이 활동은 1초의 전반부 활동과 후반부 활동으로 분할될 수 있다. 따라서 1초 동안 전체에 있어서 생성하는 것은 그 전반부의 생성을 전제로 한다. 이와 마찬가지로 그 전반부에 생성한 것은 처음 4분의 1초 동안에 생성한 것을 전제로 하며, 이렇게 해서 무한히 계속된다. 그런데 여기에서 이 1초 동안의 최초의 부분에 이르기까지의 생성의 과정을 고찰하게 될 때, 그 최초의 부분에서 무엇이 생성되느냐고 묻는다면, 이에 대한 아무런 답변도 얻을 수 없다. 왜냐하면 우리가 어떤 피조물을 지적하건 간에 그 피조물은, 그 1초가 시작된 후에 생성되었으면서도 이 지적된 피조물보다는 앞서 생성된 이전의 피조물을 전제하고 있기 때문이다. 그러므로 문제되고 있는 1초 동안의 변천 transition을 낳은, 생성하는 것은 어디에도 없는 것이다.

이 난점은 어떤 것이 시간의 비연장적 순간 각각에서 생성한다는 가정으로는 해소될 수 없다. 왜냐하면 이 1초의 최초에는 어떤 것이 생성될 수 있는 다음의 순간이 없기 때문이다.

〈날아가는 화살〉의 문제에서 제논은 이러한 논점을 분명하게 파악하지 못했던 것 같다. 그러나 운동의 도입은 엉뚱한 지엽적 문제를 야기한다. 진정한 난점은 어떻게 화살이 시간의 경과에도 불구하고 살아남느냐를 이해하는 데 있다. 불행히도 〈존속 endurance〉에 관한 데카르트의 취급은 매우 피상적이었고, 그 후의 철학자들도 그의 예를 추종해 왔다.

〈아킬레스와 거북이〉의 문제에서 제논은 무한 수렴 급수 이론(無限收斂級數理論, theory of infinite convergent numerical series)에 대한 무지에서 비롯되는 근거 없는 논점을 만들어내고 있다. 경주와 운동에 대한 지엽적인 엉뚱한 문제들——그의 역설 paradox로 하여금 모든 시대의 문헌에서 총애를 받게 만들었던 지엽적인 문제들——을 무시하고, 최초의 2분의 1초를 하나의 생성 활동으로, 다음의 4분의 1초를 또 하나의 그러한 활동으로, 그리고 그 다음의 8분의 1초도 또 하나의 그러한 활동으로 간주하면서 이렇게 무한히 계속해 간다고 생각해 보자. 여기서 제논은 부당하게도 이 생성 활동의 무한 계열이 끝맺음될 수 없다고 상정하였다. 그러나 최초의 활동을 수반한 생성 활동의 무한 계열이, 또 직접 뒤따르는 것을 수반한 각 활동이 생성의 과정에서 완전히 끝맺음될 수 없다고 상정할 필요는 없다. 간단한 산술은 지금 지적한 계열이 1초 동안에 완전히 끝맺음된다는 것을 분명하게 보여준다. 여기서 그 계열 전체의 바깥에 있는 새로운 생성 활동이 개입해 올 수 있는 통로가 열린다. 따라서 이 제논의 역설은 수학적 오류에 기인하고 있는 것이다.

상술한 〈화살〉의 역설에 대한 수정은, 일단 어떤 것이 생성한다는 것을 인정할 경우, 모든 생성 활동은 반드시 직접적인 후속자를 가져야 한다는 원리를 분명히 밝혀 준다. 그렇지 않다면, 문제의 1초에 우리가 들어설 때 어떤 피조물이 생성되느냐를 지적할 수 없을 것이기 때문이다. 그렇지만 어떤 부가적인 전제가 없는 상태에서는, 생성의 모든 활동이 직접적인 선행자를 틀림없이 가진다고 추론할 수 없다.

결론을 말하면 모든 생성 활동에는 시간적 연장을 갖는 어떤 것의 생성이 있지만, 그 활동 자체는 생성한 것의 연장적 가분성(延長的 可分性)에 대응하는 생성의 전반과 후반으로 분할될 수 있다는 의미에서라면 연장적인 것이 아니라는 것이다.

이 절에서는, 피조물은 연장적이지만 그 생성 활동은 연장적인 것이 아니라는 학설이 표명되고 있다. 이 논제는 제4부에서 다시 계속된다. 그러나 여기서 제3부와 제4부의 논의에 대한 어떤 예비적 고찰이 필요하다.

참된 사물 *res vera*은 그 구체적 만족이라는 성격을 놓고 볼 때, 그 시간의 처음 전반에 연관되어 있는 파악과 그 시간의 후반에 연관되어 있는 파악으로 분할이 가능하다. 이 가분성이 그 연장성을 구성하는 것이다. 그러나 이러한 시공적 하위 영역 sub-region과의 연관은 문제의 파악의 여건이 그 하위 영역에 걸맞은 전망과 더불어 객체화된 현실 세계임을 의미한다. 그렇지만 파악은 주체적 형식을 획득하며, 이 주체적 형식은 참된 사물 *res vera*의 정신적 극 mental pole에 속하는 개념적 파악과의 통합으로 비로소 완전하게 결정적인 것이 된다. 그 합생은 최종적인 자기초월체 final superject로서의 피조물과 본질적으로 연관되는 주체적 지향 subjective aim에 의해서 좌우된다. 이 주체적 지향은 하나의 피조물로서의 그 자신의 자기 창조를 결정하는 그 주체 자체이다. 따라서 그 주체적 지향은 이러한 가분성과 무관하다. 우리가 전반부에 연관된 파악에만 주목할 경우, 그 주체적 형식은 무(無)로부터 생겨난 것이 된다. 왜냐하면 전체에 속하는 주체적 지향은 이때 배제되기 때문이다. 따라서 이때 주체적 형식의 전개는 어떠한 현실태와도 관계를 가질 수 없게 될 것이다. 이것은 존재론적 원리가 침해받았음을 의미한다. 어떤 것이 어딘지 모르는 곳으로부터 세계 속으로 흘러 들어온 셈인 것이다.

지금까지의 논의를 요약해서 말한다면, 정신적 극이 주체적 형식을 결정한다는 것, 그리고 이 극은 총체적인 참된 사물 *res vera*과 분리될 수 없다는 것이다.

제 3 절

뉴턴의 『주해 *Scholium*』

앞의 두 절의 논의는 유럽의 가장 오래된 철학적 학설에 현대적 옷을 입혀본 데에 지나지 않는다. 그러나 그것은 상식의 학설로는 보다 더 오래된 것이다. 그것은 의식 그 자체만큼 오래된 것이다. 〈공간〉이나 〈시간〉이라는 말의 기초가 되는 가장 일반적인 관념들은, 이 논의 과정에서 그것들과 현실 세계와의 진정한 결합에 있어 표현하려고 해왔던 것들이다. 그 외의 학설로는 뉴턴의 우주론이 있는데, 이것은 시·공의 〈수용자〉⑥ 이론을 역설하고 가능태의 요인을 경시하였다. 따라서 이러

⑥ 〈수용자 receptacle〉는 플라톤의 〈*ὑποδοχή*〉나 〈*χώρα*〉의 영역이며, *Timaeus*, 48E에 등장하는 개념이다. 후자의 희랍어는 〈장소 locus〉로도 번역된다. 플라톤의 〈수용자〉의 개념은 화이트헤드의 〈유기체 철학〉에서 〈연장적 연속체〉의 개념으로 환골탈태하여 답습되어 있다고 볼 수 있다. 왜냐하면 각 현실적 존재는 연장적 연속체를 제약하

한 공간과 시간의 단편(斷片)은, 그 밖의 다른 어떤 것에 못지않게 현실적인 존재 being로 간주되었고, 또 물질의 단편인 다른 현실태에 의해 〈점유〉되고 있는 존재로 이해되고 있었다. 이것이 뉴턴의 〈절대〉 시·공의 이론인데, 철학자들은 비록 그 가운데 몇몇 사람이 때때로 묵인하긴 했지만, 이를 결코 받아들인 적이 없었다. 뉴턴의 『프린키피아 *Principia*』에 들어 있는 처음 여덟 개의 정의를 위한 유명한 『주해』[5]는 이 학설의 관점을 아주 분명하게 표현하고 있다.

이상에서, 지금껏 분명히 알려지지 않았던 용어들에 대하여 정의를 내렸고, 이하의 논술에서 그렇게 이해해 주었으면 하는, 그 용어들의 의미를 설명했다. 나는 시간, 공간, 장소 및 운동을 누구나 잘 알고 있는 바대로 정의하지는 않는다. 다만 주목하고 싶은 점은 일반인들이 그것들의 분량을, 그것들이 감각적 대상에 대해 갖는 관계에서 비롯되는 관념으로만 이해하고 있다는 것이다. 이로 말미암아 어떤 편견이 생기게 되는데, 이를 제거하자면 그것들을 절대적인 것과 상대적인 것, 참된 것과 외관상의 것, 수학적인 것과 일상적인 것으로 구분하는 것이 편리할 것이다.

I. 절대적이며 참된 수학적인 시간은 그 자체가, 그리고 그 자체의 본성상, 다른 어떠한 외계와도 관계없이 균등하게 흐른다 flows equably. 이것은 달리 지속 duration이라고도 불린다. 상대적이며, 외관상의, 일상적인 시간은 운동에 의해 측정된 지속의, 어떤 감각적이고도 외적인(정확하건 고르지 않

는 동시에, 이러한 연장적 연속체의 제약이 또한 각 현실적 존재의 합생 과정의 구성 요소로서 수용된다고 보기 때문이다. 여기에 비로소 현실적 존재의 〈상호 간의 내재〉라는 방식으로, 교호 관계 communication가 성립된다. 현실적 존재의 이러한 교호 관계는 또 그 시공적인 4차원적 연대성과 관계된다. 그리고 그것이 연장적 연속체라는 개념의 의미이다. 그렇기 때문에 연장적 연속체는 현실적 존재로부터 추상된다면, 아무런 자체적인 실재성은 갖지 않게 된다. 그러나 본문 중 시·공의 〈수용자〉 이론이란 수용자 개념을 실체적 개념으로 사용하는 사고방식이기 때문에 화이트헤드의 관점과는 상치된다.

5) 모트 Andrew Motte 옮김, 새 개정판(런던, 1803).

건 간에) 척도이며, 일반적으로 참된 시간 대신에 쓰인다. 한 시간, 하루, 한 달, 한 해 같은 것들이 그것이다.

Ⅱ. 절대적인 공간은 그 본성상, 어떠한 외적 사물과도 관계없이, 항상 동형(同形), 부동(不動)의 것으로서 존속한다. 상대적인 공간은 절대적인 공간의 어떤 가동적(可動的)인 〔길이, 폭, 두께의〕 치수 내지 척도이며, 물체와 그것과의 위치 관계에 의해서 우리의 감각이 그것을 결정하지만 사람들은 보통 그것을 부동의 공간으로 생각한다. ……절대적 공간과 상대적 공간은 모양과 크기에 있어서는 같지만 수적으로 항상 동일한 것은 아니다. ……

Ⅳ. ……시간에 있어 각 부분의 순서가 불변하는 것과 마찬가지로 공간에 있어 각 부분의 순서도 불변한다. 이 공간의 부분들이 그들의 장소로부터 이탈한다고 가정한다면, 그 공간의 부분들은 그들 자신으로부터 이탈하는 것(이런 표현이 가능하다면)이 될 것이다. 왜냐하면 시간과 공간은 다른 모든 사물의 장소이듯이 또한 그 자신의 장소이기도 하기 때문이다. 모든 사물은 계기(繼起)의 순서와 관련해서는 시간 속에 놓여 있으며, 위치의 순서와 관련해서는 공간 속에 놓여 있다. 시간과 공간이 장소라는 것은 그들의 본질 내지 본성에 속하는 것이고, 사물들의 근원적인 장소 자체가 움직인다는 것은 불합리한 일이다. 그렇기 때문에 그들의 장소는 절대적인 장소이며, 그 장소로부터의 이동이야말로 유일한 절대적인 운동이다. ……그런데 무한에서 무한으로까지, 주어진 위치를 상호 간에 모두 동일하게 유지하는 장소들 이외의 부동의 장소란 존재하지 않는다. 그리고 바로 이 때문에 그것들은 영원히 부동의 상태로 있어야 하며, 또 그렇게 됨으로써 그것들은 부동의 공간이라는 것을 구성한다. 참된 운동과 상대적 운동이 서로 구별되는 원인은 물체에 가해져 운동을 일으키게 되는 힘이다. 참된 운동은 물체에 가해져서 그것을 움직이게 하는 어떤 힘에 의하지 않고는 생겨나지도 변화하지도 않는다. 그러나 상대적 운동은 물체에 가해지는 아무런 힘이 없이도 생겨나거나 변화할 수 있다. 왜냐하면, 이 경우 단지 이 물체와 비교되는 다른 물체들에 어떤 힘을 가하는 것만으로 충분하기 때문이다. 즉 그 물체들을 움직이게 함으로써 이들 간의 관계를 변화시켜, 문제의 물체가 유지하고 있던 상대적 정

지나 운동이 변하도록 하기만 하면 되기 때문이다. ……절대적 운동을 상대적 운동과 구별케 하는 효과는 축으로부터 멀어지려는 원운동의 힘이다. 왜냐하면 순수하게 상대적인 〈겉보기만의〉 원운동에서는 그러한 힘이 존재하지 않지만, 참된 그리고 절대적 원운동에서는 그 운동의 양에 따라 그 힘이 보다 더 커지기도 하고 보다 작아지기도 하기 때문이다. ……그렇기 때문에 상대적인 양은 그것이 지니고 있는 이름의 양 그 자체가 아니라, 그런 양에 대한 감각 가능한 척도(정확하건 부정확하건)로서, 측정되는 양 자체 대신 통상적으로 사용되고 있는 것이다…….

뉴턴의 『주해』로부터 이처럼 길게 인용한 까닭은 이 문헌이 인류의 우주론적 사색 ── 플라톤에 앞섰던, 그래서 플라톤에 영감을 불어넣었던 피타고라스학파와 더불어 최초로 과학적 중요성을 띤 유형의 사색 ── 가운데서 가장 명석하고 가장 명확하며 가장 큰 영향을 끼쳤던 그런 진술 내용을 담고 있기 때문이다. 뉴턴은 네 가지 유형의 존재를 전제하고 있지만, 그는 이들의 현실성에 관해서는 별다른 구별을 하지 않았다. 그에게 있어 정신은 현실적 사물이고, 신체도 현실적 사물이며, 시간의 절대적 지속도 현실적 사물이며, 절대적 위치 또한 현실적 사물이다. 그는 〈현실적 actual〉이라는 말을 사용하지는 않는다. 그러나 그는 사실의 문제를 말하고 있으며, 이 점에서 그것들을 모두 동일한 지평에 놓고 있다. 그 결과 그는 공간 상호 간 *inter se*의, 지속 상호 간의, 그리고 정신, 신체, 시간 및 장소 간의, 명석하게 표현되긴 했지만 복잡하고도 자의적인 관계들의 도식에 도달하게 됨으로써 그것들을 모두 한 우주의 연대성 속에 결합시키기에 이른 것이다. 그것은 과학의 목적을 위해서, 다시 말하면 그 후 이백 년 동안의 과학의 모든 목적을 위해서, 그리고 이 시기 이후의 그 대부분의 목적을 위해서 놀라우리만큼 명석하게 표명된 진술이었다. 그러나 근본적인 진술로서의 그것은 회의론자의 공격에 대하여 완전히 무방비 상태에 있다. 그리고 뉴턴 자신도 〈일반인들은 그 양(量)들을, 그것들이 감각적 대상에 대해 갖는 관계에서 비롯되는 관념으로만 이해하고 있다〉고 말함으로써 자인하고 있듯이, 그것은 상식과도 어긋난다. 칸트는 이러한 뉴턴의 진술을, 〈순수 직관〉이 다양한 여건에 질서를 이끌어들이는 수단이 되는 구조물에 대한 기술로 환원시킴으로써 구출했던 데에 지나지 않는다. 그리고 칸트로부터 비롯된 선험주의 학파에 있어, 이 구조물은 본래의 궁극적인 실체적 실재로부터의 파생물이라는 낮은 지위의 상태에 머물러왔다. 그들에게 있어, 그것은 〈현상〉 안에서의 한 요소인데, 현상과 실재는 구별되어야 한다. 유기체 철학은 최소한의 비판적 수정을 통해 〈일반인들 the vulgar〉의 생각으로 되돌아가려는 시도이다. 우선 첫째로 뉴턴의 문장에서 인용한 〈감각될 수 있는 대상 sensible object〉이라는 관념을 집중적으로 거론해 보아야 한다. 뉴턴의 말을 부연한다면, 인류의 상식은 인류가 갖는 모든 관념이 궁극적으로는 현실적 존재를, 또는 뉴턴이 말한 〈감각될 수 있는 대상〉을 지시하는 것으로 보고 있다고 해도 무방할 것이다. 뉴턴은 당시에 통용되던 물리학적 개념에 기초해서, 〈감각될 수 있는 대상〉을 역학이 적용되는 물체로 보았다. 그래서 그에게는 〈감각될 수 있는 대상〉과 공허한 공간 사이의 대립이 그대로 남아 있게 되었던 것이다. 사실상 뉴턴은 그의 개인적 의견으로서, 공간을 가득 채우고 있는 물질적 매체가 존재한다고 추측하기도 하였다. 그러면서도 또한 그는 그러한 매체가 존재하지 않을지도 모른다는 의견도 가지고 있었다. 그에게 있어 〈공허한 공간〉이라는 개념 ── 즉 단순한 공간성 spatiality ── 은 〈무한에서 무한까지〉의 독립된 현실적 현존을 의미하는 것으로 간주되었고, 이런 점에서 그는 데카르트와 의견을 달리하고 있었다. 현대 물리학은 데카르트의 입장을 취한다. 현대 물리학은 〈물리적 장 physical field〉이라는 개념을 이끌어들였던 것이다. 또 최근의 고찰에서는, 장(場)의 〈점유된〉 부분과 〈점유되지 않은〉 부분 간의 예리한 구별을 제거하려는 경향이 있다. 더 나아가 이 강의에서는(제2부, 제3장 참조) 〈일반인들〉이나 뉴턴이 마음속에 분명하게 떠올리지 못했던 하나의 구별이 도입되고 있다. 이 구별은 i) 현실적 존재, ii) 존속하는 객체, iii) 입자적 사회,

ⅳ) 비입자적 사회, ⅴ) 비사회적 결합체 간의 구별이다. 비사회적 결합체는 〈혼돈 chaos〉의 관념에 해당되는 것이다. 연장적 연속체 extensive continuum는, 단위 경험과 이에 의해 경험된 현실적 존재들이 하나의 공통 세계의 연대성에 있어서 결합되는, 경험 내의 일반적인 관계적 요소이다. 현실적 존재는 그것을 원자화시키며, 그렇게 함으로써 이전에는 단지 가능적이던 것을 실재적인 것으로 만든다. 연장적 연속체의 원자화는 또한 그것의 시간화이기도 하다. 다시 말하면 그것은 현실태가, 본질상 전적으로 가능적인 것으로 생성되어 가는 과정이다. 이 완결에 있어 현실적인 과거와 가능적인 미래를 포괄하는 체계적 도식은 각 현실적 존재의 적극적 경험에서 파악된다. 이런 의미에서 그것은 칸트의 〈직관의 형식〉이지만, 그 여건으로서의 *qua datum* 현실 세계로부터 나온 것이기 때문에, 칸트가 말했던 것처럼 〈순수한〉 것은 아니다. 그것은 질서 정연한 세계를 산출해 내는 것이 아니라, 질서 정연한 세계로부터 파생되어 나오는 것이다. 이러한 도식의 파악은 현실적 사실이 그 자신의 구조 속에, 그 자신을 넘어서는 것과 관계하고 있는 실재적인 가능태를 포함한다는 것을 보여주는 또 하나의 예가 된다. 앞의 예는 〈욕구 appetition〉이다.

제 4 절

뉴턴의 『주해』, 유기체 철학 및 데카르트의 철학과의 비교. 〈신체를 지닌다〉는 것, 현실 세계에 있어서의 신체의 지위. 뉴턴과 데카르트 및 유기체 철학에 있어서의 공간의 존재론적 지위.

뉴턴은 공간과 시간을 기술하는 데 있어, 〈실재적〉 가능태를 현실적 사실과 혼동하였다. 그 때문에 그는 〈그 양(量)들을, 그것들이 감각될 수 있는 대상에 대해 갖는 관계에서 비롯되는 관념으로만 이해하고 있는〉 일반인들의 판단과 달리 판단할 수밖에 없었던 것이다. 유기체 철학은, 감각 지각과 관련된 인식론에 우리의 생각이 말려들지 않도록 하기 위해서 〈감각될 수 있는 대상〉이라는 용어 대신에 〈현실적 존재〉라는 용어로 대치한다는 단서를 붙여, 〈일반인들〉의 생각에 동의하는 선에서 출발한다. 여기서 더 나아가 뉴턴의 다른 기술(記述)들을 유기체의 이론과 어떻게 조정할 것인가를 고찰해 볼 때, 다음과 같은 놀라운 사실을 발견하게 된다. 즉 어떤 현실적 존재에 상관된 원자화된 연장량 atomized quantum of extension이, 뉴턴의 절대적 장소 및 절대적 지속과 동일시되어야 한다는 사실이다. 운동은 그 본성상 부동인 절대적 장소에 적용되지 않는다는 뉴턴의 증명도 유효하다. 따라서 현실적 존재는 결코 운동하지 않는다. 그것은 있는 곳에 있으며 where it is 지금의 그것일 what it is 뿐이다. 나는 〈현실적 존재〉라는 개념을 우리의 보다 일상적인 사고 습성과 더욱 살 어울리게 하는 표현에 의해 이러한 특징을 강조하기 위해서, 〈현실적 존재 actual entity〉라는 용어 대신에 〈현실적 계기 actual occasion〉라는 용어도 사용하겠다. 따라서 현실 세계는 현실적 계기들로 되어 있는 것이며, 또한 존재론적 원리에 의하자면, 〈현존 existence〉의 어떤 의미에서이건 존재하는 모든 사물은 현실적 계기들로부터 추상되어 파생된 것들이다. 나는 〈사건 event〉이라는 용어를, 하나의 연장량 extensive quantum에 있어 어떤 결정적 방식으로 서로 연관된 현실적 계기들의 결합체라는 보다 일반적 의미로 사용하겠다. 하나의 현실적 계기란 단 하나의 성원만을 갖는, 극단적 유형의 사건 the limiting type of an event을 말한다.

〈운동〉이라든지 〈운동하는 물체〉라는 개념에 주어질 의미가 있어야 한다는 것은 너무나 명백하다. 지금으로서는 이에 대한 연구를 뒤의 장(제4부 및 이 제2부의 제3장을 참조)으로 미루어야 하겠다. 〔여기서는〕 장소적 변화 local change의 역사를 갖는 운동하는 물체라는 의미의 분자는 현실적 계기가 아니며, 따라서 그것은 현실적 계기의 어떤 결합체이어야 한다고 말하는 것으로 족하다. 이런 의미에서 그것은 하나의 사건이지, 하나의 현실적 계기가 아니다.⑦ 〈변화〉라는 개념의 근본적인 의미는 〈결정된 어떤 사건 속에 포함되어 있는 현실적 계기들 사이의 차이〉이다.

연장적 연속체가 유기체 철학에서 차지하는 위치는 데카르트의 물체론과 비교해 볼 때 더욱 분명해진다. 유기체의 이론이 뉴턴보다도 데카르트의 견해에 더 가깝다는 것이 즉시 명백해진다. 이 논제와 관련하여 스피노자는 사실상 데카르트의 모순점을 제거하면서, 그를 논리적으로 체계화했다. 그러나 이러한 논리적 정합성은 유기체 철학이 거부하고 있는 데카르트의 요소들만을 강조함으로써 얻어진 것이다. 이 점에서 스피노자는 마치 흄이 로크에 대해서 행한 것과 같은 역할을 데카르트에 대해서 행하고 있다. 유기체 철학은 로크나 데카르트 철학의 어떤 요소, 즉 그들의 후계자들이 발전시켰던 요소와 모순된다는 이유 때문에 일반적으로 거부되었던, 그런 요소로 되돌아가는 것이라고 보아도 무방하겠다. 따라서 유기체 철학은 스피노자의 일원론과는 대조적으로 다원론적이며, 흄의 감각론적 현상주의와는 대조적으로 현실태를 파악하는 경험에 관한 학설이다.

먼저 데카르트가 실체를 물질적 실체와 정신적 실체로 분류하여 파멸을 초래하기 이전의 사고로 되돌아가 보기로 하자. 『성찰』 1의 첫머리에서 그는 다음과 같이 말한다.

> 예를 들어 지금 내가 실내복을 걸쳐 입고 종이나 또는 그와 비슷한 것을 손에 든 채 난롯가에 앉아 있다고 해보자. 이때 이 두 손이 나의 것이며, 이 신체가 나의 것이라는 사실을 어떻게 부정할 수 있을까? 이를 부정하려고 든다면 나는 자신을 미치광이로 생각할 수밖에 없을 것이다. ……그러나 이

⑦ 화이트헤드는 〈사건〉과 〈현실적 계기〉라는 개념을 이미 『과학과 근대세계』에서 사용하고 있다. 그는 여기에서는 〈사건〉을 시-공적 통일체로 파악하고 있다. 그러나 이 두 개념의 상호 관계에 대해서는 명확히 파악되지 않고 있는 것 같다. 『과정과 실재』에서는, 〈사건〉을 시-공적 통일체로서의 현실적 계기의 결합체로 엄밀히 개념 규정하면서, 이 두 개념을 뚜렷이 구별하고 있다.

런 사람들은 미치광이들인데, 만일 내가 그처럼 기이한 그들의 언행을 본다면 나 자신도 그들 못지않게 미치광이로 보일 것이다.

동시에 나 또한 사람이기 때문에 밤에는 잠을 자며, 꿈속에서 미친 사람들이 깨어 있을 때 머릿속에 떠올리는 것과 같은 것들을, 때로는 그보다 더 있을 법하지 않은 것들을 몽상하기도 한다는 점 또한 고려하지 않으면 안 된다……. 그렇다고 해도 잠자는 동안에 보는 것들은 실재하는 참된 사물을 모사〔*ad similitudinem rerum verarum*〕하지 않고서는 만들어낼 수 없는 화상(畵像)과 같은 것이며, 따라서 적어도 눈, 머리, 손 그리고 신체 전체와 같은 일반적인 것들은 어떤 가공적인 사물이 아니라 실재로 존재하는 사물이라는 점을 바로 인정해야만 한다. ……또한 같은 이유에서, 이 일반적인 것들, 즉 〔신체 a body〕,[6] 눈, 머리, 손 등과 같은 것들이 환상의 산물일 수 있다고 해도, 적어도 보다 단순하고 보다 보편적인 실재하는 참된〔*vera esse*〕 다른 어떤 대상들이 존재하며, 그리고 실재하는 색채들의 조합에 의해 무엇인가가 그려지듯이, 우리의 사고 속에 들어 있는 이 사물들의 모든 심상들은, 이들이 실재하는 참된 것이건 환상적인 허위의 것이건 간에, 그처럼 보다 단순하고 보다 보편적인 실재하는 참된 대상들로 구성된다는 점을 인정하지 않을 수 없다.

그런 부류에 들어간다고 생각되는 것으로는 물체적 본성 일반 및 그 연장, 그리고 연장된 사물들의 형태, 그리고 이들의 양(量)이나 크기, 수(數), 그리고 이 사물들이 존재하는 장소와 지속하는 시간 등과 같은 것이 있다.

『성찰』 2에서 요점을 간단히 되풀이하여 말한 다음, 그는 신에 대하여 다음과 같이 논의를 계속하고 있다.

그가 나를 속이고 있다면, 나는 틀림없이 있는 것이다. 그가 아무리 나를

---

6) 할덴과 로스는 프랑스어판에 나타나고 있는 구절을 괄호 속에 묶고 있다. 이는 라틴어판에 없는 것인데, 나는 라틴어판과 비교했다.

속인다고 해도, 내가 나를 그 무엇이라고 생각하는 한, 결코 그는 나를 아무것도 아닌 것〔無〕으로 만들 수 없을 것이다. 그리하여 모든 것을 충분하게 생각해 보고 또 세심하게 검토해 보고 나면, 결국 〈나는 있다, 나는 존재한다〉라는 명제는 내가 그 명제를 분명히 말할 때마다 또는 마음속으로 생각할 때마다, 필연적으로 참이라는 분명한 결론에 도달하지 않을 수 없게 된다.

『성찰』 1에서 인용한 글의 마지막 부분에서 데카르트는, 내가 〈현실적 actual〉이란 용어를 사용해 온 것과 같은 뜻으로 〈참된 사물 *res vera*〉이라는 말을 사용하고 있다. 그것은 그것 이상으로 달리 아무것도 없는, 가장 완벽한 뜻에서의 〈현존재 existence〉를 의미한다. 사실 데카르트는 유적(類的)으로 generically 다른 의미의 〈현존재〉를 신에게 귀속시키려 할 것이다. 여기서 전개되고 있는 유기체 철학에서는, 신이 차차 설명될 의미에서 〈원초적 primordial〉이라는 점을 제외한다면, 그의 현존재가 다른 현실적 존재의 현존재와 유적으로 다를 바가 없다고 본다.

데카르트는, 이 장의 제4절에서 논한 바와 같은 존재론적 원리, 즉 현실적 계기는 다른 모든 유형의 현존재가 그것으로부터 파생되고 추상되는 그런 근거를 형성한다는 원리에 따라 현실태를 명확히 정의하고 있지는 않다. 그러나 그는 그의 다음과 같은 언명에서 실제로 그것과 동등한 것을 주어-술어의 표현법으로 정식화시키고 있다. 즉 〈이런 이유로, 우리가 어떤 속성을 지각할 때, 그로부터 우리는 그 속성이 귀속될 수 있는 어떤 존재하는 사물, 즉 실체가 필연적으로 현존한다는 결론을 내리게 된다〉.[7] 데카르트에게 있어서의 〈실체〉란 말은 나의 〈현실적 존재〉에 상당하는 말이다. 나는 〈실체〉라는 말의 사용을 삼가는데, 그 이유의 하나는 이 말이 주어-술어라는 관념을 암시하고 있다는 것이고, 또 다른 이유는 데카르트나 로크가 실체를 성질 변화의 모험을 겪는 것으로 보고, 그럼으로써 갖가지 난점을 야기하고 있다는 것이다.

7) 『철학 원리』, 제1부, 원리 52.

『성찰』 2에서의 〈나는 있다, 나는 존재한다는 명제는 내가 그 명제를 분명히 말할 때마다, 또는 마음속으로 생각할 때마다, 필연적으로 참이다〉라는 인용문에서 데카르트는 경험의 행위란 근원적 유형의 현실적 계기라는 입장을 택하고 있다. 그러나 그 이후의 전개 과정에서, 그는 정신적 실체를 변화에 말려들지 않는 것으로 상정하고 있다. 여기에서 그는 자신의 논의 선상에서 일탈하고 있다. 왜냐하면 〈나는 있다, 나는 존재한다〉고 그가 언표(言表)할 때마다 자아 ego인 현실적 계기는 달라지기 때문이다. 그리고 이 두 자아에 공통되는 〈그〉는 영원한 객체이든가, 아니면 계기(繼起)하는 계기(契機)들 successive occasions의 결합체이다. 『성찰』 1의 인용문에서도 데카르트는, 〈지금 내가 여기 난롯가에 앉아 있다……〉는 경험적 행위에 호소하면서 출발하고 있다. 이어서 그는 이러한 경험적 행위를, 〈이 손이 나의 것이며, 이 신체가 나의 것이다〉라고 말하고 있듯이, 그의 신체와 결부시키고 있다. 그리고 마지막으로 그는 다음과 같은 주목할 만한 문장으로 현실적 존재라는 어떤 궁극적 관념에 호소하고 있다. 〈또한 같은 이유에서, 이 일반적인 것들, 즉 〔신체〕, 눈, 머리, 손 등과 같은 것들이 환상의 산물일 수 있다고 해도, 적어도 보다 더 단순하고 보다 보편적인 실재하는 참된 다른 어떤 대상들이 존재하며, ……우리의 사고 속에 들어 있는 이 사물들의 모든 심상들은, 이들이 실재하는 참된 것이건 환상적인 허위의 것이건 간에, 적어도 보다 단순하고 보다 보편적인 실재하는 참된 대상들로 구성된다는 점을 인정하지 않을 수 없는 것이다.〉

데카르트가 그의 신체에 대해서 주장하고 있는 직접 경험과의 유별나게 긴밀한 결합, 즉 동시적 세계에 대한 단순한 감각 지각을 넘어서는 결합——〈이 손과 다리는 나의 것이다〉——에 주목하기 바란다. 유기체 철학에 있어 이러한 직접적 결합은, 그 손이나 다리를 식별 가능한 여건——그 형상적 구조가 경험의 발생과 동시에 직접적으로 느껴지는 여건——으로서 인지하는 것을 말한다. 이러한 기능에 있어, 동물적 신체는 과거의 나머지 현실 세계와 원리적으로는 다를 바가 없다. 그러나 그 결합의 긴밀성에 있어서는 다르다. 즉 이 긴밀성으로 말미암아 그 동물적 신체의 시공적 여러 관계는 주체의 경험에 있어서 어떤 한정성을 얻게 된다. 그 나머지는 세계에 있어 막연하던 것이 신체적 기관에 있어서는 어떤 부가적인 판명도(判明度)를 획득하게 된다. 그러나 원리상으로 본다면, 〈현실 세계는 나의 것이다〉라고 말하는 것도 그에 못지않게 진실일 것이다.

데카르트는 또한 〈보다 단순하고 보편적인, 실재하는 참된 것〉이 〈우리의 사고 속에 있는 사물의 심상〉을 구성한다고 주장한다. 이것은 후기에 『철학 원리』, 제4부, 원리 196-198에서 논한 그의 지각 이론과 부합되지 않는 것처럼 보인다. 후기의 이론에서 강조되고 있는 것은 〈판단 *judicium*〉인데, 이는 상념적 실재에 대한 내관(內觀) *inspectio of realitas objectiva*이라는 의미에서의 판단이 아니라, 〈추론 inference〉이라는 의미에서의 판단이다. 그러나 그것은 유기체적 이론, 즉 다른 현실적 계기들의 객체화는 어떤 현실적 계기가 그것으로부터 생겨나는 주어진 여건을 형성한다고 하는 이론과 일치한다. 그는 또 신체를 경험의 행위와 직접적으로 결합되어 있는 것으로 만들어놓았다. 데카르트는 뉴턴과 함께, 연장적 연속체가 현실적 존재와 마찬가지로 완전한 의미에서 현실적인 것이라고 상정하고 있다. 그러나 그는 뉴턴이 제공한 부가적인 물질적 물체는 상정하지 않았다. 또한 그가 말하는 표상적 〈관념〉을 정신적 상징과 상징화된 현실태와의 치명적인 단절로부터 보호하려는 노력의 일환으로, 그는 실제로 다음과 같은 언명을 통해 여기서 추진되고 있는 객체화의 학설을 표현하고 있다. 그것은 다음과 같다.

> 따라서 태양의 관념은 마음속에 존재하는 태양 그 자체이지만, 사실상 이는 하늘에 있는 것과 같은 형상적인 것으로서가 아니고 객체적으로, 다시 말하면 대상이 늘 마음속에 존재하는 것과 같은 방식으로 존재하고 있는 것이다. 이러한 존재 방식은 사물이 마음 밖에 존재하는 존재 방식에 비해서 훨씬 불완전한 것이긴 하지만, 그렇다고 해서 그것이 이미 말한 바와 같이 전

적으로 무(無)가 되는 것은 아니다.[8]

데카르트와 로크는 다 같이 표상하는 관념과 〈표상된 현실적 존재〉 간의 간격을 메우기 위해서, 〈태양 그 자체가 마음속에 존재하고 있다〉는 학설을 내세우고 있다. 그러나 그들은 인식론적 난점을 제거하기 위해 이 구절에서 보는 바와 같이 때때로 그것을 언급하고는 있지만, 그것을 끝까지 고수한 것은 아니다. 그들은 마음이란 표상된 존재와 실제로 아무런 이해 가능한 관련이 없는 성질인 사적 관념 private ideas을 가지고 있다는 묵시적인 전제로 되돌아가고 있다.

그러나 객체화의 학설을 진지하게 받아들인다면, 연장적 연속체는 곧 객체화에 있어서 최초의 요인이 된다. 그것이 제공하는 것은, 현실적 존재들이 그것을 통해 서로를 파악하는 그런 모든 상호적 객체화에 현시되는 연장적 전망의 일반적 도식이다. 그렇기 때문에 연장적 연속체는 그 본질상 모든 현실적 존재의 상호적 파악 속에 예증되도록 되어 있는 실재적 가능태의 도식이다. 그것은 또한 〈형상적〉으로 고찰된 각 현실적 존재 속에 예증된다. 이런 의미에서 현실적 존재는 연장적이다. 왜냐하면 그것은, 현실적 사실에 있어서는 분할되지 않는, 분할의 가능태에서 생겨나는 것이기 때문이다(제4부 참조). 위에서 말한 바와 같이, 〈현실적 계기〉라는 말을 〈현실적 존재〉라는 말 대신에 사용하게 된 것도 바로 이러한 이유 때문이다.

물리적 세계가 현실적 존재들의 연장적 충만 extensive plenum을 나타내고 있다고 보는 데카르트의 학설은 사실상 〈유기체〉의 이론과 동일하다. 그러나 데카르트의 물체는 운동을 해야 하는데, 이러한 전제는 새로이 불분명한 점을 이끌어들인다. 정확히 이 점에 있어 뉴턴은 데카르트에 비해 분명한 개념을 제시하고 있다. 〈유기체〉의 이론에서는 운동

8) 『제 I 답변』 참조. 이 구절은 이미 나의 『과학과 근대세계』, 제4장의 각주에서 인용한 바 있다.

이 현실적 계기에 귀속될 수 없다.

〈유기체〉의 이론에 있어서는, i) 오직 한 유형의 시간적인 현실적 존재만이 존재하며 ii) 그와 같은 현실적 존재는 저마다 연장적이고, iii) 임의의 한 현실적 존재의 관점에서 볼 때, 〈주어진〉 현실 세계는, 연장적 도식의 가능태를 현실적 계기들의 충만으로 변형시키고 있는 현실적 존재들의 결합체이며, iv) 이 충만에 있어 운동은 어느 현실적 계기에도 의미 있는 것으로 귀속될 수 없고, v) 이 충만은 그것이 생겨나온 가능태와 관련하여 연속적이지만, 각 현실적 존재는 원자적이며, vi) 〈현실적 계기〉라는 용어는 〈현실적 존재〉와 동의어로 사용되긴 하지만, 주로 그것의 연장성이라는 특성 —— 시간적 연장, 즉 〈지속〉이라는 형태의 연장성이건, 공간적 연장이라는 형태의 연장성이건, 아니면 시공적 연장이라는 보다 완전한 의미에서의 연장성이건 간에 —— 이 문제의 논의와 다소간 직접적으로 관련되는 경우에 사용된다.

제 5 절

분화되지 않은 존속과 실체의 수동성, 잘못의 근원.

〈분화되지 않은 존속 undifferentiated endurance〉이라는 근거 없는 형이상학적 학설은, 전술한 연장적 도식의 고유한 성격을 오해한 데서 비롯된 일종의 종속적 파생물이다.

현시적 직접성 presentational immediacy을 통한 동시적 세계에 대한 지각에 있어, 현실적 존재들의 결합체는 그 지각자에 대하여 연장적 연속성이라는 성격의 전망하에서 객체화되어 있다. 예를 들면 동시적인 돌에 대한 지각에 있어, 그 돌을 구성하고 있는 결합체 내의 각 현실적 존재가 갖는 개개의 개체성은, 데카르트에게 있어서나 상식에 있어서나 돌이라는 연장적 충만의 통일성 속에 통합되어 있다. 그것의 완전한 객체화는 그 돌의 유적(類的)인 연장적 전망 generic extensive perspective을 통해서 이루어지는데, 이 전망은 어떤 감각 여건, 예를 들면 어떤 일정한 빛깔과 같은 종적(種的)인 전망 specific perspective으로 특수화되어 있다. 그래서 그 직접적인 지각 대상은, 그 빛깔의 성질로 지각된 물질적 돌의 분화되지 않은 숨겨진 존속이라는 성격을 띠게 된다. 이러한 기본적 관념은 언어를 지배하고, 과학과 철학에도 늘 붙어 다닌다. 더 나아가서 과학이나 철학에 있어, 직접적 지각이 전달해 주는 직접적인 내용의 한계를 넘어서 과감히 무엇인가를 보충하려고 할 때면 우리의 추정적인 설명은 반드시 진정한 원인 *vera causa*을 이용해서 추진되어야 한다. 그리고 이러한 탁월한 준칙을 불행하게 적용함으로 말미암아 모든 설명은 언제나, 그것이 다음과 같은 조건, 즉 본질적 속성의 분화되지 않은 존속을 갖는 실체가 제시되어야 하고, 또 활동성은 우연적인 성질이나 관계의 우연적인 변형 occasional modification으로 설명되어야 한다는 조건에 따를 경우에만 만족할 만한 것으로 간주되어 왔다. 그렇기 때문에 사람들의 상상은, 그 위치의 관계라든지 빛깔의 성질 ── 우연적으로 변화하는 관계나 성질 ── 을 갖는 숨겨진 연장적 돌에 의해 좌우되고 있다. 이렇게 해석된 돌은 진정한 원인의 보증자로 간주되고, 과학과 철학의 추정적 설명도 이런 방식에 따르고 있다.

따라서 우주론적 이론을 구성함에 있어, 분화 differentiation됨이 없이 존속하며, 임의의 시간 ── 이 길이의 장단에 관계없이 ── 동안 자기 동일성을 유지하며, 영구적인 속성을 갖는 연속적 물질 continuous stuff의 관념이 근본을 이루어왔다. 이 물질은 우연적인 성질이나 관계에 있어서는 변화를 겪지만, 우연적인 모험을 감내하는 하나의 현실적 존재라는 그 성격에 있어서는 수적으로 자기 동일적인 것이다. 이와 같은 근본적인 형이상학적 개념의 수용은 다원론적 실재론의 다양한 체계들을 파멸로 이끌어가고 말았다.

이러한 형이상학적 개념이 과학적 유물론 scientific materialism의 토대가 되어왔다. 예를 들면, 소위 빈 공간 empty space과 관련된 활동성을 과학적으로 정식화시킬 필요가 있게 되었을 때, 19세기의 과학자들은, 그 우연적 모험들이 이러한 활동을 구성하는 그런 궁극적 기체(基體)로서 물질적 에테르 ether라는 것을 창안해 냈던 것이다.

그러나 이 형이상학적 개념 전체의 기초가 되고 있는, 돌에 대한 저 해석은 전적으로 그릇된 것이었음이 판명되었다. 우선 첫째로, 17세기 이후 빛깔이 돌 속에 단순히 내재한다는 생각은 버리지 않으면 안 되었다. 이는 또 하나의 난점, 즉 이제는 빛깔과 돌을 분리시켜야 하기 때문에, 연장을 갖는 것은 바로 빛깔이고 돌은 단지 추론상으로만 존재할 뿐이라는 난점을 끌어들이게 된다. 둘째로, 분자 이론은 돌에서 그것의 연속성, 통일성, 그리고 수동성을 빼앗아버렸다. 이제 돌은 격동하는 분산된 분자들의 사회로 간주된다. 그런데 이 돌에 대한 오해에서 비롯되었던 형이상학적 개념들은 여기서 하나하나의 분자에 적용되었다. 각 원자는 여전히 그것이 소멸되지 않는다고 가정하는 한, 임의의 시간 ── 이 길이의 장단에 관계없이 ── 동안 자기 동일성과 본질적 속성을 유지하는 물질이었다. 본질적 속성과 우연적 모험을 갖는 실체의, 분화되지 않는 존속의 관념이 여전히 적용되었던 것이다. 이것이 유물론의 기초 이론이며, 이렇게 이해된 실체가 궁극적인 현실적 존재였다.

그러나 이 유물론적 개념은 돌의 경우에서 그러했던 것처럼, 원자의 경우에도 그릇된 것이었음이 밝혀졌다. 원자는 일정한 주기의 리듬을 갖고 활동하는 하나의 사회로서만 설명될 수 있다. 여기에서도 다시 그 유물론적 개념은 자리를 옮겨 적용되었다. 즉 양성자(陽性子)와 전자(電子)는, 위치 이동의 모험으로 해석될 수 있는 활동성을 지닌 물질적인 전하(電荷) materialistic electric charge로 간주되었다. 우리는 지금 우리의 과학적 인식에 있어 합리적인 확실성의 한계에 접근해 가고 있지만, 이번에도 이 개념이 그릇된 것일 수 있다는 증거가 있다. 신비스러운 에너지의 양자(量子)라는 것이 등장하였는데, 이는 양성자나 전자의 깊숙한 곳으로부터 나오고 있는 것으로 추측된다. 유물론적 개념에 대해서는 설상가상 격으로 이 에너지의 양자들은 빛의 진동으로 분해되는 것처럼 보인다. 뿐만 아니라 별의 물질도 빛의 진동을 산출하는 가운데 그 자신을 점차적으로 소모시켜 가는 것처럼 보인다.

게다가 에너지의 양자들은 우리가 분자에서 탐지할 수 있는 주기적인 리듬과, 단순한 법칙에 의해 관련되어 있다. 따라서 양자는 그 자체가 그 본성에 있어서 어떻게든 진동하고 있는 것인데, 그 출처는 바로 양성자와 전자이다. 따라서 리듬의 주기는 양성자적·전자적 존재로부터 분리시켜 생각할 수 없는 것이라고 믿을 만한 충분한 이유가 있는 것이다.

동일한 〔유물론적〕 개념은 그 밖의 다른 연관 영역에도 적용되어 왔는데, 거기서는 그 실패가 훨씬 더 분명하다. 〈인간은 이성적이다〉라는 말이 있다. 이는 분명히 거짓이다. 인간은 오직 간헐적으로만 이성적이며—단지 이성적으로 행위해야 할 책임이 있을 뿐이다. 〈소크라테스는 죽게 되어 있다〉라는 말은 〈아마도 그는 죽게 될 것이다〉라는 말을 달리 표현한 것에 지나지 않는다. 소크라테스의 지성은 간헐적이다. 왜냐하면 그는 때로 잠을 자며, 마취제를 마시게 되거나 기절하게 될 수도 있기 때문이다.

본질적으로든 우연적으로든 간에 영속적인 성질들을 유지하고 있는 존속하는 실체라는 단순한 관념은, 생활상의 많은 목적에 있어 하나의 유용한 추상을 표현하고 있다. 그러나 우리가 그것을 사물의 본성에 대한 근본적인 진술로서 이용하려고 한다면 그것은 그릇된 것으로 판명되게 마련이다. 그것은 일종의 오해에서 생겨난 것이고, 그 어떤 적용에 있어서도 결코 성공한 적이 없었다. 그러나 그것은 단 한 번의 성공을 거둔 적이 있었다. 즉 그것은 언어에서, 아리스토텔레스의 논리학에서, 그리고 형이상학에서 진을 치고 자기의 입장을 고수해 왔던 것이다. 그것을 언어나 논리학에서 사용하는 데에는—앞에서 말한 바와 같이—충분한 실용적인 토대가 있다. 그러나 형이상학의 경우 이 개념은 전적으로 그릇된 것이다. 여기에서의 잘못은 〈실체〉라는 말의 사용에 있는 것이 아니라, 본질적인 성질로 특징지어지고 우연적 관계와 우연적 성질의 여러 변화 가운데서도 여전히 그 수에 있어 하나로 남아 있는 현실적 존재라는 관념을 사용하는 데에 있는 것이다. 이와 대립되는 학설은, 현실적 존재란 결코 변화하지 않으며, 그것은, 성질 내지 관계로서 그것에 귀속시킬 수 있는 모든 것의 산물이라고 보는 학설이다. 여기서 철학은 두 갈래의 대안에 직면하게 된다. 그 하나는 변화의 환상을 수반한 일원론적 우주이며, 다른 하나는 〈변화〉가, 일정한 유형의 어떤 한 사회에 속하는 현실적 존재들 간의 차이를 의미하게 되는 다원론적 우주이다.

제 6 절

요약.

우리는 이제 예비적으로 유기체 철학이 근대 철학과 과학적 전통을 창시했던 17세기 사상가들과 일치하는 점과 일치하지 않는 점에 대하여 요약할 수 있게 되었다.

지각에 있어, 객체화된 여건 ── 이것이 여건으로 주어진 직접 경험과 공동체를 형성하는 것으로 알려진 여건 ── 이 드러난다는 것이 모든 실재론적 철학의 기초이다. 이 〈공동체〉는 상호 간의 함의 mutual implication를 내포하는 공동 활동의 공동체이다. 이러한 전제는 근원적인 사실로서 주장되며, 우리 생활 조직의 구석구석까지 묵시적으로 상정되어 있다. 이는 로크에 의해, 〈힘은 실체에 대한 우리의 복합 관념의 대부분〔을 차지한다〕〉이라는 (제2권, 제23장, 제7절의) 그의 표제 진술에서 은연중에 주장되고 있다. 유기체 철학은 〈존재론적 원리〉를 내세우고, 그것을 〈현실태 actuality〉에 대한 정의로 해석함으로써 데카르트의 주관주의를 확대시킨다. 이는 각 현실적 존재를 우주에 있어서의 하나의 장소 locus로 상정하는 것이 된다. 따라서 모든 속성은 실체를 필요로 한다는 데카르트의 또 다른 진술은, 단지 이러한 보다 일반적인 원리의 특수하고도 제약된 하나의 사례에 지나지 않는다.

뉴턴은 그의 공간에 대한 논술에서 가능태 potentiality를 현실적인 사실로, 즉 피조물을 위한 여건으로서가 아니라 피조물로 변환시키고 있다. 유기체 철학에 의하면, 연장적인 시-공 연속체 extensive space-time continuum는 현실 세계에 의해 추상적 가능태에 부과된 제약의 근본적인 양상이다. 이 제약된 〈실재적 real〉 가능태를 보다 완전하게 표현하자면, 그것은 〈물리적 장 physical field〉이다. 새로운 창조는, 순수한 가능태로부터 그랬던 것과 마찬가지로 현실 세계로부터도 일어나지 않으면 안 된다. 즉 새로운 창조는 우주 전체에서 생기는 것이지, 우주의 단순한 추상적 요소로부터만 생겨나는 것이 아니다. 그것은 또한 그 우주를 증대시킨다. 이처럼 모든 현실적 존재는 제각기, 그것을 위해 존재하고 있는 그 우주로부터 생겨난다. 인과성 causation은 모든 현실적 존재가 제각기 자신의 현실 세계에 거주해야 한다는 원리의 산물 가운데 하나에 지나지 않는다.

뉴턴에 따르면, 공간의 부분 portion of space은 운동할 수 없다. 우리는 뉴턴의 관점에서 자명한 이 진리가, 유기체의 이론에서 어떻게 구체화되는가를 물어보아야 한다. 우리는 공간의 영역 region 대신에 물리적 장의 한 조각을 고찰해 보아야 할 것이다. 현실 세계가 새로운 창조를 위한 가능태를 내포하는 하나의 방식을 표현하고 있는 이 조각은 현실적 존재의 통일성을 획득한다. 이런 방식으로 물리적 장은 일정한 분할에 의해서 원자화된다. 그것은 현실태들의 〈결합체〉가 된다. 연장적 연속체의 이러한 양(量, quantum)(즉 각각의 현실적 분할)은 피조물의 최초 위상이다. 이 연장량(延長量)은 그 관계들의 총체로 구성되어 있고, 운동하지 못한다. 그리고 이 피조물은 어떠한 외적인 모험도 할 수 없으며, 오직 생성이라는 내적인 모험만을 할 수 있다. 그것의 탄생은 곧 그것의 종결이다.

이는 일종의 모나드 monad의 이론〔單子論〕이지만, 라이프니츠와 다른 점은 그의 모나드가 변화한다는 데에 있다. 유기체의 이론에 있어,

모나드는 다만 생성할 뿐이다. 각각의 모나드적 피조물은 세계를 〈느끼는feeling〉 과정의 양태이며, 각기 모든 측면에서 결정된 복합적인 느낌의 한 단위 속에 세계를 수용하는 과정의 양태이며, 그러한 단위가 〈현실적 계기〉이다. 그것은 창조적 과정에서 파생되는 궁극적인 피조물인 것이다.

〈사건event〉이란 말은 보다 일반적인 의미로 사용된다. 사건은 어떤 연장량에 있어 어떤 결정적인 방식으로 서로 관계 맺고 있는 현실적 계기들의 결합체이다. 그것은 그 형상적 완결성을 누리고 있는 결합체이거나 객체화된 결합체이다. 하나의 현실적 계기는 극단적 유형의 한 사건이다. 가장 일반적 의미에서의 변화는 〈한 사건 내의 현실적 계기들 간의 차이〉를 말한다. 예컨대 분자는 현실적 계기들의 역사적 경로historic route이며, 이러한 경로가 곧 하나의 〈사건〉이다. 그런데 분자의 운동은 그 분자의 생활사life-history의 계기(繼起)하는 계기(契機)들이 생겨나는 연장량과 관련한, 계기들 간의 차이 이외의 것이 아니다. 그리고 분자에 있어서의 변화는 그 현실적 계기들에 있어서의 결과적 차이consequential differences이다.

유기체의 학설은 뉴턴보다도 데카르트에 더 가깝다. 그것은 스피노자의 이론에도 가깝다. 그렇지만 스피노자는 일원론적 실체를 그의 철학의 토대로 삼고 있다. 여기서 현실적 계기는 그 실체의 하위 양태가 된다. 유기체 철학은 이러한 관점을 역전시킨다.

느낌의 직접성을 위한 여건으로서 현실 세계를 직접 인식하는 것과 관련하여, 우리가 맨 먼저 언급한 사람은, 『성찰』 1에서 〈이 손이 나의 것이고, 이 신체 전체가 나의 것이다〉라고 말한 데카르트이며, 그 다음으로 언급한 사람은 〈우리는 눈으로 본다〉라는 식의 주장을 여러 차례 한 바 있는 흄이다. 이러한 진술은 감각 지각에 있어서의 신체의 선행적 작용에 대한 직접적 인식의 존재를 증언하고 있다. 흄이 더 명확하긴 했지만, 양자는 동시적 세계에 대한 감각 지각이 신체를 가지고 withness of the body라는 지각을 수반한다고 보는 점에서 견해를 같이

하고 있다. 신체로 하여금 주변 세계에 대한 인식의 출발점이 되게끔 하는 것이 바로 이 〈가지고〉인 것이다. 우리는 여기에서 〈인과적 효과성 causal efficacy〉에 대한 직접적인 인식을 발견하게 된다. 흄과 데카르트는 직접적 지각에 관한 그들의 이론에서 이 신체를 가지고 with-ness of the body라는 것을 도외시하였고, 그 결과 지각을 현시적 직접성에 국한시키게 되었다. 산타야나는 그의 〈동물적 믿음〉이라는 학설에서, 신체를 포함한 현실 세계를 〈가지고〉와 관련하여, 사실상 흄이나 데카르트의 견해에 동의하고 있다. 산타야나도 신체를 포함하는 현실 세계에 대한 우리의 인식에서 소여성 givenness을 부정하였다. 데카르트는 이러한 인식을 일종의 〈지성 understanding〉이라 했고, 산타야나는 그것을 〈충격〉에 의해 생긴 〈동물적 믿음 animal faith〉이라 했으며, 흄은 그것을 〈실천 practice〉이라고 했다.

그러나 우리는 ──〈현재 순간의 유아론(唯我論)〉을 피하기 위해서 ── 현시적 직접성 이상의 어떤 것을 직접적 지각 속에 포함시켜야 한다. 유기체의 이론에 있어 가장 원초적인 지각은, 〈신체를, 기능하고 있는 것으로서 느끼는 것〉이다. 이것은 과거의 세계에 대한 느낌이며, 느낌의 복합체로서의 세계를 계승하는 것이다. 즉 파생된 느낌들에 대한 느낌인 것이다. 보다 뒤늦게 성립하는 복잡한 지각은 〈동시적 세계를 느끼는 것〉이다. 이러한 현시적 직접성조차도 동시적 신체의 감각현시 sense-presentation에서 비롯된다. 그러나 신체는 각별히 친밀한, 세계의 한 단편에 지나지 않는다. 데카르트는 〈이 신체는 나의 것이다〉라고 말했던 것과 꼭 마찬가지로, 〈이 현실 세계는 나의 것이다〉라고 말했어야 했다. 〈나 자신임 being myself〉이라는 나의 과정은, 내가 세계를 소유하는 데에서 비롯되는 나의 창시 origination이다.

세계에 대한 전망을 구성하는, 비교적인 관련과 비교적인 모호성의 문제가 거기서 발생한다는 것은 분명하다. 예를 들면 신체는, 인과적 지각 causal perception에 있어 영역들이 뚜렷하게 분리되어 있는 세계의 부분이다. 인과적 지각에 있어, 신체의 밖에 있는 과거의 세계에는 이러한 차별적 특성이 존재하지 않는다. 우리는 인과적 지각에서 감각 현시로의, 또 감각 현시에서 인과적 지각에로의 〈상징적 전이 symbolic transference〉에 의해서 우리의 인식을 보완한다.

실체의 관념에서 근거를 마련하는 실재론자들은, 운동하고 변화하는 현실적 존재의 관념에서 벗어나지 못한다. 유기체 철학의 관점에서 본다면, 뉴턴의 부동의 수용자들 immovable receptacles은 상당한 장점을 지니고 있다. 그러나 뉴턴에게 있어 그것들은 영원한 것이다. 로크의 시간관은 보다 정곡을 잘 찌르고 있다. 즉 시간은 〈끊임없이 소멸한다 perpetually perishing〉는 것이다. 유기체 철학에 있어 현실적 존재는 완결될 때 〈소멸한다〉. 그 정태적인 생존을 구성하는 현실적 존재의 실용적인 용도는 미래에 있다. 피조물은 사라지지만 또한 불멸한다. 이 피조물 다음에 오는 현실적 존재들은 〈그것〔이 피조물〕은 나의 것이다〉라고 말할 수 있다. 그러나 그것의 소유는 그것에의 순응 conformation을 요구한다.

유동하는 세계 내의 현실적 존재라는 이와 같은 착상은, 『티마이오스』에 들어 있는 다음의 문장을 확장시킨 것과 거의 다를 바가 없다. 〈그러나 이성을 거치지 않고, 감각의 도움을 받아 억견(臆見)에 의해 파악되는 것은 언제나 생성과 소멸의 과정에 있고, 결코 참으로 존재하는 법이 없다.〉[9] 베르그송이 〈공간화 spatialization〉에 대하여 이의를 제기했을 때, 그는 단지 〈결코 참으로 존재하는 법이 없다 and never really is〉는 플라톤의 말을 그대로 되풀이하고 있었던 데에 지나지 않는다.

---

9) 『티마이오스』, 28A. 자우엣 B. Jowett의 번역. 테일러 A. E. Taylor 교수는 『티마이오스 주석 *Commentary on Plato's Timaeus*』에서 자우엣의 〈억견 opinion〉이란 말 대신에 〈신념 belief〉 내지 〈판단 judgement〉이라는 말로 〈독사 doxa〉라는 말을 번역하고 있다. 테일러의 번역은 데카르트의 『성찰』이 플라톤에게서 받은 영향을 밝히고 있다. 즉 플라톤의 〈독사〉는 데카르트의 〈판단 judicium〉이라는 것이다.

3장

자연의 질서

제 1 절

대비되는 질서와 소여성(所與性). 질서의 네 가지 특징. 목표의 달성, 느낌의 유혹.* 자기 원인 *causa sui*.

이 장과 다음 장의 논의는, 근대의 철학자로서 흄과 칸트 그리고 고대의 철학자로서 플라톤의 『티마이오스』와 주로 관계된다. 이 두 장에서는 〈우주의 질서〉, 〈귀납〉, 〈보편적 진리〉에 관련된 문제들을 다룬다. 지금 이 장에서는 전적으로 〈질서〉의 문제를 다루겠다. 유기체의 학설은 질서의 문제를 가장 중요시한다. 어떠한 현실적 존재도, 그 자신의 관점에서 본 여건으로서의 현실 세계 ── 그 〔현실적 존재의〕 현실 세계 ── 가 허용하는 한계를 넘어서서 존재할 수 없다. 그러한 존재는 저마다 어떤 점에서 정착된 객체화의 합생 concrescence of objectifications의 최초

* 〈느낌의 유혹 lure of feeling〉은, 통상적으로 화이트헤드가 〈느낌에의 유혹 lure for feeling〉으로 쓰고 있기 때문에, 잘못된 것으로 생각될지도 모르겠다. 그러나 이 목차 내용의 기재와 대응되는 텍스트에서는 〈느낌의 유혹〉으로 되어 있다.

위상에서 생겨난다. 즉 그 경험의 토대는 〈주어져〉 있다. 그런데 〈질서〉의 상관자는 〈무질서 disorder〉이다. 이러한 대비가 인정되지 않을 경우, 〈질서〉의 관념에는 아무런 특별한 의미도 있을 수 없게 된다. 이러한 대비를 도외시한다면, 〈질서〉는 〈소여성〉과 동의어가 될 것임에 틀림없다. 그러나 〈질서〉가 〈소여성 givenness〉을 전제한다고는 하지만 그것은 〈소여성〉 이상의 것을 의미한다. 〈무질서〉 또한 〈주어져〉 있기 때문이다. 각 현실적 존재는 〈소여성〉 전체를 필요로 한다. 그리고 소여성의 각 전체는 그 나름의 〈질서〉의 정도를 확보하게 된다.

질서의 네 가지 근거가 즉시 부상한다.

i) 현실 세계의 질서는 어떤 목표 달성을 위한 적응을 도입하고 있다는 점에서 단순한 〈소여성〉과 구별된다는 것.

ii) 이 목표는 현실적 존재들(결합체의 구성원)의 만족도의 단계적 변화와 관계되며, 그 현실적 존재들의 형상적 구조 속에서 문제의 결합체(즉 그 결합체에 선행하는 구성원들)가 객체화된다는 것.

iii) 강도의 상승은, 그 결합체의 다수의 구성 요소들이 대비로서 명백한 느낌 속에 들어갈 수 있게 되는 그런 질서, 그리고 그것들이 양립 불가능한 것으로서 부정적 파악으로 추방되지 않게 되는 그런 질서에서 생겨난다는 것.

iv) 자기초월적 주체 subject-superject의 형상적 구조에 있어서의 강도는, 자기초월체 superject로서의 그 객체적인 기능에 있어서의 〈욕구 appetition〉를 내포하고 있다는 것.

〈질서〉란 말은 단지 유적(類的)인 술어(術語)에 지나지 않는다. 어떤 일정하고 특수한 〈질서〉만이 있을 수 있으며 단순히 막연한 상태의 질서란 있을 수 없다. 따라서 〈소여성〉의 일정한 전체상들은 모두 제각기 그것의 지배적 이상 ideal인 특수한 〈질서〉와 연관되어 있으며, 또 완전한 이상의 달성을 저해하는 〈주어진 given〉 구성 요소를 포함하기 때문에 일어나는 특수한 〈무질서〉를 내포하고 있다. 이상의 달성은 부분적이며, 그러기에 〈무질서〉가 있다. 하지만 어떤 달성이 있으며, 그래서 어떤 질서가 있게 되는 것이다. 모든 현실적 존재가 달성해야 함에도 불구하고 그 달성에 실패하고 마는 그런 유일한 이상적 〈질서〉란 없다. 사례에 따라 각각의 특수한 현실적 존재에 특유한 이상이 있으며, 이것은 각 현실적 존재의 〈소여성〉의 양상에 있어서 지배적인 구성 요소로부터 나타난다. 이 〈지배적〉이라는 개념은 〈우주 시대〉의 체계적 성격이라는 개념 및 한 우주 시대에 포함되어 있는 〈사회〉라는 종속적인 체계적 성격의 개념과 연관하여 나중에 논의되어야 할 것이다. 하나의 이상이라는 개념은, 광신적이거나 현학적인 태도를 견지하는 가운데 불행히도 사상을 과도하게 도덕화하는 데에서 온다. 개개의 현실적 존재에 특유한 지배적 이상이라는 개념은 플라톤적인 것이다.

어떠한 생물과학도, 문제의 유기체에 고유한 이상을 언급하지 않을 경우 무의미하게 되고 마는 그런 표현에 의하지 않고서는 자신의 수장을 드러낼 수 없다는 것은 주목할 만한 점이다. 우주의 이러한 양상은 저 위대한 생물학자이며 철학자였던 아리스토텔레스에게 깊은 인상을 주었다. 아리스토텔레스의 철학은 중세 기독교로 하여금 〈목적인 final causes〉의 개념을 무모하리만큼 지나치게 강조하는 방향으로 나아가게 하였고, 근대의 과학 시대를 통해서는 그에 대한 반동으로 〈작용인 efficient causes〉의 개념을 똑같이 지나치게 강조하는 방향으로 이끌었던 것이다. 건전한 형이상학이 해결해야 할 하나의 과제는, 목적인과 작용인을 이들 상호 간의 적절한 관계 속에서 해명하는 일이다. 이러한 과제의 필요성과 난점은 흄의 『자연 종교에 관한 대화 *Dialogues Concerning Natural Religion*』에서 역설되고 있다.

따라서 〈질서〉라는 개념은 특수한 만족 satisfaction이라는 어떤 달성을 내포한 현실적 존재의 개념과 밀접한 관계가 있다. 이 만족은 문제되는 존재에 있어 개체적인 것의 달성을 말한다. 그것은 현실적 존재 자체의 합생에 기여하는 구성 요소라고 해석되어서는 안 된다. 그것은 그 존재에 있어 개체적인 궁극적 사실인 것이다. 〈만족〉이라는 개념은 〈합생의 과정〉으로부터 추상된 〈응결체로서의 존재 entity as concrete〉

라는 개념이다. 그것은 과정으로부터 유리된, 그래서 과정인 동시에 결실인 원자적 존재의 현실성을 상실하고 있는 결과물 outcome이다. 〈만족〉이 제공해 주는 것은 그 현실적 존재의 구성에 있어서의 개체적 요소—〈존재하기 위해서 그 자신 이외의 아무것도 필요로 하지 않는〉 것으로 실체를 정의하게 했던 저 요소—이다. 그러나 〈만족〉은 〈실체〉나 〈주체〉라기보다는 오히려 〈자기초월체 superject〉이다. 그것은 그 존재를 마감한다. 그러면서도 그것은 문제의 존재에 대체되는 존재들의 생성을 가능케 하는 창조성에 그 자신의 특성을 부과하는 자기초월체이다. 문제의 현실태가 갖는 〈형상적〉 실재성 formal reality은 그 합생 과정에 속하며 〈만족〉에 속하지 않는다. 유기체 철학은 〈결코 참으로 존재하는 법이 없다 and never really is〉는 플라톤의 말을 이러한 의미로 해석한다. 왜냐하면 자기초월체는 그 〈객체적 불멸성 objective immortality〉에 의해서만 해석될 수 있기 때문이다.

〈만족〉이라는 말은 유적(類的)인 술어이다. 다양한 등급의 강도를 포함하고 있는 상이한 존재들의 만족들 사이에는 특수한 차이가 있다. 이들 특수한 차이는, 현실적 존재가 생겨나는 구성 요소들에 대한 분석에 의해서 표현될 수 있을 뿐이다. 만족의 강도는, 합생이 생겨나고 통과하는 여러 위상 phases에 있어서의 질서에 의해 강화되고, 〈무질서〉에 의해 약화된다. 따라서 합생의 구성 요소들은 〈만족〉에 기여하는 〈가치들〉이다. 이런 식으로 합생은 흩어져 있는 구성 요소들을 현실적인 공재성(共在性) actual togetherness으로 완성시키는 결정적 〈만족〉을 구축해 간다. 이 합생의 과정은 완전히 결정적인 〈만족〉의 달성으로 종결된다. 또한 그럼으로써 창조성은 다른 현실적 존재의 합생을 위해 〈주어진〉 최초의 위상으로 넘어간다. 이 초월은 선행하는 존재를 완결시키는 결정적인 〈만족〉이 달성될 때 확립된다. 완결은 직접성의 소멸이다. 〈그것은 결코 참으로 존재하는 법이 없다.〉

어떠한 현실적 존재도 그 자신의 만족을 의식하지는 못한다. 왜냐하면 그럴 경우 그와 같은 인식은 그 과정의 구성 요소가 될 것이고 또 그렇게 됨으로써 만족을 변경시키게 될 것이기 때문이다. 문제의 그 존재를 놓고 본다면 지금 말한 만족은, 그 존재를 넘어서서 그 존재 자체를 객체화시키는 하나의 창조적 결정으로서만 고찰될 수 있다. 달리 말하면, 한 존재의 〈만족〉은 그 존재의 유용성의 견지에서만 논의될 수 있다는 것이다. 그것은 창조성의 제약 조건이다. 이 만족 가운데서 구현되는 느낌의 색조는 이와 같은 객체화를 통해서 초월적 세계로 옮겨 간다. 세계는 자기 창조적이다. 그리고 자기 창조적인 피조물로서의 현실적 존재는 초월적 세계의 공동 창조자 part-creator라는 불멸적인 기능으로 바뀐다. 자기 창조 가운데 있는 현실적 존재는 개체적 만족과 초월적 창조자로서의 자신의 이상에 의해 인도된다. 이러한 이상을 향유하는 것이 〈주체적 지향 subjective aim〉이며, 이 때문에 현실적 존재는 하나의 결정적인 과정이 되고 있는 것이다.

이 주체적 지향은 원초적으로 지성적인 것이 아니다. 그것은 느낌에의 유혹 lure for feeling이다. 이 느낌에의 유혹은 정신의 싹〔胚芽〕 germ of mind이다. 여기서 내가 사용하고 있는 〈정신 mind〉이라는 말은 현실적 존재의 구조에 내포되어 있는 정신적 활동 mental operation의 복합체를 의미한다. 이 정신적 활동이 반드시 의식을 수반하고 있는 것은 아니다. 파생된 합생은 여건들을 직접적인 사적(私的) 영역 immediate privacy 속에 흡수함에 있어, 사적인 종합을 유발시키는 느낌의 여러 방식과 그 여건들을 제각기 짝 짓게 하는 데서 성립된다. 이러한 주체적인 느낌의 방식들은 여건들을 단순히 성질이 다른 사실로서 수용하는 데에 그치는 것이 아니라, 건조한 뼈대 dry bones에 정서와 목적과 감식력을 지닌 실재적인 존재자의 살을 입힌다. 이러한 창조의 기적은 저 예언자 에제키엘 Ezekiel의 다음과 같은 비전 가운데 묘사되어 있다. 〈내가 분부하신 대로 말씀을 전하였더니 생기가 그들에게 들어갔다. 그러자 그들이 살아나 제 발로 일어서서 굉장히 큰 무리를 이루었다.〉[1]

1) 『구약성서』, 「에제키엘(에스겔 Ezekiel)」, 38장 10절.

새로운 개별적인 사실을 창조하는 느낌의 생기(生氣)는 여건에만 전적으로 돌릴 수 없는 기원을 가지고 있다. 그것은 여건을 느낀다는 점에서 그 여건에 순응한다 conform는 것이다. 그러나 그 느낌의 방식 *how*은 비록 그것이 그 여건과 밀접한 관계에 있다고는 해도, 그 여건에 의해 완전히 결정되는 것이 아니다. 이와 같은 느낌은 그것이 〈주체적 형식〉을 포함시키거나 배제하는 문제와 관련하여, 그 느낌이 관계하고 있는 여건에 의해 결정되지 않는다. 합생의 과정은 주체적 형식의 이러한 미결정성을 제거해 가는 과정이다. 느낌의 성질은, 느낌이 자기를 한정함에 있어 스스로 취한 영원한 객체에 의해 한정되어 있지 않으면 안 된다. 그것은 영원한 객체가 현실적 계기 속으로 진입해 들어오는 방식이다. 그러나 이 자기 확정은 두 가지 양상으로 분석될 수 있다. 첫째는, 여건과 밀접하게 관계하고 있으면서 동시에 물리적 느낌을 위한 가능태로 있다고 하는 이중의 역할을 지니는 영원한 객체의 개념적 진입 conceptual ingression이다. 이는 느낌에의 개념적 유혹 conceptual lure이라는 역할에 있어서 영원한 객체의 진입을 말한다. 둘째는 느낌의 실재 속에 그 유혹을 수용하거나 거부하는 양상이다. 영원한 객체가 그 유혹의 역할을 수행할 때 관련성을 가진다는 것은 여건에 내재해 있는 사실이다. 이러한 의미에서 영원한 객체는 〈객체적 유혹 objective lure〉의 한 구성 요소이다. 그러나 그것을 개념적 느낌의 실재 안으로 이끌어들이느냐 아니면 배제하느냐 하는 것은 현실적 계기의 창시적인 결단에 달려 있다. 이런 의미로 본다면 현실적 계기는 일종의 자기 원인 *causa sui*이다. 합생의 한 위상에 있어서의 여러 파악의 주체적 형식들은, 그 합생의 다음의 여러 위상에 있어서의 특수한 통합을 제어한다.

느낌에의 유혹에 관한 한 가지 예를 흄이 제시하고 있다. 『인성론(人性論)』* 제1절에서 그는 다음과 같은 명제를 제기한다. 〈처음에 출현하

---

* 화이트헤드는 보스턴의 리틀 브라운 앤드 컴퍼니와 에딘버러의 아담 앤드 찰스 블랙 출판사에 의해 1854년에 간행된 네 권의 『흄 철학 저작집』을 사용하고 있다. 이 판의 구두법은 현재 통용되고 있는 판의 것과 상당 부분이 다르다. 케임브리지판과

는 모든 단순 관념들은, 이들 관념에 대응하고 또한 이들 관념에 의해서 정확하게 재현되는 단순 인상들로부터 온다.〉 유기체 철학에 있어 〈객체화의 여건〉은 흄의 〈단순 인상〉과 가장 가깝다는 것을 잊어서는 안 된다. 그러므로 흄의 원리를 수정하여 말하자면, 개념적인 느낌에의 최고의 유혹은 객체화된 현실태 속에 실현되어 있는 성질들에 대한 엄밀한 순응 conformation인 것이다. 그러나 흄은 방금 앞에서 제시한 엄격한 원리가 수반하고 있는 하나의 예외에 주목하고 있다(앞의 책, 같은 절). 즉 여건 속에 실현되어 있지는 않지만 그 여건과 근접성을 지니고 있음으로 말미암아 〈객체적 유혹〉을 조성하는 연관적인 가능태의 원리에 주목하고 있는 것이다. 논점의 핵심은 〈현실 세계〉 내의 〈질서〉가 영원한 객체들에 있어서의 파생적인 〈질서〉를 이끌어들인다는 데에 있다. 흄은 다음과 같이 말하고 있다.

그렇지만 앞의 고찰과 모순되는 현상이 하나 있다. 그래서 그 현상을 놓고 본다면 관념이 그것에 대응되는 인상에 앞선다는 것이 절대적으로 불가능하지만은 않다는 점이 입증될 수 있는 것처럼 보인다. 다음과 같은 사실은 누구나 쉽게 받아들일 수 있는 것이라 하겠다. 즉 두 눈을 통해서 마음에 들어오는 몇 개의 판명한 색채 관념들 혹은 청각을 통해서 전해지는 몇 개의 구별되는 음향 관념들은, 각기 서로 유사하다고는 하나 실제로는 서로 다르다는 것이다. 그런데 만일 이것이 상이한 색채들에 대해서 참이라면, 동일한 색채의 상이한 색조들에 대해서도, 색조는 저마다 다른 색조와는 독립적으로 별개의 관념을 낳는다고 말해야 할 것이다. ……여기에서 어떤 사람이 지난 30년간 시각을 사용해 왔고, 그래서 모든 종류의 빛깔을 완전히 판별할 수 있게 되었는데 다만 한 가지, 예를 들어 파랑의 어떤 특정 색조는 불운하게도 한 번도 본 적이 없다고 가정해 보자. 그리고 지금 그의 면전에 이 하나의 색조를 제외한 다른 모든 색조의 파랑을, 가장 진한 것으로부터 가장 연

맥밀런판의 인용이 이 판과 다른 경우에는 우리는 이 판에 따랐다.

> 한 것에 이르기까지 펼쳐 보인다고 하자. 분명히 이때 그는 그 색조가 빠져 있는 곳에서 공백을 지각할 것이고, 인접한 색채들 간의 간격이 그 장소에서는 다른 어느 곳보다도 크다는 점을 깨달을 것이다. 여기서 나는 다음과 같이 물어볼 수 있겠다. 그는 자기 자신의 상상력을 동원하여 이 결함을 보완하고, 감관이 문제의 색조를 아직껏 한 번도 전달해 준 적이 없는데도 저 특정 색조의 관념을 마음속에 떠올릴 수 있을 것인가? 아마도 그가 그럴 수 없다고 여기는 사람은 거의 없을 것이다. 그래서 이 사례는 결국 단순 관념이 언제나 이에 대응하는 인상으로부터만 나오는 것은 아니라는 증거가 되기에 충분할 것이다. 물론 이 사례는 매우 특수하고 희귀한 것이어서, 우리가 반드시 주목해야 할 만한 가치가 있는 것도 아니고, 또 그것만을 이유로 삼아 앞에서 제시한 일반 원칙을 변경시켜야 할 만큼의 비중을 지닌 것도 아닌 것이다.

이 인용문은 그 마지막 구절을 빼고는 아무런 주석도 붙일 필요가 없다. 흄은 그 〈사례〉를 〈특수하고 희귀한〉 것으로 보아 도외시하고 있다. 유기체 철학은 바로 이러한 평가에 대하여 이의를 제기한다. 유기체 철학에서 채택한 합생에 대한 분석은, 기초적인 여건과 밀접한 관계를 가지고 있음으로 해서 쉽게 느껴질 수 있는 것은 무엇이든지 받아들이거나 배제하는, 개념적 느낌이 성립하고 있다는 것을 보여준다. 이 밀접한 관계와 관련하여 등급화되는 영원한 객체들은 느낌에의 〈객체적 유혹〉이 된다. 합생의 과정은 이 〈객체적 유혹〉을 선택적으로 받아들여 주체적 효력 subjective efficiency이 되게 한다. 이것이 그 과정을 이끌어가는 〈그 자신의 주체적 이상〉인 것이다. 그리고 기초적 여건은 그 합생 과정의 실례(實例)에 〈속하는〉 현실 세계로 구성되어 있다. 느낌은 〈벡터 vector〉이다. 왜냐하면 그것은 저곳에 있는 것을 느끼고는 이를 이곳에 있는 것으로 변형시키기 때문이다.

전위차(電位差, potential difference)라는 용어는 물리과학에서 오래 전부터 사용되어 왔다. 최근에 그것은 생리학에도 도입되고 있는데, 물리과학에서 통용되어 온 의미 ── 일반적으로는 같은 종류의 것이지만 ── 와는 다르게 쓰이고 있다. 이 용어를 시사해 주는 것으로서 현실적 존재의 구성 속에 있는 궁극적 사실은 느낌에의 객체적 유혹이다. 두 개의 현실적 존재를 비교했을 때 그들의 객체적 유혹 간의 대비가 그들의 전위차(電位差)가 되며, 그 밖의 다른 용법은 이 궁극적 의미로부터 파생된 추상이다.

하나의 일정한 현실적 존재와 관련한, 현실 세계의 현실적 존재들의 〈객체화〉는 그 현실적 존재를 생겨나게 하는 작용인이 되고 있다. 〈만족〉을 노리는 〈주체적 지향〉은 목적인 내지 유혹을 이루며, 이에 의해 결정적인 합생이 있게 된다. 그리고 저 달성된 〈만족〉은 창조적 목적의 내용 가운데 한 요소로서 존속된다. 이런 방식으로 창조성의 초월이 있게 된다. 그리고 이 초월은 만족된 자기초월체를 넘어서는 현실태의 합생에 있어 과정의 갱신을 위한 결정적인 객체화를 낳는다.

따라서 현실적 존재는 다음과 같은 삼중적인 성격을 가진다. 즉 i) 그것은 과거에 의해 그것에 〈주어진〉 성격을 가진다. ii) 그것은 합생의 과정에서 지향하는 바의 주체적 성격을 가진다. iii) 그것은 초월적인 창조성을 규정하는, 특수한 만족의 실용적 가치인 자기초월적 성격을 가진다.

〈원초적인 primordial〉 현실적 존재 ── 이는 신(神)이다 ── 의 경우에는 과거가 없다. 따라서 개념적 느낌의 이상적인 실현이 선행한다. 신이 다른 현실적 존재와 다른 까닭은, 개념적 느낌의 파생적 성격에 관한 흄의 원칙이 신에게는 적용되지 않는다는 사실에 있다. 그러나 거기에도 여전히 동일한 삼중적인 성격이 있다. 즉 i) 신의 〈원초적 본성 primordial nature〉은, 자신의 여건 속에 모든 영원한 객체를 포함하는 개념적 느낌의 통일적 합생이다. 이 합생은 다음과 같은 주체적 지향에 의해서 그 방향이 잡힌다. 즉 느낌의 주체적 형식들은 영원한 객체들로부터 모든 실현 가능한 기초 조건에 각기 적절한, 느낌의 관련된 여러 유혹을 구성해 낼 수 있는 그런 성격의 것이어야 한다는 것이다. ii) 신의 〈결과적 본성 consequent nature〉은 진화하고 있는 우주의 현실태에 대한 신의 물리적 파악 physical prehension을 말한다. 신(神)의 원초적 본성은 객체화의 여러 전망을 제시한다. 따라서 시간적 세계 내의 새로운 현실태가 저마다 가능한 대로 제공하는 요소들은 부조화에 따르는 강도 intensity의 제한을 받지 않고 신 안에서 실현될 수 있는 것이다. iii) 신의 〈자기초월적 본성〉은, 갖가지 시간적인 사례들 속에서 초월적 창조성을 규정하는 신의 특수한 만족이 가지는 실용적 가치의 성격을 말한다.

이것이 신의 개념이다. 이 개념에 따른다면 신은 창조성의 산물로, 질서의 기반으로, 그리고 새로움에의 자극물*로 생각된다. 〈질서〉와 〈새로움〉이란 〈형상적 직접성 formal immediacy〉을 강화하는, 신의 주체적 지향의 도구에 지나지 않는다. 신을 포함한 모든 현실적 존재는 그 자신을 위한 어떤 개체적인 것이며, 그렇기 때문에 그것은 그 밖의 현실태를 초월한다는 점에 주목할 필요가 있다. 그리고 신을 포함한 모든 현실적 존재는 그것이 한정하는 창조성에 의해 초월된 피조물이라는 점에도 주목해야 한다. 그 성격의 둘째 요소에서 본 시간적 계기와 그 성격의 첫째 요소에서 본 신은, 실체란 자기 원인이라고 하는 스피노자의 실체에 대한 정의를 충족시킨다. 자기 원인이란, 합생의 과정이, 느낌들로 이루어진 질적인 옷을 입는 것과 관련된 결단을 내림에 있어 그 자신이 그 결단의 근거가 된다는 것을 의미한다. 합생의 과정은 어떠한 느낌에의 유혹이건 이를 유효하게 만드는 저 결단에 대하여 궁극적으로 책임이 있는 것이다. 우주에 내재하는 자유는 이러한 자기 원인의 요소로 구성되어 있다.

---

* 〈목표 goal〉를 〈자극물 goad〉로 변경. 많은 연구가들의 의견과 같이, 우리도 〈새로움을 위한 목표〉라는 표현은 의미가 없다고 생각한다. 그리고 텍스트에 〈목표〉로 나타나 있는 것은 화이트헤드의 육필을 잘못 옮겨 쓴 것임을 쉽게 알아볼 수 있다. 이 문맥에서 〈자극물〉이라는 말을 사용한다는 것은, 신이 세계에 대해 영향을 끼치는 방식에 관한 화이트헤드의 생각, 즉 느낌에의 유혹으로 소용되는 이상을 부여함으로써 영향을 끼친다고 보았던 화이트헤드의 생각과 조화되지 않는다는 반론이 있을지 모른다. 그러나 누군가가 다른 사람에게, 관심을 끄는 이상을 끈질기게 제시하고 있을 경우, 이는 그가 그 사람을 자극하여 어떤 행동을 취하게 하려는 것이라고 말하는 것은 지극히 상식적이라 하겠다.

이 앞으로의 논의에서 〈현실적 존재 actual entity〉라는 말은, 신이 그 논의에 명시적으로 포함되지 않는 한, 시간적 세계의 제약된 현실적 존재를 의미하게 될 것이다. 신은 언제나 〈현실적 계기 actual occasion〉란 용어가 적용되는 영역 밖에 있게 될 것이다.

유기체 철학은 칸트 철학의 전도(顚倒)이다. 『순수이성 비판』은 주관적 여건이 객관적 세계의 현상 속으로 이행해 들어가는 과정을 기술하고 있다. 유기체 철학이 기술하려는 것은 객체적 여건이 어떻게 주체적 만족 속으로 이행해 들어가는가 하는 것, 그리고 객체적 여건에 있어서의 질서가 어떻게 주체적 만족에 있어서의 강도를 제공하는가 하는 것이다. 칸트에게 있어 세계는 주관으로부터 출현한다. 유기체 철학에서는, 주체가 세계로부터 출현한다 ―주체라기보다는 〈자기초월체〉가 출현한다. 그렇기 때문에 〈객체〉란 말은 느낌의 구성 요소가 될 가능태로서의 존재를 의미하며, 〈주체〉란 말은 느낌의 과정에 의해서 구성되고 그 과정을 포함하는 존재를 의미한다. 느끼는 자 feeler란 그 자신의 느낌들에서 출현한 통일체를 말하며, 느낌들은 그 통일체와 다양한 여건 사이를 매개하는 과정의 세밀한 부분들이다. 여건은 느낌을 위한 가능태로서의 존재이다. 다시 말하면 그것은 객체이다. 과정은 느낌의 미결정성을 하나의 주체적 경험의 통일성으로부터 제거해 가는 것을 말한다. 여건에 있어서의 질서의 정도는 객체적 유혹에 있어서의 풍부성의 정도에 의해 결정된다. 달성된 〈강도〉는 만족의 주체적 형식에 속한다.

제 2 절

한정된 〈사회〉, 한정 특성과 발생적 계승. 사회적이고도 허용해 주는 환경. 우주 시대, 사회적 계층 조직.

앞의 절에서 해명된 것은 〈질서〉라는 개념이 개별적인 현실적 존재를 위한 객체화된 여건에 일차적으로 적용될 수 있다는 것이었다. 어떻게 그럴 수 있는 것인가를 보이기 위하여, 현실적 존재에 적용되는 몇 가지 범주들의 윤곽을 기술할 필요가 있었다. 그러나 〈질서〉라는 말에는, 우리가 그 말을 사용할 때보다 흔히 머릿속에 떠올리는 파생적인 의미가 있다. 우리는 〈자연의 질서〉에 대해 말한다. 이때의 질서란 우리의 관찰 안으로 들어오는 한정된 우주의 부분[2]이나 지구 표면의 부분을 지배하고 있는 질서를 의미한다. 또한 우리는 질서를 지키며 orderly 사는 사람이라거나 무질서하게 disorderly 사는 사람이라는 말을 하기도 한다. 이런 여러 가지 의미 모두에 있어 〈질서〉라는 말은, 분명히 많은 현실적 존재들이 향유하고 있는 그 자신들 사이의 관계 ── 이 관계에 힘입어 그 현실적 존재들은 하나의 사회를 형성하게 된다 ── 에 적용된다. 〈사회〉라는 용어는 언제나, 그 자신들 사이에 ── 이 절에서 설명되고 있는 바와 같이 ── 〈질서화된〉 현실적 존재들의 결합체를 의미하는 것으로 한정될 것이다.[3] 여기에서 일컬어지는 〈사회〉의 핵심은 그것이 자립해 있다는 것 self-sustaining, 다시 말하면 그것은 그 자신의 근거가 되고 있다는 것이다. 따라서 사회는 동일한 집합명 class-name이 적용되는 존재들의 어떤 집합 이상의 것이다. 즉 그것은 단순한 수학적 개념의 질서 이상의 것을 포함하고 있다. 사회가 성립하기 위해서는 그 각 성원들이 동일한 사회 내의 다른 성원들로부터 파생되어 나왔다는 데에 근거하여, 하나의 집합명이 그 각 성원들에게 적용되어야만 한다. 그 사회의 성원들은 그것들이 그들의 공통 특성을 근거로 하여 각기 그 사회의 다른 성원들에다, 그와 같은 유사성을 낳게 되는 여러 조건을 부과하기 때문에 유사한 것들이 된다.

이러한 유사성[4]은 다음과 같은 사실에 있다. 즉 i) 〈형상〉의 어떤

2) 헨더슨 L. J. Henderson 교수의 저서, *The Fitness of the Environment*(New York : Macmillan, 1913) ; *The Order of Nature*(Harvard Univ. Press, 1917) ; *Blood*(Harvard Univ. Press, 1928), Ch. I 참조. 이 저서들은 이 주제의 모든 논의를 위한 바탕이 된다.

3) 또한 제1부, 제3장, 제2절도 참조.

요소가 그 사회의 각 성원의 개별적인 만족에 기여하는 구성 요소가 된다는 것, 그리고 ii) 다른 성원에 의한 파악을 위해서 그 사회의 어떤 한 성원이 객체화되는 데에 이 요소가 기여함으로써, 그 다른 성원들의 만족 가운데서 그 성원의 유사한 재생이 촉진되기에 이른다는 것이다. 따라서 한 조(組)의 존재들이 하나의 사회를 이루게 되는 것은 i) 그 성원들이 공유하고 있는 〈한정 특성 defining characteristic〉 때문이며, ii) 이 사회 자체에 의해 제공된 환경에 기인하는 한정 특성이 현존하기 때문이다.

예를 들면, 인간의 생애는 두드러질 정도로 ― 뒤에서 보다 상세히 논하게 되겠지만 ― 서로 계승되고 있는 현실적 계기들의 역사적 경로라고 볼 수 있다. 어떤 사람이 그리스어를 처음 습득하기 시작한 때부터 그 말에 대한 완전한 시식의 상실에 이르기까지, 모든 계기들을 포함하는 그런 한 조(組)의 계기들은 그 그리스어의 지식과 관련하여 하나의 사회를 구성하고 있다. 그러한 지식은 역사적 경로를 따라 계기에서 계기로 계승되는 공통의 특성인 것이다. 지금 말한 예는 인간의 생애에 있어 다소 사소한 질서의 요소 ― 즉 그리스어의 지식 ― 를 일견할 수 있도록 하기 위해서 의도적으로 선택한 것이다. 질서의 보다 중요한 성격은 인간을 탄생에서 죽음에 이르기까지 동일하게 지속하는 인격 person으로 간주할 수 있게 하는 그런 복합적인 성격일 것이다. 또한 이 사례에 있어서도 그 사회의 성원들은 그 발생적 관계에 따라 순차적으로 in a serial order 배열되어 있다. 이러한 사회를 가리켜 〈인격적 질서 personal order〉를 갖추었다고 말한다.[5)]

따라서 사회 각 성원의 견지에서 본다면 사회란 그 자신 속에 어떤 질서의 요소를 갖고 있는 일종의 환경이며, 또한 그 성원들 간의 발생적 관계에 힘입어 지속되고 있는 것이다. 그러한 질서의 요소는 그 사

---

4) 제1부, 제3장, 제2절 참조.
5) 제1부, 제3장, 제2절 참조.

회에 널리 퍼져 있는 질서이다.

그러나 고립된 사회란 있을 수 없다. 사회는 모두 현실적 존재들의 보다 넓은 환경을 그 배경으로 가지고 있다고 보아야 한다. 그리고 이 현실적 존재들은 거기서 객체화되고 있으며, 그 사회의 성원들은 그것들에 순응하지 않으면 안 되도록 되어 있다. 따라서 환경으로부터의 기여는 적어도 그 사회의 자립을 허용하는 것이어야 한다. 또한 이 배경은 그 중요성에 비례하여, 그 사회의 보다 특수한 성격이 그 성원들을 위해 전제로서 필요로 하는 일반적인 성격을 제공하는 데 기여하지 않으면 안 된다. 그러나 이는 문제의 사회와 결부된 그 환경이, 그 문제의 사회를 한정하는 성격보다도 더 일반적인 어떤 성격을 갖고 있는 보다 큰 규모의 사회를 형성하고 있지 않으면 안 된다는 것을 의미한다. 따라서 우리는 모든 사회가, 그 사회를 한 부분으로 하고 있는 사회적 배경을 필요로 한다는 원칙에 도달하게 된다. 어떠한 특정 사회와 관련해서도 현실적 존재의 세계는 여러 층의 사회적 질서를 지닌 하나의 배경을 형성하는 것으로 간주되어야 하며, 그 사회적 질서의 한정 특성은 우리가 그 배경을 확대함에 따라 더욱 광범하고도 일반적인 것이 되어 간다. 말할 것도 없이 그 배경이라는 먼 현실태들은, 그들 자신의 특수한 여러 유형의 사회적 질서의 특성들을 가지고 있다. 그러나 그와 같은 특성들은 부조화, 즉 무질서로 말미암아 억제되고 희석되기 때문에 문제의 사회에서 보자면, 부적절한 것이 되고 만다.

현실적 존재의 형이상학적 특성—〈형이상학〉이라는 말 본래의 일반적 의미에서—은 모든 현실적 존재에 적용되는 것이어야 한다. 그러한 형이상학적 개념들이 지금까지 그 엄격한 순수성에 있어서—심지어 논리학이나 수학의 가장 보편적인 원리를 감안한다고 하더라도—한 번이라도 정식화되어 본 적이 있는가에 대해서는 의문의 여지가 있을 것이다. 우리는 충분히 넓은 사회, 그러면서도 그 한정 특성이, 지금까지 있어왔거나 앞으로 있게 될지도 모르는 모든 현실적 존재에 그대로 귀속될 수 없는 그런 사회에 국한하여 고찰하지 않으면 안 된다.

사회적 환경을 지배하는 인과 법칙은 그 사회의 한정 특성의 산물이다. 그러나 그 사회는 어디까지나 그 개별적인 성원을 통해서만 유효할 수 있는 것이다. 따라서 사회에 성원이 존재할 수 있게 되는 것은 오로지 그 사회를 지배하고 있는 법칙 때문이며, 또한 이 법칙은 오직 그 사회 성원들의 유사한 성격에 근거해서 성립되고 있는 것이다.

그러나 한 사회의 무한한 존속을 보장해 줄 수 있는 이상적 질서의 완전한 달성이란 있을 수 없다. 사회란, 〈무질서〉가 그 사회의 이상과 관련하여 정의되는 경우, 바로 그런 무질서로부터 생겨나는 것이다. 그 사회가 어느 정도의 성장을 거쳤을 때, 그것의 보다 넓은 환경이었던 유리한 배경은 소멸하거나 그 사회의 존속에 더 이상 유리한 것으로 작용하지 않게 된다. 이렇게 될 때 그 사회는 그 성원들의 재생을 중지하게 되며, 궁극적으로는 일정한 쇠퇴의 단계를 거친 후 소멸하게 된다. 따라서 우주의 어떤 부분에 있어서의 재생을 결정하는 〈법칙들〉의 체계는, 서서히 등장하여 지배력을 갖추고 나서 그 나름의 지속의 단계를 거친 후, 그 체계를 낳았던 사회의 쇠퇴와 함께 소멸해 버리는 것이다.

자연의 법칙에 있어서의 임의의 요소들, 이를테면 〈주어진〉 요소들은 우리가 특정의 우주 시대 cosmic epoch에 있다는 것을 일깨워 준다. 여기에서 〈우주 시대〉라는 표현을 쓴 까닭은, 우리 자신과의 직접적인 관련을 추적해 볼 수 있는 현실적 존재들의 가장 넓은 사회를 의미하기 위해서이다. 이 〔우주〕 시대 epoch를 특징짓는 것은 전자적(電子的)인 현실적 존재, 양성자적(陽性子的)인 현실적 존재, 그리고 에너지의 양자(量子)에서 희미하게 식별될 수 있는 훨씬 더 궁극적인 현실적 존재들이다. 전자기장(電磁氣場)에 관한 맥스웰의 방정식은 방대한 수의 전자와 양성자를 근거로 하여 힘을 발휘하고 있다. 또한 각 전자는 전자적 계기들의 사회이며, 각 양성자는 양성자적 계기들의 사회이다. 이러한 계기들은 전자기적(電磁氣的) 법칙의 근거가 되는 것이지만, 각 전자나 양성자로 하여금 긴 생명을 갖게 하고 새로운 전자나 새로운 양성자를 성립케 하는 그 계기들의 재생 능력은, 그 자체가 이러한 전자기적 법칙에 의거하고 있는 것이다. 그러나 그 법칙들이 완전히 지켜지지는 않고 있다는 의미에서, 또 그 재생이 실패하는 경우가 종종 있다는 의미에서 무질서가 생겨난다. 따라서 현존하는 자연법칙들을 대신하여 점차적으로 지배력을 행사하면서 뒤이어 등장하는 새로운 유형의 질서에로의 점차적인 전이가 있게 되는 것이다.

그러나 자연의 질서에 있어서의 임의적인 요인들로는 전자기적인 법칙만 있는 것이 아니다. 4차원의 시공 연속체, 기하학의 공리, 심지어는 연속체의 단순한 차원적 성격——특정의 차원수를 떠난——그리고 측정 가능성이라는 사실 등이 있다. 뒤의 장(제4부 참조)에서 이 모든 특성들은 연장성이라는 보다 기본적인 사실에 부가되어 있다는 것, 그리고 그 연장성조차도 이와 같은 부가적 개념들을 도입하기에 앞서 이러저러한 방식으로 여러 등급의 특수화를 임의적으로 허용하고 있다는 것이 밝혀지게 될 것이다. 이러한 발견에 비추어 볼 때 지난 두 세기의 논리학과 수학의 연구는 철학과 밀접한 관련을 맺게 된다. 왜냐하면 데카르트, 뉴턴, 로크, 흄, 그리고 칸트의 우주론은 모두 이 사실을 알지 못하고 구축된 것들이기 때문이다. 사실상 『티마이오스』에서 플라톤은 그의 어느 후계자보다도 이를 더 잘 인식하고 있었던 것처럼 보인다. 이는 그러한 사실을 명확히 인지할 때 비로소 그 의미가 밝혀지는 그런 진술을 그가 했다는 뜻에서 그렇다는 것이다. 기하학에서의 이러한 〈주어진〉 요인은 전자적 우주 시대를 하나의 불완전한 부분으로 포함하는 보다 광범한 사회를 시사해 주고 있다.

사회는 어떠한 의미로도 그 한정 특성을 구성하는 영원한 객체들의 복합체를 창조하지 않는다. 그것은 다만 그 복합체를 그 성원에게 중요한 것으로서 이끌어들이고, 그 성원 자격 its membership의 재생을 책임질 뿐이다. 한 사회에 대하여 말해 본다면——문맥상 분명히 다른 해석을 필요로 하는 경우가 아니라면——그 〈성원 자격〉은 언제나 현실적 계기들과 관련되는 것이지, 전자의 생애나 인간의 생애와 같이 현실적 계기들로 이루어지는 종속적인 존속하는 객체와 관련되는 것이 아니다. 이 후자의 사회는 다수의 사회 속에 들어가는 〈인격적〉 질서의 요소이다. 일반적으로 말해서 점유된 공간에 주목하고 있는 한, 우리는 이 제한된 유형의 입자적 사회를 다루고 있는 것이 된다. 그리고 공허한 공간 내의 물리적 장을 생각할 때는, 언제나 넓은 유형의 사회를 취급하고 있는 것이 된다. 마치 광파(光波)의 진행이, 보다 제한된 유형으로부터 보다 넓은 유형으로의 이행을 예시하고 있는 것같이 생각되는 것이다.

따라서 우리의 우주 시대는 기본적으로 전자적·양성자적 계기들을 포함하는 전자기적 계기(電磁氣的 契機)들의 사회로 간주되어야 하며, 그리고 이따금씩만 — 간결하게 표현하기 위하여 — 전자들과 양성자들의 사회로 생각되어야 한다. 이는 군대를 병사의 집합으로 볼 것이냐 아니면 연대(聯隊)의 집합으로 볼 것이냐 하는 것 사이의 차이와도 같다.

제 3 절

사회의 진화, 쇠퇴, 혼돈, 『티마이오스』, 『주해』, 밀턴.

따라서 자연에 관한 물리적 및 기하학적 이론에 내포되어 있는 물리적 관계, 특정의 기하학적 관계, 차원의 관계, 그리고 다양한 등급의 연장적 관계는, 보다 특수한 사회가 보다 넓은 사회 속에 포함되어 있는 방식으로 점차 그 지배의 폭에서 넓어지고 있는 사회들의 계열로부터 파생된다. 이와 같은 상황이 자연의 물리학 및 기하학적 질서를 구성하고 있다. 이러한 사회를 넘어서는 곳에 〈무질서〉가 있다. 여기에서 말하는 〈무질서〉란, 그 사회의 한정 특성이 지니고 있는 중요성이 그 사회의 범위 밖에서는 존재하지 않게 된다는 것을 표현하는 상대적 용어이다. 이는 그 사회가 쇠퇴할 때 그것의 한정 특성이 존재하지 않게 된다는 것이 아니라, 그런 특성이 문제의 현실적 존재를 위해서는 더 이상 중요하지 않게 된다는 것을 의미한다. 〈무질서〉란 용어는, 지배적인 세력을 지닌 법칙의 형식을 빌려 그 특성을 인각(印刻)시키는 데 있어 오직 부분적으로만 영향력을 행사하는 사회와 관계된다. 질서가 사회적 산물이라는 이 학설은 자연법칙에 대한 근대 과학의 통계적 이론에서, 그리고 발생적 관계를 강조하는 데서 나타나게 되었다.

그러나 어떠한 결과의 조화로운 통일이든 간에 이를 보증해 주는 우세한 사회가 하나도 없는 상태가 분명히 있을 수 있다. 이것이 바로 혼돈된 무질서의 상태이다. 이는 절대적인 의미의 무질서에 가까운 무질서이다. 그러한 이상적인 상태에 있어 현실적 존재에 〈주어지는〉 것은 정착된 세계로부터의, 간섭하고 반대하는 결단의 산물이다. 혼돈된 무질서란 달성된 만족에 있어서 양립 가능한 대비의 지배적 한정이 결여되어 있음을 말하며, 그 결과로서의 강도의 약화를 의미한다. 이는 보다 하찮은 현실태에로의 쇠퇴를 의미한다. 보다 하찮은 현실태를 비존재에로의 접근으로 기술하는 것은 자연스러운 비유적 표현이다. 그러나 그것은 어디까지나 비유적 표현에 지나지 않는다. 우리는 무(無)에 접근할 수 없다. 접근해 갈 무(無)가 없기 때문이다. 그것은 서로 모순되는 근거들 간의 미약한 절충이라는 무용한 것으로의 접근이라고 할 수 있다. 서로의 조화를 필요로 하는 사회들이 지배력을 가진다는 것은 만족의 깊이를 위한 본질적인 조건이 된다.

플라톤의 『티마이오스』와 뉴턴의 『주해』──후자는 이미 그 많은 부분을 통해 인용된 바 있다──는 서구 사상에 중요한 영향을 미쳐왔던 두 개의 우주론이다. 『티마이오스』를 과학적인 세부 사항에 대한 진술로 놓고 본다면, 현대의 독자에게 그것은 『주해』에 비해서 실로 어리석은 시도였던 것으로 여겨질 것이다. 그러나 『티마이오스』는 표면적인 과학적 세부 사항에서 모자라는 부분을 그 철학적 깊이로써 보완하고 있다. 우리가 그것을 하나의 비유로 읽을 때, 그것은 우리에게 심오한 진리를 전해 준다. 한편 『주해』는 철학으로서는 추상적이고 부적당한 것이지만, 과학적 세부 사항에 관해서는 극히 뛰어난 진술이다. 그 진술은 그와 동일한 추상의 수준에 있어서의 진리를 연역함에 있어 어떤 한계 내에서 전적으로 신뢰할 만하다고 볼 수 있다. 철학적인 결함에서 오는 문제점이 있다면, 그것은 『주해』가 그 자신의 적용의 한계에 대하여 아무런 암시도 주고 있지 않다는 데에 있다. 그런 문제점이 실제로 가져오는 결과로는 독자들뿐만 아니라 십중팔구는 뉴턴 자신마저도, 내가 다른 곳에서[6] 〈잘못 놓인 구체성의 오류〉라고 불렀던 사태로 빠질 수밖에 없도록 『주해』의 의미를 해석하게 된다는 것이다. 그러한 추상적 관념의 적용 가능성의 한계를 결정하는 것이 형이상학이 해야 할 일이다.

뉴턴의 『주해』는 자연에 있어서의 자기 산출, 발생, 퓌시스 *φύσις*, 능산적(能産的) 자연 *natura naturans*과 같은, 극히 두드러진 국면들에 대하여 시사하는 바가 하나도 없다는 데서 그 추상성을 드러내고 있다. 『주해』의 견지에서 보면 자연은 단적으로, 그리고 완전하게 외직으로 설계되어 순종하면서 저곳에 there 있다. 현대적 진화설의 압도적 승리는 『주해』의 저자인 뉴턴에게는 곤혹스러웠을 것이겠지만, 『티마이오스』의 저자인 플라톤에게는 빛을 던져주었을 것이다. 뉴턴에 관한 한, 우리는 이와 같은 평가에 대한 근거를 그 자신의 말에서 찾아볼 수 있다. 벤틀리에게 보낸 편지에서 그는 다음과 같이 쓰고 있다. 〈우리의 체계에 관한 논문을 쓰면서 내가 주시한 것은 하느님에 대한 신앙에 있어 분별 있는 사람들에게 통용될 수 있는 원리였습니다…….〉[7] 뉴턴이 마음에 품었던 개념은 완전히 명료하게 조직된 체계의 개념이며, 그 체계는 이 명료한 조직성과 더불어 일정한 초자연적 근원을 필요로 하는 것이었다. 이는 일반적으로 오늘날에는 근거 없는 것으로 포기해 버린 〔신의 존재에 대한〕 우주론적 증명의 형태이다. 왜냐하면 우리가 갖고 있는 인과작용의 개념은 현실 세계 안에서의 사물의 상태들 간의 관계에 관련된 것이며, 따라서 그 개념을 어떤 초월적 기원으로까지 확대 적용하는 것은 어디까지나 부당할 수밖에 없기 때문이다. 우리가 뒤에서(제5부 참조)

6) 『과학과 근대세계』, 제3장 참조.

7) 이 인용문은 젭 Jebb이 쓴 *Life of Bentley*, 2장에서 취했다. 이 전기는 English Men of Letters series로 간행되었다.

논하게 될 신의 개념은, 현실 세계에 내재하되 유한한 모든 우주 시대를 초월하는 현실적 존재의 개념이다. ──즉 현실적이면서도 영원하고, 내재적이면서도 초월적인 그런 존재자의 개념인 것이다. 이때의 초월성은 신에게만 특유하게 있는 것이 아니다. 모든 현실적 존재는 그 자신의 새로움에 의해서 신까지도 포함하여 그 자신의 우주를 초월한다.

『주해』에서 공간과 시간은 당시에 통용되던 모든 수학적 특성들과 함께 물질적인 질량체들 material masses을 위해 미리 마련되어 있는 것이었고, 그 물질적 질량체들은 그들의 작용 및 반작용을 구성하는 〈힘〉을 위해 미리 마련되어 있는 것이었다. 또한 공간, 시간, 물질적 질량체, 힘은 하나같이 신이 우주의 도처에 주입시키는 최초의 운동을 위해 미리 마련되어 있는 것이었다. 잘못 놓인 구체성을 통해 해석되는 『주해』로부터는 유신론도 무신론도 이끌어낼 수 없을 뿐 아니라, 사실과의 비교에서 살아남을 수 있는 인식론도 추출해 낼 수 없다. 이는 『자연 종교에 관한 대화』에서 추론되는 불가피한 결론이다. 여기서는 생물학도 신비스러운 것이 되고 만다. 그리고 결국 물리학 자신은 이제 『주해』의 범주로는 설명될 수 없는 실험적 인식의 단계에 접어들었다.

『티마이오스』에는 『주해』에 이르러 궁극적으로 투명하게 표현되고 있는 많은 구절과 진술들이 들어 있다. 서구 사상을 이끌었던 이 두 위대한 우주론적 문헌이 일치하고 있는 측면에 주목할 때, 『주해』가 논하고 있는 것이 그 추상성이라는 한계 안에서는 진리라는 점과 그것이 천부적인 재능에 힘입어 명석하게 표현되고 있다는 점은, 우리가 아무리 명확히 이해한다고 해도 지나치다고 할 수 없다. 따라서 『주해』에 대한 하나의 해석으로 고쳐 읽을 수 없는 우주론적 문헌은 그 어떤 것이건 무가치한 것이다. 그러나 『티마이오스』에는 『주해』와 아무런 유사점도 없는 별개의 측면이 있다. 일반적으로 말하면, 『티마이오스』의 이러한 측면은 그 형이상학적 성격, 즉 사물의 행태를 사물의 형상적 본질 formal nature과 결합시키려는 노력이라고 할 수 있을지도 모르겠다. 사물을 떠난 행동은 추상적인 것이며, 그러한 행동을 떠난 사물도 추상적인 것이다. 뉴턴은 ── 그의 목적을 위해서는 현명한 처사였지만 ── 『티마이오스』가 피하려고 했던 이러한 추상화에 빠져들었던 것이다.

우선 무엇보다도 『티마이오스』는 행태를 현실적 존재들의 궁극적인 입자적 성격과 결합시킨다. 플라톤은 현실적인 입자적 존재들로 이루어져 있으면서 각기 그 한정 특성을 갖고 있는 일정한 사회라는 개념을 구상하고 있다. 그는 이러한 사회의 집합을 자기 원인의 것으로 보지 않는다. 그 대신 그는 그것을, 자연의 이러한 단위 부문에 생기를 불어넣는 원리가 되는 하위의 신들의 작품으로 간주하고 있다. 그리스의 사상 ── 시적인 것이건 철학적인 것이건 간에 ── 에서는 자연(퓌시스, φύσις)과 그러한 신들과의 분리가, 셈족의 여호와를 계승하고 있는 우리들에게 있어 그러한 것과 같은 그런 절대적 성격을 가지고 있지 않았다

뉴턴도 플라톤과 마찬가지로 분자론을 쉽게 받아들일 수 있었을 것으로 보지만, 양자 사이에는 다음과 같은 차이점이 있다. 즉 뉴턴은 현대의 양자론과 양자가 진동으로 해소된다는 데 대하여 놀랄 테지만, 플라톤은 그것을 당연히 기대했을 것으로 보인다는 점이다. 오늘날에는 어리석은 것으로 보이는 『티마이오스』에서의 플라톤의 많은 주장들을 부각시킬 때, 우리는 또한 그가 그의 가르침에 있어 이천 년이나 시대를 앞질렀던 측면에 대해서만큼은 그의 공적을 인정해야 한다. 플라톤은 자연적 사물의 여러 종류들 간의 선명한 차이를, 기본적인 종류의 분자들이 각기 정다면체 regular solids라는 수학적 형태에 가까워진다고 가정함으로써 설명하였다.[①] 그는 또한 음악적인 음표들 간의 대비와 같은, 사건들 occurrences에 있어서의 일정한 질적인 대비는, 이 사건들이 정수(整數)들 간의 보다 단순한 비(比, ratio)에 관여한다는 데에 의존한다고 가정하고 있었다. 이렇게 해서 플라톤은 어째서 여러 종류의 분자들 사이에 선명한 차이가 있어야 하는지의 이유와, 어째서 불협화음 속에서 두드러진 화음의 선명한 관계가 있어야 하는지의 이유를 제시할 수

---

① 『티마이오스』, 53C-56D 참조.

있게 되었던 것이다. 따라서 양립 불가능성에 대립되는 것으로서의 〈대비 contrast〉는 환경의 어떤 단순성에 의존하고 있다. 그리고 보다 높은 대비는 보다 낮은 다수의 대비들의 집합에 의존하고 있으며, 이 집합은 또한 보다 높은 유형의 단순성을 나타내고 있다.

원자를 다룸에 있어 놀라게 하는 바가 있는 현대의 양자론은, 뚜렷이 식별되는 자연의 성격을 문제삼고 있는 최근의 사례에 지나지 않으며, 자연의 그런 성격은 각각의 사례에 있어 그 하나하나를 위한 독단적 가정에 의해서 해명될 뿐이라는 것을 기억해 둘 필요가 있다. 생물학적인 진화의 이론은 그 본질상 우리로 하여금, 우리가 자연에서 보는 바와 같은 날카롭게 구별되는 유(類)와 종(種)을 당연한 것으로 생각하도록 하지는 않을 것이다. 우연히 여러 개체가 어떤 전형적인 형태들의 주변에 무리를 지어 있을지도 모른다. 그러나 〔진화론에는〕 중간 형태가 어째서 거의 완전히 결여되어 있는가 하는 사실에 대한 설명이 전혀 없다. 다시 뉴턴의 『주해』로 되돌아가 본다면, 그것은 원자의 아흔두 가지 가능성이나 원자가 결합하여 분자를 형성할 수 있는 제한된 수의 방식에 관해서는 아무런 시사도 하고 있지 않다. 오늘날 물리학자들은 플라톤이었다면 기꺼이 받아들였을 여러 개념적 구상을 가지고 이러한 화학적 사실을 설명하고 있다.

유기체 철학이 단지 플라톤을 되풀이하고 있는 또 하나의 중요한 점이 있다. 『티마이오스』에서 현재의 우주 시대의 기원은, 우리의 이상에 따르면 혼돈된 태곳적의 무질서에로까지 거슬러 올라간다. 이것은 유기체 철학의 진화설이다. 플라톤의 개념은, 전적으로 초월적인 신이 무로부터 우연적인 우주를 창조한다고 보는 셈족의 이론 the Semitic theory[8]에 사로잡혀 있는 비평가들을 곤혹스럽게 해왔다. 뉴턴은 셈족의 이론을 고수하였다. 그의 『주해』는 물질의 진화를 위한 아무런 대비책도 없었는데, 이는 그 주제가 그의 범위 밖의 것이었기 때문에 지극히 당연

8) 「창세기」는 너무나 원시적이기 때문에 이 점과는 무관하다.

한 일이기도 하였다. 그러나 그 결과 물질의 비(非)진화라는 것이 근대 사상을 꿰뚫는 묵시적인 전제가 되어왔다. 몇 년 전까지만 해도 다음과 같은 양자택일의 길이 있을 뿐이었다. 즉 물질적 우주는 현재와 같은 유형의 질서를 유지하면서 영원히 존재한다고 하는 것, 아니면 여호와의 명령에 따라 우주가 존재하기도 하고 소멸되기도 한다고 하는 것이 그것이다. 따라서 새로운 유형의 유력한 사회에 기초를 둔 새로운 유형의 질서의 진화를 말하는 플라톤의 비유는, 모든 측면에서 주석가들을 곤혹스럽게 만드는 백일몽이 되고 말았던 것이다.

『실낙원』에서 밀턴은 아주 기묘하게도 『티마이오스』와 셈족의 이론 사이에서 동요하고 있다. 이는 그의 사상의 매력이 되고 있는, 고전적 관념과 히브리적 관념이 뒤섞인 혼합의 또 다른 예에 지나지 않는나. 혼돈 속에서의 사탄의 편력을 묘사하고 있는 구절에 보면, 사탄은 다음과 같은 것을 발견하고 있다.

만고의 비밀을 간직한, 깊고 어둡고
광대무변한 대양, 이곳에는 한계도 없고,
차원도 없고, 길이도, 넓이도, 높이도,
때도, 장소도 없으니, 이곳에서 가장 나이 많은 〈밤〉과
〈혼돈〉인 〈자연〉의 조상들이,
끝없는 싸움의 소란 속에서
영원한 무질서를 간직한 채
혼란으로 지켜간다.[9)]

---

9) 『실낙원』, 제Ⅱ권 참조.
The secrets of the hoary deep, a dark
Illimitable ocean, without bound,
Without dimension, where length, breadth And heighth,
And time and place are lost ; where eldest Night
And Chaos, ancestors of Nature, hold
Eternal anarchy amidst the noise

여기에서 밀턴은 플라톤을 위해서, 마치 루크레티우스가 데모크리토스를 위해서 한 것과 같은 시인으로서의 봉사를 다하고 있다――플라톤 자신이 훌륭한 시인이었기 때문에 그 정당성에서 떨어지는 것이긴 하지만. 또한 사탄이 편력했다는 사실은 질서의 개척에 도움이 되었다. 왜냐하면 그는 악마나 지옥의 망령들에게 유용한 항구적인 흔적을 남겨 놓았기 때문이다.

이 제3절에서 행한 플라톤에의 호소는 지난 몇 세기에 걸쳐 지배적이던 표현 양식에 반하는, 사실들에의 호소였다. 이 근대의 표현 양식들은 부분적으로는 신학과 철학의 혼합에서 생겨난 것들이었으며, 또 부분적으로는 이제는 더 이상 근본적인 언명으로 받아들여지지 않게 된 뉴턴 물리학에 기인한 것들이었다. 그러나 말과 사상은 바로 그러한 틀에 따라 형성되어 왔다. 그런데 몇몇 위대한 최고의 지성들은 그런 방식으로 세계를 기술하지 않았다는 점을 상기할 필요가 있다. 플라톤과 아리스토텔레스에게 있어 현실 세계의 과정은, 실재적인 가능태 속으로 형상이 들어와서, 현실적 사물인 실재적 공재성 real togetherness을 산출하는 것으로 파악되고 있었던 것이다. 또한 『티마이오스』에 있어서 세계의 창조는 우주 시대를 확립하는 어떤 유형의 질서의 도래이다. 그것은 사태의 발단이 아니라, 일정한 유형의 사회적 질서의 도래인 것이다.

제 4 절

이 우주 시대에 있어서의 사회. 연장적 사회, 기하학적 사회, 전자기적 사회. 파동(波動), 전자, 양성자.

Of endless wars, and by confusion stand.

이 제3장의 나머지 부분에서는 오늘날의 우리 시대를 구성하고 있는 여러 사회의 계층 조직에 대한 논의——대부분이 추측적이긴 하지만——에 전념하게 될 것이다. 이렇게 하는 가운데 〈질서〉에 관한 지금까지의 논의의 의미가 분명히 드러날 수 있을 것이다. 우리는 지금 형이상학적 일반성에서 다른 곳으로 눈을 돌리고 있다는 것을 유념해 두어야 하겠다. 우리는 이제 우리의 일반 우주론과 부합되면서도 그것에서 필연적으로 연역되지 않는, 설명의 보다 특수한 가능성들을 검토하게 될 것이다.

물리적 세계는 이를 연장적 연속체로 구성해 내는 일반적 유형의 관계성 relatedness에 의해서 결합되어 있다. 이 연속체의 특성을 분석해 볼 때, 우리는 그것이 두 가지 부류로 구분되고 있다는 것을 발견하게 되는데, 그중의 하나인 보다 특수한 부류는 다른 하나인 보다 일반적인 부류를 전제하고 있다.[10] 여기서 특성의 보다 일반적인 유형은 〈연장적 결합 extensive connection〉, 〈전체와 부분〉, 〈연장적 추상〉에 의해서 도출될 수 있는 다양한 유형의 〈기하학적 요소〉라는 단순한 사실을 표현한다. 하지만 그것에는 직선을 정의할 수 있게 하며,[11] 그래서 측정 가능성을 이끌어들이는 보다 특수한 속성들은 포함되지 않는다.

이와 같은 연장적 결합의 일반적 속성들 속에서 우리는 우리의 직접적인 우주 시대를 훨씬 넘어서서 확대되고 있는 거대한 결합체의 한정 특성을 식별하게 된다. 그것은 양립 불가능한 보다 특수한 특성들을 띤 다른 여러 우주 시대를 그 자신 속에 내포하고 있다. 그래서 현재의 우주 시대의 관점에서 볼 때, 우리의 우주 시대를 넘어서는 한에 있어 저 기본적인 사회는, 그 자신의 〈연장적 결합〉의 한정 특성 속에 들어 있는 소수의 미약한 질서의 요소에 의해서 완화된 거대한 혼란 상태로 보이게 된다. 우리는 그 기본적 사회에 속해 있으면서 강력한 질서를 갖고 있는 여러 다른 시대를 식별하지 못한다. 우리는 단지 그것을, 우리

---

10) 상세한 점은 제4부를 참조.

11) 제4부, 제3-5장을 참조.

자신의 시대가 가진 질서의 희미한 서광을 품고 있는 것으로 생각할 수 있을 뿐이다. 이 궁극적이고도 거대한 사회는, 우리가 우리의 현 발전 단계에서 체계적인 특성들을 식별할 수 있는 한, 우리의 시대가 놓여 있는 환경 전체를 구성하고 있다. 미래에 가서 이론이 성장한다면, 우리의 후손들은 보다 예리한 식별 능력을 갖추게 될지도 모른다.

우리는 논리적 분석과 직접 직관 *inspectio*을 통해서, 순수한 연장성을 갖는 사회 가운데 들어 있는 보다 특수한 사회를 식별할 수 있게 된다. 이것이 〈기하학적〉 사회이다. 이 사회[12] 속에는 직선이 정의되는 특수화된 관계들이 유지되고 있다. 체계적인 기하학은 그와 같은 기하학적 사회에서 예시된다. 그리고 측량의 관계는 임의의 한 체계적인 기하학의 도식 안에서 함수의 유비에 의해 정의될 수 있다. 이 〈함수의 유비 analogies of function〉란 〈합동 congruence〉의 개념이 의미하는 것이다. 이 개념은 체계적 기하학을 떠나서는 의미가 없다. 연장량(延長量, extensive quantity)을 기본적인 범주적 개념들 가운데 하나로 보는 것은 전적으로 잘못이다. 이 개념은 기하학적 사회에서 적용되는 각각의 체계적 기하학에 의해 정의될 수 있다. 체계적 기하학은 문제의 사회에 적용 가능한 직선의 정의에 의해서 결정된다는 점에 주목할 필요가 있다. 일반적인 의견과는 달리 이 정의는 〈측정 measurement〉의 개념에 의거하지 않고서도 가능하다. 하지만 동일한 기하학적 사회 내에서 직선들의 완전한 가족이라는 지위에 대해 대등한 권리를 주장하는, 장소 loci의 경쟁적인 가족들이 존재하지 않으리라는 것을 증명할 길은 없다.

〈기하학적〉 사회에서 관계성의 체계를 표현하고 있는 직선의 가족이 주어진다면, 〈합동〉의 개념과 이로부터 파생되는 〈측정〉의 개념이 그 사회의 어느 곳에서나 체계적인 방식으로 결정될 수 있다. 그러나 이 경우에도 물론 경쟁적인 측정 체계들이 존재한다. 그러므로 직선의 각 가족 ── 하나 이상의 가족이 있음을 인정할 때 ── 과 관련하여 어떤

12) 제4부, 특히 제3-5장을 참조.

체계도 다른 체계보다 더 기본적인 것일 수 없기 때문에, 서로 대등한 계량 기하학의 체계들[13]이 존재하게 되는 것이다. 현재 우리의 우주 시대는 〈전자기적(電磁氣的)〉 사회에 의해서 형성되어 있다. 그것은 기하학적 사회 안에 들어 있는 보다 특수한 사회이다. 이 사회에서는 한층 더 특수한 한정 특성이 통용되고 있다. 이러한 특성은 〈전자기적〉 사회를 포함하고 있는 보다 넓은 두 사회의 특성들을 전제하고 있다. 그러나 〈전자기적〉 사회에 있어, 직선의 경쟁적인 가족들(그런 경쟁적인 가족들이 있다면)의 상대적인 중요성에 관련된 모호성과 합동 congruence에 대한 경쟁적인 정의들의 상대적인 중요성에 관련된 모호성은, 어떤 하나의 가족과 어떤 하나의 합동 정의 congruence-definitions[14]를 지지함으로써 해소된다. 이러한 해소는 이 사회의 어느 곳에나 있는 물리적 관계들의 부가적인 집합에 의해 이루어진다. 그러나 이 집합은 그것이 우리의 이웃을 이루고 있다는 이유로 그 순수한 체계적인 성격을 상실해 버렸다. 이 관계들은 어떤 개체적인 다양성과 결합체의 성원인 계기들 간의 동일성을 나타내는 구성 요소를 포함하고 있다. 이와 같은 다양성과 동일성은 그 기하학적 결합체로부터 파생되는 체계적 측정에 의해 표현 가능한 체계적 법칙에 따라 서로 관련되어 있다. 여기서 우리는 개체에서 개체로 변하는 물리적 양이라는 개념에 도달하게 된다. 이는 개별적인 차이를 체계화한다는 개념, 곧 〈법칙〉의 개념이다.

수리물리학자의 이상은 이 체계적 법칙을 우리의 시대에 있어 완전히 보편적인 것으로 정식화시키는 데에 있다. 우리의 목적을 위해서는 그 사회의 성원을 〈전자기적 계기 electromagnetic occasions〉라고 명명함으로써 이 법칙의 추정적 성격을 지적하는 것으로 충분하다. 따라서 지금 우리의 시대는 전자기적 계기들의 사회에 의해서 지배되고 있는 시

13) 선택 가능한 여러 체계가 존재한다는 점은 케일리 A. Cayley에 의해 "Sixth Memoir on Quantics," *Transactions of the Royal Society*(1859)에서 증명되었다.

14) 〈텐서 이론〉이 지적하는, 좌표의 여러 불확정적 양상으로의 변형은 모두 하나의 합동 정의를 전제하고 있다. 아인슈타인의 〈ds〉의 불변식은 이 사실을 표현하고 있다.

대이다. 이 지배가 그 완전성에 접근해 가는 한, 물리학이 탐구하는 체계적 법칙은 절대적인 지배력을 갖는 것이 된다. 또한 그 지배가 불완전한 한, 그 법칙에 대한 복종은 그것의 불완전한 정도에 상응하는 만큼의 이탈을 수반하는 통계적인 사실이 된다.

전자기적 사회는 물리학의 주제인 물리적 전자기장을 드러낸다. 이 결합체의 성원은 전자기적 계기들이다.

그러나 한편 이 전자기적 사회가 경험의 여러 독특한 〈강도〉를 실현할 하나하나의 계기들의 산출을 위한 충분한 질서를 제공할 수 있기 위해서는 그 사회가 그러한 질서의 매개체인 보다 특수한 사회들로 가득 채워져 있어야 한다. 물리적 세계는 상부상조하는 동시에 상호 경합하는 특수한 사회들의 놀라운 복합성을 드러내고 있다.

그러한 사회의 가장 일반적인 실례는 규칙적으로 연속되는 파동, 개개의 전자, 양성자, 개개의 분자, 무기적 물체와 같은 분자들의 사회, 살아 있는 세포, 그리고 식물이나 동물의 신체와 같은 세포들의 사회이다.

제 5 절

존속하는 객체, 분자적 사회, 구조를 갖는 사회.

여러 사회를 〈존속하는 객체〉, 〈입자적 사회〉, 〈비입자적 사회〉로 구분하는 단순한 분류(제1부, 제3장, 제2절 참조)에 대해서는 부연할 필요가 있다. 구조적인 내적 관계의 일정한 패턴을 갖는 결합체와 종속적 사회를 포함하는 사회라는 개념이 도입되어야 한다. 그와 같은 사회는 〈구조를 갖는〉 사회 structured society라 불리게 될 것이다.

구조를 갖는 사회는 하나의 전체로서, 자기 자신 속에 품고 있는 종속적 사회들에게 유리한 환경을 제공한다. 그리고 이 사회 전체도 그 존속을 허용하는 보다 광범한 환경 속에 자리 잡고 있어야 한다. 구조를 갖는 하나의 사회에 들어 있는 계기들의 여러 군(群) 가운데 일부는 〈종속적 사회 subordinate societies〉라고 불린다. 그러나 거기에 들어 있는 그 밖의 다른 군에는 〈종속적 결합체 subordinate nexus〉라는 보다 넓은 명칭이 주어져야 한다. 이러한 구별은 다음과 같은 이유에서 생겨나게 된다. 즉 몇몇 사례에 있어서는, 이를테면 특정의 존속하는 존재와 같은 계기들의 군이, 그 구조를 갖는 사회를 떠나 일반적인 환경 속에서도 그 한정하는 성격의 지배적인 특징을 유지할 수 있을 것이라는 점이다. 물론 그때 그것은 얼마간의 특징들을 상실하게 될 것이다. 다시 말하면, 일반적인 환경에서 존속하는 그와 유사한 종류의 존재는 그 한정성의 양태에 있어서 그 구조를 갖는 환경 내의 존속하는 존재와 전적으로 동일하지는 않다는 것이다. 그러나 일반화된 한정 특성으로부터 그와 같은 부가적인 세부 사항을 추상한다면, 그 일반화된 특성을 갖는 존속하는 객체는 그것이 놓여 있는 구조를 갖는 사회로부터 독립해 있는 것으로 간주될 수 있을 것이다. 예를 들면, 살아 있는 세포 속의 분자가 그런 것인데, 이는 그 일반적인 분자적 특징이 그 세포라는 환경으로부터 독립해 있기 때문이다. 따라서 분자는 우리가 〈살아 있는 세포〉라고 부르는, 구조를 갖는 사회 내의 종속적 사회인 것이다.

하지만 구조를 갖는 사회 속에는, 외적 환경의 일반적인 체계적 특성을 제외하고는, 그 구조를 갖는 사회에 의해서 제공되는 특수한 환경을 떠나서도 그들 자신을 발생적으로 유지할 수 있게 해주는 어떤 특성도 보여주지 못하는 다른 결합체들도 존재할 수 있을 것이다. 그러므로 그러한 결합체가, 구조를 갖는 사회 전체로부터 추상되어 고찰될 경우에도 〈사회〉라고 불린다면 이는 오해를 불러일으키기 쉽다. 그러한 추상태에 있어서는 그 결합체에 어떠한 〈사회적〉 특징도 부여될 수 없다. 살아 있는 세포의 예로 되돌아가서 생각해 볼 때, 그 세포 속의 〈공허한〉 공간을 구성하고 있는 계기들은 그 세포 밖의 유사한 계기들에는 결여되어 있는 특별한 특징을 띠고 있다고 할 수 있을 것이다. 따라서 살아 있는 세포 속의 공허한 공간인 그 결합체는 〈종속적 결합체〉라고 불리지 〈종속적 사회〉라 불릴 수는 없는 것이다.

분자는 구조를 갖는 사회이며, 하나하나의 전자나 양성자도 십중팔구는 그러하다. 결정체는 구조를 갖는 사회이다. 그러나 기체는 결코 진정한 의미에서의 구조를 갖는 사회가 아니다. 비록 그 하나하나의 분자는 구조를 갖는 사회라고 할지라도 그렇다.

특수한 형태의 사회 내에 있는 각각의 계기는 그 사회의 외적 환경에 속해 있는 그와 유사한 계기에는 나타나지 않는 특징을 지니고 있다는 것을 기억해 둘 필요가 있다. 체계적 탐구의 첫 단계는 언제나 그 사회 내부의 계기들과 그 사회 외부의 계기들 사이의 유사성들을 확인하는 일이어야 한다. 둘째 단계는, 그 사회의 안과 밖의 행태 간의 차이 및 서로 밀접한 유사성을 갖는 계기들에 의해서 제시되는 행태의 차이에 주목하는 보다 정교한 절차로 이루어진다. 과학사의 특징은 그러한 차이가 발견될 때까지 그것들을 독단적으로 강력히 부인해 온 데 있다.

행태의 이와 같은 특색을 분명하게 보여주는 사례는 전자(電子)의 형태가 그 물리적 상황 내의 변화에 따라 변형된다는 사실에서 찾아볼 수 있다.

〈구조를 갖는 사회〉는 그것에 결부되어 있는 하위 사회들과 하위 결합체들의 다양성과 관련하여, 그리고 이들이 갖고 있는 구조적 패턴의 복잡성과 관련하여 다소간 〈복합적인〉 것일 수 있다.

구조를 갖는 고도의 복합적인 사회는 그 복합성에 상응하여, 그 구성원의 특정 집합들에게는 그들의 만족의 강도와 관련하여 그만큼 유리한 것이 될 수 있다. 이러한 강도는 그 사회가 그 구성 요소들을 위해 연출하는 대비의 질서화된 복합성 때문에 생겨난다.

구조적인 관계는 개체적인 경험에 있어서의 이러한 강도로부터 강도를 이끌어낸다. 따라서 구조를 갖는 복합적인 사회의 성장은 자연에 침투해 있는 일반적인 목적을 예증하고 있다. 양립 불가능성 incompatibilities을 초래하는 소여성의 단순한 복합성은, 대비를 산출하는 질서의 복합성으로 대치되어 왔던 것이다.

제 6 절

안정성, 특수화.

모든 사회가 보다 넓은 사회적 환경을 필요로 한다는 학설은, 사회가 그 환경에 있어서의 특정의 변화와 관련하여 다소간 〈안정되어 stable〉 있다는 사실과 통한다. 사회는 그 관련된 부분들에서 어떤 종류의 변화를 보이고 있는 하나의 환경 속에서 그것이 존속할 수 있을 경우, 그런 종류의 변화와 관련하여 〈안정되어〉 있는 것이다. 만일 그 사회가 그러한 이질성 heterogeneity을 갖는 환경을 통해서 더 이상 존속하지 않게 된다면, 그 사회는 그러한 점에서 〈불안정한〉 것이 된다. 그 환경이 어떤 특징을 나타내고 있다는 사실에 의거해서 안정되어 있는 복합적 사회는, 그러한 특징과 관련해서 〈특수화되어〉 있다고 말한다. 이 〈특수화 specialization〉의 개념은 〈복합성〉의 개념과 엄격하게 조건지어진 〈안정성〉의 개념을 다 같이 포함하고 있는 것으로 보인다.

특수화되어 있지 않은 사회는 그 환경에 있어서의 중대한 변화를 겪으면서도 살아남을 수 있다. 이는 변화하는 환경과의 관계에 있어서 그 사회가 여러 가지 다양한 기능을 수행한다는 것을 의미한다. 일반적으로 그러한 사회의 한정 특성은 구조적인 패턴의 어떤 특정한 결정도 포함하지 않을 것이다. 이 구조적 패턴의 유연성으로 말미암아 그 사회는 그때그때의 환경에 순응하는 특수한 패턴을 취할 수 있게 된다. 따라서 특수화되어 있지 않은 사회는 전체적으로 놓고 볼 때, 항상 구조적인 패턴에 결함을 지니게 되는 경향이 있다.

따라서 특수화되어 있지 않은 사회는 일반적으로 그 성원들 각각의 만족의 강도에 유리한 조건을 확보하지 못하고 있다. 이에 반해 구조를 갖는 고도의 복합적인 사회는 대개 생존적 가치에 결함이 있을 것이다. 다시 말하면 그러한 사회는 일반적으로 지극히 특수한 종류의 환경을 필요로 한다는 의미에서 〈특수화되어〉 있을 것이다.

따라서 자연에 있어서의 문제는 고도의 〈복합성〉을 가지고 〈구조화되어〉 있는 동시에 〈특수화되어 있지 않은〉 사회를 산출하는 데에 있다. 이렇게 해서 강도는 생존과 짝을 이루고 있는 것이다.

제 7 절

안정화의 문제, 세부적인 사항의 배제, 개념적인 선도, 생명.

구조를 갖는 사회가 이 문제를 해결해 온 방법에는 두 가지가 있다. 이 두 방법은 다 같이 경험의 강도의 한 요인인 정신적 극 mental pole의 고양에 의존하고 있다. 그 하나의 방법은 문제되는 결합체의 여러 성원들이 지니고 있는 세부적인 다양성을 제거하면서, 그 결합체로 전체적, 평균적으로 객체화시키는 길이다. 사실상 이 방법은 달갑지 않은 세부적인 사실을 차단하는 방안을 활용하고 있다. 그것은 객체화란 추상화라고 하는 근본적인 진리에 의거하고 있다. 그것은 어떤 결합체의 방해적인 요소를 부정적 파악으로 축출하기 위해서, 객체화에 본래적으로 내재해 있는 추상화를 이용한다. 동시에 구조를 갖는 사회에 있어서의 복합적인 강도는 많은 환경적 결합체 —— 각기 많은 현실적 계기들로서의 그 다수성에 있어서의 결합체가 아니라, 각기 하나의 결합체로서의 그 통일성에 있어서의 결합체 —— 들의 실질적인 객체화에 의해서 유지되고 있다.

이러한 해결 방식은 변환의 범주 Category of Transmutation(즉 범주적 제약 Categoreal Obligation VI)에 따라 작용하는 정신성의 개입을 필요로 한다. 그것은 결합체에 널리 퍼져 있는 어떤 동질적인 제일성(齊一性)에 의해 그 결합체를 압도함으로써 세부적인 다양성을 무시한다. 이때 그 환경은 무시된 세부 사항들 —— 그것들이 무시될 수 있는 한 —— 에 관한 한, 무한히 변화할 수도 있다.

유기적이건 무기적이건 간에 모든 자연계의 물체들이, 직선(直線)으로써 정의될 수 있는[15] 〈현재화된 장소 presented loci〉와 긴밀히 연합되고 있다는 것은, 이러한 정신의 발전이 우리가 〈물질적 물체〉로서 인식하는 구조를 갖는 사회를 구성하고 있는 현실적 계기들의 특성이라는 것을 시사하고 있다. 이 긴밀한 연합은 역학에서의 〈가속도〉의 중요성에 의해서 입증된다. 왜냐하면 〈가속도〉란 하나의 〈현재화된 장소〉의 가족으로부터 다른 그러한 가족으로의 이동을 평가하는 방식에 지나지 않기 때문이다(제4부를 참조).

그러한 정신성은, 개념적 재생의 범주(범주적 제약 4)만을 이용하는 단순한 재생적 단계를 넘어선 상승의 제1단계를 보여주고 있다. 거기에는 관념적 통합의 어떤 발단이 있기는 하지만 개념적 파악에 있어서의 독창성 같은 것은 없다. 이 발단은 변형의 범주에 속하며, 그 배제된 독창성은 역전의 범주 Category of Reversion에 속한다.

이러한 물질적 물체들은 우리의 둔한 이해력으로도 쉽게 알 수 있는, 구조를 갖는 사회의 가장 낮은 등급에 속해 있다. 이런 것들로는 다양한 유형의 복합성을 갖는 사회, 즉 수정, 바위, 행성, 태양 같은 것들이 있다. 이러한 물체들은 그 개별적인 생활사들 life-histories을 통해서 추적될 수 있는 동시에, 우리에게 알려져 있는 구조를 갖는 사회 가운데서 단연 최장수(最長壽)의 것들이다.

자연에 있어서의 문제를 해결하는 둘째의 방법은 개념적 파악, 즉 욕구 appetition에 있어서의 선도(先導, initiative)를 통한 길이다. 이 선도의 목적은 환경의 새로운 요소들을, 이 요소들과 그 구조를 갖는 사회의 성원의 고유한 복합적인 경험을 조화시켜 내는 주체적 형식을 갖는 명확한 느낌 속으로 수용하는 데에 있는 것이다. 이런 방식으로 각각의 합생하는 계기에 있어 그 주체적 지향 subjective aim은 그 환경의 새로움에 어울리는 새로움을 창출한다.

---

15) 제2부, 제4장 참조. 제4부도 참조.

보다 고등한 유기체의 경우, 이 개념적 선도conceptual initiative는 결국 다양한 경험에 관해 사고하는 것thinking을 의미하게 되며, 보다 열등한 유기체의 경우에는, 단지 조화라는 이상에 복종하여 미적 강조를 무반성적으로 조정하는 것thoughtless adjustment of aesthetic emphasis을 의미하는 데 지나지 않게 된다. 이 두 경우 모두에서 문제의 계기occasion를 초월하는 창조적 결정은, 그 계기에 대하여 최초의 충격이 되었던 것에 의해 편향(偏向)되어 있다. 이러한 편향은 일반적으로 그 사회 전체에 걸쳐 자기 보존적인 반응을 창출해 낸다. 그러한 반응은 성공치 못하거나 불충분한 것이 되는 수도 있을 것이다. 그래서 지속적으로 그러한 반응이 실패할 경우, 그 사회는 병리학의 영역에 들어서게 된다.

이 제2의 해결 방식도 제1의 해결 방식을 전제로 하고 있다. 따라서 그것은 개념적 역전Conceptual Reversion의 범주와 변환Transmutation의 범주를 함께 활용하고 있는 것이다.

제2의 해결 방식이 중요한 것이 되는, 구조를 갖는 사회를 우리는 〈살아 있다living〉고 말한다. 구조를 갖는 사회가 다소간에 〈생명〉을 가질 수 있다는 것, 그리고 〈살아 있는〉 사회와 〈살아 있지 않은〉 사회 사이에 절대적인 간극이 있는 것은 아니라는 것도 분명하다. 한 사회 속에 어떠한 〈생명〉이 있건 간에, 그것은 어떤 목적을 위해서는 중요한 것일 수 있지만, 다른 어떤 목적을 위해서는 중요하지 않은 것일 수도 있다.

제2의 해결 방식이 중요하지 않고 제1의 해결 방식이 중요한 것이 되는, 구조를 갖는 사회는 〈무기적inorganic〉이라고 불릴 것이다.

〈생명〉에 관한 이러한 학설에 따를 때, 〈생명〉의 일차적인 의미는 개념적인 새로움——욕구의 새로움——의 창출이다. 그러한 창출은 오직 역전의 범주에 따라 일어날 수 있을 뿐이다. 따라서 사회는 단지 파생적인 의미에서만 〈살아 있다〉고 할 수 있다. 〈살아 있는 사회〉란 약간의 〈살아 있는 계기living occasions〉를 포함하고 있는 사회를 말한다. 따라서 사회는 살아 있는 계기들이 그 속에서 행사하는 영향력에 따라,

〈살아 있음〉의 정도가 달라질 수 있다. 또한 계기 occasion도 그 최종적인 만족에 있어서의 새로운 요인들의 상대적인 중요성에 따라 살아 있는 정도에 다소간의 차이가 있게 된다.

따라서 구조를 갖는 사회의 지배적인 성원이 환경의 새로움 속에서 안정성을 확보하는 데에는 다음과 같은 두 가지의 방법, 즉 i) 세부적인 다양성들을 제거하는 방법과, ii) 개념적 반응의 새로움을 창출하는 방법이 있다. 그 결과로서 이들 세부적인 사항들에 대한 강조의 철회나 추가가 있게 되는데, 이를 통해 주체적 지향 subjective aim은 지배적인 성원들의 합생적 위상에 있어서 파악들의 통합을 이끌어간다.

제 8 절

생명을 위한 무기적 장치.

그런데 〈살아 있는〉 사회에는 보다 공평한 분석을 필요로 하는 또 하나의 요소가 있다. 구조를 갖는 사회는 현저하게 상이한 한정 특성들을 지니고 있는 다양한 결합체들이 뒤얽혀 패턴화한 the patterned intertwining 것이다. 이 결합체들 가운데서 어떤 것은 다른 것보다 낮은 유형의 것이고, 또 어떤 것은 현저하게 보다 높은 유형에 속한 것이다. 구조를 갖는 같은 하나의 사회 속에는 〈추종적인 subservient〉 결합체와 〈지배적인 regnant〉 결합체가 있을 것이다. 이 구조를 갖는 사회는, 〔목적 달성에〕 도움이 되는 것이든 지배적인 것이든 간에 그 각각의 하위 사회 sub-societies를 똑같이 뒷받침해 주는 직접적인 환경을 제공할 것이다. 살아 있는 사회에 있어서는 그것을 구성하고 있는 여러 결합체들 가운데 오직 일부만이, 그들의 모든 성원들의 정신적인 극이 어떤 독창적인 반응을 하는 그런 성격의 것일 것이다. 이들은 그 사회 내의 〈완전히 살아 있는 entirely living〉 결합체일 것이며, 실제로 사회는 그와 같은 결합체가 지배적일 때만 〈살아 있는〉 것이라 불린다. 따라서 살아 있는 사회는 〈무기적인 inorganic〉 결합체를 내포하고 있으며, 무기적인 결합체는 변화하고 있는 외적* 환경 속에서의 생존을 위하여 〈살아 있는〉 사회 전체의 보호를 필요로 하지 않는다. 그러한 결합체는 사회이다. 그러나 〈완전히 살아 있는〉 결합체는 생존을 위해 그러한 보호를 필요로 한다. 이러한 추정적인 이론에 따르면, 〈완전히 살아 있는〉 결합체는 사회가 아니다. 이는 단세포체(單細胞體)를 그 특수 사례로서 포함하고 있는 동물 신체에 관한 이론이다. 〈완전히 살아 있는〉 결합체를 보호하기 위해서 상호 작용하는 복합적인 무기적 조직이 만들어졌으며, 살아 있는 여러 요소의 독창적인 활동은 조직 전체를 보호하는 구실을 하고 있다. 한편 조직 전체의 반응은 〈완전히 살아 있는〉 결합체가 필요로 하는 친밀한 환경을 제공한다. 우리가 알고 있는 모든 살아 있는 사회는 예외 없이 무기적 사회라는 보조적인 장치 subservient apparatus를 갖고 있다.

〈물리학적 생리학〉은 그 보조적인 무기적 장치를 취급하며, 〈심리학적 생리학〉은 〈완전히 살아 있는〉 결합체들을, 부분적으로는 무기적 장치로부터 그것들을 추상하여, 또 부분적으로는 무기적 장치에 대한 그것들의 반응과 관련해서, 또 부분적으로는 그것들 상호 간의 반응과 관련해서 취급하려고 한다. 물리학적 생리학은 지난 세기에 하나의 통일된 과학으로 확립되었지만, 심리학적 생리학은 아직도 부화(孵化)하는 과정에 있다.

전체적으로 살아 있는 사회는, 우리가 아는 바와 같이 보조적인 무기적 장치를 포함하고 있을 뿐만 아니라, 다수의 살아 있는 결합체들을 ―각 〈세포〉에 있어서는 적어도 하나의 살아 있는 결합체를― 포함하고 있다는 것을 잊어서는 안 된다.

---

* 〈영원한 eternal〉을 〈외적 external〉으로 변경. 이는 화이트헤드가 자신의 맥밀런판 사본에 가한 변경이다.

제 9 절

생명은 사회에 대한 반작용이다, 독창성.

유기체 철학의 우주론과 우리의 우주 시대의 〈사회〉에 관한 전술한 추측을 통해서 시사된 바와 같이, 심리학적 생리학의 몇 가지 기본 원리를 추측해 보는 것은 유기체 철학의 우주론에 빛을 던져주게 될 것이다. 이 원리들은 그 우주론의 필연적인 결과로 나온 것은 아니지만, 그 우주론과 조화를 이루고 있고, 사실과도 들어맞는 가장 단순한 원리들이라고 생각된다.

우선 첫째로 살아 있는 단세포를 고찰해 보자. 이러한 세포는 분자나 전자와 같은, 보조적인 무기적 사회들을 포함하고 있다. 따라서 이 세포는 〈동물 신체 animal body〉이며, 우리는 이 사례에 적합한 〈물리학적 생리학〉을 전제하지 않으면 안 된다. 그렇다면 하나하나의 살아 있는 계기 the individual living occasions는 어떠한가?

던져야 할 첫 질문은, 살아 있는 계기들이 동물 신체의 무기적 계기로부터 분리될 때, 그 살아 있는 계기 하나하나가 인격적 질서를 갖는 존속하는 존재 enduring entity의 성원이 되도록, 그 살아 있는 계기들이 과연 하나의 입자적 하위 사회를 형성하느냐 어떠냐와 관계된다. 특히 여기서 우리는 이 입자적 사회가 이러한 사회의 극단적인 실례, 즉 하나의 인격적 질서를 수반한 하나의 존속하는 존재로 환원되느냐 어떠냐를 물을 수 있겠다.

우리 앞에 있는 증거는 물론 극히 미약하다. 그러나 그렇더라도 그 증거와 관계되는 한, 이러한 물음들에도 부정적인 답변이 암시되어 있다. 한 세포는 그 각 계기에 있어서 길잡이의 기능을 하는, 그 자신의 과거로부터 계승한 단일의 통일된 정신성에 관한 아무런 증거도 보여주지 않는다. 해결해야 할 문제는 외적 자극에 대한 세포의 반응에 있어서의 어떤 독창성에 관한 문제이다. 계승된 정신성을 갖는 존속하는 존재에 대한 이론은 어째서 그 정신성이 그 자신의 과거에 의해 좌우될 수밖에 없는 것인가를 보여준다. 우리는 현 시점에서 어떤 독창적인 것을 찾고 있으며, 그 독창성을 제한하는 근거를 발견하고 있는 것이다. 생명이란 자유를 얻으려는 노력a bid for freedom이다. 존속하는 존재는 그것의 모든 계기들 하나하나를 그 계통의 노선과 결부시킨다. 영속하는 특성을 지니는 존속하는 영혼을 주장하는 학설은 생명이 제기하는 문제에 대해 전적으로 부적절한 답변이다. 그 문제는 어떻게 독창성이 존재할 수 있는가 하는 것이다. 그런데 앞의 학설에 의한 답변은, 영혼이 하나의 돌과 마찬가지로 독창적일 필요가 없게 되는 방식을 설명하는 데에 그치고 있다.

여러 존속하는 존재로 구성되는 입자적 사회에 대한 이론도 그에 못지않게 증거와 들어맞지 않는다. 전술한 똑같은 반론이 적용된다. 그 근본적인 사실은 다음과 같은 것이다. 〈존속endurance〉이란 하나의 계기를 물리적 계통의 단일 노선에 의해 특이하게 묶는 일종의 장치인 반면, 〈생명〉이란 개념적 역전의 범주Category of Conceptual Reversion에 따라 도입된 새로움novelty을 의미한다는 것이다. 거기에는 하나의 전통에 대해서 있게 되는 것과 똑같은 이의(異議)가 많은 전통에 대해서 있게 된다. 여기서 설명되어야 할 것은 자극에 대한 반응의 독창성이다. 이는 유기체란 어느 정도까지는 그 반작용이 순수한 물리적 계승의 어떤 전통으로도 설명될 수 없을 때 〈살아 있다alive〉고 하는 학설에 해당한다.

〈전통〉에 의한 설명이란 〈작용인(作用因)〉에 의한 설명의 또 다른 표현에 지나지 않는다. 우리는 〈목적인(目的因)〉에 의한 설명을 필요로 하고 있는 것이다. 따라서 단일의 계기가 살아 있게 되는 것은 그 합생 과정을 결정하는 주체적 지향이, 최초의 위상에서 계승한 여건 속에서는 발견할 수 없는 한정성의 새로움을 도입했을 때이다. 이 새로움은 개념적으로 도입되며, 주체적 형식의 계승된 〈호응적〉 조절responsive adjustment을 교란시킨다. 그것은 예술가가 사용하는 의미에서의 여러

〈가치〉를 변화시킨다.

이러한 고찰로 미루어 볼 때, 〈완전히 살아 있는〉 결합체는 그 동물 신체를 떠나서는 엄격한 의미에서 결코 사회가 아니라는 결론이 나온다. 〈생명〉은 한정 특성이 될 수 없기 때문이다. 그것은 독창성을 위한 명칭이지 전통을 위한 것이 아니다. 자극에 대한 단순한 반응은, 무기적인 사회이건 살아 있는 사회이건 간에 모든 사회의 특성이다. 작용과 반작용은 밀접하게 연관되어 있다. 생명의 특성은 환경의 광범한 다양성 속에서 강도를 포획 capture of intensity하기에 적합한 반작용이다. 하지만 그 반작용을 지시하는 것은 현재이지 과거가 아니다. 그 반작용은 생생한 직접성을 부여잡는다.

제 10 절

생명과 영양물, 공허한 중간에 있어서의 생명, 촉매 작용제.

살아 있는 사회의 또 하나의 특성은 그것이 영양물을 필요로 한다는 것이다. 결정체의 유물은 박물관에서 유리 상자 속에 보관되고 있으며, 동물들은 동물원에서 사육되고 있다. 환경과의 반작용의 보편성에 주목한다면, 이 구별이 전적으로 절대적이라고 할 수는 없다. 그렇긴 하지만 이 구별은 무시될 수 없다. 결정체는 환경에서 파생된 정교한 사회의 파괴를 필요로 하는 작인(作因, agency)이 아니지만, 살아 있는 사회는 그러한 작인이다. 이 살아 있는 사회가 파괴하는 사회는 그것의 영양물이다. 이 영양물은 다소간 보다 단순한 사회적 요소로 분해됨으로써 파괴된다. 그것은 무엇인가를 탈취당하게 되는 것이다. 따라서 모든 사회는 그 환경과의 상호 작용을 필요로 하며, 살아 있는 사회의 경우, 이 상호 작용은 약탈 robbery이라는 형태를 취한다. 살아 있는 사회는 그것이 분해하는 영양물보다 한층 높은 유형의 유기체일 수도 있고 그렇지 않을 수도 있다. 그러나 생명은, 일반적인 선(善)을 위한 것이건 그렇지 않은 것이건 간에, 약탈[행위]이다. 바로 이러한 점에서 생명에 있어 도덕이 예민한 문제로 등장하게 된다. 약탈자는 정당화를 필요로 한다.

신의 목적을 함께 구성하고 있는 여러 원초적 욕구들이 추구하는 것은 강도(强度)이지 보존(保存)이 아니다. 그런 욕구들은 원초적이기 때문에 거기에는 보존할 아무것도 없는 것이다. 신은 그 원초적 본성에 있어서, 이러저러한 특정의 것에 대한 사랑 때문에 움직이는 것이 아니다. 왜냐하면 창조성의 이러한 근본적인 과정에는 미리 만들어진 특수한 것이 하나도 없기 때문이다. 자신의 존재 기반에 있어서 신은 보존에도 새로움에도 다 같이 무관심하다. 신은 직접적 계기가──그 계통으로부터의 유래에 관한 한──낡은 것이든 새로운 것이든 마음을 쓰지 않는다. 그 계기에 있어서 신이 목적[16]하는 바는 신 자신의 존재의 성취를 향한 중간 단계로서의 만족의 깊이이다. 신은 현실적 계기가 생겨날 때마다 그것에 대하여 그의 애정을 쏟는다.

따라서 창조적 전진에 있어서 신의 목적은 강도를 불러일으키는 데에 있다. 사회를 불러일으킨다는 것은 이 절대적 목표에 이르기 위한 보조적인 절차에 불과하다. 살아 있는 사회의 특성은 무기적 사회들의 복합적 구조가, 그 성원의 강렬한 물리적 경험에 의해 특징지어지는 하나의 비사회적 결합체를 산출하기 위해서 짜여진다는 데 있다. 그러나 그와 같은 경험은 유사한 경험을 지니고 있는 과거의 계기들의 단순한 〈인격적 질서〉로부터가 아니라 물질적인 동물 신체의 복잡한 질서로부터 파생되는 것이다. 과거로부터의 반복이라는 구속이 없는 강도 높은 경험이 존재한다. 이것은 개념적인 반작용의 자발성을 위한 조건이다. 따라서 이 논의에서 이끌어내어야 할 결론은 생명이란 〈공허한 공간 empty space〉의 특성이지, 어떤 입자적 사회에 의해 〈점유된〉 공간의 특성이 아니라는 것이다. 살아 있는 계기들의 결합체에는 어떤 사회적인 결합

16) 제5부 참조.

같은 것이 있다. 생명은 하나하나의 살아 있는 세포의 틈새에, 또는 뇌의 틈새에 잠재해 있다. 살아 있는 사회의 역사에 있어서, 동물 신체로부터 천차만별의 물리적 경험을 받아들이는 곳은 어디에나 생명의 보다 생생한 표현이 감돌고 있다. 이러한 경험은, 무기적으로 취급될 경우, 단순한 호응적 수용의 정상적인 조절에 의한 양립 가능성으로 환원되어야 한다. 이는 양립 불가능한 요소를 부정적 파악negative prehension 속으로 축출한다는 것을 의미한다.

동물 신체의 복잡성은, 그 신체의 틈새의 경계 부위에서는 물리적 경험의 변화하는 여건이 복합체를 이루도록, 그리고 그 신체를 넘어서는 양립 가능성의 가장자리에서는 단순한 무기적인 처리만으로 확보될 수 있도록 잘 질서지어져 있다. 새로운 개념적 파악은 최초의 호응적 위상의 주체적 형식들을 교란시킨다. 이렇게 해서 몇몇 부정적 파악은 회피되고, 보다 높은 대비가 경험에 이끌려 들어오게 된다.

동물 신체의 기능에 관한 한 그 전체적인 귀결은, 그 동물 신체 내부의 공허한 공간을 통한 물리적 영향의 전달이, 무기적 사회에 적용되는 물리적 법칙에 전혀 따르지 않고 있다는 것이다. 동물 신체 내부의 분자는 동물 신체 외부에서는 탐지되지 않는 행태의 어떤 특색을 보여준다. 사실상, 살아 있는 사회는 자연의 법칙이, 하나의 시기를 구성하는 여러 사회와 더불어 발전한다는 학설을 예시하고 있다. 널리 유포되어 있는 상호 작용의 여러 유형에 대한 통계적 표현들이 있다. 살아 있는 세포에 있어서는 그 통계적 균형이 무너져버린다.

이제 〈영양물〉과 〈생명〉의 연관이 분명해진다. 세포의 구조나 그 밖의 다른 생명체의 구조가 필요로 하는 고도로 복잡한 무기적 사회는, 환경의 다양성 속에서 안정성을 잃는다. 그러나 살아 있는 계기들의 독창성에 의해서 만들어지는 공허한 공간이라는 물리적 장에 있어서는, 다른 곳에서라면 생기지 않을 화학적 해리(解離, dissociation)와 결합 현상이 일어난다. 구조는 와해되기도 하고 회복되기도 한다. 영양물은 밖으로부터 공급되는 고도로 복합적인 사회이며, 이것은 생명의 영향을 받아, 소모된 것을 보충하기 위한 필수적인 연합에 들어가게 될 것이다. 따라서 생명은 마치 촉매 작용제 catalytic agent처럼 활동하고 있는 것이다.

살아 있는 세포에 관한 지금까지의 고찰을 간단히 요약하면 다음과 같다. 즉 i) 극도로 복잡하고 미묘하게 균형을 유지하는 화학적 구조, ii) 세포 사이의 〈공허한〉 공간에 있는 계기들을 위해서 이 복합적인 구조로부터 도출되는 복합적인 객체적 여건, iii) 독창성을 결여한 정상적인 〈호응적〉 처리하에서, 부정적 파악에 의해 물리적 단순성으로 환원되는 복합적인 세부 사항, iv) 개념적 느낌 conceptual feeling(욕구)의 독자성에 의해 만들어지는 정서적 및 목적적 재조정에 의해, 긍정적 느낌을 위해 보존되는 이 복합적인 세부 사항, v) 구조의 불안정성으로 이어지는 장(場)의 물리적 왜곡, vi) 환경이 주는 영양물에 의해 회복되는 구조.

제 11 절

살아 있는 인격, 생명의 방향 설정, 지배적 인격은 부분적일 뿐이다.

자연의 복합성에는 끝이 없다. 지금까지 우리가 논의해 온 것은, 생명의 본질이란 이를 여러 계기들의 어떤 사회 ── 그 계기들은 이 사회의 한정 특성 때문에 살아 있는 것이지만 ── 와 동일시하는 데서는 발견할 수 없다는 것이다. 〈완전히 살아 있는〉 결합체는 그 생명과 관련해서 비사회적이다. 그 결합체의 각 성원은 그 복잡한 사회적 환경을 파악하는 데서 그 존재의 필연성을 이끌어낸다. 그 결합체 자체로는 〈사회〉에 속하는 발생적 힘 genetic power이 결여되어 있다. 그러나 살아 있는 결합체는 비록 그 〈생명〉 때문에 비사회적이라 하더라도, 그 성원들의 어떤 역사적 경로에 따르는 인격적 질서의 줄기를 뒷받침할 수 있을 것이다. 이렇게 존속하는 존재는 〈살아 있는 인격 living person〉이다. 살아 있는 인격이라는 것은 생명의 본질에 속하지 않는다. 사실상 살아 있는 인격은 그 직접적인 환경이 살아 있는 비사회적 결합체일 것을 요구하고 있다.

살아 있는 인격의 한정 특성은 그 현존의 계기에서 계기로 전달되는, 특정 유형의 혼성적 파악(混成的 把握, hybrid prehension)이다. 〈혼성적〉이라는 용어는 제3부에서 보다 자세히 정의된다. 여기서는, 〈혼성적〉 파악이란 다른 주체의 정신성에 속하고 있는 개념적 파악 내지 〈불순한 impure〉 파악에 대한 어떤 주체의 파악이라고 말하는 것으로 충분하겠다. 이 전달을 통해서 그 살아 있는 계기의 정신적 독창성은 어떤 성격과 깊이를 받아들이게 된다. 이런 방식으로 독창성은——베르그송의 말을 빌린다면——〈방향이 설정되고 canalized〉 또 강화된다 intensified. 그리고 그 범위는 여러 한계 안에서 확대된다. 이 〈방향 설정 canalization〉을 떠난다면, 독창성의 깊이는 그 동물 신체에게 있어 재난을 의미하게 될 것이다. 그와 같은 방향 설정이 있을 때 인격적 정신성은 전개되어, 자신이 의존하고 있는 물질적 유기체의 안정성과 자신의 개체적 독자성을 결합시킬 수 있게 된다. 이렇게 하여 생명은 사회로 되돌아오게 된다. 그것은 독창성을 여러 한계 안에 구속하며, 성격의 반복에서 오는 견실성(堅實性, massiveness)을 획득한다.

단세포, 식물, 그리고 하등 형태의 동물 생명체의 경우에는, 살아 있는 인격을 추정할 만한 근거가 우리에게 없다. 그러나 보다 고등 동물의 경우에 있어서는, 각 동물 신체가 살아 있는 인격 내지 인격들을 나름대로 품고 있다는 것을 시사하는 중추적 조종 작용 central direction이 있다. 우리 자신의 자기의식은 그와 같은 인격으로서의 자기 자신에 대한 직접적인 자각인 것이다.[17] 이러한 통합적 제어(統合的 制御)에는 한계가 있으며, 이 한계는 인격의 분열 및 계속해서 교체되는 많은 인격들의 징표일 뿐 아니라, 심지어 함께 지니고 있는 많은 인격들의 징

17) 살아 있는 인격에 대한 이 설명은 신의 결과적 본성에 있어서의 객체화와 연관시킴으로써 완결되어야 한다. 제5부, 제2장 참조.

표이기도 하다. 이 마지막 사례는 종교병리학의 영역에 속하는 것으로서, 원시 시대에는 신들림 demoniac possession으로 해석되기도 하였다. 이처럼 생명은 비록 그 본질에 있어 자유를 통한 강도의 획득이라고는 하지만, 그럼에도 방향 설정에 예속될 수 있고, 그래서 질서의 견실성을 획득할 수 있는 것이다. 그러나 인격적 질서의 극적인 사례만을 전제할 필요는 없겠다. 우리에게 비록 많은 증거가 있는 것은 아니지만 가장 하등한 형태의 생명에 있어서조차도, 완전히 살아 있는 결합체는 상호 순응성 mutual conformity의 어떤 희미한 형태에로 방향이 설정된다 canalized into고 추정해 볼 수 있을 것이다. 그러한 순응성은 결국 그 결합체의 선행하는 성원의 정신적 극에 있어서의 독창성에 대한 혼성적 파악에 의존하고 있는 사회적 질서가 된다. 적응과 재생 adaptation and regeneration에서 생기는 생존의 힘은 이렇게 설명된다. 따라서 생명은 물리적 질서로부터 순수한 정신적 독창성으로의, 그리고 순수한 정신적 독창성으로부터 방향이 설정된 정신적 독창성으로의 추이(推移, passage)인 것이다. 또한 그 순수한 정신적 독창성은 신의 원초적 본성에서 생겨나는 관련성 relevance의 방향 설정에 따라 활동한다는 데 주목해야 한다. 이처럼 시간적 세계에 있어서의 독창성은 모든 질서와 독창성의 근거에 따라 주어지는 최초의 주체적 지향 initial subjective aim에 의해 ── 비록 결정되지는 않는다 해도 ── 제약된다.

마지막으로 우리는 전통적인 심신(心身)의 문제를 일으키는, 구조를 갖는 사회의 유형을 고찰해 보아야 한다. 예를 들어 인간의 정신 활동은 부분적으로는 인간 신체의 산물이며, 또 부분적으로는 그 신체에 대한 단일의 지시적 작인 directive agency이며, 또 얼마간은 그 신체의 여러 물리적 관계와 무관한 사고 작용 cogitations의 체계이다. 데카르트의 철학은 인과적*으로 연합하고 있는 두 실체인 하나의 신체와 하나의

* 〈우연의 casual〉를 〈인과적 causal〉으로 변경. 이는 흔히 있을 수 있는 인쇄상의 착오로 보인다. 이 문맥에서 화이트헤드는 인과성의 문제인 두 개의 상이한 유형의 실체 간의 상호 작용의 문제를 염두에 두고 있다는 것을 보여 준다.

정신이라는 외견상의 사실 —— 평이한 사실 —— 에 기초를 두고 있다. 유기체 철학에서 이 문제는 변형된다.

각 현실태는 본질적으로 물리적이며 정신적physical and mental이라는 상반된 두 극을 가지고bipolar 있으며, 그 물리적 계승은 본질적으로 개념적 반작용 —— 부분적으로는 그 물리적 계승에 순응하며, 또 부분적으로는 적절한 새로운 대비를 이끌어들이지만,* 항상 강조, 가치, 평가, 목적을 이끌어들이는 개념적 반작용 —— 을 동반한다. 물리적·정신적 측면을 경험의 통일로 통합하는 것은 합생의 과정인 자기 형성 작용self-formation이며, 이 작용은 객체적 불멸성의 원리에 따라 그것을 넘어서는 창조성을 특징지어 간다. 따라서 정신성은 비공간적이긴 하지만 언제나 공간적인 물리적 경험으로부터의 반작용이며 그것과의 통합이다. 분명히 우리는 이런 현실태들을 통할하는 별개의 정신성(모든 미국 시민 위에 있는 엉클 샘〔전형적인 미국 사람 —— 옮긴이〕 같은 것)을 요구해서는 안 된다. 신체 내의 모든 생명은 개별적인 세포들의 생명이다. 따라서 각 동물 신체 속에는 수백만 개의 생명 중추(中樞)가 들어 있는 것이다. 그래서 설명을 필요로 하는 점은 인격의 분열이 아니라 통합적인 제어unifying control이며, 이것에 힘입어 우리는 타인이 관찰할 수 있는 통일된 행동을 갖게 될 뿐만 아니라, 통일된 경험에 대한 의식도 갖게 되는 것이다.

상당히 많은 활동이 통합적인 제어에 의존하지 않고 있는 것처럼 보인다. 예를 들어 적당한 자극제를 사용하면 심장은 신체에서 절취한 다음에도 계속 박동하게 할 수 있다. 그러나 거기에는 경험의 중추와 동일시될 수 없는 반작용과 제어의 중추가 있다. 이는 곤충의 경우 더욱 그렇다. 예를 들면 지렁이와 해파리는 단지 조화를 유지하고 있는 여러

* 〈partly conformed to, and partly introductory of, a〉를 〈partly conformed to it, and partly introductory of a〉로 변경. 어떻게 개념적 반작용이 부분적으로 적절한 새로운 대비에 순응하면서 동시에 적절한 새로운 대비를 내포하고 있을 수 있는지를 이해하기는 어렵다. 그것이 〈부분적으로 순응하는〉 것은 물리적 계승인 것이다.

세포로 보일 뿐, 거의 중추화되어 있지 않은 것처럼 보인다. 그것들을 두 부분으로 절단하면 그 부분들은 각기 독자적으로 그들의 기능을 계속한다. 일련의 동물들을 통해서 우리는 제어의 중추성 centrality of control을 향한 전진적인 상승 궤적(軌跡)을 추적해 볼 수 있다. 곤충은 어떤 중추적 제어 장치를 가지고 있다. 인간의 경우에도 많은 신체의 활동이 어느 정도 독립적으로 이루어지고 있지만, 두뇌 속에 있는 극히 고도 단계의 성격을 지닌 중추적 제어 기관의 간섭을 받고 있다.

유기체 철학에서 본 이러한 현상은, 정신이란 신체에 생명을 불어넣는 informing 구실을 하는 것이라는 성 토마스 아퀴나스의 스콜라적 견해와는 매우 다르다. 이 살아 있는 신체는 고도 단계의 현실적 계기들에 의해 조정 coordination되고 있다. 그러나 낮은 유형의 살아 있는 신체에 있어서는 그 계기들이 훨씬 더 민주주의를 누리고 있다. 높은 유형의 살아 있는 신체에 있어서는 그 신체를 통한 그들의 계승 경로에 의해 조정되는 계기들의 여러 등급이 있어서, 그 계승의 독특한 풍부성이 그 신체의 몇몇 부분에 들어 있는 계기들에 의해 향유되도록 되어 있다. 마지막으로, 두뇌는 계승의 독특한 풍부성을, 때로는 이 부분에 의해, 또 때로는 저 부분에 의해 향유할 수 있도록 조정되어 있다. 이렇게 해서 이 특정 순간에 신체 내에 통할적인 인격성이 산출된다. 그 신체의 절묘한 유기화 organization의 덕택으로 거기에는 반송된 영향력이 있게 된다. 즉 통할적 계기에서 파생된, 그리고 신체의 나머지 부분을 통해서 뒤따르는 계기들을 조절하는 그런 성격을 갖는 계승이 있게 되는 것이다.

우리는 존속하는 객체라는 개념이 갖는 극도의 일반성 —— 현실적 계기들의 역사적 경로를 거쳐 계승된 발생적 성격 —— 을 기억해 두어야 할 필요가 있다. 존속하는 객체 가운데 어떤 종류의 것들은 물질적 신체를 형성하지만, 또 어떤 종류의 것들은 그렇지 않다. 그러나 살아 있는 계기와 살아 있지 않은 계기 사이에 예리하지는 않지만 다소간의 차이가 있는 것과 꼭 마찬가지로, 원자적인 물질적 신체인 존속하는 객체와 그렇지 않은 존속하는 객체 사이에도 다소간의 차이가 있다. 따라서 존속하는 객체를 가리켜 물질의 추이라 할 것이냐 아니면 성격의 추이라 할 것이냐 하는 물음은, 바로 여러 특성들 사이에 어떻게 선을 긋느냐라는 언어상의 문제일 뿐이다(물질과 방사 에너지를 구별하는 방식이 오늘날에는 사라지고 말았다는 것을 참조하기 바란다).

따라서 동물 신체 내에 만일 통합적인 하나의 계기가 있다면, 그것은 다수의 존속하는 객체들이 이루는 복잡한 구조의 궁극적인 결절점(結節點) 내지 교차점이다. 그러한 구조가 인간의 신체에는 충만해 있다. 그 신체의 부분들의 조화된 여러 관계는 이 풍부한 계승 내용을 가지고, 경험의 강도를 나타내게 되는 대비의 조화를 구성해 낸다. 대립되는 것들 간의 억제는 대립되는 것들 간의 대비로 조정되어 왔다. 이런 식으로 인간의 정신은 그 신체적* 계승 bodily inheritance을 의식한다. 또한 통합하는 계기로부터 통합하는 계기로의 계승에 의해 형성된 존속하는 객체가 있다. 이러한 정신의 존속은 신체가 구성되는 보편적 원리에 있어 또 하나의 실례에 지나지 않는다. 통합하는 계기들의 이러한 경로는 틀림없이, 물리적인 물질적 원자와 분리되어 뇌수의 부분에서 부분으로 굽이쳐 흐르고 있을 것이다. 하지만 중추적인 인격의 지배는 단지 부분적일 뿐이며, 병리적인 경우에 있어서는 소멸되는 경향마저 있는 것이다.

---

* 〈신체 body〉를 〈신체적 bodily〉으로 변경. 이 변경은 화이트헤드 자신이 두 판의 사본에 직접 가한 것이다.

4장

유기체와 환경

제 1 절

현실적 계기에 대한 환경의 반작용. 협소성과 광범성은 사회에 의존한다. 질서적 요소. 혼돈, 사소성(些少性), 질서, 깊이. 사소성, 모호성, 협소성, 광범성. 양립 불가능성, 대비. 사소성, 차별화의 과잉. 모호성, 동일화의 과잉. 하나로서의 결합체, 모호성, 협소성, 깊이. 혼돈, 모호성, 협소성, 광범성의 조정.

지금까지 우리는 주로 각 현실적 존재의 구조 속에서, 발아의 단계 내지 단순한 잠재 능력capacity의 형태로 나타나 있는 여러 기능 양태의 식별에 관해 집중적으로 논의해 왔다. 오직 한 가지 유(類)의 현실적 존재들이 있을 뿐이라는 가정은 유기체 철학이 따르려는 우주론의 이상에 속한다. 현실적 존재의 유적(類的) 성격에 대한 기술은, 신의 본질과 현실적 계기의 본질 사이에 특수한 차이가 있기는 하지만, 최저급의 현실적 계기뿐만 아니라 신(神)도 포괄하는 것이어야 한다.

또 그 여건의 성격, 그 느낌의 협소성과 광범성, 여러 단계의 비교상의 중요성 등에서 유래되는 현실적 계기들 간의 여러 차이는, 이 계기들을 가지각색의 유형으로 묶는 분류를 가능케 한다. 형이상학적 관점에서는 이들의 유형이 준별(峻別)될 수 없다. 그러나 경험적 관찰의 문제로서는, 그 계기들이 매우 분명하게 구별되는 여러 부류로 나누어지는 것처럼 보인다.

현실적 존재의 성격은 궁극적으로 그 여건에 의해 좌우된다. 합생에서 생겨나는 느낌의 자유가 어떤 성격의 것이든 간에, 현실적 존재는 그 여건에 내재하는 잠재 능력의 한계를 벗어날 수 없다. 여건은 제한하면서 동시에 제공한다. 바로 이러한 학설로부터, 유기체의 성격은 그 환경의 성격에 달려 있게 된다는 결론이 나온다. 그러나 환경의 성격은 공동으로 그 환경을 구성하는 현실적 존재의 여러 사회의 성격들의 총화이다. 그렇긴 하지만 모든 환경이 존재들의 사회에 의해 철두철미하게 침투되어 있다는 것은 순수한 가설이다. 존재들의 어느 사회에도 속하지 못하는 많은 존재가 환경에 산재하고 있을지도 모른다. 환경 내의 사회는 그 환경의 질서적 요소를 구성할 것이며, 그 환경 내의 비사회적인 현실적 존재들은 그 환경의 혼돈적인 요소를 구성하게 될 것이다. 우리가 아는 한, 현실 세계를 순수하게 질서 정연한 것으로 생각하거나 순수하게 혼돈된 것으로 생각할 이유가 없다.

그 사회로부터 얻는 반복을 떠나서는, 환경이 그 모순되는 요소들을 부정적 파악으로 추방할 수 있을 만한 강조의 견실성을 제공하지 못한다. 협소성과 광범성의 결합으로 생기는 만족의 모든 이상적 깊이는 적절한 질서를 통해서만 달성될 수 있다. 혼돈에 비례하여 사소성 triviality이 있게 된다. 상이한 여러 유형의 질서가 있다. 그래서 질서에 비례하여 깊이가 있다는 것은 사실이 아니다. 다양한 유형의 질서가 있으며, 그중의 어떤 것들은 다른 것에 비해 보다 사소한 만족을 준다. 따라서 제한된 이상을 넘어서는 진보가 있을 수 있으려면, 역사의 진로는 탈출을 목표로 하여, 혼돈의 경계선을 따라, 보다 낮은 유형의 질서를 보다 높은 유형의 질서로 과감히 대체해 나아가야 한다.

신(神)의 내재(內在)는, 순수한 혼돈이 본질적으로 불가능하다고 믿는 근거가 된다. 한편 세계의 광대함은 다음과 같은 신념, 즉 그 어떤 질서이건 질서의 상태가 확립되어 있어서 그 이상 진보가 있을 수 없다고 하는 신념을 부정한다. 종교와 철학적 사상에 흔히 있는 이러한 궁극적 질서에 대한 신념은, 모든 유형의 순차성 seriality이 반드시 최종 사례를 수반하고 있다는 널리 유포된 오류에 기인된 것으로 보인다. 따라서,

> ……머나먼 저편에 있는 하나의* 신적(神的)인 사건,
> 창조물 전체가 그것을 향해 나아가네.

라는 테니슨의 시구는 그러한 잘못된 우주관을 표현하고 있는 것이 된다.

현실적 존재는 그것의 〈만족〉과 관련하여 분류되어야 한다. 만족은 그 〈과정〉을 구성하는 여러 작용에 의해 그 여건으로부터 생겨난다. 만족은 〈사소성〉, 〈모호성〉, 〈협소성〉, 〈광범성〉에 비추어 분류될 수 있다. 사소성과 모호성은 여건 내의 대립적인 여러 특성에 각기 그 기원을 두고 있는 만족에 있어서의 특성들이다. 사소성은 그 여건의 요인들에 있어서의 조정의 결여에서 생겨나며, 따라서 하나의 요인에서 오는 느낌은 다른 요인에서 오는 어떠한 느낌에 의해서도 보강되는 일이 없다. 달리 말하면, 문제되는 현실적 존재의 특수한 구조는 그처럼 제시된 대비 contrast로부터 느낌의 깊이를 이끌어내는 그런 것이 아니다. 양립불가능성이 대비보다 우월한 자리를 차지하고 있는 것이다. 그래서 과정은 증강된 협소성에서 온 것이건, 조화된 광범성에서 도출된 보다 높은 대비에 기인하는 관련성의 고양에서 온 것이건, 어떠한 조정적 강화 작용 coordinating intensification도 수반할 수 없다. 사소성은 일종의 빗나간 광범성에 기인하고 있다. 즉 보다 높은 차원의 범주①에서의 어떠

---

* 〈저 that〉를, 〈하나의 one〉로 변경. 테니슨 A. Tennyson의 "In Memoriam"의 마지막 두 행은 다음과 같이 시작하고 있다. 〈And one far-off divine event…….〉 이는 아마도 화이트헤드가 기억에만 의지해서 구절을 인용했던 사례가 될 것이다.

① 여기서 말하는 〈높은 차원의 범주〉란 무엇을 의미하는 것일까. 예컨대, 〈존재의 범

한 증강된 협소성도 수반하지 않는 광범성에 기인하고 있는 것이다. 조화란 이와 같은 광범성과 협소성의 결합이다. 한정된 한 조(組)의 효과들에 대한 협소한 집중이 깊이에 있어서는 본질적인 것이다. 그러나 그곳에 내포되어 있는 대비의 범주들의 여러 수준에서 차이가 생겨난다. 높은 범주는 보다 낮은 그 구성 요소들에 있어서의 깊이의 실현을 위한 무궁한 가능성을 가지고 있다. 따라서 〈사소성〉은 양립 불가능한 차별화의 과잉에서 생겨난다.

한편 〈모호성〉은 동일화의 과잉에서 비롯된다. 한 여건에 있어 여러 현실적 존재의 객체화는 전망적 대비의 희미한 조정 coordination을 수반한 복제이다. 이러한 조건 밑에서, 다양하게 객체화된 것들 사이의 대비는 희미하며, 또한 객체들을 서로 식별하는 보완적인 느낌에는 결함이 있게 된다. 따라서 전(全) 결합체의 파악 속에는 공통의 성격 탓으로 모호성과 결부된 강렬한 협소성이 있다. 여기서의 모호성은 그 결합체의 일정한 현실적 존재들 간의 차이들의 무관련성이다. 객체화된 존재들은 그들 간의 유사성에 의해서 서로를 보강한다. 그러나 관련된 대비의 결핍으로 말미암아, 구성 요소로 객체화된 것들 사이에는 차별화가 결여되어 있다.

이렇게 해서 일군의 현실적 존재들은 하나의 연장적 전체로서의 만족에 기여하며, 이는 가분적이다. 그렇지만 현실적으로 분할된 것들과, 그것들의 성격에 있어서의 산발적인 차이들은 그 전체 내지는 그 어느 부분에 속하는 하나의 성격을 벗어나 비교적 무관계한 것으로 가라앉고 만다.

모호성 때문에 다수가 하나로 간주되고, 그래서 그것은 다양한 여러 통일태에로의 일정치 않은 분할 가능성 아래에 놓이게 된다. 그와 같은 모호한 파악이 있게 되는 경우, 그처럼 모호하게 파악된 현실적 존재들 간의 차이는 그 환경에 있어서의 희미한 혼돈의 요인이 되며, 그 결과

주〉로 여덟 개를 들고 있는데, 그중의 하나인 대비를 생각해 보자. 대비는 〈패턴화된 존재 patterned entity〉이며 그것 자체가 고차원의 범주라고 할 수 있다. 그리고 대비의 대비는 보다 고차원의 범주라고 할 수 있을 것이다.

그것은 무관련성으로 떨어져 나가게 된다. 따라서 모호성은 관련성의 깊이를 위한 하나의 조건인 협소성의 본질적 조건이다. 이 모호성에 힘입어 배경은 그 관련된 몫을 제공할 수 있게 되며, 또한 전경(前景)에 있는 사회적 집단은 그 성격의 공유를 위한 집중적인 관련성을 획득할 수 있게 된다. 적절한 혼돈과 적절한 모호성은 공히 모든 효과적인 조화에 있어 필수적인 것이 되고 있다. 그것들은 〈협소성〉이라는 용어로 표현되어 왔던 견실한 단순성 massive simplicity을 만들어낸다. 따라서 혼돈이 악(惡)과 동일시되어서는 안 된다. 왜냐하면 조화는 혼돈, 모호성, 협소성, 광범성의 적절한 조정을 필요로 하기 때문이다.

이 설명에 따르면 환경이 놓여 있는 배경은 두 개의 층으로 구별되어야 한다. 먼저 견실한 체계적 제일성 massive systematic uniformity을 제공하는 관련된 배경이 있다. 이 배경은 모든 통상적인 명제가 관계하고 있는 전제된 세계이다. 둘째로는, 문제의 현실적 존재에 있어서의 직접적인 객체화에 관한 한, 단지 무관련의 사소성만을 갖는 보다 소원한 혼돈된 배경이 있다. 이 배경은 상당한 전망적인 원격성 perspective remoteness을 갖는 현실 세계 내의 존재들을 의미하는 것이기 때문에, 거기에는 심지어 혼돈된 다양한 여러 우주 시대까지도 들어 있다. 배경에는 사소성, 모호성, 그리고 견실한 제일성이 있으며, 전경에는 식별과 대비 discrimination and contrast가 있지만, 여기에는 또한 언제나 무관련의 다양성에 대한 부정적 파악이 있다.

제 2 절

강도(强度), 협소성. 유기체 철학, 칸트, 로크.

강도는 협소성의 보상물이다. 소수의 사회적 집단에 의한 환경 지배는 현실적 존재들 간의 식별의 모호성 및 공통적인 특성들의 관련성의 강화를 낳는 요인이 된다. 이들은 협소성을 위한 두 가지 필수 요건이다. 보다 하등의 유기체는 저급한 유형의 협소성을 가지며, 고등 유기체는 보다 높은 범주에서 강화된 대비를 가진다. 현실적 계기의 잠재 능력 ― 실현되었건 안 되었건 간에 ― 을 기술함에 있어 우리는 로크와 함께, 암암리에 형이상학에 요구되는 일반화된 기술을 정초(定礎)할 토대가 되는 예로서 인간 경험을 들어왔다. 그러나 보다 하등의 유기체로 눈을 돌릴 때, 우리가 우리의 기준인 인간 경험과 비교하여 무엇보다도 먼저 결정하지 않으면 안 되는 것은, 그러한 잠재 능력들 가운데서 어느 것이 실현으로부터 무관련의 것으로 사라져가느냐 하는 것이다.

칸트나 헤겔의 전통에 기초를 둔 모든 형이상학적 도식에 있어, 경험은 인간이 행하는 여러 방식의 기능 가운데서도 보다 고차적인 작용의 산물이다. 그러한 도식에 있어 질서화된 경험은 인과, 실체, 성질, 양에 관한 사고 양식의 도식화의 산물이다.

그래서 경험의 통일이 달성되는 과정은 여러 사고 양식이라는 명목 아래에서 이해되고 있다. 그 예외는 칸트가 공간과 시간을 규정하고 있는 〈선험적 감성론(先驗的 感性論)〉에 관한 서론적인 절(節)에서 찾아볼 수 있다. 그러나 칸트는 흄과 마찬가지로 여건으로서의 *qua data* 인상들의 근본적인 비결합성을 가정하고 있다. 그래서 그는 그의 선험적 감성론을, 느낌의 질서를 통해 여건을 자기의 것으로 만들어가는 주관적 과정에 대한 단순한 기술로 보고 있는 것이다.②

유기체 철학은 칸트가 그의 『순수이성 비판』에서 제시했던 철학적 입장에 서서 순수한 느낌의 비판을 구축하려고 열망한다. 이는 또한 칸트 철학에서 요구되었던 그 밖의 『비판』들을 대체하는 것이 되어야 한다. 따라서 유기체 철학에서는, 칸트의 〈선험적 감성론〉은 그의 중요한 논제여야 했던 것의 왜곡된 단편에 지나지 않게 된다. 여건 datum은 그

② 칸트에 의하면 흄 D. Hume의 경우와 마찬가지로 감각 인상은 잡다하고 다양한 것으로서, 즉 결합되지 않고 분산적으로 의식에 직접 주어진다.

자신의 상호 결합성 interconnection을 내포하고 있다. 그리고 느낌의 과정에서 그 첫 단계는 느낌의 호응적 순응성 responsive conformity*에로의 수용이며, 이것에 의해 단지 가능태였던 여건은 실현의 복합적 통일을 위한 개체화된 기반이 된다.

유기체 철학에 들어 있는 이러한 생각은 『인간 지성론』의 후반부에 나타나 있는 로크의 사고 방법과 사실상 동일하다. 그는 지각된 대상의 관념들을 말하고 있으며, 그것들과 그들에 대응하는 지각하는 정신 속의 관념들의 동일성을 암암리에 전제하고 있다. 대상 속의 관념은 지각하는 정신의 주관적 기능에 의해 정신에 사유(私有)되어 있다. 이러한 표현 방식은 로크가 범한 우연한 말의 부주의 내지 철학적 모순으로 해석될 수 있겠다. 그러나 이러한 모순을 별문제로 한다면, 로크의 철학은 와해된다. 사실이 그러했듯이 그 운명은 흄의 손아귀에 있었던 것이다.

하지만 로크의 철학과 널리 유포되어 있는 지각설에는 한 가지 근본적인 오해가 들어 있다. 그것은 근원적 유형의 경험의 기술(記述)에 관한 물음에 대한 답변과 관련되어 있다. 로크는 극단적인 근원성이 감각지각에서 찾아져야 한다고 전제하고 있다. 제1성질과 제2성질의 복잡성을 식별하고 있었던 17세기의 물리학은 감각 지각이 복합적인 기능 양식들 속에 포함되어 있다는 것을 철학자들에게 경고해 주었어야 했다. 근원적 느낌은 보다 낮은 지평에서 찾아져야 한다. 저 오해는 중세와 고대 그리스의 철학자들에게는 당연한 것으로 받아들여졌던 것이다. 왜냐하면 그들은 명백한 경고자로서의 근대 물리학을 소유하고 있지 않았기 때문이다. 감각 지각에 있어 우리는 루비콘 강을 건넜다. 그 강은 직접적인 지각을, 그릇된 생각을 연출하여 지성의 왕국을 세우는 보다 높은 형태의 정신성으로부터 분리시키는 자이다.

보다 원초적인 유형의 경험은 감각 수용 sense-reception과 관계되는

---

* 화이트헤드는 자신의 맥밀런판 사본에서 〈느낌의 호응적 순응성〉에 밑줄을 긋고 난외에 〈53쪽 참조〉라고 적어놓았다. 이 참조의 소재는 이 번역판의 111쪽에 있는 주를 참조할 것.

것이지, 감각 지각과 관계되는 것이 아니다. 이 진술은 다소 긴 설명을 필요로 할 것이다. 그러나 이 사고의 과정은, 감각 수용은 〈공간화되어 있지 않으며〉 감각 지각은 〈공간화되어〉 있다는 베르그송의 감탄할 만한 표현에 의해 시사될 수 있겠다. 감각 수용에 있어 감각 여건 sensa은 정서의 한정성이다. 이는 한 계기에서 다른 계기로 전달되는 정서의 형식이다. 최종적으로, 충분한 복합성을 갖춘 계기에 있어 변환의 범주는 결합체들을 특징짓는 새로운 기능을 감각 여건에 부여한다.

제 3 절

감각 여건, 영원한 객체의 최저 범주, 정의. 감각 여건, 감각 여건의 대비, 강도. 높은 차원과 낮은 차원의 범주에 있어서의 대비, 패턴. 영원한 객체, 단순성, 복합성. 정서적으로 경험된 감각 여건.

우선 무엇보다도 〈감각 여건〉이라는 이름으로 분류되는 영원한 객체는, 영원한 객체들의 최저 범주를 구성한다. 이러한 영원한 객체는 다른 영원한 객체들 간의 관계 방식을 나타내지 않는다. 그것은 대비나 패턴이 아니다. 감각 여건은 현실적 존재에 있어서 보다 높은 단계의 실현과 관련된 구성 요소로서 필요한 것이다. 그러나 감각 여건은, 비록 그것이 패턴의 가능성을 내포하고 있으며 실현된 어떤 패턴 내에서의 지위를 확보하게 되는 데서 점차적으로 강도를 얻는 것이긴 하지만, 그 자신의 실현을 위해 보다 낮은 단계의 어떠한 영원한 객체도 필요로 하지 않는다. 따라서 감각 여건은, 영의 광범성 zero width이라는 그것의 얕음 shallowness으로부터 그것을 구출하는 것으로서, 그것을 구성 요소로 포함하고 있는 보다 광범한 복합적인 영원한 객체들의 어떤 선택적 관련성을 필요로 한다. 하지만 그것은 그것이 전제하고 있는 어떠한 영원한 객체들의 관련성도 포함하고 있지 않다. 따라서 어떤 의미에서 감각 여건은 단순하다. 왜냐하면 그것의 실현은 그것의 일정하고도 단순한 구성 요소들인 어떤 일정한 영원한 객체들의 동시적 실현concurrent realization을 수반하지 않기 때문이다. 그러나 또 어떤 의미에서 감각 여건 하나하나는 복합적이다. 왜냐하면 그것은 임의의 현실적 존재로의 진입을 위한 그것의 가능태로부터, 그리고 다른 영원한 객체들과의 대비 내지 패턴화된 관계 맺음을 위한 그것의 가능태로부터 분리될 수 없기 때문이다. 따라서 각 감각 여건은 모든 영원한 객체에 공통된 특징, 즉 비선택적인 〈임의의any〉와 선택적인 〈어떤some〉이라는 두 형태로 논리적 변수의 개념을 도입하고 있다는 특징을 공유하고 있는 것이다.③

〈감각 여건sensa〉을 이렇게 정의할 때, 통상적으로 〈감각 여건〉이라 불리고 있는 대비의 몇몇 사례를 감각 여건에서 제외시킬 수 있고, 또 통상적으로 배제되어 있는 몇몇 정서적 성질들을 감각 여건에 포함시킬 수 있게 된다. 이러한 정의의 이점은 그 정의가 형이상학적 원리에 기초를 두고 있으며, 인간 신체에 대한 생리학의 경험적 연구에 기초를 두고 있지 않다는 데 있다.

최저의 범주에 있어서의 협소성은 최저의 경험에 속하는 강도를 달성하지만 광범성의 결핍 때문에 실패한다. 대비는 깊이를 유발한다. 그리고 패턴화된 대비가 없는 경우에는 얕은 경험만이 가능하다. 흄은 단순한 감각 여건과 관련하여, 상상력이라는 보다 고차적인 능력이 대체로 실패한다는 데 주목하고 있다. 그는 이러한 대체적인 실패를 과장한 나머지, 새로운 감각 여건을 상상한다는 것을 절대적으로 금지하는 학설을 내세우고 있다. 한편 이에 반해 그가 끌어들이고 있는 증거 사례는

---

③ 예를 들어, 녹색 단풍잎의 〈붉은 빛깔〉이라는 감각을 고찰해 보자. 그것은 임의의 현실적 존재에 〈진입〉하여, 거기서 실현되는 가능태를 지니고 있다. 동시에 그것은 단풍의 〈녹색〉과 함께 그 대비에 있어서 패턴화된 관계를 맺는 가능태도 아울러 지니고 있다. 이 경우에 〈붉은 빛깔〉은 다른 영원한 객체 가운데서 〈어떤〉 영원한 객체, 즉 〈녹색〉을 선택하여 그것과 관련을 갖게 된다. 이는 모든 영원한 객체의 공통적인 특징이다.

점차적으로 조금씩 다른 여러 색조에 있어 빈자리를 메우기 위하여 새로운 색조의 빛깔을 상상하는 것인데, 이는 주어진 여러 색조들 간의 대비가 상상을 통해 확대되어, 결여된 색조에 대한 상상을 낳게 할 수 있다는 사실을 보여주는 것이다. 그러나 또한 흄의 예는 상상력이 영원한 객체들의 보다 높은 범주들 사이에서 자유자재로 작용할 수 있다는 것을 보여주고 있다.

패턴은 어떤 의미에서 단순하다. 패턴은 대비의 〈소재〉를 이루는 특정의 영원한 객체들로부터 추상된 복합적 대비의 〈양식〉이다. 그러나 패턴은 그 〈양식〉에 있어서 어떤 대비의 〈소재〉 내의 요소가 될 가능성을 갖는 모든 영원한 객체와 비선택적으로 관련된다.

그래서 패턴과 감각 여건은 다 같이 그 자신의 실현에 있어 다른 특정의 영원한 객체를 수반하지 않는다는 의미에서 단순하다. 패턴의 양식은 그 패턴의 개체적 본질이다. 그러나 개체적 본질은 그것이 다른 것과 맺을 수 있는 관계의 여러 가능태 가운데 일부, 즉 그 관계적 본질을 떠나서는 결코 실현될 수 없는 것이다. 그러나 패턴은 또 다른 의미에서는, 즉 감각 여건이 단순성을 지니고 있다는 의미에서는 단순성을 결여하고 있다. 패턴의 실현은 어디까지나, 그 패턴에 있어서 대비를 이룰 수 있는 일군의 영원한 객체들의 동시적 실현을 포함하고 있다. 패턴은 이러한 대비의 실현을 통해서 실현된다. 이 실현은 동일한 패턴에 있어서의 별개의 대비에 의해 일어날 수도 있었겠지만, 이러한 경우에는 그 패턴에 있어서의 어떤 복합적 대비를 필요로 한다. 그런데 영의 광범성 zero width을 수반한 그 강도의 이상적인 얕음에 있어서의 감각 여건의 실현은, 개체적 및 관계적 본질이라는 그 본질적 장치 이외에 다른 어떠한 영원한 객체도 필요로 하지 않는다. 그것은 패턴화된 대비를 위한 실현되지 않은 가능태들을 지닌 채 그 자체로서 존속할 수 있다. 이러한 절대적 협소성을 갖는 현실적 존재는 지극히 희미한 만족 ideal faintness of satisfaction을 지니게 된다. 이는 혼돈이라는 이상적인 영의 상태 zero와는 다르지만, 그와 꼭 마찬가지로 불가능한 것이다.

왜냐하면 실현이란 현실적 존재에의 진입을 의미하는데, 이는 그 존재의 모든 구성 요소와 복합적인 우주로부터 도출된 여건들과의 종합을 수반하는 것이기 때문이다. 실현은 대비의 진입과 관념적으로는 구별되나 사실에 있어서는 구별될 수 없다.

가장 단순한 등급의 현실적 계기들은 최소한의 패턴화된 대비를 갖는 약간의 감각 여건을 경험하는 것으로 보아야 한다. 여기서 감각 여건은 정서적으로 경험되고 특수한 느낌들을 구성한다. 그리고 이 느낌들의 강도의 총화는 만족의 통일이 된다. 그러한 계기에 있어서 과정은 그 최고의 위상에 있어 결함이 있는 것으로, 여건에 예속되어 있다. 거기에는 순응적 느낌 conformal feeling의 개체화하는 위상이 있긴 하지만, 보완적이며 개념적인 느낌의 독창적인 위상들은 무시될 수 있다.

제 4 절

전달, 다양한 경로, 금지, 강화. 벡터의 성격, 에너지의 형태. 물리학.

이 설명에 따른다면 가장 단순한 등급에 속하는 현실적 존재의 경험은 감각 여건의 단순한 내용을 갖는 여건에 대한 비독창적 반응으로 간주되어야 한다. 그 여건은 단순하다. 왜냐하면 그것은 단순성이라는 모습으로 과거의 객체화된 경험을 제시하기 때문이다. 계기 A, B, C는 감각 여건 S_1과 S_2 사이의 어떤 미약한 대비에 의해 통일된 S_1과 S_2를 자신이 경험하고 있다는 점을 통해, 그들 자체로서 계기 M의 경험에 개입한다. 계기 M은 감각 여건 S_1과 S_2를 그 자신의 감각 작용으로서 호응적으로 느낀다. 그래서 A, B, C로부터 M으로의 감각 정서 sensation emotion의 전달이 있게 된다. 만일 M이 자기 분석의 재치를 가졌다면, M은 A, B, C로부터 그 자신에게로의 전달 때문에 그 자신이 자기의 감각 여건을 느끼게 되었다는 것을 알게 될 것이다. 따라서 A, B, C에 대한 (무의식적인) 직접적 지각은 M의 구조 내의 요소들로서의 A, B, C의 인과적 효과성 causal efficacy에 지나지 않는다. 이 직접적 지각은 모호성으로 휩싸여 있게 될 것이다. 왜냐하면 A, B, C가 비록 강도에서 조금 변화했더라도 결국 같은 이야기를 하고 있는 경우라면, A, B, C 상호 간의 식별이란 부적절한 것이 될 것이기 때문이다. 따라서 거기에는 외계에 있어서의 그것들의 엄밀한 관계는 가리어져 있는 그런 현실적 현존들 actual presences의 인과적 효과성에 대한 감각은 존속될 수 있다. 그러므로 M의 경험은, A, B, C로부터의 감각 여건의 기여에서 생겨나는, 그리고 그 기여에 비례하여 M에 의해 순응된 양적 정서 quantitative emotion로 간주되어야 한다.

물리학의 언어로 일반화해서 말해 본다면, M의 경험은 A, B, C로부터 유도된 directed 특수한 감각 여건으로부터 유래하는 강도이다. 실제로 거기에는 느낌의 특수한 형식에서 생기는, A, B, C로부터 유도된 양적 느낌의 유입 influx이 있다. 이 경험은 벡터의 성격, 일반적인 수준의 강도, 그리고 그 강도를 전달하는 느낌의 특수한 형식을 지니고 있다. 만일 양적인 정서적 강도의 개념을 〈에너지〉라는 용어로, 그리고 〈느낌의 특수한 형식〉의 개념을 〈에너지의 형식〉이라는 용어로 각기 대체하고, 또 물리학에서 〈벡터〉가 다른 장소로부터의 일정한 전달을 의미한다는 것을 상기한다면, 현실적 존재의 구조 속에 들어 있는 가장 단순한 요소에 대한 이러한 형이상학적 기술은, 현대 물리학에서 관념들의 뼈대를 이루고 있는 일반적 원리와 완전히 부합된다는 것을 알 수 있을 것이다. 형이상학에 있어서의 〈여건〉은 물리학에서의 벡터 이론의 기초이며, 형이상학에 있어서의 양적 만족 quantitative satisfaction은 물리학에서의 스칼라적 국지화(局地化) scalar localization의 기초이다. 그리고 형이상학에서의 〈감각 여건〉은 에너지가 그 자체를 감싸고 있는 다양하고도 특수한 형식들의 기초이다. 말할 것도 없이, 과학적 기술(記述)은 우리가 살고 있는 우주 시대의 독특한 질서에서 생겨나는 기하학과 물리적 법칙의 특수한 세부적 사항들과 얽혀 있다. 그러나 물리학의 일반

법칙은 정확히 유기체 철학이 요구하는 형이상학의 특수한 예증으로서 우리가 기대해 보아야 할 그런 것이다. 근대 철학의 결함은 그것이 그 어느 과학적 원리에도 빛을 던져주지 않았다는 점이다. 과학은 개별적인 종(種)을 탐구해야 하며, 형이상학은 이러한 종적(種的) 원리들이 들어가야 할 유적(類的) 관념을 탐구해야 한다. 그럼에도 불구하고 근대의 여러 실재론은 과학적 원리에 관하여 아무런 발언도 한 바 없으며, 근대의 여러 관념론은 현상계란 절대자의 열등한 소일거리 avocation 가운데 하나라는 무익한 암시를 던져주었을 뿐이다.④

직접적 주체에 있어서 여건을 과거로부터 계승하는 통로인 직접적 지각은, 추상해서 볼 때, 감각 여건에 의해 제공된 특정의 형식으로 싸여 있는 일정한 정서적 에너지의 약동을 전달하고 있는 것으로 볼 수 있다. 경험 주체 experient subject에 있어서의 모호성은 총체적 만족에의 개별적인 기여가 이루어지고 있는 하나하나의 독립적 객체화들을 은폐하는 경향이 있기 때문에, 최종적 만족에 있어서의 정서적 에너지가 모든 단계의 이상적인 변화를 가능케 하는 총체적 강도의 양상을 띠고 있다. 그러나 그 기원에 있어서의 정서적 에너지는 개별적인 객체가 저 에너지의 형식에 기여하는 데서 생기는 전체성을 표현한다. 따라서 그러한 기원을 고려한다면, 에너지의 각 형식의 실재적인 원자적 구조는 객체화된 각각의 현실적 계기로부터 그만큼 확인될 수 있을 것이다. 그리고 여기에는 유한수의 현실적 계기만이 관련성을 갖게 될 것이다.

단순한 주체적 호응이라는 특징을 지니고 있을 뿐, 보다 높은 위상의 독창성을 결하고 있는 이 직접적 지각은, 수용성의 모습으로 나타난 현

---

④ 화이트헤드는 여기에서 형이상학과 과학과의 밀접한 관련성에 대해서 언급하고 있다. 그러나 현상계와 실재계를 구별하는 〈실재론적〉 사고방식 — 브래들리 Bradley 같은 이들 — 에 있어서, 과학은 현상계의 지식과 관계되고, 형이상학은 절대자의 지식과 관계된다. 그런데 이 경우 현상계에 관한 지식, 즉 상대적 지식은 항상 자기모순에 빠져 있으며, 따라서 현상계는 실재적인 것으로는 인식되지 않기 때문에, 우리가 실재성을 파악하기 위해서는 필연적으로 현상계로부터 형이상학과 관계되는 절대자의 세계로 이행하지 않으면 안 되게 된다.

실적 존재의 구조를 보여준다. 인과 관계의 표현으로 하자면, 그것은 현실 세계에서 작동하고 있는 작용인을 기술하고 있다. 로크가 제기했던 것과 같은 인식론의 표현으로 하자면, 그것은 개별적 존재자의 관념이 어떻게 지각자의 주관성 속으로 흡수되고, 어떻게 외부 세계에 대한 그 지각자의 경험을 위한 여건이 되는가를 기술하고 있다. 과학의 표현으로 하자면, 그것은 국지화된 에너지의 양적 강도가 어떻게 그 자신 속에, 그 기원의 여러 벡터적 흔적과 그 종적 형식들의 특수성들을 띠게 되는가를 기술하고 있다. 그것은 또한 원자적 양자(量子)들이 일정량의 에너지 집성 building up 속에서 식별될 수 있는 근거를 제공한다. 이런 방식으로, 유기체 철학은 ── 마땅히 그래야 하겠지만 ── 사실에 호소한다.

제 5 절

지각 속에 있는 것으로서의 환경적 여건. 시각, 가장 정교한 형태. 동물 신체의 선행하는 상태에 의해서 생겨남, 흄. 동물 신체와 외적 환경, 증폭기.

지각에 관한 널리 통용되고 있는 설명들은 바로 근대의 여러 형이상학적 난제들의 아성이 되고 있다. 그것들은 실체-속성이라는 범주의 악몽으로 이끌었던 것과 동일한 오해에 그 기원을 두고 있다. 고대 그리스 사람들은 돌을 보고 그것이 회색이라고 지각했다. 그들은 근대 물리학에 무지했다. 그러나 근대의 철학자들은 고대 그리스 사람들로부터 유래된 범주에 따라 지각을 논했다.

고대 그리스 사람들은 가장 정교하고 세련된 형태의 지각, 즉 시각(視覺)에서 출발했다. 시각에 있어서 생경한 지각은 인간 경험 가운데서 특히 우세한 위상, 즉 경험에 있어서의 독창적 위상에 의해 철저하게 수정된다. 만일 초기 파악의 두 위상 ── 수용의 두 위상, 즉 여건과 주체적 호응 ── 을 이들과 얽혀 있는 보다 진전된 독창적 위상들로부터 풀어헤쳐 분리시켜 보고자 한다면, 독창적인 증폭(增幅)의 당혹스러운 다양성 가운데서 모든 지각 양태에 공통된 것을 고찰하지 않으면 안 된다.

이 논제와 관련하여 나는 기꺼이 흄에 호소한다. 그는 이렇게 쓰고 있다. 〈그러나 감관이 나에게 전해 주는 것은 어떤 특정한 방식으로 배치되어 있는 채색된 점들 colored points의 인상에 지나지 않는다. 만일 눈이 그 이상의 어떤 것을 느낀다면, 내게 그것을 지적해 주기 바란다.〉[1] 그리고 또 다음과 같이 쓰고 있다. 〈광학(光學)의 저자들이 널리 승인하고 있는 바와 같이, 언제나 눈은 동일한 수의 물리적 점들을 보고 있으며, 산의 정상에 서 있는 사람의 감관에 나타나는 심상은 그가 지극히 비좁은 마당이나 거실에 유폐되어 있을 때의 심상과 똑같은 크기를 가진다.〉[2]

이들 인용문에서 흄이 분명히 주장하고자 한 것은 눈이 본다는 것이나. 위의 인용 구절에 대한 판에 박힌 주석은 다음과 같은 것들이다. 즉 흄은 알기 쉽도록 하기 위해서 평범한 표현 형식을 사용하고 있다는 것, 그는 다만 마음에의 인상을 화제로 삼고 있을 뿐이라는 것, 그리고 먼 훗날에 어떤 석학이 〈눈〉을 〈자아〉로 정정함으로써 명성을 떨치게 되리라는 것 등이다. 여기서 이 구절들을 인용한 까닭은, 그와 같은 방식의 언설이 동물적 지각의 궁극적 진실을 표현하고 있기 때문에 문어적(文語的)이면서도 이해하기 쉽다는 점을 강조하기 위해서이다. 궁극적이며 순간적인 〈자아〉는 〈이러저러한 광경을 경험하고 있는 것으로서의 눈〉을 그 여건으로 가진다. 두 번째 인용에서 동일한 수의 물리적인 점에 대해 언급하고 있는데, 이는 망막(網膜)상의 자극된 영역을 말한다. 따라서 〈이러저러한 광경을 경험하고 있는 것으로서의 눈〉은 하나의 여건으로서, 망막의 세포로부터 연관된 신경을 형성하고 있는 일련의 현실적 존재들을 경유하여 뇌수로 전달된다. 눈과 뇌수와의 모든 직

1) 『인성론』, 제 I 권, 제II부, 제3절. 고딕체는 필자의 것.

2) 『인성론』, 제 I 권, 제III부, 제9절.

접적 관계는 이러한 간접적 전달의 강도에 의해 전적으로 가려지고 있다. 이러한 진술은 물론 생리학적 시각론의 어설픈 요약에 지나지 않는다. 그러나 생리학적 설명은 간접적인 귀납적 지식 이상의 것임을 자처하고 나서지 않는다. 여기서 주목해야 할 점은 〈이러저러한 광경을 경험하고 있는 것으로서의 눈〉이 갖고 있는 문자 그대로의 직접적인 자명성이다. 이것이 바로 흄이 자신의 철학적 입장에도 불구하고 그와 같은 표현을 사용하고 있는 진정한 이유인 것이다. 유기체 철학이 이끌어내는 결론은, 인간 경험에 있어서 지각의 근본적 사실은 이러저러한 경험을 갖는 인간 신체의 선행하는 부분의 객체화를 여건 속에 포함하고 있다는 것이다. 흄의 견해는 이러한 결론과 충분히 부합되는 것이어서, 그것이 그의 목적에 부합될 때에는 그것에 따라 논의를 추진시켜 나가고 있다. 그는 다음과 같이 쓰고 있다.

> 철학자들 가운데는 그들의 논구(論究)의 태반을 실체와 속성과의 구별에 따라 추진하면서, 우리가 이 양자 각각에 대해서 명석한 관념을 가진다고 상상하는 이가 있다. 나는 그러한 철학자들에게 기꺼이 다음과 같이 묻고자 한다. 즉 실체의 관념은 감각의 인상에서 오는 것인가, 내성(內省)의 인상에서 오는 것인가? 만일 감관이 전달해 주는 것이라면, 다시 묻겠는데 어느 감관이 어떻게 전달하는가? 실체 관념은, 그것이 눈을 통해 지각된다면 어떤 빛깔일 것이며, 미각(味覺)을 통해서라면 어떤 맛일 것이며, 그 밖의 다른 감관을 통해서라면 그에 상응하는 감각이어야 할 것이다.[3)]

우리는 흄이 열거한 목록을 더 늘릴 수 있다. 돌에 대한 느낌은 손에 있다. 음식에 대한 느낌은 위 속의 통증이다. 『성서』의 기록자에 의하면 동정심은 장(腸) 속에 있다. 행복감은 내장(內臟) 어느 곳에나 있다. 언짢은 기분은 순조롭지 못한 간장에서 오는 정서적 색조이다.

---

3) 『인성론』, 제 I 권, 제 I 부, 제6절.

이 흄의 목록과 그것에 첨가된 목록을 놓고 볼 때, 몇몇 사례 ── 예를 들면, 시각에 있어서와 같이 ── 의 경우, 궁극적인 주체에 있어서의 보완적인 위상이 그 중요도에 있어, 눈으로부터 계승한 여건을 능가하고 있다. 그 밖의 촉각의 경우와 같은 사례에 있어서는 〈손에서의 느낌〉의 여건이, 아무리 그 느낌의 강도 내지 성격이 궁극적 주체에 있어서의 보완에 힘입고 있다고 하더라도, 그 중요성을 유지하고 있다. 이 사례는 시각의 사례와 비교되어야 한다. 통증의 사례에 있어 위(胃)는 여건으로서의 주된 중요성을 지니고 있다. 그리고 음식물은, 막연히 느껴지고 있다고는 하나, 적어도 전문의이건 비전문의이건 간에 의사가 그 상태를 지적으로 분석하기까지는 이차적이다. 동정심, 행복감, 언짢음과 같은 사례에 있어서는 계승된 여건으로서의 신체 기관과의 막연한 연관이 있다고는 하나, 궁극적 주체에 있어서의 보완적인 느낌이 우세하다.

이 개관이 지지하는 견해는, 지각의 유력한 토대는 전달과 증대의 경로를 통해 자신의 경험들을 넘겨주는 여러 신체 기관의 지각이라는 것이다. 살아 있는 신체가 물리적 우주의 다른 여러 부분들에 관하여 알려진 것에 따라 해석되어야 한다는 것은 물리학에서 승인되고 있는 학설이다. 이는 건전한 공리이지만, 양날의 칼과 같다. 왜냐하면 그것은 우주의 다른 여러 부문이 인간 신체에 대해 우리가 알고 있는 것에 따라 해석되어야 한다는 역(逆)추론을 수반하기 때문이다.

모든 해석은 참된 원인 *vera causa*에 토대를 두어야 한다는 것도 건전한 규칙이다. 그런데 〈회색의 돌〉을 근원적으로 신뢰하는 것은 복잡한 상황에 대한 오해에서 비롯된 것임이 근대 물리학에 의해 밝혀져 왔다. 그러나 우리는 우리의 중추적 지성과 신체적 느낌과의 관계에 대한 직접적 지식을 가지고 있다. 이 해석에 따른다면, 인간 신체는 ── 전자기학(電磁氣學)의 술어를 빌리면 ── 복잡한 증폭기로 간주될 수 있다. 신체를 구성하는 다양한 현실적 존재들은, 신체의 임의의 부분의 경험들이 하나 내지 그 이상의 중추적 계기로 전달되고, 강화는 그 도중에서 생기든가 아니면 최종적 통합에 의해 마지막에 가서 부가되도록 조정되어 있다. 지속하는 인격성은, 잇따르는 순간순간에 있어 신체 내에서 제각기 그 나름대로 지배력을 행사하는 살아 있는 계기들의 역사적 경로이다. 이렇게 해서 인간의 신체는 어떤 규모의 집중적 효율에 있어서 사회 조직의 한 유형을 성취해 가고 있는데, 이 사회 조직은 모든 등급의 효율을 가지고 질서 — 이것에 힘입어 우주 시대는 자신 속에 만족의 강도를 간직하게 된다 — 를 구성한다.

직접적 지각의 생경한 원초적 성격은 계승이다. 계승되는 것은 그 기원의 명증성을 동반한 느낌의 색조 feeling-tone이다. 달리 말하면 벡터적인 느낌의 색조이다. 보다 고도의 지각에 있어, 막연한 느낌의 색조는 촉각, 시각, 후각 따위의 다양한 유형의 감각 여건으로 분화되고, 이들 각각의 색조는 최종적 지각자에 의해 색조의 동시적 결합체들*에 대한 일정한 파악으로 변형된다.

제 6 절

지각과 동물 신체, 인과적 효과성.

원리상 동물 신체란, 그것의 지배적인 현실적 계기 — 이는 궁극적 지각자인데 — 에서 보자면 일반적 환경의 보다 고도로 조직화된 직접적인 부분에 지나지 않는다. 그러나 밖으로부터 신체 내부로의 이행은 보다 낮은 등급의 현실적 계기로부터 높은 등급의 현실적 계기로의 추이(推移)를 특징적으로 보여주고 있다. 등급이 높아질수록 보완적 위상에 따르는 강화는 보다 활발해지며 보다 독창적인 것이 되어간다. 순수한 수용과 전달은 에너지를 새로운 형식으로 방출시키는 생명의 제동

---

* 단수의 〈결합체〉를 복수의 〈결합체들〉로 변경. 화이트헤드가 자신의 맥밀런판 사본에서 그렇게 변경시켜 놓고 있다.

작용 trigger-action으로 대체된다. 따라서 전달된 여건은 낮은 등급의 외계로부터 인간 신체의 친밀성으로의 추이에 의해 연관성이 강화된, 또는 심지어 성격마저 변화된 감각 여건들을 획득한다. 돌로부터 전달된 여건은 손의 촉감이 되지만 그것은 그 돌에서 생겨났다고 하는 벡터의 성격을 유지한다. 돌로부터의 이러한 벡터적 기원을 수반한 손의 촉감은 지각자의 뇌수로 전달된다. 따라서 최종적 지각은 손의 접촉을 통한 돌의 지각인 것이다. 이 지각에 있어서 돌은 손에 비해서 막연하고 연관성도 희미하다. 그러나 아무리 모호하더라도 그것은 거기에 있는 것이다.

A로부터 B, C, D로의 계승 inheritance을 전달함에 있어, A는 B의 여건으로서 영원한 객체 S에 의해 객체화된다. 여기서 S는 하나의 감각 여건이든가 감각 여건들의 복합적 유형이다. 다음으로 B는 C에게 객체화된다. 그러나 B의 여건은 이때에 C에 대해서 어떤 관련을 가질 수 있다. 즉 B에 대해서 객체화된 것으로서의 A는 C에 대해서 재차 객체화되는 것이다. 이리하여 여러 객체화의 경로를 거쳐 D로 전달되어 간다. 그래서 궁극적 주체 M의 여건은 위에서 말한 바와 같이 전달된 A를, 그렇게 전달된 것으로서의 B를, 또 그렇게 전달된 것들로서의 이하 등등을 포함하고 있게 된다. M에서의 최종적 객체화는 영원한 객체들의 최초의 집합 S의 변형인 집합 S_1에 의해 달성된다. 이러한 변형은 일면 여러 요소를 비교적 관련이 없는 것으로 추방한다든지, 혹은 다른 요소에 있어서의 관련성을 강화한다든지, 혹은 최초의 S 속에 없던 몇몇의 영원한 객체를 중요한 관련을 갖는 것으로 이끌어들인다든지 하는 데 있다. 일반적으로 M에 대한 여건의 구성 요소로서의 기능에 있어서 A, B, C, D 따위의 것들 간의 구별에는 모호한 점이 없지 않을 것이다. 그 경로에 있는 어떤 것들, 예컨대 A와 C는 후속되는 전달에 있어 뚜렷한 중요성을 유지하는 독창적 보완의 어떤 독특한 묘기에 힘입어 명료하게 구별되어 나타날 수도 있다. 반면 이 연쇄 과정의 다른 어떤 성원들은 잊혀질 수도 있다. 예를 들면 촉각의 경우 손에 의한 접촉에 있어서의

돌과의 연관 및 손과의 연관이 있다. 그렇지만 정상적이고 건강한 신체적 활동에 있어 팔을 따라 이어지는 계기들의 연쇄는 배경 속으로 가라앉아 버리며, 그래서 거의 완전히 잊혀지고 만다. 따라서 그 여건을 어느 정도 분석적으로 의식하고 있는 M은, 손이 돌에 닿을 때 그 손에서의 느낌을 의식하고 있는 것이다. 이러한 설명에 따른다면, 근원적 형태의 지각은 외계의 인과적 효과성에 대한 의식이며, 이 효과성에 근거하여 지각자(知覺者)는 명확한 구조를 갖는 여건으로부터 합생되고 있는 것이다. 이 인과적 효과성이 그 여건의 벡터 성격이다.

따라서 이러한 근원적 의미에서 볼 때 지각은 여러 느낌의 색조에 의해 구성되는 것으로서의, 그리고 이러한 느낌의 색조를 통해 효과를 낳는 것으로서의 과거의 정착된 세계에 대한 지각이다. 우리는 이러한 의미의 지각을 〈인과적 효과성의 양태에 있어서의 지각 perception in the mode of causal efficacy〉이라 부를 것이다. 기억은 이러한 양태의 지각의 한 예가 된다. 왜냐하면 기억은 궁극적인 지각 주체 M_1, M_2, M_3 등의 어떤 역사적 경로로부터 기억하는 지각자 M에게로 유도되고 있는 여건들과 관계되는 지각이기 때문이다.

제 7 절

인과적 효과성, 내장(內臟). 현시적 직접성, 허상적 지각, 제2성질, 연장, 신체를 지니고 있다는 것. 흄, 칸트.

〈인과적 효과성의 양태에 있어서의 지각〉은 분명히 철학의 전통에서 주된 주목을 받아온 그런 유의 지각이 아니다. 철학자들은 내장(內臟)의 느낌 visceral feelings을 통해 얻어지는 세계에 관한 정보를 멸시하고 시각적 느낌 visual feelings에 주의를 집중시켜 왔다.

우리가 통상적으로 시지각(視知覺)이라 부르는 것은 지각하는 계기의 합생에 있어서 후기 단계의 결과를 말한다. 우리가 회색의 돌에 대한 우리의 시지각을 의식에 새겨넣을 때, 거기에는 단순한 시각 sight 이상의 무엇인가가 연관되어 있다. 그 〈돌〉은 작은 것일 때에는 날아가는 무기로 또는 큰 것일 때에는 걸터앉는 의자로 사용되었을지도 모르는 그것의 과거와 관련을 맺고 있다. 〈돌〉은 확실히 역사를 가지며 분명 미래도 가질 것이다. 그것은 추상적 가능태로서가 아니라 어디까지나 현실적 근거로서 연관시켜야 할 현실 세계의 한 요소이다. 그러나 우리 모두는 회색의 돌에 대한 지각 속에 있는 단순한 시각이, 그 지각자와 동시적인 회색의 형태, 그러면서도 그 지각자와 다소 모호하게 공간적 관계를 맺고 있는 회색의 형태에 대한 시각이라는 것을 알고 있다. 따라서 단순한 시각은 그 지각자와 동시적인 어떤 공간 영역이 그 지각자에 대해 갖는 기하학적인 전망적 관계 geometrical perspective relatedness를 예시하는 데 그친다. 그리고 이러한 예시는 〈회색〉을 매개로 해서 이루어진다. 〈회색〉이라는 감각 여건은 그 영역을 다른 영역과의 모호한 혼재 상태로부터 구출해 낸다.

단지 감각 여건에 의해, 어떤 동시적 공간 영역을, 그것의 공간적 형태 및 지각자로부터의 그것의 공간적 전망과 관련하여 모호성으로부터 구출해 내는 데 그치는 지각을, 〈현시적 직접성의 양태에 있어서의 지각 perception in the mode of presentational immediacy〉이라 부르기로 하겠다.

이러한 양태의 지각에 대해서는 이미 제2부 제2장에서 검토된 바 있다. 이제는 보다 상세한 논의를 시도해 볼 수 있겠다.[4] 방금 내린 정의는 시각이라는 특수한 사례를 넘어서 확장된다. 인과적 효과성과 현시적 직접성이라는 두 지각 양태 간의 복잡한 상호 작용을 해명하는 일이, 지각론의 중심 문제 가운데 하나가 된다.[5] 지각에 관한 철학의 통상

4) 또한 제3부와 제4부에서의 이에 뒤따르는 논의도 참조할 것.

5) 내가 버지니아 대학에서 1927년 4월에 행한, 『상징 작용 ── 그 의미와 효과 *Symbolism, Its Meaning and Effect*』(New York : Macmillan, 1927 ; Cambridge University Press,

적인 논의는 거의 전적으로 이 상호 작용을 문제삼고 있을 뿐, 그것의 적절한 설명에 본질적인 두 개의 순수한 양태를 무시하고 있다. 이 두 양태 간의 상호 작용은 〈상징적 연관 symbolic reference〉이라 부르게 될 것이다.

상징적 연관은 인간의 경험에서 극히 습관적인 것이 되어 있기 때문에 이 두 양태를 구별하자면 세심한 주의가 필요하다. 순수한 양태에 있어 인과적 효과성의 명백한 사례를 찾아보기 위해서는 내장이나 기억에 호소해야 한다. 그리고 순수한 양태의 현시적 직접성의 사례를 찾기 위해서는 이른바 〈허상적 delusive〉 지각이라는 것을 고려해야 한다. 예를 들면 거울 속에 보이는 회색의 돌에 대한 심상은 거울 배후의 공간을 예시한다. 어떤 정신 착란이나 상상적인 흥분에서 생기는 시각적 허상은 주변의 공간적 영역을 예시한다. 눈의 조절 불량에서 오는 이중상(二重像)도 마찬가지이다. 밤에 별, 성운(星雲), 은하수를 보는 것은 동시적인 하늘의 광막(廣漠)한 영역을 예시한다. 절단된 수족에서의 느낌은 현실적 신체 밖의 공간을 예시한다. 병의 원인이 아닌 부분과 연관된 신체적 고통은, 고통을 주는 영역을 예시하지는 않지만 고통스러운 영역을 예시한다. 이들은 모두 순수한 양태의 현시적 직접성의 완벽한 사례들이다.

현시적 직접성의 이러한 사례들 가운데 그 전부와는 아니라 해도 많은 것들과 어울리는 〈허상적〉이라는 형용사는, 매개적인 영원한 객체⑤가 지각되는 영역의 기증물(寄贈物)에 속하는 것으로 간주되어서는 안

1928)이라고 표제한 바버-페이지 Barbour-Page 강의를 참조. 거기서 이 문제는 다른 예증을 통해 다시 논의되고 있다. 그리고 노먼 켐프 스미스 교수의 『관념론적 인식론 서설 *Prolegomena to an Idealist Theory of Knowledge*』(Macmillan, 1924)도 참조.

⑤ 어떤 현실적 존재 A가 그것에 앞서는 현실적 존재 B를 파악할 때, B는 A의 여건으로서 객체화된다. 이때에 B는 그 속에 예시되어 있는 영원한 객체를 통해서 객체화된다. 이는 B에서 객체화된 영원한 객체가, A의 합생 과정에 진입한다는 것을 의미한다. 즉 문제의 영원한 객체는 A와 B를 매개하는 〈관계적 기능〉을 통해서 작용한다.

된다는 점을 증거하고 있다. 영원한 객체가 이러한 지각의 양태에 진입하게 된 것은 지각하는 계기의 창시적(創始的)인 위상들 가운데 하나로부터임이 틀림없다. 여기까지는 유기체 철학이 제1 및 제2성질에 대한 17세기의 학설과 일치하고 있다. 매개하는 영원한 객체는 이러한 방식의 진입에 있어 제2성질이기 때문이다. 그러나 유기체 철학에서는, 이 학설이 17세기의 철학이 낳은 것과 같은 결과를 수반하지 않는다.

방금 제시한 순수한 양태의 현시적 직접성에 있어서의 지각에 대한 설명은, 지각을 전제로 하는 데카르트의 주장에 의해 판단되는 한, 그리고 데카르트의 논의 가운데서 〈객체화〉론에 접근하고 있을 뿐 아니라 〈개별적인 존재자에 한정된 관념들〉에 대한 로크의 제2의 학설에 접근하고 있는 몇몇 고립된 구절들을 불문에 붙인다면, 데카르트의 지각론 일반과 완전히 일치한다. 어쨌든 여기서 곧바로 데카르트의 다음과 같은 결론, 즉 그렇게 기술된 지각에 있어 지각되는 것은 단지, 지각 대상이 연장을 가지며 지각자의 동물 신체와의 복합적인 연장적 관계 속에 들어 있다는 것이 전부라는 결론이 나오게 된다. 데카르트 철학을 위시하여 이러한 설명을 지각에 대한 완전한 설명인 양 받아들이는 모든 철학의 여러 난점 가운데 일부는, 우리의 직접적 지식의 유일한 통로가 우리에게 오직 이 불모의 잔재만을 제공함에도 불구하고, 우리가 어떻게 이 세계에 관하여 이러한 빈약한 사실 이상의 것을 인식하게 되는가를 설명하는 데에 있다. 그리고 이것이 물리적 세계에 대해 우리가 지각하는 전부라고 한다면, 우리는 매개하는 감각 여건의 기원을 인간 신체의 기능에 귀속시킬 아무런 근거도 가지고 있지 않은 셈이 된다. 이리하여 우리는 물체와 정신이라는 실체의 데카르트적 이원론에 빠져들게 되고 만다. 지각은 불모의 연장적 우주에 관한 정신의 기능에 돌려지게 된다. 이처럼 인간의 신체를 논점 밖으로 밀어냄으로써 우리는 이미 우리의 직접적인 확신을 저버리고 있다. 왜냐하면 흄 자신도 언명하고 있듯이 우리는 눈으로 보며 혀로 맛본다는 것을 알고 있기 때문이다. 그러나 우리가 상술한 지점에 이르게 되었을 때, 우리는 다시 한 걸음 더 나아가서 우리가 우리 자신을 포함한 현실적 사물들의 세계를 지각하고 있다는 또 하나의 확신을 포기할 수밖에 없게 된다. 왜냐하면 불모의 연장적 세계란 사실상 우리가 지금 문제삼고 있는 세계가 아니기 때문이다. 그래서 우리는 관계성의 〈양식〉을 수반하는 감각 여건으로 구성된, 정신 내의 인상에 대한 의식으로 지각을 환원하게 된다. 그리고 이때 우리는 흄과 칸트에 이르게 되는 것이다. 칸트의 철학은 우리가 계속해서 포기해 온 두 확신에서 어떤 의미를 찾아내어 그것들을 복구하려는 노력이다. 우리가 이미 주목한 바 있지만, 로크는 지각에 대한 설명에서 동요하고 있어서, 『인간 지성론』의 전반부에서는 흄과 의견을 같이하고 있고, 후반부에서는 유기체 철학과 일치하고 있다. 우리는 또 흄이 자신의 철학에서 포기했던 확신에 따라 논의하고 있을 만큼 모순을 범하고 있다는 점에도 주목한 바 있다.

제 8 절

지각에 의해 드러나는 장소. 동시적 영역, 인과적 과거, 인과적 미래. 직접적 현재, 생성의 일치, 합생적 일치, 지속. 직접적 현재와 현재화된 지속 간의 차이. 현재화된 장소.

현시적 직접성은 동시적 세계를 다음과 같은 측면에서 예시한다. 즉 여러 원자적 현실태로의 연장적 세분 subdivision을 위한 그 세계의 가능태라는 측면과, 이로 말미암아 생기게 되는 전망적 관계들의 도식이라는 측면이 그것이다. 그러나 그것은 이러한 동시적인 실재적 가능태의 현실적 원자화에 관해서는 아무런 정보도 주지 않는다. 그것은 그것이 행하는 제한에 의해, 동시적 세계가 자신과 동시적인 현실적 계기와는 독립적으로 생겨난다는 전술한 학설을 예증하고 있다. 이것이 사실상 동시성 contemporaneousness의 정의이다(제2부, 제2장, 제1절 참조).

즉, 현실적 계기인 A와 B가, A와 B 모두에게 있어 여건이 되는 시공적 연장성의 가능적 도식 내의 원자적 영역이 된다는 사실을 제외하고는, A가 B를 위한 여건에 기여하지 않고, B가 A를 위한 여건에 기여하지 않는 경우, A와 B는 서로 동시적이라는 것이다.

인과성에 관한 흄의 논박은 사실상 다음과 같은, 장황하면서도 설득력 있는 주장이었다. 즉 순수한 현시적 직접성은, 하나의 현실적 존재로 하여금 지각하는 현실적 존재를 구성할 수 있게 하거나, 또는 하나의 지각된 현실적 존재로 하여금 또 다른 지각된 현실적 존재를 구성할 수 있게 하는 그런 어떠한 인과적 영향도 드러내 보여주지 않는다는 주장이었다. 여기서의 결론은, 동시적인 우주 안에 있는 현실적 존재들은 그것들이 현시적 직접성에 의해 드러나는 한 인과적으로 상호 독립해 있다는 것이다.

이런 방식으로 순수한 두 양태의 지각은 지각하는 계기 percipient occasion인 M과의 관련에 의해 한정되는 많은 장소들 loci을 드러낸다. 예를 들면, M에게 여건을 제공하는 정착된 세계의 현실적 계기들이 있다. 그것들은 M의 인과적 과거 속에 있다. 또한 가능적인 계기들이 있는데, 이를 위해서 M은 그것들의 여건에 기여할 그 자신의 여러 가능성을 결정한다. 그것들은 M의 인과적 미래 속에 있다. 또한 M의 인과적 과거 속에도 들어 있지 않고, 인과적 미래 속에도 들어 있지 않은 현실적 계기들이 있다. 이러한 현실적 계기들은 M에 〈동시적인 것들〉 M's contemporaries이라 불린다. 이 세 가지의 장소는 오직 순수한 양태의 인과적 효과성과의 관계에 의해서만 정의된다.

이제 순수한 양태의 현시적 직접성에 눈을 돌려보자. 장소를 획득하는 전술(前述)한 방식과의 상당한 차이점이 즉시 눈에 들어온다. 인과적 양태에 대한 고찰에 있어서는, 과거와 미래가 적극적으로 규정되었고, M의 동시적인 것들은 M의 과거에도 M의 미래에도 들어 있지 않은 것으로서 소극적으로 규정되었다. 현시적 직접성을 취급하자면 이와는 반대 방식이 취해져야 한다. 왜냐하면 현시적 직접성은 오직 그 자신에 의해 한정된 것으로서의 직접적 현재에 관해서만 적극적인 정보를 주기 때문이다. 현시적 직접성은 감각 여건에 의해서 세계의 횡단면(橫斷面) 내부에서의 가능적 세분 potential subdivision을 예시해 주고 있으며, 이 세계는 이러한 방식으로 M에 대하여 객체화된다. 이 횡단면이 M의 직접적 현재이다. 이런 식으로 예시되는 것은 현실적인 원자적 계기로 세분되기 위한 가능태이다. 우리는 또한 그 세분이 감각 여건의 어떠한 대비에 의해서도 예시되지 않은 채로 남아 있는 그런 영역의 세분을 위한 가능태도 인지할 수 있다. 예시되지 않은 가능태에 대한 그러한 직접적 지각, 즉 대비된 감각에 의한 구분의 실재적인 예시의 범위를 넘어서는 지각에는 널리 알려진 한계가 있다. 이러한 한계는 극소 감각(極小感覺, *minima sensibilia*)⑥을 구성하고 있는 것이다.

인과성에 관한 흄의 논박은 M의 〈직접적 현재〉가 M에 동시적인 것들의 장소 안에 들어 있다는 것을 증명해 주고 있다. M의 직접적 현재를 형성하고 있는 이 장소가 M에게 제공됨으로써 M의 여건에는 우주의 두 가지 사실이 첨가된다. 그 하나는 이 공동체 속에 있는 모든 계기로 하여금 그들 가운데 그 어떤 계기와도 적극적인 관계를 맺게 해주는 〈생성의 일치 unison of becoming〉가 있다는 사실이다. 이 공동체의 성원들은 공통의 직접성에 관여하고 있다. 그것들은 그들의 생성과 관련하여 〈일치〉하고 있다는 것이다. 달리 말하면 이 장소 안에서 계기들의 임의의 한 쌍은 동시적이라는 것이다. 또 하나의 사실은 현실적인 원자화와 관련하여, 가능적인 연장적 세분을 극히 모호하게 주체적으로 예시하는 것이다. 예를 들면 직접적 현재에 있어서의 많은 현실적 계기들의 한 그룹인 돌은 하나의 회색의 공간적 영역으로 예시된다. 그러나 처음에 든 사실에 되돌아가서 말한다면, 지금 눈앞에 있는 돌의 많은 현실적 계기들과 지각자는 〈직접적 생성의 일치〉에 있어서 결합되어 있

⑥ 〈sensibilia〉(단수는 sensible)라는 용어를 최초로 사용한 이는 러셀 B. Russell이었다. 『신비주의와 논리』에서 그는, 정신에 지금 주어져 있는 여건이 아니면서도 그와 동일한 형이상학적인 물리적 지위를 갖는 객체를 〈sensibilia〉라고 불렀다.

다. 이렇게 해서 M의 직접적 현재를 형성하고 있는 합생적 계기들의 이 공동체는 공통 관계성 common relatedness의 원리 ── M의 여건에 있어서의 한 요소로서 실현되는 원리 ── 를 확립한다. 이것이 〈생성의 일치〉에 있어서의 상호 관계성 mutual relatedness의 원리이다. 그러나 이 상호 관계성은 M에 있어서의 현시적 직접성을 가능케 하는 감각 여건에 의한 예시와는 독립해 있다. 그리고 이러한 감각 여건에 의한 예시는 이 장소 전체에 걸쳐 M에 대하여 고르지 않게 관련되어 있다. 공간적으로 멀리 떨어진 부분으로 갈수록 그것은 점차 보다 막연해지고, 보다 미약해진다. 그렇지만 〈생성의 일치〉의 원리는 감각 여건의 중요성이 점차 사라져 가더라도 여전히 그 타당성을 유지한다. 따라서 우리는 이 장소 ── M의 직접적 현재 ── 가, M에게 예시되는 감각 여건에 있어서의 관련된 중요성의 변화와는 독립적으로 〈상호 일치 mutual unison〉라는 조건에 의해서 결정되고, 희미함의 최극단 경계까지 펼쳐지며, 또 그 경계를 넘어서서도 한결같이 결정되어 있다는 것을 발견하게 된다. 그래서 우리는 임의의 두 원자적 현실태가 〈합생적 일치〉 속에 있게 되는 장소, 그리고 M이 그 장소에 속해 있다는 사실 및, 중요하게 관련된 감각 여건에 의해 예시된 것으로서의 M의 직접적 현재 속에 들어 있는 연장적 영역에 속한 모든 현실적 계기들도 또한 그 장소에 속해 있다는 사실에 의해 특수화되고 있는 그런 장소의 개념을 얻게 된다. 이 완결된 영역은 M의 직접적 지각을 넘어서는 M의 직접적 현재의 연장 부분 prolongation이며, 이는 〈합생적 일치 concrescent unison〉의 원리에 의해 이루어지는 연장 부분이다.

〈합생적 일치〉의 원리를 만족시키고 있는 완결된 영역은 〈지속 duration〉이라 부르겠다. 지속은 우주의 횡단면이다. 그것은 낡은 〈고전적인〉 시간론 ── 지난 수년 전까지만 해도 결코 의문시되지 않았던 이론 ── 에 의하면, 어떤 에포크〔劃期性, epoch〕에서의 세계의 직접적인 현재의 상태이다. 유기체 철학은 이러한 관념을 수용하여 한정하고 있다는 것을 알게 될 것이다. 형이상학은 그러한 관념을 어느 정도 수용하지 않으면 안 된다. 이러한 관념이 전적으로 거부된다면, 확신이 갖는 보편적 명백성은 아무런 가치도 없게 될 것이다. 왜냐하면 이러한 명백성을 지닌 보다 강력한 사례는 달리 있을 수 없기 때문이다.

〈고전적인〉 시간론은 지속이 그 각 성원의 직접 지각된 직접적 현재를 포함한다고 암암리에 가정하였다. 물론 앞서 제시한 설명으로부터 각 현실적 계기의 직접적 현재는 지속 내에 있다는 환위(換位) 명제가 귀결된다. 현실적 계기는 직접 지각된 그것의 직접적 현재를 포함하는 지속과 〈공액[*] 관계(共軛關係, cogredient with)〉에 있다거나 그 지속 속에 〈정류(停留)하고 있다 stationary in〉고 말할 수 있을 것이다.[6] 현실적 계기는 그 자신의 직접적 현재에 포함되어 있다. 따라서 현시적 직접성의 순수한 양태에 있어서의 지각 작용 percipience을 통해 각 현실적 계기는 ── 그러한 지각 작용이 중요한 관련을 가진다면 ── 그것이 포함되어 있는 하나의 지속을 한정한다. 지각하는 이 계기는 그 지속 속에 〈정류하고 있는〉 것이다.

그러나 이 고전 이론은 이러한 언명의 환위 명제도 가정하고 있었다. 즉 임의의 현실적 계기는 다만 하나의 지속 내에 있을 뿐이며, 따라서 만일 N이 M의 직접적 현재를 포함하는 지속 내에 있다면, M은 N의 직접적 현재를 포함하는 지속 내에 있게 될 것이라고 가정했다. 유기체 철학은 최근의 물리학과 같은 노선에 서서 이러한 환위 명제를 거부한다. 물론 이때 유기체 철학은 이러한 거부가 우리의 우주 시대에 대한 과학적 검증에 뿌리를 둔 것이지, 어떤 보다 일반적인 형이상학적 원리에 기초를 둔 것은 아니라고 생각한다. 유기체 철학에 의하면, 현재의 우주 시대에 있어서 단 하나의 지속만이 M의 모든 직접적 현재를 포함한다. 이 하나의 지속을 M의 〈현재화된 지속 presented duration〉이라 부르기로 하겠다. 그러나 M 자신은 많은 지속들 속에 있다. M을 포함

* 수학 용어 〈cogredient(함께 오는 것, 성분)〉를 〈cogredient(공액〔共軛〕)〉로 변경.

6) 내가 쓴 『자연 인식의 원리 *Principles of Natural Knowledge*』, 제11장 및 『자연의 개념 *The Concept of Nature*』, 제5장을 참조.

하는 각 지속은 또한 M의 현재화된 지속의 어떤 부분들을 포함하고 있다. 인간의 지각의 경우 사실상 모든 중요한 부분들은 이렇게 포함되어 있다. 또한 인간 경험에 있어서 이러한 지속과의 관계는 우리가 〈운동〉이라는 개념에 의해 표현하고 있는 것이기도 하다.

지금까지의 논의는 다음과 같이 요약될 수 있다. 임의의 한 현실적 계기 M과 관련해서, 고려되어야 할 세 개의 판이한 계기들의 결합체가 있다.

i) M에 동시적인 것들의 결합체. 그것은 M과 M에 동시적인 것들 ── 그 어느 것이건 ── 이 인과적으로 상호 독립하여 생겨난다고 하는 특성에 의해 정의된다.

ii) M을 포함하는 여러 지속. 그 지속은 어느 것이나 모두 그 임의의 두 성원이 동시적인 것이라는 특성에 의해 정의된다(이로부터 이러한 지속의 성원은 모두 M과 동시적이며, 따라서 이 지속은 모두 장소 i)에 포함된다는 결론이 나온다. 지속의 특징적인 속성은 〈생성의 일치〉라고 불린다).

iii) M의 현재화된 장소 presented locus. 그것은 감각 여건에 의해 한정된 자신의 영역을 지니고 있는, 현시적 직접성의 양태에 있어서 지각된 동시적 결합체이다. M의 현재화된 장소가 M을 포함하는 하나의 지속과 밀접하게 관계되어 있다는 것은 직접적 직관을 토대로 하여 상정된다. 또 현대 물리학 이론의 결과로서, M을 포함하는 하나 이상의 지속이 있다고 상정된다. M의 현재화된 장소에 이렇게 관계되어 있는 단일의 지속은 〈M의 현재화된 지속〉이라 불린다. 그러나 이러한 결합은 이 장의 다음 절에서 비판적으로 검토된다. 제4부에서는 이러한 〈현재화된〉 장소와 직선에 의해 정의되는 영역과의 결합이 보다 상세하게 고찰된다. 거기에서는 〈변형의 장소 strain-loci〉라는 개념이 도입된다.

제 9 절

현재화된 장소 및 생성의 일치. 현재화된 장소, 동물 신체와의 체계적 관계, 변형, 외적인 동시적 사건들로부터의 독립성, 직선, 측정. 생성의 일치, 지속.

물리학은 최근에 현실적 존재의 〈현재화된 장소〉와 그 현실적 존재와의 〈생성의 일치〉로 나타나는 장소를, 앞의 절에서 행한 바와 같이 실제로 무조건 동일시해서는 안 될 단계에 이르렀다.

〈현재화된 장소〉와 〈생성의 일치〉라는 두 관념은 확연히 구별된다. 이들을 동일시할 근거로는 일상생활의 자명한 경험이 있을 뿐이다. 사고를 재구성할 때, 우리는 일상생활에서 충분한, 진리에 대한 실제상의 근사치로서 이러한 동일시를 반드시 포함시켜야 한다. 이러한 제한 아래에서는 증거가 시사해 주는 그 양자 간의 구별을 거부할 아무런 이유가 없는 것이다.

첫째로 현재화된 장소는 우리가 ── 반드시 그렇게 해야 하겠지만 ── 인간 경험에 의거하는 한, 인체와의 어떤 체계적 관계에 의해 한정된다. 신체에 있어서의 기하학적 변형의 어떤 상태 및 인체 세포에 있어서의 어떤 질적인 생리적 흥분이, 현시적 직접성의 전 과정을 지배하고 있다. 감각 지각에 있어, 신체 밖의 선행하는 사건의 전 기능은, 단지 신체 내의 이러한 변형 및 생리적 흥분을 야기시키는 데 있을 뿐이다. 그러나 신체의 이런 상태가 실제로 산출되기만 한다면 다른 어떤 산출 수단이 사용되어도 무방할 것이다. 지각은 신체적 상태의 작용이다. 투영된 감각 지각의 기하학적 세부 사항은 그 신체의 기하학적 변형 geometrical strains에 의존하며, 질적인 감각 여건은 그 신체에 있어서의 필수적인 세포들의 생리적 흥분에 의존하고 있다.

따라서 현재화된 장소는 신체와의 체계적인 기하학적 관계를 갖는 장소가 되지 않으면 안 된다. 모든 증거에 비추어 볼 때, 현재화된 장소는 그곳에서 실제로 현실태들의 결합체를 이루고 있는 동시적 현실태들로부터 완전히 독립해 있다. 예를 들면 우리는 벽에 걸려 있는 그림을 정면에서 바라볼 수 있다. 그러나 벽에서 등을 돌려, 잘 반사되는 거울 속을 들여다본다면, 우리는 같은 광경을 거울 뒤에 있는 상(像)으로서 보게 된다. 이처럼 신체의 적절한 생리적 상태가 주어져 있을 경우, 감각 지각에 있어서 현재화된 장소는 그것이 포함하고 있는 현실적 사건의 세부 사항들로부터 독립해 있게 된다. 그렇긴 하지만 이는 감각 지각이 현실 세계와 무관하다는 뜻은 아니다. 감각 지각이 우리에게 보여주는 것은 실재적인 연장적 연속체이며, 이 연속체에 의해 그 동시적 사건들은 그들 자신의 경험을 질적으로 규정하게 된다. 질적인 감각 여건에 의해 감각 지각이 부가하는 정보가 갖게 되는 관련성의 정도는, 직접적인 신체 상태가 그 장소의 전반에 걸쳐 일어나는 직접적인 여러 사건과 갖게 되는 관련성의 정도에 비례한다. 이 양자는 실제로 그들 모두에게 공통되는 과거로부터 도출된다. 따라서 거기에는 항상 어떤 관련성이 있게 된다. 이 관련성에 대한 정확한 해석은 현시적 직접성의 지각 양태를, 매질(媒質)로서의 세계를 이해하는 하나의 수단으로 이용하는 기법이다.

그러나 이 논의에서 흥미 있는 문제는 신체와 현재화된 장소와의 이 체계적 관련이 어떻게 정의될 수 있는가 하는 것이다. 이는 단순한 논리학의 문제가 아니다. 문제는 사물의 본성에 있어, 신체와 현재화된 장소와의 이러한 기하학적 관련을 구성하는 요소를 지적하는 일이다. 만일 그러한 요소가 있다면, 우리는 신체의 어떤 특정한 상태가 그것을 우리의 경험의 중요한 요인으로 만들 수도 있다는 것을 이해할 수 있을 것이다.

신체를 뛰어넘어서 확대되는 이러한 체계적 관련을 가질 수 있는 유일의 가능한 요소는 직선과 평면이다. 평면은 직선에 의해 정의될 수 있다. 따라서 우리는 직선에만 주의를 집중시킬 수 있겠다.

직선이 단순한 연장의 관념만으로 정의될 수 없다는 것은 과학의 독단이다. 그래서 최근의 물리학 이론의 설명에 따르면, 직선은 현실적인 여러 물리적 사건에 의해 정의된다. 이 학설의 취약점은, 물리적인 사건들의 현실적인 출현에 앞서 그 사건들의 가능성을 특징지을 방법이 전혀 없다는 것이다. 기반이 되고 있는 체계와의 묵시적인 관련이 사실상 있으며, 그것과의 관계에 의해 〈직선〉이라고 불리는 것을 포함하는 물리적 장소가 정의된다는 것을 증명하기는 쉽다. 문제는 이러한 기반이 되고 있는 체계를, 여러 사건의 우연적인* 세부 사항과 관계없이 결정될 수 있는 〈순수한〉 직선에 의해 어떻게 정의할 것인가라는 데 있다.

뒤에 가서(제4부, 제3장 및 제4장 참조), 직선의 정의 불가능성에 대한 이 독단적 주장이 틀렸다는 것을 밝힐 것이다. 그래서 신체와 현재화된 장소와의 체계적 관계는 아무런 이론상의 난점도 야기하지 않는다.

모든 측정은 이 현재화된 장소 안에서의 기하학적 관계를 수반한 감각 여건들을 관찰함으로써 이루어진다. 그리고 사물이 지니는 불변의 성격에 대한 모든 과학적 관찰은 궁극적으로, 직접 관찰된 기하학적 유비(類比)가 이러한 장소 안에서 유지되고 있다는 데에 의존하고 있다.

도구에 의한 검증이 아무리 진전된다고 해도 모든 과학적 해석은 궁극적으로 어떤 도구가 몇 초 동안, 몇 시간 동안, 몇 개월 동안, 몇 년 동안 변하지 않는 것으로 직접 관찰된다는 가정에 기초를 두고 있을 수밖에 없다. 이러한 가정을 검증하고자 할 경우 우리는 또 하나의 다른 도구를 사용해야만 한다. 그런데 도구의 무한 퇴행(無限退行)이란 있을 수 없다.

따라서 궁극적으로 모든 과학은 어떤 체계 안에서의 상태의 상동 관계(相同關係, homology)에 대한 직접적인 관찰에 의존하고 있다. 또한 관찰된 체계는 어떤 현재화된 장소 내에서의 기하학적 관계들의 복합체이다.

둘째로 〈생성의 일치〉에 있어서 존재들의 장소는 분명히 특정의 현실적 존재들에 의존하고 있다. 연장적 연속체가 어떻게 사실에 있어서 원자적 현실태에 의해 원자화되는가라는 물음은 장소의 결정과 관련되

---

* 이것은 〈인과적 causal〉을 〈우연적인 casual〉으로 잘못 옮긴 또 하나의 실례로 볼 수 있겠다. 그러나 이 문장의 문맥에서는 둘 다 의미가 통하며, 따라서 그 어느 쪽의 의미를 취하더라도 화이트헤드의 주요 논점과는 무관할 것 같다.

어 있다. 임의의 한 현실태에 있어 선택된 시간적 지속의 요인은, 그 현실태의 최초의 〈주체적 지향〉에 달려 있게 될 것이다. 그 〈주체적 지향〉을 지배하는 여러 범주적 조건은 뒤의 제3부에서 논의된다. 일반적으로 이 조건들의 역할은 계승된 여러 타입의 질서의 전달에 의해 획득할 수 있는 어떤 최대의 조건을 만족시키는 데 있다. 이것이 물리학의 궁극적인 정식들을 수학적으로 표현할 수 있게 하는 〈정상 조건(定常條件, stationary conditions)〉의 기초이다.

이처럼 〈생성의 일치〉의 장소는 세계의 현실적인 사건들에 의해서만 결정될 수 있다. 그러나 그것이 충족시키는 조건들은 연장적 연속체의 체계적 성격에 의한 현실태들의 제한에서 파생되는 여러 측정에 의해서 표현된다.

〈지속〉이란 용어는 〈생성의 일치〉의 장소를 지칭하기 위해 사용될 것이며, 〈현재화된 장소〉 및 〈변형의 장소〉란 용어는 현시적 직접성에 포함된 체계적 장소를 지칭하기 위해 사용될 것이다.[7)]

변형의 장소는 그 영역의 모든 곳에 통용되는 관계들의 상동성(相同性)을 갖는 체계적 기하학을 제공한다. 여러 지속들은 현실적 사건의 특수성에서 생기는 물리적 장(場)의 특징인 상동 관계의 결여를 공유하고 있다.

제 10 절

요약.

이제 우리는 유기체, 질서, 사회, 결합체에 대한 앞의 논의를 여기서

7) (내가 쓴) 『자연의 개념 *The Concept of Nature*』에서는 이 두 장소, 즉 지속과 변형의 장소가 구별되지 않았다.

요약해 볼 수 있겠다.

유기체 철학의 목적은 〈체계〉, 〈과정〉, 〈새로움을 향한 창조적 전진〉, 〈진정한 사물 *res vera*〉(데카르트의 의미에서), 〈굽힐 수 없는 엄연한 사실 stubborn fact〉, 〈경험의 개체적 통일성〉, 〈느낌〉. 〈끊임없이 소멸해 가는 것으로서의 시간〉. 〈재창조로서의 존속〉, 〈목적〉, 〈한정의 형식으로서의 보편자〉, 〈굽힐 수 없는 엄연한 사실의 궁극적 작인(作因)으로서의 개체들 ── 즉 진정한 사물들 *rés verae*〉 등과 같은 여러 개념에 기초를 둔 정합적인 우주론을 표현하는 데에 있다.

이러한 개념들은 모두 데카르트나 로크에 의해 명확히 정식화되어 있다. 또한 그 어느 한 개념도 상식을 무시하지 않고서는 버릴 수 없는 것들이다. 그러나 데카르트도 로크도 이러한 개념들을 하나의 일관된 우주론의 체계 속에 짜 넣지는 않았다. 이들 두 철학자 가운데 누구든지 체계적이려고 하는 한, 결국은 흄의 극단적인 감각주의에 이르게 될 양자택일적인 개념에 의지하게 된다.

유기체 철학에 있어 〈유기체〉란 개념은, 서로 연결되어 있지만 이해의 차원에서는 분리될 수 있는 두 가지 의미, 즉 미시적(微視的) 의미와 거시적(巨視的) 의미*를 갖고 있는 것으로 간주된다. 미시적 의미는,

* 〈미시적 microscopic〉과 〈거시적 macroscopic〉은 이 단락과 그 밖의 다른 곳에서 쓰이고 있는 각각 〈소우주적 microcosmic〉과 〈대우주적 macrocosmic〉으로 변경해야 한다고 생각되어 왔다. 이에 대한 학설상의 논의를 이 자리에서 하기엔 너무 복잡하다. 이 변경을 확증할 텍스트상의 논의는 다음과 같다. (1) 〈-scopic〉이란 어미는 부주의로 화이트헤드가 도입했든가, 아니면 출판 과정에서 실수로 도입되었든가, 혹은 (2) 화이트헤드는 나중에는 〈-scopic〉 대신에 〈-cosmic〉을 사용하기로 결정했지만, 앞 부분에 나타난 어미를 일일이 정정하지 않았든가일 것이다. 〈-cosmic〉 쪽을 화이트헤드가 선택했다는 증거는, 맥밀런판의 색인에는 〈macrocosmic〉과 〈microcosmic〉 항목에 〈macroscopic〉과 〈microscopic〉이 모두 포함되고 있다는 사실에 의해서 뒷받침될 수 있을 것이다. 왜냐하면 이는 화이트헤드 자신이 선택한 색인 항목을 반영하고 있을 것이기 때문이다. 그러나 최소한 이러한 가능성을 희박하게 하는 텍스트상의 몇 가지 고찰이 있다. 즉 (1) 〈-scopic〉이라는 어미가 〈-cosmic〉보다도 훨씬 더 많이 사용되고 있다는 것(내용 목차의 10장과 색인을 참조), (2) 그것은 기퍼드 강의의 개요에도 사용되고 있다는 것, (3) 〈macrocosm〉과 〈microcosm〉이라는 말이 사

경험의 개체적 통일성을 실현하는 과정으로서 고찰된 현실적 계기의 형상적 구조와 관계된다. 거시적 의미는, 이 현실적 계기를 위해 기회를 제공하는 동시에 제한하기도 하는, 굽힐 수 없는 엄연한 사실로서 고찰된 현실 세계의 소여성과 관계된다. 사회적 결합체의 견실한 재생 massive reproduction에서 예증되는 창조적 충동의 방향 설정 canalization은, 상식적으로 볼 때 굽힐 수 없는 엄연한 사실이 갖는 힘의 결정적인 예시이다. 또한 우리의 경험에서 보더라도 본질적으로 우리는, 관련된 직접적 과거의 굽힐 수 없는 엄연한 사실인 우리의 신체에서 생겨난다. 우리는 또한 우리의 인격적 경험의 직접적 과거에 의해 영위되고 있다. 우리가 지금 한 문장을 끝내는 것은 앞서 우리가 그 문장을 시작했었기 때문이다. 이 문장은 일찍이 언표된 바 없는 새로운 사고를 구체적으로 표현한 것일 수도 있고, 새로운 말로 낡은 사고를 고쳐 표현한 것일 수도 있다. 앞의 말과 뒤의 말의 발음 사이에는 어떤 진부한 연합도 있을 필요가 없다. 하지만 우리가 하나의 문장을 시작했기 때문에 그것을 끝낸다는 것은 여전히 어쩔 수 없는 진실이다. 우리는 굽힐 수 없는 엄연한 사실에 의해 지배되고 있는 것이다.

근대 철학의 이론은 바로 이 〈굽힐 수 없는 엄연한 사실〉에 대해서

용되고 있는 동일한 문맥 속에서 〈-scopic〉이라는 어미가 사용되고 있다는 것, (4) 이 저술이 인쇄된 후, 틀린 철자 때문에 화이트헤드의 주의를 끌었을 때, 화이트헤드는 〈macroscopic〉을 변경하지 않았다는 것, (5) 이 저술이 〈출판을 위해 마지막으로 교정된〉 뒤에 쓰인 각주(이 역서 제4부 「연장의 이론」, 제5장 「측정」의 끝 부분에 붙어 있음)에서, 화이트헤드는 〈macroscopic atom〉이라는 노스롭의 개념과 관련하여, 자신의 〈'microscopic atomic occasion'이라는 학설〉에 대해서 논하고 있다는 것, (6) 마지막으로 화이트헤드가 색인에 대해서 얼마만큼 많은 주목을 했는지 — 만일 했다 하더라도 — 우리는 알 수 없다는 것 등이 그것이다. 아들에게 보낸 화이트헤드의 편지(「편찬자 서문」에서 언급한)에서는 〈마침내, 기퍼드 강의안을 끝냈다. — 최종 교정쇄는 정정되고, 색인이 인쇄되고, 마지막으로 정정 사항을 첨가했다〉고 말했을 뿐이다. 그러나 누구에게 색인의 책임이 있든 간에 이 색인은 세심한 주의를 기울여서 작성되지는 않았다 — 예를 들면 전술한(원문 333쪽) 중요한 각주는 색인에 실려 있지 않았다. 그리고 케임브리지판에서 〈-scopic〉도 〈-cosmic〉도 나타나는 쪽마다 바르게 색인에 싣고 있다는 데 주목할 필요가 있다.

가장 무력하다. 철학자들은 그런 사실과는 거리가 먼 여러 결과와 과학의 귀납적인 정식화를 놓고 고민해 왔다. 철학자들은 직접적인 변천 immediate transition의 세찬 흐름에 주의를 집중해야 할 것이다. 그렇게 할 때 그들의 설명들이 애초부터 불합리했다는 것을 알게 될 것이다.

5장

로크와 흄

제 1 절

흄, 지각, 실체, 결합의 원리. 관념, 인상의 모사, 상상적 자유.

데카르트, 로크, 흄에 대한 보다 상세한 ── 이 장과 다음 장에서의 ── 논의는 유기체 철학이 17세기의 사고에 얼마나 깊이 뿌리박고 있는가를, 그러면서도 결정적인 논점에서 어떻게 그러한 사고로부터 벗어나고 있는가를 분명하게 밝혀 줄 것이다.

흄의 철학이 의거하고 있는 전제들을 분석하면서 출발한다면, 우리는 그러한 논의를 보다 잘 이해할 수 있게 될 것이다. 이들 전제는 흄이 독자적으로 만들어낸 것이 아니었고, 그와 더불어 운명을 다한 것도 아니었다. 그것들은 대부분 칸트에 의해 수용되었고, 근대 철학에 널리 유포되어 있다. 유기체 철학은 이런 전제들과 그로부터 직접 도출되는 추론을 예외로 하면서, 흄과 칸트의 대부분의 서술을 용인하고 있는 것으로 간주될 때, 가장 잘 이해될 수 있겠다. 흄은 그 유례가 없다고 할 만큼 명석한 저술가이다. 그래서 가능한 한, 흄의 생각을 그 자신의 말로 표현케 하는 것이 상책일 것이다. 그는 다음과 같이 말하고 있다.

> 실제로 마음에 나타나는 것은 마음의 지각, 즉 인상과 관념 외에는 아무 것도 없으며, 외적 사물은 다만 그 외적 사물이 마음에 야기하는 지각에 의해 우리에게 알려질 뿐이다. 이는 철학자들이 널리 인정하고 있을 뿐만 아니라 상당히 자명하다고 할 수 있는 사실이라 하겠다. 미워하는 것, 사랑하는 것, 생각하는 것, 느끼는 것, 보는 것, 이 모든 것은 지각하는 것에 지나지 않는다.[1)]

그는 또 다음과 같이 말하고 있다.

> 무릇 인간의 마음에 나타나는 모든 지각은 상이한 두 종류로 나뉘는데, 나는 그 하나를 〈인상〉이라 부르고, 다른 하나를 〈관념〉이라 부르겠다. 이 양자의 차이는 양자가 마음에 부딪히면서 우리의 사고나 의식에 들어올 때 지니는 힘과 생기의 정도에 달려 있다. 매우 힘차고 격렬하게 들어오는 지각은 인상이라고 부를 수 있겠다. 그리고 정신 속에 처음 출현하는 모든 감각, 모든 정념, 모든 정서를 나는 인상이라는 이름으로 통칭한다. 내가 말하는 관념이란 사고나 추리에 있어서의 이러한 감각, 정념, 정서의 희미한 심상(心像)을 의미한다. 예를 들면 이 논의가 환기하는 지각들 가운데서 시각과 촉각에서 생기는 것만을 제외한다면, 또 이 논의가 어쩌면 야기할지도 모르는 직접적인 쾌감이나 불안감 같은 것을 제외한다면, 그 밖의 다른 모든 지각들은 관념인 것이다.[2)]

위의 인용문에서 말하는 몇 가지 예외는 그처럼 예외적인 방식으로 생기는 지각이 〈관념〉이 아니라 〈인상〉이라고 하는 사실에 기인하고

---

1) 『인성론』, 제Ⅰ편, 제Ⅱ부, 제6절 참조.
2) 같은 책, 제Ⅰ편, 제Ⅰ부, 제1절 참조.

있음은 말할 것도 없다. 흄은 자신이 로크가 사용했던 〈관념〉이라는 용어의 넓은 의미를 버리고, 그것을 보다 좁은 통상적인 의미의 것으로 되돌려 놓고 있다는 사실에 주목하도록 곧바로 주의를 환기하고 있다. 그는 관념과 인상을 모두 〈단순〉과 〈복합〉으로 구분한다. 그리고 다음과 같이 부언하고 있다.

……여기서는 하나의 일반적 명제를 확정짓는 데 만족하고자 한다. 즉 처음 출현하는 단순 관념들은 모두, 그 관념에 대응하는 동시에 그 관념에 의해 정확히 재현되는 단순 인상에서 온다.[3)]

흄의 논의가 복합 인상과 복합 관념으로 나아가면서 그의 감탄할 만한 명석성은 부분적으로 사라지고 있다. 그가 충분히 보여주지 못했던 점은, ⅰ) 다수의 단순 지각들이 하나의 복합 지각, 즉 인상 내지 관념을 구성하는 〈방식 manner〉(또는 질서), ⅱ) 이 복합 지각을 생기게 하는 효과적인 사실 efficacious fact, 그리고 ⅲ) 이 일정한 방식으로 그 복합 지각을 구성하고 있는 단순 지각들의 순수한 다수성 mere multiplicity 간의 구별이다. 이 점과 관련하여 흄의 후계자들은, 흄에게서는 결코 완전히 사라진 적이 없었던 어떤 명석성을 버렸다는 데서 흄과 달라지고 있을 뿐이다. 이 세 개념은 저마다 그의 논증에 있어 본질적인 요소를 이루고 있다. 그는 이렇게 쓰고 있다.

……연장의 관념 idea of extension은 이 채색된 점들의 모사(模寫)이자 그들의 출현 방식의 모사에 지나지 않는다고 확실히 결론을 내려도 좋을 것이다.[4)]

3) 같은 책, 제Ⅰ편, 제Ⅱ부, 제1절 참조.
4) 같은 책, 제Ⅰ편, 제Ⅱ부, 제3절 참조.

그는 또 다음과 같이 쓰고 있다.

만일 관념들이 서로 유리되어 조금도 결합되어 있지 않다면, 관념들을 연결하는 것은 오직 우연뿐일 것이다. 또한 그래서 단순 관념들을 결합시키는 기반이 없다면, 즉 한 관념으로 하여금 자연스럽게 다른 관념을 이끌어들이게 하는 어떤 연합 성질이 없다면, 동일한 몇몇 단순 관념들이 흔히 그렇듯이 규칙적으로 복합 관념을 이루게 된다는 것은 불가능할 것이다. 관념들 사이의 이러한 결합의 원리가 분리될 수 없는 결합으로 간주되어서는 안 된다. 왜냐하면 그러한 결합은 이미[5] 상상에서 배제되어 왔기 때문이다. 그리고 이 원리가 없이는 마음이 두 관념을 연결시킬 수 없다고 단정해서도 안 된다. 왜냐하면 상상력만큼 자유로운 것도 없기 때문이다. 그렇기는 하지만 우리는 이 원리를 온건한 하나의 힘으로 생각하는 데에 그쳐야 한다. 이 힘은 일반적으로 널리 작용하고 있는 것으로서, 많은 현상들 가운데서도 특히 여러 나라의 언어들이 그처럼 밀접하게 서로 대응하는 원인이 되고 있다. 모종의 방식을 통해 자연은 하나의 복합 관념으로 결합되기에 가장 적절한 단순 관념들을 누구에게나 지적해 주고 있는 것이다.[6]

이제 마지막으로 흄이 제3의 개념을 사용하고 있는 부분을 인용해 보기로 하자.

실체의 관념과 양태의 관념은 다 같이, 상상에 의해 결합되며 그것들에 붙여진 특정한 명칭을 갖는 단순 관념들의 집합에 지나지 않는다. …… 그러나 이 두 가지 관념들 간의 차이는 다음과 같은 점, 즉 실체를 만드는 특정의 성질들은 대개의 경우 미지의 어떤 것〔고딕체는 흄의 것〕과 관계 맺고 있다는 데에 있다. 여기서 그 성질들은 이 미지의 어떤 것에 내속하는 것으로 상정되거나, 또는 그렇게까지 허황되게 생각하지는 않더라도 최소한 인접

5) 흄의 앞 절(제Ⅰ편, 제Ⅰ부, 제4절) 참조.
6) 같은 책, 제Ⅰ편, 제Ⅰ부, 제4절 참조.

성과 인과성이라는 관계에 의해 긴밀하고도 불가분하게 결합되어 있는 것으로 상정되고 있다. 그리고 실체 관념을 이렇게 상정한 결과, 〔실체를 구성하는 기지(旣知)의 성질들 간의 결합과〕 동일한 결합을 그 기지의 성질들과 갖는 단순한 성질이 새롭게 발견될 경우, 이 새로운 성질이 어떤 것이든 간에 우리는 비록 그것이 해당 실체에 관한 종전의 개념 속에 들어 있지 않았다고 할지라도 즉시 그것을 기지의 성질들 가운데 포함시켜 생각하게 된다. …… 〔실체에 있어 단순 관념을〕 결합하는 원리 principle of union는 〔실체로 불리는〕 복합 관념의 주요 부분으로 간주되기 때문에, 그 후에 만나게 되는 성질 가운데서 그 원리에 따라 그 실체의 복합 관념에 포함되는 성질은, 모두 종전에 들어 있던 성질들과 마찬가지로 그 실체의 복합 관념 속에 들어올 수 있게 된다. ……[7)]

위의 마지막 인용문에서 〈결합하는 원리〉라는 표현은 〈방식 manner〉에 대한 것인지 〈효과적인 이유 efficacious reason〉에 대한 것인지 분명치 않다. 어느 의미로건, 그것은 이 인용문의 첫머리에 〈실체〉의 개념을 그처럼 간단히 처리하고 있는, 〈집합에 지나지 않는다 nothing but a collection〉는 표현과 모순된다.

이 일련의 인용문들 중에서 첫 번째 것으로 되돌아가 보면, 우리는 구성의 어떤 특정한 〈방식〉 그 자체가 단순 관념 내지 인상이라야 한다는 점을 깨닫게 된다. 그렇지 않다면 우리는 최초의 방식을 위한 또 하나의 다른 구성 방식을 필요로 하게 되며, 그렇게 무한히 나아가게 될 것이기 때문이다. 그래서 악무한(惡無限, vicious infinity)이 있게 되든가 궁극적인 단순 관념이 있게 된다. 그러나 흄은 복합적인 인상의 모사가 아닌 새로운 복합 관념이 있다는 것을 인정한다. 따라서 그는 어떤 하나의 인상의 모사가 아닌, 새로운 〈방식〉을 전달하는 새로운 단순

---

7) 같은 책, 제 I 편, 제 I 부, 제6절 참조. 고딕체는 특기한 곳 말고는 인용된 원문에는 없다.

관념이 있다는 것도 인정했어야 했다. 그는 또한 조금씩 농도를 달리하는 빛깔들의 배열에 있어 빠져 있는 색조와 관련하여 또 하나의 예외적인 사례에 주목한 바 있다. 이런 예외는 빛깔의 경우에만 있는 것일 수 없고, 소리나 냄새에 그리고 모든 등급의 감각 작용에까지 확대 적용되어야 한다. 따라서 단순 관념은 모두 단순 인상의 모사라는 흄의 명제는, 적어도 흄이 했던 것처럼 부주의한 방식으로 선언되는 경우가 아니라면, 궁극적인 철학적 원리로 볼 수 없다고 할 만큼 상당한 제약이 가해져야 한다. 흄 자신이 자기의 관념 연합설과 관련하여 앞에 인용한 문장(제I부, 제4절)에서 〈……왜냐하면 그 능력〔즉 상상력〕만큼 자유로운 것도 없기 때문이다〉라고 말하고 있다. 그러나 그는 그 자유를, 결여되고 있는 색조에 관한 예외적인 사례에는 적용하지 않고, 새로운 복합관념의 산출에만 한정시켜 적용하고 있다. 이 상상적 자유의 문제는 흄에 의해 매우 피상적으로 다루어지고 있음이 분명하다. 상상력은 결코 전적으로 자유로운 것이 아니다. 그것은 그가 주장한 바와 같이 복합관념에 한정되어 있다고 생각되지도 않는다. 그것이 사실상 갖고 있는 것과 같은 자유는, 문제의 사례보다도 어떤 경우에는 보다 많고 또 어떤 경우에는 보다 적은, 여러 등급의 상상적 자유를 갖는 다양한 현실적 존재들의 가능성이라는 원리를 확증해 주고 있는 것으로 보인다.

흄의 상상적 자유론에 관한 이상의 논의에서는 다른 두 가지 논점이 방치되어 왔다. 그 하나는 유적 추상generic abstraction의 다양한 정도 간의 차이의 문제로서, 예를 들면 주홍, 붉음, 빛깔, 감각 여건, 여러 가지 감각 여건의 결합 방식 따위가 그것이다. 또 하나의 논점은 〈단순성〉과 〈복합성〉의 대비이다. 어떤 일정한 분석의 절차를 존중한다면, 〈단순성〉이라는 용어가 상대적인 용어 이상의 것이 아닌가 하고 의심해 볼 수 있을 것이다. 나는 그것을 상대적인 용어 이상의 것이라고 생각한다. 그리고 나는 이러한 견해를 근거로 하여, 흄이 〈단순〉이라고 불렀던 온갖 유형의 영원한 객체들을 개념적으로 자유로이 산출하는 것을 가로막는 흄의 학설을 버려야 할 또 다른 이유를 발견하게 된다. 그러나 절대적 자유라고 하는 것은 없다. 현실적 존재는 모두 그의 현실적 우주에 대한 그의 상대적 관점에 의해 〈주어진〉 최초의 위상에 내재하는 자유를 소유할 뿐이다. 자유, 소여성, 가능태는 서로를 전제하면서 또 서로를 제한하고 있는 개념들이다.

제 2 절

흄과 〈반복〉, 원인과 결과. 기억, 힘과 활기.

관념들의 결합에 관한 위의 인용문 말미에, 흄은 다음과 같이 쓴 바 있다. 〈……모종의 방식을 통해 자연은, 하나의 복합 관념으로 결합되기에 가장 적절한* 단순 관념들을 누구에게나 지적해 주고 있다.〉 흄의 철학은 두 가지 탐구에 전념하고 있다. 첫째는 다수의 단순한 것들이 하나의 복합 인상을 이루게 되는 접합의 방식에 관한 탐구이며, 둘째는 관념의 산출을 비판적으로 검토하기 위한 타당성 propriety의 기준에 관한 탐구이다.

흄이 발견할 수 있는 오직 하나의 타당성의 기준은 곧 반복 repetition이다. 반복에는 정도의 차이가 있을 수 있다. 인상이 자주 반복되면 될수록 관념이 그것을 모사할 것이라는 것은 그만큼 더 타당하게 된다. 다행히도, 그리고 흄으로서는 그 어떤 근거도 발견할 수 없는데도, 자주 반복되는 복합 인상은 또한 그것에 대응되는 복합 관념에 의해 자주 모사된다.

또한 대응하는 인상의 빈도에 수반하는 관념의 빈도는 그 인상이 반복된다는 기대를 동반한다. 흄은 또한 아무런 근거도 제시하지 않은 채 이러한 기대가 실제적으로 정당화된다고 믿고 있다. 형이상학적 근거를 동반하지 않은 이러한 실제적인 정당화가, 〈반복〉에 귀속될 타당성을

---

* 고딕체는 화이트헤드의 것임.

구성하고 있는 것이다. 이것이 인과성과의 관계에 있어서의 관념 연합에 대한 흄의 학설 가운데, 그리고 실천 practice에 대한 흄의 최종적 호소 가운데 포함되어 있는 사고 과정에 대한 분석이다.

〈원인과 결과〉의 개념의 중요성에 대한 모든 불신을 흄에게 돌리는 것은 크나큰 잘못이다. 『인성론』의 도처에서 흄은 줄기차게 그것의 근본적인 중요성을 단언하고 있다. 그리고 최종적으로 그것을 자신의 형이상학과 조화시킬 수 없게 되자 그는 자신의 형이상학을 넘어서서, 모든 합리적 체계화의 범위 밖에 있는 어떤 궁극적 정당화에 호소한다. 그리고 이 궁극적 정당화가 〈실천〉이다.

흄은 다음과 같이 쓰고 있다.

> 감관이 인접과 계기(繼起)의 어떤 관계에 있는 두 물체, 두 운동 혹은 두 성질을 하나의 사례에서 우리에게 보여주는 것과 같이, 기억은 비슷한 관계에 있는 비슷한 물체, 운동, 성질들이 늘 발견되는 다수의 사례들을 우리에게 보여줄 뿐이다. 어떤 과거의 인상의 단순한 반복으로부터는 비록 그것이 무한히 반복된다고 해도, 필연적 결합과 같은 어떤 새로운 독창적인 관념은 결코 생겨나지 않을 것이다. 이 경우, 인상이 아무리 많더라도 그 결과는 오직 한 인상에 국한했을 때와 다를 바가 없다. 그러나 이러한 추론이 옳고 또한 분명한 것처럼 보이긴 하지만, 너무 성급하게 절망한다는 것도 어리석은 짓일 것이므로 지금의 논의를 계속해 보기로 하겠다. 사람들은 어떤 대상들 간의 항구적인 연접(連接)을 발견하고 나면 항상 그중 한 사물에서 다른 사물로 추론한다는 것을 우리가 보아왔기 때문에, 다음에는 저 추론의 본성을, 다시 말하면 인상으로부터 관념으로 넘어가는 과정의 본성을 검토해 보기로 하자. 아마 결국에는 인과적 추론이 필연적 결합에 의존하는 것이 아니라 필연적 결합이 오히려 이 추론에 의존하고 있다는 것이 드러나게 될 것이다.…… 대상들 사이의 결합 내지 관계 가운데서 기억이나 감관의 직접적인 인상 너머로 우리를 이끌어갈 수 있는 것이 있다면 그것은 원인과 결과의 관계뿐이다. 왜냐하면 인과 관계야말로 하나의 사물에서 다른 사물로 올바르게 추론

하려 할 때 우리가 바탕으로 삼을 수 있는 유일한 관계이기 때문이다. 그런데 인과 관념의 기원은 어떤 사물이 다른 어떤 대상과 과거의 모든 사례에서 항구적으로 결부되어 왔음을 알려주는 경험〔고딕체는 흄의 것〕이다. 그래서 이러한 대상들 가운데 하나와 비슷한 어떤 대상이 인상의 형태로 마음에 직접 나타날 경우, 이로부터 우리는 저 하나의 대상이 평소에 동반해 왔던 사물과 비슷한 또 하나의 어떤 대상이 여기에도 동반되어 존재한다고 추정한다. 그런데 내가 보기에 어떠한 점에서도 의문의 여지가 없는 이 설명에 따른다면, 개연적 지식 probability의 토대는 이미 경험한 사물과 아직 경험하지 않은 사물 사이에 유사성을 추정하는 데에 있다. 그러므로 이 추정이 〔역으로〕 개연적 지식으로부터 생겨난다는 것은 불가능하다.[8)]

〈인과〉에 관한 흄의 난점은 그것이 〈기억이나 감관의 직접적인 인상 너머에〉 있다는 것이다. 다시 말하면 이 결합의 방식은 어떠한 인상으로도 주어지지 않는다는 것이다. 따라서 이 관념의 전체적인 기반, 그 타당성의 유래를 추적할 경우 우리는 인상의 반복에 이르게 된다. 이 지점에서 흄은 〈반복〉이 〈인상〉과의 관련에 있어서 〈인과〉와 동등한 자리에 서 있다는 난점을 간과했던 것처럼 보인다. 흄은 〈인상의 반복〉을 〈인상의 반복의 인상〉과 혼동하고 말았던 것이다. 별개의 주제(제Ⅱ부, 제5절)에 관한 논의 가운데 들어 있는 흄 자신의 말로 표현해 보자.

이 관념은 어디에서 오는가? 감각의 인상에서 생겨나는가, 아니면 반성의 인상에서 생겨나는가? 그 관념의 본성과 성질을 알 수 있도록 이 점을 분명하게 지적해 달라. 그러나 만일 당신이 그러한 어떤 인상〔고딕체는 흄의 것〕도 지적할 수 없다면, 그러한 어떤 관념을 가진다고 당신이 상상할 때 당신은 잘못을 범하고 있다고 확신해도 좋을 것이다.

---

8) 『인성론』, 제Ⅰ편, 제Ⅲ부, 제6절, 고딕체는 『인성론』에는 없다.

말할 것도 없이 이 비판에 대한 흄의 답변은 자기는 〈기억〉을 인정한다고 하는 것일 것이다. 그러나 문제는 무엇이 흄 자신의 학설과 조화되고 있는가 하는 것이다. 흄의 기억론(제Ⅲ부, 제5절을 참조)은 다음과 같다. 〈그래서 그 복합 관념들의 순서나 단순 관념들의 본성에 의해서도 기억이라는 것은 판명하게 드러나지 않는다. 따라서 기억과 상상의 차이는 전자가 힘과 활기의 정도에 있어서 후자를 능가한다는 데에 있다.〉 그러나 그는(제Ⅰ부, 제1절에서) 〈내가 관념이라는 말로써 의미하는 것은 사고나 추리에 있어서의 이것들(즉 인상들)의 희미한 심상이다〉라고 쓰고, 뒤에 가서 다시 〈희미한〉을 〈힘과 활기의 정도〉[9]로 확대하고 있다. 따라서 순수한 〈힘과 활기〉의 정도에 따라 구별할 경우 인상, 기억, 관념의 순서가 된다.

이 학설은 너무 터무니없는 것처럼 보인다. 단도직입적으로 말해서 그것은 평이한 사실과 모순된다. 설상가상으로 그것은 기억의 가장 결정적인 성격, 즉 그것은 기억이라는 것을 간과하고 있다. 사실상 반복의 개념 전체가 〈힘과 활기〉의 이론에서는 소실되고 있다. 흄이 설명하고 있는 것은 직접적으로 동시에 생겨나는 여러 다른 지각들을 힘과 활기에 따라 그가 세 개의 부류로 분류하고 있다는 것이다. 그러나 그가 단순 관념에 귀속시키고 있을 뿐 아니라 기억의 핵심이기도 한 반복의 성

---

9) 〈힘과 활기〉에 대한 이 학설은 『인성론』에 붙인 흄의 「부록」 마지막 문장*에서 철회되고 있다. 그러나 『인성론』에서의 논의는 실질적으로 이 학설을 토대로 하여 이루어지고 있다. 이러한 철회에 비추어 볼 때, 〈감각주의자〉의 학설 전체는 재검토될 필요가 있다. 이 철회는 지엽적인 조정으로 취급될 수 없는 것이다.

* 화이트헤드가 가리키고 있는 구절은, 『인성론』의 몇몇 판, 예를 들면 셀비-비지판 등의 「부록」 끝에는 없고, 다른 내용이 계속되고 있다. 화이트헤드가 사용한 판의 마지막 세 문장은 다음과 같다. 〈제2의 착오는 제Ⅰ편, 제Ⅲ부, 제7절에서 찾아볼 수 있다. 거기서 나는 같은 사물의 두 관념이 힘과 활기의 정도의 차이에 따라서만 다를 수 있다고 말하였다. 그러나 나는 힘과 활기라는 말로 포괄하기에는 적절하다고 할 수 없는 그 밖의 차이점이 관념들 사이에 있다고 믿는다. 만일 내가 같은 사물의 두 관념은 그들의 상이한 느낌에 의해서만 다를 수 있다고 말했더라면, 보다 진리에 가까웠을 것이다.〉

격은 그의 설명 어디에서도 찾아볼 수 없다. 이는 흄의 근본적인 철학적 개념들을 전면적으로 수정하지 않는 한 그럴 수밖에 없을 것이다.

제 3 절

시간, 흄, 데카르트, 계기(繼起)하는 계기(契機)들의 독립성. 객체적 불멸성.

흄의 논의는 순환적인 것이 되고 말았다. 『인성론』의 서두에서, 그는 〈처음에 출현하는 단순 관념들은 모두 단순 인상에서 온다……〉는 〈일반적 명제〉를 단정적으로 제기하고 있다. 그는 이를 경험적 관찰에 의해 입증하고 있다. 그러나 이 명제 자체는 —밀과 관계되는 한 암암리에 —그 자체로는 〈인상〉이 아닌 〈반복 repetition〉의 개념을 원용하고 있다. 뒤에 가서 다시 그는 〈필연적 결합〉을 발견하지만, 그것에 대응될 만한 어떤 인상도 찾아내지 못하게 되자 그것을 버리고 만다. 그러나 저 처음의 명제는 경험적 관찰에만 의존했기 때문에, 이처럼 버리기 위한 논의는 단적으로 순환적인 것이다. 게다가 흄이 그의 뛰어난 논의인 제Ⅱ부, 제6절의 〈존재의 관념과 외적 존재의 관념에 대하여〉에 집중적으로 주의를 기울이기만 했더라면, 우리가 생각하는 것이 무엇이건 간에 그것은 사고의 대상이 됨으로써 어떤 의미에서는 〈존재한다〉는 것을 상기했을 것이다. 따라서 〈필연적 결합〉이라는 관념을 가지고 있을 때 문제가 되는 것은, 우리가 가진 〈인상들〉의 결합 속에서 그것이 어떻게 예시되는가 하는 것이다. 그는 관념의 중요성과 그 관념을 마음속에 품는다는 사실을 혼동하고 말았다. 우리가 〈필연적 결합〉을 생각하고 있지 않다면, 〈필연적 결합〉을 생각한다고 생각하는 데 있어서 틀릴 까닭이 있을 수 없는 것이다. 물론 이 개념이 중요하다고 믿는 데에서 크게 틀릴 수는 있을 것이다.

긴 인용과 함께 흄을 이처럼 검토한 까닭은 ⅰ) 흄이 우리의 경험의 중요한 국면을 지극히 명석하게 말하고 있으며, ii) 그의 진술에서의 결합은 그의 뛰어난 문제 제기 때문에 지극히 명석하게 부각되는 매우 자연스러운 결합이고, iii) 그는 주로 그 자신의 철학에 의해 제기된 문제들을 대담하게 처리하는 방식에 있어 대다수의 그의 추종자들과 다르다고 하는 데 있다.

첫째로 주목해야 할 점은 흄의 철학이 〈반복〉의 관념으로 점철되어 있다는 것, 그리고 기억은 경험의 다음과 같은 성격, 즉 어떤 의미에서 경험의 근본적 본성에는 그것이 어떤 것을 반복하고 있다는 사실이 얽혀 있다고 하는 그런 성격의 특정한 하나의 사례라는 것이다. 〈경험〉으로부터 〈반복〉을 떼어놓는다면 거기에는 아무것도 남아 있지 않게 될 것이다. 한편 〈직접성 immediacy〉 내지 〈직접 손에 넣은 것이라는 것 first-handedness〉은 경험의 또 다른 요소이다. 느낌 feeling은 반복을 압도한다. 그리고 거기에는 직접 손에 넣은 사실이 들어 있다. 이 사실은 느낌의 직접적인 복합적 통일에 있어서의 현실 세계이다.

경험에는 한 쌍의 대비되는 요소가 또 하나 있다. 그것은 시간의 개념과 결부된 요소, 즉 〈존속 endurance〉과 〈변화 change〉이다. 데카르트는 〈실체〉의 개념을 강조하면서도 〈변화〉를 강조하고 있다. 흄은 〈실체〉의 개념을 최소한의 것으로 억제하면서도 또한 〈변화〉를 강조하고 있다. 그는 다음과 같이 말한다.

> 시간은 공존하지 않는 부분들로 구성되어 있다. 그런데 변치 않는 대상은 공존하는 인상을 낳을 뿐이다. 그러므로 불변의 대상은 시간 관념을 제공할 수 있는 그 어떤 것도 낳지 않는다. 따라서 시간 관념은 가변적인 대상들의 계기(繼起)에서 오는 것임이 틀림없으며, 또 시간이 처음부터 이러한 계기와 무관하게 출현한다는 것은 전적으로 불가능하다.[10)]

10) 『인성론』, 제 I 편, 제II부, 제3절 참조.

이에 반해 데카르트는 다음과 같이 말한다.

〔시간 내지 사물의 지속의 본성은〕 그 한 부분이 다른 부분에 의존해 있다거나 그 부분들이 공존하고 있는 그런 종류의 것이 아니다. 그러므로 지금 우리가 있다는 사실로부터는 바로 뒤에 이어지는 순간에도 우리가 있을 것이라는 것이 귀결되지 않는다. 우리가 다음의 시간에도 존재하기 위해서는 어떤 원인, 즉 시초에 우리를 산출했던 원인이 있어서 이것이 끊임없이 우리를 산출해 내고 있어야 한다. 다시 말해 그것이 우리를 계속 보존하고 있어야 한다는 것이다.

그는 다시 다음과 같이 말하고도 있다.

지속, 순서, 수도 지극히 판명하게 우리가 이해할 수 있을 것이다. 이를 위해서는 다만 우리가 이것들의 관념을, 실체의 개념에 속한다고 해야 할 것들과 혼동하지 말고, 각 사물의 지속은 그 사물이 계속 존재하는 한 우리가 그것에 따라 그 사물을 생각해야 할 하나의 양태라고 생각하기만 하면 된다.[11)]

우리는 반드시 우리의 철학 속에 다음과 같은 두 개의 대조적인 관념, 즉 모든 현실적 존재는 존속한다는 관념과, 날마다 맞는 아침은 어느 정도의 변화를 수반하는 그때그때의 새로운 사실이라는 관념을 포함할 수 있는 자리를 마련하지 않으면 안 된다.

이러한 여러 측면들은 다음과 같은 진술로 요약될 수 있겠다. 즉 경험은 생성을 포함하며, 생성은 어떤 것이 생성한다는 것을 의미하며, 생성하는 것은 새로운 직접성으로 변형된 반복을 포함한다는 것이다.

이 진술은 데카르트와 흄이 똑같이 명시적으로 언명하고 있는 하나의 주요 전제를 정면에서 반박하고 있는 것이 된다. 그 전제란 계기(繼起)

11) 『철학 원리』, 제 I 부, 원리 21 및 원리 55.

하는 시간적 계기(契機)들이 개체적으로 독립해 있다는 것이다. 예를 들어, 데카르트는 앞에 인용한 구절에서 〈〔시간의 본성〕은 그 한 부분이 다른 부분에 의존해 있는 그런 종류의 것이 아니며……〉라고 쓰고 있다. 흄이 말하는 인상도 자기 충족적인 것으로서 그는 단순한 연속적 순서 이외의 어떠한 시간 관계도 찾지 못하고 있다. 흄에 관한 이 진술은 〈인상〉과 〈관념〉 간의 결합에 관한 한, 수정을 요한다. 이들은 〈관념〉이 〈인상〉에서 〈파생〉된다는 관계가 있다. 그는 늘 이것을 언급하고 있을 뿐, 그에 관한 논의는 어디서도 하고 있지 않다. 이 관계를 진정으로 받아들이는 한 ── 왜냐하면 그는 이 관계를 그것과 상관적인 〈인상 impression〉에 관련시키지 않고 있기 때문에 ── 그것은 계기하는 여러 〈지각〉의 개체적 독립성과 관련하여 하나의 예외 사례가 된다. 개체적 독립이라는 이러한 전제는 내가 다른 곳에서[12] 〈단순 정위의 오류 fallacy of simple location〉라고 불렀던 것이다. 〈단순 정위〉라는 관념은 〈반복〉에 대한 어떤 형식의 승인과도 모순된다. 흄의 난점은 그가 단순 정위에서 논의를 시작하여 반복으로 끝낸다는 사실에서 생겨난다. 유기체 철학에서는 반복의 개념이 근본적이다. 〔이 철학에 들어 있는〕 객체화의 이론은, 현실태에 있어서 정착된 것이 어떻게 여러 제약을 받아 반복됨으로써 직접성에 대하여 〈주어지게〉 되는가를 표현하려는 시도이다. 나중에 〈시간〉을 논의할 때에, 이 학설은 〈객체적 불멸성 objective immortality〉의 학설이라 불리게 될 것이다.

제 4 절

주어-술어 개념의 영향. 흄, 데카르트, 로크, 개별적 존재.

12) 『과학과 근대세계』, 제3장 참조.

실재하는 사실들의 개체적 독립성에 관한 학설은, 진술의 주어-술어 형식이 형이상학적인 궁극적 진리를 전달한다는 사상에서 나온 것이다. 이 견해에 따르면, 술어를 갖는 개체적 실체가 궁극적인 유형의 현실태를 구성한다. 만일 하나의 개체가 존재한다면 철학은 일원론적인 것이 되며, 만일 많은 개체들이 존재한다면 철학은 다원론적인 것이 된다. 이러한 형이상학적 전제에 있어서 개체적 실체들 간의 관계라는 것은 형이상학적인 방해물이 된다. 이러한 관계를 받아들일 만한 여지가 없는 것이다. 따라서 — 우리의 직관적인 〈선입견〉에 나타나는 지극히 명백한 사실을 무시해 버리는 — 주어-술어 유형의 명성 높은 철학은 모두 일원론적 철학이다.

실체-속성의 형이상학 substance-quality metaphysics에 의한 배타적 지배는 중세의 논리학적 편견에 의해 크게 소장되었다. 이 지배를 지체시켰던 것은 플라톤과 아리스토텔레스에 대한 연구였다. 플라톤이나 아리스토텔레스는 결과적으로 이 학설의 모태가 된 사고의 줄기들을 가지고 있었지만, 그것들을 다른 관념들과의 부조화 속에 혼합시켜 가지고 있었다. 실체-속성의 형이상학이 배타적인 지배력을 쟁취하게 된 것은 데카르트의 학설에서였다. 유감스럽게도 데카르트는 그의 〈진정한 사물〉이라는 관념이 아리스토텔레스의 〈제1실체〉라는 관념과는 달리, 궁극적인 사실들 간의 이접(離接, disjunction)을 수반하지 않는다는 것을 깨닫지 못하였다. 로크는 이러한 지배에 대하여 반기를 들었지만 일관성 있게 밀고 나가지 못했다. 그에게 있어, 그리고 흄에게 있어서도 그것은 배후에, 또 모든 설명 속에 암암리에 전제되고 있었는데, 지각을 갖는 마음이라는 것이 여전히 남아 있었던 것이다. 흄에게 있어 지각이란 마음이 자기 자신에 대하여 아는 것을 말한다. 그리고 인식 가능한 사실들은 항상 암암리에 주관 — 이 주관은 마음이다 — 의 속성으로 취급되고 있다. 〈마음〉이라는 관념을 흄이 결국 비판하고 있긴 하지만, 이것이 그때까지의 논의 전체가 이 전제를 포함하고 있었다는 분명한 사실을 바꿔놓지는 못한다. 마음의 관념에 대한 흄의 최종적인 비판은 단지 그가 그에 앞서 제기했던 주장들의 형이상학적인 피상성을 폭로한 것에 지나지 않는다.

유기체 철학에서는, 주어-술어 형식의 명제란 고도의 추상화를 표현하는 것으로 간주되고 있다.

로크가 흄보다도 형이상학적으로 우월하다는 것은, 로크 자신이 도입했고 흄이 포기했던 〈관념 idea〉이라는 용어를 로크가 광범하게 사용하고 있다는 데 나타나 있다. 그 사용법이 특징적으로 보여주는 점은, 그의 묵시적인 주어-술어적 선입견이 그 왜곡의 효과에서 볼 때 미미하다는 사실이다. 그는 맨 처음에(제1권, 제1장, 8절*) 이렇게 설명하고 있다. 〈……나는 환상(幻像), 사념(思念), 종(種)이 의미하는 모든 것을, 다시 말하면 사고함에 있어 마음이 적용될 수 있는 모든 것을 표현하기 위해서 관념이라는 말을 사용해 왔다.〉 그러나 뒤에(제III권, 제3장, 6절**) 가서는 이 말을 광의로 사용한다는 아무런 명확한 통고도 없이 다음과 같이 쓰고 있다. 〈또한 관념은 우리가 그 관념으로부터, 시간과 장소의 조건 및 그 밖의 이 관념을 이러저러한 개별적 존재에 한정시킬 수 있는 다른 모든 관념들을 분리할 때, 보편적인 것이 된다.〉[13] 여기서 로크는 마음의 작용이 이러저러한 개별적 존재에 〈한정되는〉 관념들로부터 시작된다고 보고 있다. 로크에게 있어 이것은 근본적인 원리인데, 흄에게 있어서는 언어 습관에 대한 우연한 양보일 뿐이다. 그러나 유기체 철학에서 그것은 근본적인 원리가 된다. 로크는 그보다 앞의 절(제II권, 제23장, 1절)에서 같은 학설을 보다 막연하게 표현하고 있다. 거기서 그는 곧바로 그것을 〈항상 함께 온다 going constantly together〉라는, 설명이 안 된 관

---

* 화이트헤드는 로크 John Lock에 관한 개론류의 자료로서 영어로 편찬된 판을 사용했으며, 코스트 Coste의 프랑스어 역에 기초를 둔 판을 사용하지 않았다. 예를 들어, 프레이저 Campbell Fraser판과 같이, 코스트의 편찬에 따랐던 판들에서 보자면 여기서 말하는 참조 대목은 「서론 8」일 것이다.

** 〈6과 7〉을 〈6〉으로 변경. 인용된 자료가 6절의 내용이긴 하지만 화이트헤드는 틀림없이 7절의 자료에도 부분적으로 주목하도록 하고 싶었을 것이다.

13) 고딕체는 필자의 것임 .

념으로 적당히 처리하고 있다. 〈마음에는…… 밖의 사물에서 보이는 그대로 감관이 전해 주는 많은 단순 관념들이…… 제공되는데, 마음은 이 단순 관념들 가운데 일정수가 항상 함께 온다는 것도 알고 있다.〉

그러나 로크는 〈개별적 존재〉에 대한 어떤 종류의 지각이라는 이 원리를 사용하는 데 주저하고 있다. 그리고 흄은 이를 포기함으로써 일관성을 추구하고 있다. 반면 유기체 철학은 로크의 철학 가운데서 이 원리와 상치되는 부분을 버림으로써 로크를 재건하려고 한다. 하지만 이 원리 자체는 로크가 분명하게 언명했던 것이라는 점에는 의심의 여지가 없다.

흄은 〈감각〉의 인상과 〈내성(內省)〉의 인상을 가지고 있을 뿐이다. 〈전자〔감각 인상〕는 미지의 원인에 의해 정신 속에 원초적으로 일어난다〉[14]고 흄은 쓰고 있다. 여기서 그는 〈정신〉을 주어로, 〈감각의 인상〉을 술어로 각각 암암리에 전제하고 있다는 데 주목하기 바란다. 그리고 〈정신〉이 존재하는 것과 같은 의미에서 존재하는 어떤 개별적 존재와의 모든 본질적 관련성을 도외시하고 있다는 데도 주목하기 바란다. 한편 로크는 〈어린이〉——흄의 표현으로는 〈정신〉에 상응한다——와 그 어린이가 그 관념을 가지고 있는 〈유모〉를 언급함으로써(제Ⅱ권, 제3장, 7절을 참조) 자기가 뜻하는 바를 예시하고 있다.

흄은 확실히 일관성을 결여하고 있다. 왜냐하면 그도 상식을 전적으로 무시할 수는 없기 때문이다. 하지만 그의 모순은 극단적이다. 그의 주된 논의는 로크의 〔관념이라는 말의〕 용법을 부정하는 일이 되고 있다. 눈에 띄게 모순된 흄의 표현법의 한 예로서 다음과 같은 구절에 주목하기 바란다.

> 감관에서 생겨나는 인상에 대해서 말한다면 내가 보기에 감관 인상의 궁극적 원인은 인간의 이성에 의해 전혀 설명될 수 없을 것 같다. 감관 인상이 그 대상 the object으로부터 직접 오는 것인지, 아니면 마음의 창조적 힘에 의해 산출되는 것인지, 아니면 우리를 존재하게 하는 창조주의 손길에서 유

---

14) 『인성론』, 제Ⅰ편, 제Ⅰ부, 제2절.

래하는 것인지를 확실하게 해결한다는 것은 언제나 불가능할 것이다.[15)]

여기서 흄은 모순되게도 그 대상the object이라고 말하고 있지만, 〈그 the〉라는 지시사를 정당화해 줄 어떤 것도 그의 철학에는 없다. 다음의 인용문에서 그 대상은 백일하에 드러난다. 그는 이렇게 쓰고 있다. 〈만일 우리가 〔인과적 추론에 있어 원인 또는 결과라고 말하는〕 대상들을 각기 그 자체에 있어서 고찰하고, 그 대상들에 대해서 만들어진 관념 이외의 것을 결코 고려하지 않을 경우, 다른 어떤 대상의 존재를 포함하는 대상이란 존재하지 않는다.〉 이 인용문에는 하나의 교묘한 혼동이 나타나 있는데, 이를 통해 흄은 로크의 원리를 갖는 세계와 로크의 원리를 빼버린 그 자신의 세계라는 두 개의 형이상학적 세계를 최대한으로 이용하고 있다. 그러나 로크의 원리는 많은 현실적 존재자가 있다는 것, 그리고 어떤 현실적 존재자는 어떤 의미에서 다른 현실적 존재자 속에서 반복되며, 따라서 전자에 〈한정된〉 구성 요소가 후자의 분석에서 발견될 수 있다는 것이다. 유기체 철학은 이 원리를 〈파악prehension〉과 〈객체화objectification〉의 학설로 표현한다. 로크는 언제나, 의식이란 의식하는 마음에 있어서의 관념들에 대한 의식이라고 가정하고 있다. 하지만 그는 결코 〈의식〉으로부터 〈관념〉을 분리시키지 않는다. 유기체 철학은 이 양자를 분리시키고 그렇게 함으로써 의식을 종속적인 형이상학적 지위의 것으로 만들며, 로크의 『인간 지성론』에 대하여, 로크가 염두에 두지 않았던 형이상학적 해석을 가한다. 이러한 분리는 〈내용이 없는 사고는 공허하며, 개념이 없는 직관은 맹목이다Gedanken ohne Inhalt sind leer, Anschauungen ohne Begriffe sind blind〉[16)]라는 칸트의 원리를 제기한다. 그러나 여기에서 칸트의 원리는 칸트 자신이 사용

15) 『인성론』, 제 I 편, 제III부, 제5절. 또 제6절도 참조.
16) 『순수이성 비판』, 선험적 논리학, 서문, 제1절 참조.

했던 것과 정확히 정반대가 되는 방식으로 적용되고 있다. 칸트는 〈직관〉의 정신성에 사로잡혀 있었고, 그래서 그는 직관이 의식에 필연적으로 뒤얽혀 있다는 생각을 한시도 버리지 못하고 있었다. 칸트의 숨겨진 전제는 〈직관은 결코 맹목이 아니다〉라는 것이다.

제 5 절

흄과 로크, 과정과 형태론. 정서적 느낌의 잘못된 도출. 감각주의적 학설. 산타야나.

한 가지 중요한 점에서 흄의 철학적 개념들은 로크의 그것보다 뚜렷하게 우위에 있음을 보여준다. 『인간 지성론』에서 로크는 〈인간 지성〉의 형태론적 구조 morphological structure에 역점을 두고 있다. 다양한 종류의 〈관념들〉의 논리적 관계가 검토되고 있다. 그런데 물리학에서나 생물학에서, 아니면 다른 어떤 분야에 있어서나, 논리적 관계에 대한 분석이라는 의미의 형태론은 지식의 첫 단계를 구성한다. 이 형태론은 데카르트가 도입했던 새로운 〈수학적〉 방법의 토대가 된다. 형태론은 칸트가 명명했던 분석 판단을 다룬다. 예를 들면 로크는 다음과 같이 쓰고 있다. 〈실체의 〔고유한 이름이 아닌〕 보통 명칭〔공통된 이름〕은 다른 일반 명사(名辭)와 마찬가지로 종(種)을 나타낸다. 이는[17] 그 명칭이, 여러 개별적인 실체들이 거기서 일치되고 있거나 일치될 수 있는 그런 복합 관념의 기초가 된다는 것을 의미하며, 그로 말미암아 개별적인 실체들이 하나의 공통된 개념으로 파악될 수 있고 하나의 명칭으로 지적될 수 있다는 것을 의미하고 있는 데 지나지 않는다.〉 그리고 〈우리의 추상 관념은 우리들에게 있어 종(種, species)의 척도이다〉라고 말하고도 있다.

17) 고딕체는 필자의 것임.

또 〈동물에 있어 암컷과 수컷의 교합에 의한 번식의 힘이나, 식물에 있어 종자에 의한 번식의 힘이 가정하고 있는 실재의 종들을, 각기 별개의 것으로 온전하게 유지시킨다고 어느 누구도 말할 수 없다〉[18]라고도 쓰고 있다. 학술 용어로 말하자면 로크는 발생적 진화를 필요로 하지 않았던 것이다.

반면에 흄의 일련의 사고는 부지중에 〈과정〉을 강조하고 있다. 그의 회의론도 세계에는 분석 명제로 표현될 수 없는 무엇인가가 존재한다는 것을 발견한 것에 지나지 않는다. 흄은 〈우리는 분석하기 위해 죽인다 We murder to dissect〉는 사실을 발견했던 것이다. 그가 이 말을 직접 한 것은 아니다. 그는 18세기 중엽에 살았던 인물이었기 때문이다. 그래서 이 언명은 훗날 워즈워스에게 넘겨졌던 것이다.① 그러나 실제로 흄이 발견했던 것은 현실적 존재는 과정인 동시에 원자적이며, 따라서 어떠한 의미로도 그것은 그 부분들의 총화가 아니라는 것이다. 흄은 형태론의 파산을 선언했다.

〈정신 soul〉에서 찾아볼 수 있는 과정에 관한 흄의 설명은 다음과 같다. 먼저 미지의 기원으로부터의 감각 인상, 그리고 그 인상으로부터 〈파생된〉 이 인상의 관념, 다시 선행하는 관념으로부터 〈파생된〉 내성(內省)의 인상, 그리고 다시 내성의 인상의 관념이다. 이 과정의 어디엔가에서 인상의 반복을 찾아볼 수 있다. 그리고 그로부터 〈습관〉── 이 말의 의미는 특정한 방식의 〈파생〉이라고 우리는 생각해 볼 수 있다──에 의한 상관적 관념의 반복이 있고, 다시 그로부터 상관적 인상의 반복에 대한 기대가 있게 된다. 이 기대 expectancy는 〈내성의 인상〉이 될 것이다. 어째서 흄은 〈원인〉의 관념에 가했던 것과 똑같은 비판을 〈습관〉에 대해서는 가하지 않았는지 이해하기 어렵다. 우리는 〈원인〉의 인상을 전혀 가지고 있지 않은 것과 마찬가지로 〈습관〉에 대한

18) 로크, 『인간 지성론』, 제III권, 제6장, 1, 22-23절.

① We murder to dissect. 이 구절은 이미 『과학과 근대세계』의 제5장에서 워즈워스의 사상을 요약한 것으로서 언급되고 있다(오영환 옮김(서광사, 1989), 131쪽 참조).

어떠한 〈인상〉도 가지고 있지 않다. 원인, 반복, 습관은 모두 운명을 함께하는 것들이다.

다소 일관성을 결여한 처사이긴 하지만, 흄은 감각 인상이 그것과 상관적인 관념으로부터 파생된다는 것을 결코 인정하지 않는다. 인상과 상관적 관념 간의 차이가 〈힘과 활기〉에 있다고는 하나, 이러한 거부의 이유는 그의 철학에서 찾아볼 수 없다. 진실을 말한다면 흄은 외부 세계를 확고하게 믿고 있었으나, 다만 그의 철학적 원리들이 그로 하여금 그의 철학적 구축에 있어 이 신념을 고백할 수 없도록 하고 있었던 것이다. 그는 그 신념을 일상생활을 위해, 그의 역사적 사회학적 저작들을 위해, 그리고 그의 『자연 종교에 관한 대화』를 위해 간직하고 있었던 것이다.

흄의 설명이 지니고 있는 장점은 기술의 대상이 되는 과정이 〈정신〉 속에 있다고 본 점이다. 유기체 철학에서는 흄에게서 나타나는 정신 및 로크와 흄에게서 나타나는 〈마음 mind〉이, 〈현실적 존재 actual entity〉 및 〈현실적 계기 actual occasion〉라는 두 동의어로 대치되고 있다.

로크와 흄에게서 똑같이 볼 수 있는 결함이 두 가지 있는데, 그 하나는 로크적 〈관념〉과 이런 관념에 대한 의식 간의 혼동이고, 다른 하나는 감각의 〈관념〉과 내성의 〈관념〉 사이에 배정된 관계이다. 흄의 말로 하자면, 이 후자는 〈감각 인상〉과 〈내성 인상〉 간의 관계와 관련이 있다. 흄과 로크는 철학자들 사이에 널리 유행하고 있는 과도한 주지주의적 편견을 가지고, 정서적 느낌 emotional feeling들이란 반드시 감각으로부터 파생되는 것이라고 가정하고 있다. 그러나 이것이 그렇지 않다는 것은 너무나 명백하다. 정서적 느낌과 감각 간의 상관관계는 대체로 보아 부차적인 산물이다. 정서는 감각을 확연히 떨쳐버리고 ― 로크의 표현을 빌리자면 ― 어떤 〈관념들〉이 〈한정되어〉 있는 〈개별적〉 대상들을 단단히 붙들고 있다. 다른 현실적 존재에 대한 우리의 파악을 사적인 감각의 중개에 의해서만 가능한 것으로 보는 것은 완벽한 신화이다. 그 반대의 학설이 보다 진리에 가깝다. 즉 객체화의 보다 원초적인 양태는 정서적 색조emotional tone를 통한 것이며, 단지 예외적인 유기체인 경우에만 감각을 통한 객체화가 효과적으로 부수된다. 이 점에 관한 학설에 있어, 로크와 흄은 어쩌면 중세의 전통을 되풀이한 데 지나지 않았는데, 그들은 이 전통을 후계자들에게 전달했던 것이다. 그럼에도 불구하고 이 학설은 어떤 사유의 필연성에 근거를 둔 것도 아니고, 경험적 확증 또한 결하고 있다. 이러한 문제를 생리학적으로 고찰한다면, 정서적 색조는 주로 감각을 산출하는 데 있어 무력한 내장viscera의 조건에 의존해 있다. 따라서 파악의 개념은 전체적으로 역전되어야 한다. 우리가 다른 현실적 존재를 파악하게 되는 것은, 보다 근원적으로는 정서적 색조의 직접적인 매개를 통해서이며, 오직 부차적으로 그리고 동요 속에서만 감각의 직접적인 매개를 통해서이다. 이 두 방식은 서로 융합하여 우리의 지각적 인식에 중요한 영향력을 행사한다. 이 주제는 앞으로의 보다 상세한 논의(제3부와 제4부 참조)를 위해 유보해 두어야 하겠다. 그러나 그것은 유기체 철학에 있어 근본적인 것이다. 경험의 본성을 예비적으로 개관함에 있어 현대 심리학에 호소하기 어려운 이유 가운데 하나는, 심리학의 상당 부분이 감각론적 신화라는 가설에 기초를 두고 있다는 점이다. 따라서 로크와 흄을 보다 단순하고 보다 소박하게 개관하는 것이 철학적으로는 더욱 유익하다.

나중에 제3부에서 〈파악〉은 〈파악하는 주체prehending subject〉, 〈파악된 객체object prehended〉, 그리고 〈주체적 형식subjective form〉으로 분석될 것이다. 유기체 철학은 개별적인 〈외적 사물들exterior things〉을 〈파악된 객체〉의 범주로 받아들인다는 점에서 로크를 따르고 있다. 또한 그것은 흄이 『인성론』의 부록 말미에서 〈만일 내가, 같은 사물의 두 관념은 그들의 상이한 느낌에 의해서만 다를 수 있다고 말했더라면, 보다 진리에 가까웠을 것이다〉라고 고백하고 있다는 점에서 흄을 따르고 있다. 흄이 여기에서 〈느낌〉이라 부른 것은 유기체 철학에서 〈주체적 형식〉이라는 학설로 확대되고 있다. 그러나 어떤 파악들 사이에는 제거할 수 없는 차이가 있다. 즉 두 개의 파악이 그 느낌에 있어서로 다를 경우, 그들의 파악 주체가 다른 것이다. 〈느낌〉이라는 용어는 앞으로의 논의에서 〈긍정적 positive〉 유형의 파악이라는 의미로 사용되겠고, 앞의 인용문에서 흄이 사용한 의미로는 사용되지 않는다.

유기체 철학이 〈동물적 믿음 animal faith〉에 관한 산타야나의 학설에 접근하게 되는 것은, 이 〈느낌〉의 매개에 의한 객체화의 학설을 통해서이다.

산타야나는 〈동물적 믿음〉 속에 어떤 소여성의 요소가 있다는 것을 부인할 것이다. 그가 이처럼 부인하게 되는 까닭은, 아마도 그가 외계에 대한 모든 지식은 사적인 감각의 매개에 의해 생겨난다는 감각주의적 학설을 따르고 있다는 데에 있을 것이다. 만일 우리가 〈동물적 믿음〉이라는 용어를 철학적 전통에 의해 무시되어 왔던 종류의 지각을 기술하는 데에 사용할 수 있다고 한다면, 산타야나의 논의 전체[19]는 사실상 유기체 철학과 일치하게 될 것이다.

산타야나의 학설과의 상이점과 유사점은 다음에 인용되는 두 문장을 통해 이해될 수 있다.

> 따라서 나는 존재라는 말을…… 직관의 소여를 지시하기 위해서가 아니라, 자연에서 생긴다고 믿어지는 사실이나 사건을 지시하는 데 사용할 것을 제안한다. 이 사실이나 사건은 다음과 같은 것을 포함할 것이다. 첫째로 직관 그 자체, 혹은 아픔, 쾌감, 기억된 모든 경험, 정신 속에서의 추론 등과 같은 의식의 사실, 둘째로는 물리적인 사물이나 사건 ― 이들은 믿음에 있어서 그들에 대한 기호로 사용될 수 있는 직관의 여건에 대하여 초월적인 관계 transcendent relation를 유지하고 있다…… ― 이 그것이다.*

이 인용문은 산타야나의 사고가 지닌 감탄할 만한 명석성, 즉 그가

---

19) 산타야나, 『회의주의와 동물적 믿음 *Scepticism and Animal Faith*』(1923).

* 이 인용문은 『회의주의와 동물적 믿음』, 제7장에서 가져온 것임.

17세기와 18세기의 천재들과 공유하고 있던 특징을 예증하고 있다고 평할 수 있겠다. 그런데 산타야나가 유기체 철학과 달리하고 있는 점은, 〈직관 자체〉가 〈직관의 여건〉 즉 다른 직관의 여건 속에 들어갈 수 없다는 그의 묵시적인 가정에 있다. 이러한 가능성을 산타야나는 부정하고, 유기체 철학은 긍정한다. 이런 점에서 산타야나는 음으로 양으로 근대 철학에 널리 유포되고 있던 입장을 대변하고 있는 것이다. 그가 출중해 보이는 것은 단지 그의 사고의 명석성 때문이다. 만일 산타야나의 입장이 용인된다면, 현상적인 베일 veil, 행동과 평가가 결부된 원시적인 맹신, 그리고 이 베일로부터 그 배후의 실재에로의 신비스러운 상징 작용이 있게 될 것이다. 이러한 철학자들 상호 간의 유일한 차이는 그들이 그 상징 작용을 어떻게 읽고 있는가에 있다. 어떤 이는 보다 많이 읽고 어떤 이는 보다 적게 읽는다. 베일로부터 실재의 캄캄한 배경 속으로 뚫고 들어가는 어떤 합리적인 원리도 없기 때문에, 이 철학자들을 결정적으로 구별하기 위한 어떤 판정을 내린다는 것은 전적으로 불가능하다.

이 학설을 유기체 철학이 부인하는 까닭은, 첫째로 그것이 소박한 경험과 모순되기 때문이고, 둘째로 〈기억〉은 선행하는 경험의 작용이 또 다른 경험의 작용에 대하여 직관의 여건이 된다고 하는 사실의 매우 특수한 하나의 사례이기 때문이며, 셋째로는 여기에서 거부되고 있는 학설이, 논리적 단순성이란 합생 과정에 있어서 우선성과 동일시될 수 있다고 하는, 이미 주목한 바 있는(제2부, 제1장, 제6절 참조) 로크의 오해로부터 파생된 것이기 때문이다. 로크는 『인간 지성론』 제 I 권과 제 II 권에서 감각의 단순 〈관념〉이라는 기본 요소들을 가지고 경험을 구축하려 하고 있다. 이러한 단순 관념은 사실상 산타야나의 〈본질 직관 intuitions of essences〉이다. 산타야나는 분명히 이러한 로크의 오해를 거부한다고 말하고 있지만, 그렇게 함으로써 그는 자신의 학설을 떠받치고 있는 기둥 하나를 쓰러뜨리고 있는 것이다. 이 학설을 부인하는 네 번째 이유는, 그렇게 함으로써 궁극적 실재가 경험의 작용과 동일시되는, 우주론의 합리적 구도를 위한 길이 열리기 때문이다.

6장

데카르트로부터 칸트에게로

제 1 절

데카르트, 세 종류의 실체, 즉 연장적 실체, 정신적 실체 및 신의 실체. 세 종류의 변화, 즉 우유적(偶有的) 속성의 변화, 발생의 변화, 정지의 변화. 우유적 관계, 표상적 관념. 외적 세계에 대한 비본질적 경험.

데카르트와 로크가 마음속으로 각기 자신의 연구 범위를 생각했던 상이한 방식을 비교해 보면, 로크가 철학 사상의 전통에 이끌어들였던 매우 중요한 전환이 곧바로 드러난다. 데카르트는 현실적 존재란 대체 무엇인가라는 근본적인 형이상학적 물음을 제기했다. 그는 세 종류의 현실적 존재, 즉 사유하는 정신, 연장을 갖는 물체, 그리고 신을 찾아냈다. 현실적 존재를 그는 〈실체〉라고 하였다. 현실태를 분석하는 데 사용될 수 있는 근본 명제는, 문제되는 실체의 성질을 서술하는 predicating 형태를 취했다. 성질은 우유적(偶有的) 속성 accident이든가, 아니면 본질적 속성이었다. 데카르트의 철학에는 세 종류의 변화를 받아들일 여지가 있었다. 그 하나는 존속하는 실체의 우유적 속성의 변화이고, 또 하나는 개체적 실체의 발생이며, 나머지 하나는 존속하는 실체의 정지 cessation이다. 처음 두 종류의 실체 가운데 어느 하나에 속하는 모든 개체는 존재하기 위해, 이들 두 종류에 속하는 어떤 다른 개체도 필요로 하지 않았다. 그러나 그것은 신의 협력을 필요로 하고 있었다. 그래서 정신의 본질적 속성은 신에의 의존 및 사유였으며, 물체의 본질적 속성은 신에의 의존 및 연장이었다. 데카르트는 〈신에의 의존〉에 〈속성 attribute〉이라는 용어를 적용하지는 않았지만, 그것은 그의 철학에 있어서 본질적 요소이다. 다양한 개체적 실체 간의 우유적인 관계라는 것이 데카르트에게 커다란 난제가 된다는 것은 너무나 분명하다. 만일 이 관계들이 그의 현실 세계에 대한 도식 속에 포함될 수 있으려면 그것들은 실체의 성질이어야 한다. 따라서 관계성이란 하나의 개체에 전적으로 속하고 있는 성질과 다른 개체에 전적으로 속하고 있는 성질 간의 상관관계이다. 이 상관관계 자체는 신의 우유적 성질들 가운데 하나로서 신과 연관되어 있지 않으면 안 된다. 이것이 바로 데카르트가 그의 표상적 관념 representative idea 이론을 전개시키고 있는 절차이다. 이 이론에 따르면 지각된 개체는 어떤 하나의 성질을 가지며, 지각하는 개체는 이 성질을 표상하는 〈관념〉이라는 별개의 성질을 가진다. 신은 그 상관관계를 의식하고 있으며, 신에 대한 지각자의 인식은 지각자에게 그의 관념의 진실성을 보증한다. 다른 현실적 존재에 대한 우리의 직접적 인식이라고 상식이 믿고 있는 것에 대한, 이와 같은 극히 인위적인 설명을 비판할 필요는 없다. 그러나 그것은 데카르트가 현실적 존재의 다수성을 상정하면서 제공한 형이상학적 소재와 일치하고 있는 유일한 설명이다. 이처럼 현실적 존재의 다수성을 상정한다는 점에서, 유기체 철학은 데카르트에 따른다. 그러나 데카르트의 난점으로부터 벗어나는 데는 두 가지 길밖에 없다는 것도 분명하다. 그 하나는 어떤 형태의 일원론에 호소하는 길이고, 다른 하나는 데카르트의 형이상학적 골격을 재구성하는 길이다.

그러나 데카르트는 모든 철학의 토대가 될 하나의 원리를 주장하고 있다. 그는 지식의 피라미드 전체의 토대가, 직접적인 현실적 존재의 구성에 있어서 본질적 요소(데카르트에게 있어)이든가 아니면 그것에 기여하는 요소인 인식의 직접적 작용에 있다고 보았다. 이는 또한 유기체 철학에 있어서도 제1의 원리가 된다. 그러나 데카르트는 명제의 주어-술어 형식 및 그것에서 파생되는 철학 전통이, 후속하는 그의 형이상학적 전개를 지배하도록 허용했던 것이다. 그의 철학에서 〈현실태〉는 〈내재하는 성질을 가지고 있는 실체〉를 의미했다. 유기체 철학에서는 지각하는 계기가 그 자체로서 현실태의 기준이 된다. 만일 그 계기의 인식 속에 다른 현실적 존재들이 나타난다면, 그렇게 될 수 있는 까닭은 오직 그것들이 그 계기가 갖고 있는 현실태의 기준에 순응하고 있다는 데에 있을 뿐이다. 직접적인 현실적 존재가 다른 현실적 존재들을 자기 자신의 구성에 본질적인 것으로서 드러내고 있는 경우, 그러한 경우에만 현실적 존재의 세계를 확증할 근거가 있게 된다. 외적 세계에 대한 비본질적 경험이라는 데카르트의 관념은 유기체 철학에 전혀 어울리지 않는다. 이것이 근본적인 차이점인 동시에 유기체 철학이 실체-속성의 개념에 의한 현실태에의 접근을 버리지 않으면 안 될 이유이다. 유기체 철학은 경험을, 〈다자 속의 일자로 있다는, 또는 다자의 구조에서 생기는 일자로서 있다는 자기 향유 self-enjoyment〉를 의미하는 것으로 해석한다. 그런데 데카르트는 경험을, 〈개체적 실체가 관념에 의해 규정되는 자기 자신을 향유하는 것〉을 의미하는 것으로 해석하고 있다.

제 2 절

로크, 경험론, 충족성, 모순. 개별적 존재자, 실체, 힘. 상대성, 끊임없이 소멸하는 것.

로크는 형이상학의 폐기를 명시하고 있다. 그의 연구 범위는 한정되어 있다.

> 그러므로 나의 목적은 인간 지식의 기원, 확실성 및 범위를 탐구하고, 아울러 신념, 의견, 동의의 근거와 정도를 탐구하는 데에 있다. 따라서 현재로서는 마음에 관한 물리적 고찰에 눈을 돌리지 않을 것이다. 즉 마음의 본질은 어디에 있는가…… 하는 따위의 문제들을 검토하는 데 신경을 쓰지 않겠다는 것이다. 지금 내가 목적하고 있는 것에 비추어 볼 때, 인간의 식별 기능이 그것이 관계하고 있는 대상에 적용되는 양상을 고찰하는 것으로 충분할 것이다.[1)]

로크의 업적이 중요성을 유지하고 있는 이유는 그가 증거를 기술하는 데 있어 형이상학적 이론의 선입견에 사로잡히지 않고 솔직성, 명석성, 충족성을 갖추고 있다는 점 때문이다. 그가 제시한 설명은 명료하게 진술한다는 의미의 것이었지, 〈교묘히 둘러댄다〉는 보다 통속적인 의미의 것이 아니었다. 〈경험론자〉라는 칭호를 사칭한 로크의 후계자들은 사상사의 기이한 전개에 따라, 자기들이 경멸하던 중세 철학에서 나온 감각주의의 선천적a priori 학설에 굴복하여, 경험의 명백한 사실을 교묘히 둘러대는 일에 주로 종사해 왔다. 로크의 『인간 지성론』은 사실에 호소함으로써 형이상학의 구축에 도전하려는 사람들에게는 한없이 귀중한 보고이다. 흄은 앞 장에서 『인성론』으로부터 인용한 첫 번째 구절에서 그가 분명하게 진술하고 있는 이 선천적 이론에 의해 자기의 설명을 다듬었다. 이는 아무리 되풀이해도 지나치다고 할 수 없다.

> 실제로 마음에 나타나는 것은 마음의 지각, 즉 인상과 관념 이외에는 아무것도 없으며, 외적 사물은 다만 그 외적 사물이 마음에 야기하는 지각에

---

1) 『인간 지성론』, 제 I 권, 제1장, 제2절.

의해 우리에게 알려질 뿐이다. 이는 철학자들이 널리 인정하고 있을 뿐만 아니라, 상당히 자명하다고 할 수 있는 사실이라 하겠다. 미워하는 것, 사랑하는 것, 느끼는 것, 보는 것, 이 모든 것은 지각하는 것에 지나지 않는다.

흄은 〈철학자들이 널리 허용하고 있는〉 바에 따라, 이 진술을 감각주의적 의미로 해석하고 있다. 이 의미에 따른다면, 하나의 인상이란 보편적인 것에 대해 마음이 의식하는 하나의 특수 사례에 지나지 않게 된다. 이 경우 보편적인 것은 단순한 것일 수도 있고, 여러 단순한 보편적인 것들이 어떤 방식으로 결합한 것일 수도 있다. 흄에게 있어 증오, 사랑, 생각, 느낌은 이러한 근본적인 인상에서 나온 지각에 지나지 않는다. 이는 경험의 영역에서 흄이 발견한 모든 것을 제약하는 선천적 감각주의의 신조이다. 아마도 이러한 신조는 『인간 지성론』의 초반부를 집필하던 당시 줄곧 로크의 마음속에 자리 잡고 있었을 것이다. 하지만 로크는 어떠한 선천적인 신조와도 모순되지 않도록 탐구하지는 않았다. 그는 또 경험 속에서 〈이러저러한 개별적 존재자에 한정되는〉 특징을 갖는 〈관념들〉을 발견하고 있다. 선천적인 무화과 잎을 걸치지 않은 채 알몸으로 있으면서도 부끄러움을 모르는, 경험을 인정하기를 거부한 경험론자들은 자신들의 신조와의 그와 같은 모순에 충격을 받는다. 로크는 단지 아무도 실제로 의심치 않고 있는 것을 진술하고 있을 뿐이다. 그러나 로크는 〈반성의 관념〉이 〈감각의 관념〉의 개입 없이 직접적으로 〈어떤 개별적인 존재에 한정〉될 수도 있다는 것을 인정하지 않으려 한 점에서 흄과 일치했을 것이다. 이 점에서 로크는 감각주의자였지만, 유기체 철학은 감각주의적인 것이 아니다. 그러나 형이상학에 대한 로크의 회피는 다만, 명석성을 위해서 형이상학이 불가피하게 되는 그런 사상의 무대에로 그를 이끌었을 뿐이다. 〈개별적 존재자〉와 〈개별적 존재자에 한정된 관념〉의 지위에 관한 물음은 형이상학적 논의를 필요로 한다. 로크는 끈질기게 〈실체〉 관념을 헐뜯고 있다. 그러면서도 그는 〈현실적 존재〉 및 〈실재〉와 같은 관념을 분석하는 데 사용할 만한, 실체의 관념에 대체되는 범주에 대해서 아무런 시사도 하고 있지 않다. 하지만 그의 『인간 지성론』은 형이상학으로 발전할 수 있는 사고의 흐름을 담고 있다. 우선 무엇보다도 로크는 다음과 같은 견해를 분명하게 견지하고 있다. 예를 들어 아이가 그의 어머니에 대해 품고 있는 관념과 같은 개별적 존재자에 대한 관념들은, 정신의 기능이 비교, 강조, 추상을 수반하는 일정한 흡수 과정을 통해 하나의 통일성으로 결합시키는 기본 여건들을 이루는 것이라고 본다는 것이다. 그는 또 〈힘 power〉은 개별적 존재자에 귀속되어야 하며, 그것에 의해 다른 개별적 존재자의 구조가 제약되는 것이라는 견해를 가지고 있다. 이와 관련하여 그는 개별적 존재자의 구조는, 다른 개별적 존재자의 〈힘〉에 의해 조건지어지는 〈능력들 capacities〉을 나타내도록 기술되어야 한다고 보고 있다. 그는 또 모든 성질들은 어떤 의미에서 자기 속에 관계적 요소 relational element를 가지고 있다고 생각한다. 로크가 그렇게 말한 것은 아니지만, 성질 속에 있는 이러한 관계적 요소의 개념은 다음과 같은 구절 속에 예시되어 있다고 볼 수 있다. 〈게다가, 존재하는 개별 사물들 가운데서, 그 〔사물의 복합 관념을 만드는〕 일부 단순 관념들에서는 보다 많은 수의 개별 존재들과, 또 일부의 단순 관념들에서는 보다 적은 수의 개별 존재들과 소통하지 아니하는 사물은 거의 없다.〉[2] 여기에서 로크는 어떤 공통 성질을 소유하는 개별적 존재들 간의 〈소통 communication〉이라는 형식으로 두 단순 관념 간의 동일성이라는 개념을 표현하고 있다. 또한 이 구절은 로크가 인식 작용 act of awareness의 특수한 내용이라는 의미와는 다른 의미에서 〈관념〉이라는 용어를 습관적으로 사용하고 있음을 예시해 주고 있다. 마지막으로 시간의 추이 passage라는 로크의 개념은 어떤 것이 〈끊임없이 소멸하고 있다 perpetual perishing〉는 것을 말한다. 만일 그가 현실적 존재는 시간의 추이에 있어 〈소멸하며〉, 따라서 어떠한 현실적 존재도 변화하지 않는다는 점을 파악했더라면,

2) 『인간 지성론』, 제III권, 제9장, 제14절.

그는 유기체 철학의 관점에 도달했을 것이다. 그가 말한 것은 〈끊임없이 소멸하는 계기(繼起, succession)의 부분들〉[3]이다. 다른 곳에서와 마찬가지로 여기서도 로크는 궁극적인 물음을 무시함으로써 그에 따르는 피해를 입고 있다. 그의 『인간 지성론』의 여러 부분들에 일관성을 부여할 수 있는 것이라고는 아무것도 없다. 그는 『인간 지성론』을 통해 전제되어 있는 실체-속성이라는 범주를 결코 수정하지 않았다. 『인간 지성론』 제 I, II권에서 로크는 관념에 관한 학설의 기초를 닦아놓았다고 공언하고 있다. 이 두 권은 관념을, 기체적(基體的)인 정신 substrate mind을 규정하는 단순한 성질로 보는 시각에 의해 지배되고 있다. 『인간 지성론』 제III권에서 그는 분명히, 그가 확립시켰던 〈관념〉에 관한 학설을 언어의 기능이라는 종속적인 문제에 적용하는 일로 옮겨 가고 있다. 하지만 그는 앞의 두 권에서 펼쳤던 감각주의적 학설과 조화되기 어려운 〈관념〉에 관한 새로운 학설을 은연중에 끌어들이고 있다. 흄은 로크의 이 첫 두 권에서의 학설에 집중적으로 주목했지만, 유기체 철학은 이 후반부의 학설에 집중적으로 주목한다. 로크의 『인간 지성론』이 하나의 일관된 사고 도식으로 해석되어야 한다면, 흄이 옳다는 데에는 의심의 여지가 없다. 그러나 그러한 해석은 로크에 의한 철학에의 공헌을 왜곡하는 것이 된다.

제 3 절

유기체 철학과의 유비와 대비.

유기체 철학에서는 현실적 존재가 합성적 composite인 것으로 상정되어 있다. 〈현실태〉는 합성의 기본적인 표본이다. 〈합성〉의 다른 모든

3) 같은 책, 제II권, 제14장, 제1절.

의미는 이 근원적인 의미와 연관된다. 그러나 〈현실태〉는 일반적 용어로서 이러한 궁극적 유형의 합성적 통일체를 가리키고 있을 뿐이다. 이 일반적 용어가 적용되는 많은 합성적 통일체들이 있다. 개체적 계기들의 합성적 구조로 표현될 수 없는 합성이라는 일반적 사실은 존재하지 않는다. 모든 명제는 저마다 어떤 하나의 현실적 존재의 구조 속에, 또는 여러 현실적 존재들의 구조 속에 자리 잡고 있다. 이는 〈존재론적 원리〉를 달리 말한 것에 지나지 않는다. 이렇게 해석된 존재론적 원리로부터 다음과 같은 결론이 나온다. 즉 〈공통 세계 common world〉라는 관념은, 분석을 위해 그 자체만을 취한 각 현실적 존재의 구조 속에 예증되고 있어야 한다는 것이다. 왜냐하면 현실적 존재는 〈공통 세계〉가 그 존재 자신의 구조의 구성 요소가 되고 있다는 의미에서만 그 〈공통 세계〉의 일원이 될 수 있기 때문이다. 그러므로 이로부터 다른 모든 현실적 존재를 포함하여 우주의 온갖 사항 item들이, 임의의 한 현실적 존재의 구조 속에 들어 있는 구성 요소가 되고 있다는 결론이 나온다. 이 결론은 이미 〈상대성 원리〉라는 명칭으로 활용되어 왔던 것이다. 이 상대성 원리는 존재론적 원리가 극단적인 일원론으로 귀결되는 것을 방지하는 공리이다. 흄은 이 원리를 〈반복〉이라는 관념으로 어렴풋이 예시하고 있다.

현실적 존재를, 저마다 단지 그 수에서만 다를 뿐 각기 다른 것의 무차별적인 반복에 불과한 것으로부터 구출하기 위해서는 어떤 원리가 요구된다. 이러한 요구는 〈강도를 갖는 관련성의 원리 principle of intensive relevance〉로 충족된다. 강도를 갖는 관련성이라는 개념은 〈선택의 가능성〉이라든지, 〈보다 많은, 혹은 보다 적은 more or less〉이라든지, 〈중요한, 혹은 하찮은 important or negligible〉과 같은 개념들의 의미에 있어 기본이 된다. 이 원리가 주장하려는 것은, 우주의 모든 사항 item은 저마다 ― 추상적 사고로서 아무리 터무니없는 것일지라도, 또 현실적 존재로서 아무리 소원한 것일지라도 ― 어떤 한 현실적 존재의 구조 속에서 파악된 것으로서 그 자신의 관련성의 등급 gradation을 가진다는 것이다. 어떤 한 사항은 보다 많은 관련성을 가졌을 수도 있고, 소극적 파악에 따르는 영(零)의 관련성을 포함하여 보다 적은 관련성을 가졌을 수도 있다. 그러나 실제로 그것은 그 현실적 존재의 구조 속에 그 지위를 갖게 되는 바로 그 관련성을 가지고 있는 것이다. 기억하고 있겠지만, 흄은 〈힘과 활기〉에 있어서의 차이라는 개념을 도입할 필요가 있다고 생각했다. 여기서 흄은 강도를 갖는 관련성의 일반 원리를 특수하게 적용한 사례를 보여주고 있는데, 내 생각에 이 적용은 성공하지 못한 것 같다.

동일한 현실적 존재에 있어서 이 상이한 사항들 간의 관련성의 여러 등급 사이에는 상호 연결 interconnection이 존재한다. 이 상호 연결이라는 사실은 〈양립 가능성과 모순성의 원리 principle of compatibility and contrariety〉로 제시된다. 관련성을 갖는 일정한 개개의 등급에 있어 서로 모순되는 사항들이 있다. 따라서 각기 그들 나름의 관련성의 강도를 갖는 이러한 사항들은 하나의 현실적 존재의 구조 속에 공존하지 못한다. 만일 다양한 관련성을 갖는 사항들의 어떤 군(群)이 하나의 현실적 존재 속에 공존할 수 있다고 한다면, 그처럼 다양한 관련성을 갖는 것으로서의 그 군은 양립 가능성을 지닌 것이다. 하나의 유(類, genus)가 갖는 여러 종적(種的)인 본질들——이들에 의해 하나의 현실적 존재는 여러 종 가운데 어느 하나에 속하게 되지만, 둘 이상의 것에 속할 수는 없게 되는 것이다——은 두 군의 사항들 간의 양립 불가능성을 예시하고 있다. 또 어떤 종적인 본질이 복합적인 것인 한, 그리고 그 종이 어떻게든 예증된 적이 있었다면, 그 종적인 본질은 반드시 양립 가능한 사항들로 구성되어 있는 것이다. 그러나 〈느낌들〉은 근원적으로 〈양립 가능〉하거나 〈양립 불가능한〉 존재들 entities이다. 이러한 용어들의 다른 용법은 모두 파생적인 것들이다.

이 해설에서, 〈실재적 real〉이라는 용어와 〈가능적 potential〉이라는 용어는 대구적(對句的)인 의미로 취해지고 있다. 원초적인 의미에서 그것들은 〈영원한 객체〉①를 규정한다. 이 영원한 객체들은 현실적 존재들의 세계가 그 성원들 각각의 구조 속에 그들 각각의 느낌을 통해서 어떻게 개입해 들어가는가를 결정한다. 그리고 그것들은 임의의 현실적 존재의 구조가, 전제하고 전제되는 방식으로 관계지어진 여러 위상으로 어떻게 분석될 수 있는가를 표현하고 있다. 영원한 객체들은 선행하는 위상이 자기 자신에 대한 어떠한 제한도 지니지 않고서, 그러면서도 개체적 만족의 형식으로 현실적 통일을 결정짓는 데 필요한 부가물을 동반하면서, 후속하는 위상으로 어떻게 흡수되는가를 표현하고 있다. 현실적 존재들은 느낌들의 양립 불가능성[4)]에 의해 부과된 제한 밑에서 각기 상대방의 구조 속에 개입한다. 이 양립 불가능성은 느껴진 객체들의 구조에 들어 있는 여러 요소를 〈무관련성 irrelevance〉이라 불리는 강도 영(零)의 차원으로 추방한다. 선행하는 위상은 미결정을 제거하는 여러 부가물을 가지고 그에 후속하는 위상 속으로 들어간다. 어떻게 제한되며 어떻게 부가되는가는 다 같이, 문제되는 현실적 존재의 구조에 있어서의 영원한 객체의 실현 realization을 말한다. 어떤 특정한 현실적 존재로부터 추상된 하나의 영원한 객체는, 여러 현실적 존재로 진입할 수 있는 하나의 가능태 potentiality이다. 관련성이 있는 것으로서건 관련성이 없는 것으로서건 간에, 어떤 하나의 현실적 존재로의 진입에 있어 영원한 객체는 상당히 다양한 진입 방식의 가능성을 지니는데, 이 가능적인 미결정성은 그 진입과 더불어 결정적인 것이 된다. 특정한 현실적 존재 속으로의 일정한 진입이 그 영원한 객체를 〈비존재〉로부터 〈존재〉로 단순히 불러내는 것으로 간주되어서는 안 된다. 그것은 미결정성으로부터 결정성을 불러내는 것이다. 여기서 가능태는 실재 reality가 된다. 그

---

① 영원한 객체는 어떤 〈개별적인〉 현실적 존재에 진입하여 거기서 실현되는 가능태이다. 화이트헤드에 의하면 어떤 개별적인 현실적 존재는 그것이 여건으로서 객체화될 때 다른 현실적 존재의 구성 요소로서 수용된다. 이러한 객체화론은 어떠한 현실적 존재일지라도 다른 모든 것과 연관을 맺고 있다는 상대성 원리와 결부되어 있다.

4) 셰퍼 H. M. Sheffer 박사는 〈양립 불가능성〉이라는 개념의 기본적인 논리적 중요성을 지적하였다. *Trans. Amer. Math. Soc.*, Vol. XIV, 481-488쪽과 『수학 원리』(제2판), 제 I 권, 「서론」 참조.

러나 그것은 그 현실적 존재가 회피해 버린 여러 선택지들의 메시지를 계속 간직하고 있다. 한 현실적 존재의 구조에 있어 어떤 구성 요소가 지금은 적색이지만 한때는 녹색이었을지도 모르며, 또 어떤 구성 요소가 지금은 사랑의 대상이지만 한때는 경원되었을지도 모른다. 〈보편적 universal〉이라는 용어를 영원한 객체에 적용하는 것은 잘못이다. 왜냐하면 그것은 현실적 존재도 상대성 원리의 적용 범위 안에 있다는 것을 부정하는 것처럼 보이며, 사실상 그것을 부정하는 의미로 사용되었기 때문이다. 〈영원한 객체〉라는 용어가 마음에 안 든다면, 〈가능체 potentials〉라는 용어가 어울릴지 모르겠다. 영원한 객체는 우주의 순수한 가능체이며, 현실적 존재들은 가능체들을 제각기 실현시키는 가운데 서로 달라지게 되는 것이다. 로크의 〈관념〉이라는 용어는 『인간 지성론』 제 I, II권에서의 원래의 용법에서 볼 때, 문제되는 현실적 존재에로의 영원한 객체의 결정적 진입을 의미하고 있다. 그러나 그는 또한 그것을 의식적인 정신성으로 제한하고 있다. 하지만 여기에서 이러한 제한은 철폐된다.

이렇게 본다면, 유기체 철학에 있어 로크가 처음에 사용한 〈관념〉이라는 용어는 현실적 존재로의 영원한 객체의 〈진입〉에 관한 학설로 수용되고 있으며, 그가 나중에 사용한 그 용어는 현실적 존재의 〈객체화〉에 관한 학설로 수용되고 있다. 이 두 학설은 각기 별개의 것으로는 설명될 수 없다. 그것들은 두 개의 기본적 원리 ── 존재론적 원리와 상대성 원리 ── 에 대한 설명의 골격을 이루고 있다.

현실적 존재를 구성하는 네 단계는 이미 제2부, 제3장, 제1절에서 기술했다. 이 네 단계는 각각 여건 datum, 과정 process, 만족 satisfaction, 결단 decision이라고 부를 수 있다. 여기서 처음과 끝의 두 단계는, 정착된 현실 세계로부터 그 정착이 상대적으로 한정되게 되는 새로운 현실적 존재로 이행해 간다는 의미에서의 〈생성 becoming〉과 관계가 있다. 그러나 이러한 〈한정〉은 관계된 현실적 존재들 속에 들어 있는 한 요소로서 찾아져야 한다. 현실적 존재가 〈찾아내는〉 이 〈정착 settlement〉이 그 존재의 여건이다. 이 정착은 관계된 영원한 객체에 의해 주어지는 〈정착된〉 세계에 대한 제한된 전망으로 간주되어야 한다. 이 여건은 정착된 세계에 의해 〈결단된다〉. 그것은 새롭게 대체되는 존재에 의해 〈파악된다〉. 여건은 경험의 객체적 내용이다. 이 여건을 제공하는 결단은 자제된 욕구의 양도 transference of self-limited appetition이다. 정착된 세계는, 그 속의 많은 현실태들이 양립 가능하게 느껴질 수 있는 〈실재적 가능태 real potentiality〉를 제공한다. 그리고 새로운 합생은 이 여건으로부터 출발한다. 전망은 양립 불가능한 것들을 제거함으로써 마련된다. 최종 단계인 〈결단〉은, 현실적 존재가 그 개체적 〈만족〉을 달성함으로써 자신을 넘어서는 미래의 개척지에다 결정적인 조건을 부가하는 방법이다. 따라서 〈여건〉은 〈수용된 결단〉이며, 〈결단〉은 〈전달된 결단〉이다. 수용되고 전달되는 이 두 결단들 사이에는 〈과정〉과 〈만족〉이라는 두 단계가 있다. 여건은 최종적 만족에서 보자면 미결정이다. 〈과정〉은 〈느낌〉의 요소들을 부가해 가며, 이로 말미암아 이러한 미결정은 개체적인 현실적 존재의 현실적 통일성을 달성하는 결정적인 연쇄 속으로 해소된다. 현실적 존재는 또한 그 자신이 되어가는 가운데, 그것이 무엇이도록 되어 있는가 하는 물음에 답변한다. 따라서 과정은 창조적 관념이 결정적인 개체성을 한정하고 달성하기 위해 작용하고 있는 단계이다. 과정은 최종 목적의 배양 및 성취이다. 최종 목적에 대한 점진적인 한정이 그 성취를 위한 효과적 조건이다. 현실적 존재의 결정적 통일성이 짜여지게 되는 것은, 여건의 여러 결정 및 미결정에 점진적으로 관계함으로써, 점진적으로 한정되는 어떤 이상을 향해 나아가는 목적인(目的因)에 의해서이다. 느껴지는 것으로서의 이 이상은, 여건으로부터 어떤 〈자기〉가 생겨나게 될 것인가를 한정한다. 그리고 이 이상은 또한 이렇게 해서 생겨나게 되는 자기 속의 한 요소이다.

이 설명에 따른다면, 작용인(作用因)은 현실적 존재로부터 현실적 존재로의 이행을 표현하며, 목적인은 이 현실적 존재가 그 자신이 되어가는 내적 과정을 표현한다. 세계의 과거에서 찾아볼 수 있는 여건의 생성이 있으며, 또 그 여건으로부터의 직접적인 자기의 생성이 있다. 이 후자의 생성은 직접적인 현실적 과정이다. 현실적 존재는 작용하는 과거의 산물인 동시에, 스피노자의 표현을 빌린다면 자기 원인 *causa sui*이다. 모든 철학이 어떠한 형태로서든지 간에 이 자기 원인이라는 요인을 인지하고 있으며, 그것을 궁극적인 현실적 사실 가운데 하나로 보고 있다. 스피노자의 말은 이미 인용되었다. 사유 그 자체의 사실에서 출발하는 데카르트의 논의는, 자유롭게 결정되는 그 작용이 현실적 존재의 존속에 있어서의 한 계기를 구성한다고 가정하고 있다. 〈나는 있다, 나는 존재한다라는 명제는 내가 그것을 언표할 때마다, 그리고 마음속으로 생각할 때마다 필연적으로 참이다〉라고 데카르트는 말하고 있다(『성찰』 2). 데카르트는 그의 철학에서 사고하는 자 thinker가 계기적 사고 occasional thought를 만들어내고 있는 것으로 보고 있다. 유기체 철학은 이러한 순서를 역전시켜, 사고가 계기적으로 사고하는 자 occasional thinker를 만들어내는 데 있어 구성 요소로서 작용하고 있는 것으로 본다. 사고하는 자는 최종적 목적이며, 이로 말미암아 사고가 있게 되는 것이다. 우리는 이러한 역전에서 실체의 철학과 유기체 철학 간의 최종적인 대조를 확인하게 된다. 유기체의 작용은 〈자기초월체 superject〉로서의 유기체에 경주(傾注)하고 있는 것이지, 〈주체 subject〉로서의 유기체로부터 경주되고 있는 것이 아니다. 이 작용은 선행하는 유기체로부터, 그리고 바로 이어질 유기체를 향해서 경주되고 있다. 그것은 다수의 사물을 단일의 자기초월체의 구조 속으로 전달한다는 점에서 〈벡터 vector〉[②]이다. 창조적 과정은 율동적이다. 그것은 많은 사물들의 공공성(公共性)으로부터 개체적인 사사성(私事性)으로 흔들거리면서 나아가고 있으며, 사적 개체로부터 객체화된 개체의 공공성으로 흔들거리며 되돌아오고 있다. 앞의 흔들거리는 진행은 그 이상 ideal인 목적인에 의해 좌우되고, 후자의 흔들거리는 진행은 현실적인 작용인에 의해 좌우되고 있다.

② 크기와 방향을 갖는 양.

제 4 절

흄과 과정, 칸트, 산타야나.

유기체 철학의 관점에서 볼 때, 마음이라는 사실에 내재되어 있는 〈과정〉을 강조한 공적은 마땅히 흄에게 돌려야 한다. 그러한 과정에 대한 흄의 분석은 세부적으로 보자면 잘못되어 있다. 그것은 그렇게 될 수밖에 없었다. 왜냐하면 그는 로크와 마찬가지로 자기의 문제가 마음의 작용에 대한 분석이라고 오해했기 때문이다. 그는 그의 문제가 현실적 존재를 구성하는 작용에 대한 분석이라고 생각했어야 옳았다. 그렇게 했더라면 흄은 마음의 작용을 그 본래의 자리에서 찾아냈을 것이다. 칸트는 흄의 이러한 잘못된 생각을 뒤따라갔다. 그 결과 그는 사고의 공급물이 빈약하다는 점을 미처 깨닫지 못한 채, 세계를 사유 위에다 정립시키게 되었던 것이다. 그러나 흄과 칸트 및 유기체 철학은, 비판적 이성의 과제가 여러 구성물에 대한 분석이며 〈구성 작용 construction〉은 〈과정 process〉이라고 보는 점에서 서로 일치하고 있다. 마음의 계기를 구성하는 구성물에 대한 흄의 분석은 감각의 인상, 감각의 인상에 대한 관념, 내성의 인상, 내성의 인상에 대한 관념이다. 이러한 분석은 로크에게서 불명료하게나마 찾아볼 수 있을 것이다. 그러나 흄은 이를 질서 정연한 하나의 과정으로 제시하고 있다. 그리고 이를 통해, 그도 공유하고 있던 우리의 일상적인 신념을 표현하려고 하였다 ― 하지만 그는 실패했다.

그 후의 경험론자들에게 있어 이 도그마에 빠지는 즐거움은 명증성에 관한 형이상학적 규칙 ― 우리가 우리의 생활을 규제하기 위하여 비판을 무릅쓰고 여전히 사용하고 있는 그런 여러 가정에 우리는 복종해야 한다는 규칙 ― 을 압도하고 말았다. 이러한 가정은 경험에 있어 피할 수 없는 것이다. 합리주의란 그러한 가정들의 정합성(整合性)에 대한 탐구이다. 흄은 감각 인상으로부터 파생되는 관념과 인상의 계열을 논하는 가운데, 경험의 조성 building-up이란 최초의 여건에의 부가 과정임을 은연중에 인정하고 있다. 이런 점에서 유기체 철학은 흄에 동의하지만, 원초적 여건의 고유한 특성을 묘사하는 데 있어서는 흄에 동의하지 않는다. 흄의 철학에서 최초의 인상은 보편적인 것들로 특징지어져 있다. 예컨대 『인성론』의 제1절에서 그는 한 예로 〈붉은〉 빛깔에 대해 언급하고 있다. 이는 또한 로크의 『인간 지성론』 제 I, II권의 학설이기도 하다. 그러나 로크의 제III권에는 다른 학설이 나타나고 있다. 그리고 여기서 그는 최초의 여건이 〈특정한 존재자의 관념〉이라고 분명하게 말하고 있다. 로크의 이 두 번째 학설에 따른다면, 보편적인 것의 관념은 비교와 분석의 과정을 통해 이러한 최초의 여건으로부터 도출된다. 유기체 철학은 원리상 로크의 이 두 번째 학설과 일치한다. 이 일치의 정도를 정확하게 결정하기는 어렵고, 또 사소한 일이다. 왜냐하면 로크와 흄의 설명은 의식을 수반하는 극히 파생적인 작용을 이끌어들이고 있기 때문이다. 유기체 철학은 〈개별적인 존재자들〉이 보편적인 것을 떠나서 파악된다고 주장하지 않는다. 오히려 그것들은 보편적인 것을 매개로 하여 파악된다고 주장한다. 바꿔 말하면 각 현실태는 그 자신의 한정성을 갖는 어떤 요소에 의해 파악된다. 이것이 현실적 존재의 〈객체화〉에 관한 학설이다. 따라서 현실적 존재의 합생에 있어서의 최초의 단계는, 선행하는 우주가 개체성의 초기 기반을 구성하기 위해, 문제되는 존재의 구조 속으로 들어가는 통로라고 볼 수 있다. 이 진리를 역으로 고찰하면, 현실적 세계에 있어서 그 자신의 지위가 갖는 다른 현실적 존재와의 관련이 그 합생 과정의 초기 여건이 된다는 것이다. 여건에 대한 이러한 해석을 강조할 필요가 있게 될 경우, 〈객체적 내용 objective content〉이라는 용어는 〈여건〉이라는 용어와 동의어로 사용될 것이다. 물론 엄밀히 말하면, 흄이 유일한 종류의 여건으로 보고 있는 보편적인 것들도 또한 객체이다. 하지만 〈객체적 내용〉이라는 어구의 의미 속에는 현실적 존재의 〈객체화〉에 관한 학설을 강조하고자 하는 의도가 내포되어 있다. 만일 경험이 객체적 내용에 기초하지 않는다면, 유아론적(唯我論的)

주관주의를 벗어나지 못하게 될 것이다. 그러나 흄은, 그리고 로크도, 그 주요 학설에 있어서는 경험에 객체적 내용을 부여하는 데 전적으로 실패하고 있다. 칸트는 — 그에게 있어* 〈과정〉은 주로 사유의 과정이었다 — 〈여건〉에 관한 흄의 학설을 수용하고, 〈현상적인〉 객체적 내용을 구성의 종결로 보고 있다. 여기까지는 칸트의 〈현상적인〉 객체적 내용이 유기체 철학에 있어서의 〈만족〉을 대신하고 있는 듯이 보인다. 이런 방향에서는 사실상 유아론적 난점으로부터 벗어날 길이 없게 된다. 칸트는 〈실천이성〉에 호소함에 있어, 유기체 철학에서 말하는 〈만족〉과 유사한 의미의 만족도 인정하고 있다. 그리고 그는 그 복합적 성격을 분석함으로써, 〈단순한 현상〉의 분석으로는 — 그의 설명에 따르자면 — 발견될 수 없는 궁극적 현실태에 도달하고 있다. 이는 매우 복잡한 학설로서, 칸트로부터 파생되는 모든 철학에 재현되어 왔다. 이 학설은 각 현실적 존재에 두 개의 세계를 부여한다. 하나는 단순한 현상의 세계이며, 다른 하나는 궁극적인 실체적 사실의 세계이다. 경험을 위한 여건에 있어서 〈객체적 내용〉의 결여라는 논점과 관련하여, 산타야나[5]는 흄과 칸트에게 동의하고 있는 것처럼 보인다. 그러나 만일 그의 〈동물적 믿음〉의 도입이 흄의 학설의 결과인 회의론의 영향을 받은 여건에 대한 재검토로 간주될 수 있다면, 그는 사실상 로크의 두 번째 학설을 그의 두 번째 학설로서 재론하는 것이 된다. 그러나 그가 우리가 갖고 있는 정보의 원천에 대한 비판적 검토에서 떠나 〈실천〉에 호소하고 있는 것이라면, 그는 흄이나 칸트와 — 비록 모든 세밀한 절차에서는 다르다고 하더라도 — 같은 대열에 속한 사람으로 간주되어야 한다.

〈실천〉에 기꺼이 호소한다는 흄의 반합리주의의 견지에서 볼 때, 흄과 그의 경험주의적 후계자들에 의해 지지된 몇몇 형태의 종교적 신념

---

* 〈로부터 from〉를 〈에게 있어 for〉로 변경. 이는 맥밀런판의 사본에 화이트헤드가 표시해 놓은 것.

5) 『회의와 동물적 믿음』 참조.

이 갖는 반합리주의적 기반에 대한 강한 반론은, 반합리주의의 별개의 사례로서라면 몰라도 매우 이해하기 어렵다. 로크와 흄이 뚜렷이 철학에 이끌어들인 이러한 반합리주의의 기질은 중세의 합리주의에 대한 반합리주의적 반동의 최종적 승리를 명시하고 있다. 합리주의란, 설명을 끝까지 밀고 나감으로써만 명석성이 달성될 수 있다는 신념이다. 형이상학과 인연을 끊고 인간 지성을 분석함으로써 최종적인 명석성에 도달하려고 했던 로크는 그만큼 반합리주의자였다. 한편 흄은 동격(同格)이 아닌 두 조(組)의 신념, 즉 우리의 지식 원천에 대한 비판적 검토에 토대를 두고 있는 신념과 〈실천〉에 포함된 신념에 대한 무비판적* 검토에 바탕을 두고 있는 신념에 만족하고 있는 것으로 이해될 수 있는 한, 철학상의 반합리주의의 높은 수준에 도달하고 있다. 왜냐하면 〈설명 explanation〉이란 조정 coordination에 대한 분석이기 때문이다.

제 5 절

유기체 철학의 절차와 칸트 철학의 절차와의 대조.

현실적 존재가 객체적 내용으로부터 출발하여 그 개체적 만족에 도달해 가는 과정에 관해서는 제3부에서 보다 상세히 분석하게 될 것이다. 이러한 과정의 원초적 성격은, 그것이 그 현실적 존재에 대하여 개별적이라는 것이다. 그것은 현실 세계를 포함하고 있는 여건이 어떻게 하나의 현실적 존재의 구성 요소가 되어가는가를 표현하고 있다. 그러므로 다른 현실적 존재들에 관해서는 더 이상 언급할 필요가 없다. 그 설명에 필요한 요소들은 단지 객체적 내용, 영원한 객체, 그리고 현실적 존

* 〈비판적 critical〉을 〈무비판적 uncritical〉으로 변경. 이는 화이트헤드가 두 판의 사본에 모두 표시해 놓은 것이다.

재가 자신을 생성해 가는 느낌들의 선택적 합생 selective concrescence 뿐이다. 객체적 내용은 그들 자신의 본성에 의해 제공되는 제한된 전망 내에 있는 현실적 존재들로 분석될 수 있다는 것을 잊어서는 안 된다. 이 제한된 전망들은 여러 등급의 관련성 속에 영원한 객체들을 포함하고 있다. 만일 〈과정〉이 원초적으로 지성의 과정이라고 한다면, 〈관련성의 여러 등급〉은 관련성의 여러 등급에 있어서의 다른 영원한 객체들에 지나지 않게 되며, 그렇게 무한히 계속되리라는 점에 유의해야 할 것이다. 그런데 우리에게는 그와 같은 무한한 진행을 포섭할 만한 지성이 없다. 따라서 이 과정이 본질적으로 지성의 과정이라고 한다면, 여기에는 악소급(惡遡及, vicious regress)이 있게 된다. 그러나 이는 과정에 대한 근원적인 기술(記述)이 아니다. 과정은 〈느낌〉의 과정이다. 느낌의 경우는 느껴지는 것이 반드시 분석되는 것은 아니다. 지성의 경우 이해된 것은 그것이 이해된 만큼 분석된다. 지성은 특수한 형태의 느낌이다. 따라서 느낌의 경우에는 느껴지는 것이 무한히 복합적이기 때문에 악소급이 없다. 칸트는 『순수이성 비판』의 〈선험적 감성론〉에서 복합적 여건이 직관에 있어 하나로 직관된다는 학설을 강조하고 있다.

또 〈선택적 합생〉이라는 어구에 포함된 선택은 객체적 내용의 구성요소들 가운데서의 선택이 아니다. 왜냐하면 객체적 내용은 가설상의 여건이기 때문이다. 전망을 부과하여 현실 세계를 여건으로 전환시키는 여러 양립 가능성 및 양립 불가능성은 사물의 본성에 내재해 있다. 따라서 선택은 관련된 영원한 객체들의 선택이며, 이를 통해 외부로부터의 여건은 내부의 사실로서의 완결적인 결정성을 획득한다. 합생이 해결할 문제는, 객체적 내용의 많은 구성 요소들을 어떻게 복합적인 주체적 형식을 갖는 하나의 느껴진 내용으로 통합시켜 갈 것인가 하는 것이다. 이 하나의 느껴진 내용이 〈만족〉이며, 이것에 의해 현실적 존재는 그 특정한 개체적 자기가 된다. 데카르트의 표현을 빌리자면, 이는 〈존재하기 위해서 자기 자신 이외의 아무것도 필요로 하지 않는 것〉이다. 만족의 위상에 있는 현실적 존재라는 개념에 있어, 그 존재는 다른 사물로부터의 개체적 분리를 성취하고 있다. 그것은 이미 여건을 흡수하였다. 그리고 그것은 흔들거리며 〈결단〉——이를 통해 존재의 욕구 appetition는 그것을 대신하는 다른 존재들의 여건들 가운데 한 요소가 된다——으로 되돌아가는 가운데서도 아직껏 자신을 상실하지 않았다. 시간은 여전히 정지해 있다——그것이 가능하기만 하다면.

이처럼 과정이란, 주체의 개체성*을 여건에 부과하는 그 새로운 역할에 있어 영원한 객체를 받아들이는 것을 말한다. 단순한 여건으로서의 여건은 현실 세계의 많은 개체성을 포함하고 있다. 만족은 이러한 개체성들을 하나의 개체성에 기여하는 여러 종속물로서 포함하고 있다. 과정은, 많은 느낌의 주체적 형식 속에 흡수됨으로써 이와 같은 통합을 낳는 영원한 객체들을 받아들이든가 아니면 거부하든가 한다. 만족의 달성은, 그 여건에 있어서의 한정성의 결정자로서 〈느껴지지〉도 않고 만족의 주체적 형식에 있어서의 한정성의 결정자로서 〈느껴지지〉도 않는 모든 영원한 객체를, 그렇게 느껴지는 영원한 객체와 모순되는 지위의 것으로 축출한다. 따라서 우주의 여러 가능성과 관련된 모든 미결정성들은 문제되는 주체의 만족에 있어서인 한, 결정적으로 해소된다.

과정은, 발생적으로는 선행자를 전제로 하는 일련의 종속적인 위상으로 분석될 수 있다. 중간 단계의 위상도 모든 것의 최초의 위상인 여건도 결정적인 개체화의 최종 위상을 결정하지 않는다. 따라서 현실적 존재란 그 주체적 측면**에서 보자면, 그 존재에 주어져 있으면서 그 존재의 여러 반작용을 포함하고 있는 우주에 지나지 않게 된다. 이러한 반작용들은 느낌들의 주체적 형식이며, 과정의 여러 단계를 거쳐 한정성으로 다듬어진다. 현실적 존재는 여건의 각 사항에 관한 결정적 느낌들을 통해서 그 자신의 통일성을 성취한다. 여건 속에서의 모든 객체화

---

* 화이트헤드는 자신의 맥밀런판의 사본에서 〈개체성〉에 밑줄을 치고, 난외에 〈=주체적 형식 subjective form〉이라고 써놓았다.

** 화이트헤드는 자신의 맥밀런판의 사본에서, 〈개체화〉와 〈주체적 측면〉에 밑줄을 치고 있다.

는 각각, 다른 객체화들의 관련성과 양립될 수 있는 관련성을 갖는 그 자신의 영원한 객체들에 의해 한정된 그 자신의 전망을 가지고 있다. 여건 속의 이와 같은 객체화 및 이것들의 복합체 하나하나는 결정적인 주체적 형식을 지닌 대응되는 느낌과 만나게 되며, 그 결과 다수의 경험들은 하나의 경험, 즉 만족이 된다. 실체의 철학은, 여건과 만나고 이어서 그 여건에 반응하는 주체를 전제로 한다. 유기체 철학은 느낌과 만나 점진적으로 주체의 통일성에 도달하는 여건을 전제로 한다. 하지만 이 학설에 있어서는 〈자기초월체 superject〉란 말이 〈주체〉라는 말보다 더 적절한 용어일 것 같다. 로크가 말하는 〈내성의 관념들 ideas of reflection〉은 의식에 들어오는 한에서의 느낌들이다.

〈직접성 immediacy〉이라는 개념은 느낌과 연관될 때 의미를 가진다. 영원한 객체에 의한 현실적 존재의 단순한 객체화는 〈직접성〉이 결여되어 있다. 그것은 〈반복〉이며, 이는 〈직접성〉과 반대이다. 그러나 〈과정〉은 느낌들의 돌진 rush이며, 이에 힘입어 간접적인 것 second-handedness이 주체적인 직접성을 달성한다. 이렇게 하여 주체적 형식은 반복을 압도하면서, 그것을 직접적으로 느껴진 만족으로 변형시킨다. 객체성이 주체성으로 흡수되는 것이다. 경험 행위의 구성에 관한 이러한 분석을 칸트의 분석과 비교해 보는 것이 도움이 되겠다. 우선 무엇보다도 칸트가 말하는 경험의 행위는 본질적으로 인식이다. 따라서 인식이 아닌 모든 것은 어디까지나 미완의 것으로서 단지 인식으로 나아가는 도상에 있는 것에 지나지 않게 된다. 칸트의 절차를 유기체 철학의 절차와 비교함에 있어 기억해 두어야 할 것은, 〈현상적인〉 객체적 내용이 칸트가 말하는 과정의 목표이며, 따라서 그것이 유기체 철학에서 분석된 과정에 있어서의 〈만족〉을 대신하고 있다는 것이다. 『순수이성 비판』의 서두에 나타나 있는 칸트의 어법에 따르면, 이 〈현상적인〉 객체적 내용은 〈〔경험의〕 대상〉으로 언급되어 있다. 칸트는 또한 여건에 대한 흄의 감각주의적 설명을 용인한다. 칸트는 『순수이성 비판』의 첫머리에서 다음과 같이 쓰고 있다. 〈그렇기 때문에 대상은 감성을 통해서 우리에게 주어진다. 그리고 감성만이 우리에게 직관을 제공해 준다. 그런데 이 직관은 오성에 의해 사유되며, 이로부터 개념이 생겨난다.〉[6] 이는 뒤에 가서, 여건에 관한 흄의 학설에 칸트가 집착하고 있었다는 것을 한층 더 분명하게 보여주는 형태로 전개되어 나타나고 있다.

> 이 경우 이러한 개념들과 관련하여, 전 인식 능력을 촉발함으로써 경험을 성립케 하는 최초의 자극을 주는 것은 감각의 인상이라는 것을 알게 된다. 그런데 경험은 서로 매우 다른 두 요소, 즉 감각에서 유래되는 인식의 질료 eine Materie zur Erkenntniss aus den Sinnen와 이것에 질서를 부여하는 어떤 형식으로 구성되어 있다. 이 형식은 순수 직관 및 순수 사유라는 내적인 원천에서 생겨난 것이며, 순수 직관과 순수 사유는 질료를 기연으로 하여 활동하기 시작하여 나아가 개념을 만들어낸다.[7]

또한 칸트에 의하면,

> 내용이 없는 사유는 공허하며, 개념이 없는 직관은 맹목이다.[8]

이 마지막 진술에서 유기체 철학은 칸트와 일치한다. 그러나 그 이유에서는 다르다. 개념의 기능이 인식의 본질적 요인이며, 따라서 〈개념이 없는 직관은 맹목이다〉라는 데는 일치한다. 그러나 칸트에 있어 개념을

---

6) 〈Vermittelst der Sinnlichkeit also werden uns Gegenstände gegeben, und sie allein liefert uns Anschauungen; durch den Verstand aber werden sie gedacht, und von ihm entspringen Begriffe.〉 본문의 영역(英譯)은 뮐러 Max Müller의 영역판에 의한 것임.

7) 칸트, 『순수이성 비판』, 「선험적 분석론」, 제2장, 제1절 참조(뮐러의 영역판에 의거함).

8) 같은 책, 「선험적 논리학」 서론, 제1절 참조.*

* 이 참조는 A51, B75. 화이트헤드가 지적하고 있는 바와 같이, 앞의 두 인용은 뮐러의 영역판에서 취하고 있다. 그러나 세 번째의 인용은 켐프 스미스의 번역본과 일치하고 있다(뮐러는 그 문장을 이탤릭체로 표기했고, 〈Inhalt〉를 〈contents〉로 번역하고 있다).

떠난다면 인식할 아무것도 존재하지 않게 된다. 왜냐하면 인식 가능한 세계와 관계되는 대상들은 개념적 기능의 소산이기 때문이다. 이 개념적 기능은 범주 형식을 감각 여건에 도입하는데, 그렇지 않을 경우 감각 여건은 감각의 단순한 시공적 흐름의 형식으로 직관될 따름이다. 인식이 성립하기 위해서는 이 단순한 흐름이 개념적 기능에 의해 특수화되고, 그래서 이것이 〈대상들〔객체들〕〉의 결합체 nexus로 이해될 수 있어야 한다. 따라서 칸트에 있어 경험을 성립시키는 과정은 주관성으로부터 현상적인 객관성으로의 과정이다. 유기체 철학은 이러한 분석을 역전시킨다. 그래서 과정을, 객체성으로부터 주체성에로, 즉 외적 세계를 여건으로 만드는 객체성으로부터 하나의 개체적 경험을 성립시키는 주체성에로 나아가고 있는 것으로 설명한다. 따라서 유기체 철학에 따른다면, 어떠한 경험의 행위 속에도 인식을 위한 객체가 있는 셈이 된다. 하지만 그 경험의 행위 속에 지성의 기능이 포함되어 있지 않을 경우 인식이란 존재하지 않게 된다.

이제 우리는 경험의 행위를, 주관성을 객관성으로 또는 객관성을 주관성으로 ── 이 순서는 그 일반적인 착상에 비하면 중요하지 않다 ── 변형시키는 구성적 기능으로 개념화시켜, 처음으로 완전하고도 분명하게 철학에 도입했던 위대한 철학자 칸트와 만나게 된 것이다. 이러한 개념을 창시한 이는 로크와 흄이었다. 사실상 로크에 있어서, 적어도 유기체 철학이 보는 바로는, 과정은 올바른 순서로 파악되고 있다. 그러나 전체적으로 볼 때 그 개념은 모호하고 불충분하게 이해되고 있을 뿐이다. 그 개념의 충분한 발전은 칸트에 힘입고 있다. 근대 철학 사상의 후반은 흄과 칸트로부터 시작되었다고 볼 수 있다. 이 시기의 우주론은 다음의 세 가지 그릇된 생각 중의 어느 하나에 역점을 둔 나머지 그 발전이 저해되어 왔다.

i) 현실태에 관한 실체-속성의 이론.

ii) 지각에 관한 감각주의적 이론.

iii) 객관적 세계를 주관적 경험의 구성물로 보는 칸트의 이론.

이러한 오류들이 일체가 되어 철학에 지속적으로 영향력을 행사해 온 결과, 철학은 오늘날의 사고 양태를 형성함에 있어 그 영향력이 무시당하는 신세의 것으로 전락하고 말았다. 흄 자신은 자기의 전제를 비판하는 과정에서가 아니라, 자기의 결론을 보완하는 과정에서 불길하게도 〈실천〉에 호소하고 있다. 흄을 거부하고 있는 브래들리는, 우리가 살아가며 움직이며 존재하고 있는 객관 세계를 〈만일 실재하는 것으로 받아들인다면 일관성을 잃게 되는 것〉으로 보고 있다. 흄도 브래들리도 다 같이 실재 세계에 관한 철학적 개념들을 일상 경험의 세계와 화해시키지 못하고 있는 것이다.

7장

주관주의적 원리

제 1 절

주관주의적 원리와 감각주의적 원리. 감각주의적 이론은 양자를 결합시킨다. 로크, 흄, 칸트. 이 원리들의 진술. 주관주의적 원리가 갖는 세 가지 전제. 유기체 철학은 이 두 원리와 세 전제를 부정한다. 데카르트. 〈회색으로서의 저 돌〉, 실체와 성질, 감각 기관. 데카르트의 주관주의적 변경. 〈회색으로서의 저 돌에 대한 지각〉. 개선된 범주를 제공하는 데 실패함. 흄.

경험의 행위에 있어서의 여건에 부여해야 할 성격에 관해서 아무리 세심하게 음미한다고 하더라도 지나치다고 할 수 없다. 철학의 체계 전체는 그러한 성격에 의해 좌우된다. 흄의 〈감각 인상〉설(『인성론』, 제 I 편, 제 I 부, 제2절)은 양면성을 지니고 있다. 나는 그의 학설의 한쪽 측면을 〈주관주의적 원리〉라 부르고, 다른 한쪽 측면을 〈감각주의적 원리〉라고 부르겠다. 이 양자는 〈감각주의적 학설〉이라는 하나의 표제어로 통칭되는 것이 보통이다. 그러나 실제로 여기에는 두 개의 원리가 포함되어 있고, 많은 철학자들 ── 예컨대 로크 ── 이 이 두 원리를 다루는 데 있어 일관성 있게 공평한 시각을 유지하지 못하고 있다. 유기체 철학은 개조된 주관주의적 원리(이 장의 제5절* 및 제2부, 제9장 참조)를 받아들이고 있긴 하지만, 이 장에서 고찰되고 있는 것과 같은 형태의 두 가지 학설을 모두 거부한다. 로크는 감각주의적 원리를 받아들였지만 주관주의적 원리에 관한 언명에 있어서는 일관성을 유지하지 못하였다. 약간의 착오가 있긴 했지만 그는 주관주의적 원리를 『인간 지성론』의 제 I, II권에서 받아들였던 반면, 제III, IV권에서는 암암리에 그러나 집요하게 거부하였다. 칸트는 (『순수이성 비판』에서) 주관주의적 원리를 받아들이는 한편 감각주의적 원리는 거부하였다.

주관주의적 원리가 받아들여지는 경우, 감각주의적 원리는 압도적인 중요성을 띠게 된다. 이러한 중요성을 칸트가 인지했다는 것이 철학에 대한 그의 공헌의 토대가 되고 있다. 근대 철학의 역사는, 음으로 양으로 받아들여졌던 주관주의적 원리의 경직된 귀결들을 회피하려는 여러 시도로 점철되어 있다. 흄과 칸트의 커다란 장점은 이 난제(難題)에 명료하게 대처했다는 데에 있다.

주관주의적 원리란, 경험의 행위에서의 여건은 보편적인 것들만으로 충분히 분석될 수 있다는 것을 말한다.

감각주의적 원리란, 경험의 행위에서의 최초의 활동은, 수용(受容)의 주체적 형식 없이, 여건을 있는 그대로 주관적으로 마음에 품는다 bare subjective entertainment는 것이다. 이것은 순수한 감각 mere sensation의 학설이다.

주관주의적 원리는 다음의 세 가지 전제로부터 귀결된다. i) 〈실체-성질〉 개념을 궁극적인 존재론적 원리를 표현하는 것으로 받아들일 것. ii) 실체는 항상 주어가 될 뿐, 결코 술어가 될 수 없다는 아리스토텔레스의 제1실체에 대한 정의를 받아들일 것. iii) 경험하는 주체는 제1실체라고 가정할 것. 첫 번째 전제는, 최종적인 형이상학적 사실은 실체에

* 〈2〉를 〈5〉로 변경.

내재하는 하나의 성질로서 언제나 표현될 수 있다는 것을 말하고 있다. 두 번째 전제는, 속성과 제1실체를 서로 배타적인 두 부류로 나누어 놓는다. 이 두 전제는 공히 보편자와 개별자에 관한 전통적인 구별의 기초가 되고 있다. 유기체 철학은 이 구별이 근거하고 있는 전제들을 인정하지 않는다. 유기체 철학은 서로 배타적이고 궁극적인 두 부류의 존재를 인정한다. 그중의 한 부류는 〈현실적 존재들 actual entities〉인데, 전통적인 철학에서는 이들을 〈개별자들 particulars〉로 잘못 기술해 왔다. 그리고 다른 한 부류는 여기에서 〈영원한 객체〉라고 이름한 한정성의 형식들 forms of definiteness인데, 이것들 또한 현실적 존재와의 대비에서 〈보편자들 universals〉이라고 잘못 기술되어 왔다. 이와 같은 잘못된 기술들에 대해서는 앞에서 고찰한 바 있다(제2부, 제1장, 제5절).

데카르트는 〈상념적 실재 *realitas objectiva*〉〔관념 속의 표상적 존재〕라는 개념을 사용하는 데서 생기는 모순과 몇 차례 충돌하면서도, 여건에 관해서 주관주의적 원리를 고수했다. 그러나 그는 또 다음과 같이 생각하기도 하였다. 즉 이 주관주의적* 원리를 완화시킬 경우, 경험 속의 〈과정〉이 신(神) 존재 증명을 위한 건전한 논의를 포섭할 수 있게 된다는 것, 그리고 그 결과 그것은 외적 세계에 관한――그 과정 속에서 어떻

---

* 〈감각주의적 sensationalist〉을 〈주관주의적 subjectivist〉으로 변경. 이 단락의 논점은, 경험의 여건에 대한 최초의 영입이 수용의 주체적 형식을 결여하고 있는지 어떤지 하는 것이 아니라, 그 여건이 현실적 존재를 포함하는지 어떤지 하는 것이다. 이 논점에 따르면 데카르트가 〈상념적 실재〉라는 개념을 사용함으로써 〈완화시키고〉 있는 것은, 바로 그 여건이 현실적 존재를 포함하지 않는다는 주장――이는 〈주관주의적 원리〉의 주장이다――이다. 우리는 〈감각주의적 원리〉를 〈감각주의적 학설〉로 변경함으로써 동일한 효과를 거둘 수도 있었을 것이다. 왜냐하면 감각주의적 학설은 주관주의적 원리를 포함하고 있으며, 따라서 그것은 이따금 실재하는 객체를 언급하는 사람에 의해서 똑같이 완화될 수 있을 것이기 때문이다. 그러나 우리는 화이트헤드가 〈주관주의적 원리〉를 의도했던 것으로 보는 것이 보다 타당하다고 생각한다. 그 이유 가운데 하나는 앞서는 문장에서 쓰이고 있는 용어에서 찾아볼 수 있다. 또 특히 앞의 몇몇 단락을 놓고 볼 때, 〈주관주의적〉 대신에 〈감각주의적〉을 부주의하게 사용했다고 보는 것이 〈학설〉 대신에 〈원리〉를 사용했다고 보는 것보다 더 타당하다고 여겨진다.

게든 생겨나는——여러 가정들의 일반적인 참된 성격을 밝히기 위한 건전한 논의를 포섭할 수 있게 된다는 것이다.

유기체 철학에서 보자면, 지금 말한 주관주의적 원리 속에 눈에 띄지 않는 모순을 끌어들이지 않고서는, 산타야나가 〈현재 순간의 유아론(唯我論) solipsism of the present moment〉이라고 불렀던 것으로부터 결코 벗어날 수 없다. 따라서 데카르트의 탈피 방식은 착각에 근거하고 있든가, 아니면 그 전제들을 불완전하게 진술하고 있든가 둘 중의 하나이다. 눈에 띄지 않는 〔모순을〕 이처럼 늘 끌어들이게 되는 까닭은 상식이 완고하게 객관주의적이기 때문이다. 우리는 우리가 존재한다는 것과 같은 의미로 현실태의 세계에 존재하고 있는 다른 사물들을 지각한다. 그리고 우리의 정서 emotion는——여기에 우리 자신의 여러 신체 기관이 포함됨은 물론이다——다른 사물들을 지향하고 있다. 이것들은 철학자가 해부해 나가야 할 우리 인간의 근원적인 신념이다.

그런데 철학은 언제나, 철학의 일반화가 현실적 경험의 근원적 요소들을 출발점으로 삼아 거기에 토대를 두어야 한다는 건전한 원리 위에 서서 나아갔다. 그리스 철학은 그 일반화를 제시하기 위하여 언어의 일상적인 형식에 의존하였다. 이 철학은 〈저 돌은 회색이다〉라는 전형적인 진술을 찾아냈다. 그리고 현실 세계는 여러 보편적인 성질로 특징지어지는 제1실체들의 집합체로 간주될 수 있다는 일반화를 전개시켰다. 물론 이것만이 전개된 유일한 일반화는 아니었다. 그리스 철학은 미묘하고도 다채로웠을 뿐 아니라, 결코 일관성만을 고집하지도 않았다. 그러나 이 일반적 관념은 음으로 양으로 늘 사고에 영향력을 행사하고 있었다.

인식론도 또한 필요했다. 이때에도 철학은 모든 인식이 지각에 기초를 두고 있다는 건전한 원리에서 출발하였다. 그래서 지각(知覺)이 분석되었고, 그 결과 지각이란 하나의 보편적 성질이 하나의 특정한 실체를 특징짓고 있다는 것을 깨닫는 행위임을 알게 되었다. 따라서 지각은 특정한 실체를 특징짓고 있는 보편적 성질을 포착하는 행위이다. 다음으로 지각자는 어떻게 지각하게 되는가를 물었고, 그 대답은 지각하는 자의 감각 기관에 의해서라는 것이었다. 따라서 지각된 실체를 특징짓고 있는 보편적 성질은, 지각자와 관련시켜 말한다면, 그 지각자 자신 이외의 특정한 실체들과 관계 맺고 있는 그 지각자의 사적인 감각이다. 여기까지는 철학의 전통이 형이상학에 있어서의 극단적인 객관주의적 요인을 다른 요소들과 함께 내포하고 있었고, 이런 요인에 근거하여 명제의 주어-술어 형식이 근본적인 형이상학적 진리를 표현한다고 보고 있었다. 데카르트는 전통적 철학을 상반된 두 방식으로 변모시켰다. 그는 한편에서 사유의 실체-성질 형식을 형이상학적으로 더욱 강조하였다. 현실의 사물은 〈존재하기 위해 그것 이외의 아무것도 필요로 하지 않으며〉, 그 성질들 ── 그중의 어떤 것들은 본질적 성질이며 다른 것들은 우유적 양태(偶有的 樣態, accidental modes)이다 ── 을 통해서 사유되어야 하는 것으로 보았다. 또 한편에서 데카르트는, 의식적 경험을 즐기고 있는 주체인 실체는 그러한 경험을 즐기고 있는 그 자신을 원초적 여건으로서 철학에 제공한다는 원리를 설정하였다. 이것이 데카르트에 의해 근대 철학에 도입된 유명한 주관주의적 편견이다. 이 학설을 통해 데카르트가 플라톤과 아리스토텔레스 시대 이후 가장 위대한 철학상의 발견을 하였다는 것은 의심할 여지가 없다. 왜냐하면 그의 학설은, 〈이 돌은 회색이다〉라는 명제가 형이상학적 일반화의 출발점이 될 수 있는, 알려진 사실의 원초적 형식을 표현한다는 생각을 정면에서 반박하고 있기 때문이다. 만일 우리가 경험의 주관적 향유(享有)로 되돌아가야 한다면, 근원적인 출발점의 유형은 〈회색으로서의 이 돌에 대한 나의 지각 my perception of this stones as grey〉이 된다. 원시인들은 형이상학자도 아니었고, 구체적 경험의 표현에도 관심이 없었다. 그들의 언어는 단지 〈돌의 회색 greyness of the stone〉과 같이, 삶에 유용한 추상을 표현하고 있을 뿐이었다. 그러나 콜럼버스가 아메리카 대륙을 방문한 적이 없었던 것과 마찬가지로, 데카르트도 자기 자신의 발견을 총체적으로 정리하여 이해하지 못하였다. 그래서 그와 그의 후계자들인 로크와 흄은 경험의 주관적 향유의 기능을 실체-성질의 범주에 따라 내내 이해하고 있었다. 그러나 만일 경험의 향유가 구성적인 주관적 사실이라고 한다면, 실체-성질의 범주가 형이상학에 있어 근본적인 특성이라는 모든 주장은 설자리를 잃게 된다. 흄은 ── 그 즉시로 이 방법의 일관된 옹호자가 되기에 이르는데 ── 마음의 지각적 향유를 설명할 목적으로, 마음을 특징짓는 기능을 갖는 보편적 성질을 탐구하였다. 그런데 만일 우리가 보편자를 찾기 위해 〈회색으로서의 이 돌에 대한 나의 지각〉을 음미해 본다면, 구할 수 있는 유일한 후보로는 〈회색〉이 있을 뿐이다. 따라서 흄에게 있어 마음을 특징짓는 감각으로서 기능하고 있는 〈회색〉이 형이상학적 일반화를 위한 기본적인 유형의 사실이 된다. 그 결과 그의 철학의 출발점을 이루는 것은 그의 단순한 감각 인상이 되고 만다. 하지만 이는 완전한 혼란이다. 왜냐하면 지각하는 마음은 회색이 아니기 때문이며, 따라서 회색은 또한 이제 새로운 역할을 수행하지 않으면 안 되게 되기 때문이다. 〈회색으로서의 이 돌에 대한 나의 지각〉이라는 근원적인 사실에서 흄은 〈회색의 감각에 대한 앎awareness of sensation of greyness〉을 추출하고, 그것을 경험의 이러한 요소에 있어서의 궁극적 여건으로서 제기하고 있는 것이다.

흄은 보편적 성질을 탐구하는 가운데 돌의 영상(映像) stone-image의 객체적 현실성을 〔쓸데없는 것으로서〕 버리고 말았다. 이 〈객체적 현실성 objective actuality〉이 데카르트의 〈상념적 실재〉이다. 흄의 탐구는, 만일 데카르트의 발견이 받아들여진다면 타당성에 대한 어떠한 권리도 더 이상 요구할 수 없게 되는 그런 형이상학적 원리에 따라 기도되었다. 그래서 그는 근원적인 돌의 영상과 마찬가지로 개별자인 〈회색의 감각〉에 만족하고 있다. 그는 〈회색의 이 감각〉을 의식하고 있다. 흄이 했던 것은 〈주관주의적〉 및 〈감각주의적〉 원리를 경험의 여건에 적용되는 것으로서 제멋대로 주장한 일이었다. 〈회색의 이 감각〉이라는 개념은 다른 어떠한 현실적 존재와도 아무런 관련이 없다. 따라서 흄은 존재하기 위해 다른 현실적 존재를 필요로 하지 않는다는 데카르트의 원리를,

경험하고 있는 주체에 적용하고 있는 것이다. 흄이 결국에 가서 데카르트의 마음의 관념을 비판하고 있다는 사실이, 그의 앞서의 논의가 그 관념을 전제하고 있다는 또 하나의 사실을 변경시키지는 못한다.

흄이 감각을 보편자에 의해서만, 그리고 파악하는 마음속에서의 그 실현에 의해서만 분석할 수 있었다는 것은 주목해야 할 점이다. 『인성론』에서 그가 이와 같이 분석하고 있는 최초의 사례들을 예로 든다면, 〈빨강〉, 〈진홍〉, 〈주황〉, 〈단맛〉, 〈쓴맛〉 등이 있다. 따라서 흄은 유기체 철학이 개념적 느낌 conceptual feeling을 기술하고 있는 바로 그 용어로 〈감각 인상〉을 기술하고 있는 것이다. 감각 인상은 보편자에 대한 개별적인 느낌이며, 보편자를 예증하고 있는 다른 개별적 존재자에 대한 느낌이 아니다. 흄은 이 양자를 동일시하는 것이 정당하다고 보고, 〈힘과 활기〉에서의 차이 이외에는 그들 간의 아무런 차이도 발견하지 못하고 있다. 그는 다음과 같이 쓰고 있다. 〈나의 눈앞에 나타나는 최초의 상황에서는 힘과 활기의 정도를 제외한다면 다른 모든 측면에서 인상과 관념이 서로 매우 유사하다.〉

흄과는 대조적으로 유기체 철학은 〈회색으로서의 이 돌〉을 문제의 경험에 있어서의 여건 속에 존속시킨다. 사실상 그것은 합생의 후기 단계에 있어서의 파생적 유형에 속하는 어떤 물리적 느낌의 〈객체적 여건〉이다. 그러나 이 학설은 데카르트의 다음과 같은 발견, 즉 분석을 위하여 형이상학에 제시되는 근원적인 형이상학적 사태는 주관적 경험이라는 점을 전적으로 받아들이고 있다. 이 이론이 이 장의 첫머리에서 언급한 〈개조된 주관주의적 원리〉이다. 따라서 〈회색으로서의 이 돌〉이라는 개념은 파생적인 추상물이다. 그것은 근본적인 경험적 느낌을 기술하는 데 있어서의 한 요소로서는 사실상 필요하지만, 형이상학적 출발점으로서는 그릇된 것이다. 이 파생적인 추상은 〈객체화〉라 불린다.

이러한 절차를 정당화해 주는 것은 첫째로 상식이며, 둘째로는 그것이 근대 철학의 주관주의적 및 감각주의적 원리에 끈질기게 붙어 다니던 난점들로부터 벗어나고 있다는 점이다. 주관주의의 방향에서 이루어진 데카르트의 발견은 경험에 있어서의 여건에 관한 〈객관주의적 원리〉와 균형을 유지할 필요가 있다. 또한 데카르트적 주관주의의 출현과 함께 실체-성질의 범주는 형이상학적 우선권을 더 이상 요구할 수 없게 되었다. 그리고 이처럼 실체-성질의 범주를 폐기함으로써, 우리는 제각기 성질과 감각의 사적 세계를 갖는 개체적 실체라는 개념을 거부할 수 있게 된다.

제 2 절

인식, 이것의 여러 변종, 모호성. 부정적 지각은 일반적인 사례이며, 의식은 부정의 느낌이다. 참신성. 의식은 주체적 형식이며, 후기의 복합적 통합의 파생적인 위상에 있어서만 나타난다. 의식은 객체적 여건의 파생적 유형만을 조명한다, 철학은 명석판명성에 의해 오도되었다.

유기체 철학에서 인식은 과정의 중간 단계로 분류된다. 인지(認知, cognizance)는, 객체적 내용을 만족의 주체성 속으로 흡수하는 기능 가운데 들어 있을 수도 있고 그렇지 않을 수도 있는 주체적 형식의 유(類, genus)에 속한다. 그러므로 인지의 〈중요성〉은 구체적인 현실적 존재에 있어서의 필연적인 요소가 아니다. 어떤 현실적 존재의 경우 인지는 단지 로크가 〈능력 capacity〉이라고 부르는 것의 한 사례에 지나지 않을 수도 있다. 만일 존속하는 객체의 삶을 형성하고 있는 역사적 경로에 있어서 잇달아 일어나고 있는 현실적 계기들의 사회를 고찰해 본다면, 초기의 어떤 현실적 계기들은 지식을 가지고 있지 않은 데 반해, 후기의 어떤 현실적 계기들은 지식을 가지고 있는 것으로 판명될 수 있다. 무지했던 사람이 지식을 갖게 되는 것이 그런 경우이다. 이러한 결론은 조금도 놀라운 것이 아니다. 우리는 밤에 잠자고 아침에 깨어나는데, 이런 일은 거의 누구에게나 일상적으로 일어난다. 현실적 존재는 저마다 인식을 위한 능력을 가지고 있으며, 인식의 상이한 사항들이 갖는 강도에는 단계가 있다. 그러나 일반적으로 인식은, 어떤 현실적 계기의 구조에 있어서의 특수한 복합성을 별문제로 한다면 무시될 수 있는 것처럼 보인다.

우리 ― 인격적 질서를 갖는 존속하는 객체로서 ― 는 독자적인 완결성을 갖는 우리 자신의 과거의 계기들을 우리의 직접적인 현재에 있어서 객체화시킨다. 현재의 관점에서 인식되는 이 계기들 속에서, 우리는 우리가 실현시킨 인식의 범위와 강도가 놀랄 만큼 달라졌음을 발견하게 된다. 우리는 잠을 자기도 한다. 우리는 반쯤 깨어 있는 수도 있다. 우리는 지각을 의식하지만 사유에서의 일반성을 결여하고 있는 경우도 있다. 우리는 주변의 세계를 망각한 채, 추상적 사고의 작은 영역에 생생하게 몰두하기도 한다. 우리는 오로지 우리의 정서 ― 어떤 열정의 분출 ― 에만 마음을 쓰고 있을 수도 있다. 우리는 주의(注意)를 기울이는 넓이에 있어서 병적이라고 할 만큼 산만한 상태에 있는 경우도 있다. 마지막으로 우리는 잠이 들든가 기절하든가 해서 일시적인 망각 상태에 빠져들기도 한다. 또 우리는 바로 직전의 과거에 경험했던 것 가운데서, 그때는 미처 깨닫지 못했던 요인을 기억해 내는 수도 있다. 인식을 위한 우리 자신의 능력의 얼룩진 역사를 개관해 볼 때, 과연 상식적으로 우리는 다음과 같은 것을 믿을 수 있을 것인가. 즉 판단의 조작, 곧 의식적인 이해에 의한 한정을 필요로 하는 판단의 조작이, 현실적 존재의 본질적 속성으로서든 아니면 경험의 통일성을 달성케 하는 최종적인 절정으로서든, 현존에 있어 기초가 되는 조작이라는 것을 믿을 수 있을 것인가?

의식적 지각의 일반적 사례[1]는 부정적 지각, 즉 〈이 돌을 회색이 아닌 것으로서 지각하는 것〉이다. 이때 〈회색〉은 다른 선택지(選擇枝)를 예시하면서, 그 개념적 참신성의 완전한 성격으로 진입하고 있다. 〈이 돌을 회색으로서 지각하는〉 긍정적 사례에 있어서는 회색이 그 가능적

1) 충분한 설명은 제3부 참조.

인 참신성의 성격에 있어서 〈진입〉하지만, 사실상 그것은 맹목적으로 느껴지는 회색의 여건을 강조하는 그 순응성에 의해서 진입하고 있는 것이다. 의식이란 부정의 느낌이다. 〈회색으로서의 돌〉에 대한 지각에 있어 그러한 느낌은 글자 그대로 배아(胚芽)의 상태에 있다. 〈회색이 아닌 것으로서의 돌에 대한〉 지각에 있어서는 그러한 느낌이 충분히 성장한 상태에 있다. 따라서 부정적 지각은 의식이 크게 성공한 예가 된다. 최종적으로 그것은 자유로운 상상력의 정점(頂點)으로까지 고양된다. 그리고 거기에서 개념적인 참신성들은 그들이 여건으로 예증되어 나타나 있지 않은 우주의 구석구석까지 파급된다.

의식은 틀린 것일지도 모르는 〈이론〉과 〈주어진〉 사실과의 대비를 느끼는 데에 들어 있는 주체적 형식이다. 따라서 의식은 〈임의의 것 any〉과 〈바로 그것just that〉이라는 말에 의해 지시되는 영원한 객체들 사이의 대비가 중요한 것으로 부각되기에 이른다는 사실을 수반하고 있다. 그러므로 의식적 지각은 가장 원초적 형태의 판단이다. 유기체 철학은, 의식이란 다만 복잡한 통합의 후기에 속하는 파생적 위상에서 나타나는 것일 뿐이라고 주장한다. 이러한 종류의 위상이 그 합생 과정에서 무시될 수 있는 그런 현실적 계기의 경우, 그 계기의 경험 속에는 어떠한 인식도 있을 수 없게 된다. 의식은 보다 후기의 위상에 속하는 주체적 형식이기 때문에, 의식이 직접적으로 조명하는 파악들은 〈불순한 impure〉 유형의 파악들이다. 의식은 다만 보다 근원적인 유형의 파악들이 통합을 낳게 될 여러 요소로 남아 있는 한에 있어 이러한 파악들을 조명할 뿐이다. 따라서 우리의 의식 속에 명석판명하게 부각되어 나타나는 우리 경험의 요소들은 경험의 기본적인 사실들이 아니다. 그것들은 과정에서 생겨난 파생적인 양상들이다. 예컨대, 의식은 단지 인과적 효과성 causal efficacy의 양태에 있어서의 파악을 희미하게 조명할 뿐이다. 왜냐하면 이런 파악은 우리의 경험에 있어 근원적인 요소이기 때문이다. 그러나 현시적 직접성 presentational immediacy의 양태에 있어서의 파악은 우리가 가장 생생하게 의식하면서 향유하는 파악들 가운데 하나이다. 이런 파악은 경험 주체의 합생에 있어서의 후기의 파생물이다. 이처럼 후기의 파생적 요소가 근원적인 요소보다도 더욱 명석하게 의식에 의해 조명된다고 하는 법칙을 무시한 결과, 경험하는 계기를 적절히 분석하려는 작업은 치명적인 손상을 입었다. 사실상 철학상의 난제들 가운데 대다수가 바로 여기에 기인하고 있다. 지금까지 경험은 완전히 그 처음과 끝이 뒤바뀐 채 잘못 설명되어 왔다. 특히 정서적이며 목적 지향적인 경험은, 흄이 말하는 감각의 인상에 뒤따라 일어나는 것으로 이해되어 왔다.

이상의 논의는 다음과 같이 요약될 수 있다. i) 의식은 합생의 보다 높은 위상에서 생기는 주체적 형식이다. ii) 의식은 기본적으로 그 자신이 생겨나는 보다 높은 위상을 조명하며, 초기의 위상들은 파생적인 방식으로만, 즉 그것들이 보다 높은 위상에 있어서의 구성 요소로서 남아 있을 때에만 조명된다. iii) 따라서 의식 안에 명석판명하게 나타나는 순서는 타당한 형이상학적 우선성에 따르는 순서가 아니다.

제 3 절

신체적 경험의 근원적 유형은 정서적이다. 느낌의 벡터적 전달, 정서의 맥동, 파장. 인간의 정서란 이미 해석된 정서이지 순수한 정서적 느낌이 아니다.

신체적 경험의 근원적 형태는 정서적 emotional이다 ― 그것은 다른 어떤 계기에서 느껴졌던 것으로서 받아들여지고, 또 주체적 정감 passion으로서 순응적으로 conformally 사유화(私有化)된 맹목적 정서이다. 경험의 보다 고차적인 단계에 알맞은 언어로 말하자면, 근원적 요소는 공감 sympathy, 즉 타자에 있어서의 느낌을 느끼는 것이요, 타자와 더불어 순응적으로 느끼는 것이다. 우리는 〈녹색으로서의 돌〉이라는 고도의 추상을 생각하는 데 익숙해 있기 때문에, 정서의 성격을 특징짓는 것으로서의 〈녹색〉이라는 관념을 의식 속으로 이끌어들이는 데 어려움을 겪게 된다. 그렇지만 회화 예술을 가능케 하는 미적 느낌 aesthetic feeling은, 정서를 특징짓는 다채로운 빛깔에 잠재해 있는 대비 ―― 유형화된 상호 관련성에 의해 가능해지는 대비 ―― 의 산물에 지나지 않는다. 현시적 직관 presentational intuition으로부터 정서적 경험을 분리시킨다는 것은 사고가 행하는 고도의 추상화이다. 따라서 근원적 경험은 저편의 세계 a world beyond와의 관련성 속에서 느껴지는 정서적 느낌이다. 이 느낌은 맹목적이며, 그 관련성은 모호하다. 또한 느낌 및 외부 세계와의 관계는 욕구로 이행해 간다. 이 욕구는 이제 막 존재하려는 세계와의 결정적인 관련성에 대한 느낌이다. 물리학의 용어로 말하자면, 이 원초적 경험은 〈벡터적 느낌 vector feeling〉, 즉 결정되어 있는 저편으로부터 느끼며, 결정되어야 할 저편을 지시하는 느낌이다. 그러나 이 느낌은 현재의 계기의 직접성에 주체적으로 뿌리박고 있다. 그것은 이 계기가 스스로, 과거에서 파생되어 미래 속으로 몰입해 들어가는 것으로서 느끼는 그것이다. 이러한 근원적 느낌의 벡터적 전달에 있어서 대비 contrast를 위한 넓이를 근원적으로 공급해 주는 것은, 계기들의 등위적 분할 coordinate division에서(제4부 참조) 파장 wave-lengths과 진동 vibration으로 나타나는 정서의 맥동 pulse이다. 어떠한 특정의 우주 시대에 있어서도 자연의 질서는, 그 시대의 특징을 이루는 감각 여건들로 하여금 일정한 맥동과 결합케 함으로써, 양립 불가능한 것들을 피할 수 있도록 기능의 필요한 분화를 확보해 왔다. 따라서 각 감각 여건의 전달은 그 자신의 파장과 결합해 있다. 물리학에서 이러한 전달은 문제의 사례에 있어서 개별적인 특징들이 갖는 특수한 중요성에 따라 입자적인 것으로 간주될 수도 있고, 파동적인 것으로 간주될 수도 있다. 보다 높은 위상의 경험은 넓이의 차원을 증폭시키고 보다 고차적인 유형의 대비를 이끌어낸다. 보다 낮은 범주에 속하는, 등위화되어 있지 않은 정서들의 충돌은 회피된다. 억제의 국면과 일시적인 만족의 국면은 감소된다. 경험은 영속하는 것(제5부, 제2장 참조) 내의 한 요소로서, 그리고 우주의 영속적인 구성 요소를 자신 속에서 구현하는 것으로서 실현된다. 이러한 성과가 반드시 의식을 수반하는 것은 아니다. 그런데 그것은 또 증강된 주체적 강조를 수반한다. 이 계기는 그 주체적 경험에 관한 한, 세부적인 것에서는 줄어들고 전체적인 것에서는 늘어나고 있다. 항구성 permanence의 증강을 수반한 이 넓이에 대한 느낌은 맹목적인 열정 blind zest의 형태를 취한다. 이것은 주체적 강조의 과잉으로 말미암아 자멸하기도 한다. 환경에 내재하는 대립적인 것들을 결합하기에 충분한 넓이의 결여로 인한 열정의 억제는 문제되고 있는 유형의 질서의 파괴로 이어진다. 모든 감수성의 증대는 적응을 위한 진화를 필요로 한다. 그러나 인간의 경험에 있어, 심지어 동물의 경험에 있어서조차도 정서는 순수한 정서가 아니라는 것을 명심해야 한다. 그것은 해석되고 통합된 정서이며, 보다 높은 범주의 느낌으로 변형된 정서이다. 그러나 그렇다고 하더라도 또한 우리의 의식적 경험에 있어서의 정서적이며 욕구적인 요소들은, 모든 물리적 경험의 기본적인 요소들과 가장 밀접한 유사성을 가진다.

제 4 절

영원한 객체의 진입을 규제하는 결단, 낡은 것이 새로운 것과 만남. 느낌의 세 가지 위상 : 순응적 위상, 개념적 위상, 비교적 위상. 영원한 객체와 주체적 형식. 위상들의 연속성. 객체적 통일성의 범주.

합생의 여러 단계들 사이의 구별은 거기에 포함되어 있는 영원한 객체들의 다양한 진입 방식에서 성립된다. 현실적 존재 속에서 여러 단계를 잇달아 일어나게 하는 내재적 결단은, 항상 완결 ── 적어도 단일의 현실적 존재에 고유한 〈형상적〉 완결 ── 을 향해 나아가는 통합 과정의 결정자이다. 이러한 결정은 여건과 주체적 형식을 함께 변모시키면서, 물리적 파악과 통합되어 가는 개념적 파악에서 생겨난다.

영원한 객체들을 전망에 있어 배경으로 축출하는 제한이 곧 결단의 특징이다. 초월적 결단transcendent decision은 신의 결단을 포함한다. 신은 현실적 존재이다. 신에 의해, 영원한 객체의 다양성 전체는 합생의 각 단계와의 등급화된 관련성을 획득하게 된다. 신이 없다면 관련성 있는 새로움이란 있을 수 없게 될 것이다. 신의 결단에 따라 현실적 존재에서 생기는 것은 무엇이든지 먼저 개념적으로conceptually 생겨나고, 이어서 물리적 세계로 변환된다(제3부 참조). 〈초월적 결단〉에는 과거로부터 현재의 직접성으로의 전이가 들어 있으며, 〈내재적 결단〉에는 주체적 형식을 획득하는 과정과 느낌들의 통합이 들어 있다. 이러한 과정에 있어서 현실태를 관통하고 있는 창조성은 과거로부터의 여건에 의해 특징지어진다. 그리고 그것은 순수한 가능태의 다양성으로부터 선택된 주체적 형식의 활기찬 새로움을 통해서, 이러한 죽은 여건 ― 창조성의 성격으로 보편화된 ― 과 만나게 된다. 과정 속에서 낡은 것이 새로운 것과 만나게 되는 것이다. 그리고 이 만남이 직접적인 개별적 개체의 만족〔의 상태〕을 만들어낸다.

이때 영원한 객체는 그 주체적 진입의 어느 한 방식에 있어, 과거로부터의 객체적 여건과 만나는 주체적 새로움으로서 기능하고 있다. 〈느낌feeling〉이란 말은 단순한 전문 용어technical term이다. 그러나 이 말은 합생하는 현실태가 여건을 사유화하여 자신의 것으로 만들어가는 작용을 시사하기 위해 채택되었다. 느낌에는 세 개의 연속적인 위상이 있다. 〈순응적conformal〉 느낌의 위상, 〈개념적conceptual〉 느낌의 위상, 〈명제적propositional〉 느낌을 포함하는 〈비교적comparative〉 느낌의 위상이 그것이다. 순응적 느낌에서 느낌의 방식은 느낀 것을 재생한다. 과거와 현재를 통합시키는 벡터 전이의 토대로서 얼마간의 순응conformation이 필요하다. 여건을 결정하고 주체적 형식을 결정한다는 두 가지 기능에 있어서의 영원한 객체는 따라서 관계적이다. 이런 의미에서 우주의 연대성solidarity of the universe은 영원한 객체의 관계적 기능에 기초를 두고 있는 것이다. 느낌의 나머지 두 위상은 〈보완적인 supplemental〉 위상으로 묶어볼 수 있다.

영원한 객체가 파악의 여건을 제시하기 위해, 현실적 세계를 객체화시키는 기능을 통해 진입하게 될 때, 그것은 여격(與格)으로서 datively 기능하고 있다. 따라서 요약해 보면, 영원한 객체가 현실적 존재의 구조에 진입하는 기능에는 네 가지의 양태가 있다. 즉 i) 여격적(與格的) 진입으로서, ii) 순응적인 물리적 느낌에 있어서, iii) 개념적 느낌에 있어서, iv) 비교적 느낌에 있어서가 그것이다.

그러나 다양한 영원한 객체들을 부가한다는 것은 보완 supplementation의 본질이 아니다. 그 본질은 주체적인 창시 origin의 기능에 의해 주체적 중요성을 조절하는 데에 있다. 주체의 누진적(累進的)인 정서적 강도는, 여격적으로 거기에 있으면서 순응적으로 느껴지는 물리적 여건과의 관계에 힘입어 조성되고 있다. 〈주의 attention〉에 속하는 것으로 간주되는 것은 모두, 다양한 영원한 객체의 부가가 최소한에 머무는 그런 보완과 대개 관계된다. 한편 〈정서〉에 속하는 것으로 간주되는 것은, 다양한 영원한 객체의 풍부한 부가로 말미암아 복잡해진 그런 보완과 대개 관계된다. 보완적 느낌은 정서적이면서도 목적 지향적 purposeful 이다. 왜냐하면 그것은 객체적 여건을 단지 주체적으로 사유화하는 데서 느껴지는 것이기 때문이다. 그러나 보완적 느낌의 본질은, 순응적 느낌의 최초의 위상에 대하여 어떤 양립 불가능성을 이유로 이의를 제기하지 않는다는 데에 있다. 영원한 객체의 주체적 진입의 단계는 본질적인 양립 가능성을 수반하고 있다. 이 과정은 기능의 필연적인 연속성을 드러낸다. 그 각 단계는 그 후속자를 잉태하고 있으며, 후속하는 각 단계는 자기를 낳은 선행자를 자신 속에 간직하고 있다. 예컨대 여건의 복합성은 순응적 느낌으로부터 보완적 느낌 ── 여기에서 여건에 잠재하는 대비 contrast가 구성 요소들 간의 실재적 통일성을 달성한다 ── 으로의 이행을 자기 속에 간직하고 있다. 따라서 주어진 것으로서의 다양한 여건 내의 구성 요소들은, 특수하게 실현된 대비에서 통일되기에 이른다. 여건 내의 요소로서의, 이 구성 요소는 보완의 단계에서 포섭되거나 배제되는 대비를 위한 가능태와 더불어 개별적으로 주어진다. 순응의 단계는 단지 객체적 내용을 주체적 느낌으로 변형시킬 뿐이다. 그러나 보완의 단계는 최초의 여건을 그 정서적 통일성 속으로 가져가는 대비의 실현을 부가하기도 하고 배제하기도 한다.

이 설명은 의식의 단계를 보완적 단계의 연장으로 이해할 수 있게 해준다. 합생(合生, concrescence)은 우주 전체의 개체화이다. 여건과의 관련이 있건 없건, 영원한 객체 하나하나는 모두 여건과의 대비의 여지를 지니고 있다. 이러한 대비를 용인 내지 거절하는 과정에는 개념적 느낌의 단계가 포함되어 있다. 그리고 의식은 분명히 이 보완적 느낌의 단계가 진척되어 드러난 것에 불과하다. 개념적 느낌이 반드시 의식을 포함하는 것은 아니다. 이 점은 제3부에서 자세히 설명된다.

또한 이 설명에서 〈대비〉는 일반적인 사례로 나타나 있다. 이에 반해 〈동일화 identification〉는, 전적으로 같은 영원한 객체가 그 기능의 두 양태에 있어 대비될 때 나타나는 아종(亞種, sub-species)이다.

따라서 느낌의 후기 두 단계는 다양성과 동일성이라는 특수한 양태의 실현에 의해 이루어진다. 이 실현은 또한 관련성의 여러 강도에 대한 조정도 포함하고 있다. 단순한 다양성, 단순한 동일성이란 말은 유적(類的, generic)인 용어이다. 하나의 현실적 존재의 구조에 들어 있는 두 개의 구성 요소는, 거기에 함축된 영원한 객체들의 다양성에 포함되어 있는 일정한 가능적 대비에 근거하여, 그리고 각 영원한 객체의 일정한 자기 동일성에 근거하여, 종적(種的)으로 다양하며 종적으로 동일하다. 하나의 영원한 객체가 갖는 여러 기능의 종합에서 오는 종적인 동일성은 그 영원한 객체의 〈개체적 본질〉이다. 그러나 그 합생은, 하나의 존재 entity는 어떤 주체에 의해서도 한 번밖에 느껴질 수 없다는, 객체적 통일성의 범주 Category of Objective Unity가 요구하는 목표에 도달한다. 어떠한 것도 중복될 수 없다. 하나의 존재에 있어서의 많은 가능태들은 하나의 사실로 종합되지 않으면 안 된다. 여기서 배제 elimination

를 작동케 하는 양립 불가능성이 나타나게 된다.

정확히 말하면 기능의 여러 양태가 비교되고, 이에 따라 종적인 대비와 종적인 동일화가 생겨난다. 느낌의 후기 두 단계는 비교의 단계들이다. 이 단계들은 비교뿐만 아니라 비교들의 비교도 포함한다. 그리고 상승하는 여러 등급에 있어서 무한히 복잡한 비교의 가능태들에 대한 수용 내지 배제를 포함하고 있다.

궁극적 달성은 〈만족〉이다. 이는 하나의 현실적 존재가 갖는 느낌의 통일성을 최종적으로 특징짓는 것으로서, 흔히 〈주체〉라고 불리는 〈자기초월체 superject〉이다. 어떤 의미에서 이 만족은 이차원적이다. 그것은 협소성 narrowness의 차원과 광범성 width의 차원을 가지고 있다. 협소성의 차원은 여건에 들어 있는 개개의 구성 요소에서 생기는 개체적 정시의 강도와 관계가 있다. 이 차원은 보다 높은 수준의 등위화 coordination와 무관하다. 광범성의 차원은 보다 높은 수준의 등위화에서 생기며, 이 보다 높은 지평의 등위화에 의해, 협소성의 차원에 있어서의 강도는 보다 높은 수준의 비교에 따르는 등위화에 종속되기에 이른다. 우주의 복합성에 대한 음미는 광범성의 차원을 통해서만 만족〔의 상태 속〕에 들어갈 수 있다. 낮은 수준의 정서적 깊이에는 한계가 있다. 광범성의 기능은 느낌의 넓이를 심화시키고, 보다 높은 수준에서 등위화되어 있지 않은 다양한 정서들의 간섭으로 인해 야기된 깊이의 감소를 제거하는 일이다. 유기체 철학은 사유의 범주들의 헤겔적 계층 체계에서 눈을 돌려, 느낌의 범주들의 계층 체계에 주목한다.

제 5 절

개조된 주관주의적 원리는 상대성 원리에 대한 또 다른 진술이다. 과정은 경험의 생성이다. 흄의 원리를 받아들임, 그의 방법은 세부적인 곳에서 잘못을 범하고 있을 뿐이다. 〈인과 관계〉를 대신하는 〈법칙〉은 아무런 도움이 안 된다. 근대 철학은 잘못된 범주를 사용하고 있다. 두 가지 오해: ⅰ) 공허한 현실태, ⅱ) 실체에 내재하는 성질.

유기체 철학이 채택하는 개조된 주관주의적 원리는, 상대성 원리(설명의 범주 ⅳ))에 대한 또 다른 언명일 따름이다. 이 원리가 진술하고 있는 것은, 〈존재 being〉란 그 본성에 있어 모든 〈생성〉을 위한 가능태라고 하는 것이다. 따라서 모든 사물은 현실적 계기를 특징짓는 것으로 볼 수 있다. 설명의 범주 ⅸ)에 따르면, 현실적 존재가 어떻게 생성되는가 하는 것은, 그 현실적 존재가 무엇인가 하는 것을 결정한다. 이 원리는 진정한 사물 *res vera*의 존재란 그 〈생성 becoming〉에 의해 구성되는 것임을 말하고 있다. 하나의 현실적 존재가 다른 현실적 존재들에 의해 특징지어지는 통로는, 그 현실적 존재가 주체로서 향유하는 현실적 세계에 대한 〈경험〉이다. 우주 전체는 주체의 경험에 대한 분석에서 드러나는 요소들로 이루어져 있다고 보는 것이 주관주의적 원리*이다. 과정은 경험의 생성이다. 따라서 유기체 철학은 근대 철학의 주관주의적 편견을 전적으로 수용하는 셈이 된다. 그것은 또한, 주관적 경험의 요소로서 발견될 수 없는 것은 어떠한 것도 철학적 도식 속에 받아들이지 말아야 한다는 흄의 학설을 수용한다. 이것은 존재론적 원리이다. 따라서 인과 관계가 경험의 요소로서 기술될 수 있다는 흄의 주장은, 이들 원리에 비추어 전적으로 정당화된다. 흄의 처리 방식에 대한 여러 비판의 핵심은 우리가 유전적 성질과 기억을 직접 직관한다는 것, 그래서 문제는 다만 이러한 직관이 포함될 수 있도록 경험의 일반적 성격을 기술하는 데에 있다는 것이다. 흄은 바로 여기에서 실패하고 있다. 또한 〈인과 관계〉를 〈법칙〉으로 대치했던 근대 경험론자들은 흄보다도 더

---

* 이는 분명히 이 장(章)의 처음 절에서 정의된 바와 같은 〈주관주의적 원리〉를 가리키는 것이 아니다. 이는 다음 단락의 〈주관주의적 원리〉에 대해서도 참이다. 처음 절에 제시된 정의는 화이트헤드가 거부했던 원리에 대한 정의인 반면, 여기와 다음 단락에서 언급된 것은 그가 받아들이고 있는 원리를 가리킨다.

크게 실패하고 있다. 왜냐하면 〈법칙〉도 〈인과〉와 꼭 마찬가지로 흄의 테스트를 만족시키지 못하고 있기 때문이다. 법칙의 〈인상〉도 법칙성의 〈인상〉도 존재하지 않는다. 기억을 허용한다고 하더라도 흄의 원리에 따를 때, 경험 속에 일어난 것만이 경험 속에서 일어난 것이다. 그리고 이것만이 언급될 수 있는 것이다. 그 밖의 것은 모두, 〈완전한 무지(無知)〉라고 해야 할 결론 속에 〈개연성〉을 기만적으로 삽입시킨 데 근거를 둔 헛소리이다.

근대 철학의 모든 학파가 직면하고 있는 난점은 그들이 주관주의적 원리를 수용하고 나서도, 다른 관점에서 도출된 철학적 범주들을 계속 사용하고 있다는 사실에 있다. 이 범주들은 틀린 것은 아니지만, 형이상학이 사용하기에는 부적당한 추상을 다루고 있다. 이러한 이유 때문에 〈연장적 연속체〉라든지 〈현시적 직접성〉이라는 개념이 모든 관점으로부터 세심하게 논의되어야 할 필요가 있게 되는 것이다. 〈녹색의 잎〉이라든지 〈둥근 공〉이라는 개념은 전통적 형이상학의 토대를 이루고 있다. 그것들은 두 가지 오해를 불러일으켜 왔다. 그 하나는 주체적 경험을 결여한 공허한 현실태 vacuous actuality의 개념이며, 다른 하나는 실체에 내재하는 성질이라는 개념이다. 이 두 개념은 고도의 추상으로서의 그 본래적인 성격에 있어서는 최대의 실용적 가치가 있다. 사실상 언어는 주로 이러한 개념들을 표현하기 위해 다듬어져 왔다. 언어가 그 일상적인 용법에 있어서 형이상학의 원리를 근시안적으로밖에 헤아리지 못하는 이유도 여기에 있다. 결국 개조된 주관주의적 원리가 되풀이되지 않으면 안 된다. 주체의 경험을 떠나서는 아무것도 없다. 아무것도 없다, 아무것도. 단지 무(無)가 있을 뿐이다.

이제야 서문에서 지적한 헤겔학파의 철학과의 궁극적인 유사성이 우연한 것이 아님이 분명해진다. 우주는 다수의 진정한 사물들 *rēs verae*인 동시에 그것들의 연대 solidarity이기도 하다. 이 연대는 그 자체가 거시적인 진정한 사물의 효과 effeciency이다. 이 진정한 사물은, 끊임없는 유동을 통해 새로움을 획득하는 무한한 영속성의 원리를 구현하고 있다. 이 다수성은 미시적인 진정한 사물들로 이루어지고 있으며, 이 진정한 사물들은 각기 〈항구적인〉 영속성을 획득하는 유한한 유동의 원리를 구현하고 있다. 한편에서는 일자(一者, one)가 다자(多者, many)가 되어가며, 다른 한편에서는 다자가 일자가 되어간다. 그러나 생성하고 있는 것은 언제나 진정한 사물이며, 진정한 사물의 합생은 주체적 지향의 전개이다. 이 전개는 바로 이념의 헤겔적 전개이다. 인류의 종교적 경험을 해석하려고 하는 유기체 철학의 이러한 국면에 관한 상세한 논의는, 이 책의 제5부에서 이루어지고 있다.

우주론은 어느 부(部)에서나 어느 장(章)에서나, 정적인 비전과 역동적인 역사의 상호 작용을 이야기한다. 그러나 이 이야기 전체는 진정한 사물들의 주체적 합생에 관한 설명 속에 포함되어 있다.

8장

상징적 연관

제 1 절

지각의 두 순수한 양태, 상징적 연관. 공통의 기반, 통합, 창시적 자유, 오류. 공통의 기반, 현재화된 장소, 인과적 효과성의 양태에 있어서의 기하학적 불분명성. 예외, 동물 신체, 신체를 지닌다는 것.

순수한 양태의 현시적 직접성은 과거나 미래에 관해서 아무런 정보도 제공하지 않는다. 그것은 단지 현재화된 지속의 예시된 부분을 보여줄 따름이다. 그렇게 함으로써 그것은 우주의 횡단면(橫斷面)을 한정한다. 그러나 그것은 어느 쪽에 과거가 있고, 어느 쪽에 미래가 있는지를 그 자체 내에서 한정하고 있지는 않다. 이러한 문제들을 해결하기 위해서 우리는 이제 두 가지 순수한 양태 간의 상호 작용을 검토해 보아야 한다. 지각(知覺)의 이러한 혼합된 양태를 여기에서는 〈상징적 연관 symbolic reference〉이라고 부른다. 상징적 연관을 적절히 강조하지 않는 데에, 형이상학적 난점들이 발생하게 되는 한 가지 이유가 있다. 그리고 이러한 잘못이 〈의미〉의 관념을 신비적인 것으로 보이게 해왔다.

상징적 연관을 설명하는 제1의 원리는, 그러한 연관에는 〈공통의 기반〉이 필요하다는 것이다. 〈공통의 기반〉이 필요하다는 것은, 각기의 순수한 지각 양태에 있어 동일한 것으로서 직접 인지되는 구성 요소가 경험 속에 있어야 한다는 것을 의미한다. 보다 고차원적 위상의 경험으로 이행하는 데에는, 두 양태에 있어서의 파악을 가지고 느낌의 통일성을 만들어내는 합생 concrescence이 있다. 이 합생적 통일성은 두 파악 간의——몇몇 공통된 구성 요소에 근거를 둔——동일 관계에서 오는 주체적 형식의 일치에서 생긴다. 따라서 상징적 연관은 후기 경험의 창시적인 위상들 originative phases 중의 하나에 속하고 있다. 이 후기의 위상들은 창시적 자유라는 새로운 요소에 의해 식별된다. 따라서 두 개의 순수한 지각 양태에는 오류의 가능성이 들어 있지 않지만 상징적 연관은 그러한 가능성을 안고 있다. 인간의 경험이 문제가 되고 있을 경우, 〈지각〉은 거의 언제나 〈상징적 연관이라는 혼합된 양태의 지각〉을 의미한다. 그래서 일반적으로 인간의 지각은, 가장 명석하게 의식된 구성 요소와 관련해서 볼 때 해석적인 성격을 띠고 있기 때문에 오류를 범하기 쉽다. 사실 오류란 보다 고등한 유기체의 징표이며, 상승적 진화를 촉진하는 교사이기도 하다. 예컨대 지성의 진화적 효용은 그것이 개개인으로 하여금 오류로 말미암아 파멸되게 하지 않고, 도리어 그 오류를 통해 이득을 얻을 수 있게 한다는 데에 있다. 하지만 우리는 지금 개념이라든지 지성의 기능을 고찰하고 있는 것은 아니다.

두 가지 순수한 지각 양태가 공유하고 있는 공통 기반의 주된 요소 가운데 하나는, 현재화된 장소 presented locus이다.① 이 장소는 실재적

① 지각하고 있는 현실적 계기에 있어, 인과적 효과성의 양태의 지각은 우선 먼저 신체 기관의 인과적 객체화로서 성립하고 있다. 예컨대, 본다는 것은 눈을 가지고 본다는 것이다. 그러나 신체는 환경 세계 속에 있다. 따라서 이 지각 양태와 관련해서 볼 때, 지각 주체에는 신체 경험을 매개로 하여 세계가 객체화되어 있다. 한편 현시적 직접성의 양태의 지각을 통해서 드러나는 것은 일정한 것들이 감각을 수반하면서 관계지어지고 있는, 지각 주체와 동시적인 세계이다. 이러한 관점에서 화이트헤드는 각 현실적 계기의 합생 과정은 세계 전체의 개체화라고 주장한다. 〈현재화된

인 가능성에 포함되어 있는 연장적 상호 결합의 일반적 도식에 자신이 참여하고 있음을 희미하게 예증하면서, 인과적 효과성의 지각 양태 속에 종속적으로 개입해 들어간다. 그것은 인과적 효과성의 지각 양태에 의해서는 별도의 다른 방식으로 드러나지 않는다. 적어도 직접적으로 드러나지는 않는다. 이러한 드러남은 간접적인 것이어야 한다. 왜냐하면 동시적 사건은 결코 지각하고 있는 현실적 계기의 원인도 결과도 아니기 때문이다. 그런데 동시적인 현실적 계기들의 여러 인과적 과거 causal past(즉 〈현실 세계〉)가, 지각하고 있는 현실적 계기의 인과적 과거와 전적으로 동일하지는 않다고 하더라도, 중요한 관련성에서 보는 한, 인과적 과거들은 실제로 동일하다. 따라서 인과적 효과성의 양태에는 지각자에게나, 현재화된 장소에 들어 있는 관련된 사건들에게나, 인과적으로 공히 작용하고 있는 선행의 현실적 계기에 대한 직접적인 지각이 있다. 그러므로 지각자는 그 자신의 전망이 갖는 한계 내에서, 현재화된 장소를 그 중요한 영역에서 조건짓고 있는 인과적 영향들을 파악한다. 이것이 이 장소에 대한 간접적 지각, 즉 그 직접적인 구성 요소들이 순수한 양태의 인과적 효과성에 속하고 있는 지각이다. 그런데 현시적 직접성의 지각 양태에 눈을 돌린다면, 직접적 인식과 간접적 인식으로 각기 지각된 영역들은, 인과적 효과성의 지각 양태와 비교해 볼 때 뒤바뀌어 있다. 현재화된 장소는 감각 여건 sensa에 의해 직접 예시된다. 반면 인과적인 과거, 인과적인 미래 및 그 밖의 동시적인 사건들은, 현재화된 장소와의 연장적 관계에 의해 간접적으로만 지각된다. 현재화된 장소는 지각자의 외양(外樣)뿐인 현재 specious present로서 〈공간화된〉 시간적 폭이라는 제4의 차원을 가진다는 것을 잊어서는 안 된다. 따라서 여러 전망의 초점이 되는 영역으로서의 지각자의 동물적 신체를 수반하는 현재화된 장소는 지역적 원점 regional origin이며, 이것과 연관하여 이 지

장소〉가 두 개의 지각 양태에 공통적 근거라고 했을 때, 그것은 이러한 세계를 의미하는 것으로 보인다.

각 양태에 있어 연장적 영역들의 완결된 도식이 결정된다. 경험에 있어서 두 지각 양태의 각 역할은 다음과 같은 사실에 의해서 적절히 예증된다. 즉 측정, 상대적인 공간적 위치의 결정, 빛깔, 소리, 맛, 냄새, 온도 감각, 촉감 등의 감각 여건에 대한 결정과 같은 모든 과학적 관찰은 현시적 직접성의 지각 양태에서 이루어진다는 사실이다. 또한 이 양태를 순수하게 유지하기 위해, 곧 인과적 효과성과의 상징적 연관을 결여한 것으로서 유지하기 위해 세심한 주의가 가해지고 있다는 사실이다. 이렇게 하여 직접적인 관찰로부터 모든 해석을 완전히 털어낸다는 의미에서 정확성이 확보된다. 이에 반해, 모든 과학 이론은 관계성의 도식 scheme of relatedness ── 이 도식은 그것이 관찰되는 한, 순수한 양태의 인과적 효과성에 있어서의 지각 대상을 포함하고 있다 ── 에 전적으로 관계되는 용어로 진술되고 있다. 그래서 당장 다음과 같은 사실이 분명해진다. 즉 호기심이나 전문가적 관점에서 우리가 알고 싶어 하는 것들은 주로 인과적 효과성에서 드러나는 세계의 양상 속에 있는 반면, 우리가 판명하게 기록할 수 있는 것들은 주로 현시적 직접성의 양태에 있는 지각 대상 가운데 들어 있다는 사실이다.

현재화된 장소는 상징적 연관을 위한 공통의 기반이다. 왜냐하면 그것은 현시적 직접성에 있어서 직접적으로 판명하게 지각되고, 인과적 효과성에 있어서 불분명하게 간접적으로 지각되기 때문이다. 인과적 효과성의 양태에 있어서 불분명성 indistinctness이란, 세밀한 기하학적 관계가 대부분 구제될 수 없을 만큼 모호하다는 것을 나타내는 말이다. 이러한 지각 양태에 있어서 개별적인 영역들은 대체로 구별될 수 없다. 이런 점에서 인과적 효과성은, 어떤 판명한 영역들의 직접적 예시를 동반하는 현시적 직접성과 대조를 이루고 있다.

그러나 인과적 효과성의 이러한 기하학적 불분명성에는 여러 예외가 있다. 우선 첫째로, 가능적인 연장적 도식을 과거와 미래로 분리하는 것은, 인과적 효과성의 양태가 해야 할 일이지 현시적 직접성의 양태가 할 일이 아니다. 후자에서 파생될 수 있는 수리적 측정은 이러한 구별과 무관하다. 반면 전자의 견지에서 표현되는 물리학적 이론은 이 구별에 전적으로 관계된다. 둘째로, 지각자의 동물 신체는, 인과적 효과성이 여러 영역을 구별함에 있어 어떤 정확성——현시적 직접성의 지각 양태에서 나타나는 판명성에는 미치지 못하지만, 중요한 여러 동일성을 확인하기에는 충분한 정확성——을 획득하게 되는 영역이다. 예컨대 우리는 눈으로 with 보고, 혀로 맛보며, 손으로 접촉한다. 여기에서 인과적 효과성은, 현시적 직접성의 지각 양태에 의해 한층 판명하게 지각될 그 자신과 동일시되는 영역을 한정한다. 한 가지 예를 든다면, 시각 작용에 있어서 눈의〔수정체의〕 가벼운 일그러짐 eye-strain은 현시적 직접성에 의한 영역 한정의 한 사례가 된다. 하지만 그것은 그 자체만으로는 투영된 광경과 서로 연관될 수 없으며, 이는 동시적인 복통이나 발의 떨림이 투영된 광경과 서로 연관될 수 없는 것과 같다. 눈의 일그러짐과 광경과의 명백한 상관관계는, 시각에서 효력을 발하고 있는 눈에 대한 인과적 효과성의 양태에서의 지각으로부터 생겨난다. 이러한 상관관계가 발생하게 되는 것은 두 개의 영역, 즉 눈의 일그러짐의 영역과 눈의 효력의 영역이 동일하기 때문이다. 그러나 눈의 일그러짐은 영역을 한정하는 그 힘에 있어 지극히 뛰어나기 때문에, 통상적으로 우리는 신체의 다른 부분과의 명확한 기하학적 상관관계를 확인하기 위해서 그것에 의존하고 있는 것이다. 이런 방식으로 동물 신체는 모든 상징적 연관의 기초에 있는 커다란 중심적 기반이 되고 있다. 신체적 지각에 있어서 이 두 양태는 최대한의 상징적 연관을 달성하며, 동일한 영역을 지시하는 느낌들을 공동으로 비축하고 있다. 세계 내의 물체들의 기하학적 관계에 관한 모든 진술은, 연관의 원점으로서의 어떤 일정한 인간 신체와 궁극적으로 연관시킬 수 있다. 길을 잃은 나그네는 〈나는 어디에 있는가〉라고 물어서는 안 된다. 그가 사실상 알고 싶어 하는 것은 〈다른 장소들은 어디에 있는가〉라는 것이다. 그는 자기 자신의 신체를 지니고 있지만, 다른 장소들을 잃어버리고 있는 것이다.

제 2 절

공통의 기반, 공통의 감각 여건. 근대의 경험론, 가장 make-believe, 흄. 신체의 효과에서 파생된 감각 여건. 투영.

상징적 연관의 둘째 〈기반〉은 두 지각 양태에 공통으로 구성 요소가 되고 있는 영원한 객체의 동일성에 의해 이루어지는 두 양태 간의 결합이다. 첫째 기반은, 예컨대 눈의 영역, 시각적인 여건 visual sensa, 눈의 일그러짐과 같은 다양한 영원한 객체들이 있을 때, 직접적 지각과 종합의 단계를 거친 연장적 영역의 동일성이었던 것을 기억할 것이다. 그러나 이제는 영원한 객체의 동일성과 결부된 다양한 영역으로 나아간다. 예를 들면 눈의 영역의 효력에 의해 주어지는 시각 여건이라든지, 이 시각 여건의 예증 밑에서 현시적 직접성의 양태로 지각된 돌의 영역이 그것이다. 이와 관련하여 근대 경험론의 〈가장적(假裝的, make-believe)〉 성격은, 흄의 『인성론』에 들어 있는 다음과 같은 두 개의 분리된 구절[1]을 나란히 세워놓고 보면 한눈에 분명해진다. 즉 〈인상은 두 종류로, 곧 감각의 인상과 내성의 인상으로 나뉠 수 있는데, 그 처음 종류의 것은 미지의 원인으로부터 정신에 최초로 일어난다〉는 구절과, 〈그것〔실체 관념〕이 눈에 의해 지각되는 것이라면, 어떤 빛깔이어야 한다〉는 구절이 그것이다.

처음의 구절은 흄이 철학적 원리들을 생각하고 있을 때의 그의 가장(假裝)이다. 거기서 그는 〈정신 속의〉 시각 작용을 〈미지의 원인〉과 관계시키고 있다. 그러나 둘째 구절에서는 그가 논의에 열중한 나머지 시각 작용이 〈눈에 의해〉 일어난다는 그의 진정한 확신──모든 사람들의 진정한 확신──을 드러내고 있다. 원인들은 결코 〈미지의 것 unknown〉이 아니다. 원인들 가운데 하나로서 흔히 눈의 효력을 찾아볼 수 있다. 만일 흄이 시각 작용이 일어나게 되는 다른 원인들──예

1) 제 I 권, 제 I 부, 제2절 및 제6절(고딕체는 필자의 것임).

를 들어 시력이라든지 과음하는 것과 같은——을 탐색하기 위해 잠시 멈추었더라면, 그는 무지의 고백을 주저하게 됐을지도 모른다. 만일 원인이 정말 미지의 것이라면, 시력이라든지 술에 취한다든지 하는 것을 걱정한다는 것은 어리석은 짓이 될 것이다. 안과 의사나 금주주의자(禁酒主義者)가 존재하는 이유는 여러 원인이 알려지고 있다는 데에 있는 것이다.

이제 우리는 현시적 직접성에 관한 설명을 마무리할 수 있게 되었다. 이 지각 양태에 있어서 감각 여건은 지각자에게 〈주어진다〉. 그러나 이러한 증여(贈與)가 그때에 현시되어 있는 공간적 객체, 예컨대 돌에 돌려질 수는 없다. 그런데 〈주어지는〉 것은 정착된 과거로부터의 현실적 존재의 객체화에 의해 주어진다는 것이 기본적인 이론이다. 그렇기 때문에 우리는 이 증여가 그 객체화에 귀속되어야 할 그런 현실적 계기들을 탐구한다. 이러한 절차에서 단지 우리는 데카르트의 쉰두 번째의 원리(『철학 원리』, 제Ⅰ부), 〈어떤 속성을 우리가 지각한다면 그로부터 우리는 그 속성이 귀속될 수 있는 어떤 존재하는 사물 내지 실체가 반드시 현존한다고 결론짓게 된다〉라는 원리의 정신에 동의하고 있는 데 지나지 않는다. 상식과 물리학적 이론 및 생리학적 이론은 다 같이, 현실적 계기로부터 후속하는 현실적 계기로의 계승 inheritance의 역사적 경로를 지적하고 있다. 이러한 계승의 경로는 최초에는 물리적으로 외부의 환경에서, 그 다음으로는 생리학적으로——시각적 여건의 경우에는 눈을 통해서——신경을 거쳐 뇌수로 이어지고 있다. 시각을 예로 든다면, 이러한 증여는 빛깔의 색조와 같은 특정한 감각 여건에 국한되지 않는다. 그것에는 전반적인 환경과의 기하학적 관계도 포함되어 있다. 이 일련의 계승〔경로〕에서 눈은 지각적으로 특히 두드러지게 부각된다. 왜냐하면 생리학적 계승이라는 또 하나의 역사적 경로가 그로부터 출발하기 때문이다. 이 경로에서 (초기의 계기와 거의 같은) 후기의 어떤 계기가 현시적 직접성의 지각 양태에 있어서의 〈눈의 일그러짐〉이라는 감각 여건에 의해 예시된다. 그러나 이 눈의 일그러짐은 동류에 속하는 또 하나의 이야기가 된다. 지각자(知覺者)의 시각적 여건에는 우선 첫째로, 정착된 과거의 외적 세계와 기하학적으로 관계 맺고 있는 색채 감각 여건 colour-sensa이라는 구성 요소가 있다. 둘째로 그 시각적 여건 속에는 이러한 가능적 구도를 동시적 세계와 미래에 있어 완결짓는 일반적인 기하학적 관계도 들어 있다. 호응적 위상 responsive phase은 이러한 여건들을 느낌의 주체적 통일을 위한 소재로서 흡수한다. 보완적 단계는 색채 감각 여건의 관련성을 고양시키며, 돌의 동시적 영역을 효과적인 역사적 경로의 동시적인 대표자로 선정함으로써 과거의 기하학적 관계를 보완한다. 그 결과 〈회색〉이라고 불리는 감각 여건에 의해 예시된 영역에 대한 지각이 현시적 직접성의 지각 양태에서 산출된다. 〈돌〉이란 용어는 기본적으로 이 일련의 환경에 있어서 효과적인 요소가 되는 과거의 어떤 역사적 경로에 적용된다. 그것은 〈회색〉에 의해 예시된 동시적 영역에만 적당하게 적용된다. 이는 물론 그 동시적 영역이, 저 역사적 경로가 현재화된 장소로 연장된 것이라는 가정 아래에서이다. 이 가정은 옳을 수도 있고 그를 수도 있다. 또한 〈회색〉의 동시적 영역의 예시는 전혀 다른 효과적인 역사적 경로에, 예컨대 무대 감독에 의해 조정된 조명 효과에 기인하고 있을지도 모른다. 그리고 이러한 경우, 〈돌〉이라는 용어는 앞의 예에서보다도 더 심한 과오를 초래하게 할 수도 있다. 직접적으로 지각되는 것이 현재화된 장소의 회색 영역이라는 데에는 아무런 의문의 여지도 없다. 본능에 의하거나 지적 판단에 의한 그 이상의 해석은, 모두 상징적 연관에 힘입고 있는 것으로 보아야 한다.

이 설명에서 현시적 직접성의 지각 양태는 합생 과정 후기의 독창적인 통합적 위상에서 일어난다는 것이 분명해진다. 인과적 효과성의 지각 양태는, 지각하는 구체적인 존재를 유발하는 여건의 구조에 그 기원을 두고 있다. 따라서 우리는 인과적 효과성의 이 양태를 계기의 기본 구조에 돌려야 한다. 그렇게 될 때 이 양태는 발아의 상태로, 가장 낮은 등급의 유기체에도 속해 있는 것이 된다. 이에 반해 현시적 직접성의 양태는 보다 후기 단계의 과정에서 이루어지는 한층 세련된 활동성을 필요로 하며, 따라서 비교적 높은 등급의 유기체에만 속해 있다. 우리가 판단할 수 있는 한, 그러한 높은 등급의 유기체의 수는 우리의 직접적 환경에 들어 있는 유기체 전체의 수와 비교해 본다면 비교적 적다. 현시적 직접성은 인과적 효과성에 의해 심어진 복잡한 여건의 산물이다. 그러나 보완적인 위상의 창시적인 힘으로, 인과적 효과성에서는 모호하고 윤곽이 희미하며 거의 관련을 가지지 않았던 것이 현시적 직접성에서는 판명해지고 윤곽이 뚜렷해지며 중요한 관련을 갖게 된다. 호응적인 위상에서 회색 및 효과적인 신체적 경로와 동시적 계기들 간의 기하학적 관계는, 가까스로 관련을 갖는 기하학적 관계와 결부된 주관적 감각 작용이었다. 그것들은 생생한 감각적 성질들을 표상하고 있었고, 지각 주체는 이 성질들을 향유함에 있어 외적 세계와의 모호한 간접적 관계를 간신히 식별하고 있었다. 보완적 위상은 현재화된 지속을 생생한 판명성으로 끌어올린다. 그 결과 직접적 과거에 속한 불분명한 외적 세계의 모호한 효과는 동시적 현재 내의 표상된 영역으로 응결된다. 일상 언어로는 감각이 투영된다고 한다. 이런 표현은 잘못된 것이다. 왜냐하면 이러한 기하학적 관계를 떠나서는 어떠한 감각도 존재할 수 없기 때문이다. 현시적 직접성은 약간의 관련성을 가지고 이미 여건 속에 모호하게 들어 있었던 관계의 중요성을 높이는 기능을 갖고 있다. 〈현시적 직접성〉이 〈인과적 효과성〉이 다루는 것과 동일한 여건을 다룬다는 이러한 사실은 〈상징적 연관〉을 위한 공통 〈기반〉이 존재하게 되는 궁극적 근거가 된다. 이 두 지각 양태는 동일한 여건을 상이한 부분의 관련성에서 표현하고 있는 것이다. 현시적 직접성을 수반하는 두 발생 과정은 신중하게 구별되어야 한다. 첫째로 현시적 직접성이 생겨나는 복잡한 발생 과정이 있다. 이 과정은 무기적(無機的)인 존속물들의 역사적 경로에, 즉 그들의 집합이 뉴턴 역학의 주제를 이루고 있는 그런 존속물들에 속하는 계기들에게까지 연장되어 내려간다. 둘째로 현시적 직접성의 양태에 따르는 파악은, 인과적 효과성의 양태에—항상 그렇진 않지만 대개의 경우—속해 있는 다른 파악들과의 통합 속에 구성 요소로서 포함되어 있다. 이러한 통합에는 종종 여러 유형의 〈상징적 연관〉이 포함되어 있다. 이 상징적 연관은 인간의 경험에 들어 있는 해석적 요소이다. 언어는 거의 전적으로 상징적 연관에 의해 해석된 것으로서의 현시적 직접성에만 관계한다. 예컨대 돌이 돌의 영상(映像) stone-image에 대한 어떤 해석인 경우에 우리는 〈우리가 그 돌을 본다〉고 말한다. 또 우리는 〈우리가 이 돌의 영상을 눈으로 본다〉고도 말한다. 이는 i) 시각 vision에 있어서 선행하는 눈의 인과적 효과성, ii) 돌의 영상의 현시적 직접성, iii) 눈의 일그러짐의 현시적 직접성이라는 것들의 복잡한 통합에서 생겨나는 해석이다. 우리가 〈우리는 우리의 눈으로 돌을 본다〉고 말할 때, 위의 두 가지 예의 해석이 결합되어 있는 것이다.

제 3 절

현시적 직접성의 잘못된 우위성, 논의, 인과적 효과성이 근원적임.

인과성과 지각 간의 관계에서 야기되는 문제는 흄과 칸트로부터 유래되는 사상의 여러 학파들에 의해 논의되어 왔는데, 이들은 경험의 진정한 구조를 전도(顚倒)시킴으로써 문제의 기본 성격을 오해하고 있었다. 이 전도는 흄과 칸트의 저작에 확연히 드러나 있다. 이 양자는 현시적 직접성을 지각의 근원적 사실로 보았으며, 인과성의 파악은 어떤 방식으로든지 이 근원적 사실로부터 유도될 수 있는 것으로 보았던 것이다. 경험 내의 사항들 items로서의 인과성과 지각의 관계에 대한 이러한 견해는, 이 두 대철학자들에게서 비롯된 것은 아니다. 그것은 로크와 데카르트에 의해 전제되어 있었음을 볼 수 있고, 그들은 이를 중세의 선배들로부터 이끌어냈던 것이다. 그러나 철학에서 근대의 비판 운동이 일어난 것은, 이 학설을 옳은 것으로 받아들이는 철학에 있어서 이 학설이 갖는 근본적이고도 불가항력적인 중요성을 흄과 칸트가 역설하면서부터

였다. 유기체 철학은 이 학설을 옳다고 보지 않으며, 따라서 〈비판〉 철학의 신석기 시대적 무기였던 이 시금석을 거부한다. 의식에 있어서의 명석성이 발생 과정에 있어서의 그 근원성을 보증하는 증거일 수 없고, 오히려 그 반대의 학설이 진실에 더 가깝다는 것을 기억해 둘 필요가 있다.

비판 철학이 오랫동안 지배했기 때문에, 현시적 직접성의 우위성을 명백한 사실로 상정하는 것이 통례가 되어버렸다. 우리는 눈이나 그 밖의 다른 감각 기관을 연다. 그 다음에 우리는 경치, 소리, 맛 등으로 장식된 동시적 세계를 바라보며, 그 다음으로 이렇게 장식된 동시적 세계에 관한 이 정보를 유일한 단서로 하여, 현실 세계에 관해서 이끌어낼 수 있는 온갖 결론을 이끌어낸다. 어떠한 철학자도 사실상 이것을 유일한 정보의 원천이라고는 생각하지 않는다. 흄이나 그의 후계자들은 직접적인 정보를 보완하기 위하여 막연히 〈기억〉과 〈실천〉에 호소하고 있다. 그리고 칸트는 『순수이성 비판』을 보완하기 위하여 다른 두 개의 『비판』을 썼다. 그러나 근대의 철학적 〈비판〉의 일반적인 절차는 유일한 정보 원천으로서의 현시적 직접성이라는 앞문에다 논적(論敵)들을 붙들어 매어놓는 한편, 자신의 철학은 일상적인 언어의 용법에 의해 가려져 있는 뒷문으로 도망치는 방식을 취하고 있다.

만일 〈흄의〉 이론이 참이라면 〈행태〉에 관한 확실한 결론 ── 가장 두드러지게, 검증되지 않는 결론 ── 이 따라 나와야 한다. 철학자들의 주의를 철학적 인식의 고전적인 원천과 단절시키고, 일상생활의 사소한 거래로 이끈다는 것은 대체로 점잖지 못한 짓이다. 그럼에도 결국 이처럼 속세의 권위에 호소하기 시작했던 이들은 경험론자들이다.

흄에 의하면, 인과 관계를 전제로 하는 우리의 행동은 연합된 현시적 경험 associated presentational experience의 반복에 기인하고 있다. 따라서 먼저 지각된 것에 대한 생생한 현시는 행위에 있어서나 사고에 있어서나 그 현시와 연합된 결과에 대처할 행태를 생생하게 야기할 것임에 틀림없다. 전자에 대한 명석판명하고도 완벽한 지각은, 후자에로의 주관적 이행을 위한 완벽한 이유가 된다. 왜냐하면 인과성을 함축하고 있는 것으로 해석될 수 있는 행동은, 이 이론에서 볼 때 현시적 직접성에 대한 주관적 반응이기 때문이다. 흄에 따르면, 이 주관적 반응은 인과성에 관해서 말할 수 있는 모든 것의 처음과 끝이다. 흄의 이론에서, 반응은 현시적 직접성에 대한 반응이 아니다. 그리고 반응에 있어서 이끌려 나온 상황도 직접적 현시 내지 그에 대한 기억에 지나지 않는다. 이 설명을 반사 행위에 적용해 보자. 어둠 속에서 갑자기 전깃불이 켜지면 사람의 눈은 깜박거리게 된다. 이 사소한 사태는 생리학적으로 간단하게 설명된다.

그러나 이 생리학적 설명은 전적으로 인과적 효과성에 의해 표현되고 있다. 그것은 흥분할 때 발생하는 경련이 신경을 따라 결절중추(結節中樞)로 향해 나아가는 경로와, 수축할 때 일어나는 경련이 눈꺼풀로 되돌아가는 경로에 관한 추정적 기록이다. 정확한 전문적 용어를 사용한다고 하더라도, 그 설명이 신경 속에 있는 현실적 계기에 있어서의 현시적 직접성이나, 이 인간에 있어서의 현시적 직접성에 아무런 호소도 하지 않는다는 사실은 달라지지 않을 것이다. 기껏해야 거기에는 다음과 같은 하나의 묵시적인 가정이 있을 뿐이다. 즉 실제로는 거기에 없었지만 만일 생리학자가 거기에 있었더라면, 그리고 그 사건들에 영향을 주지 않고 그 인간을 생체 해부할 수 있었더라면, 또 어떤 현미경—실제로는 없었던—으로 관찰할 수 있었더라면 그 생리학자가 보았을지도 모르는 것에 관한 가정이 그것이다. 따라서 생리학적 설명은, 흄 철학의 관점에서 본다면 전적으로 빗나간 것이 된다. 흄의 이론에서 볼 때, 그것은 우리가 그에 대해 완전히 무지한 상태로 남아 있을 수밖에 없는 그런 우주의 측면을 전제하고 있는 것이다.

이제 생리학은 이쯤 해두고 눈을 깜박거리게 되는 이 사람의 사적 경험을 검토해 보자. 현시적 직접성의 지각 양태에 있어서 지각은 섬광, 눈을 감는 느낌, 순간적인 어둠의 순으로 일어난다. 이 셋은 실제로는 동시적이다. 비록 섬광이 다른 두 지각보다는 우선하고 있으며, 이 뒤의 두 지각은 어느 쪽이 먼저인지 식별할 수 없다고는 하지만, 유기체 철학에 의하면, 이 사람은 인과적 효과성의 양태에 있어서의 지각도 경험하고 있다. 그는 섬광에 부딪혀 눈이 경험한 것들이 눈을 감게 한 원인이라고 느낀다. 그 자신은 이 점을 조금도 의심하지 않을 것이다. 사실 그로 하여금 섬광의 우선성을 식별할 수 있게 하는 것은 이 인과성에 대한 느낌인 것이다. 그리고 〈섬광으로부터 눈을 감는 데까지〉의 시간적 연속을 〈인과성〉에 대한 믿음의 전제로 보는 견해를 역전시켜 버리는 주장은, 순수 이론에 그 기원을 두고 있다. 이 사람은 〈섬광이 나로 하여금 눈을 감게 했다〉는 말로 그의 경험을 설명할 것이다. 그리고 그러한 그의 언명에 누군가가 이의를 제기한다면, 그는 〈나는 그것을 느꼈기 때문에 그것을 알고 있다〉고 대답할 것이다.

유기체 철학은 〈섬광이 그로 하여금 눈을 감게 했다〉는 언명을 받아들인다. 그러나 흄은 또 다른 설명을 통해 이에 반론한다. 먼저 흄은 현시적 직접성의 양태에 있어 섬광이 그 사람의 눈을 감게 하는 것에 대한 지각은 없다고 말한다. 세 가지 지각 중에서 뒤의 두 가지를 〈눈을 감는다〉는 하나의 항(項)으로 통합시킨다면, 이 양태에는 섬광과 〈눈을 감는다〉는 두 가지 지각밖에 없다. 흄은, 눈을 감지 않을 수 없었다는 것이 바로 자기가 느낀 것이었다는 그 사람의 항변을 인정하려고 하지 않는다. 이러한 거부는, 모든 지각이 현시적 직접성의 양태 속에 있다는 독단적 주장에 근거를 두고 있다. 이 독단적 주장은 단순히 직접적 경험에 호소하는 것만으로는 타파되지 않는다. 게다가 흄은 이 사람의 경험에 대한 또 하나의 설명을 준비하고 있다. 즉 그 사람이 실제로 느낀 것은, 섬광이 있은 다음에 눈을 감게 되는 그의 습관이었다는 것이다. 흄에 의하면, 〈연합 association〉이라는 말이 그것을 완벽하게 설명해 준다고 한다. 그러나 〈원인〉이 느껴질 수 없는데 어떻게 〈습관〉은 느껴질 수 있는가? 〈습관〉에 대한 느낌 속에 현시적 직접성이 있는 것인가? 흄은 교묘하게도, 〈섬광이 있고 나면 눈을 감게 되는 것을 느끼는 습관〉을 〈섬광이 있고 나면 눈을 감게 되는 것을 느끼는 습관에 대한 느낌〉과 혼동하고 있는 것이다.

여기에서 우리는 어떤 학설을 비판적으로 거부하기 위하여 현시적 직접성을 실제로 적용하여 검토하면서, 다른 한편으로는 다른 학설을 이러한 검토에서 벗어날 수 있도록 뒷문으로 몰래 내보내고 있는 완벽한 실례를 보게 된다. 인과 관계 causation의 개념이 생기는 까닭은, 인류가 인과적 효과성의 양태 mode of causal efficacy에 있어서의 경험 가운데 살고 있기 때문이다.

제 4 절

논의의 계속. 인과 관계와 감각 지각.

우리는 계속해서 일상적 경험에 호소해 보기로 하자. 그리고 흄의 철학이 미처 설명하지 못한 또 다른 상황을 고찰해 보기로 하자. 흄의 학설에 따른다면, 〈인과적 느낌 causal feeling〉은 분명하게 식별되는 것들로서, 한쪽이 다른 쪽에 앞서고 있는 감각 여건들의 현시 presentation의 오랜 연합으로부터 생겨난다. 그러므로 현시적 직접성에서 주어지는 감각 여건에 대한 억제는, 그것에 상응하는 〈인과적 느낌〉의 부재를 수반하게 될 것으로 보일지 모른다. 왜냐하면 〈인과적 느낌〉이 어떻게 존재하게 되는 것인가에 대한 설명은, 현시적 직접성에 있어 분명하게 식별되는 일상적인 감각 여건들을 전제로 하고 있기 때문이다. 유감스럽게도 사실은 그 반대이다. 일상적인 감각 여건들에 대한 억제는, 우리로 하여금 인과적으로 작용하는 주위의 세계에 대한 막연한 공포심의 포로가 되게 하기 쉽다. 어둠 속에는 막연한 공포를 느끼게 하는, 분명치 않은 무엇인가가 있다. 정적 속에서는 거역할 수 없는 자연의 인과적 효과성이 우리를 짓누른다. 곤충들이 낮게 울어대고 있는 8월의 삼림지의 막막함 속에서는, 우리를 둘러싸고 있는 자연으로부터 여러 가지 느낌들이 우리에게 들어와서 우리를 압도한다. 비몽사몽간의 희미한 의식 속에서는 감각의 현시가 사라져버리고, 주위의 막연한 사물들로부터 오는 막연한 영향에 대한 여러 가지 느낌만이 우리에게 남아 있게 된다. 다양한 유형의 영향에 대한 느낌이, 직접적 현시에 있어서 뚜렷이 식별되는 일상적인 감각 여건들에 의존한다고 보는 것은 결코 옳지 않다. 어떤 방식을 동원하여 감각 여건들을 배제한다 하더라도, 우리는 여전히 막연한 영향에 대한 막연한 느낌의 포로로 남아 있게 된다. 직접적인 감각 여건과 단절된 이러한 느낌들은, 기분에 따라 유쾌한 것이 될 수도 있고 불쾌한 것이 될 수도 있다. 하지만 그것들은 시간적·공간적 한정과 관련해서는, 언제나 막연할 뿐이다. 비록 감각 여건이 없을 때에는 그것들이 경험 안에서 확연히 우세해질 수 있다고 해도.

나아가 우리의 여러 신체 부분들에 대한 경험은 근본적으로, 〈투사된〉 감각 여건의 근거reason로서의 그 부분들에 대한 지각이다. 손은 투사된 촉각 여건의 근거이며, 눈은 투사된 시각 여건의 근거이다. 우리의 신체적 경험은 근본적으로, 현시적 직접성이 인과적 효과성에 의존하고 있음에 대한 경험이다. 흄의 이론은 경험으로서의 인과적 효과성을 현시적 직접성에 의존하는 것으로 봄으로써 이 관계를 역전시키고 있다. 이 흄의 이론은, 그 공과(功過)가 무엇이건 간에 경험에 대한 호소에 기초를 두고 있지 않다.

신체적 경험은 인과적 효과성의 양태에 있어 그 공간적 한정이 비교적 정확하다는 점을 특징으로 하고 있다. 신체로부터 온 인과적 영향은, 외부 세계로부터 유입된 영향이 지니고 있는 극단적인 모호성을 지니지 않는다. 그러나 신체에서조차도 인과적 효과는, 현시적 직접성에 비해서 얼마간의 모호성을 항상 수반하고 있다. 이와 같은 결론은 하등 유기체로 내려가면 확인된다. 하등 생물이 결여하고 있는 것은, 인과적인 앎의 감각sense of causal awareness이라기보다는 감각 현시의 다양성이며, 그래서 현시적 직접성의 생생한 판명성인 것으로 여겨진다. 하지만 하등 형태의 유기체에 속하는 동물이나 심지어 식물조차도 자기 보존을 지향하는 행동 양식을 보인다. 외부 세계와의 인과적 관계에 대한 막연한 느낌, 즉 성질과 관련하여 막연히 한정되고 또 그 위치와 관련해서 막연히 한정된 어떤 강도를 갖는 그런 느낌이 그들에게도 있다는 징표는 많이 있다. 해파리는 앞으로 나아가기도 하고 움츠리기도 한다. 그렇게 함으로써, 그것은 자기를 넘어선 세계와의 인과 관계에 대한 어떤 지각이 있다는 것을 보여준다. 식물은 습한 대지를 향해 아래쪽으로 뻗어나갈 뿐 아니라, 빛을 향해 위쪽으로도 뻗어나간다. 따라서 그들이 현시적 직접성의 양태에 있어서의 명확한 지각 대상을 가진다고 볼 만한 근거는 우리에게 없지만, 그들이 인과적 연계의 희미하고도 완만한 느낌을 가진다고 볼 수 있는 어떤 직접적인 근거는 있는 것이다.

그러나 유기체 철학은 〈느낌 feeling〉을 현실 세계의 도처에 있는 것으로 상정한다. 유기체 철학은 이 학설의 기초를, 〈느낌〉은 우리가 가장 잘 관찰할 수 있는 현실적 존재의 〈형상적〉 현존을 구성하는 기지(旣知)의 요소로서 살아 움직이고 있다는, 직접적으로 관찰된 사실에 두고 있다. 또한 우리가 감각 현시와의 상호 작용을 결하고 있는 인과적 결합체를 관찰할 때에도, 우리가 발견하게 되는 것은 모호한 성질의 〈벡터 vector〉적 한정을 갖는 느낌의 유입이다. 스칼라 scalar적 물리량, 즉 관성이 뉴턴 물리학을 주도한 결과, 모든 기본적 물리량은 벡터이지 스칼라가 아니라는 진리가 한동안 인식되지 못하고 있었다.

무기적(無機的)인 현실적 계기로 나아갈 때, 우리는 〈과정〉에 있어서의 보다 높은 독창적인 두 위상, 즉 〈보완적〉 위상과 〈정신적〉 위상을 찾아보지 못하게 된다. 그것들은 우리의 관찰 가능한 범위 내에서 무시될 수 있다는 의미에서 사라지고 있는 것이다. 느낌의 조직화된 매체로서의 세계 속에 있는 현실태들이 객체화되어 유입할 때, 이 객체화된 현실태들의 유입에 대한 반응은, 느낌의 그러한 요소들을 수용된 그들의 관련성에서 단순히 주체적으로 사유화하는 행위에 의해서 일어난다. 무기적인 계기들은 오로지 인과적 과거에 의해 그 모든 성격이 결정되고 있는 것이다.

무기적 세계를 문제삼을 때, 인과 관계는 한순간도 지배력을 잃지 않는 것처럼 보인다. 사라져버리는 것은, 창의성과 현재 속에서의 직접적인 흡수 작용에 대한 어떤 증거이다. 우리가 알고 있는 한, 무기적 존재 inorganic entities는, 수용되어 원상 그대로 비축되고 가감 없이 복원되는 그런 매체이다.

현실 세계에는 서로 뚜렷이 식별되지 않는 네 등급의 현실적 계기들이 있다는 것을 발견하게 된다. 먼저, 가장 낮은 등급의 것으로서 이른바 〈텅 빈 공간〉이라고 하는 것 속에 들어 있는 현실적 계기들이 있다. 둘째로는, 전자나 원시적 유기체와 같은, 지속하는 무생물의 생활사에 들어 있는 요소들인 현실적 계기들이 있다. 셋째로는, 존속하는 생물의 생활사에 들어 있는 요소들인 현실적 계기들이 있다. 넷째로는, 의식적인 인식을 갖는 존속물 enduring object의 생활사에 들어 있는 요소들인 현실적 계기들이 있다.

첫째 등급은, 〈현재화된 지속 presented durations〉이 그 현실적 계기들의 여건 속에서 무시될 수 있는——무시될 수 있는 현시적 직접성 때문에 무시될 수 있는——요소가 되는 그런 현실적 계기들과 동일시될 수 있다고 우리는 상상을 통해 추측해 볼 수 있다. 따라서 이러한 것들은 현실 세계의 내재적인 공간화에 대응하지 않기 때문에, 그것들을 포함하는 역사적 경로에 있어서 정지와 운동에 대한 이해 가능한 정의를 내린다는 것은 불가능하다.

둘째의 등급은, 〈현재화된 지속〉이 그 현실적 계기의 여건 속에서 중요한 요소가 되는 그런 현실적 계기와 동일시될 수 있지만, 이에는 그것들이 인간 경험의 보다 낮은 계기 moments에서 관찰될 수 있을 뿐이라는 단서가 붙는다. 이러한 현실적 계기에 있어, 인과적 효과성의 보다 근원적인 여건에서 파생된 느껴진 감각 여건은 동시적인 〈현재화된 장소 presented locus〉에 투사된다. 하지만 그것은 그 장소 내의 특수한 영역들에 관해서는 아무런 명확한 예시도 수반하지 않는다. 그 과거가 그 현재 속으로 끌려 들어가기는 했지만, 그 과거에 있어서의 막연했던 분화(分化)는 현재에 있어서의 정밀한 분화로 전환되지 못하고 있다. 정밀도를 고양시키는 데까지는 이르지 못하고 있는 것이다.

셋째의 등급은, 그 속에서의 현시적 직접성이 고양된 정밀도를 띠게 되는 그런 계기들, 따라서 그 속에서의 〈상징적 전이 symbolic transference〉가 〈현재화된 지속〉에 있어서 정밀하게 식별된 영역을 중요한 것으로 끌어올리게 되는 그런 계기들과 동일시될 수 있다. 이 경우 과거로부터의 막연한 전갈을 현재화된 지속의 보다 정밀하게 식별된 영역으로 전이시킴으로써 자기 보존의 섬세한 활동이 가능해지게 된다. 상징적 전이는 생명을 이루고 있는 개념적 독창성 conceptual originality의 섬광에 의존하고 있다.

넷째의 등급은, 자유로운 개념적 작용의, 방향이 설정된 중요성 canalized importance과 동일시된다. 이러한 개념적 기능에 의해 맹목적인 경험은 단순한 가능태의, 상상 속에서의 실현과 비교되는 가운데 분석된다. 이렇게 해서 경험은 상상력과 판단과의 연대 작용에 의해, 그 구성요소의 상대적 중요성에 따라 재편성된다. 이성의 성장이란 상상력의 영향권 내에서 비판적 판단의 중요성이 증대되어 가는 것을 일컫는 말이다.

제 5 절

지각 양태의 비교. 상징적 연관에 있어서의 통합.

인과 관계와 관련하여 철학상의 난점들이 생겨나게 되었던 이유 가운데 하나는, 흄과 그 후의 칸트가 인과적 연계를 그 원초적 성격에 있어, 직접적 현시의 예상된 연속으로부터 파생되는 것으로 보았다는 데에 있다. 그러나 우리가 경험을 깊이 헤아려본다면, 진상은 그와 반대라는 것을 알 수 있다. 즉 직접적 현시의 지각 양태는 보다 근원적인 인과적 효과성의 양태에 있어서의 지각 대상에 관한 정보를 제공한다.

따라서 상징적 연관 symbolic reference②은 비록 복잡한 인간의 경험 속에서 동시에 두 방식으로 활동하는 것이긴 하지만, 주로 인과적 효과성의 양태의 지각 대상을, 현시적 직접성의 양태의 지각 대상의 유동적 개입에 힘입어 해명하고 있는 것으로 보아야 한다.

인과적 효과성의 양태가 낳는 지각 대상은 모호하고 제어하기 어려우며, 정서를 수반하고 있다. 그것은 직접적인 과거로부터 파생되는 감각 및 직접적인 미래로 이행하는 감각을 낳는다. 즉 과거의 자기에게 속해 있으면서 현재의 자기에게로 이행하며, 현재의 자기로부터 미래의 자기에게로 이행하는 정서적 느낌에 대한 감각을 낳는다. 그리고 과거 속에 국소화(局所化)되어 있으면서도 그 장소적 한정을 벗어나고 있는, 다른 여러 막연한 존재들로부터 유입되는 영향에 대한 감각을 낳는다. 여기서 이 영향은 우리가 수용하며, 통합하며, 향유하며, 전달하고 있는 느낌의 흐름을 수정하고, 강화하고, 억제하고, 변화시킨다. 이것이 우리가 타자(他者) 속의 한 항목으로서 효율적인 현실 세계 내에 현존하고 있다는 데 대한 우리의 일반적 감각인 것이다.

주의를 딴 데로 돌림으로써, 우리는 이러한 감각이 의식에 들어오는 것을 억제할 수 있다. 그러나 정신적으로 분석되건 되지 않건 간에, 여전히 그것은 우리의 성격 형성의 토대가 되고 있는, 주어진 무제약적 기초이다. 우리의 신체는 대부분, 어떤 중심적인 현실적 계기로 하여금 그것에 선행하는 부분들의 이와 같은 기초적 경험들을 계승할 수 있도록 하는 장치이다. 따라서 유기적 신체는 자신의 부분들을 그들 간의 상호 계승에 따르는 독특한 활기에 의해서 통합시키고 있다. 어떤 의미에서 살아 있는 유기체와 무기적인 환경 간의 차이는 단지 정도의 문제

---

② 〈상징적 연관〉이란, 상징과 그것으로 상징되는 것, 즉 그 의미를 연관시키는 것을 말한다. 이때에 문제가 되는 것은, 현시적 직접성의 양태에 있어서의 지각 대상과 인과적 효과성의 양태에 있어서의 지각 대상 중에서 어느 것이 상징이고, 어느 것이 그 의미인지이다. 화이트헤드에 의하면, 〈복잡한 인간 경험에 있어서는〉 양자 모두 상징도 되고 그 의미도 될 수 있지만, 후자가 막연하고 제어하기 어려운 모호성을 가지고 있는 데 반해서, 전자는 명석판명하고 제어될 수 있는 것이기 때문에, 그것이 상징이 되어, 인과적 효과성의 양태의 지각 대상을 의미 있게 하고, 조명한다고 보는 것이 자연스러울 것이다.

에 지나지 않는다. 그러나 이 정도의 차이는 모든 차이의 원천이 되는 차이이며, 그래서 사실상 그것은 질의 차이이다.

현시적 직접성의 양태의 지각 대상은 그 반대의 성격을 가지고 있다. 앞의 경우와 비교해서 말하면, 그것은 판명하고 명확하며, 제어할 수 있고, 직접적인 향유에 적합한 것으로서 과거 내지 미래와는 최소한의 관련만을 가진다. 우리는 효과성의 양태에 있어서 우리의 지각 대상에 복종하며, 직접성의 양태에 있어서는 우리의 지각 대상을 조절한다. 그러나 사실상 통합된 경험을 성취하기 위한 자기 구성의 과정은 하나의 새로운 산물을 산출하게 되는데, 이 산물에서는 한쪽 양태의 지각 대상과 다른 쪽 양태의 지각 대상이 하나의 주체적 느낌으로 종합된다. 예컨대 우리는 눈앞에 회색의 돌을 지각하고 있는 것이다.

항상 그렇지는 않지만, 일반적으로 형용사는 직접성의 양태에서 파생된 정보를 표현하고, 명사는 효과성의 양태에 있어서의 막연한 지각 대상을 전달한다는 것을 알 수 있다. 예를 들면, 〈회색〉이라는 말은 바로 우리의 눈앞에 있는 회색의 모양을 가리킨다. 이 지각 대상은 명확하고, 한정되어 있으며, 제어될 수 있고, 쾌적하거나 불쾌하며, 과거 내지 미래와는 아무런 관련도 없다. 〈존재하기 위해서 자기 자신 이외에 아무것도 필요로 하지 않는다〉는 데카르트의 실체에 대한 정의 및 실체의 주요 속성으로서의 〈연장〉이라는 그의 개념을 탄생시켰던 것은, 바로 이러한 종류의 지각 대상들이다. 또한 그것은, 식별될 수 있는 결합체가 문제되고 있는 한, 미지의 원천으로부터 상호 간에 아무런 연관도 없이 생겨나는 〈감각의 인상들〉이라는 흄의 개념을 탄생시키기도 하였다. 그러나 복합적인 지각 대상에 들어 있는 또 하나의 요소는 매우 다른 성격을 가진다. 〈돌〉이라는 말을 예로 드는 까닭은 말할 것도 없이 그 사전적 의미가, 여기에서 거론되는 개별적인 지각 대상을 이해하는 데 도움이 된다는 데 있다. 그러나 〈돌〉이라는 말은 본질적으로, 직접적 미래의 예상과 결부되어 있는, 직접적 과거에 있어서의 효과에 대한 특정한 느낌을 가리키는 말이다. 이 느낌은 모호하게 국소화 localization 되어 있으며, 그래서 〈회색〉이라는 지각 대상의 극히 명확한 국소화와 동일한 것으로 추정되고 있을 뿐이다.

따라서 의식적 판단에 관한 한, 상징적 연관은 직접성의 양태에서의 지각 대상을, 효과성의 양태에서의 모호한 지각 대상을 국소화하고 식별하기 위한 증거로서 받아들이고 있다. 신체적 느낌과 관계되는 한, 이러한 절차에 대하여 어떤 점검이 이루어진다. 그러나 신체 밖에서는, 점검될 수 있는 신체적 느낌들의 미래 상태를 포함하고 있는 실용적인 결과에 호소하게 된다.

그러나 지각 작용에 관한 지금까지의 논의는, 처음부터 끝까지 경험의 과정에 따르는 정신적인 위상만을 지나치게 강조해 왔다. 이는 우리가 오직 의식적으로 분석된 경험만을 논의할 수 있기 때문에 불가피한 일이라 하겠다. 그러니 지각 작용은 경험 과정의 처음 두 위상, 즉 〈호응적 responsive〉 위상과 〈보완적〉 위상에 자리 잡고 있는 느낌이다. 이러한 위상에서의 지각 작용은, 여건을 주체적 느낌의 통일성으로 전환하기 위하여 주체가 여건을 자기의 것으로 만드는 작용이다. 효과성의 양태는 호응적 위상에 속한다. 이 위상에서 객체화된 것들은 여건에 있어서의 그들의 관련성에 따라 느껴지고 있다. 직접성의 양태는 보완적 위상에 속한다. 이 위상에서는 현재화된 장소의 영역에 대하여 여러 관계들이 지니는, 여건 내의 희미한 간접적인 관련성이 판명하고도 뚜렷한 관련성으로 고양된다. 어떤 영역들이 이렇게 부각된 여건——예컨대 〈회색〉과 같은——의 다른 구성 요소들과 각기 관계를 갖게 되는가 하는 것은, 계승의 경로가 통과하는 신체 기관들의 조정에 달린 문제가 된다. 운 좋게 해석된* 동물적 신체에 있어서 이러한 선택은, 주로 피부, 눈 등의 표면 기관을 통해 외적 환경으로부터 받아들인 계승에 의해서 결정되고 있으며, 그것은 또한 그 외적 계승이 지닌 벡터적 성격의 관련

* 〈해석된 construed〉은 〈구성된 constructed〉으로 변경되어야 한다는 의견도 있으나 우리는 이 텍스트를 그대로 두는 것이 옳다고 믿고 있다.

성을 유지하고 있다. 이것이 사실이라면, 직접성의 지각 양태는 외적 환경의 미래적 효과에 대해서 일정한 관련성을 가지며, 그래서 그것은 직접적 과거로부터 현재화된 장소가 받아들이는 계승을 간접적으로 예시한다.

그러나 이러한 예시가 그 최초의 중요성을 얻게 되는 것은 어떤 합리적 분석 때문이 아니다. 두 지각 양태는 맹목적인 상징적 연관에 의해 통일된다. 그리고 이 상징적 연관에 의해, 강도를 지닌 모호한 효과성의 양태로부터 파생된 보완적 느낌은 직접성의 양태에서 예시되는 판명한 영역 안으로 들어와 응결된다. 보완적 느낌에 있어서 두 양태의 통합은, 모호한 상태에 있었을지도 모르는 것을 판명한 것으로 만들고, 피상적인 것으로 남아 있었을지도 모르는 것을 강도 있는 것으로 만든다. 이것이 상징적 연관의 혼합된 양태에 있어서의, 회색의 돌에 대한 지각 작용인 것이다.

이러한 지각 작용은 오류를 범하고 있을 수 있다. 이는 느낌이 현재화된 장소의 영역을, 실제로는 현재의 영역에 이처럼 전달되어 있지 않은, 과거로부터의 계승과 결부시키고 있다는 의미에서 그렇다. 혼합된 양태에 있어서, 지각의 결정은 전적으로 신체 기관에 따르고 있으며, 따라서 이러한 지각의 논리에는 말하자면 갈라진 틈이 있다. 이러한 틈은 궁극적 주체가 누리는 개념적 자유 때문에 생겨나고 있는 것이 아니다. 그것은 의식에서 기인하는 잘못도 아니다. 그것은 여러 느낌들을 종합하고 강화하기 위한 도구로서의 신체가, 현재화된 지속의 실재 상태와는 하찮은 관련성밖에 없는 느낌을 산출한다는 의미에서 결함이 있다는 사실에 기인하고 있는 것이다.

제 6 절

상징 작용의 원리, 언어.

두 지각 양태 간의 상징적 연관은 모든 상징 작용을 지배하고 있는 원리들의 중요한 본보기를 제공한다. 상징 작용의 필수적인 요건은 두 종(種)의 지각 대상이 있다는 것, 그리고 한쪽의 한 지각 대상은 다른 쪽의 한 지각 대상과 어떤 공통의 〈근거〉를 가지고 있으며, 따라서 이 두 지각 대상 간의 상관관계가 확립되어 있다는 것이다. 한쪽 종의 지각 대상들과 결부된 느낌, 정서 및 일반적 특징은, 몇 가지 측면에서 다른 쪽 종의 지각 대상들과 결부된 그러한 것들과는 현저하게 다르다. 그래서 이 두 종 사이에 〈상징적 연관〉이 있게 되는 것은, 한쪽 종의 어떤 한 지각 대상에 대한 지각 작용이 그에 상관된 다른 쪽 종의 한 지각 대상을 유발하고, 그리고 이 후자의 지각 대상에다 이 상관된 양자 모두에 속하면서도 또한 이 상관관계로 말미암아 강화되는 느낌, 정서 및 파생적(派生的) 작용 derivate action을 몰아넣게 될 때이다. 상징적 연관의 출발점이 되는 종은 〈상징의 종 species of symbols〉이라 불리며, 그것이 마감되는 지점의 종은 〈의미의 종 species of meanings〉이라고 불린다. 이렇게 해서 동일한 지각 양태의 두 종 사이에 상징적 연관이 있을 수 있게 된다. 그러나 모든 고등 동물의 생활의 대부분이 기초를 두고 있는 중요한 본보기는, 두 지각 양태 간의 상징 작용이다.

상징 작용은 정당화될 수도 있고, 정당화되지 않을 수도 있다. 정당화의 시금석은 어디까지나 실용주의적인 것이어야 한다. 상징 작용이, 지각하는 〈인격〉──이는 운 좋은 진화의 산물이다──을 형성하는 지각하는 계기들을 따라 계승의 경로로 이어지는 한, 그 상징 작용은 정당화된다. 그러나 상징 작용이 불운한 진화로 이어지는 한, 그것은 정당화되지 않는다. 좀더 좁은 의미에서, 상징 작용은 옳은 것일 수도 있고 그른 것일 수도 있다. 그리고 옳고 그름은 실용주의적 측면에서 판가름된다. 역사적 경로에 따라 상징적 연관으로부터 파생된 느낌이 계승된다. 그런데 만일 경험 내의 어떤 일정한 요소에 관한 느낌들이, 두 가지 원천──그 하나의 원천은 이 계승이며, 또 하나의 원천은 순수한 양태 중의 하나에 있어서의 직접적 지각이다──에 기초하고, 또 이 두 원천으로부터의 느낌들이 종합에 의해 서로 상대방을 강화시키고 있다면,

상징적 연관은 옳은 것이 된다. 그러나 그것들이 만일 상치(相值)되어 서로 상대방을 억누르고 있다면, 상징적 연관은 그릇된 것이다. 상징 작용의 옳고 그름은, 상징 작용이 운 좋은 것이거나 불운한 것이 되는 한 가지 사례가 된다. 하지만 지금 정의한 의미의 단순한 〈올바름 rectitude〉은, 〈행운 fortunte〉이라는 보다 일반적인 개념에 포함될 수 있는 모든 것을 포괄적으로 지칭하지는 않는다. 인간의 경험은 극히 많은 부분에서 상징적 연관과 결부되어 있기 때문에, 진리의 의미 그 자체가 실용주의적인 것이라고 해도 거의 지나친 말이 아니다. 그러나 비록 이 진술이 거의 지나친 말은 아니라고 하더라도 역시 그것은 과장이다. 왜냐하면 실용주의적인 검토는, 미래나 현재의 어떤 계기와 관련하여 무엇이 그 계기에 있어 참인가에 대한 명확한 결정이 내려지는 경우가 아닌 한, 결코 효과를 거둘 수 없는 것이기 때문이다. 그럴 경우, 가련한 실용주의자는 판단의 결정을 끊임없이 후일로 미루는 지적인 햄릿으로 남아 있게 될 것이다. 여기서 말한 학설에 따른다면, 판단을 내리게 되는 날은 〈의미〉가, 상징적 연관에서 파생된 느낌의 침전물과 비교될 수 있기에 충분할 만큼 그 고유하고 순수한 양태에 있어서의 지각 대상으로서 판명성과 관련성을 갖추게 될 때이다. 상징으로서의 지각 대상의 부류와 의미로서의 지각 대상의 부류 간에 본래적인 구별이 있는 것은 아니다. 이 두 종의 지각 대상이 관계성이라는 〈근거〉에 의해 연관되어 있을 경우, 어느 종이 상징에 속하고 어느 종이 의미에 속하게 되는가 하는 것은 지각 주체를 구성하는 경험 과정에 달려 있다. 뿐만 아니라 상징적 연관이 과연 있는가 하는 것도 마찬가지로 지각자에 달려 있다.

언어는 상징 작용의 사용을 고찰하는 데 있어 가장 자연스럽게 그 모습을 나타내고 있는, 상징 작용의 한 사례이다. 언어가 갖는 다소간의 인위적인 성격은 상징 작용의 다양한 구성 요소들을 보다 확연히 드러나게 해준다. 논의를 평이하게 끌고 가기 위해 여기서는 구어(口語)만을 고찰하기로 하겠다.

하나의 낱말은 하나의 일정한 소리가 아니다. 그것을 발음할 때마다,

그 발음은 어떤 점에서 그것의 다른 어떠한 발음과도 다르다. 소리의 고저, 억양, 강세, 음질, 구성 요소를 이루고 있는 소리들 간의 음률적인 관계, 소리의 강도 등 모두에서 서로 다르다. 따라서 하나의 낱말은, 종적인 동일성과 개체적인 차이를 지니는 소리의 한 종(種, species)이다. 우리는 이 종을 인지했을 때, 그 말을 들었다고 할 수 있다. 그러나 우리가 들은 것은, 단지 듣기에 좋거나 아니면 귀에 거슬리는, 또 수반되어 있는 다른 소리들과 조화를 이루고 있거나 아니면 조화를 이루지 못하고 있는 그런 소리에 지나지 않는다. 말은 직접성의 순수한 지각 양태에 있어서 듣게 되는 것인데, 근본적으로는 그 양태에 있어서의 다른 지각 대상들과의 여러 대비 및 동일성을 끌어내는 것에 지나지 않는다. 여기까지는 상징적 상호 작용이 없다.

만일 말의 의미가 어떤 사건event이라고 한다면, 그 사건은 지각자의 생활에 있어 그보다 앞선 어떤 계기에 기억되어 있는 지각 대상으로서 직접 인식되거나, 아니면 직접 인식되는 사건들과 그 사건과의, 예전에 있던 시공적 결합체를 통해 막연히 인식될 뿐이거나 할 것이다. 어쨌든 (지각자의 생활의 역사적 경로를 따라 계승되고, 그 역사적 경로에 따르는 여러 계기에 있어서 새롭고 상징적인 여러 연관을 산출함으로써 보강되는) 일련의 상징적 연관이 있으며, 이것에 의해, 지각하는 계기의 여건 속에는 발음의 계기 내에 있는 낱말과 이 사건 간에 희미하게 관련된 결합체가 있게 된다. 현시적 직접성에서의 이 낱말의 소리는 상징적 연관에 의해 이 결합체를 중요한 관련성으로 유도하고, 그로부터 여러 느낌이나 사고를 이 사건의 고양된 객체화 속으로 몰아넣어 응결시킨다. 이처럼 고양된 그 사건의 관련성은 불운한 것일 수도 있고, 심지어 정당화되지는 않는 것일 수도 있다. 그러나 이러한 관련성을 산출하는 것이 말의 기능이다. 정신성에 관한 논의는 제3부에서 하기로 하겠다. 왜냐하면 말이 근본적으로 사고의 매체라고 생각하는 것은 잘못이기 때문이다.

언어는 또한 다음과 같은 학설을 예증하고 있다. 즉 적절하게 상관관계로 맺어진 사물들의 두 종과 관련해서, 어느 종이 〈상징〉으로 작용하고 어느 종이 〈의미〉로서 작용할 것인가를 정하는 일은, 지각 주체의 구조에 달렸다는 학설이다. 〈숲〉이라는 말은 숲에 대한 기억을 암시하는 수가 있다. 마찬가지로 숲의 목격 내지 숲에 대한 기억도, 〈숲〉이라는 말을 암시할 수 있다. 때때로 우리는 눈앞의 경험을 표현할 말이 떠오르지 않아서 고심할 때가 있다. 이는 그 경험과 올바른 종류의 상관관계를 갖는 말이 우리의 경험 구조 내에서 중요한 방식으로 관련을 맺는 데 실패한 사례가 된다.

그러나 대개의 경우 우리는 사물이 그것과 상관되는 말을 상징한다고 생각하지 않는다. 우리의 관념을 이처럼 역전시키는 데 실패하는 일은 상징 작용의 가장 유용한 측면에서 빚어진다. 일반적으로 상징은 우리의 경험에 있어서 의미보다 더 편리한 요소이다. 우리는 마음이 내킬 때면 언제나 〈숲〉이란 말을 쓸 수 있다. 그러나 우리가 현존하는 숲을 직접 경험할 수 있게 되는 것은 어떤 일정한 조건 밑에서일 뿐이다. 그와 같은 것을 경험하는 데에는, 휴일에만 가능한 여행의 문제가 대개 수반된다. 또한 숲의 경치를 생생하게 기억한다는 것도 그렇게 쉬운 일은 아니다. 그리고 우리는 흔히 〈숲〉이라는 말에 대한 직접적인 경험이 이러한 기억을 되살리게 한다는 것을 알고 있다. 이처럼 언어는 한 개인의 생활을 형성하는 역사적 경로의 연속되는 계기들에 따르는 의사소통의 수단으로서 편리하다. 행태에 관한 이와 동일한 원리들을 확대함으로써, 언어는 한 개인의 계기들로부터 다른 개인의 연속되는 계기들에로 전달된다. 어떤 낱말을 자신에게 직접적으로 현시하는 데 편리한 수많은 그 낱말을 타인에게 현시하는 데에도 똑같이 유효하다. 따라서 우리는 A와 B라는 두 사람과 연관되어 있는 상징적 연관의 두 갈래 체계 two-way system를 상정해 볼 수 있다. A가 상기하는 숲은 A에게 〈숲〉이라는 말을 상징해 준다. 그래서 A는 그 자신이나 B를 위해서 〈숲〉이라는 말을 발음한다. 그 다음에는 환경의 효과와 B의 신체적 부분의 효과에 의해서, 그리고 B의 경험 과정에 따르는 보완적 강화를 통해서, 〈숲〉이라는 말은 직접성의 양태로 B에 의해 지각된다. 그리고 마지막으로 상징적 연관에 의해 B는 여러 숲의 경치를 막연하게 상기한다. 두 사람 사이의 의사소통을 위한 이와 같은 언어의 사용에는 원칙적으로, 한 사람에 의한, 그 자신의 현실적 계기의 경로에 따르는 의사소통을 위한 언어 사용과 다른 점이 하나도 없다.

이 논의는 상징을 사용하는 본질적 이유 가운데 하나가 그 편리함에 있다는 것을 보여준다. 그렇기 때문에 이집트의 파피루스는 잉크로 쓰인 언어를, 벽돌에 새겨진 바빌로니아의 언어보다 더 유용한 상징으로 만들었던 것이다. 어떤 종교적 정서를 마음속에 불러일으키는 것보다는 향냄새를 맡는 편이 더 쉽다. 그래서 이 양자를 서로 연관시킬 수 있다면, 향냄새는 그러한 감정을 위해 적절한 상징이 된다. 실제로 어떤 목적을 달성하려고 하는 많은 경우에 있어, 쉽게 가질 수 있는 어떤 심미적인 경험이 글이나 말로서의 언어보다도 더 좋은 상징이 된다. 상징 작용을 둘러싸고 일어나는 싸움은 종교적 분쟁의 여러 원인 가운데 하나가 되고 있다. 상징 작용에서의 한 가지 난점은 다루기 힘든 의미가 종종 모호하다는 데에 있다. 예컨대 직접성의 양태에 있어서의 지각 대상에 의해 상징되는, 효과성의 양태에 있어서의 지각 대상의 경우가 그러하다. 또 다른 예로, 향냄새는 명확하지만 종교적 정서는 불명확한 것이 되기 쉽다. 그 결과 의미는 종종 유동적이고도 불확정적인 것이 된다. 이런 일은 말의 경우에도 일어난다. 타인이 말의 취지를 오해하는 경우가 있는 것이다. 그리고 향냄새의 경우, 최종적으로 도달되는 엄격한 종교적 정서는 매우 불확실하다. 우리는 그러한 감정 가운데 일부가 어떤 경우에도 다시 환기되지 않기를 더 바라고 있을 수도 있다.

상징 작용은 보다 높은 수준의 생활을 위해서는 필수적이지만, 상징 작용의 오류는 결코 완전히 회피할 수 없다.

9장

명제

제 1 절

순수한 개념적 파악과 순수한 물리적 파악과의 통합에 의한 불순한 파악. 물리적 목적과 명제 간의 구별. 이론, 일차적으로 판단을 위한 것이 아니라 느낌을 위한 유혹이다. 객체적 유혹. 목적인. 전칭 명제와 단칭 명제. 논리적 주어, 복합적 술어. 참이거나 거짓인 명제. 참신성에 대한 유혹. 느껴진 〈대립〉은 배아 상태에 있는 의식이다. 판단과 마음속에 품음. 등급화된 직시.

살아 있는 계기는 그 정신적 극mental pole의 욕구들이 지니는 참신성의 섬광에 의해 특징지어진다. 그러한 〈욕구〉, 즉 〈개념적 파악conceptual prehension〉은 〈순수한〉 것일 수도 있고 〈불순한〉 것일 수도 있다. 〈불순한〉 파악은 〈순수한〉 개념적 파악과 물리적 극physical pole에서 생기는 물리적 파악physical prehension과의 통합에서 생겨난다. 순수한 개념적 파악의 여건은 영원한 객체이며, 불순한 파악의 여건은 명제proposition인데, 이 후자는 〈이론theory〉이라 불리기도 한다.

개념적 파악과 물리적 파악과의 통합이, 반드시 불순한 파악이 되도록 되어 있는 것은 아니다. 그 물리적 실현과 관련해서 미결정 상태에 있는 단순한 가능태로서의 영원한 객체는, 물리적 파악에 대한 물리적 여건의 실현된 한정성 안에 있는 한 요소로서의 자기 자신과 통합됨으로써, 그 미결정성, 즉 보편성을 상실할 수도 있다. 이러한 경우에 우리는 제3부에서 논의될 〈물리적 목적 physical purpose〉이라는 것을 얻게 된다. 물리적 목적에 있어 주체적 형식은, 그 물리적 여건 내의 실현된 한정성의 요소로서의 그 영원한 객체에 관한 특별한 욕구 — 역작용 adversion과 혐오 aversion — 를 획득한다. 이러한 획득은 개념적 파악에서 파생된다. 정신적 작용의 〈돌발성 abruptness〉이 여기에서 예시된다. 물리적 여건 그 자체는 불특정한 수의 영원한 객체들을 예시한다. 〈물리적 목적〉은 돌발적으로 선정한 영원한 객체에 욕구를 집중시키고 있다.

그러나 욕구에 있어서의 참신성의 섬광 flash of novelty in appetition에 의해 입증되는 정신적 극에서의 강도의 성장과 함께, 그 욕구는 〈명제적 파악 propositional prehension〉이라는 형식을 취한다. 이러한 파악에 관해서는 제3부에서 더 상세히 고찰될 것이다. 그것들은 〈이론〉에 대한 파악이다. 그러나 분명히 이론의 원초적 기능은 느낌을 위한 유혹 lure for feeling이며, 이를 통해서 향유 enjoyment와 목적의 직접성을 제공한다. 불행히도 이론은 〈명제〉라는 이름으로 논리학자들의 손에 넘겨지고 말았으며, 그들은 그 진위(眞僞)와 관련하여 판단된다는 것이 이론의 한 기능이라는 학설을 장려해 왔다. 사실 브래들리는 그의 『논리학』에서 〈명제〉에 관해 언급하지 않았다. 그는 오직 〈판단〉에 관해서만 쓰고 있다. 다른 저자들은 명제를 판단의 구성 요소로 정의하고 있다. 여기서 내가 설정하고 있는 학설에서는, 명제의 실현에 있어 〈판단〉이 구성 요소가 되는 경우는 매우 드물고 〈의식〉 또한 그렇다고 본다. 풍부한 상상이 깃들어 있는 문학 작품이 존재한다는 사실은, 논리학자들에게는 그들의 편협한 학설이 불합리하다는 데 대한 경고가 되었어야 마땅하다. 모든 논리학자들이 햄릿의 〈사느냐, 죽느냐……〉라는 대사를 읽을 때, 맨 처음 명제가 참이냐 거짓이냐를 판단하면서 시작해서는, 35행 전체에 걸쳐 계속 판단을 내린다고 보기는 어렵다. 틀림없이 계속 읽어나가는 어떤 시점에서 판단은, 미적인 기쁨으로 뒤덮여 빛을 잃게 된다. 이 연극 대사는 극장의 관중들에게는 순수하게 이론적인 것이며, 느낌을 위한 단순한 유혹인 것이다.

또 강렬한 종교적 감정을 생각해 보자 — 기독교인이 복음서의 말씀을 묵상하고 있다고 하자. 그는 〈참인지 거짓인지〉를 판단하고 있는 것이 아니다. 그는 그 말씀의 가치를 느낌의 요소로서 이끌어내고 있는 것이다. 사실 그는 가치에 대한 그의 깨달음을 진리 판단의 토대로 삼을 수도 있다. 하지만 그러한 절차는, 명제의 일차적 기능이 판단의 요소가 되어야 하는 데 있는 것이라면 불가능하다.

〈느낌을 위한 유혹〉은 여러 느낌의 합생을 유도하는 목적인이다. 이 합생을 통해, 최초의 위상의 잡다한 여건들은 느낌의 최종적 만족의 동일성으로 모여들게 된다. 〈객체적 유혹 objective lure〉은, 문제되는 합생의 여건을 형성하고 있는 현실적 계기들의 실재적인 내부 구조에 의해 우주 속으로 도입된 영원한 객체들에 대한 식별 discrimination이다. 그리고 이 식별은 그 여건인 시간적 계기들에 포함되어 있는 영원한 객체들과 관계하고 있을 뿐만 아니라, 그러한 계기의 가치에서 배제된 영원한 객체들과도 관계하고 있다.

워털루 전투를 예로 들어 생각해 보자. 이 전투는 나폴레옹의 패배로 끝났고, 그 결과 이 패배에 기초를 둔 우리의 현실 세계의 구조가 생겨나게 되었다. 그러나 나폴레옹이 승리했더라면 그 경우에 수반되었을 또 다른 경로의 역사의 가능성을 표현하는 추상적 관념은 실제로 일어났던 사실들과 관련이 있다. 우리는 상상력이 풍부한 역사가들이 그러한 가설적인 대안들을 심사숙고하는 것이 실질적으로 무의미하다고 생각한다. 하지만 우리는 그러한 가설적 대안들을 배제할 때조차, 일단 그것들에 관해 사고하게 되는 순간 그것들이 관련성을 지니게 된다는 것을 인정해야 할 것이다. 그런데 일부 상상력이 풍부한 저자들은 그러한 착상들을 도외시하지 않는다. 따라서 오늘날 우리의 현실 세계에는, 워털루 전투와 관련해서 구성된 영원한 객체들의 반음영(半陰影, penumbra)이 있다. 어떤 사람들은 이 반음영적 복합체의 요소들을 효과적인 느낌 속으로 받아들이지만, 또 어떤 사람들은 그것들을 전적으로 배제한다. 또 다른 사람들은 이러한 승인 내지 거부에 대한 내적 결단을 의식하고 있다. 다른 어떤 사람들에게 있어서는 그러한 착상이, 사려 깊은 결단에 대한 의식이 수반되지 않고 백일몽처럼 그들의 머릿속에 들어와 떠돌고 있다. 또 어떤 사람들에게 있어서는 만족이나 후회, 혹은 우정이나 증오와 같은 그들의 정서적 색조가 대안의 이러한 반음영에 의해, 그 내용에 대한 어떤 의식적인 분석도 동반하지 않은 채 막연하게 영향을 받고 있다. 이러한 반음영의 요소는 순수한 개념적 파악이 아니라 명제적 파악이다. 왜냐하면 그 요소가 워털루 전투와 같은 특정의 결합체를 함축하고 있다는 것이 본질적인 요인이 되고 있기 때문이다.

따라서 이러한 반음영적 복합체의 요소가 〈명제〉라고 불리는 것이다. 명제는 새로운 종류의 존재 entity이다. 그것은 순수한 가능태와 현실태 간의 혼성물이다. 〈단칭(單稱)〉 명제(命題)는 일정한 한 조(組)의 현실적 존재를, 일정한 한 조의 영원한 객체의 가설적인 진입을 수반하는 반작용들의 결합체 속에 포함시키고 있는 현실 세계의 가능태이다.

〈전칭(全稱)〉 명제(命題)가 〈단칭〉 명제와 다른 점은, 그것이 〈일정한 한 조의 현실적 존재〉를 〈어떤 종류의 조에 속하는 임의의 조〉로 일반화시킨다는 데에 있다. 만일 이런 종류의 조가 저 반작용들의 결합체의 가능태를 갖는 모든 조를 포함하고 있다면, 그 명제는 〈보편적 universal〉이라고 불린다.

논의를 간결하게 이끌기 위해 단칭 명제에만 주의를 한정시켜 보기로 하자. 그렇긴 하지만 이 설명을 조금만 정성 들여 다듬으면, 전칭 명제와 보편 명제를 포함하는 논의로 쉽게 연결시킬 수 있을 것이다.

포함되어 있는 일정한 한 조의 현실적 존재는 〈명제의 논리적 주어〉라고 불리며, 포함되어 있는 일정한 한 조의 영원한 객체는 〈명제의 술어〉라고 불린다. 술어는 주어에 대하여 관계성의 가능태를 한정한다. 술어는 하나의 복합적인 영원한 객체를 형성한다. 이것이 〈복합적 술어 complex predicate〉이다. 〈단칭〉 명제는 논리적 주어들 간의 반작용들의 결합체에서 실현되는 이 복합적 술어의 가능태이며, 이 논리적 주어들은 여러 다양한 논리적 주어들을 위한 패턴 속에 그 위치들이 배정되어 있다.

하나의 명제에 있어, 거기에 포함되어 있는 다양한 논리적 주어들은 공평하게 관계되고 있다. 명제는 어떤 하나의 논리적 주어와도 유별난 관계를 맺고 있지 않다. 그러나 존재론적 원리에 따른다면, 모든 명제는 제각기 어딘가에 있지 않으면 안 된다. 명제의 〈장소 locus〉는, 그들 자신의 현실 세계가 그 명제의 논리적 주어들을 포함하고 있는 그런 현실적 계기들로 이루어지고 있다.① 어떤 현실적 존재가 명제의 장소에 속

① 한 예로 〈이 돌은 흑색이다〉라는 명제를 생각해 보기로 하자. 〈이 돌〉이라는 주어로 표시되고 있는 것은 화이트헤드에 의하면 현실적 존재들의 결합체이다. 화이트헤드가 〈논리적 주어들〉이라는 표현을 쓰고 있는 이유도 여기에 있다. 〈흑색〉이란 〈명제의 술어〉이지만, 그것은 이 〈논리적 주어들 간의 반작용의 결합체에 있어서 실현되는〉 영원한 객체이다. 여기서 〈반작용의 결합체〉가 거론되는 이유는 다음과 같다. 〈흑색〉이라는 영원한 객체가 하나의 논리적 주어 A ── 그것은 하나의 현실적 존재라고 해도 좋다 ── 에 〈진입〉하여, 그로부터 실현된다고 하자. A는 머지않아 이 영원한 객체를 통해서, 후속하는 논리적 주어 B에게 객체화된다. B 역시 이렇게 객체화된 여건을 스스로 수용하면서, 이 영원한 객체의 실현을 종결시킴으로써 후속하는 논리적 주어 C에게 객체화된다. 이렇게 볼 때, 이 영원한 객체는 A → B → C 라는 논리적 주어들 간의 반작용의 결합체에 있어서 실현된다는 것을 알 수 있다. 여기에 〈이 돌은 흑색이다〉라는 명제가 성립되는 것이다.

그런데 〈존재론적 원리〉에 따르면 이 명제는 어떤 곳에 있지 않으면 안 된다. 그 〈어떤 곳〉을 〈명제의 장소〉라고 한다. 그렇다면 〈명제의 장소〉는 무엇을 의미하는 것인가? 화이트헤드는 〈명제의 장소는, 현실적 계기들 ── 그들의 현실 세계가 명제의 논리적 주어를 포함하는 그런 현실적 계기들 ── 로 이루어져 있다〉고 말한다. 이를 어떻게 이해해야 할 것인가. 생각건대, 명제가 화제가 될 때, 이 명제를 파악하는 존재자가 있어야 할 것이다. 이 존재자도 화이트헤드에 의하면 현실적 계기들의 결합체로 이루어져 있다. 이 결합체의 성원인 하나의 현실적 계기 a를 생각해 보자. 그것은 그 자신의 세계를 가지고 있다. 그리고 이 세계는 명제의 논리적 주어 A도 포함하고 있어야 한다. a는 A를 포함하는 그 자신의 세계를 〈인과적 효과성의 양태에 있어서의 지각〉을 통해 수용하면서, 이러한 지각 대상을 또한 〈현시적 직접성의 양태에 있어서의 지각〉을 통해, 공간적인 동시적 세계에 〈투사〉한다. 그래서

하고 있는 경우, 역으로 이 명제는 그 현실적 존재의 느낌을 위한 유혹 내에 들어 있는 한 요소가 된다. 만일 합생의 결단에 의해 명제가 느낌 속에 수용되었다면, 이 명제는 그 느낌이 느낀 것을 구성하고 있다. 이 명제는 그 장소의 성원을 위한 유혹을 이루고 있다. 이는 그 복합적 술어가, 그 성원의 현실 세계에 있어서의 한정성의 여러 형식 및 그 성원의 선행하는 느낌의 여러 위상과 관계하는 가운데, 그 논리적 주어들과 밀접한 관계를 맺고 있기 때문이다.

지나치게 주지주의적 성향을 띤 철학자들을 지배하고 있는 논리학에의 관심은 사물의 본성에 있어서의 명제의 주요 기능을 모호하게 하여 왔다. 명제는 근본적으로 믿음을 위한 것이 아니고, 무의식적인 물리적 수준에서의 느낌을 위한 것이다. 명제는 여건에 전적으로 구속되지 않는 느낌의 발생을 위한 원천을 이루고 있다. 명제는 느낌 속으로 수용될 때, 그 장소에 속해 있는 한 성원에 의해 〈실현〉된다.

명제와 그 장소에 속해 있는 한 성원의 현실 세계 사이에는 두 가지 유형의 관계가 있다. 명제는 현실 세계에 대해서 순응적일 수도 있고 비순응적일 수도 있으며, 참일 수도 있고 거짓일 수도 있다.②

이처럼 두 양태로 지각된 것이, 〈상징적 연관의 양태에 있어서의 혼합된 지각〉을 통해 종합됨으로써 비로소 〈이 돌은 흑색이다〉라는 명제적 지식이 성립된다. 여기에서의 현실적 계기 a는 이러한 지식을 후속하는 현실적 계기 b에게로 객체화시킨다. b 역시 a에 관해서 말했던 것과 동일한 과정을 거쳐서 이 지식을 자신 속에서 실현시킴으로써, 후속하는 현실적 계기 c에게 객체화시킨다. 이처럼 이 명제가 현실적 계기들 간의 객체화의 결합체에 있어서 수용되는 한, 그 〈장소〉는 이 현실적 계기로 이루어져 있다고 할 수 있다.

② 예를 들어 〈나폴레옹은 워털루 전투에서 승리하였다〉라는 명제를 생각해 보자. 이 명제는 역사적 사실과 상반되며, 따라서 그 장소의 성원, 즉 그 명제를 그처럼 주장하는 존재자가 속한 현실 세계에 대하여 비순응적이라고 할 수 있다.

그렇다면 비순응적 명제는 어째서 생기게 되는가. 모든 명제는 주어와 술어로 되어 있다. 여기에는 주어 개념에 의해 특수한 것, 즉 화이트헤드의 용어법에 따른다면 물리적인 것과 술어 개념에 의해 일반적인 것, 즉 개념적인 것이 각기 표시되어 있다. 이는 명제 속에 물리적인 것과 개념적인 것이 통합되고 있음을 의미한다. 화이트헤드에 의하면, 개념적인 것은 일차적으로 물리적인 것으로부터 도출되고, 이차

순응적 명제가 느낌 속으로 수용될 때, 그 여건에 대한 반응은 단순히 정서의 증대나 감소를 수반하는, 사실에 대한 느낌의 순응으로 귀착되며, 이러한 정서의 증대나 감소로 말미암아 외래적 사실에 내재하는 느낌은 새로운 개별적인 가치 평가 속에 종합된다. 명제에 대한 파악은 사실에 예시된 한정성의 한 형식을 돌발적으로 강조한 것이다.

비순응적 명제가 느낌 속으로 수용될 때, 그 여건에 대한 반응은 사실과 복합적 술어의 또 다른 가능태와의 종합으로 귀착된다. 새로움이 창조되어 나타난다. 이 새로움은 질서를 증진할 수도 있고 파괴할 수도 있다. 그것은 선한 것일 수도 있고, 악한 것일 수도 있다. 하지만 그것은 새로운 것이고 새로운 유형의 개체이지, 단순히 개체적 느낌의 새로운 강도에 불과한 것이 아니다. 그 장소의 성원은 현실 세계에 새로운 형식을 이끌어들였다. 그것은 적어도 낡은 형식을 새로운 기능으로 이끌어들인 것이다.

명제를 단순히 판단의 소재라고 생각하는 것은 우주 안에서의 명제의 역할을 이해하는 데 치명적이다. 순수한 논리적 측면에서 볼 때, 비순응적 명제는 그릇된 것에 지나지 않으며, 그렇기 때문에 아무런 쓸모도 없는 것보다도 더 나쁘다. 그러나 그러한 명제의 기본적인 역할은 세계가 새로움으로 전진해 갈 수 있게 길을 터주는 것이다. 오류는 우리가 진보를 위해 치르는 대가인 것이다.③

적으로는, 이렇게 도출된 개념적인 것과 부분적으로는 동일하고 부분적으로는 상이한 다른 개념적인 것이 도출된다. 이와 같은 개념적인 것의 도출에는 상상력이 작용한다. 그리고 이렇게 도출된 개념적인 것이 물리적인 것과 통합되어, 거기서 명제가 성립되는 것이기 때문에, 명제의 성립에는 상상력의 작용이 크게 관여하고 있는 것이다. 명제가 비순응적인 것일 수 있게 되는 이유는 바로 여기에 있다.

③ 비순응적 명제는 단순히 논리학적 관점에서 내려지는 진위 판단과는 구별되어야 한다. 그렇다고 해서 그것이 무의미해지는 것은 아니다. 그것은 또한 〈흥미 있는 것〉이다. 그렇기 때문에 명제는 느껴지기 위한 〈객체적 유혹〉으로서, 근원적으로는 〈놀라움, 안심, 목적〉 등의 정서를 수반하면서 마음속에 품어지게 된다. 또한, 상상력의 소산인 비순응적 명제는 오늘의 세계에서는 타당하지 않더라도, 내일의 세계에서는 그 진리성이 검증될 수도 있는 것이기 때문에 〈세계가 참신성으로 전진하는 길을

우리가 〈판단〉이나 〈믿음〉이라는 좁은 개념 대신에 〈느낌 feeling〉이라는 넓은 개념을 사용한다면, 〈명제〉라는 용어는 이러한 혼성적인 존재 hybrid entities에 어울리는 말이 될 것이다. 명제는 느낌을 위해 제안된 proposed for feeling 객체적 유혹 내의 요소이며, 느낌 속으로 수용될 때 그것은 느껴진 것 what is felt이 된다.④ 명제에 대한 〈상상적〉 느낌(제3부 참조)은 명제를 느끼는 하나의 방식이고, 지적 믿음 intellectual belief도 명제를 느끼는 또 하나의 방식인데, 이 후자는 상상적 느낌을 전제로 하고 있다. 판단이란 명제를 지적 믿음 속에 수용하는 결단이다.

잠자리에 들어 그날에 일어난 일들을 의식 속에서 돌이켜보는 이는 누구나, 달리 일어날 수 있었던 일들의 반음영적인 혼란을 배경으로 하여 무의식 속에서 그것들을 투사해 보고 있다. 그는 또 그의 최초의 느낌을 극대화하고, 그의 직접적인 현재의 계기 너머에로 동요 없이 그것을 전파시키기 위해 무의식적으로 느낌들에 대한 결단을 내리고 있다. 존속하는 물체의 역사적 경로를 형성하고 있는 계기들의 생활사를 고찰해 보면, 분리된 계기들의 내적 합생을 지배하는 주체적 지향에는 세 가지의 가능성이 있다. 먼저 i) 선행하는 만족들은 서로 같은 형태를 지니고 있어서, 각기 내적으로 부조화라든지 새로움에의 유발 따위를 수반하지 않은 것들일 수 있다. 이러한 경우, 환경에 의해 도입되는 새로운 부조화를 별문제로 한다면, 여건에 속하는 느낌을 직접적 주체에 속하는 동일한 느낌 속으로 단순히 순응적으로 변형시키는 일만이 있게 된다. 이러한 순수한 순응은 다양한 정도의 근접성과 원격성을 갖는, 유

닦는다〉고 할 수 있겠다.

④ 명제는 느껴지기 위한 유혹이며, 그것은 하나의 가능태이다. 명제가 가능태라는 것은 그것이 어떠한 방식으로 실현될 수 있느냐에 관해서는 미결정이라는 것, 다시 말하면 그것이 느껴지는 방식에 여러 선택지가 있다는 것을 의미한다. 그런데 〈명제의 장소〉에 속하는 어떤 현실적 존재가 그것을 〈지금-이곳〉에서 느끼고 수용한다면, 그 미결정성은 사라지고, 명제는 판단이 된다. 거기에서는 물리적 파악과 명제적 파악이 판단으로 종합되어 있다. 그리고 판단에 관한 한, 그것은 참이냐, 거짓이냐, 무의미하냐 하는 것이 논리적으로 판정될 수 있는 것이다.

혹 내의 모든 대립적인 것들에 대한 배제를 수반하고 있다. 이는 분화되지 않은 존속undifferentiated endurance의 극단적인 사례가 되는 것이지만, 우리에게는 이에 대한 아무런 직접적인 증거도 없다. 우리가 잇달아 일어나는 계기들의 형상적 구조를——아무리 불완전하게라도——분석할 수 있는 사례에 있어서, 이러한 구조는 근원적인 여건에 부수되고 있는 여러 대립적인 것들에 의해 특징지어지고 있다. 그러나 그것은 생활사에 안정을 공급해 주는 교체의 규칙성regularity of alteration을 지니고 있다. 그 결과 대비contrast가 획득된다. 물리학에서 그것은 〈진동vibration〉이다. 이것은 유형 속에 안정된 무기적 물체의 생활사가 지니는 주요 성격이다.

또 ii) 여건으로부터 받아들인 느낌의 어떤 지배적 요소를 고양하고자 하는 강한 열의가 있을 수 있다. 그것은 여건 내의 다른 요소들에 대한 개념적 느낌의 비순응성을 수용하는 결단에 의해서 고양되며, 새로운 대비와 억제에 의한 지배적 요소의 고양을 전달하는 만족에 있어서 그 절정에 달한다. 그러한 생활사는 단 하나의 최종 목표에 의해 지배되는 성장을 포함하고 있다. 이는 성장 과정에 있는 물체의 주요 성격이다. 그러한 물체는 세계에 대한 우리의 현재의 지식에서 볼 때 주로 〈유기적인 것〉이다.

마지막으로 iii) 여건으로부터 받아들인 느낌의 모든 지배적인 요소를 제거하고자 하는 강한 열의가 있을 수 있다. 그러한 경우, 이 경로는 오래지 않아 그 역사적 개체성을 상실한다. 그것은 쇠퇴decay의 사례가 된다.

첫째로 주목해야 할 점은 유혹에 있어, 느껴진 대립물로서의 선택된 요소들에 대한 수용이 원초적으로 목적을 낳는다는 것이다. 그로부터 그것은 결국 만족이 되며, 만족은 또 작용인을 질적으로 규정한다. 그러나 느껴진 〈대립〉은 배아(胚芽) 상태에 있는 의식이다. 이러한 느낌들의 대비와 동일성이 그대로 느껴질 때, 우리는 의식을 갖게 된다. 그것은 로크가 의미했던 관념의 지식이다. 의식은 이론의 단순한, 마음속에 품음entertainment 이상의 것을 필요로 한다. 그것은 순전한 이론으로서의 이론과 순전한 사실로서의 사실과의 대비에 대한 느낌이다. 이 대비는 그 이론이 옳든 그르든 상관없이 유지된다.

명제는, 느낌 속에서 그것을 실현하고 있을 수도 있는 개별적인 현실적 존재로부터 추상해서 생각해 보면, 어떤 한 조의 영원한 객체가 어떤 한 조의 현실적 존재에 대해서 갖는 밀접한 관계 germaneness의 한 방식이다. 모든 명제는 그 논리적 주어인 현실적 존재를 전제한다. 그것은 또 광범위한 체계적 결합체 내에 들어 있는 일정한 현실적 존재들 내지 일정한 유형의 현실적 존재들을 전제한다. 극단적인 경우, 그 결합체는 임의의 현실적 존재 ── 그 어떤 것이든 간에 ── 를 포함하고 있을 수 있다.

전제된 이러한 논리적 주어가 어떤 현실적 존재의 현실 세계 속에는 없을 수도 있다. 이 경우 명제는 그 현실적 존재에 있어 현존하지 않는 것이 된다. 이러한 명제의 순수한 개념은, 그 현실적 존재를 넘어선 가설적 미래와 관련된다. 이 명제 자신은 그러한 논리적 주어를 기다리고 있다. 따라서 명제는 세계의 창조적 전진과 더불어 성장한다. 그것은 순수한 가능태도 아니고, 순수한 현실태도 아니다. 그것은 순수한 가능태와 순수한 현실태를 포함하는 가능적 결합체의 양식인 것이다. 그것은 새로운 유형의 존재이다. 이 불순한 유형의 존재는 두 가지 순수한 유형의 존재를 전제로 하고 있다.

현실적 존재에 있어서 명제가 실현되는 최초의 양태는 판단에 의한 것이 아니라 마음속에 품음에 의한 것이다. 명제는 그것이 느낌 속으로 수용될 때 마음속에 품어진다. 근원적으로 공포, 안도, 목적은 명제를 마음속에 품는 것을 수반하는 느낌들이다.

결론적으로 말하면, 우주에는 네 가지 유형의 주요 존재들이 있다. 이들 가운데 두 가지는 기본적인 유형의 것이고, 나머지 두 가지는 혼성적인 유형의 것이다. 기본적인 유형의 것은 현실적 존재와 순수 가능태(영원한 객체)이며, 혼성적 유형의 것은 느낌과 명제(이론)이다. 느낌은 현실적 존재의 〈실재적〉 구성 요소이다. 명제는 오직 느낌을 위한 일종의 〈객체적〉 여건으로서만 실현될 수 있다.

〈느낌을 위한 유혹〉에 있어 기본적 요소는 신의 원초적 본성에 대한 그 주체의 파악이다. 여기서 개념적 느낌이 발생한다. 그리고 이것과 물리적 느낌 physical feelings과의 통합으로 명제적 느낌이라는 후속 위상이 등장한다. 느낌을 위한 유혹은 문제되는 주체의 여러 합생적 위상과 함께 발전한다. 이 점에 관해서 나는 다른 곳(『과학과 근대세계』, 오영환 옮김(서광사, 1989), 제11장, 258쪽 참조)에서 다음과 같이 말한 적이 있다.

> 각 계기 속으로 영원한 관계의 전 영역을 파악하는 것은, 다름 아닌 현실적 계기들 사이의 상호 관계를 넘어서서 이처럼 실현되는 영원한 관계이다. 나는 이 비약적 abrupt* 실현을, 각 계기가 자신의 종합태 속에 파악하는 〈등급화된 직시 graded envisagement〉라고 부른다. 이 등급화된 직시는 현실적인 것이, (어떤 의미에서) 비존재인 것을 자신의 성립 형태에 기여하는 적극적 인자(因子)로서 포함하는 방식이다. 그것은 오류나 진리 또는 예술이나 윤리 및 종교 등의 원천이다. 그것으로 인해서 사실은 여러 선택지에 직면하게 된다.

제 2 절

참과 거짓, 명제와 사실의 경험적 공재성. 대응설과 정합설. 참이거나 거짓인 명제, 옳거나, 그릇되거나, 유보된 판단. 직관적 판단과 파생적 판단. 논리학은 파생적 판단에 관계한다. 오류.

한편에 있는 개체적 경험의 구성 요소와 다른 한편에 있는 외적 세계의 구성 요소와의 괴리를 인정하는 모든 형이상학적 이론은, 명제의 참과 거짓 및 판단의 근거에 관한 여러 난점에 빠지지 않을 수 없게 된

* 이 〈비약적〉은 『과학과 근대세계』에서는 강조되어 있지 않았다. 여기서는 분명히 이 대목을 화이트헤드가 강조하고 싶었던 것으로 보인다.

다. 전자에 관한 난점이 형이상학적인 것이라면, 후자에 관한 난점은 인식론적인 것이다. 하지만 제1원리에 관한 모든 난점은 위장된 형이상학적 난점에 지나지 않는다. 따라서 인식론적 난점들도 존재론에 호소함으로써만 해결될 수 있다. 그 첫째의 난점은 참과 거짓을 설명하는 데 관련된 문제를 제기하고, 둘째의 난점은 참과 거짓에 대한 직관적 지각을 설명하는 데 관련된 문제를 제기한다. 전자는 명제와 관계되고 후자는 판단과 관계된다. 개체적 경험 속에는 구성 요소의 공재성(共在性, togetherness)이 있다. 이 〈공재성〉은 〈경험 속의 공재성〉이라는 특수하고도 독특한 의미를 지니고 있다. 그것은 다른 어떠한 것에도 의존하지 않고 설명이 가능한 독자적인 공재성이다. 이것을 논하는 데 있어서는 우리가 거론하고 있는 것이 경험의 〈흐름 stream〉이 되었건 경험의 〈계기 occasion〉가 되었건 상관없다. 전자의 경우라면 흐름에 공재성이 있고, 후자의 경우라면 계기에 공재성이 있다. 어느 경우에나 독특한 〈경험적 공재성 experiential togetherness〉이 존재하고 있는 것이다.

경험적 공재성에 대한 고찰은 궁극적인 형이상학적 물음, 즉 〈공재성〉에 어떤 또 다른 의미가 있는가라는 물음을 불러일으킨다. 달리 있을 수 있는 의미를 부인하는 것, 즉 경험적인 의미로부터 추상되지 않는 모든 의미를 부인하는 것은 〈주관주의적〉 학설이다. 주관주의적 학설의 이러한 개정판이 유기체 철학의 학설이다.

경험적 공재성으로부터 파생되지 않는 〈공재성〉이 있다는 반대의 학설은, 주체적 경험의 구성 요소가 외적 세계의 공동체와 분리되어 있다는 주장과 통한다. 이 분리 disjunction는 인식론에 있어 극복할 수 없는 난점을 불러일으킨다. 왜냐하면 직관적 판단은 경험에 있어서의 공재성과 관계되는데, 경험에 있어서의 공재성과 비경험적인 종류의 공재성 사이에는 아무런 가교도 없기 때문이다.

이 난점이 칸트의 〈선험적〉 비판주의의 핵심이다. 칸트는 주관주의의 입장을 채택했기 때문에, 시간적 세계는 단지 경험되는 것일 뿐이라고 생각했다. 하지만 칸트가 『순수이성 비판』에서 채택한 형식의 주관주의적 학설에 따른다면, 시간적 세계 내의 어떠한 요소도 그 자체로서 경험자 experient일 수는 없을 것이다. 『순수이성 비판』에 나타난 칸트의 시간적 세계는 그 본질에 있어 죽어 있는 것, 환상적(幻像的)인 것, 현상적인 것이었다. 칸트는 수리물리학자였고, 그의 우주론적 해결은 수리물리학이 다루는 추상 개념들을 수용하여 설명하기에 충분했던 것이다.

주관주의적 학설의 난점은, 경험 속에 공재하고 있는 구성 요소들의 분석과 관련하여 〈감각주의적〉 학설과 결탁했을 때에 생겨난다. 이러한 구성 요소의 분석에 따른다면, 경험의 개체적 〈계기〉──내지 〈흐름〉──의 특수성에 의해 채색되지 않는 유일한 요소는, 〈빨강〉이나 〈형태〉와 같은 보편자이다. 문제되고 있는 요소가 보편자인 한, 감각주의적 기정에 따르거나 그 학설의 일반화를 따를 때 가능한 대안으로는, 단지 단일 경험자, 즉 절대자에 관한 브래들리의 학실과 창이 없는 다수의 단자(單子)에 관한 라이프니츠의 학설이 있을 뿐이다. 칸트는 그의 최종적인 형이상학에서 라이프니츠까지 후퇴하든가, 브래들리까지 전진하든가 해야 한다. 어느 것이 선택되든 그것은 경험을 어떤 환상의 분위기로 채색시켜 놓는다. 라이프니츠의 해결은 신에의 경건한 귀의에 호소함으로써만 이러한 환상의 색조를 완화시킬 수 있다. 이러한 원리는 데카르트와 라이프니츠가 그들의 인식론을 구축하기 위해 그들 나름대로 끌어들인 것이었다. 이는 일관된 합리성에 크게 위배되는 방안이다. 인식의 가능성 그 자체가 신의 선성(善性)에 따르는 우연성일 수는 없는 것이다. 그것은 서로 얽혀 만들어지는 사물들의 본성에 근거하고 있어야 한다. 결국, 신이 갖는 인식도 이와 똑같은 것으로 설명되어야 한다.

유기체 철학은 (이 절에서 기술한 것과 같은) 주관주의적 학설을 인정한다. 그러나 감각주의적 학설은 거부한다. 이로부터 하나의 현실적 계기가 다른 현실적 계기의 경험 속에서 객체화된다는 학설이 성립하게 된다. 각 현실적 계기는 그 작용 범위 내의 현실 세계를 포함하는 경험의 약동 throb이다. 작용인과 인식의 문제는 현실적 계기의 조직과 관련될 때 공통적으로 설명된다. 유기체 철학에서의 판단 이론은, 〈대응 correspondence〉설로서나 〈정합 coherence〉설로서나 똑같이 잘 기술될 수 있다. 우선 그것은 대응설이라 할 수 있다. 왜냐하면 그것은 판단을, 명제와 객체화된 결합체에 대한 순응적 내지 비순응적인 통합적 파악이 갖는 주체적 형식으로서 기술하기 때문이다. 이때의 파악은 두 가지 파악, 즉 물리적인 파악과 정신적인 파악의 종합에서 생긴다. 물리적 파악은 객체화된 현실적 계기의 결합체에 대한 파악이다. 정신적인 파악은 명제에 대한 파악이다. 이 후자의 파악은 필연적으로 〈불순〉하다. 그것은 선행하는 종합의 역사에서 생긴다. 그 종합에 의해 순수한 개념적 파악은 그 여건을, 어떤 물리적 파악의 여건에 들어 있는 현실태들의 가설적 관계에 대한 술어로 변경시킨다(제3부 참조). 그러나 판단을 기술하는 데 있어, 명제적 파악의 발생에 관한 문제는 우리의 관심사가 아니다. 여기서의 유일한 논점은 물리적 파악과 명제적 파악이, 그 주체적 형식에 판단을 포함하고 있는 그런 〈지적〉 파악 속에 종합(제3부 참조)된다는 것이다.

이 판단은 하나의 경험 내에 들어 있는 두 구성 요소의 순응성 conformity과 관계된다. 따라서 이는 〈정합〉설이다. 이는 또 그 개체적 경험에만 국한되지 않는 명제의 순응성과 관계되며, 그 관계성이 그 자신의 성원의 다양한 경험으로부터 도출되지만 판단하는 경험자의 경험으로부터는 도출되지 않는 그런 결합체와 관계된다. 이런 의미에서 〈대응〉설이 있게 된다. 그러나 이 지점의 논의에서 하나의 구별이 필요하다. 명제는 참이거나 거짓일 수 있지만, 판단은 옳거나 옳지 않거나, 유보되어 suspend 있거나 할 수 있다. 우리는 이런 구별을 통해서, 명제의 참과 거짓에 관해서는 〈대응〉설이, 판단의 옳음, 옳지 않음, 유보되어 있음에 관해서는 〈정합〉설이 있다는 것을 알게 된다.

〈유기체〉의 학설에서는 판단과 명제가 뚜렷이 구별되어 왔다. 판단이란 판단하는 주체의 〈과정〉에 있어서의 느낌으로서, 그 주체와 관련하여 옳든가 옳지 않든가 한다. 그것은 하나의 가치로서 그 주체의 만족 속으로 들어간다. 그리고 그것은 미래에 있어서의 현실적 존재들의 판단에 의해서 비판될 수 있을 뿐이다. 판단은 판단하는 주체에 의한 파악의 과정에서 우주와 관계된다. 그것은 근본적으로 객체화된 현실적 존재들과 영원한 객체들로부터의 일정한 선택과 관계된다. 그리고 판단은 선택된 영원한 객체들의 진입에 의한, 선택된 현실적 존재들의 물리적 객체화——판단하는 주체에 대한——를 단언한다. 따라서 이러한 영원한 객체에 의해 실재적으로 서로 결합되고 질적으로 규정되어 있다고 판단된, 그 현실적 존재들의 하나의 결합체가 객체화되어 있게 된다. 옳든 그르든 간에 이 판단은 판단 주체의 구조에 들어 있는 하나의 실재적인 사실을 단언한다. 여기에는 그 판단의 정언적인 categorical 성격을 제한할 만한 여지가 전혀 없다. 판단은 판단하는 주체에 의해 그 자신에게 내려지는 것으로서, 판단하는 주체에 있어서의 느낌이다. 판단이 명시적으로 관계하고 있는 현실적 존재들 가운데는 그 판단의 〈논리적〉 주어가 포함되어 있으며, 선택된 영원한 객체들은 이 논리적 주어에 대해서 단언된 〈성질〉이나 〈관계〉를 형성하고 있다.

이 논리적 주어에 관한 이러한 단언 affirmation은 분명히, 판단하는 주체에 관한 〈단언〉이 지니고 있는 의미로부터 파생된 의미의 〈단언〉이다. 이 두 의미를 동일시한다면 잘못을 범하게 될 것이다. 후자*의 의미에서, 판단하는 주체로부터의 추상이 개재되어 있다. 주관주의적 원리는 초극되었고, 판단은 그 강조의 초점을 객체화된 결합체로부터 문제되는 명제의 진리치로 옮겨놓았다. 판단이 보다 단순한 느낌들의 통합에서 생기는 하나의 불순한 느낌의 주체적 형식과 관계된다는 사실을 고려하면서, 우리는 판단이 두 종류로 나뉠 수 있다는 데에 주목한다. 즉 i) 직관적 판단과 ii) 파생적 판단이 그것이다. 직관적 판단에서 물리적 여건과 명제와의 통합은, 물리적 여건의 복합적인 세부 사항에

* 화이트헤드의 문장으로는 두 의미 중의 어느 쪽이 〈후자〉인지 혼란을 초래할 가능성이 있다. 몇몇 연구가들은 변경이 반드시 필요하다고 생각했다. 그러나 우리는 〈후자〉가 앞서는 단락의 마지막 문장에 두 번째로 도입된 것을 의미한다고 보아 이 텍스트가 옳은 것으로 믿고 있다.

비추어 동일성 내지 차이성 diversity이 비교되는 명제의 완전한 복합적 세부 사항을 느낌 속으로 끌어들인다. 직관적 판단은 동일성과 차이성을 포함하는 이러한 복합적인 세부 사항의 비교에 대한 의식이다. 이러한 판단은 그 본성상 언제나 옳다. 왜냐하면 그것은 있는 것 what is에 대한 의식이기 때문이다.

파생적 판단 derivative judgment에 있어서 물리적 여건과 명제와의 통합은, 명제의 완전한 복합적 세부 사항을 느낌 속으로 끌어들이지만, 이러한 세부 사항과 물리적 사실의 복합적 세부 사항과의 완벽한 비교를 끌어들이지는 않는다. 남겨진 세부 사항을 포함하는 어떤 비교가 있긴 하다. 그러나 주체적 형식은 비교된 구성 요소와 비교되지 않고 있는 구성 요소를 식별할 복합적 패턴을 취하는 대신, 명제 전체를 포용한다. 파생적 판단에는 잘못이 있을 수 있다. 논리학은 명제들 간의 관계에 대한 분석인데, 이 분석으로 말미암아 파생적 판단이, 전제된 판단에 이미 붙어 있는 잘못 이외의 잘못을 끌어들이는 일은 없을 것이다. 대부분의 판단은 파생적이다. 이런 판단은, 느낌의 주체적 형식이 그 현실적 계기의 전체에 의해 영향을 받는다는 학설을 예시해 준다. 이는 하나의 계기에 있어서의 느낌들 간의 〈감수성 sensitivity〉이라고 불려왔다. 직관적 판단에 있어서, 찬성 assent이나 불찬성 dissent이라는 주체적 형식은, 그 성격을 오로지 여건 속의 대비로부터만 얻을 수 있도록 억제되어 왔다. 이런 경우에도 판단의 정서적 힘은 그것이 목적으로 이행할 때, 판단하는 주체 전체로부터 파생되어 나온다.

더 나아가 판단하는 주체와 논리적 주어는, 이러한 주체(주어, subjects)와 영원한 객체에 대한 자신의 인내성 patience을 나타내는 일반적인 형이상학적 성격을 지니고 있는 그런 우주와 관계하고 있다. 각 판단에 있어, 우주는 이미 앞에서 설명했듯이(제2부, 제3장 참조) 갈수록 광범위해져 가는 사회들의 계층 조직 hierarchy으로 배치되어 있다. 그렇기 때문에, 성질과 관계를 갖는 논리적 주어와 체계적인 배경으로서의 우주와의 구별은, 앞에서의 설명이 시사하는 것만큼 그렇게 날카롭게 이루어지는 것이 아니다. 왜냐하면 근접하고 있는 사회들 가운데 어느 것이 논리적 주어로 간주되고, 어느 것이 배경으로 간주되는가 하는 것은 관습상의 문제이기 때문이다. 논리적 주어가 이처럼 배경 속으로 점차적으로 사라져가는 것은 다음과 같이 달리 표현될 수 있다. 즉 판단하는 주체에 있어서의 실재적 사실에 대한 우주의 인내성은 성격의 체계적인 등급화를 포함하고 있는 계층 조직적인 인내성이라는 것이다. 이러한 논의는, 말에 의한 진술 verbal statement이란 결코 명제를 완전히 표현한 것이 아니라고 하는 전술한 언명(제1부, 제1장, 제5절 참조)을 실증해 준다.

이제 명제와 판단과의 구별로 되돌아가자. 명제는 판단을 분석할 때 나타난다. 그것은 판단하는 주체와 주체적 형식으로부터 추상한 판단의 여건이다. 판단이란[1] 두 가지 종속적 느낌을 하나의 느낌의 통일성으로 포용하는 종합적 느낌이다. 이러한 종속적 느낌 중의 하나는 명제적인 것으로서, 단지 그 여건인 명제를 품어들이고 있는 데 지나지 않는다. 동일한 명제가, 판단하는 다양한 존재들 각각에 의해 이루어지는 다양한 판단의 내용을 구성할 수 있다. (〈결합체〉와 대비되는 〈명제〉의) 동일한 내용을 갖는 다양한 현실적 존재에 의한 다양한 판단은, 동일한 영원한 객체들을 통해서 객체화된 논리적 주어들의 동일한 복합체가 다양한 현실적 존재들의 〈실재적〉 본질의 부분적인 구성자로서 들어올 수 있을 때에만 가능하다. 판단은 느낌에 대한 결단이며, 명제는 느껴진 것을 말한다. 하지만 명제는 어디까지나 느껴진 여건의 일부에 지나지 않는다.

그런데 각 현실 세계는 관점에 따라 상대적이기 때문에, 명제의 논리적 주어를 이루는 현실적 존재들을 자신의 현실 세계에 포함할 수 있도록 관점을 취하는 것은 일부의 현실적 존재들뿐이다. 따라서 모든 명제는 그것이 하나의 명제로서 관여하고 있는 판단 주체를 한정한다. 명제는 모두 그 판단하는 주체의 현실 세계에 있는 일정의 몇몇 정착된 현

1) 제3부, 제5장 참조.

실적 존재를 전제하고 있다. 그래서 그 가능적인 판단 주체들은 각자의 현실 세계 내에 이러한 현실적 존재들을 갖고 있어야만 한다. 판단은 모두 이와 같은 전제된 현실적 존재들에 대한 지식을 필요로 한다. 따라서 명제가 전제하는 현실 세계의 불가결한 구성물 이외에, 판단—그것이 옳든 그르든 간에—이 전제하는 그 세계에 대한 필수적인 지식이 있어야만 한다. 그것의 현실 세계가 불가결한 구성물을 갖지 않는 그런 현실적 존재에 있어서는 명제가 존재하지 않는다. 필수적인 지식을 갖지 않는 현실적 존재에 있어 판단은 불가능하다. 어떤 명제에 있어서의 논리적 주어인 정착된 현실적 존재들의 일부 내지 모두를 전제하는 것을 피하기 위하여, 보다 추상적인 명제가 이 처음 명제의 윤곽을 바탕으로 해서 만들어질 수 있다는 것은 분명한 사실이다. 이 새로운 명제는 최초의 명제보다도 더 광범위한 무리의 가능적인 주체들에게 있어 의미를 갖게 될 것이다. 어떤 명제들은 모든 가능적인 판단 주체에 있어 의미를 갖는 것처럼 보인다. 이는 사실일지 모른다. 그러나 나로서는 우리의 형이상학적 능력이 이러한 문제에 대해서 어떤 확실성을 보증할 수 있을 만큼 충분히 개발되었다고 감히 단언할 수가 없다. 어쩌면 우리는 늘 우리의 상상이 미치지 못하는 어떤 광대한 사회를 전제하고 있을지도 모른다. 그러나 동일한 형식의 말이 다양한 정도의 추상성을 지니는 동류의 명제들의 집합 전체를 표현하는 것으로 간주될 수 있을 정도로, 언어의 진술은 모호한 것이다.

판단은 결단을 약화시키거나 강화시킨다. 이 결단에 의해 유혹에 있어서의 한 구성 요소로서 판단된 명제가, 합생에 있어서의 효과적인 요소로서 수용되고, 이와 더불어 지식이 강화되게 된다. 판단이란 느낌에의 유혹에 대한 비판이다.

제 3 절

각각의 명제가 전제하고 있는 체계적 배경. 관계, 관계의 지시적 체계. 명제와 지시적 체계. 예시, 말의 불충분성.

이제 현실 세계가 어떤 체계적인 측면에서 각 명제 속에 개입할 때의 의미를 검토하는 문제가 남았다. 이 문제에 대한 논의에서 전적으로 관심의 대상이 되는 것은 명제의 논리적 주어라는 개념이다. 논리적 주어란 이 용어의 옛 의미로 〈개별자들 particulars〉을 말한다. 그것은 다른 개념들과 비교한다면 개념이 아니다. 그것은 가능적 패턴에 있어서의 개별적 사실이다.

그러나 개별자들은 지시 indicate되지 않으면 안 된다. 왜냐하면 명제가 관계하는 것은 바로 이런 개별자들일 뿐, 다른 어떤 것이 아니기 때문이다. 따라서 지시 작용 indication은 명제에 속한다. 즉 〈이러저러한 술어 패턴에 있어, 이렇게 지시된 as thus indicated 이 개별자들〉이 명제를 구성한다. 이 지시 작용을 떠나서는 명제란 존재하지 않는다. 왜냐하면 확정적인 개별자들이 없기 때문이다. 따라서 우리로서는 지시 작용의 이론을 개척하지 않으면 안 되겠다.

몇 개의 정의가 필요하다.

계기들 간의 〈관계〉는, 그 계기들이 그것에 의해 결합체를 구성하고 있는 그런 상호적인 파악들 mutual prehensions의 복합체로 예시되는 하나의 영원한 객체이다.

관계가 실현되어 있는 결합체가 두 개의, 오직 두 개의 현실적 계기만으로 이루어져 있을 때, 그 관계는 〈2원적 관계〉라 불린다. 세 개의 계기가 있을 경우, 그것은 〈3원적 관계〉이며, 그 이상도 마찬가지다.

일반적으로, 임의의 한 결합체의 계기들의 상호적 파악 속에 이처럼 예시된 불특정한 수의 영원한 객체들이 있을 것이다. 즉 임의의 개별적 결합체의 계기들 간에는 불특정한 수의 관계가 실현되어 있다.

〈일반 원리 general principle〉는 영원한 객체로서, 그 〈사례들〉—— 이것들 역시 영원한 객체이다——을 통해서만 예시된다. 따라서 한 사례의 실현은 그 영원한 객체를 한 사례로 하고 있는 일반 원리의 실현이기도 하다. 그러나 그 역은 참이 아니다. 즉 일반 원리의 실현이 어떤 사례의 실현을 필연적으로 수반하긴 하지만, 임의의 개별적 사례의 실현을 수반하지는 않는다는 것이다. 따라서 사례는 저마다 일반 원리를 포함하고 있지만, 일반 원리는 다만 하나의 사례를 최소한의 것으로 포함하고 있을 뿐이다. 대체로 일반 원리의 사례들은 상호 배타적이며, 따라서 한 사례의 실현은 다른 사례들의 배제를 수반하고 있다. 예컨대 색(色)은 일반 원리이고, 여러 가지 색채는 사례이다. 그래서 만일 모든 감각될 수 있는 물체들이 색이라는 일반 원리를 드러내 보여주는 것이라면, 물체는 저마다 어떤 일정한 색채를 드러내 보여주는 것이다. 그리고 일정한 색채를 드러내 보여주는 각 물체는, 그것으로 〈채색되어〉 있는 것이다.

하나의 결합체는 그 성원들간의 2원적 관계의 〈지시적 체계〉를 다음과 같은 경우에 드러내 보여준다. i) 그 체계의 유일한 관계가 그 성원들의 쌍 하나하나를 관계시키며, ii) 이런 관계들이 일반 원리의 사례들이고, iii) 임의의 성원 A와 다른 임의의 성원 B 사이의 (체계에 있어서의) 관계가 A와 B 이외의 결합체의 성원을 관계시키지 않으며, iv) A, B, C가 이 결합체의 임의의 세 성원일 때, A와 B 사이 및 A와 C 사이의 (체계에 있어서의) 관계가 B와 C 사이의 (체계에 있어서의) 관계를 한정하는 데 충분한 경우가 그것이다.

따라서 A와 X가 그 결합체의 임의의 두 성원이고, X가 자신과 A와의 체계적 관계에 대한 지식을 가지며, 또 B, C, D가 그 결합체의 성원인 경우 B, C, D와 A와의 체계적 관계에 대한 지식도 가지고 있다면, X는 B, C, D와 그 자신과의 체계적 관계에 대한 지식 및 B, C, D 상호간의 체계적인 관계에 대한 지식을 가진다. 이 결합체는 그 임의의 한 성원이 갖는 한 입각점에서 이루어지는, 그 성원들에 대한 정확한 지시 작용을 허용한다. 관계 부사 〈where〉는 지시적 체계를 드러내 보여주는 결합체를 전제하고 있다. 보다 복합적인 유형의 지시적 체계가 정의될 수도 있지만, 거기에 포함된 원리를 예시하는 데는 가장 단순한 유형의 것으로 충분하다. 우리는 아리스토텔레스의 〈위치 position〉의 범주를 정의해 왔다. 여러 관계의 지시적 체계를 갖는 결합체에 있어 경험의 주체적 측면은 거기에 포함되어 있는 명제로부터 제거될 수 있다는 점이 눈에 띌 것이다. 왜냐하면 A로부터의 B, C, D에 대한 지식은 B로부터의 C, D에 대한 명제를 산출하기 때문이다. 따라서 경험의 개별적 주체가 그 본성상, 경험된 사실로부터 결코 제거될 수 없다고 하는 널리 유포되어 있는 생각은 전혀 사실이 아니다.

명제는 모두 지시적인 관계적 체계를 갖는 어떤 일반적 결합체를 전제한다. 이 결합체는 그 명제를 판단하는 주체의 장소 locus와, 그 명제의 논리적 주어를 포함하고 있다. 이 전제는 그 명제의 일부이며, 그 명제는 그 전제가 타당하지 않은 주체에 의해서 결코 품어질 수 없다. 따라서 명제에는 어떤 특성들이, 판단하는 주체와 논리적 주어에 대해서 전제된다. 특성의 이러한 전제는 지시 작용의 필요조건들이 단순히 요구하는 것을 넘어서서 더 연장될 수 있다. 예컨대 〈소크라테스는 죽는다〉에서는 단순한 시공적 지시 체계가 〈소크라테스〉를 지시하는 데 충분할지 모른다. 그러나 이 명제는 〈인간 소크라테스는 죽는다〉라는 것이든가, 〈철학자 소크라테스는 죽는다〉는 것을 의미할 수도 있다. 이 필요 이상의 지시 작용이 그 명제의 일부일 수도 있는 것이다. 어쨌든 간에 명제가 어떤 체계적 국면을 드러내 보여주는 것으로서의 현실 세계를 전제한다는 원리는 이제 설명된 셈이다.

이러한 논의는 〈카이사르가 루비콘 강을 건넜다〉라는 명제에 의해 예시될 수 있다. 이런 형식의 말은 불특정한 수의 다양한 명제들을 상징한다. 〈카이사르〉가 그 가장 구체적인 형태에 있어서 대변하는 것은, 판단하는 주체의 입각점에 따르는 현실 세계 내에 정착된 현실적 존재들의 사회이다. 그리고 이때 이 현실적 존재들의 객체화는 그 주체에 의해서 의식적으로 지각된다. 지각에 대한 총체적인 이론은 뒤의 장(제3부 참조)에서 상세히 논의될 것이다. 지금 단계에서는 이 이론을 단순히 전제해 놓기로 한다. 〈루비콘 강〉이라는 말은 〈카이사르〉라는 말과 동일한 방식으로 설명되어야 한다. 〈카이사르〉 및 〈루비콘 강〉과 관련해서 모호한 채로 남아 있는 유일한 점은 다음과 같은 것이다. 즉 이러한 사회들──그 중의 한쪽 또는 양쪽 모두, 그리고 각각 그 한정 특성 defining characteristics을 지니고 있는──이 판단 주체와 동시적인 세계로까지 연장된다고 추정적으로 상정해 볼 수 있지 않은가 하는 것, 혹은 그것들이 이 주체를 넘어서는 미래의 세계로까지 연장된다고 훨씬 더 추정적으로 상정해 볼 수 있지 않은가 하는 것이다. 과거 시제의 〈……였다 has〉⑤라는 말은, 이러한 모호성이 빗나간 논점이며 따라서 그 명제는 이 점을 무시할 수 있도록 구성될 수 있다는 것을 보여준다. 그렇지만 그 명제가 반드시 그렇게 구성될 필요는 없다. 카이사르의 왕년의 부하들 가운데 한 사람이 몇 년 뒤에 이 강둑에 앉아 카이사르가 암살되었던 일이라든지, 그의 눈앞을 조용히 흐르고 있는 이 작은 강을 카이사르가 건넜던 일들을 곰곰이 생각한 적이 있었을지도 모른다. 만일 이런 일이 있었다고 한다면, 이는 현재 내가 고찰하고 있는 보다 직접적인 명제와는 다른 것이었을 것이다. 이것은 언어의 절망적인 모호성을 가장 잘 예시해 주는 사례이다. 왜냐하면 그 두 명제는 하나의 동일한 언어적 표현에 합치하기 때문이다. 또한 제3의 명제가 있다. 즉 현대의 한 여행자가 루비콘 강의 둑에 앉아 현실적 계기에 대한 그의 직접적 지각에 대해 곰곰이 생각하면서, 그 자신에게 직접 알려져 있는 것으로서의 루비콘 강이 겪어온 과거의 역사의 일부를 포함하고 있다고 추론적으로 그리고 추정적으로 그가 믿고 있는 그런 하나의 사건을 시공적으로 특수화함으로써, 그 자신과 상대적으로 위치 설정을 한다. 그 사람은 또 추론하고 추정하며 시공적으로 특수화하는 유사한 과정을 통해

⑤ 이 과거형은 우리말로는 표현할 길이 없으나, 화이트헤드가 가리키고 있는 것은 〈카이사르는 루비콘 강을 건넜다 Caesar *has* crossed the Rubicon〉라는 문장의 〈has〉를 말한다.

서, 그가 직접적으로는 전혀 알지 못하는 카이사르의 생애를 포함하고 있다고 믿는 별개의 사건을 그 자신과 상대적으로 위치 설정한다. 지금의 루비콘 강의 둑에 앉아 있는 이 나그네에 의해 곰곰이 생각되고 있는 명제는, 카이사르의 왕년의 부하가 생각했던 명제와는 분명히 다른 명제이다. 또한 안토니우스의 연설에 귀를 기울였던 청중 가운데 한 사람 — 카이사르는 본 적이 있으되, 루비콘 강은 본 적이 없는 사람 — 의 마음속에 있었을지도 모르는 명제도 있다.

이렇게 해서 조금씩 서로 등급을 달리하는 불특정한 수의, 고도로 특수한 명제들이 만들어질 수 있다는 것은 분명하다. 모든 것은, 이러한 다양한 명제가 그들의 주어〔주체〕에 대해서 전제하는 직접적인 지각적 지식에서의 차이에 달려 있다. 그러나 보다 더 일반적인 유형의 명제가 있다. 이러한 명제에 있어서 〈카이사르〉와 〈루비콘 강〉은 더 일반화되고, 더 모호한 의미를 가지게 된다. 이러한 보다 모호한 의미에 있어 〈카이사르〉와 〈루비콘 강〉은, 어떤 유형의 추론과 추정에서 출발하여 어떤 유형의 경로를 지니게 되는 임의의 한 성원에 의해 위치 설정된 존재들 — 이런 것들이 있다면 — 을 지시한다. 또 이처럼 위치 설정될 수 있는 그와 같은 존재들이 있다는 사실이 그 내용의 일부분 — 이것에 의해 혼란은 참이 되거나 거짓이 된다 — 이 되는 그런 명제들이 얼마간 있다. 그리고 참과 거짓에 관한 한, 그에 대한 필요조건조차 결여된 명제들도 더러 있다. 판단하는 주체로서의 우리들 가운데 몇몇 사람에게는 무의미하게 보이는 보다 특수한 명제들의 현존을 우리가 가정할 수 있는 것은, 이러한 다양한 유형의 보다 추상적인 명제에 힘입어서이다.

이 논의는, 〈카이사르가 루비콘 강을 건넜다〉와 같은 언어적 진술을 들어, 그 유일한 the 의미를 추론한다는 것이 헛된 일이라는 것을 보여주고 있음에 틀림없다. 또한 그 가능한 여러 의미 가운데 어느 하나가 될 수 있도록 언어 형식에 부응하는 명제는, 모두 그 자신의 주어〔주체〕의 장소를 한정한다. 그리고 그러한 주어〔주체〕에게만, 그 내용이 그러한 명제가 되는 판단의 가능성이 존재한다.

명제는 일정한 성질 및 관계를 통한, 어떤 가정된 현실적 존재의 객체화의 가능태이며, 그 객체화는 어떤 불특정의 주체 — 이 현실적 존재들을 가정하는 것이 그의 직접 경험에서 의미를 갖는 그런 주체 — 에 대해서 이루어진다. 판단은 개별적 주체 — 그 감정이 타당하게 되는 주체 — 가 내리는 의식적 단언, 즉 그 가능태가 그에게 있어 실현되어 있다든가, 아니면 실현되지 않고 있다고 하는 의식적 단언이다. 〈실현된 realized〉이란 〈직접적인 의식적 경험에서 실현된〉을 의미하는 것이 아니라, 〈그 판단 주체를 탄생시킨 여건에 기여하는 것으로서 실현된〉을 의미하는 것임에 유의할 필요가 있다. 직접적인 의식적 경험은 대개의 경우 부재(不在)하기 때문에 판단은 그릇될 수 있다.

따라서 명제는 로크가 〈개별적인 존재자에 결정되어 있는 관념〉이라고 했던 것의 한 예이다. 명제는 그러한 관념의 가능태이다. 주어진 주체에 있어서의 결단에 붙여진 실현된 관념은 판단이며, 이는 특정한 사물에 대하여 참인 관념일 수도 있고, 거짓인 관념일 수도 있다. 이 문제에 대한 논의는 개념적 활동 conceptual activity을 검토할 때(제3부 참조) 다시 계속해야 한다. 그러나 명제가 영원한 객체와 현실적 계기 사이에 위치하는 복합적 존재라는 것은 분명하다. 명제는 영원한 객체에 비해 현실적 계기의 구체적 특수성을 분유(分有)하고 있으며, 현실적 계기에 비해 영원한 객체의 추상적 일반성을 분유하고 있다. 마지막으로, 명제는 판단의 느낌 judgment-feeling에 의한 방식과는 다른 여러 방식으로 경험 속에 들어온다는 것을 기억해 둘 필요가 있다.

제 4 절

형이상학적 명제. 1+1=2.

〈형이상학적〉이라는 말이 지니는 본래의 일반적인 의미에서, 형이상학적 명제란 다음과 같은 명제를 가리킨다. 즉 i) 그것을 품고 있는 주체로서의 임의의 현실적 계기에게 의미가 있는 명제, ii) 그 술어가 술어 패턴에 적당한 수의 논리적 주어를 제공하면서, 현실적 계기들의 임의의 집합과 모든 집합을 잠재적으로 관계시킨다는 의미에서 〈일반적인〉 명제, iii) 그 형식과 범위로 말미암아, 그 진리치가 술어의 적용을 논리적 주어의 임의의 한 집합에 제한함으로써 얻어지는 단칭 명제의 진리치와 동일해진다는 의미에서 〈불변의 uniform〉 진리치를 갖는 명제이다. 만일 형이상학적 명제가 참이라면 제3의 조건이 불필요하다는 것은 분명하다. 왜냐하면 일반 명제는 이 조건이 충족되는 경우에만 참일 수 있기 때문이다. 그러나 일반 명제가 만일 거짓이라면, 그 명제는 각각의 파생적인 단칭 명제가 거짓인 경우에 한에서만 형이상학적인 것이 된다. 일반 명제는 임의의 한 파생적인 단칭 명제가 거짓인 경우, 거짓이 될 것이다. 그러나 제3의 조건은 명제의 진위(眞僞) 결정과 관계없이 명제 속에 표현되어 있다.

형이상학적 명제로부터 도출된 단칭 명제들이 그 진리치에 있어 다른 우주 시대의 그것과 달라지게 되는 그런 우주 시대란 있을 수 없다.

우리는 물론 형이상학적 명제들을 마음에 품고 있다고 생각한다. 그러나 기하학의 원리에 관한 과거의 오류를 돌이켜볼 때, 이 점에 대해서 어느 정도 회의적인 태도를 간직해 두는 것이 현명할 것이다. 가장 명백하게 형이상학적인 것이라고 생각되는 명제는 산수의 정리(定理)이다. 따라서 나는 산수의 정리들 중에서 가장 단순한 것 가운데 하나인 〈1+1=2〉[2]라는 정리를 검토함으로써, 형이상학적 명제를 마음에 품고 있다고 하는 신념과 이에 대한 회의를 동시에 정당화시켜 보겠다.

〈하나의 존재 entity와 또 하나의 존재를 합하면 두 개의 존재가 된다〉는 의미로 해석되는 이 명제는 확실히, 그 일반성이나 진리성에 있어서 아무런 제한이 없는 본래의 형이상학적 명제라고 생각된다. 그러나 이

---

2) 이 명제의 증명에 관해서는 『수학 원리 *Principia Mathematica*』 제II권, 110. 643 참조.

명제의 형이상학적 진리성이 지니는 일반성이 한결같이 신뢰받고 있는 가운데서도, 분명히 제한되어 있는 의미로, 그리고 때로는 참이 아닌 의미로 그 명제가 흔히 주장되고 있다는 것을 깨닫게 될 때, 우리는 여기에서조차 주저하지 않을 수 없게 된다. 현실 세계를 언급함에 있어 우리는 좀처럼 개체적인 현실적 존재를 고려하지 않는다. 우리의 사고 대상은 거의 언제나 사회이거나 현실적 존재들의 보다 느슨한 그룹이다. 이제 논의를 간결하게 하기 위해서, 〈인격적 personal〉 유형의 사회를 고찰해 보기로 하자. 그러한 사회는, 어떤 한정하는 성격이 각 계기에 의해 그 선행자로부터 계승되는 역사적 경로를 형성하고 있는 현실적 계기들의 일직선적인 계기(繼起)일 것이다. 이런 종류의 사회는 〈존속하는 객체 enduring object〉이다. 아마도 존속하는 단순한 객체는 우리들이 일상적으로 지각하거나 생각하는 어떠한 사물보다도 더 단순할 것이다. 이는 가장 단순한 유형의 사회이다. 그리고 그것의 현존이 조금이라도 지속되기 위해서는, 그 환경이 주로 그와 유사하며 단순한 존속하는 객체로 구성되어 있어야 한다. 우리가 보통 고려하고 있는 대상은, 많은 가닥 strands의 존속하는 객체들이 발견될 수 있는 보다 넓은 사회, 즉 〈입자적 사회 corpuscular society〉이다.

이제 서로 뚜렷이 구별되는 두 가지 존속하는 객체를 고찰해 보자. 그것들은 그 한정 특성이 다를 경우 더 쉽게 고찰될 수 있을 것이다. 이들의 한정 특성을 *a*와 *b*라 하고, 이 두 존속하는 객체의 이름도 *a*와 *b*라는 문자로 쓰기로 하자. 그런데 〈하나의 존재와 또 하나의 존재를 합하면 두 개의 존재가 된다〉라는 명제는 대개 다음과 같은 의미로 해석되고 있다. 즉 두 개의 존속하는 객체가 주어질 때, 하나의 현실적 계기를 두 역사적 경로 각각으로부터 의식적으로 이해하는 모든 주의 집중의 행위는, 필연적으로 그 두 경로 각각으로부터 하나씩, 두 개의 현실적 계기를 발견하게 될 것이라는 점이다. 예를 들어 컵과 그 받침 접시를 이러한 두 개의 존속하는 객체 ── 물론 이것들은 그러한 객체가 아니다 ── 라고 가정해 보자. 이런 경우 우리는 늘 다음과 같이 생각한다. 즉 그것들이 둘 다 현존하고 있고, 한눈에 들어올 만큼 서로 인접해 있는 한, 그 컵을 지각하고 받침 접시를 지각하는 모든 주의 집중의 행위는 두 개의 현실적 존재에 대한 지각 ― 하나는 그 컵의 현존의 한 계기에 있어서의 컵에 대한 지각이고, 다른 하나는 그 받침 접시의 현존의 한 계기에 있어서의 받침 접시에 대한 지각이다 ― 을 포함하고 있게 될 것이라는 사실이다. 이 특정한 사례에 있어서 이와 같은 가정이 참이라는 데에는 의문의 여지가 없다. 그러나 그렇게 가정하는 가운데 우리는, 우리가 출발했던 형이상학적 명제로부터 아주 멀리 벗어나게 된다. 사실상 우리는 우리의 생활이 그들 가운데서 이루어지고 있는 그런 존재들의 광범위한 여러 사회에 관한 진리를 진술하고 있는 것이다. 그것은 이 우주cosmos에 관한 진리이지 형이상학적 진리는 아니다.

진징으로 존속하는 단순한 두 객체 *a*와 *b*로 되돌아가기로 하자. 그리고 그것들을 한정하는 성격 *a*와 *b*는 모순되지 않고, 따라서 양자는 모두 동일한 현실적 계기를 질적으로 규정할 수 있다고 가정하자. 이럴 경우 *a*와 *b*의 뚜렷이 구별되는 경로가 ― 하나의 현실적 계기에 있어서만이라도 ― 어째서 교차해서는 안 되는가라는 것에 대한 일반적인 형이상학적 근거는 존재하지 않는다. 사실상 존속하는 단순한 존재의 개념이 지닌 극단적인 일반성을 고려한다면, 한정하는 성격 *a*와 *b*를 적당히 선택했을 때, *a*와 *b*에게 있어 교차하는 역사적 경로들은 빈번하게 출현했을 것임에 틀림없다. 이와 같은 우연한 사례에 있어서 두 개의 판이한 존속물 *a*와 *b*를 의식적으로 식별하고, 그럼으로써 그것들의 판이한 한정 특성 및 판이한 역사적 경로를 인식할 수 있는 존재자는 하나의 현실적 존재에 예시되어 있는 *a*와 *b*를 발견하게 될지 모른다. 이는 마치 컵과 받침 접시가 어떤 한 순간에서는 동일한 것이었다가, 후에 뚜렷이 구별되는 현존을 회복하는 것과 같은 것이다.

우리가 살고 있는 우주 시대를 지배하고 있는 사회의 성격에 산술의 진리성이 의존하고 있다는 추정을 덧붙이지 않고서는, 산수를 그 순수한 형이상학적 의미에서 응용하기란 거의 불가능할 것이다. 일상적인 언어적 진술이, 산술적(算術的)인 진술을 이해하는 데 필요한 상이한 의미들을 식별하는 체하지 않는다는 사실에까지 주목할 필요는 거의 없는 것이다.

산술이 몽상가에게는 흥미진진한 환상적 주제가 되지만, 생업에 몰두하는 실제적인 사람들에게는 쓸모없는 것이 되는 그런 세계——우주시대——를 상상하기란 조금도 어려운 일이 아니다. 사실 우리는 이러한 처지로부터 이제 겨우 벗어난 것같이 생각된다. 왜냐하면 이른바 〈공허한 공간〉의 황야에 위치하고 있는, 그리고 존속하는 물체를 형성하는 데에 참여하는 존속하는 객체로부터 완전히 두절되어 있는 그런 현실적 존재들의 한복판에서는, 산술에 대한 관조가 사물의 지극히 중요한 어떤 관계에로 주의를 끌고 가지 못하게 되는 일이 충분히 있을 수 있기 때문이다. 물론 희미하게 등위화(等位化)되어 있는 이러한 환경에서 생기는 어떤 현실적 존재가, 의식적인 정신 작용에 필요한 복잡한 구조를 달성한다고 보는 것은 전적으로 공론(空論)에 불과하다.

제 5 절

귀납법, 확률, 통계 이론, 근거, 표본 추출, 유한수.

하나의 형이상학적 물음, 즉 사물의 본성에는 귀납적 추론이라든지 일반적 진리의 판단이 〈옳다〉거나 〈옳지 않다〉고 말할 때 이를 의미있게 하는 무엇이 들어 있는가라는 물음을 던져보기로 하자. 예컨대 우리는 지금——1927년 7월 1일——지난 5월이나 6월에도 유효했던 미합중국의 철도 운행 시간표는, 열차가 두서너 차례의 사소한 고장이 뒤따르는 가운데 정시(定時)로부터 약간의 시간적인 오차 한도 내에서 주행하고 있었다는 사실을 반영하고 있는 것으로 믿고 있다. 그리고 7월에 통용되는 시간표도 같은 제약 밑에서 예증될 것이라고 믿고 있다. 눈앞의 증거에 비추어 볼 때, 이러한 신념은 우리가 우리의 판단이 높은 확률—이는 우리가 주장하려는 모든 것이지만—을 갖는 것으로 평가하는 한, 정당화된다. 만일 천문학상의 사건을 고찰하고 있다면, 우리의 주장은 보다 높은 확률의 평가를 포함하는 것이 될 것이다. 그러나 여기에도 불확실성의 여지가 존재할 수 있다. 어떤 유명한 천문 기상대의 계산기가 전례 없는 착오를 범할 수도 있으며, 어떤 미지의 물리 법칙이, 주된 관심의 대상이던 항성(恒星)이 뜻밖에 폭발[3]하게 되는 조건과 중요한 관련을 가지고 있을 수도 있다.

이러한 천문학상의 우발적인 사건과 이에 관하여 생겨나는 갖가지 신념들은, 이처럼 표현될 때 철학에서 형성되는 문제를 예시해 주기 때문에, 지금까지 다소 상세하게 서술되어 왔다. 철도의 열차 운행 시간표는 또 다른 논점을 예시해 준다. 왜냐하면 1927년 7월 1일 버몬트에서는, 미시시피 강의 전례 없는 대홍수가 저 5월과 6월 사이에 일어났었다는 것을 순간적으로 잊을 수도 있기 때문이다. 따라서 시간 엄수의 오차에 대한 판단이 목전의 증거에 의해서 의식적으로 정당화되었다고는 하나, 사실상 그것은 미합중국의 몇몇 주(州)에서 있었던 교통의 상당한 지연을 고려한 것이 아니었다.[4] 철도 열차에서 이끌어낸 이 예시의 요점은, 비록 문제되고 있는 사건이 일어나지 않았더라도, 또는 일어나지 않을 것이라고 하더라도, 이들 판단이 보여주는 사태의 순응 conformity이라는 것이 있다는 것이다. 이러한 고찰은 〈판단〉에 관한 근본적인 원리를 도입한다. 그것은 모든 판단이 정언적(定言的)이라는 것이다. 이는 판단하는 주체인 현실적 계기에 적용되는, 참이거나 거짓인 명제와 관계된다. 이 학설은 브래들리의 『논리학』에서 설명된 판단론과 크게 다르지 않다. 브래들리에 의하면, 모든 판단의 궁극적 주체는 하나의 궁극적 실

---

3) 이 글은 1927년 7월에 쓴 것인데, 그 후 1928년 3월에 어떤 별이 뜻밖에도 둘로 갈라졌다.

4) 이 문장을 쓰고 있던 당시에는 1927년 11월에 일어났던 버몬트의 홍수 같은 것은 더더욱 예상조차 하지 못했었다.

체인 절대자이다. 또한 그에 의하면, 판단하는 주체는 그것이 독립된 현실적인 것으로 간주될 경우 자기모순성을 갖게 되는 절대자의 한 양태라는 것이다. 브래들리에 있어 판단하는 주체는 단지 파생적인 현실성만을 가지며, 이 현실성은 절대자의 한 변용(變容)으로서의, 그 주체의 지위에 대한 표현이다. 따라서 브래들리의 학설에서 판단이란, 절대자가 그 여러 변용 가운데 하나로서라는 제한 밑에서, 여러 변용의 향유에 대한 자기 의식을 향유하는 작용이다. 브래들리의 입장에 관한 이 간결한 요약에서, 내가 스피노자의 〈실체의 변상(變狀) *affectiones substantiae*〉이라는 말을 차용하고 있다는 것을 쉽게 알아볼 수 있을 것이다.

유기체 철학에서 현실적 계기는 ── 이미 말한 바와 같이 ── 개별적인 만족을 달성하는 과정에 있어서의 우주 전체를 말한다. 브래들리의 현실태에 관한 학설은 이와 정반대의 입장에 서 있다. 최종적인 현실태는 만족의 개별적 달성을 수반하는 개별적인 과정이다. 우주의 현실태는 각 현실적 존재의 연대성(連帶性, solidarity)에서 파생되는 것에 지나지 않는다. 판단은 판단 주체의 입각점에서 객체화된 것으로서의 우주와 관계한다고 생각되지 않으면 안 된다. 판단은 그 주체를 통해서 우주와 관계한다.

이 학설을 염두에 두고, 확률 probability이 현실적 존재에 있어 긍정적인 사실이 될 수 있다고 할 때의 의미를 논해 보기로 하자. 그때 어떤 다른 명제의 확률을 표현하는 명제는 이 점에서 판단하는 존재의 구조와 일치할 수 있든가, 아니면 일치할 수 없든가 하게 된다. 가장 넓은 의미에 있어서의 〈확률〉이라는 개념은 철학에 당혹스러운 문제를 제기한다. 수학적 확률론은 어떤 일정한 통계적 가정에 기초를 두고 있다. 이러한 가정이 타당할 때 확률의 의미는 단순해지며, 그래서 그것은 다만 전문적인 수학적 전개와 관계되는 난점만이 남아 있게 된다. 그러나 어느 정도의 more or less 확률이라는 개념이 습관적으로 적용되고 있는 모든 사례에 어떻게 통계 이론이 적용될 수 있는 것인지를 이해한다는 것은 쉽지 않다. 예컨대 ── 우리가 지금 하고 있듯이 ── 별의 내부 구조에 관한 과학적 추정의 확률이나, 전례 없는 이변(異變) 이후의 인간 사회의 미래에 관한 과학적 추정의 확률을 고찰할 때, 우리는 특정의 통계적 사실에의 호소로 전환시키기 매우 어려운 유추(類推)에 영향을 받고 있는 것같이 생각된다. 만일 우리가 관찰해야 할 장소를 알고만 있다면, 그 판단은 어떤 통계적인 호소를 통해서 정당화될 수 있을 것이라고 생각할지도 모른다. 이는 통계적 확률 그 자체가 확률적인 것이라는 신념이다. 그러나 여기서는 분명히 현재의 사례에 적용될 수 있는 통계적 확률을 지지하기 위해, 보다 넓은 의미의 확률에 대한 호소가 이루어지고 있다. 이러한 보다 넓은 의미의 확률 그 자체가, 그러한 유형의 과학적 논증과 관련된 특수한 통계의 현존에 관한 별개의 통계적 확률이라는 것은 논증이 가능하다. 그러나 이러한 설명에서는 당혹스러운 문제들이 누적되어 갈 뿐이다. 그리고 우리는 이론에 집착하는 추론자(推論者)들에게나 매우 유익한 그런 여러 가상적(假想的) 설명 가운데 하나에 속고 있는 것이 아닌가 하는 의구심을 떨쳐 버릴 수 없다. 유기체 철학은 확률에 대한 직관을 가능케 하는, 우주에 있어서 뚜렷이 구별되는 두 가지 요소를 제공한다. 그 하나는 통계적인 것이다. 이 절과 다음에 이어지는 두 절은 통계 이론을 정당화하는 데에 할애하기로 하겠다. 따라서 당장 시급한 과제는 대처해야 할 난점들을 치밀하게 검토하는 일이다.

우선 첫째로, 확률은 항상 증거에 비례한다. 그래서 통계 이론에 있어 수적 확률은, 통계적인 비교를 위한 〈근거 ground〉로서 선택된 〈사례들〉의 특수한 집합 내에 들어 있는 유리한 사례와 불리한 사례의 수적 비율을 의미할 것이다. 그러나 그 밖의 다른 여러 〈근거〉들이 분명히 있다. 따라서 우리는 어째서 하나의 〈근거〉가 선택되고 〈다른 근거〉가 선택되지 않는가에 대한, 〈확률〉에 기초하지 않은 이유를 제시해야 한다. 우리는 갈수록 더 모호해지는 일련의 확률 ── 여기에서 최초의 근거는 통계상 확률적인 것으로서 선택되어, 다른 〈근거들〉보다 우월한 것으로 간주된다 ── 을 인정하게 될 수도 있다. 이럴 경우 우리는 확률의 〈제2단계〉 근거로 밀려나게 된다. 논리적으로는 다시 제3단계, 제4단계의 〈근거들〉로 계속해서 나아갈 수도 있는 것이다. 그러나 우리가 이러한 통계 이론을 성립시키려면, 유한한 수의 단계를 거친 후, 확률 때문에 선택한 것이 아닌 〈근거〉에 도달해야 한다. 그것은 우리의 모든 추론에 전제된 그런 〈근거〉이기 때문에 선택되는 것이어야 한다. 그러한 궁극적인 〈근거〉를 도외시한다면, 확률이라는 개념의 온갖 사용에 대한 궁극적인 설명으로 간주되는 통계 이론은 필연적으로 실패할 수밖에 없을 것이다. 이러한 실패가 도래하게 되는 까닭은, 확률에 대한 평가 전체가 기초하고 있는 궁극적인 〈근거〉가 전적으로 자의적인 것 arbitrariness이라는 데 있다.

둘째로, 통계적 확률에 알맞은 〈근거〉를 위한 첫째의 필요조건 그 자체가 확률에 호소하고 있는 것처럼 보인다. 〈근거〉로 불리는 집합의 성원들은 그것들 자체가 〈똑같은 확률의 사례들〉로서, 이들 가운데 어떤 성원들은 그 확률에 유리한 것이고 어떤 성원들은 불리한 것이지만, 모든 성원이 유리하든가 혹은 모든 성원이 불리하든가 하게 되는 그런 제한하는 유형의 〈근거〉의 가능성을 수반하고 있는 것이어야 한다. 그 확률이 산정될 수 있는 문제의 명제는 반드시 그 〈근거〉의 한 성원으로 알려진 것이어야 한다. 그러나 어느 집합 ── 유리하건 불리하건 간에 ── 에 이 명제가 속하느냐에 관한 다른 증거들은 하나도 고려되고 있지 않다. 궁극적 근거에 있어서, 〈똑같은 확률의 사례〉라는 표현은 어떤 확률 개념에도 의존함이 없이 설명될 수 있어야 한다는 것은 분명하다. 이 설명의 원리는 주사위의 여섯 면을 참고한다면 쉽게 이해할 수 있다. 주사위는 주어진 사실이다. 하나의 면이 위를 향하고 또 다른 면이 아래를 향하도록 굴러가게 되는 어떠한 상황에서도, 그 여섯 개의 면들은 면으로서 달라지지 않는다. 그리고 이러한 주어진 사실 이상은 아무것도 모른다. 따라서 우리는 궁극적 사실로 다시 밀려나게 된다. 어떤 궁극적인 종(種, species)이 있어야 한다. 그리고 그 종적(種的) 성격은 그 종의 구성원들이 사례가 될 그들의 능력에 있어서 〈유리〉하거나

〈불리〉한 것과는 무관해야 한다. 이들은 모두 확률에 호소함이 없이 직접적으로 인식되는 것들이어야 한다. 또한 이와 마찬가지로 이러한 종 내에 있는 유리하거나 불리한 사례들의 비율도 직접적으로 인식되어야 한다——적어도 결론에 있어 전제된 정확성 내지 모호성의 한계 내에서.

셋째로, 〈근거〉를 위한 또 하나의 필요조건은 그것이 포함하는 사례의 수가 유한해야 한다는 것이다. 통계적 확률이 의거하고 있는 기수(基數)의 비율에 관한 이론 전체는 기수가 무한일 때 붕괴된다.

넷째로 〈표본 추출〉의 방법은 두 가지 반론을 비껴간다고 공언한다. 그중의 하나는 방금 지적한 것으로, 〈근거〉에 있어서의 사례의 수가 무한일 때 그 이론 전체가 붕괴된다는 것이다. 또 하나의 반론은 문제의 사례가 사실상 새로운 것이어서, 실제로 음미되고 있는 〈근거〉에는 속하지 않는다는 것이다. 이 두 번째 반론에 의하면, 그 이상의 어떤 증거가 없을 경우 그 〈근거〉의 통계상의 지위는 문제되는 사례의 확률에 관해 거짓된 증거가 된다. 요약하면, 표본 추출의 방법은 다음과 같은 난점을 극복한다고 공언한다. 즉 i) 근거의 무한성에서 생기는 난점과 ii) 문제되는 사례의 새로움——이 경우, 그 사례는 검토되고 있는 근거에 속하지 않게 된다——에서 생기는 난점이다. 이 논의에서 우리는, 그 자체를 떠나 확률에 호소할 필요가 없는 그런 궁극적 근거를 고찰하고 있다는 데에 유의할 필요가 있다. 따라서 근거에 관한 통계적 사실은 〈주어져 있는〉 것이어야 하며, 단지 〈확률적인〉 것이어서는 안 된다.

i) 무한수의 유리한 사례와 무한수의 불리한 사례를 포함하고 있는 무한한 〈근거〉가 있는 경우, 〈임의의 random〉 표본 추출은 통계적 확률을 확정짓는 데에 아무런 도움도 되지 않는다. 그 한 이유는 그러한 비율의 관념이 무한한 것에 적용될 수 없기 때문이며, 또 하나의 이유는 어떤 표본도 〈임의적인〉 것일 수 없기 때문이다. 그것은 단지 복잡한 방법에 따라 추출되었을 뿐이다. 각기 그 나름의 방법에 따라 추출된 유한수의 표본들은 아무리 그 방법이 복잡하다 하더라도, 그 방법에

전적으로 달려 있는 통계적 결과를 제공하게 될 것이다. 이른바 임의의 표본 추출의 반복이 일치된 결과를 제공하는 한, 여기서 이끌어낼 수 있는 유일한 결론은 〈임의의〉 방법들 간에는 관련된 유비(類比) ── 비록 은폐되어 있긴 하지만 ── 가 존재한다는 것이다. 그래서 유한한 〈근거〉는 통계적 확률에 있어 본질적인 것이 된다. 이러한 주장이, 유한한 〈근거〉에 적용되는 표본 추출이라는, 적절히 해석된 방법에 대한 비판을 함의하고 있지 않다는 점에 대해서는 오해가 없어야 하겠다.

ii) 문제의 〈사례〉가 검토의 대상이 되고 있는 근거에 속하지 않는 경우, 그 이상의 정보가 없다면 이 〈근거〉로부터 새로운 사례로의 어떠한 합리적 추론도 있을 수 없게 된다. 확률이 실제로 순수하게 통계적인 것이고 아무런 보충적인 정보가 없다고 한다면, 이러한 결론은 불가피한 것이 된다. 그러나 우리는 확실히 주저하지 않고, 문제의 사례를 포함하지 않는 〈근거〉로부터 출발하여 문제의 사례에 관한 확률적인 결론을 향해서 추론해 가고 있다. 따라서 이러한 추론은 불합리하고 무익하고 쓸모없는 것이든가, 아니면 보충적인 정보가 있어서 정당화되는 것이든가 둘 중 하나이겠다. 이것이 귀납의 이론과 확률론을 곤혹스럽게 만드는 유명한 딜레마이다.

제 6 절

귀납법에 숨겨진 전제, 일정한 유형의 현실태를 전제하는 데에는 일정한 유형의 환경이 필요하다. 보다 넓은 귀납은 부당하다. 관련된 환경 속에서의 통계적 확률.

모든 확률적 판단이 관계를 맺어야 할 궁극적인 〈근거〉는, 판단하는 주체에 있어서 객체화된 것으로서의 현실적 세계 이외의 것이 아니라는 것이 분명하다. 판단하는 주체는 항상 그 자신의 여건에 대하여 판단을 내리고 있다. 따라서 만일 통계 이론이 타당성을 갖는 것이 되려면, 판단하는 주체와 그 여건의 관계는 그 이론에 따라다니는 여러 난점에서 벗어나는 것이어야 한다.

현실적 존재는 어느 것이나 모두 사실상 본질적으로 사회적이다. 그리고 그것은 다음의 두 가지 측면에서 그러하다. 첫째로, 현실적 존재가 지니게 되는 성격의 윤곽은 그것의 환경이 그 느낌의 과정에 제공하는 여건들에 의해 결정된다. 둘째로, 이러한 여건들은 그 존재에 있어 외적인 것이 아니다. 그것들은 그 존재에 내재하는 우주의 전시 display를 구성한다. 따라서 판단 주체가 판단을 내리게 되는 여건들 자체는, 판단하는 주체의 성격을 제약하는 구성 요소인 것이다. 그렇기 때문에 경험 주체의 성격에 관한 일반적 전제는, 모두 또한 그 주체에게 우주의 전시를 제공하는 사회적 환경에 관한 일반적 전제를 함의하고 있게 된다. 바꿔 말하면, 주체의 어떤 종(種)은 그 합생의 예비적 위상으로서 여건의 어떤 종을 필요로 한다는 것이다. 그러나 이러한 여건은 객체화에 의해서 생긴 추상 아래에서의 사회적 환경에 지나지 않는다. 그리고 이 추상의 성격 자체는 그 환경에 의해 좌우된다. 여기서 가정되어 있는 판단 주체에게 필수적인 여건의 종(種)은 어떤 사회적 성격의 환경을 전제로 하고 있다.

따라서 유기체 철학에 의하면, 귀납적 추론은 어떤 숨겨진 전제를 근거로 해서 그 타당성을 획득하게 된다. 이 묵시적인 가정은 다음과 같은 것이다. 즉 귀납적으로 정당화된 판단의 논리적 주어인 특정한 미래는, 배정된 경험을 향유하는 어떤 동시적 주체와 밀접한 유사성을 갖는 현실태들을 포함할 것이라는 사실이다. 예를 들면 문제의 판단 주체와의 유사성이나, 귀납적 판단의 논리적 주어인, 현실 세계에 있는 것으로 전제된 어떤 종류의 현실태와의 유사성이 그것이다. 그리고 이 미래는, 이 조건을 유지시키고 있는 계승의 연속성에 의해 현재로부터 도출된다는 것도 가정되어 있다. 따라서 여기에는 판단 주체와의 관련에 의해서이든, 아니면 명제의 하나 이상의 논리적 주어가 지니는 전제된 성격에 필수적인 일반적 유형의 물질적 세계와의 보다 직접적인 관련에 의해서 이든 간에, 일반적인 사회적 환경이 유지된다는 전제가 있다.

이 점과 관련하여 나로서는 『과학과 근대세계』(제3장)에 들어 있는 다음과 같은 구절을 최종적인 요약으로 되풀이해서 말할 수 있을 뿐이다. 즉,

> 곧 알게 되겠지만, 나는 귀납법의 본질이 일반 법칙을 이끌어내는 데에 있는 것이라고 생각하지 않는다. 그것은 이미 알고 있는 특정한 과거의 특성들로부터 특정한 미래의 몇몇 특성들을 예측해 내는 방법이다. 인지할 수 있는 모든 계기에 들어맞는 일반 법칙들에 대한 폭넓은 가정은, 이 제한된 지식이 떠맡기엔 너무 무거운 짐인 것처럼 보인다. 우리가 현재의 계기로부터 끌어낼 수 있는 것은 다만, 동일한 집합체에 들어 있다는 사실에 의해 어떤 점에서 서로 한정하고 있는 여러 계기들의 특정한 집합체를, 이 현재의 계기가 규정할 것이라고 하는 점뿐이다.⑥

귀납법에 관한 이 논의에서 분명해지는 것은, 유기체 철학이 인간은 사회적 동물이라는 윤리학적 논의의 전제를 부연하고 있는 것처럼 보인다는 것이다. 이로부터 유추해서 말한다면, 현실적 계기는 모두 사회적이며, 따라서 우리가 어떤 항구적인 유형의 현실적 계기의 현존을 가정하고 있을 때, 우리는 그 환경에 포함되어 있는 여러 유형의 사회들을 가정하고 있는 것이다. 귀납법의 타당성에 관한 이러한 설명은, 다음과 같이도 기술될 수 있다. 즉 모든 예측에는 어떤 유형의 현실적 존재들이 전제되어 있으며, 이때 문제되는 것은 이러한 존재들이 어떤 조건 아래에 놓여 있는가 하는 점이라는 것이다. 이 물음이 답변될 수 있는 이유는, 여기에 전제된 유형의 존재들인 그들의 최초의 위상을 위한 어떤 전제된 유형의 여건들을 필요로 한다는 것, 그리고 전제된 유형의 여건

⑥ 『과학과 근대세계』, 오영환 옮김(서광사, 1989), 75쪽.

들은 어떤 전제된 유형의 사회적 환경을 필요로 한다는 것이다. 그러나 자연의 법칙들은 사회적 환경의 산물이다. 따라서 우리가 어떤 유형의 현실적 계기들을 전제하는 경우, 우리는 이미 환경의 구석구석에서 작용하고 있는 자연의 법칙에 관한 어떤 정보를 가지고 있는 셈이 된다.

그러므로 모든 귀납적 판단에는, 그 귀납의 범위 안에 들어오는 현실적 존재들에 관한 한, 직접적 환경의 일반적 질서가 유지되고 있다는 전제가 포함되어 있다. 귀납적 판단은 이러한 주어진 질서에 내재하는 통계적 확률을 중요시한다. 예상 anticipation은 그것이 전제하고 있는 일정한 우주적 질서 cosmic order를 떠날 때 무의미해진다. 생존 survival은 질서를 필요로 한다. 그리고 생존을 전제한다는 것은, 그러한 유형의 생존이 필요로 하는 질서의 유형을 도외시할 때 모순이 된다. 이 점에서 유기체 철학은 어떠한 형태의 데카르트적인 〈실체 철학〉과도 다르다. 왜냐하면 실체가 존재하기 위해서 자기 이외의 아무것도 필요로 하지 않는다면, 그 생존은 그 환경에 있어서 질서의 생존과 아무런 관계도 없게 될 것이기 때문이다. 따라서 생존하는 실체와 그 미래의 환경과의 외적인 관계성에 관해서는 아무런 결론도 끌어낼 수 없게 된다. 유기체 철학에 있어 암석 한 조각의 미래에 관한 예측은, 그 한 조각의 암석이 필요로 하는 유형의 질서를 갖는 환경을 전제로 한다. 따라서 완전한 미지의 환경은 결코 귀납적 판단에 개입하지 않는다. 귀납법은 이 환경의 통계적 확률과 관계되거나, 아니면 그 환경에 대한 영원한 객체의 등급화된 관련과 관계된다.

따라서 단순한 미지의 것에 대한 호소는 자동적으로 배제된다. 불특정한 환경에 있어서의 불특정한 존재에 무엇이 일어날 것인가라는 물음에는 답이 있을 수 없다. 귀납이 관심을 갖는 것은, 언제나 직접적 환경의 안정성을 위해 중요한 현실적 존재들의 사회인 것이다.

제 7 절

객체화는 환경의 표본이 된다.

앞의 절에서는 암암리에 확률에 호소하였다. 이 절의 목적은 그렇게 끌어들인 확률이 어떻게 통계 이론에 의해 해명될 수 있는가를 설명하는 데 있다. 우선 첫째로, 우리는 확률에의 이러한 호소가 정확하게 어디에서 귀납의 관념으로 개입해 들어가는가에 대해 주목해 보아야 한다. 귀납적 추론이 항상 안고 있는 하나의 가설은, 고찰의 주제가 되고 있는 환경은 현재의 사회와 유사한 현실적 계기들의 사회를 포함하리라는 것이다. 그러나 유사한 사회들은 그들의 여러 계기에 대하여 유사한 여건들을 필요로 한다. 그리고 유사한 여건들은 유사한 환경이 제공하는 객체화에 의해서만 공급된다. 그러나 자연의 법칙은 환경을 지배하는 사회의 성격에서 도출된다. 따라서 문제의 환경을 지배하는 자연의 법칙은, 직접적 환경을 지배하는 자연의 법칙과 어떤 유사성을 가지고 있다.

그런데 〈유사성〉과 〈지배〉라는 개념은 다 같이 불확실성의 여지를 수반하고 있다. 우리는 어느 정도로 유사한가라든가 어느 정도로 지배적인가라고 물을 수 있다. 만일 엄밀한 유사성이나 완전한 지배가 있다고 한다면, 거기에는 일반적 조건에 관한 확실성과 특수한 세부 사실에 관한 무지와의 혼합이 있게 될 것이다. 그러나 이러한 기술(記述)은 직접적인 현재나 과거에 대한 우리의 지식에도, 미래에 대한 우리의 귀납적 지식에도 들어맞지 않는다. 우리의 의식적 경험은 확실성, 무지, 개연성〔확률〕의 당혹스러운 혼합물을 동반하고 있다.

현실적 존재들의 사회의 지배에 의존하고 있는 우주 시대의 이론이 확률의 통계적 설명에 기반을 제공한다는 것은 분명하다. 어떠한 시대에도 서로 연결되어 질서화된 특정한 한 조(組)의 지배적 사회가 있다. 또한 거기에는 어느 사회에 속하는 것으로도 분류될 수 없는 혼돈된 계기들의 혼합 상태가 있다. 그러나 우주 시대의 거대한 폭을 고려해 볼 때, 우리는 사실상 무한을 문제삼고 있으며, 따라서 제멋대로 채택된 것이 아니라 사례의 본질에 뿌리를 두고 있는 어떤 표본 추출의 방법이 필요하게 된다.

이러한 표본 추출의 자연스러운 방법은, 임의의 한 현실적 계기의 최초 위상 primary phase을 형성하는 여건에 의해서 제공된다. 각 현실적 계기는 그 환경 내에 있는 다른 현실적 계기들을 객체화한다. 이 환경은 우주 시대의 관련된 부분으로 국한될 수 있다. 이는 적절한 중요성이 현실적 계기들 간의 개별적인 차이와 관련하여 문제되고 있는 한, 연장적 연속체의 유한한 영역이 된다. 개별적인 차이의 중요성과 관련해서, 이 영역 안에 있는 관련된 각 계기의 연장에는 보다 낮은 한계가 있다고 가정해 볼 수 있겠다. 이러한 두 가지 가정을 전제로 할 때, 임의의 한 계기를 위한 관련된 여건을 형성하는 관련된 객체화는, 그 환경에 들어 있는 현실적 계기들의 유한한 표본과 관계된다는 결론이 나온다. 따라서 외계에 대한 우리의 지식과 그 외계의 법칙들이 의존하고 있는 조건들에 대한 우리의 지식은, 어디까지나 확률의 통계 이론이 요구하는 저 수적(數的) 성격의 것이 된다. 그러한 이론은 엄밀한 통계적 계산을 필요로 하지 않는다. 이 이론이 의미하는 것은, 기껏해야 우리의 확률 판단이 수적인 의미의 〈다소(多少)〉에 대한 모호한 평가에서 궁극적으로 도출될 수 있다는 것뿐이다. 우리는 사물들이 생겨나는 방식의 종류에 관한 통계적 기초에 대해서는 불명확한 직관을 가지고 있는 것이다.

주 ── 확률의 철학적 이론에 관한 뛰어난 논의는 케인스 J. M. Keynes 씨의 『확률론 *A Treatise on Probability*』에서 찾아볼 수 있다. 이 저서는 이 주제에 관한 표준적인 역작으로 틀림없이 오래도록 남을 것이다. 이 장에서 내가 이끌어낸 결론은 케인스 씨가 그의 저서 제21장 말미에서 내세웠던 결론과 근본적으로 다르다고 생각되지 않는다. 다만 케인스 씨는 내가 시사한 바와 같이, 그가 제8장에서 엄격하게(그리고 그 특수한 형태에 관한 한 옳게) 비판했던 〈빈도 이론 frequency theory〉의 형태와 매우 유사한 확률 이론으로 되돌아간 것으로 보인다.

제 8 절

비통계적 근거. 등급화된 욕구, 신의 원초적 본성. 신의 기능이라는 개념의 세속화.

앞의 세 절에서의 논의는 전적으로 확률 판단의 통계적 근거를 설명하는 일에 집중되어 왔다. 그러나 바로 그러한 논의는 확률 판단의 비통계적 근거도 드러낸다.

사고의 중요한 흐름은 다음과 같은 것이었다. 즉 i) 각 현실적 계기는 그 자신의 구조의 근저에 그것을 탄생시킨 환경을 가지고 있다는 것, ii) 환경의 이러한 기능에 있어서는, 보유되어 있는 요소들에 대한 조화된 경험을 획득하기 위해서, 그 한정성의 무한히 다양한 형식들로부터 추상이 행해지고 있다는 것, iii) 어떤 배정된 종(種)에 속하는 임의의 현실적 계기는 그 종에 적합한 환경을 필요로 하며, 따라서 어떤 종을 전제한다는 것은 그 환경에 관한 전제를 포함하게 된다는 것, iv) 모든 귀납 판단 및 모든 확률 판단에는, 음으로 양으로 고찰되고 있는 상황 속에 들어 있는 현실적 계기의 하나 내지 그 이상의 종이 전제되고 있으며, 따라서 iii)에 의해서 어떤 일반적 유형의 환경이 전제되고 있다는 것이었다.

그래서 모든 확률과 귀납법의 기초는 전제된 환경과 직접 경험된 환경 사이의 유사성이다.

그렇기에 확률의 통계적 기초에 관한 논의는 다시 사회적 질서에 관한 학설로 되돌아가게 된다. 이 학설에 따르면 모든 사회적 질서는, 필수적인 사회에 속하는 계기들이 환경 속에서 통계적으로 지배하고 있다는 데에 의존하고 있다. 자연의 법칙은 이러한 사실에서 도출된 통계적 법칙이다. 따라서 확률에 대한 판단은 전제된 환경의 통계적 기초에 관한 ── 일반적으로 모호하고 부정확한 ── 직관에서 도출될 수 있다. 이 판단은 경험된 환경과의 유사성에서 도출될 수 있다. 경험에는 귀납적 유형의 판단을 정당화하는 데 충분한 그런 요인들이 있을 것이다.

그러나 앞에서 말한 네 가지 전제와 더불어, 비통계적인 확률 판단이 도출될 수 있는 또 하나의 요인이 있다. 경험의 원초적인 물리적 여건에 대하여 영원한 객체가 〈등급화된 강도를 갖는 관련성 graduated intensive relevance〉을 지닌다는 원리는, 배정된 환경에서 생기는 새로운 계기들에 대하여 선정된 영원한 객체가 우선적으로 적응하는 것에 관한 실재적인 사실을 표현하고 있다.

이 원리는 신의 원초적 본성을 구성하는 여러 욕구의 등급화된 질서를 모든 피조물이 파악한다는 사실을 표현하고 있다. 따라서 전제된 상황에서 귀결되는 어떤 일정한 신물의 본질적 적합성에 대한 직관이 있을 수 있다. 이러한 적합성에는 통계적인 것이 하나도 없게 될 것이다. 그것은 사물의 근저에 있으면서 모든 이행 transition의 미결정을 해결하는, 욕구의 근본적인 등급화 graduation에 의존하고 있는 것이다.

이렇게 하여 어떤 새로움의 성립에 관련된 확률에 대한 직관이 있을 수 있게 된다. 통계적 이론이 그와 같은 판단을 위한 토대를 제공하는 데 전적으로 실패하고 있다는 것은 분명하다.

이러한 비통계적 판단들이 어떤 종교적 의미를 가진다고 생각해서는 안 된다. 그것들은 종교적 감정보다 훨씬 더 낮은 지평의 경험 속에 있는 것들이다. 세계 속에서의 신의 기능이라는 개념의 세속화는 적어도, 경험에 있어서의 다른 요소들의 세속화와 마찬가지로 사고의 필수 요건으로서 화급을 요하는 것이다. 물론 신의 개념은 종교적 감정에 있어 하나의 본질적인 요소이다. 그러나 그 역은 참이 아니다. 종교적 감정이라는 개념은 우주에 있어서의 신의 기능이라는 개념에 본질적 요소는 아니다. 이런 점에서 종교적 문헌은 유감스럽게도, 부분적으로는 그것이 지니고 있는 매력에 의해, 또 부분적으로는 그것에 대한 반발에 의해, 철학 이론을 오도해 왔던 것이다.

10장

과정

제 1 절

유동성과 영속성. 발생과 실체. 공간화. 두 종류의 유동성, 즉 계기로부터 계기로의 거시적 유동성과 각 계기 안에 있는 미시적 유동성.

〈모든 사물은 흐른다 all things flow〉는 것은, 체계화되지 못한 채 가까스로 분석된 인간의 직관이 낳은 최초의 막연한 일반화이다. 그것은 〔『성서』의〕 「시편(詩篇)」 가운데 들어 있는 몇몇 가장 뛰어난 히브리 시가(詩歌)의 주제이다. 그것은 그리스 철학이 성취한 최초의 일반화 가운데 하나로서, 헤라클레이토스의 격언의 형식으로 나타나 있다. 그것은 또 미개 상태에 있던 후기의 앵글로·색슨적 사고 속에, 노섬브리아 왕의 대연회장을 가로질러 훨훨 날아가는 참새의 이야기로 다시 그 모습을 나타내고 있다. 그리고 그것에 대한 회고는 문명의 모든 단계에서 시가(詩歌)에 비애감을 심어준다. 만일 우리가 궤변에 의해 왜곡됨이 없는 저 궁극적인 통합적 경험 ultimate, integral experience으로, 그것의 해명이 곧 철학의 최종 목적이 되는 그런 경험으로 되돌아갈 수 있다면, 사물의 유동 flux of things이, 우리가 그 주변에다 철학 체계를 구축해야 할 하나의 궁극적인 일반화라는 것은 의심의 여지가 없다.

여기서 우리는 〈모든 사물은 흐른다〉라는 말을 〈사물의 유동〉이라는 말로 변형시켰다. 그렇게 하는 가운데 〈유동〉이라는 개념은, 분석을 계속하기 위한 하나의 원초적인 개념으로서 우리의 사고 앞에 내세워지게 되었다. 그러나 〈모든 사물은 흐른다〉라는 문장 속에 세 개의 낱말이 있는 데 반해, 우리는 그중의 마지막 것을 분리시킴으로써 출발했던 것이다. 이제 우리는 〈사물〉이라는 두 번째의 말로 되돌아가서, 어떤 종류의 사물이 흐르는가를 묻는다. 그리고 마지막으로 처음의 〈모든〉이라는 말에 이르러 우리는, 이 공통의 유동에 관여하고 있는 〈많은〉 사물들이라는 말의 의미는 대체 무엇이며, 〈모든〉이라는 말은 어떤 의미에서 —— 만일 그런 의미가 있다면 —— 명확하게 지적된 이 많은 사물들의 집합을 지시할 수 있는 것인가를 묻는다.

〈모든 사물은 흐른다〉라는 말 속에 들어 있는 의미를 해명하는 것이, 형이상학의 주요 과제 가운데 하나이다.

그러나 그것과 경합(競合)하는 정반대의 관념이 있다. 나는 지금 이 자리에서 그 관념을, 헤라클레이토스가 그의 생각을 묘사했던 것과 같이 완벽하게 표현할 만한 불멸의 명구를 떠올리지 못한다. 이 정반대의 관념은 사물들 —— 견고한 지구, 산, 돌, 이집트의 피라미드, 인간의 정신, 신과 같은 —— 의 영속성 permanence을 역설한다.

관련성이 없는 세부적인 것들을 벗겨내고 그 일반적 형태를 표현하면서 통합적 경험을 가장 훌륭하게 묘사하고 있는 예는, 종교적 열망을 나타내는 말 속에서 종종 찾아볼 수 있다. 그처럼 많은 근대 형이상학이 천박성을 띠게 된 이유 중의 하나는, 그것이 이러한 궁극적인 느낌 표출의 풍부성을 무시한 데에 있다. 결국 우리는 저 유명한 찬송가의 처음 두 줄에서, 하나의 통합적 경험에 있어서의 두 관념의 완벽한 결합에 대한 표현을 발견한다.

〔주여〕 나와 함께하소서,
때 저물어 날 이미 어두우니①
Abide with me ;
Fast falls the eventide.

여기서 첫째 줄은 〈함께하다〉, 〈나〉, 그리고 호소의 대상이 되고 있는 〈존재자〔신〕〉 등, 영속하는 것들을 표현하고 있으며, 둘째 줄에서는 피할 수 없는 유동의 한복판에다 이 영속하는 것들을 갖다 놓고 있다. 여기에 마침내 형이상학의 완전한 문제가 정식화(定式化)되고 있음을 보게 된다. 이 첫째 줄에서 출발한 철학자들은 우리에게 〈실체〉의 형이상학을 제공해 왔으며, 둘째 줄에서 출발한 철학자들은 〈유동〉의 형이상학을 전개해 왔다. 그러나 사실상 이 두 줄은 이처럼 분리시켜 생각할 수 없다. 그리고 우리는 이 두 줄 사이에서 요동하는 균형을 유지하려는 것이, 대다수 철학자들의 특징이 되고 있음을 보게 된다. 플라톤은 정적이고 영적인 천국에서 영속적인 것들을 찾았고, 가변적인 불완전한 것들 속으로 형상들이 말려들고 있는 물리적 세계에서 유동을 찾았다. 여기서 나는 〈불완전한 것〉이라는 말에 주목하고자 한다. 플라톤에 관한 주장에 있어 나는 잘못을 정정해 가면서 말할 것이다. 하지만 유동하는 사물은 그것이 〈제한되어 있다〉는 의미에서, 그리고 〈그것이 그리 될 수 있었으나 사실은 그렇지 않은 그런 많은 특성들을 단호하게 배제하고 있다〉는 의미에서 불완전하다는 학설을 내세울 때면, 언제나 플라톤의 권위가 인정될 수 있다고 나는 믿는다. 위에서 인용한 저 찬송가의 두 줄은, 플라톤 철학의 주된 견해를 도출시킨 직접적인 직관을 거의 완벽하게 표현하고 있다. 아리스토텔레스는 플라톤주의를 다소 다른

① 스코틀랜드 출신의 찬송 작가인 라이트 H. R. Lyte 목사의 대표작(1847)으로, 찬송가 531장, 「때 저물어 날 이미 어두니」 가운데 한 구절이다.
『누가복음』, 제24장 29절 〈우리와 함께 유하사이다, 때가 저물어가고 날이 이미 기울었나이다 하니 이에 저희와 함께 유하러 들어가시니라〉 참조.

균형의 것으로 수정하였다. 아리스토텔레스는 〈실체와 속성〉이라는 관념의 창시자인 동시에, 이 관념이 암시하는 분류적 classificatory 논리학의 창시자이기도 하였다. 그러나 다른 한편에서 그는 〈발생 generation〉의 개념에 대한 대가다운 분석을 하고 있다. 그 나름대로 아리스토텔레스는, 정적인 영적 세계를 피상적인 경험의 유동 세계로부터 분리시키려는 플라톤적 경향에 대하여 유익한 반론을 제시했다. 후기의 플라톤 학파들은 이러한 경향을 강조하였다. 이는 중세의 아리스토텔레스적 사유가 아리스토텔레스 논리학의 정적 관념으로 하여금, 오늘날까지 지속되고 있는 용어로 형이상학의 몇몇 중심 문제를 정식화시킬 수 있도록 했던 것과 같다고 하겠다.

대체로 철학의 역사는 베르그송의 비난, 즉 인간의 지성은 〈우주를 공간화한다〉는, 다시 말해서 그것은 유동성을 무시하고 세계를 정적 범주로서 분석하려는 경향이 있다는 비난을 뒷받침해 준다. 베르그송은 사실 이에 그치지 않고, 더 나아가서 그러한 경향성을 지성에 내재하는 필연적 특성으로 보았다. 나는 이러한 비난이 전적으로 옳다고 믿지는 않지만, 〈공간화 spatialization〉는 상당히 낯익은 언어로 표현된 명쾌한 철학에 이르는 지름길이라고 생각한다. 데카르트는 이러한 사상 체계의 거의 완벽한 실례를 제공했다. 윤곽이 뚜렷한 세 가지 실체 및 배경에 깔려 있는 〈지속〉과 〈계측된 시간〉을 소재로 하고 있는 데카르트 철학의 난점은, 유동성을 하위의 종속물로 보는 데서 오는 관념들을 예시해 주고 있다. 이러한 종속화는 분석의 손길이 미치지 못하고 있는 저 찬송가의 동경 속에서, 천국의 완전성에 대한 플라톤의 통찰 속에서, 아리스토텔레스의 논리적 개념들 속에서, 그리고 데카르트의 수학적인 정신성 속에서 발견된다. 사상계의 나폴레옹이라고 할 뉴턴은 유동성을 향해서, 〈어떠한 외적인 것과도 관계없이 균등하게 흐르는 절대적인 수학적 시간〉으로 편성되어 있는 세계로 되돌아가라고 매정하게 명령하였다. 뉴턴은 또 유율 이론(流率理論, Theory of Fluxion)이라는 형식으로 유동성에 수학적 제일성(齊一性)을 부여했다.

이 점에서 17세기와 18세기의 일군의 철학자들은 사실상 하나의 발견을 했던 것인데, 이는 그들의 저작 표면에 나타나 있다. 하지만 그들은 이를 거의 의식하지 못하고 있었다. 그 발견이란 두 종류의 유동성이 있다는 것이다. 그 하나는 로크의 말을 빌린다면, 〈개별적인 존재자〉의 실재적인 내적 구조〉인 합생 concrescence이다. 다른 하나는 개별적인 존재자로부터 개별적인 존재자에로의 이행 transition이다. 이 이행은 다시 로크의 말을 빌린다면, 시간 관념의 한 측면으로서의 〈끊임없는 소멸 perpetually perishing〉을 말하며, 이 이행은 다른 측면으로서는 과거의 〈힘 power〉에의 순응에서 기인하는 현재의 출현을 말한다.

〈개별적 존재자의 실재적인 내적 구조〉라는 구절, 인간 지성을 여건에 대한 반성의 과정으로서 기술하는 것, 〈끊임없는 소멸〉이라는 구절, 그리고 설명이 붙어 있는 〈힘〉이라는 말은 모두 로크의 『인간 지성론』 속에서 찾아볼 수 있다. 그렇지만 로크는 제한된 그의 탐구 범위 때문에, 이처럼 흩어져 있는 그의 관념들을 일반화시키거나 전체적으로 통일시키지 못했다. 이 두 종류의 유동성이라는 숨겨진 관념은 다시 흄에게 있어 무의식적으로 예시되고 있다. 칸트에 있어 그것은 ── 내가 보기에는 잘못 기술된 것이지만 ── 거의 명시적으로 드러나 있다. 그리고 최종적으로 헤겔과 그의 아류 학파가 내세웠던 진화론적 일원론에서 그것은 자취를 감추고 말았다. 유동하는 세계를 기술하는 데 필요한 두 종류의 유동성의 발견을 우리가 명확히 하려고 할 때, 로크는 그의 모든 비일관성에도 불구하고 우리가 되돌아가서 고찰해 볼 만한 가장 유익한 철학자였다. 한 종류는 개별적 존재자의 구조에 내재하는 유동성이다. 나는 이러한 종류의 유동성을 〈합생〉이라고 불러왔다. 다른 한 종류는 개별적인 존재자의 완결에 따르는 과정의 소멸이 그 개별적 존재자를, 과정의 반복에 의해 생겨나게 되는 다른 개별적인 존재자들을 구성하는 시원적(始原的) 요소로 만들어가는 유동성이다. 이런 종류의 유동성을 나는 〈이행〉이라고 불러왔다. 합생은 그것의 주체적 지향인 어떤 목적인을 향해서 나아가고, 이행은 불멸하는 과거인 작용인의 매개체이다.

현실적인 하나하나의 계기가 어떻게 새로운 창조에 있어서 근원적 요소가 되는가 하는 논의는 객체화론이라고 불린다. 그 객체화된 하나하나의 계기들은 공히 그 창조적 합생을 위한 여건의 통일성을 지니게 된다. 그러나 이러한 결합의 적정 수준을 확보하는 데 있어, 그들은 서로를 내재적으로 전제함으로써 그들의 구조에 들어 있는 어떤 요소는 제거하고 어떤 요소는 관련성 속으로 끌어들인다. 따라서 객체화는 서로 조절된 추상 작용 내지 제거 작용이며, 이를 통해서 현실 세계의 많은 계기들이 하나의 복합적 여건이 된다. 종합에서 이루어지는 이러한 제거 작용은 때때로, 그 합생의 관점에서 본 현실 세계에 대한 전망 perspective이라고 불린다. 각 현실적 계기는 그 자신이 생겨난 자신의 현실 세계를 한정한다. 어떠한 두 계기도 동일한 현실 세계를 가질 수 없다.

제 2 절

합생, 새로움, 현실태. 미시적 합생.

〈합생(合生)〉이란 다수의 사물들로 구성된 우주가, 그 〈다자 many〉의 각 항(項)을 새로운 〈일자 one〉의 구조 속에 결정적으로 종속시킴으로써 개체적 통일성을 획득하게 되는 그런 과정을 일컫는 말이다.

〈사물 thing〉이라는 가장 일반적 용어 ── 혹은 이에 상당하는 〈존재 entity〉라는 용어 ── 는 합생의 각 사례 속에 그 적소(適所)를 두고 있는 〈다자〉 가운데 하나를 의미할 뿐이다. 합생의 각 사례는 그 자체가 새로운 개체적 〈사물〉이다. 〈합생〉과 〈새로운 사물〉은 별개의 것으로 존재하는 것이 아니다. 새로운 사물을 분석할 경우, 우리는 단지 〈합생〉을 발견하게 될 뿐이다. 〈현실태 actuality〉란 구체적인 것 속으로의 이와 같은 궁극적인 참여를 의미할 뿐이며, 이를 사상하면 단지 비존재 nonentity가 있게 될 뿐이다. 달리 말하면 〈구체적인 것 속으로의 참여 entry into the concrete〉라는 개념을 사상해 버린다는 생각은, 우리에게 사물을 사물 아닌 것으로 보도록 요구하는 것이 되기 때문에 자기모순적인 관념이다.

합생의 사례는 〈현실적 존재 actual entity〉——혹은 이에 상당하는 말로서 〈현실적 계기 actual occasion〉——라고 불린다. 현실적 계기인 사물들로 이루어진 하나의 완결된 집합 같은 것은 존재하지 않는다. 왜냐하면 피할 수 없는 근본적인 사실은 창조성이며, 이 창조성에 의해 구체적 통일성에 종속되지 않는 〈다수의 사물들〉이란 있을 수 없기 때문이다. 따라서 모든 현실적 계기들의 집합은 사물의 본성상, 그 다수의 현실적 계기들로부터 구체적인 통일성을 이끌어내는 또 다른 합생의 한 입각점이다. 따라서 우리는 전제된 완결을 거짓된 것으로 입증해 주는 직접적 합생의 입각점을 떠나서는, 결코 현실 세계를 개관할 수 없다. 상대적인 완결적 현실 세계를 사물의 본성에 따라 새로운 합생을 위한 여건으로 만들어가는 창조성은 〈이행〉이라고 불린다. 따라서 〈현실 세계〉라는 말은 이행 때문에 언제나 상대적인 용어로서, 새로운 합생을 위한 여건인, 전제된 현실적 계기들로 이루어진 기반을 가리키고 있다.

현실적 계기는 분석될 수 있다. 이 분석은 성질을 달리하는 하나하나의 존재들을 구체적으로 하나인 복합체의 구성 요소로 변형시키는 작용을 드러내 보여준다. 〈느낌 feeling〉이라는 용어는 그러한 작용들을 기술하는 유적(類的) 개념으로 사용될 것이다. 따라서 우리는 하나의 현실적 계기란 느낌의 과정에 의해 이루어지는 합생이라고 말한다.

느낌은 다음과 같은 것들과 관련하여 고찰될 수 있는데, i) 느껴진 현실적 계기, ii) 느껴진 영원한 객체, iii) 느껴진 느낌, 그리고 iv) 강도를 동반한 그 자신의 주체적 형식이 그것들이다. 합생의 과정에서 다양한 느낌들은 보다 넓은 일반성을 갖는 통합적 느낌으로 나아간다.

그러한 보다 넓은 일반성은, 동일성과 대비라는 특수한 요소를 포함하고 있는 느낌들의 복합체에 대한 느낌이다. 이와 같은 느낌의 통합 과정은 느낌의 구체적 통일성이 달성될 때까지 진행된다. 이 구체적 통일성에 있어서, 여러 가능태의 실현에 관련된 일체의 미결정성은 제거되어 버린다. 합생 자체에서 생겨나는 존재들을 포함하여 우주 내의 많은 존재들은, 이 최종적 통일성에 있어서 제각기 그 나름의 역할을 지니게 된다. 이러한 최종적 통일성은 〈만족 satisfaction〉이라고 불린다. 〈만족〉이란 합생이 그 정점(頂點)에 이르러 하나의 완결된 확정적 사태가 되는 것을 말한다. 이에 선행하는 그 모든 단계에 있어, 합생은 자신의 많은 구성 요소들 간에 이루어지는 결합체와 관련해서 단적으로 미결정성을 띠고 있다.

제 3 절

미시적 합생의 세 단계. 벡터 성격은 거시적 이행을 가리킨다. 정서, 또는 일반적으로 말해서 주체적 형식은 미시적 기원에 있어서 스칼라 scalar이며, 거시적 이행에 있어서 여건이다.

현실적 계기는 합생의 개별 사례에 귀속될 수 있는 통일성 이외의 다른 것이 아니다. 따라서 이 합생은 문제되는 현실적 계기의 〈실재적인 내적 구조〉에 불과한 것이다. 현실적 존재의 형상적(形相的) 구조에 대한 분석은 이미, 느낌의 과정에 있어서 i) 호응적 위상 responsive phase, ii) 보완적인 단계 supplemental stage, 그리고 iii) 만족 satisfaction이라는 세 단계를 밝혀 주었다.

만족이란 단지 일체의 미결정성이 사라지고 있는 정점에 지나지 않는다. 그래서 느낌의 모든 양태 및 우주 내의 모든 존재에 대해서, 만족한 현실적 존재는 〈가(可)〉이든가 〈부(否)〉이든가의 결정적인 태도를 구현하고 있다. 그러므로 만족은 합생의 목적인인 사적(私的) 이상의 달성이라고 할 수 있다. 그러나 과정 그 자체는 처음의 두 국면 속에 있다. 첫 번째 위상은 현실 세계를, 감성적 종합 aesthetic synthesis을 위한 객체적 여건이라는 형태로 순수하게 수용하는 국면이다. 이 위상에서는 현실 세계가, 상호 전제의 결합체에 연관되어 있는 느낌의 다수의 사적 중심으로서 단순히 수용되고 있을 뿐이다. 이때 느낌들은 외부의 여러 중심에 속하는 것으로 느껴지며, 사적인 직접성으로 흡수되지 않는다. 두 번째 단계는 과정 그 자체 속에서 점차적으로 형성되는 사적인 이상에 의해 지배되고 있다. 이에 따라 외래적인 것으로서 파생적으로 느껴지는 다수의 느낌들은, 사적인 것으로 직접 느껴지는 감성적 평가 aesthetic appreciation의 통일성으로 전환된다. 이는 〈욕구 appetition〉의 도래를 의미하며, 이것이 더욱 고도로 예증되고 있을 때 우리는 이를 〈비전〉이라고 부른다. 물리학의 용어로 말한다면, 이 단계에서는 〈스칼라 scalar〉② 형식이 시원적인 〈벡터 vector〉 형식을 압도한다. 시원적인 것들은 개체적 경험에 종속되기에 이른다. 벡터 형식은 상실되지는 않지만 〈스칼라〉적 상부 구조의 기초로서 매몰된다.

이 두 번째 단계에서 느낌들은 개념적 느낌의 유입으로 말미암아 정서적 성격을 띠게 된다. 그러나 시원적인 것이 사적인 정서 속에서 상실되지 않는 이유는, 순수하게 사적일 수 있는 요소가 우주에는 존재하지 않는다는 데에 있다. 만일 의미에 대한 완전한 분석에 도달할 수 있다면, 순수한 사사성(私事性) pure privacy이라는 관념은 자기모순이라는 것을 깨닫게 될 것이다. 하지만 정서적 느낌은 여전히 제3의 형이상학적 원리,* 즉 〈어떤 것임 to be something〉은 〈다른 존재와의 실재적

② 질량, 에너지, 밀도, 전기량 따위처럼 하나의 수치로 완벽하게 표시되는 것.

* 이 단락에서 두 번에 걸쳐 〈상대성 원리〉——이는 설명의 제4범주로서, 대개의 경우 그냥 〈상대성 원리〉라는 명칭으로 언급된다——를 제3의 형이상학적 원리라는 명칭으로 언급하고 있는 것은 잘못이라고 생각될지도 모른다. 그러나 이 단락은 화이트헤드의 기퍼드 강의(간행을 위해 크게 정정되고 확장된)를 끌어들인 것일 가능성이 있으며, 그래서 이런 방식의 언급은 그 강의에서 존재론적 원리, 과정의 원리, 상대성 원리와 같은 화이트헤드의 형이상학적 원리들 가운데 일부의 것에 붙여졌던 번호를 반영하고 있을 가능성이 있다.

통일성을 획득하기 위한 가능성을 갖고 있음〉이라고 하는 원리에 따르고 있다. 따라서 〈현실적 존재의 실재적인 구성 요소가 되고 있다는 것〉은 어떤 방식으로든지 〈이러한 가능성을 실현하고 있다는 것〉을 말한다. 그렇기 때문에 〈정서〉는 〈정서적 느낌〉이며, 〈느껴지는 것〉은 전제된 벡터적 상황이다. 물리학에서 이 원리는, 〈스칼라〉적 양이란 〈벡터〉적 양에서 파생되는 구성물이라고 하는, 기본적 사색에 있어서 결코 간과되어서는 안 될 형식을 취한다. 보다 일상적인 표현으로 하자면, 이 원리는 〈이행(移行, passing on)〉이라는 관념이 사적인 개체적 사실보다도 더 기본적이라고 하는 진술로 표현될 수 있다. 형이상학적 진술을 위해 여기에서 채택하고 있는 추상적인 말로 표현하자면, 〈이행〉은 〈창조성 creativity〉이 된다. 이는 그 동사 *creare*의 사전적 의미에서 볼 때, 〈낳다 bring forth〉, 〈생기게 하다 beget〉, 〈산출하다 produce〉를 의미한다. 따라서 제3의 원리에 따른다면, 어떠한 존재도 창조성의 개념에서 유리될 수 없다. 존재란 적어도 그 자신의 특수성을 창조성 속으로 주입시킬 수 있는 특수한 형태이다. 현실적 존재 내지 현실적 존재가 갖는 하나의 위상은 그 이상의 것이지만, 적어도 그것은 그러한 것이다.

로크의 〈개별적인 관념 particular ideas〉은, 문제의 현실적 존재가 지니는 〈실재하는 내적 구조〉의 원초적 위상인 〈이행〉에다 자기 자신의 특수성을 주입하는 기능을 행사하는, 선행하는 현실적 존재에 지나지 않는다. 로크는 당시 널리 퍼져 있던 오해에 따라 문제의 존재를 〈마음 mind〉이라고 불렀다. 그리고 현실적 존재의 구조에 있어서의 후기 위상의 〈정신적 작용 mental operation〉을 그 능력에 있어 논했어야 할 대목에서, 그는 마음의 〈내실(內實, furniture)〉을 논했다. 로크 자신은 〈관념〉의 이러한 근본적인 벡터적 기능을 가볍게 표현하고 있다. 이미 인용했던 글 속의 한 구절에서 그는 다음과 같이 적고 있다. 〈털어놓고 말한다면, 힘은 어떤 종류의 관계 ― 작용 내지 변화와의 관계 ― 를 포함하고 있다. 실제로 우리가 주의해서 고찰해 본다면, 우리의 관념들 가운데 어떤 것이, 또 어떤 종류의 것이 그렇지 않겠는가?〉[1)]

제 4 절

미시적 합생의 보다 고차적인 위상들.

보완 supplementation이라는 두 번째 위상은 종속적인 두 위상으로 다시 구분된다. 이 양자는 하찮은 것일 수도 있고, 또 강화나 억제를 통해 서로 간섭하고 있기 때문에 사실상 분리되지 않는다. 이 양자가 다 같이 하찮은 것이라면, 이 두 번째 위상 전체는 단지 개체적인 창시 individual origination를 단호하게 부정하는 것에 지나지 않게 되며, 그 과정은 수동적으로 만족을 향해 나아가게 된다. 이때 현실적 존재는 느낌의 계승된 구조를 전달하기 위한 단순한 매체가 된다. 이 현실적 존재의 사적인 직접성은 중요하지 않게 된다. 이 두 종속적인 위상 가운데 전자는——질서가 있는 한——감성적 보완의 위상이며, 후자는 지성적 보완의 위상이다.

감성적 보완에는, 한 현실적 계기의 합생에 있어서 객체적 내용의 통합에 내재하는 대비와 율동 contrasts and rhythms에 대한 정서적 평가가 들어 있다. 이 위상에서 지각은 고통이나 쾌락, 아름다움이나 혐오를 받아들임으로써 고양된다. 이는 억제와 강화의 위상이다. 그것은 푸른색이 자신이 지니는 대비에 의해서 더욱 강화되고, 형태는 자신의 뛰어난 매력에 의해서 지배력을 획득하게 되는 위상이다. 외래적인 것으로 수용된 것은 사적인 것으로 재창조된다. 이는 지각 작용 perceptivity의 위상으로서, 지각 작용에의 정서적 반작용을 포함하고 있다. 이 위상에서 사적 직접성은 여건을 맹목적인 느낌의 새로운 사실과 접합시켜 놓았다. 순수한 감성적 보완이 자신의 문제를 해결한 것이다. 이 위상은 개념적인 느낌들 conceptual feelings의 유입 및 그것들과 물리적 느낌들 physical feelings과의 통합을 필요로 한다.

---

1) 『인간 지성론』, 제2권, 제21장, 제3절.

그러나 과정의 〈맹목성〉은 여기까지도 여전히 미결정성을 지니고 있다. 지성적인 〈시각 sight〉에 대한 결정적인 부정이 있든가, 아니면 지성적인 〈시각〉에 대한 승인이 있어야 한다. 지성적인 시각을 부정하는 것은, 순수한 가능태라는 추상적 지위에 있는 영원한 객체를 관련 없는 것으로 추방하는 것이다. 〈있을지도 모르는 것〉은 〈있는 것〉과의 관련된 대비 relevant contrast의 가능성을 갖고 있다. 만일 이러한 추상적 가능성 속에 있는 순수한 가능태들이 관련성으로부터 축출된다면, 두 번째 종속적인 위상은 하찮은 것이 되고 만다. 이때의 과정은 맹목적인 현실적 계기, 즉 비록 개념적 작용은 언제나 수반되고 있지만 지성적 작용이 전혀 수반되지 않고 있다는 의미에서 맹목적인 현실적 계기를 구성한다. 따라서 〈비전 vision〉이라는 형태의 정신성 mentality은 항상 있는 것이지만, 의식적 〈지성 intellectuality〉이라는 형태의 정신성은 항상 있는 것이 아니다.

그러나 추상적 가능성 속에 있는 몇몇 영원한 객체들이 현실적 사실에 관련된 것으로서 실현될 경우, 지성적 작용을 수반하는 현실적 계기가 있게 된다. 그러한 지성적 작용의 복합체는 때때로 그 현실적 계기의 〈정신〉이라 불리고, 또 그 현실적 계기는 〈의식적 conscious〉이라고 불린다. 그러나 〈정신〉이라는 용어는 독립된 실체를 시사하는 말이다. 여기에서는 그러한 것을 의미하지 않는다. 그보다 더 적절한 용어는 그 현실적 계기에 속하는 〈의식 consciousness〉이라는 말이다.

결정된 논리적 주어와 관계 맺고 있는 것으로서, 그 순수한 가능태에 있어서 실현된 영원한 객체는 문제되는 현실적 계기의 정신성에 있어서의 〈명제적 느낌 propositional feeling〉이라 불린다. 현실적 계기에 속하는 의식은 지성적 보완이라는 그 계기의 종속적인 위상—이 종속적인 위상이 단순히 하찮은 것이 아닌 경우—이다. 이 종속적인 위상은, 단순한 명제적 가능태와 실현된 사실 간의 완전한 대비를 느낌 속에 끌어들인다.

제 5 절

요약.

요약한다면 과정에는 두 종류, 즉 거시적 과정(巨視的 過程)과 미시적 과정(微視的 過程)이 있다. 거시적 과정은 성취된 현실태로부터 성취 중에 있는 현실태로의 이행인 반면 미시적 과정은 단순히 실재적일 뿐인 조건들을 결정적인 현실태로 전환conversion시키는 것이다. 전자의 과정은 〈현실적인 것들 the actual〉로부터 〈단순히 실재적일 뿐인 것들 the merely real〉로의 이행을 가능케 하며, 후자의 과정은 실재적인 것들로부터 현실적인 것들로의 성장 growth을 가능케 한다. 전자의 과정은 작용인(作用因)을 수반하며 후자의 과정은 목적인(目的因)을 수반한다. 미래는 현실적인 것이 아니라 단순히 실재적인 것일 뿐이다. 반면 과거는 현실태들의 결합체이다. 현실태는 그 실재적인 발생적 위상 real genetic phases에 의해서 구성된다. 현재란 실재 reality③가 현실적인 것이 되어가는 목적론적 과정의 직접성이다. 거시적 과정은 실재적으로 목표 달성을 통할하는 조건들을 제공하고, 미시적 과정은 현실적으로 달성되는 목표를 제공한다. 〈유기체 organism〉라는 개념은 두 가지 측면에서 〈과정〉의 개념과 결합되어 있다. 현실적 사물들의 공동체는 유기체이다. 그러나 그것은 정태적인 유기체가 아니다. 그것은 산출의 과정 가운데 있는 미완의 것이다. 따라서 현실적인 것들과 관련한 우주의 팽창이 〈과정〉의 일차적인 의미가 된다. 그리고 그 팽창의 임의의 단계에 있는 우주가 〈유기체〉의 일차적인 의미인 것이다. 이런 의미에서 유기체는 결합체이다.

그 다음으로, 각 현실적 존재는 유기적 과정으로서 기술될 수 있을

③ 여기서 실재란 객체화된 현실적 존재들을 가리킨다. 왜냐하면 객체화된 현실적 존재는 〈실재적인 real〉 가능태이기 때문이다. 그것은 후속하는 현실적 존재에 객체로서 주어지고, 그 합생에 있어서 실재적인 구성 요소로서 작용한다.

뿐이다. 그것은 대우주에 있어서의 우주를 소우주에서 되풀이한다. 그것은 위상에서 위상으로 진행해 나아가는 과정이며, 이때의 각 위상은 그 후속 위상이, 문제되는 사물의 완결을 향해 나아가기 위한 실재적인 토대가 된다. 각 현실적 존재는 그 여러 조건이 어째서 지금과 같은 것이 되고 있는가에 대한 〈이유〉를 자신의 구조 속에 가지고 있다. 이 〈이유〉는 문제의 현실적 존재를 위해 객체화된 다른 현실적 존재들이다.

〈객체〉는 우리의 〈경험〉이 순응해야만 하는 한정성을 특징짓는 초월적 요소이다. 이런 의미에서 미래는 현재 속에 객체적 실재성 objective reality을 가지고 있지만, 형상적 현실성 formal actuality은 지니고 있지 않다. 왜냐하면 직접적인 현재적 현실태의 구조에는, 미래가 그것을 대치하리라는 것이 내재하고 있기 때문이다. 그리고 현재와의 실재적인 관계들을 포함하여, 미래가 순응해야 할 조건들은 직접적인 현실태에 있어 실재적으로 객체적이다.

따라서 각 현실적 존재는 그 미시적 과정에 관한 한 완결되었더라도, 거시적 과정을 객체적으로 내포하고 있는 한 여전히 미완의 것이다. 그것은 현실적일 수밖에 없는 미래를 실재적으로 경험한다. 비록 그 미래의 완결된 현실태가 미결정 상태에 있다 해도 그러하다. 이런 의미에서 각 현실적 계기는 자기 자신의 객체적 불멸성 objective immortality을 경험하고 있는 것이다.

주(註) ── 여기에서 〈객체〉에 귀속되는 기능은 켐프 스미스 교수가 쓴 『칸트, 순수이성 비판 주석』의 한 단락(제2판, 249쪽)과 거의 일치한다. 거기에서 스미스 교수는 칸트의 『순수이성 비판』 제1판에서 논의되고 있는 〈객관적 연역〉을 고찰하고 있다. 그는 이렇게 쓰고 있다. 〈우리가 객관적인 것을 검토할 때 그것이 주관적인 것으로부터 구별되는 일차적 특징은, 그것이 우리의 마음에 어떤 강제성을 부과하고, 우리로 하여금 그것에 관해 어떤 방식으로 사유하도록 하는 점에 있다는 것을 알 수 있다. 객관이란 우리로 하여금 되는대로 사유하지 못하도록 하는

어떤 것을 의미한다.〉

켐프 스미스 교수가 칸트를 해석하면서 사용하고 있는 〈사유한다 thinking〉는 말을, 유기체 철학이 〈경험한다 experiencing〉로 대치하고 있다는 점에서, 특히 양자 간에 결정적인 차이가 있다는 것은 말할 것도 없다.

3부 파악의 이론

1장

느낌의 이론

제 1 절

발생적 및 형태론적 분석. 발생적 고찰은 합생에 대한 분석, 즉 **형상적인** 현실적 존재에 대한 분석이다. 형태론적 분석은, 공간화되고 객체화된 *objectivé* 구체자로서의 현실적 존재에 대한 분석이다.

유기체 철학은 현실태 actuality에 관한 세포 이론이다. 사실의 궁극적 단위 하나하나는, 현실태와 동등한 완결성을 갖는 구성 요소로는 분석되지 않는 세포 복합체 cell-complex이다.

세포는 발생론적으로 고찰될 수도 있고, 형태론적으로 고찰될 수도 있다. 발생론적 이론은 이곳 제3부에서 고찰된다. 형태론적 이론은 제4부에서 현실적 존재의 〈연장적 분석〉이라는 표제 아래 고찰된다.

발생론적 이론에 있어 세포는 그 자신의 생존의 기초로서, 그것이 생겨나온 우주의 다양한 요소들을 사유(私有)하고 있는 것으로 나타난다. 하나하나의 요소를 사유하는 각 과정은 파악 prehension이라고 불린다. 이처럼 사유된 우주의 궁극적 요소는 앞서 구성된 현실적 존재와 영원한 객체이다. 모든 현실적 존재는 긍정적으로 파악되지만, 영원한 객체는 오직 선택적으로만 파악된다. 이러한 다양한 파악들이 통합되는 과정에서 다른 범주적 유형의 존재들이 관련을 맺게 된다. 그래서 지금까지 없었던 새로운 명제나 유적(類的) 대비와 같은 범주적 유형의 새로운 존재가 성립된다. 이들 다른 유형의 관련된 존재들도 합생 중에 있는 세포의 구조 속으로 파악된다. 이제 이러한 발생론적 과정의 주요 윤곽을 추적해 보기로 하겠다.

현실적 존재란 하나의 과정인데 이 과정을 통해, 미완의 주체적 통일성을 갖는 많은 작용들은, 〈만족〉이라고 불리는 작용의 완결된 통일성으로 귀결된다. 〈만족 satisfaction〉이란 창조적 충동이 그 범주적 요구들의 성취로 인해 충족되는 것을 말한다. 이러한 범주에 대한 분석은 형이상학의 목적 가운데 하나이다.

이러한 과정 그 자체가 현실적 존재의 구조이다. 로크의 말을 빌린다면, 그것은 현실적 존재의 〈실재적인 내적 구조〉이다. 데카르트가 사용했던 그보다 낡은 어법으로 말한다면, 과정은 현실적 존재가 〈형상적으로 *formaliter*〉 그 자신에 있어서 존재하는 것을 말한다. 〈형상적인 formal〉이라든지 〈형상적으로 formally〉라는 용어는 여기에서 이러한 의미로 사용되고 있다.

여기에서 〈만족〉이라고 불리는 작용의 최종적 통일성은 현실적 존재의 자기초월을 구현한다. 로크의 용어를 빌리자면, 현실적 존재의 〈힘 power〉은 만족을 분석하는 가운데서 발견된다. 데카르트의 표현으로 말하자면, 만족은 그 〈객체적 *objectivé*〉 존재와 관련하여 분석될 수 있는 것으로 간주되는 현실적 존재이다. 그것은, 완강하고 피할 수 없는 여러 귀결을 수반하고 있는, 확정적으로 결정된, 정착된 사실로서의 현실적 존재이다. 그러한 만족을 형태론적으로 기술한 것으로서의 현실적 존재는, 베르그송의 용어를 빌린다면 〈공간화된 spatialized〉 현실적 존재이다. 이처럼 공간화된 현실적 존재는 그 자신의 〈실체적 형상〉에 의해 현실화된, 주어진 개체적 사실이다. 그 자신의 내적 존재 its own internal existence인 그 자신의 과정은 증발되었고, 닳아 없어졌으며, 만족되어 있다. 하지만 그 결과는 모두 그 만족에 의해 기술되어야 한다. 현실적 존재의 〈결과〉란 합생 중에 있는 그 자신 이외의 과정에 그 현실적 존재가 개입 intervention하는 것을 말한다. 자기 자신을 초월하는 과정 속에 이처럼 개입하는 존재는 모두 〈객체〉로서 기능한다고 말한다. 설명의 제4범주에 따르면, 모든 종류의 존재가 객체로서 기능한다는 것은, 존재의 보편적인 형이상학적 성격 가운데 하나이다. 우주의 연대성 solidarity of the universe을 구성하는 것은 바로 이러한 형이상학적 성격이다. 현실적 존재의 특이성은, 그것이 〈객체적으로〉도 고찰될 수 있고 〈형상적으로〉도 고찰될 수 있다는 것이다. 〈객체적〉 측면은 그 현실적 존재에 관한 한 형태론적이다. 이 말의 의미는 다음과 같다. 즉 거기에 연관되어 있는 과정은 그 현실적 존재에 대하여 상대적으로 초월해 있으며, 따라서 그 만족의 존재 *esse*가 느껴지고 있다 *sentiri*는 것이다. 〈형상적〉 측면은 그 현실적 존재에 관한 한 기능적이다. 이 말은 거기에 포함된 과정이 그 현실적 존재에 내재하고 있다는 것을 의미한다. 그러나 객체적 고찰은 실용주의적인 것이 된다. 그것은 현실적 존재를 그 결과와 관련하여 고찰하는 것이다. 이 장에서는 현실적 존재에 대한 형상적 고찰에 역점을 두고 있다. 그러나 하나의 현실적 존재에 대한 이러한 형상적 고찰은 다른 현실적 존재들의 객체적 개입에 대한 언급을 필요로 한다. 다른 존재들의 객체적 개입은 문제의 합생을 조건짓는 창조적 성격을 구성한다. 각 현실적 존재의 만족은 우주의 소여성(所與性)에 있어서의 한 요소이다. 그것은 무한한 추상적 가능성을, 하나하나의 새로운 합생을 낳는 특정한 실재적 가능태로 제한한다. 〈무한한 추상적 가능성〉이란, 임의의 한정된 현실 세계에 속하는 현실적 존재들의 객체적 개입을 사상(捨象)해 버리고 ── 사상된 현실태에는 신(神)도 포함되어 있다 ── 오로지 영원한 객체들의 개입의 가능성과 관련해서만 고찰된 창조성을 의미한다.

제 2 절

유한한 진리, 파악으로의 분할. 위상의 연속, 형성 과정에 있는 통합적 파악. 다섯 가지 요인, 즉 주체, 최초의 여건, 제거, 객체적 여건, 주체적 형식. 느낌은 결정되어 있다.

유한한 진리의 가능성은, 현실적 존재의 만족이 다양한 결정적 작용들로 분할될 수 있다는 사실에 기초를 두고 있다. 이러한 작용이 〈파악〉이다. 그러나 합생에 대한 공헌에서 배제된 것들로 이루어지는 부정적 파악은, 긍정적 파악에 종속된 것으로 취급될 수 있다. 이러한 긍정적 파악이 〈느낌〉이라고 불린다. 합생의 과정은 많은 느낌들이 있게 되는 최초의 단계와, 전기의 보다 단순한 느낌들을 통합하여 느낌의 복합적인 하나의 통일성인 만족에 이르기까지 보다 복합적인 느낌들이 있게 되는, 후속하는 위상들의 연속으로 구분될 수 있다. 이것이 만족에 대한 〈발생적〉 분석이다. 그 〈등위적 coordinate〉 분석은 뒤에 제4부에서 이루어질 것이다.

따라서 만족을 구성하는 느낌은 합생의 초기 위상에 그 기원을 두고 있는 것이다.

이것이 만족의 가분적(可分的) 성격에 대한, 발생론적 관점에서의 일반적 기술이다. 우주가 지니고 있는 시-공적 관계의 근간을 이루는 연장성은, 그 가분적 성격이 낳은 또 하나의 산물이다. 또한 하나의 현실적 존재가 다른 현실적 존재의 구조에 객체화되는 데 수반되는, 그 자신의 완전한 형상적 구조로부터의 추상도 똑같이 이와 같은 가분적 성격에 의존하고 있으며, 이러한 가분적 성격으로 말미암아 그 현실적 존재는 자신의 느낌들 가운데 어느 한 느낌의 특수성을 통해 전달된다. 느낌 — 긍정적 파악 — 은 본질적으로 합생을 초래하는 이행이다. 느낌의 복합적 구조는 그 이행이 무엇으로 되어 있고, 무엇을 초래하게 되는가를 표현하는 다섯 가지 요인으로 분석될 수 있다. 이러한 요인들은 i) 느끼는 〈주체〉, ii) 느껴질 수 있는 〈최초의 여건〉, iii) 부정적 파악에 의한 〈제거〉, iv) 느껴지는 〈객체적 여건〉, v) 그 주체가 그 객체적 여건을 느끼는 방식 how인 〈주체적 형식〉이다.

느낌은 모든 점에서 결정되어 있다. 즉 결정된 주체, 결정된 최초의 여건, 결정된 부정적 파악, 결정된 객체적 여건, 결정된 주체적 형식을 가지고 있는 것이다. 최초의 여건으로부터 객체적 여건으로의, 제거에 의한 이행이 있다.① 최초의 여건은 〈다수성〉으로 되어 있거나, 아니면 단지 하나의 〈고유한〉 존재로 되어 있는 데 불과하다. 이에 반해 객체적 여건은 〈결합체〉이거나 〈명제〉, 또는 어떤 범주적 유형의 〈고유한〉 존재이다. 여기에는 제거를 통해서 가능하게 되고 주체적 형식에 의해서 실행되는, 최초의 여건들로부터 객체적 여건으로의 합생이 있다. 객체적 여건은 최초의 여건에 대한 전망이다. 주체적 형식은, 부정적 파악과 객체적 여건과 주체의 개념적 창시 conceptual origination로부터 그 자신의 결정성을 받아들인다. 부정적 파악은 느낌을 제어하는 범주적 조건에 의해서, 주체적 형식에 의해서, 그리고 최초의 여건에 의해서 결정된다. 느낌에 포함된 요소들의 이러한 상호 결정은, 그 느낌의 주체가 자기 원인 *causa sui*이라는 진리의 한 표현이다. 완결된 만족과는 달리 느낌이 본성상 부분적인 것이라는 점은, 주체 전체에 호소하지 않고서는 그 생성이 이해될 수 없다는 데서 분명하게 드러난다. 하나의 주체 속에는 범주적 조건들로 지배되는 느낌들의 상호 감수성 mutual sensitivity of feelings이 있다. 이 상호 감수성은 예정 조화라는 이름으로 나타나는 목적인의 개념을 표현한다.

---

① 현실적 존재의 최초의 여건 가운데 어떤 것은 긍정적 파악을 통해 그 합생 과정에 수용되고, 다른 어떤 것은 부정적 파악을 통해 긍정적인 수용으로부터 배제된다. 이렇게 해서 최초의 여건은 문제의 현실적 존재의 전망과 관련을 갖게 되며, 거기에 최초의 여건으로부터 객체적 여건으로의 이행이 있게 된다.

제 3 절

느낌은 그 주체로부터 추상될 수 없다. 주체, 느끼는 자에의 지향, 목적인, 자기 원인.

느낌은 그것을 품고 있는 현실적 존재로부터 추상될 수 없다. 이 현실적 존재는 느낌의 〈주체〉라고 불린다. 느낌이 하나의 사물인 까닭은 그 주체 때문이다. 만일 우리가 느낌으로부터 주체를 사상(捨象)한다면 우리에게는 다수의 사물들만이 남아 있게 된다. 따라서 느낌은 각 현실적 존재가 개별적이라고 하는 것과 똑같은 의미에서 개별적인 것이다. 그것은 그 자신의 주체의 한 양상이다.[②]

〈주체〉라는 용어를 폐지하지 않고 계속 사용해 온 까닭은, 그것이 이러한 의미로 철학에 익숙해져 있기 때문이다. 그러나 그 용어는 오해를 불러일으키기 쉽다. 〈자기초월체 superject〉라는 용어가 보다 적절할 것이다. 〈자기초월적 주체 subject-superject〉는 느낌들을 창시하는 과정의 목적이다. 느낌들은 그들이 지향하는 목표와 유리될 수 없다. 이 목표는 느끼는 자 feeler이다. 느낌은 그 목적인으로서의 느끼는 자를 지향한다. 느낌들이 지금의 그 느낌들인 것은 그것들의 주체가 지금의 그 주체일 수 있기 위해서이다. 그래서 주체는 자신의 느낌들로 말미암아 지금의 그것이 된 것이기 때문에, 주체는 오직 그 느낌들에 의해서만, 자신을 넘어서는 초월적인 창조성을 객체적으로 제약한다. 비교적 고등의 존재인 우리 인간에게 있어서, 이러한 느낌과 주체에 대한 학설을 가장 잘

② 화이트헤드에 의하면, 여러 느낌을 하나로 통합하는 과정을 목적론적으로 관장하는 작용인이 주체이다. 그리고 주체는 자신의 실현을 종결시킴으로써 자기를 초월하여 후속하는 현실적 존재에게 여건으로서 자신을 객체화하는 자기초월체이다. 그런데 주어-술어 형식에 있어서는 주어가 될 뿐 술어가 되지 않는 개체가 실체로 생각되었고, 실체는 성질들의 변화를 감수하는 자기 동일적 기체로서 다른 실체와 독립하여 자존하는 존재자로 생각되어 왔다.

예시해 주는 것은 도덕적 책임에 대한 우리의 개념이다. 주체는 그 느낌 때문에 그것이 지금의 그것이라는 데 대하여 책임을 진다. 그것은 또 그 현존의 여러 귀결들에 대하여 파생적으로 책임을 진다. 왜냐하면 그것들은 그 느낌으로부터 유출되기 때문이다.

만일 주어-술어 형식의 진술이 형이상학적으로 궁극적인 것이라고 한다면, 우리는 이 느낌들과 그것들의 자기초월체에 대한 학설을 표현할 수 없게 될 것이다. 느낌은 그 주체에로 지향된다 be aimed at고 말하는 것보다 그 주체를 지향한다 aim at고 말하는 편이 더 적절하다. 왜냐하면 전자의 표현 양식은 주체를 느낌의 작용 범위로부터 제거하고, 그것을 외적인 작용인에 속하는 것으로 돌리고 있기 때문이다. 그렇게 될 때 느낌은 그 자신의 목적인으로부터 잘못 추상된 것이 되고 말 것이다. 이 목적인은 느낌에 내재하는 요소로서 그 느낌의 통일성을 구성한다. 현실적 존재는 지금의 그 현실적 존재가 되기 위해서 지금과 같이 느끼고 있다. 이런 방식으로 현실적 존재는, 실체란 자기 원인이라는 스피노자의 실체 개념을 만족시킨다. 창조성은, 그 자신의 외재적 목적을 지닌 외적 작용인이 아니다. 모든 현실적 존재는 이러한 자기 원인이라는 특성을 신과 공유하고 있다. 이러한 이유 때문에 모든 현실적 존재는 또한, 신을 포함하여 다른 현실적 존재들을 초월한다는 특성을 신과 공유하고 있는 것이다. 따라서 우주는 새로움에의 창조적 전진 creative advance into novelty이다. 이 학설을 떠나 달리 택할 수 있는 학설의 귀결은 정태적인 형태론적 우주이다.

제 4 절

주체적 통일성의 범주, 객체적 동일성의 범주, 객체적 다양성의 범주.

사물의 궁극적 본성에서 나오는 세 가지 주요 범주적 조건이 있다.

이 세 조건은 i) 주체적 통일성의 범주, ii) 객체적 동일성의 범주, iii) 객체적 다양성의 범주이다. 뒤에 우리는 다섯 가지* 다른 범주적 조건을 분리시킬 것이다. 그러나 지금 말한 세 가지 조건은 궁극적인 형이상학적 일반성의 외관을 띠고 있다.

첫째의 범주는 자기실현 self-realization과 관계된다. 자기실현이란 사실 속의 궁극적 사실을 말한다. 현실태는 자기를 실현하고 있으며, 자기를 실현하고 있는 것은 무엇이든지 현실태이다. 현실적 존재는 자기실현의 주체인 동시에, 자기실현된 자기초월체이다.

둘째와 셋째의 범주는 객체적 결정과 관계된다. 다른 현실적 존재들까지도 포함하여 모든 존재들은, 어떤 한 현실태의 자기실현에, 그 현실태의 한정성에 관여할 수 있는 결정자로서 개입한다. 이처럼 존재들이 객체로서 기능하기 때문에 참과 거짓이 있게 된다. 왜냐하면 모든 현실태는 모호성의 그림자를 갖지 않기 때문이다. 그것은 다른 존재들의 손에 의해 객체적으로 한정됨으로 말미암아 정확히 지금의 그것인 것이다. 현실화로부터 추상될 경우 참과 거짓은 의미를 잃게 된다. 우리는 무의미의 영역, 어떠한 것도 현존을 요구할 권리를 갖지 않는 지옥의 변방에 있게 된다. 그러나 한정성은 현실태의 생명이다. 독특한 한정성의 달성은 개별적인 과정에 생기를 불어넣는 목적인이다. 그리고 그것의 달성은 그 과정을 멈추게 한다. 그 결과 초월을 통해 그 개별적 과정은, 달성 가능한 한정성의 보고(寶庫, riches)인 우주의 〈실재적인 가능태 real potentiality〉에 부가되는 새로운 객체적 조건으로서의 그 객체적 불멸성으로 이행하게 된다.

여기에서 하나의 구별이 이루어져야 한다. 창조의 작업 하나하나는

* 화이트헤드가 이 제재(題材)를 쓰고 있던 당시로서는 아홉 번째의 범주적 제약, 즉 〈자유와 결정〉을 아직 정식화하지 못하고 있었다는 것은 분명하다. 그러나 이 장에서 논하고 있는 세 개의 범주적 제약 이외에 여섯 개의 범주적 제약이 있다고 하더라도 〈자유와 결정〉은 이하의 제재에 있어서의 범주적 제약으로서 논하고 있는 것이 아니기 때문에 우리에게는 〈다섯 개〉가 주어지는 것이 된다.

우주 전체를 활용하는 사회적 노력이다. 새로운 현실태는 저마다 새로운 조건을 추가하는 새로운 일원partner이다. 새로운 조건은 모두 추가된 달성의 풍요함 속으로 흡수된다. 이에 반해 각 조건은 배타적이며, 다양성을 허용하지 않는다. 이 점에서 예외가 되는 것은, 그것이 배제하는 것들을 대비로 전환시키는 조건들의 망상 조직(網狀組織) 속에 그것이 들어가 있게 되는 경우이다. 새로운 현실태가 부적절한 사회에 나타나게 될 수도 있다. 이때 이 새로운 현실태가 본래적으로 지니고 있는 효과는 그 사회 속에서 주로 억제inhibition로서 작용한다. 이럴 경우 그러한 억제를 제거하는 새로운 창조의 시기까지는 창조의 기능에 지루한 작업이 맡겨진다. 시의(時宜)에 맞지 않게 태어나려고 고집하는 것은 악의 책략이다. 달리 말하면, 새로운 사실은 되돌려지고, 억제되고, 지연될 수도 있는 것이다. 그러나 전진이 이루어지게 될 때, 그 전진은 내용에서 보다 풍부해지며, 보다 충분하게 조건지어지고, 보다 안정된 것이 될 것이다. 왜냐하면 현실적 존재는 그 객체적 효과에 있어서, 그 존재의 또 다른 긍정적 기여에 근거해서만 억제할 수 있기 때문이다.

일련의 사실은 마치 보초(堡礁, barrier reef)와 같은 것이다. 그 한쪽에는 난파의 잔해가 있지만, 그 건너편에는 피난처와 안전이 있다. 사물의 결정성을 지배하는 범주들은 어째서 악이 있어야 하는가에 대한 이유가 되며, 또 세계의 전진에 있어 특정의 악한 사실들이 어째서 최종적으로는 극복되는가에 대한 이유가 된다.

제 5 절

주체적 통일성의 범주. 하나의 주체는 자기 산출에 들어 있는 삽화적인 사건인 각각의 느낌을 조건짓는 최종 목표이다. 예정 조화, 명제의 자기 일관성, 주체적 지향. 객체적 동일성의 범주, 한 사물은 하나의 역할을 수행할 뿐, 중복된 역할을 수행할 수 없으며, 양립 불가능성의 한 가지 근거이다. 객체적 다양성의 범주, 다양한 요소들은 동일한 기능을 가질 수 없다, 이는 양립 불가능성의 또 다른 근거이다.

범주 I. 현실적 존재의 과정에 있어서 미완의 위상에 속하는 많은 느낌들은 그 위상의 미완결성 때문에 통합되어 있지는 않지만, 그 주체의 통일성 때문에 종합을 위해 양립 가능한 것들이다.

이는 〈주체적 통일성〉의 범주이다. 이 범주는 하나의 주체가 구성 요소로서의 각 느낌들을 조건짓는 최종 목표라고 하는 일반 원리의 한 표현이다. 따라서 자기초월체는 각 느낌이 그 자신의 과정을 어떻게 처리하는가를 결정하는 조건으로서 이미 현재하고 있다. 모든 미완의 위상에는 많은 미종합의 느낌들이 있기는 하지만, 이러한 느낌들은 저마다 다른 느낌에 의해 조건지어져 있다. 각 느낌의 과정은 그 느낌을 다른 느낌들과 통합되도록 해가는 과정이다.

이 주체적 통일성의 범주는, 어째서 어떠한 느낌도 그 주체로부터 떼어낼 수 없는가에 대한 이유이다. 왜냐하면 주체는 그 느낌을 수반한 주체가 되기 위해 그 느낌 속에서 작동하고 있기 때문이다. 느낌은 자기 산출에 있어 삽화적인 사건이며, 자기 산출의 목표와 관계된다. 이 목표는 이에 수반되는 느낌들을 거느리고 있는 어떤 일정한 통일성이다.

주체가 그 자신의 산출 과정에 내재되어 있다는 이 학설은, 주체적 과정의 최초 위상에 주체적 지향에 대한 개념적 느낌이 있다는 것을 전제로 한다. 물리적인 느낌들과 그 밖의 다른 느낌들은, 최초의 여건들을 처리하는 가운데 이 개념적 지향을 실현하기 위한 여러 중간 단계로서 생겨난다. 이 기초적인 개념적 느낌은 합생의 계속되는 여러 위상에서 단순화를 겪게 된다. 그것은 조건지어진 여러 대안에서 시작되고, 잇따르는 여러 결단에 의해 정합성(整合性)으로 환원된다. 책임성에 관한 학설은 이러한 수정과 전적으로 관계된다. 각 위상에 있어서 그에 상응하는 개념적 느낌은 그 위상을 특징짓는 〈주체적 목표〉이다. 미완의 위상에 있어서 많은 느낌들이 반드시 서로 양립 가능하게 되는 까닭은, 그 느낌들이 그 위상에서 전개된 주체적 목표에 개별적으로 순응하기 때문이다.

이 주체적 통일성의 범주는, 미완의 위상에 있는 다수의 느낌에 적용된 예정 조화설이다. 그러므로 일곱 가지 종류의 〈고유한 proper〉 존재[③]로 되돌아가서 우리가 미완의 위상을 어떻게 분류할 것인가를 묻는다면, 우리는 그 미완의 위상이 명제의 통일성을 가지고 있다는 것을 알게 된다. 각 위상을 과정 내의 부수 사건에 지나지 않는 것으로 만들어 버리는 창조적 충동으로부터 그 위상을 추상한다면, 그 위상은 그것을 구성하고 있는 느낌들과 이들의 궁극적인 자기초월체에 관한 하나의 명제에 지나지 않게 된다. 그 예정 조화는 이 명제의 자기 일관성 self-consistency, 즉 실현을 위한 명제의 능력 capacity이다. 그러나 과정으로부터의 이와 같은 추상은 그 위상의 본질을 훼손한다. 왜냐하면 이 위상은 그 과정 내의 부수 사건이기 때문이다. 우리가 위상의 이러한 측면을 정당하게 평가하려고 할 경우, 우리는 그것을 진리를 추구하는 명제라고 말해야 한다. 그것은 통합 도중에 있는 느낌들을 잇달아 일어나도록 하는 유혹 lure이다. 그리고 그런 느낌들에 의해, 우주의 세부 사항들 가운데 명제가 놓이는 것과 관련하여 전적으로 미결정 상태에 있던 명제의 단순한 가능태는 완전히 결정된 현실태로 전환된다.

합생 과정의 근거 내지 기원은 우주 내의 다수의 여건들, 즉 현실적 존재, 영원한 객체, 명제 그리고 결합체이다. 그 합생에서의 각각의 새로운 위상은 느낌의 실재적 통일성의 지배적 증대에 따르는, 단순한 명제적 통일성의 후퇴를 의미한다. 잇달아 일어나는 각각의 명제적 위상은, 그 실현을 촉진하는 느낌의 창조를 위한 유혹이다. 어떤 의미에서 각 시간적 존재는 신 자신과 마찬가지로 그 정신적 극에서 생긴다. 그것은 신으로부터 자신의 토대를 이루는 개념적 지향 conceptual aim ──그 현실 세계에 관련되어 있지만 그 존재의 결단을 기다리는 미결

---

③ 〈일곱 가지 종류의 '고유한' 존재〉란, 현실적 존재, 파악, 결합체, 주체적 형식, 영원한 객체, 명제, 대비이다.

정성을 수반한 개념적 지향──을 이끌어낸다. 이 주체적 지향은 그 존재의 계속되는 수정 속에서, 물리적 느낌과 개념적 느낌 간의 상호 작용의 계속되는 위상들을 지배하는 통일화의 요인으로 남는다. 존재의 그러한 결단은, 그 합생의 위상에서 새로움이 생기기 이전, 발생의 초기 단계에 있는 피조물에게는 불가능하다. 그러나 이러한 진술은 그 나름의 부연 설명을 필요로 한다.④ 이러한 부연 설명으로 시간적인 현실적 존재의 최초의 위상 primary phase은 물리적이라는 학설이 회복된다. 여기서 〈물리적 느낌〉은 다른 현실태에 대한 느낌으로 정의된다. 만일 이 다른 현실태가 자신의 개념적 느낌에 의해 객체화되고 있다면, 문제되는 주체의 물리적 느낌은 〈혼성적(混成的, hybrid)〉이라고 불린다. 따라서 최초의 위상은 그 합생에 대하여 〈주어진〉 우주에 직접 관련되는 신의 개념적 느낌을 통한, 신에 대한 혼성적인 물리적 느낌이다. 이로부터 개념적 평가 conceptual valuation의 범주, 즉 범주적 제약 Ⅳ에 따라, 그 주체에 있어서 신의 개념적 느낌의 여건과 평가를 재현하는 파생된 개념적 느낌이 있게 된다. 이러한 개념적 느낌이 앞의 진술에서 언급한 최초의 개념적 지향이다. 이런 의미에서 신은 각각의 시간적인 현실적 존재의 창조자라 할 수 있다. 하지만 이러한 표현은, 우주의 궁극적 창조성이 신의 의지에 돌려져야 한다는 것을 암시하고 있다는 점에서 오해를 불러일으킬 소지가 있다. 진정한 형이상학적 견해는 신이 이 창조성의 원생적(原生的) 사례 aboriginal instance이며 따라서 신은

④ 현실적 존재의 합생 과정의 계속되는 위상에 있어 물리적 느낌과 개념적 느낌이 종합되도록, 처음부터 통일화의 요인으로서 작용하고 있는 주체적 지향은 신으로부터 도출된 개념적인 것이다. 그렇다면 시간적인 현실적 존재의 최초 위상은 신의 경우와 마찬가지로 정신적 극으로부터 생겨나는 것이 될 것이다. 그러나 좀더 세밀히 고찰해 보면 이 진술은 성급한 결론이라는 것을 알게 된다. 왜냐하면, 화이트헤드에 따를 때, 신도 또한 하나의 현실적 존재이며, 따라서 어떤 시간적인 현실적 존재의 합생을 목적론적으로 향도하는 개념적인 것이 신으로부터 도출된다고 한다면, 거기서 문제되는 것은 후자에 대한 전자의 물리적 느낌이기 때문이다. 그러므로 현실적 존재에게 있어 모든 개념적인 것은 근원적으로는 물리적 느낌에서 도출된다는 원칙이 유지되는 것이다.

이 창조성의 활동을 제약하는 원생적 조건이라는 것이다. 창조성을 특징짓는 것은 현실태의 기능이며, 신은 영원한 원초적 특성이다. 그러나 말할 것도 없이 〈창조성〉은 그 〈피조물〉을 떠나서 무의미하며, 신은 〈창조성〉과 〈시간적인 피조물〉을 떠나서 무의미하고, 〈시간적인 피조물〉은 〈창조성〉과 〈신〉을 떠나서 무의미하다.⑤

범주 Ⅱ. 현실적 존재의 만족의 객체적 여건에 있어 그 어떠한 요소도, 그 만족에 있어서의 그 요소의 기능에 관한 한, 중복되는 일이 있을 수 없다.

이것이 〈객체적 동일성의 범주〉이다. 이 범주가 주장하는 것은 우주의 각 개체화에 있어서 임의의 존재가 지니는 지위와 관련된, 그 존재의 본질적인 자기 동일성이다. 그와 같은 합생에 있어 하나의 사물은 하나의 역할을 수행하며, 중복된 역할을 수행할 수 없다. 이것이 바로 자기 동일성의 의미이다. 즉 사물과 사물이 현실적으로 만나는 데 있어 하나의 사물은, 상이한 여러 역할들 속에서 자신과 만날 수는 없다. 모든 사물들은 제각기 일관된 통일성을 지니고서 어떤 역할을 연출하면서 완고하게 자신으로 남아 있다. 이 범주는 양립 불가능성의 한 근거이다.

범주 Ⅲ. 현실적 존재의 객체적 여건에 있어 여러 다양한 요소들은, 그 만족에 있어서의 그것들의 기능에 관한 한, 합체(合體, coalescence)될 수 없다.

이것이 〈객체적 다양성〉의 범주이다. 여기서 〈합체〉라는 용어의 의미

---

⑤ 창조성은 다수가 하나로 통합되어 가는 데 있어 성립되는 창조 활동으로서 우주의 모든 것을 꿰뚫고 작용하고 있다. 신도 포함하여, 모든 현실적 존재가 〈창조된 것〉이라는 이유도 거기에 있다. 신은 다만 창조성에 의해 근원적으로 창조된 〈피조물〉이며, 그런 한에서 이는 다른 시간적인 〈피조물〉과 구별된다. 그런데 현실적 존재는 어느 것이나 모두 〈자신을 창조하면서 피조된 것〉이다. 시간적인 현실적 존재의 이러한 피한정적(被限定的)인 자기 창조 활동은 신이 그때마다 거기에 수육(受肉)함이 없이는 생각할 수 없는 일이다. 그리고 거기에는 창조성의 순수한 활동성이 있는 것이지만, 이러한 창조성의 순수 활동은 신과 시간적인 현실적 존재가 서로 한정을 주고받으면서 세계를 형성해 가는 작용을 도외시하고서는 구체화될 수 없다.

는, 다양한 요소들이 그들의 다양성에 내재하는 대비 contrast를 갖지 않은 채, 절대적으로 동일한 기능을 행사한다는 자기모순적인 개념이다. 달리 말한다면, 실재적인 복합적 통일성에 있어서 각각의 개별적인 구성 요소는, 그 자신의 개별성을 자신의 지위에 부과한다. 어떠한 존재도 실재적인 통일성에 있어서 추상적 지위를 가질 수 없다. 그것의 지위는, 그 자신만이 충족시킬 수 있으며 그 현실태만이 제공할 수 있는 그런 것이어야 한다.

이 범주를 무시하는 것은 형이상학적 추론에 널리 퍼져 있는 오류를 범하는 것이 된다. 이 범주는 양립 불가능성의 또 다른 근거이다.

제 6 절

전달하는 매체로서의 세계. 설명. 주체적 형식을 수반하는 부정적 파악.

이러한 범주들의 중요성은, 각 현실적 세계를 문제되는 현실적 존재의 합생으로 이어지는 〈매체〉에 비추어 고찰할 때에만 이해될 수 있다. 〈현실적 세계〉라는 표현이 항상 하나의 어떤 합생과 연관된다는 점은 기억하고 있을 것이다.

어떤 현실적 존재 ── 이를 A라고 부르자 ── 가 다른 현실적 존재들 ── 이들을 B, C, D라고 부르자 ── 을 느낀다고 하자. 이때에 B, C, D는 모두 A의 현실적 세계 속에 있다. 그러나 C와 D는 B의 현실적 세계 속에 있을 수도 있는데, 그럴 경우 그것들은 B에 의해 느껴진다. 또 D는 C의 현실적 세계 속에 있을 수도 있으며, 그래서 C에 의해 느껴지고 있을 수 있다. 이 예는 단순화될 수도 있겠고, 또 어느 정도 복잡한 것으로 변화될 수도 있을 것이다. 그런데 A의 느낌에 있어 최초의 여건으로서의 B는, 또한 A가 B의 매개를 통해서 느낄 수 있는 C와 D를 A에게 제공한다. 또 A의 느낌에 있어 최초의 여건으로서의 C도, A가 C의 매개를 통해서 느낄 수 있는 D를 A에게 제공한다. 따라서 인위적으로 단순화시킨 이 예에서, A는 다음과 같은 세 가지의 판이한 원천을 통해서 느낌에 제공되는 D를 가진다. 즉 i) 생경한 여건으로서 ii) B의 매개를 통해서 iii) C의 매개를 통해서가 그것이다. 여기서 이처럼 삼중으로 제시되고 있는 것은, B와 C의 매개에 관한 한 D에 대한 A의 느낌을 위한 최초의 여건이라는 기능을 수행하고 있는 D이다. 하지만 매체를 두 개의 중간물로 인위적으로 단순화시켜 놓은 것은 물론 현실의 사례와 매우 거리가 멀다. D와 A 사이의 매체는, A의 현실 세계에는 있으나 D의 현실 세계에는 없는 온갖 현실적 존재들로 구성되어 있다. 논의를 단순하게 하기 위해 삼중으로 제시되고 있는 것을 놓고 계속해서 설명하기로 하자.

상술한 바와 같이, 직접 D를 느끼고, C와의 결합체에 있어서의 D를 느끼며, B와의 결합체에 있어서의 D를 느끼는 세 가지 원천이 있다. 따라서 A의 합생의 기초적 위상basic phase에서, 여건 D에 관한 세 가지 파악이 생긴다. 첫째의 범주에 따르면, 이러한 파악들은 각기 독립해 있는 것들이 아니다. 합생의 이 주체적 통일성은 부정적 파악을 이끌어들이며, 따라서 직접적 느낌에 있어서의 D는 그 형상적 완결성에 있어서 느껴지는 것이 아니라, 그것의 파악들 가운데 B의 매개와 C의 매개를 통해서 느껴진 D와 모순되는 그런 파악들이 제거되면서 객체화된다. 그러므로 최초의 위상을 구성하고 있는 세 가지 느낌들 간에는 모순이 없으며, 그래서 그 느낌들은 D의 정합적인 객체화에 대한 A의 한 느낌이 있게 되는 두 번째 위상의 통합으로 이행할 수 있게 되는 것이다. D는 필연적으로 자기 일관성을 지니고 있기 때문에, 갖가지 모순은 D에 대한 B의 파악의 주체적 형식으로부터, D에 대한 C의 파악의 주체적 형식으로부터, 또 D에 대한 A의 파악의 주체적 형식으로부터 각각 직접적으로 생겨나는 것임에 틀림없다. 이러한 모순들은 결국 D에 대한 A의 총체적 파악에 있어서 제거되기에 이른다.

이러한 과정에서 그 제거를 야기하는 부정적 파악은 단순하게 무시될 수 있는 것이 아니다. 느낌이 스스로를 구성하면서 나아가는 과정은 또한 통합적 느낌의 주체적 형식 속에 기록된다. 부정적 파악은 그 과정에 기여하는 자기 자신의 주체적 형식을 가지고 있다. 느낌은 그 탄생시의 흔적을 지니고 있다. 그것은 생존 경쟁을 주체적 정서(情緖)로서 불러일으킨다. 그것은, 그렇게 되었을 수도 있었지만 사실상 그렇게 되지 않은 것의 특징 impress을 보유하고 있다. 바로 이러한 이유 때문에 현실적 존재가, 느낌을 위한 여건으로서 받아들이지 않았던 것이 어느 시점에 가서는 그 느낌이 갖추어야 할 중요한 부분이 될 수도 있는 것이다. 현실적인 것은 가능적인 것과 단절된 단순한 사태로 환원될 수 없다.

이와 동일한 설명의 원리는 영원한 객체가 그 여건이 되고 있는 개념적 파악의 경우에도 타당하다. 이러한 개념적 파악의 최초의 위상에 있어 이 영원한 객체는, 물리적 느낌 physical feeling에 한정성을 부여하는 단순한 추상적 능력으로서 느껴져야 하는 것이다. 하지만 무수히 많은 현실적 존재의 객체화에 대한 느낌들이 있고, 이 가운데 어떤 물리적 느낌들은 그들의 한정성을 제공하는 요소로서 이 동일한 영원한 객체를 예시하고 있다. 이렇게 해서 동일한 영원한 객체에 대한 다양한 파악이 있게 된다. 그리고 그 제1의 범주에 의해서 이러한 여러 다양한 파악들은, 그것에 뒤따르는 위상 ── 하나의 정합적(整合的)이며 복합적인 느낌, 즉 앞서 말한 영원한 객체에 대한 개념적 느낌이 존재하게 되는 위상 ── 에서의 통합 속에 들어가도록 상호 간에 모순이 없어야 한다. 이와 같은 무모순성에의 집요한 주체적 요구는 처음부터 긍정적인 느낌을 부정적인 느낌으로 대체시킬 수도 있을 것이다.

제 7 절

범주들의 적용.

앞 절의 설명에서는 오로지 제1의 범주만을 명시적으로 언급해 왔다.

이제는 다른 범주들이 어떻게 묵시적으로 전제되어 왔는가 하는 점이 지적되어야 하겠다.

일단 통합이 있다는 사실은 객체적 동일성의 범주가 표현하는 조건으로부터 생겨난다. 현실적 존재이건 영원한 객체이건 간에 동일한 존재는, 하나의 합생의 형상적 구조에 있어서 두 번 느껴질 수 없다. 하나의 객체에 대한 많은 느낌들을 수반한 미완의 위상들은, 그 하나의 객체에 대한 하나의 느낌을 수반한 최종적 만족에 의해서 해석될 수 있을 뿐이다. 따라서 객체적 동일성은, 하나의 객체에 대한 많은 느낌들이 그 객체에 대한 하나의 느낌으로 통합되는 것을 전제로 한다. 현실적 존재에 대한 분석은 지적인 것에 지나지 않으며, 보다 범위를 넓혀서 말하면 객체적인 것에 지나지 않는다. 각각의 현실적 존재는 저마다 원자적 통일성을 갖는 세포이다. 그러나 분석에 있어 현실적 존재는 오로지 과정으로서만 이해될 수 있다. 그것은 하나의 과정으로서, 달리 말하면 추이(推移) 가운데 있는 것으로서 느껴질 수 있을 뿐이다. 현실적 존재는 분할 가능한 것이지만,⑥ 실제로는 분할되어 있지 않다. 따라서 분할 가능성은 현실적 존재가 스스로를 초월하게 되는, 그 자신의 객체화에만 관계된다. 그러나 그와 같은 초월은 자기 현시(顯示) self-revelation이다.

*제3의 범주는 일자성 oneness에 대한 대립자, 즉 다양성 diversity과 관계된다. 현실적 존재는 일자 one인 동시에, 또한 한정적으로 복합적 definitely complex이다. 그러나 한정적으로 복합적이라는 것은, 일정한 방식으로 명백하고도 다양한 요소들을 포함한다는 것을 말한다. 객체적 다양성의 범주는 다음과 같은 엄격한 조건, 즉 복합적 통일성은 자신의 각 구성 요소에, 그 자신의 실재성과 같은 의미를 띠면서도 그 자신에게 독특한 그런 실재성을 갖는 다양한 실재적인 지위를 제공해야 한다는 조건을 표현하고 있다. 다시 말하면, 실재적인 통일성은 그 다양한

---

⑥ 현실적 존재는 그 직접 경험에 놓여 있는 한, 부분으로 분할될 수 없다. 그러나 직접 경험이 종식되고, 객체적 여건으로 있는 한, 분할이 가능하다.

* 이 단락은 당초 이 제7절의 마지막 단락에 붙어 있었다.

구성 요소에다 허울뿐인 다양한 지위를 제공하지는 못한다는 것이다.

이 범주는 사실상 제2의 범주의 특수한 적용에 지나지 않는다. 왜냐하면 〈지위 status〉란 결국 어떤 것 something을 말하며, 또한 객체적 동일성의 범주에 따를 때 그것은 그 역할을 중복하지 못하기 때문이다. 따라서 만일 그 〈지위〉가 이것의 지위라고 한다면, 그것은 같은 의미에서 저것의 지위일 수는 없는 것이다. 지위의 허울뿐인 다양성에 대한 금지는 개별적인 실체들 particular substances에 관한 〈클래스 이론 class-theory〉을 일소한다. 이는 로크가 주저하면서 제기했던(『인간 지성론』, 제Ⅱ권, 제23장) 것이고, 흄이 보다 강조하면서 채택했던 것(『인성론』, 제1편, 제1부, 제6절)이며, 또 흄의 후계자들이 받아들였던 것이기도 하였다. 왜냐하면 클래스의 본질은 그것이 그 외연(外延) 내의 성원들에게 기능의 다양성을 인정하지 않는다는 데에 있기 때문이다. 한 클래스의 성원들은 단지 논리적 이접성(離接性) logical disjunction에 힘입어 다양한 성원들이 되고 있을 뿐이다. 이렇게 호소되는 〈클래스〉는 단순한 다수성 multiplicity에 지나지 않는다. 그러나 오늘날 널리 논의되고 있는 클래스 이론⑦에서는, 〈결합체 nexus〉라든지 〈명제〉와 같은 개념으로의 부당한 이행이 이루어지고 있다. 고유한 존재 proper entity로 기능해 주기를 클래스에 호소하는 것은, 마치 실재하는 쥐를 죽이도록 상상 속의 사냥개에게 호소하는 것과 전적으로 유사하다.

*따라서 합생의 바로 핵심을 이루고 있는 통합의 과정은 주체적 통일성, 객체적 동일성, 객체적 다양성이라는 세 범주에 의해 우주의 합생적 통일성에 부과되는 충동이다. 우주의 일자성(一者性, oneness), 그리고 우주 내의 각 요소의 일자성은 피조물로부터 피조물로의 창조적 전진에 있어 세상이 끝날 때까지 되풀이된다. 그리고 이들 각 피조물은

---

⑦ 클래스 이론은 원래 화이트헤드와 러셀이 도입한 것이다. 클래스는 두 개의 명제 함수가 형식적으로 값이 같을 때만 동일한 클래스를 결정하도록 명제 함수와 결부되어 있다. 이 경우에, 클래스의 성원 사이에는 기능적 차이가 인정되지 않고 있다.

* 이 단락은 당초 앞의 〈제3의 범주……〉로 시작되는 단락의 앞에 있었다.

저마다 역사 전체를 자신 속에 포함하고 있으며, 사물들의 자기 동일성 및 그들 상호 간의 다양성을 예증하고 있다.

제 8 절

적용(앞 절의 계속).

구성 요소의 실재적인 통일성과 결부되는 이와 같은 지위의 다양성이란 다음과 같은 것을 의미한다. 즉 한 느낌의 객체적 여건에 있어서의 두 구성 요소의 실재적인 종합은 각 관계항(關係項)의 개별적인 특수성으로 물들어 있어야 한다는 것이다. 따라서 완결된 종합은 그 한 쌍의 관계항이 결합하여 빚어내는 특수성들을 표현할 뿐이며, 그 밖의 다른 어떠한 것도 관계시키지 못한다. 영원한 객체의 결정성으로부터 생기는 이러한 객체적인 한정성을 갖는 복합적 존재는 〈대비 contrast〉라 불리게 될 것이다. 대비는 대비되는 관계항들로부터 추상될 수 없다.

가장 명백한 대비의 예는 영원한 객체에 전적으로 주목할 때 찾아볼 수 있다. 파랑과 빨강의 대비는 다른 어떤 한 쌍의 빛깔 사이의 대비나, 어떤 한 쌍의 소리 사이의 대비, 또는 빛깔과 소리 사이의 대비로서 그대로 되풀이될 수 없다. 그것은 어디까지나 파랑과 빨강의 그 대비이지, 다른 어떤 것이 아니다. 그 대비로부터의 어떤 추상물 abstractions이나, 그 대비에 내재하는 어떤 가치는 다른 대비로부터도 얻을 수 있을지 모른다. 그러나 그것은 별개의 대비이지 그 대비는 아니다. 그리고 그 추상물은 같은 범주적 유형의 〈대비〉가 아닌 것이다.

〈결합체〉는 별개의 의미에서, 〈대비〉라는 용어가 뜻하는 것 속에 들어간다. 하지만 우리는 이 용어를 그렇게 사용하지는 않을 것이다. 흔히 〈관계〉라 불리는 것은 〈대비〉로부터의 추상물이다. 관계는 많은 대비들 속에서 발견할 수 있다. 그리고 관계가 그렇게 발견될 때, 그것은 대비된 사물들을 관계시키고 있다고 말한다. 〈다원적 대비 multiple contrast〉라는 용어는 함께 대비된 세 개 이상의 요소들이 있든가, 있을 수 있는 경우에 사용될 것이다. 그리고 이 사실은 주목해 둘 만한 가치가 있다. 다원적 대비는 그것을 구성하는 이원적인 대비들로 분석될 수 있다. 그러나 다원적 대비는 이원적 대비들의 단순한 집합이 아니다. 그것은 그것을 구성하고 있는 대비들에 더해지는 또 하나의 대비이다. 다원적 대비가 이원적 대비들의 단순한 이접(離接, disjunction)으로 간주될 수 없다는 학설은 창발적(創發的) 진화 emergent evolution의 토대가 된다. 이는 실재적인 통일성이란 그 구성 요소들의 단순한 집합적 이접 이상의 것이라는 학설이다. 이 학설은 저 개별적인 실체들의 클래스 이론에 대한 반론과 동일한 근거를 가진다. 이 학설은 예술에서 보면 상식에 속하는 것이다.

브래들리의 관계 이론은 그가 관계와 대비를 제대로 구별하지 못했기 때문에 혼란에 빠지고 있다. 관계란 대비들의 한 유 genus이다. 그래서 그는 관계가 대비의 대역이 될 수 없다는 것을 깨닫고 곤혹스러워하고 있다 ── 또는 〈단순한 현상〉이라는 말 속에 들어 있는 것과 같은 이 〈단순성 mereness〉의 관념에 의해서 위로를 얻지 못했더라면 그는 곤혹스러워했을 것이다. ── 관계는 대비의 기능을 가질 수가 없는 것이다. 그렇기 때문에 브래들리의 논증은 관계가 무엇보다도 〈단순〉하다는 것, 달리 말하면 관계는 절대자의 무분별한 행위이며 일관성이 없는 실재의 흉내 내기라는 것을 입증해 주고 있다.

제 9 절

결합체.

〈대비 contrast〉라는 용어의 한 가지 용법은, 영원한 객체들의 실현된 공재성(共在性, togetherness)에서 생겨나는, 결합적 통일의 개별성 particularity of conjoint unity을 의미한다. 그러나 또 하나의 보다 흔한 〈개별성〉의 의미가 있다. 그것은 〈개별적〉이라는 용어가 현실적 존재에 적용될 때의 의미이다.

하나의 현실적 존재는 다른 현실적 존재들 가운데, 영원한 객체들 간의 대비로는 완벽하게 표현될 수 없는 지위를 가지고 있다. 예컨대 유럽의 역사에 있어서의 고대 로마 제국이라는 복합적인 결합체는 보편자들로는 완벽하게 표현될 수 없다. 그것은 단지 제국의, 로마인의, 고대의 어떤 도시와 해안이 들쭉날쭉하고, 강이 여러 갈래로 다채롭게 흐르고 있고, 높은 산이 경계를 이루고 있으며, 보다 큰 규모의 대륙과 황량한 대양에 둘러싸여 있으면서, 문명화되고, 야만화되고, 기독교화되고, 상업화되고, 산업화된 어떤 대륙의 어떤 역사외의 대비에 불과한 것이 아니다. 문제의 결합체가 바로 이러한 보편적인 복합적 대비를 포함하고 있다는 것은 사실이다. 그러나 그것은 그 이상의 것을 포함하고 있다. 왜냐하면 그것은 그 로마와 그 유럽과의 결합체이기 때문이다. 우리는 이 결합체를 단순히 개념적 느낌의 도움만으로는 의식하지 못한다. 이 결합체는 의식의 층보다 밑에 있는 우리의 물리적 느낌 속에 암암리에 들어 있는 것이다. 우리는 이러한 물리적 느낌이라든지, 또 개별적인 현실적 존재들 간의 결합체가 갖는 개별성을 부분적으로 의식하고 있다. 이 의식은 직접 지각되는 사물들 간의 특수한 시공적 관계에 대한 의식이라는 형태를 취한다. 그러나 로마와 유럽의 경우에 있어서처럼 광범하고도 거대한 인식의 사례에 관한 한, 문제의 개별적인 현실태들 간의 개별적인 결합체는 우리가 의식하고 있는 물리적 느낌과의 구성적 연관에 의해서만 지적될 수 있는 것이다.

이러한 현실적 존재들 간의 결합체가 지니는 특이한 개별성은 다른 방식으로 기술될 수도 있다. 개념적 느낌과 지각적 느낌 사이의 ── 특히 흄에 의한 ── 극히 유감스러운 혼동 때문에, 우리가 보편자에 의해서만 사유할 수 있다는 이치가, 우리가 보편자에 의해서만 느낄 수 있다는 것을 의미하는 것으로까지 확대 해석되어 왔던 것이다. 이는 사실이 아니다. 우리의 지각적 느낌은 개별적 존재자를 느낀다. 다시 말하면, 지각자에 속하는 물리적 느낌은 다른 두 현실태 A와 B 사이의 결합체를 느낀다. 그것은 B를 느끼는 A의 느낌들을 느끼며, 또 A를 느끼는 B의 느낌들을 느낀다. 그것은 이러한 느낌들을 통합하여, 이 요소들의 동일성을 통일시킨다. 이 동일한 요소들이 A와 B 사이의 결합체—A와 B의 개별적 다양성을 자신의 통일적인 힘 속에 유지하고 있는 결합체—를 한정하는 요인을 형성한다.

또한 지각자의 현실 세계 속에 있는, 많은 현실적 존재들 간의 보다 복잡한 다중적 결합체 multiple nexus도 그 지각자에 의해서 느껴진다. 그러나 이렇게 느껴진 것으로서의 이 결합체는 그 특정한 지각자로부터 추상될 수 있다. 그것은 그러한 현실적 존재들을 자신의 현실 세계에 포함하고 있는 모든 지각자에게 동일한 결합체이다. 이러한 복합적 결합체는, 그 현실적 존재들이 그들의 실재적인 상호 파악의 객체적 불멸성에 근거하여, 그 후의 우주의 모든 통일화에 있어서 실재적으로 공재하게 되는 방식인 것이다.

이렇게 해서 우리는 결합체로서의, 임의의 현실적 존재의 현실 세계라는 개념에 도달하게 된다. 여기서 그 결합체의 객체화는 그 현실적 존재의 물리적 느낌을 위한 객체적 여건의 완결된 통일성을 구성하고 있다. 이 현실적 존재는 그 결합체에 대한 시원적인 지각자이다. 그러나 그 시원적 지각자를 그 자신의 현실 세계 속에 포함하고 있는 임의의 다른 현실적 존재는, 또한 지금 말한 결합체를 자기 자신의 현실 세계의 일부로 포함하고 있다. 따라서 각 현실 세계는 이런 의미에서 그 시원적 지각자로부터 독립해 있는 결합체인 것이다. 그것은 그 자신을 초월한 미래에 있어서 객체적 불멸성을 향유한다.

결합체는 저마다, 구성 요소가 되는 결합체 component nexus이다. 그것은 우선 어떤 현실적 존재의 합생의 어떤 후기 위상(後期位相)에서 달성되어, 그 이후 줄곧 그 자신 속에서 결합된 현실적 존재들 간에 시점과 위치가 정해진 하나의 불변의 사실로서, 여러 현실 세계 속에 자신의 지위를 가지게 된다. 만일 결합체 속에 보편자들의 대비가 실현되어 있다면, 이 대비는 그것이 속하고 있는 현실적 존재 내에, 그 통합적인 느낌들 중의 하나 속에서 최초로 생겨난 것으로서의 그 자신의 위치를 마련하고 있다. 따라서 실현된 대비는 모두 현실적 존재들의 개별성에 따르는 개별적인 위치를 가진다. 그것은 실현된 개별적인 복합적 사태이며, 그 실재성 reality 때문에, 창조적 전진이 그곳으로부터 생겨나지 않으면 안 될, 후속하는 모든 현실 세계에 있어서의 고정적인 조건이다.

각 현실태의, 각 결합체의, 그리고 각 실현된 대비의 이 완결된 개체적 개별성이야말로 주체적 통일성, 객체적 동일성, 그리고 객체적 다양성이라는 세 가지 범주적 조건의 근거가 된다. 〈사건 event〉이라는 말은 때로는 현실적 존재의 결합체라는 의미로 쓰이고, 또 때로는 보편자에 의해 객체화된 것으로서의 결합체라는 의미로도 쓰인다. 그 어느 의미로든지, 사건은 시점이 정해져 있는 일정한 사실이다.

복합적 느낌의 최초의 여건들은, 비록 느껴진 것으로서는 어떤 패턴의 객체적 통일성에 있는 일자 one이지만, 단순한 여건으로서는 다자 many이다. 따라서 결합체는 최초 여건들의 패턴이 현실화된 것이다. 물론 이러한 패턴은 느낌에 대하여 상대적인 것에 지나지 않으며, 다수의 여건들로 하여금 그 느낌 가운데서 통일성을 획득할 수 있게 하는, 그 다수 여건들 내의 요인을 표현하고 있는 데 불과하다. 이것이 위에서 말한 결합체라는 용어의 두 번째 용법이다.

따라서 〈일자로서의 느낌〉으로부터 그 주체를 사상할 수 없는 것과 마찬가지로, 〈일자로서의 여건〉으로부터 그것을 그것으로 느끼는 모든 느낌을 사상할 수 없는 것이다. 존재론적 원리에 따른다면, 어느 한쪽으로도 치우침이 없는 결합체는 신의 결과적 본성 consequent nature of God에 있어서의 객체적 여건이다. 왜냐하면 그것은 어떤 곳에 somewhere 있으면서도, 그 자신의 본성상 결코 현실 세계에 대한 임의의 결정된 현실적 존재의 느낌 속에는 포함되지 않기 때문이다. 결합체는 어던가에서 실현된다는 것을 내포하고 있다. 이것이 결합체라는 용어의 첫째 용법이다.

두 가지 극단적인 경우에 있어서, 느낌의 최초의 여건들은 그들 자신의 통일성을 갖고 있다. 한 경우에 있어서는 여건이 그 느낌의 주체를 별개로 할 때, 단 하나의 현실적 존재로 환원된다. 그리고 다른 한 사례에 있어서는 그 여건이 단 하나의 영원한 객체로 환원된다. 이들은 〈최초의 느낌 primary feelings〉이라고 불린다. 자신의 주체로부터 유리된 특수한 느낌이란 무의미하다.

그러므로 현실적 존재의 복합적 만족을 구성하는 느낌에 관해서 다음과 같은 두 가지 법칙이 있게 된다. i) 존재는 오직 한 번 느껴질 수 있을 뿐이며, 그리고 ii) 동일한 주체에 있어, 하나의 느낌으로 통일되어야 할 여건으로서의 동일한 존재에 대한 다양한 느낌들은, 그 느껴진 존재에 대한 그들의 취급에 있어 양립 가능해야 한다는 것이 그것이다. 이 예정 조화에 따라 〈양립 불가능성 incompatibility〉은 처음부터, 어떤 〈느낌〉은 부정적 파악에 의해 대체되어야 한다고 명령했을 것이다.

제 10 절

주체적 형식. 여건에 따른 느낌의 분류. 단순한 물리적 느낌, 개념적 느낌, 변환된 느낌. 주체적 형식은 여건에 의해 결정되지는 않지만, 여건에 의해 제약된다.

느낌의 주체적 형식은 일어날 수 있는 상이한 여러 유형의 느낌들과 관련하여 가장 잘 논의될 수 있다. 이러한 여러 유형으로의 분류는 최초의 여건, 객체적 여건, 그리고 주체적 형식에 있어 느낌들 간의 차이에 주목하여 이루어진다. 그러나 이러한 차이의 원천들은 전적으로 분리되어 있는 것들로 간주될 수 없다.

느낌이란 우주의 일부 요소들을, 그 느낌의 주체의 실재적인 내적 구조를 이루는 구성 요소로 만들기 위해 사유화(私有化)하는 것 appropriation을 말한다. 이때의 요소들은 최초의 여건이고, 그것들은 느낌이 느끼는 것이다. 그러나 그것들은 어떤 추상 아래에서 느껴진다. 느낌의 과정은 제거 elimination를 낳는 부정적 파악을 수반하고 있다. 따라서 최초의 여건은 느낌의 객체적 여건인 〈전망 perspective〉 아래에서 느껴지게 된다.

이 제거에 의해 복합적인 객체적 여건의 구성 요소들은, 느낌의 주체의 구조에 개입하는 〈객체〉가 된 것이다. 수리물리학의 용어로 말하자면, 느낌은 〈벡터〉의 성격을 가진다. 느낌은 합생 과정에 있는 자신의 한 주체의 구조 속으로 다른 사물들을 짜 넣는 작용인이다. 느낌들은 결합체를 구성하며, 이 결합체를 근거로 하여 우주는, 새로운 합생에 의해 항상 쇄신되는 자신의 통일성을 확보하게 된다. 우주는 항상 일자이다. 왜냐하면 우주는 그것을 통일하는 하나의 현실적 존재를 입각점으로 삼지 않고서는 개관될 수 없기 때문이다. 그리고 직접적인 현실적 존재는 본질적으로 새로운 것들인 느낌들의 자기초월체 superject이기 때문에, 우주는 항상 새롭다.

느낌의 본질적인 새로움은 그 주체적 형식에 속하는 것이다. 최초의 여건, 그리고 객체적 여건인 결합체조차도, 다른 주체에 속한 다른 느낌에 제공된 적이 있었을지도 모른다. 그러나 주체적 형식은 직접적인 새로움이다. 그것은 그 주체가 그 객체적 여건을 느끼는 방식 how이다. 이 주체적 형식을 그 합생의 새로움으로부터 떼어놓는 것은 불가능하다. 주체적 형식은 그 직접적 현재의 직접성에 내장(內藏)되어 있다. 〈개별 실체에 내재하는 성질〉이라는 개념의 근본적인 예는, 〈느낌에 내재하는 주체적 형식〉에 의해 주어진다. 만일 우리가 그 형식을 느낌으로부터 추상한다면, 우리에게는 주체적 형식의 잔여물로서의 영원한 객체만이 남아 있게 된다.

느낌은 다수의 최초 여건들을 복합적인 객체적 여건으로 만드는 여러 부정적 파악을 수반한 그 성립 과정에 의해 발생적으로 기술될 수 있다. 이 과정에서 주체적 형식⑧이 성립되어, 느낌의 방식으로 변환된 그 자신의 역사를 이 느낌 속으로 가지고 간다. 느낌이 느끼는 방식은 그 느낌이 어떻게 성립되었는가를 표현한다. 그것은 느낌을 촉구하는 목적이라든지, 그것이 만났던 장애물이라든지, 또는 주체의 독창적 결단에 의해 해소된 미결정성을 표현하고 있다.

느낌이 통합시키는 최초 여건들의 복합성에 따라, 그리고 느낌이 최종적으로 느끼는 객체적 여건의 복합성에 따라, 불특정 다수의 유형의 느낌들이 있다. 그러나 보다 복합적인 모든 느낌들의 형성에 개입하는 세 가지 근원적 유형의 느낌이 있다. 이러한 느낌의 유형은 i) 단순한 물리적 느낌, ii) 개념적 느낌, iii) 변환된 느낌이다. 단순한 물리적 느낌에 있어서 최초의 여건은 단순한 현실적 존재이며, 개념적 느낌에 있어서 객체적 여건은 영원한 객체이며, 변환된 느낌에 있어 객체적 여건은 현실적 존재들의 결합체이다. 단순한 물리적 느낌과 변환된 느낌은 물리적 느낌의 클래스를 형성한다.

후기의 통합에 따르는 부가물이 없는, 그 본래의 순수성에서 취해진 이러한 느낌들 가운데 어떤 것에서도 주체적 형식은 의식을 포함하지 않는다. 명제적 느낌에서 주체적 형식이 판단을 포함하는 수가 있긴 하지만, 주체적 형식 내의 이 요소가 반드시 현존하는 것은 아니다.

느낌에 대한 일반적 기술에 있어 하나의 최종적인 소견이 첨가되어야 한다. 느낌이란 새로운 현실적 존재의 합생에 있어서의 구성 요소이다. 이 느낌은 그 여건과의 관련에 있어서 항상 새롭다. 왜냐하면 그 느낌의 주체적 형식은, 비록 그 여건에 대하여 항상 재생적 관련을 갖는 것임에는 틀림없지만, 그 여건에 의해 전적으로 결정되는 것은 아니기 때문이다. 합생의 과정은 그 주체적 형식들에 의해 제어되는 느낌들의 점

⑧ 주체적 형식이란 주체가 객체를 느끼는 방식이다. 이 경우, 형식이란 말은 영원한 객체를 가리킨다. 예컨대, 파란색은 영원한 객체이지만, 주체가 어떤 것을 파란 모양으로 느낀다면, 〈파란 모양〉이 주체적 형식이다.

진적 통합이다. 이러한 종합〔과정〕에서, 보다 초기의 위상의 느낌들은 보다 후기의 위상의 더욱 복합적인 어떤 느낌의 구성 요소로 가라앉는다. 따라서 각 위상은 하나의 복합적인 〈만족〉이 달성되는 최종의 위상에 이르게 될 때까지, 그 새로움의 요소를 추가한다. 그렇기 때문에 현실적 존재는, 그 〈만족〉을 통해 형태론적으로 고찰해 볼 때, 그것을 구성하고 있는 어느 한 느낌과의 관련에서 보더라도 새롭다. 그것은 이러한 느낌들을 전제하고 있다. 그러나 역으로, 어떠한 느낌도 그 여건이나 그 주체로부터 추상될 수 없다. 모든 느낌은 본질적으로 그 주체를 지향하는 느낌이며, 그 지향에 의해 유발된 느낌이다. 따라서 주체적 형식은 느낌의 실용적인 측면을 구현하고 있다. 왜냐하면 여건은, 주체가 자기초월체가 될 수 있도록 하기 위해 그 어떤 주체적 형식을 통해 느껴지기 때문이다.

느낌의 분석에 있어, 사물에 앞서는 *ante rem* 것으로 나타나는 것은 모두 여건이며, 독점적으로 그 사물 속에 *in re* 있는 것으로 나타나는 것은 모두 주체적 형식이고, 그 사물 속에 그리고 사물의 뒤에 *post rem* 나타나는 것은 모두 〈자기초월적 주체 subject-superject〉이다. 느낌에 관한 이러한 학설은 현실적 존재의 생성에 관한 중심적인 학설이다. 느낌에 있어, 선택적으로 점유된 현실 세계는 전제된 여건으로서, 이 여건은 무형식의 것이 아니라 선택적으로 밀접한 관계를 갖는, 즉 객체화된 그 자신의 실현된 형식을 가지고 있다. 주체적 형식은 새로운 개별적 사실에 독특한 새로운 형식의 진입을 말하며, 그 객체적 여건과의 특이한 방식의 융합을 수반한다. 주체적 형식은 느낌으로부터 추상될 때, 단지 복합적인 영원한 객체에 지나지 않는다. 생성에 있어서, 주체적 형식은 현실 세계로부터 선택된 〈여건들〉과 만나게 된다. 다시 말하면, 여건은 이미 〈존재하고 있는 in being〉 것이다. 여기에서 〈존재하고 있는〉이라는 용어는 일단 〈실현되어 있는 in realization〉이라는 용어와 동의어로 사용되고 있다.

제 11 절

주체적 형식, 질적 패턴, 양적 패턴. 강도. 소리의 청취.

*주체적 형식은 그 질적 패턴과 그 강도의 양적 패턴이라는 두 요인을 가지고 있다. 그러나 이 패턴의 두 요인은 서로 분리될 경우 완벽하게 고찰될 수 없다. 왜냐하면 질적 패턴에 있어서 질적 요소들의 상대적 강도는, 질적 패턴을 구성하는 관계적 요인들 가운데 있기 때문이다. 또한 역으로, 질적 요소들 가운데 질적 관계들이 있고, 이것들은 질적 관계를 위한 추상적인 질적 패턴을 구성한다. 강도의 패턴은 이러저러한 강도를 갖는 질적 요소들의 다양성일 뿐만 아니라, 이러저러한 강도를 갖는 이러저러한 추상적인 질적 패턴에 있는 그러한 질적 요소들의 다양성이기도 하다. 따라서 이 두 패턴은 실제로 분리될 수 없다. 추상적인 질적 패턴과 추상적인 강도의 패턴이 있다는 것은 사실이지만, 융합된 패턴에 있어서 추상적인 질적 패턴은 강도에 적합하고, 추상적인 강도의 패턴은 질에 적합하다.

또한 주체적 형식은 객체적 여건의 패턴으로부터 완전히 분리될 수 있는 것이 아니다. 주체적 형식의 일부 요소들은 분리될 수 있는데, 그것들은 객체적 여건의 패턴으로부터 추상된 것으로서 그 주체적 형식을 형성한다. 그러나 완전한 주체적 형식은 객체적 여건의 패턴으로부터 추상될 수 없다. 지성에 의한 분리는 실재적인 분리가 아니다. 또한 주체적 형식은 그 자신의 원초적 요소들의 한가운데서, 객체적 여건이 지니고 있는 패턴의 재생을 항상 포함하고 있다.

---

* 많은 학자들은 이 단락에서 〈질적 qualitative〉이라고 표기된 몇몇 경우는 〈양적 quantitative〉이라고 표기되어야 한다고 보고 있지만, 우리는 텍스트 그대로가 옳다고 믿는다. 이 두 종류의 유형이 어떻게 상호 연관되고 있는가를 이해하기 위해서 독자는 마음속으로 각기의 〈강도 intensive〉라는 말 앞에 〈양적〉이라는 말을 삽입시켜 보는 것이 좋을 것이다.

느낌에 관한 이러한 기술의 간단한 예로서 소리의 청취를 고찰해 보자. 불필요한 복잡성을 피하기 위해 이 소리를 일정한 하나의 음조(音調)라고 하자. 이 음조의 청취는 느낌이다. 이 느낌은 먼저 청취자를 가진다. 이 청취자는 그 느낌의 주체이다. 그러나 이 청취자는 그의 이러한 느낌을 떠나서는 더 이상 청취자가 아닌 셈이 될 것이다.

둘째로, 거기에는 질서 잡혀 있는 복잡한 환경이 있다. 이것은 어떤 다른 현실적 존재들로 이루어져 있는 것으로서, 아무리 막연하게라 하더라도 그 청취에 의해 느껴지고 있다. 이 환경은 이 느낌의 여건인 것이다. 그것은 그 느낌에 있어 체계적으로 파악된 것으로서의 외적 세계이다. 그 청취에 있어 그것은 막연한 공간적 관계의 객체화 아래에서, 그리고 음악적 질을 나타내는 것으로서 느껴진다. 그러나 느낌의 이러한 여건을 분석적으로 식별한다는 것은 의식에 관한 한, 다소 막연하고도 추정적(推定的)인 작업이다. 거기에는 인간 신체의 선행하는 생리학적 기능이 있으며, 현재화된 장소의 현시적 직접성 presentational immediacy of the presented locus이 있다.

거기에는 또한 정서적인 감각적 패턴, 즉 보다 한정적이고, 보다 쉽게 분석될 수 있는 주체적 형식이 있다. 이 음조는 사적으로 감각될 그 가능성에 있어서 소리의 높이, 음질, 강도를 가지고 있다. 그것은 기음(基音)과 상음(上音)의 선택으로 분석될 수 있다. 이 분석은 기음의 음질(音質)과 선택된 상음의 음질과의 복잡한 관계인 추상적인 질적 패턴을 드러내 보여준다. 이 질적 패턴은, 상음 가운데 일부가 공간적으로 떨어져 있는 악기, 예컨대 소리굽쇠 tuning fork의 공간적 패턴으로부터 오는 것일 경우, 어떤 공간적 유형의 관계를 포함할 수도 있고, 그렇지 않을 수도 있다.

기음과 그것의 상음들은 각기 자신의 강도를 가지고 있다. 다양한 강도로 이루어지고 있는 이 패턴은, 여러 음조(音調)의 상대적인 강도와 소리 크기의 총체인 절대적 강도로 분석될 수 있다. 여러 상대적인 강도의 음계(音階)는, 그 절대적인 소리의 크기와 상관없이 그 음조의 최종적인 질 속으로 들어간다.

또한 소리굽쇠의 공간적 패턴과 음악실의 반향(反響)도 이 음질 속으로 들어온다. 그러나 이것들도 느낌의 여건과 중요한 관계가 있다. 또한 느낌의 이러한 통합 속에다 우리는 신체의 여러 신경 경로에서 유래되는 질적 및 양적인 청각의 기여를 포함시켜야 한다. 이런 방식으로, 외적 세계의 일부로서의 동물 신체는, 느낌의 여건이 지니는 패턴에 있어서 특히 우세한 위치를 점하고 있다. 또한 주체적 형식에는, 그 청취에 총체적으로 붙어 있으면서 동시에 그 청취의 다양한 요소들 각각에 특이하게 붙어 있는 환희나 싫증, 역작용이나 혐오와 같은 성질들이 들어 있는 것으로 보아야 한다. 청취자의 보다 초기의 위상에서는, 이러한 환희나 혐오를 결여하고 있는 청취가 있다. 이러한 보다 초기의 단순한 청취는, 그와 같은 추가적인 질적 규정을 그 자신의 본성에 있어서 결정하지는 않는다. 그러한 추가적인 규정이 생기게 되는 것은, 그 청취가 보다 고차원의 종합에 따르는 한 요소가 될 때이다. 그리고 이때 그 추가적인 질적 규정은 최종적인 구성적 느낌 내의 한 요소이다. 따라서 청취는 다른 느낌들과 통합됨으로써 주체적 형식의 복합성을 획득한다. 또한 비록 우리가 세 가지 패턴, 즉 여건의 패턴, 정서적 성질의 패턴, 그리고 정서적 강도의 패턴을 식별할 수는 있다 해도, 뒤의 두 패턴 가운데 그 어느 것도, 여건의 패턴과 완전히 분리된 상태에서나 혹은 그들 상호 간에 완전히 분리된 상태에서는 분석될 수 없다.

만족에 있어서의 최종적인 구체적 구성 요소는 자신의 주체와 자신의 여건 및 최종적으로 완결된 것으로서 자신의 정서적 패턴을 수반하고 있는 청취이다. 그것은 그 요소들 가운데 어느 것과도 떼어놓을 수 없는 개별적인 하나의 사실이다.

제 12 절

파악은 원자적인 것이 아니다, 상호 감수성. 불특정 다수의 파악. 만족 내의 구성 요소로서의 파악과 파악의 발생적 성장. 만족의 분석에 대한 정당화, 설명의 제8범주 및 제9범주.

파악은 원자적인 것이 아니다. 그것은 다른 파악들로 분할될 수 있고, 또 결합하여 다른 파악이 될 수도 있다. 또한 파악들은 서로 독립해 있는 것도 아니다. 파악의 주체적 형식들 간의 관계는, 그 파악들의 형성을 향도(嚮導)하는 하나의 주체적 지향에 의해서 구성되어 있다. 주체적 형식들의 이러한 상관관계는 파악들의 〈상호 감수성mutual sensitivity〉이라고 불린다(제1부, 제2장, 제3절, 범주적 제약 Ⅶ, 〈주체적 조화의 범주〉 참조).

분리되어 있는 파악들은 추상물이다. 그것들 각각은 그 추상적 객체화에서 본 그것의 주체이다. 현실태란 구체적 통일성으로 향해 가는 합생의 과정에 있어서 주체적 통일성을 갖는 파악들의 총체를 말한다.

겹쳐지고, 세분되고, 서로 보완하는 불특정 다수의 파악들이 있다. 파악을 발견할 수 있는 원리는, 만족의 객체적 여건에 들어 있는 임의의 구성 요소를 취해 보는 것이다. 만족이 지니는 주체적 형식의 복합적 패턴 속에는, 여건 내의 이러한 요소와 직접 관련된 구성 요소가 있을 것이다. 이때 만족 속에는 총체적인 주체적 형식의 한 구성 요소를 자신의 주체적 형식으로 하고 있는 객체적 여건의 이러한 구성 요소에 대한 파악이 있게 된다.

그러므로 이러한 파악의 발생적 성장은 현실 세계로부터 전달되는 여건의 여러 요소들을 고찰함으로써, 그리고 ── 영원한 객체의 경우에는 ── 개념적 파악에 있어서의 요소들의 기원을 고찰함으로써 추적해 볼 수 있다. 그리고 그 다음으로는 주체적 형식들의 통합, 제거, 결정을 수반하는 파악의 성장이 있다. 그러나 연속되는 여러 위상에 있어서의 주체적 형식들의 결정 ── 이 주체적 형식들에 힘입어 통합은 그것이 현재 소유하고 있는 성격을 갖게 된다 — 은, 여러 파악에 상호 감수성을 부여하는 주체의 통일성에 의해 좌우된다. 따라서 발생적으로 고찰된 파악은 그것이 속해 있는 현실적 존재의 절대적인 원자성으로부터 결코 풀려날 수 없는 것이다. 위에서 말한 것과 같이 만족으로부터 하나의 종속적 파악을 선택하는 것은 가설적, 명제적 관점을 포함한다. 사실이라는 것은 일자one로서의 만족이다. 여건으로부터 하나의 구성 요소를 취하는 동시에 주체적 형식으로부터 하나의 구성 요소를 취한다든지, 이 구성 요소들이 일치한다는 데에 근거하여 그것들이 하나의 종속적 파악을 형성한다고 보는 데에는 얼마간의 자의성(恣意性)이 있다. 이것은 발생적 과정이 그것에 의해 분석될 수 있을 때 정당화된다. 만일 그 종속적 파악의 성장에 대한 그러한 분석을 하나도 제시하지 못한다면, 거기에는 만족에 대한 잘못된 분석이 있었던 셈이 된다. 만족과 발생적 과정 간의 이러한 관계는 설명의 제8범주 및 제9범주에 표현되어 있다 (제1부, 제2장, 제2절 참조).

2장

최초의 느낌

제 1 절

단순한 물리적 느낌, 최초의 여건은 하나의 현실적 존재이며, 객체적 여건은 이 현실적 존재가 품고 있는 하나의 느낌이다. 인과 작용, 원인인 객체적 여건, 결과인 단순한 물리적 느낌. 동의어로서의 〈인과적 느낌〉. 시원(始原)적인 지각 작용, 최초의 여건은 지각된 현실적 존재이며, 객체적 여건은 전망이지만, 일반적으로 의식적인 지각은 아니다. 〈전망〉의 근거. 느낌의 벡터적 전달, 재연(再演), 순응적. 시간의 불가역성. 로크. 관계적인 영원한 객체, 양면적인 역할, 벡터 전이(轉移), 재생, 영속성. 전이된 느낌의 양자, 물리학에 있어서의 양자론, 물리적 기억. 원자론, 연속성, 인과성, 기억, 지각, 성질, 양, 연장.

어떤 한 주체가 품고 있는 〈단순한 물리적 느낌〉은 단일의 현실적 존재를 그 최초의 여건으로 하면서, 이 후자의 현실적 존재가 품고 있는 별개의 느낌을 그 객체적 여건으로 하고 있는 그런 느낌이다.

따라서 단순한 물리적 느낌에는 두 개의 현실적 존재가 관여하고 있다. 그 하나는 그 느낌의 주체이며, 다른 하나는 그 느낌의 최초 여건 initial datum이다. 거기에는 또 제2의 느낌, 즉 단순한 물리적 느낌의 객체적 여건이 관여한다. 이 제2의 느낌은 이 단순한 물리적 느낌의 주체에 대한 그 주체의 〈객체화〉이다. 최초의 여건은, 객체적 여건인 이 느낌의 주체로서 객체화되고 있다. 객체화란 최초의 여건에 대한 〈전망 perspective〉이다.

단순한 물리적 느낌은 인과의 작용 act of causation이다. 최초의 여건인 현실적 존재는 〈원인〉이며, 단순한 물리적 느낌은 〈결과〉이다. 그리고 이 단순한 물리적 느낌을 품고 있는 주체는 결과에 의해 〈제약된〉 현실적 존재이다. 이 〈제약된〉 현실적 존재도 〈결과〉라 불릴 것이다. 일체의 복합적인 인과 작용은 이러한 원초적인 구성 요소를 어떤 복합체로 환원시킬 수 있다. 그러므로 단순한 물리적 느낌도 또한 〈인과적〉 느낌이라 불릴 것이다.

그러나 단순한 물리적 느낌은 의식이 없는 가장 근원적인 유형의 지각 작용이라는 것도 또한 사실이다. 최초의 여건인 현실적 존재는 지각되는 현실적 존재이고, 객체적 여건은 그 현실적 존재가 지각되는 〈전망〉이며, 단순한 물리적 느낌의 주체는 지각자이다. 이것은 의식적인 지각의 실례가 아니다. 왜냐하면 단순한 물리적 느낌의 주체적 형식은, 후속(後續)하는 통합의 여러 위상에서 의식을 획득하게 되는 경우가 아니고서는, 의식을 포함하지 않기 때문이다. 사실상 적어도 인간 존재에게 있어서는 변환된 느낌만이 의식을 획득하며, 단순한 물리적 느낌은 결코 그렇지 못한 것처럼 보인다. 의식은 통합의 보다 고차적인 위상에서 생겨나며, 또한 이들 위상을 보다 명석하고 판명하게 조명한다.

따라서 단순한 물리적 느낌은 다른 느낌을 느끼는 하나의 느낌이다. 그러나 느껴진 느낌은 그것을 느끼는 느낌의 주체와는 상이한 주체를 가진다. 어떤 한 위상의 명제적 통일성에 개입해 오는 다수의 단순한 물리적 느낌들은, 이러한 모든 느낌들의 공통의 주체인 현실적 존재의 합생에 있어서 최초의 위상을 구성한다. 느껴진 현실적 존재들을 그들 자신의 어느 한 느낌에 대한 전망으로 각기 환원시키는 제한을 부과하는 것은, 미완의 각 위상에 속한 느낌들에 있어 조화로운 양립 가능성을 요구하는 주체적 통일성의 범주적 조건이다. 따라서 임의의 한 느낌을 산출하는 데에 포함되어 있는 부정적 파악은 다른 느낌들로부터 독립해 있지 않다. 느낌의 주체적 형식은 부분적으로는 부정적 파악에 의존하고 있다. 단순한 물리적 느낌의 이 최초 위상은 창조성으로 하여금 기존의 현실 세계를 초월할 수 있게 하는 수단적 장치가 되고 있지만, 그러면서도 그것은 여전히 새롭게 체현(體現)되는 그 현실 세계에 의해 제약되어 있다.

복합적 느낌에 관한 우리의 의식적 분석의 모호성 때문에, 어쩌면 우리는 결코 하나의 단순한 물리적 느낌을 떼어내어 의식적으로 식별하지 못할 것이다. 그러나 우리의 모든 물리적 관계는 마치 원자적 벽돌과도 같은 단순한 물리적 느낌들로 구성되어 있다. 그 산출의 역사에 기인하는 억제나 추가, 약화나 강화를 별도로 한다면, 물리적 느낌의 주체적 형식은 느껴진 느낌의 주체적 형식의 재연(再演, re-enaction)이다. 따라서 원인은 자신의 느낌을, 그 새로운 주체에 의해 그 자신의 것으로서, 그러면서도 그 원인과 끊을 수 없는 것으로서 재생되도록 넘겨준다. 여기에 느낌의 흐름이 있는 것이다. 그러나 그 재연은 완벽한 것이 아니다. 합생 concrescence의 여러 범주는 정서적 강도의 패턴에 대한 조절을 요구한다. 원인은 주체적 형식의 부분적인 동일성을 수반하는 결과 속에서 재생되는 느낌을 느끼는 자 feeler였기 때문에, 결과의 구조 속에 객체적으로 존재한다. 또한 원인이 갖는 느낌도 그 자신의 객체적 여건과 그 자신의 최초의 여건을 가지고 있다. 따라서 이 선행하는 최초의 여건은 이때 원인의 매개를 통해서, 결과가 갖는 느낌의 여건 속에 간접적으로 개입한 셈이 된다.

원인이 객체적으로 결과 속에 있게 되는 까닭은, 원인이 갖는 느낌이, 하나의 느낌으로서, 원인인 그 주체로부터 추상될 수 없기 때문이다. 결과에로의 원인의 이와 같은 이행이 시간의 누적적 성격 cumulative character이다. 시간의 불가역성은 이러한 성격에 의존한다.

〈만족〉 속에는 단순한 물리적 느낌들의 통합이 있다는 점을 유의하기 바란다. 어떠한 단순한 물리적 느낌도 의식 가운데서 구별될 필요는 없다. 물리적 느낌은 어떠한 유형의 느낌과도, 그리고 어떠한 복합성의 느낌과도 융합될 수 있다. 단순한 물리적 느낌은 결과에 있어 주체로서 재연된 원인의 느낌이라는 이중적인 성격을 가지고 있다. 그러나 느낌의 이러한 전이(轉移)는 원인과 결과 간의 부분적 동일성을 낳는 것이며, 원인의 단순한 재현(再現)이 아니다. 그것은 우주의 축적이지 우주에 관한 무대극이 아니다. 단순한 느낌에는 현실 세계와 관련하여 이중적인 개별성, 즉 개별적인 원인과 개별적인 결과가 포함되어 있다. 로크의 표현을 빌리자면(『인간 지성론』, 제III권, 제3장, 제6절) ― 그의 사상에 한계가 있긴 하지만 ― 하나의 단순한 느낌은 〈이러저러한 개별적인 존재자에 결정되어 있는〉, 누군가의 마음속에 있는 하나의 관념이다. 여기에서 로크는 오직 형이상학자들만이 의심할 수 있는 사실을 표현하고 있다.

단순한 느낌의 이러한 이중성 때문에 원인을 결과로 전이시키는 벡터 성격이 있게 된다. 원인에서 오는 느낌이야말로 원인에 있어서의 그 본원적인 주체성을 상실함이 없이 새로운 결과의 주체성을 획득하는 것이다. 단순한 물리적 느낌은 자연의 재생적 성격과 과거의 객체적 불멸성을 구현하고 있다. 이러한 느낌에 힘입어 시간은 과거에 대한 직접적 현재의 순응 conformity이 된다. 이와 같은 느낌이 〈순응적 conformal〉 느낌이다.

결과로서의 새로운 현실적 존재는 과거의 많은 현실적 존재들의 재생이다. 그러나 이 재생에는 느껴지는 현실적 존재들의 다양한 전체성으로부터의 추상이 있다. 이 추상은 새로운 통일성에 있어서의 양립 가능한 종합을 위한 여러 범주적 조건들에 의해 요구되는 것이다. 이 추상적 〈객체화〉는 현실적 존재의 만족이 지니는 〈가분적 divisible〉 성격 때문에 가능해진다. 이 〈가분적〉 성격 때문에, 인과 관계는 어떤 느낌의 전이이지 총체적인 만족의 전이가 아니다. 그 밖의 느낌들은 범주적 요구에의 순응성을 결여하고 있기 때문에 부정적 파악에 의해 추방된다.

단순한 물리적 느낌은 〈재연〉, 〈재생〉, 〈순응〉 등으로 다양하게 기술되어 온 하나의 특질을 향유하고 있다. 이러한 특질은 거기에 포함되어 있는 영원한 객체에 의해 보다 정확하게 설명될 수 있다. 거기에는 〈원인〉인 객체적 여건의 한정성을 결정하는 영원한 객체가 있고, 또 〈결과〉에 속하는 주체적 형식의 한정성을 결정하는 영원한 객체가 있다. 재연이 있는 경우, 양면적인 기능, 즉 한편으로는 객체적 여건을 결정하고 또 한편으로는 주체적 형식을 결정하는 기능을 갖는 하나의 영원한 객체가 있다. 이 양면적인 역할에 있어 영원한 객체는 한쪽에 있는 최초의 여건들과 다른 쪽에 있는 합생 주체를 관계시키는 기능을 하고 있다. 그것은 객체적 동일성의 범주에 따라 하나의 수미일관된 역할을 수행하고 있는 것이다.

물리과학은 단순한 물리적 느낌들의 시·공적 및 양적 성격을 탐구하는 과학이다. 현실 세계의 현실적 존재들은 이러한 느낌들의 결합체 속에 서로 결합되어 있다. 또한 창조적 전진에 있어서도 선행하는 현실 세계에 고유한 결합체는 파괴되지 않는다. 결합체는 그것을 초월하면서 또 그것을 포함하는 새로운 현실태를 수반한 느낌의 새로운 결합력에 의해 재생되고 부가된다. 그러나 이러한 결합력은 항상 벡터 성격을 지니고 있다. 따라서 물리과학에 있어 궁극적인 물질적 존재는 언제나 전이를 가리키는 벡터이다. 세계 내에 정적인 것은 하나도 없다. 그러나 재생(再生)이 있다. 그리고 이로부터 질서의 결과이자 또한 원인인 영속성 permanence이 있다. 그러나 역시 항상 변화가 있다. 왜냐하면 시간은 재생적이면서도 누적적이며, 그래서 다자의 이러한 누적은 이들 다자의 단순한 재생이 아니기 때문이다.

단순한 물리적 느낌에 관해 논하고 있는 이 절(節)은 유기체 철학에서 논의되는 우주론의 기초를 마련하고 있다. 그것은 물리적 세계——즉 자연——에 관한 보다 완벽한 철학적 논의를 이끌어내야 할 궁극적인 요소들에 관한 논의를 포함하고 있다. 무엇보다도 먼저, 데카르트가 강조했던 세계의 측면과 현대 양자론이 내세우는 원자론을 똑같이 정당하게 평가하기 위하여 줄곧 노력했다. 데카르트는 자연계를, 시간을 통해서 지속하는 연장적인 공간적 충만 extensive spatial plenum으로 보았다. 현대의 물리학자들은 일정한 양자들에서 에너지가 전이되는 것을 목격했다. 또한 최근의 신경학에도 이 양자론과 유사한 것이 있다. 게다가 피로는 누적의 표현이다. 그것은 물리적 기억이다. 또한 인과 관계와 물리적 기억은 같은 뿌리에서 생겨나고 있다. 이 양자는 다 같이 물리적 지각 physical perception인 것이다. 우주론은 원자론, 연속성, 인과 관계, 기억, 지각, 에너지의 질적·양적 형식, 연장 등을 똑같이 정당하게 평가하지 않으면 안 된다. 그러나 지금까지, 유기체들의 궁극적인 진동적 성격 ultimate vibratory characters of organisms 및 자연에 있어서의 〈잠재적〉 요소에 관해서는 아무런 언급도 하지 않았다.

제 2 절

개념적 느낌, 긍정적 파악과 부정적 파악. 양극적인 창조적 충동. 여건은 영원한 객체이다. 결정자로서의 영원한 객체의 독점성, 한정성, 양립 불가능성.

개념적 느낌과 단순한 인과적 느낌은 〈원초적〉 느낌의 두 주요 종(種)을 이루고 있다. 다른 느낌들은 아무리 복잡한 것이라 해도 모두 이러한 원초적 느낌의 위상과 더불어 시작되는 통합 과정에서 생겨난다. 그러나 이들의 종 사이에는 차이가 있다. 어떤 주체의 현실 세계에 들어 있는 현실적 존재는, 비록 그것이 모호하고 하찮은 것이고 또 저변에 가라앉아 있는 것일지라도, 어떤 단순한 인과적 느낌을 통해 그 주체의 합생에 개입하지 않으면 안 된다. 부정적 파악이 이 인과적 느낌의 독특한 중요성을 제거할 수는 있다. 그러나 어떤 측면에서, 인과적 느낌의 어떤 흔적을 통해, 멀리 떨어진 현실적 존재도 긍정적으로 파악된다.

영원한 객체의 경우에는 이러한 필연성이 없다. 주어진 임의의 합생 속에서 영원한 객체는 개념적 느낌에 의해 긍정적으로 포섭될 수 있다. 그러나 그것은 부정적 파악에 의해 배제될 수도 있는 것이다. 현실태들은 느껴져야 하는 것인 반면, 순수한 가능태들은 추방될 수 있는 것이다. 객체로서의 기능에 관한 한, 이는 현실적 존재와 영원한 객체 사이의 커다란 차이이다. 전자는 완강한 사실이고, 후자는 가능태라는 자신의 특성 accent을 결코 상실하는 법이 없다.

각 합생에는 창조적 충동 creative urge의 이중적인 측면이 있다. 한 측면에는 단순한 인과적 느낌의 발생이 있고, 다른 한 측면에는 개념적 느낌의 발생이 있다. 대조되는 이 두 측면은 현실적 존재의 물리적 극 physical pole과 정신적 극 mental pole이라고 불린다. 이 두 극은 현실적 존재들에 따라 그 상대적인 중요성이 달라지긴 하지만, 어떠한 현실적 존재도 이 양극 가운데 어느 하나를 결여하고 있을 수 없다. 그리고 종합에 있어서의 요소로서 개념적 느낌을 포함하지 않는 의식적 느낌은 있을 수 없지만, 개념적 느낌이 반드시 의식을 수반하고 있는 것은 아니다.

따라서 현실적 존재는 본질적으로 양극적인 것으로서, 물리적인 극과 정신적인 극을 가지고 있다. 그리고 물리적 세계조차도 정신적 작용들의 복합체인 반대쪽 측면과의 관련을 떠나서는 올바르게 이해될 수 없다. 원초적인 정신적 작용은 개념적 느낌이다.

개념적 느낌이란 영원한 객체를 〈객체〉라는 원초적인 형이상학적 성격에 있어서 느끼는 것, 즉 과정의 실현된 결정자가 될 수 있는 영원한 객체의 능력을 느끼는 것을 말한다. 내재성과 초월성은 객체의 특징이다. 즉 객체는 실현된 결정자로서 내재적이요, 결정하는 능력으로서 초월적이다. 그리고 이 두 역할에 있어 그것은 자기 이외의 것과 관련을 맺고 있다. 선택된 영원한 객체에 의해 독점적으로 결정되는 것을 도외시한다면, 현실적인 것에 속하는 성격은 아무것도 없게 된다. 현실적인 것의 한정성은 결정자로서의 기능에 있어서 영원한 객체가 갖는 독점성에서 생겨난다. 만일 현실적 존재가 이것이라면, 사안의 본성상 그것은 저것이거나 저것이 아니다. 양립 불가능한 선택지라는 사실은 한정된 성격을 가능케 하는 궁극적인 사실이다. 개념적 느낌은 영원한 객체를, 성격의 결정자로서의 그 일반적 능력——따라서 그 독점성의 능력도 포함하여——과 관련하여 느끼는 것을 말한다. 이 강의의 전문적 용어로 하자면, 개념적 느낌이란 그 〈여건〉이 영원한 객체인 느낌을 말한다. 이와 유사하게 부정적 파악은 그 여건이 영원한 객체일 때, 〈개념적〉이라고 불린다. 개념적 느낌에는 〈최초의 여건〉에서 〈객체적 여건〉으로의 필연적 진전이 있는 것이 아니다. 이 두 여건은 상이한 발생적 원천을 갖는 개념적 느낌들이 통합을 획득하는 경우가 아닌 한 동일할 수도 있다.

개념적 파악은 긍정적이건 부정적이건 간에 현실적 존재의 정신적 극에 속하는 작용 가운데서 최초의 작용을 구성하고 있다.

제 3 절

개념적 파악의 주체적 형식은 가치 평가이다. 통합은 불순한 느낌 속에 가치 평가를 끌어들인다, 강도. 평가의 세 가지 특성 : i) 주체적 형식의 상호 감수성, ii) 통합 절차의 결정자, iii) 강도 있는 강조의 결정자.

개념적 느낌의 주체적 형식은 〈가치 평가 valuation〉라는 성격을 갖고 있다. 이제 이 개념이 설명되어야 하겠다.

개념적 느낌은 그 주체의 어떤 미완(未完)의 위상(位相)에서 생겨나서, 그것이 다른 느낌과 통합되는 후속하는 위상으로 넘어간다. 이 후속하는 위상에 있어, 그 개념적 느낌의 여건인 영원한 객체는 어떤 다른 여건의 구성 요소가 되고 있다. 이 후자의 여건에 들어 있는 다른 구성 요소들은 보다 초기의 위상에 있어서의 다른 느낌들의 객체적 여건들이다. 이 새로운 여건은 통합된 여건이다. 그것은 일종의 〈대비〉일 것이다. 제1의 범주적 조건에 따를 때, 보다 초기의 위상의 느낌들은 통합에 있어 양립 가능하다. 따라서 후속하는 보다 후기의 위상은 부정적 파악에 의한 제거를 수반하지 않는다. 합생하는 주체에 있어서 긍정적 파악을 이처럼 제거하게 될 경우, 그 주체는 다수의 주체로 분할되고, 이 다수의 주체들은 자기초월체로부터 분리될 것이다. 그러나 비록 전체로서의 후속하는 위상으로부터의 제거는 있을 수 없다고 할지라도, 그 위상의 한 구성 요소에 지나지 않는 어떤 새로운 통합적 느낌으로부터의 제거는 있을 수 있다.

그러나 이 통합된 여건의 형성에는 정확히 어떻게 이러한 영원한 객체가, 다른 느낌들로부터 파생된 그 밖의 영원한 객체들 및 현실적 존재들과 결합하면서 그 여건에 진입하는가에 대한 결정이 있지 않으면 인 된다. 이러한 결징은 구싱 요소가 되고 있는 개념적 느낌들의 주체적 형식에 의해 이루어진다. 그리고 제1의 범주적 조건에 따를 때, 이 주체적 형식은 보다 초기의 위상에 속한 다른 느낌들로부터 독립해 있지 않고, 따라서 그것은 그러한 결정을 낳을 수 있는 성격의 것이라는 점을 기억해 둘 필요가 있다. 또한 통합된 느낌은 그 강도의 패턴을 동반한 자신의 주체적 형식을 가지고 있다. 이 패턴화된 강도는 그 느낌에서 느껴진 것으로서의 여건에 들어 있는 각 요소의 독특한 상대적 중요성을 조정한다. 통합된 여건에 있어서 느껴진 것으로서의 그 영원한 객체에 대한 이러한 강도 있는 조정은 개념적 느낌의 주체적 형식에 의해 결정된다. 그러나 또한 제1 및 제7의 범주적 조건과의 관련에서, 개념적 느낌의 이러한 강도 있는 형식은 이 점에서 보다 초기의 위상의 다른 느낌들에 의존하고 있다. 따라서 개념적 느낌의 가치 평가가 〈평가 절상 valuation up〉되느냐, 〈평가 절하 valuation down〉되느냐에 따라, 통합된 느낌에서 느껴진 것으로서의 영원한 객체의 중요성은 고양되기도 하고 감소되기도 한다. 그러므로 가치 평가는 영원한 객체가 어떻게 이용되어야 하느냐를 결정한다는 점에서 질적인 것인 동시에, 그 이용이 어떤 중요성을 띠게 되느냐를 결정한다는 점에서 강도를 가진 것이기도 하다.

따라서 가치 평가에는 다음과 같은 세 가지의 특징이 있다.

i) 주체적 통일성과 주체적 조화의 범주에 따라, 가치 평가는 그 발생의 위상에 있어서 다른 느낌들에 의존한다.

ii) 가치 평가는 영원한 객체가 어떤 지위에서, 물리적으로 느껴진 통합된 결합체로 진입하느냐를 결정한다.

iii) 가치 평가는 통합적인 느낌의 주체적 형식에 의해 영원한 객체에 부여되는 강도 있는 중요성을 결정하도록, 평가 절상하기도 하고 평가 절하하기도 한다.

통합적 느낌의 개념적인 구성 요소들로부터 파생된 이와 같은 세 가지 특징은 〈가치 평가〉라는 말로 요약된다.

그러나 비록 이 세 가지 특징이 가치 평가 속에 들어 있기는 하지만, 그것들은 주체가 그 자신의 과정의 자기초월체라는 자체적 성격에 있어 그 자신이 통합적으로 무엇일 수 있는가 하는 것을 결정하는, 그 주체의 주체적 지향의 산물에 지나지 않는다.

제 4 절

의식은 주체적 형식이다. 그 고유한 여건을 필요로 한다. 상기(想起), 플라톤, 흄. 의식적 느낌은 항상 불순하며, 물리적 느낌과 개념적 느낌의 통합을 필요로 한다. 긍정과 부정의 대비. 모든 불순한 느낌이 의식적인 것은 아니다.

의식은 느낌의 주체적 형식과 관계된다. 그러나 그러한 주체적 형식은 어떤 유형의 객체적 여건을 필요로 한다. 주체적 형식은 추상될 경우 그 실재성을 잃고, 느낌을 그 판명한 한정성으로 결정할 수 있는 그런 영원한 객체로 가라앉는다. 그러나 영원한 객체가 어떤 느낌에 〈형식을 부여하는〉 경우, 그것이 그렇게 작용할 수 있게 되는 것은 오직 그 느낌의 한정성을 함께 구성하고 있는 다른 구성 요소들에 대한 순응을 통해서일 뿐이다. 이 사소한 논의의 교훈은 이제 〈의식〉의 개념에 적용되어야 한다. 의식은 느낌에 있어 그 주체적 형식에 속하는 하나의 요소이다. 그러나 그러한 종류의 주체적 형식이 있을 수 있게 되는 것은 오직 객체적 여건이 적절한 성격을 갖는 경우뿐이다. 또한 나아가 객체적 여건이 이러한 성격을 띠게 되는 것은 오직 그것이 최초의 여건들 — 그 하나하나 속에 이러한 객체적 종합의 상호적인 가능성들을 구비하고 있는 최초의 여건들 — 에서 파생되는 경우뿐이다.

순수한 개념적 느낌은 그 발생의 최초의 양태에 있어서는 결코 의식을 수반하지 않는다. 이 점에서 개념적 느낌이건 명제적 느낌이건 순수한 정신적 느낌은 순수한 물리적 느낌과 유사하다. 이 두 유형의 근원적 느낌이나 명제적 느낌은 그 제휴자들에 의해서만 그 주체적 형식을 의식으로 풍부하게 할 수 있다.

의식이 있을 때는 언제나 어떤 회상 recollection의 요소가 있게 된다. 이는 무의식의 희미한 은거지로부터 보다 초기의 위상들에 대한 기억을 이끌어낸다. 이 진리는 오래전에 플라톤의 상기 reminiscence설에서 주장되었다. 플라톤이 순수 형상의 초시간적 천계(天界)에서 온 영혼 속에 살아남아 있는 영원한 진리의 섬광을 직접 사유하고 있었다는 것은 의문의 여지가 없다. 어쨌든 보다 넓은 의미에서 의식은 그것에 선행하는 경험, 그래서 단순한 여건으로 생각할 경우, 의식이 없이도 있을 수 있는 그런 경험을 조명한다.

흄은 자신의 말의 의미에다가 정반대의 제한을 덧붙이면서 같은 학설을 주장하고 있다. 그의 주장에 따르면, 우리는 감각 인상을 통해서는 우리가 미리 경험하지 않았던 것을 결코 개념적으로 마음에 품지 못한다. 유기체 철학은 〈감각의 인상〉이라는 관념을 〈순수한 물리적 느낌〉이라는 관념으로 일반화시킨다. 그렇긴 하지만 흄의 주장은 그 자신의 진술에 따를 때, 너무나 허술하다. 그러나 여기에서 직접 관계되는 논점은 플라톤과 흄 양자 모두에게서 나타나 있는, 의식과 회상과의 뿌리 깊은 제휴이다.

여기서 우리가 지지하고 있는 학설은 다음과 같은 것이다. 즉 임의의 의식적 느낌의 발생을 분석해 보면, 구성 요소가 되고 있는 다소의 물리적 느낌들을 찾아볼 수 있으며, 역으로 의식이 있을 경우에는 언제나 개념적 기능의 어떤 구성 요소가 있다는 것이다. 왜냐하면 구체적 사실에 있어서의 추상적 요소야말로 의식을 불러일으키는 것이기 때문이다. 의식은 물리적 작용과 정신적 작용의 어떤 종합 과정에서 일어난다. 로크는 관념에 관한 그의 학설에서 흄보다 한 걸음 더 나아가고 있으며, 비록 흄은 로크가 간과했던 것을 첨가하고 있기는 하지만 나의 생각으로는 로크가 흄보다 정확하게 사실을 표현하고 있다.

로크는, 〈외적 사물 exterior things〉(『인간 지성론』, 제Ⅱ권, 제23장, 제1절) 내지 〈이러저러한 개별적 존재자 particular existence〉(제Ⅲ권, 제3장, 제6절)라고 불리며, 개체적인 유모라든지 개체적인 어머니로 예시되는 〈밖의 사물 things without〉(예컨대, 제Ⅱ권, 제21장, 제1절)에 대한 직접적인 의식적 지각을 내세우고 있다. 유기체 철학에 있어 이러한 직접적 지각의 기초인 결합체는 물리적 느낌에 의해 공급된다. 유기체 철학은 데카르트와 칸트가 서로 비슷하게 걸었던 길과는 정반대의 길을 택하고 있다. 이들은 모두 ― 데카르트는 주저하면서, 칸트는 의심치 않고 ― 전통적인 주관주의적 감각주의를 수용하였고, 〈밖의 사물〉에 대한 직관을 특별히 지성에 귀속시켰던 것이다.

흄이 추가한 점이 있다면 그것은 전통적인 감각주의적 신조를 가장 명석하게 표현하고 논했다는 점이다. 따라서 이 학설의 견지에서 말할 것을 그가 기억하고 있을 경우, 로크에게 있어서와 마찬가지로 흄에게 있어서도 〈인상〉은 보편자에 대한 의식적 파악이다. 예컨대 그는 이렇게 말한다(『인성론』, 제Ⅰ권, 제Ⅰ부, 제1장). 〈어둠 속에서 우리가 만들어 내는 빨강의 관념과 대낮에 우리의 눈에 들어오는 빨강의 인상 사이에는 정도의 차이가 있을 뿐이지, 본성상의 차이는 없다.〉 이는 일관된 감각주의가 지각 대상 percept과 개념 concept을 구별할 수 없다는 것을 의미한다. 흄이(다른 여러 가지 〈실천〉의 측면에서는 인정했지만 적어도 철학을 하면서는) 염두에 두지 않았던 것은 설명의 제4범주, 즉 어떠한 존재도 현실 세계의 과정에 있어서 객체로서 기능하는 그 능력으로부터 추상될 수 없다는 범주이다. 〈객체로서 기능한다〉는 것은 〈현실적 사건의 한정성을 결정한다〉는 것을 말한다. 유기체 철학에 의하면, 순수 개념 pure concept이 적어도 인간의 경험에 있어서는 의식을 수반하지 않는다. 의식이 생겨나는 것은 종합하는 느낌이 물리적 느낌과 개념적 느낌을 통합하는 경우이다. 전통 철학은 의식적 지각을 설명하는 데 있어 오로지 그 순수한 개념적 측면에만 주의를 고정시켜 왔고, 그럼으로써 인식론상의 난점을 자초해 왔다. 소박한 양식 naïve good sense을 지니고 있던 로크는, 지각이 이러한 개념적 측면 이상의 것을 포함한다고 가정하고 있다. 비록 그가 이러한 가정이 극단적인 주관주의적 감각주의의 학설과 보순되고 있다는 것을 파악하지 못하긴 했지만. 물리적 느낌은 자연[1]에 대한 우리의 앎 awareness에 있어서의 비개념적 요소를 형성하고 있다. 또한 모든 앎은 개념에 대한 앎까지도 최소한 물리적 느낌과 개념적 느낌의 종합을 필요로 한다. 앎에 있어 사실 속의 한 과정으로서의 현실태는, 그것이 지금은 그렇지만 그렇지 않을 수도 있는 것, 아니면 그것이 지금은 그렇지 않지만 그럴 수도 있는 것을 예시하는 여러 가능태들과 통합되고 있다. 달리 말하면, 한정성, 긍정, 부정과 아무런 관련이 없는 의식이란 존재하지 않는다. 또한 긍정은 부정과의, 부정은 긍정과의 대비를 포함하고 있다. 또한 긍정과 부정은 다 같이 개별적인 현실태들이 갖는 한정성과의 관련을 떠나서는 무의미하다. 의식은 우리가 긍정-부정의 대비를 느끼는 방식 how이다. 개념적 느낌은 무제약적인 부정의 느낌이다. 다시 말하면 그것은 어떠한 개별적인 실현과도 관계가 없는 하나의 특정한 영원한 객체에 대한 느낌이다. 의식을 위해서는 객체적 여건이, 어떤 한정된 상황에 결정되어 있는 제약된 부정(대비의 한 측면으로서)을 반드시 포함하고 있어야 한다. 나중에 알게

1) 『자연의 개념』(1920), 제1장 참조.

되겠지만(제4장 참조), 이 학설은 객체적 여건 내의 한 요소로서의 명제를 떠나서는 어떠한 의식도 존재하지 않는다는 것을 함의하고 있다.

3장

느낌의 전달

제 1 절

존재론적 원리, 최초의 느낌의 결정. 합생의 여러 위상. 신, 냉혹한 가치 평가, 주체적 지향. 기원에 있어서의 상상적인 자기 결정, 재연(再演).

존재론적 원리에 따르면 알지 못하는 곳으로부터 세계 속으로 유입되는 것은 아무것도 없다. 현실 세계에 있는 것은 무엇이나 어떤 현실적 존재와 관련을 가질 수 있다. 그것은 과거의 현실적 존재로부터 전달된 것이든가, 아니면 그것이 속해 있는 합생 중에 있는 현실적 존재의 주체적 지향에 속하는 것이다. 이 주체적 지향은 존재론적 원리의 사례인 동시에 그것에 대한 제한이다. 그것이 하나의 사례가 되는 까닭은 이 경우 존재론적 원리가 합생하는 사실의 직접태에 적용된다는 점에 있다. 주체는 그 자신의 미완의 위상에 대한 자기비판에 의해 합생의 과정에서 스스로를 완결짓는다. 또 다른 의미에서 그 주체적 지향은 그 자신의 자율성에 의해 존재론적 원리를 제한한다. 그러나 주체적 지향의 최초의 단계는 신의 본성 속에서 개념적으로 실현된, 사물들의 불가피한 질서로부터 그 주체가 계승한 기본 재산이다. 합생하는 주체의 직접태는 그 주체 자신의 자기 구성을 생생하게 지향함으로써 성립되고 있다. 따라서 그 지향의 최초의 단계는 신의 본성에 뿌리를 내리고 있으며, 그 지향의 완결은 자기초월적 주체 subject-superject의 자기 원인 작용에 의존하고 있다. 신의 이러한 기능은 그리스 사상이나 불교 사상에 나타나 있는 사물들의 냉혹한 작용과 유사하다. 최초의 지향은 그 막다른 골목 impasse에 있어 최선의 것이다. 그러나 만일 그 최선의 것이 악이 될 경우, 신의 잔인성은 재해(災害)의 여신 아테 Atè로 의인화될 수 있다. 쭉정이는 불 속에 던져진다. 신이 행하는 냉혹한 작용은 〈질서〉를 향한 지향으로서의 가치 평가이다. 그리고 〈질서〉란, 조정된 대비에서 생긴 패턴화된 강도의 느낌을 수반한 현실태를 허용하는 〈사회〉를 의미한다. 이런 의미에서 신은 구체화 concretion의 원리이다. 즉 신은 각각의 시간적 합생에 그 자기 원인 작용의 출발점이 되는 최초의 지향을 부여하는 그런 현실적 존재인 것이다. 그 최초의 지향은 개념적 느낌을 위한 영원한 객체들의 최초의 여러 계층화된 관련을 결정한다. 그리고 그것은, 그 최초의 가치 평가 및 최초의 물리적 목적을 수반하고서 그 느낌의 최초적 위상에 있는 그런 자율적 주체를 구성한다. 따라서 현실 세계로부터 그 세계와 상관적인 새로운 합생으로의 창조성의 이행을 조건짓는 것은 신의 전(全) 포괄적인 개념적 가치 평가와, 현실 세계로부터 전달되는 특정한 가능태들과의 관련성 및 이 현실 세계와 최초의 느낌에 있어 이용될 수 있는 최초의 주체적 형식의 여러 가능태들과의 관련성이다. 이렇게 해서 물리적인 것과 정신적인 것의 분리 불가능한 양극적 구조를 가지고 있는 그 최초의 위상에 있어서의 합생하는 주체가 구성되기에 이른다.

괜찮다면 우리는 이를 다음과 같이 표현할 수도 있을 것이다. 즉 신과 현실 세계는 공동으로, 새로운 합생의 최초의 위상을 위한 창조성의 성격을 구성한다는 것이다. 이렇게 구성된 주체는 그 자신을 직접 합생하여 자기초월체로 나아가는 자율적인 주인이다. 그것은 합생에 있어서의 주체적 지향으로부터 객체적 불멸성을 지니는 자기초월체로 이행해 간다. 그것은 어느 단계에서나 자기초월적 주체이다. 이 설명에 따른다면, 자기 결정은 그 기원에 있어 항상 상상력에 의해 이루어진다. 결정론적인 작용인(作用因)은 현실 세계가 그 자신의 느낌들——새로운 합생 주체에 의해 느껴지고 재연(再演)되는, 그들 자신의 강도를 수반하고 있는 그런 느낌들——에서 오는 그 자신의 고유한 성격에 있어 유입되는 것을 말한다. 그러나 이 재연은 패턴에의 순응이라는 단순한 성격을 가지고 있다. 주체적 가치 평가는 새로운 개념적 느낌의 작용이다. 그리고 통합과 재통합의 복잡한 여러 과정에서 획득되는 그 중요성에 따라, 이 자율적인 개념적 요소는 그 합생에 있어서 느낌의 범위 전체에 걸쳐 주체적 형식들을 수정하며, 이를 통해서 통합을 이끌어간다.

자율적인 힘이 무시될 수 있는 한, 주체는 단지 물리적 느낌들을 받아들여 그 우주 시대 epoch의 〈질서〉에 따라 그것들의 가치 평가를 확증하고, 그 자신의 객체적 불멸성에 근거하여 전달할 뿐이다. 주체가 지니고 있는 자율적인 개체적 경험의 섬광(閃光)은, 전달된 것들의 유래를 최종적 관찰자의 의식적 경험 내에서 찾고 있는 과학에 있어서는 무시될 수 있다. 그러나 개체적 경험이 무시될 수 없게 될 경우에는 그 즉시, 주체가 그 최초의 주체적 지향을 수정하는 데서 갖는 자율성이 고려되지 않으면 안 된다. 각각의 창조적 행위는 저마다 일자 one로서 구체화되는 우주이며, 최종적 조건으로서는 그 이상 아무것도 없다.

제 2 절

순수한 물리적 느낌, 혼성적인 물리적 느낌. 순수한 물리적 느낌으로 변환된 혼성적 느낌. 정신과 육체의 불행한 분리를 극복함. 흄의 원리, 신을 여건으로 하는 혼성적 느낌.

앞의 절에서 말한 총괄적 학설은, 새로운 합생에 있어서의 새로운 느낌을 위한 여건으로의 느낌의 전달을 통제하는 원리들에 대한 검토를 필요로 한다. 어떠한 느낌도 그 주체로부터 분리될 수 없기 때문에 이 전달은 현실적 존재의 객체화를 고찰하는 별개의 방식에 지나지 않는다. 느낌은 그 여건이 다른 현실적 존재의 객체화를 포함하는 경우에 〈물리적 physical〉이라고 불릴 것이다. 앞의 제2장에서 〈단순한 물리적 느낌〉의 특수한 사례가 논의된 바 있다. 이 특수한 사례에 속하는 느낌은 그 여건으로서 오직 하나의 현실적 존재만을 가지며, 그 현실적 존재는 자신의 여러 느낌들 가운데 하나에 의해 객체화된다. 보다 복합적인 종류의 온갖 물리적 느낌들은 단순한 물리적 느낌들이 서로 통합됨으로써, 그리고 개념적 느낌과 통합됨으로써, 잇달아 일어나는 합생의 여러 위상에서 생겨난다. 그러나 이와 같은 보다 복합적인 느낌으로 나아가기에 앞서 단순한 물리적 느낌을 세분해서 고찰하지 않으면 안 된다. 단순한 느낌은 〈순수한 물리적 느낌〉과 〈혼성적인 hybrid 물리적 느낌〉으로 세분된다. 〈순수한 물리적 느낌〉에 있어 여건인 현실적 존재는 그 자신의 물리적 느낌들 가운데 하나에 의해 객체화된다. 따라서 단순한 물리적 느낌의 주체적 형식의 특징인 〈재연〉을 고려한다면, 보다 단순한 현실적 존재의 경우에 우리는 물리적 세계에 있어서 에너지 전이의 한 사례를 확보하게 된다. 여건이 고도로 복잡한 현실적 존재인 경우, 그것을 여건으로서 객체화하는 물리적 느낌은 고도로 복잡한 성격의 것일 수 있다. 그리고 새로운 주체에로의 어떤 형태의 에너지의 전이라는 단순한 관념은 문제의 순수한 물리적 느낌의 중요한 측면들을 완벽하게 표현하지 못할지도 모른다.

〈혼성적인 물리적 느낌〉에 있어, 여건을 이루는 현실적 존재는 그 자신의 여러 개념적 느낌들 가운데 하나에 의해 객체화된다. 따라서 개념적 느낌의 주체적 형식의 특징인 자율성의 요소를 고려할 때, 보다 복잡한 현실적 존재의 경우에 우리는 물리적 세계에 있어서 에너지의 발생과 방향의 한 사례를 확보하게 된다. 일반적으로 혼성적인 물리적 느낌이 지니고 있는 이와 같은 단순화된 측면은, 그 주체의 합생에 있어서만 그 역할이 있는 것이 아니다.

유기체 철학은, 어떤 중요한 점에서 데카르트주의에 연유한 철학 체계의 특성인 정신과 육체의 불행스러운 분리를 혼성적인 물리적 느낌과 변환된 느낌 transmuted feelings의 학설을 통해서 극복하고 있다. 이런 방식으로 개념적 느낌은 물리적 느낌의 범주로 옮겨 간다. 또한 그 역으로 이 장의 계속되는 여러 절에서 논하게 될 개념적 가치 평가 Conceptual Valuation의 범주(범주 Ⅳ)와 개념적 역전 Conceptual Reversion(범주 Ⅴ)의 범주에 관한 학설에 따라, 물리적 느낌은 개념적 느낌을 산출하고 개념적 느낌은 다른 개념적 느낌을 산출한다.

주체적 가치 평가의 범주에 따르면, 혼성적 느낌의 한 가지 중요한 특징은 그로부터 생기는 개념적 느낌의 강도이다. 다음 절에서는 〈개념적 가치 평가〉의 이러한 범주적 조건이, 모든 물리적 느낌—〈순수한〉 것이든 〈혼성적〉인 것이든—과의 관계 속에서 고찰된다. 이 절에서는 혼성적 느낌에 관해서만 그러한 논의를 미리 고려해 보기로 하겠다. 따라서 이에 관련된 일반적 범주의 부분은 다음과 같이 정식화될 수 있겠다.

혼성적인 물리적 느낌은 그 주체에 있어, 선행하는 주체의 개념적 느낌과 동일한 여건을 갖는 개념적 느낌을 일으킨다. 그러나 이 주체에 있어서의 그 두 개념적 느낌은 각기 다른 주체적 형식을 가질 수도 있다.

개념적 느낌의 주체적 형식의 형성에는 자율성이 있는데, 이는 단지 범주적 조건 Ⅰ, Ⅶ, Ⅷ에서 표현된 것과 같은 주체의 통일성에 의해서만 조건지어진다. 통일성을 위한 이러한 조건은 혼성적 느낌의 공감적인 주체적 형식을, 동일한 주체를 갖는 파생적인 개념적 느낌의 자율적인 주체적 형식과 상관시킨다.

분명히 혼성적 느낌에는 두 가지 아종(亞種, sub-species)이 있다. 그것은 ⅰ) 시간적인 현실적 존재의 개념적 느낌을 느끼는 혼성적 느낌과 ⅱ) 신의 개념적 느낌을 느끼는 혼성적 느낌이다.

시간적 주체에 있어서 신의 객체화는 신의 개념적 느낌을 여건으로서 수반하는 혼성적 느낌에 의해 야기된다. 적극적으로 파악되는 신의 느낌에 대한 혼성적 느낌들은, 시간적 세계로부터 전달된 물리적 느낌과 대비나 동일성을 갖는 데서 성립하는 양립 가능성을 수반하는 혼성적 느낌들이다. 그러나 신을 고려에 넣을 경우, 우리는 모든 개념적 느낌이 물리적 느낌으로부터 도출된다는 흄의 원리를 아무런 조건 없이 주장할 수 있다.① 개념적 역전의 범주(이 장의 제3절 참조)에 관한 고찰에 의해서 도입된 흄의 원리에 대한 제한은, 신을 고려 밖에 두고 있는 경우로, 즉 시간적 세계로부터의 전달에만 관계되는 것으로서 해석되어야 한다. 신의 개입을 떠날 경우, 세계에는 그 어떤 새로운 것도 있을 수 없고, 그 어떤 질서도 있을 수 없게 될 것이다. 또한 그럴 경우, 창조의 진로는 모든 균형과 강도가 양립 불가능성의 역류에 의해서 점진적으로 배제되어 버린, 생기 없는 무기력의 지평이 되고 말 것이다. 파생적이며 공감적인 개념적 가치 평가를 수반하고 있는, 신으로부터 파생된 새로운 혼성적 느낌은 진보의 기초인 것이다.

제 3 절

제1범주적 제약의 적용. 개념적 발생에서 생기는 보완적인 위상. 제4 및 제5 범주적 제약의 적용. 개념적 역전. 동일성의 근거, 대비에의 지향.

---

① 흄 D. Hume에 의하면, 관념 ── 화이트헤드의 용어법에서는 개념적인 것 ── 은 모두 감각 인상 ── 화이트헤드의 용어법에서는 물리적인 것 ── 으로부터 도출된다. 그러나 개념적 역전의 범주에 따르면, 물리적인 것으로부터 1차적으로 도출된 개념적인 것과 부분적으로 동일하고 부분적으로 상이한 다른 개념적인 것이 2차적으로 도출된다. 다시 말하면, 개념이 개념을 산출한다. 거기에 〈새로움〉의 창조가 있게 된다. 이는 흄의 원리를 제한하는 것을 의미한다. 그러나 개념이 개념을 산출한다고 하더라도, 모든 개념은 그 자신이 하나의 현실적 존재인 신으로부터 도출되는 것이기 때문에, 신을 고려에 넣는다면 흄의 원리는 그 타당성이 유지된다.

개념적 느낌은 일차적으로는 물리적 느낌에서 파생되고, 이차적으로는 서로에게서 파생된다. 이 언명에는 신의 개입에 관한 고찰이 제외되어 있다. 신의 개입을 고려에 넣는다면 모든 개념적 느낌은 물리적 느낌으로부터 도출되는 것이어야 한다. 무제약적인 개념적 가치 평가, 즉 스피노자가 사용했던 의미의 〈무한한 infinite〉 개념적 가치 평가는 우주에서는 오직 한 번만 가능하다. 왜냐하면 그 창조적 행위는 창조 활동을 특징짓는 불가피한 조건으로서 객체적으로 불멸하기 때문이다.

그러나 단서가 붙지 않는 한, 현실 세계의 시간적 존재만을 고찰하게 될 것이다. 우리는 개념적 느낌이 시간적 세계와 관계하는 물리적 느낌으로부터 상술한 바와 같이 파생되기 위한 범주적 조건을 논의해야 한다. 주체적 통일성 ── 범주 I ── 의 범주적 조건에 의해서, 물리적 느낌들의 최초의 위상은 현실 세계를 하나의 느낌으로 통합하기 위해 양립 가능한 느낌들의 명제적 통일성을 가지고 있다. 그러나 이 최종적 〈만족〉의 주체적 형식의 완결된 결정은 개념적 느낌 ── 그 주체적 형식이 〈가치 평가〉의 요인, 즉 〈평가 절상 valuation up〉이나 〈평가 절하 valuation down〉를 이끌어들이는 개념적 느낌 ── 의 성립을 기다리고 있다.

따라서 어떤 보완적 위상이 최초의 순수한 물리적 위상의 뒤를 잇는다. 이 보완적인 위상은 개념적 발생 conceptual origination의 두 종속적인 위상으로부터 출발하여, 그 가운데서 명제적 느낌이나 지성적 느낌이 출현할 수도 있는 그런 통합과 재통합의 위상으로 옮겨 간다. 이 장에서는 단지 개념적 발생의 처음 두 위상만을 문제삼는다. 이것들은 개념적 분석의 위상이 아니라 개념적 가치 평가의 위상이다. 후속하는 분석적 위상은 명제적 느낌을 포함하고 있으며, 또 어떤 상황에서 그것은 의식이 된다. 그러나 이 장에서는 맹목적인 개념적 가치 평가 및 그와 같은 가치 평가가 생겨나는 현실적 존재 너머의 미래에 들어 있는 물리적 느낌에 대한 그러한 가치 평가의 영향만을 문제삼는다.

최초의 문제는 일부의 영원한 객체들을 긍정적으로 파악하고, 그 밖의 다른 영원한 객체들을 부정적으로 파악하는 데 있어 준거가 되는 원리가 무엇인가를 발견하는 일이다. 어떤 것들은 느껴지고 그 밖의 어떤 것들은 배제된다.

이 문제를 해결함에 있어 5개의 추가적인 범주적 조건이 이미 설명한 3개의 범주적 조건에 첨가되어야 한다. 이 조건들은 개념적 느낌들의 발생과 등위화 coordination에 주목한다. 그것들은 〈개념적 상상력 conceptual imagination〉—물리적 경험으로부터의 이것의 발생과 관계되는 한—의 전반적인 과정을 좌우한다.

범주 Ⅳ. 개념적 가치 평가의 범주 Category of Conceptual Valuation. 각각의 물리적 느낌으로부터, 물리적으로 느껴진 현실적 존재의 한정성 내지 결합체의 한정성에 있어 예증된 영원한 객체를 여건으로 하는 하나의 순수한 개념적 느낌이 파생되어 나온다.

이 범주는 정신이란 감각적 경험으로부터 생긴다는 낡은 원리를 주장하고 있다. 그것은 모든 감각적 경험이 정신 작용 mental operation을 일으킨다는 원리를 주장하고 있는 것이다. 하지만 이는 그러한 원초적인 정신 작용으로부터 파생되는 별개의 정신 작용이 일어나지 않는다는 것을 의미하지는 않는다. 그리고 그것은 또 이러한 정신 작용이 복잡한 통합의 산물인 의식을 수반하고 있다는 것을 의미하지도 않는다.

정신적인 극은 물리적인 극에 있어서의 작용이 갖는 개념적인 상대자로서 생긴다. 이 두 극(極)은 그 발생에 있어 불가분적이다. 정신적인 극은 물리적인 극을 개념적으로 등재(登載, registration)하는 데서 출발한다. 이 개념적인 등재는 감각주의 학파에 의하면 경험의 유일한 여건을 이룬다. 이 학파에 속하는 저자들은 물리적 극에서 생기는 물리적 느낌들을 완전히 무시한다. 흄의 〈감각 인상〉이나 칸트의 감각 여건은, 개념적으로 등재된 것에만 적용될 수 있는 용어로 고찰되고 있다. 이로부터 궁극적인 여건의 혼돈 chaos이라는 칸트의 관념이 나오게 된다. 흄도 또한—적어도 『인성론』에 있어서는—〈힘과 활기〉에서의 차이만을 발견해 내고 있을 뿐이다.

개념적 느낌의 주체적 형식은 가치 평가이다. 이 여러 가치 평가는 주체적 통일성의 범주를 따라 이루어지고 있다. 따라서 개념적 등재는 개념적 가치 평가이며, 개념적 가치 평가는 창조적 목적을 끌어들인다. 정신적인 극은 그 합생의 주체를 결정자로서 끌어들인다. 정신적인 극은 그 자신의 이상(理想)을 결정하는 주체이며, 이 결정은, 그 주체의 물리적인 객체적 여건에 적용될 때에 자율적으로 수정되는 그런 가치 평가의 영원한 원리와의 연관에서 이루어진다. 현실적 존재는 어느 것이나 모두 그 물리적 극에 관한 한 〈시간 속에〉 있으며, 그 정신적 극에 관한 한 〈시간 밖에〉 있다. 현실적 존재는 두 개의 세계, 즉 시간적 세계와 자율적인 가치 평가의 세계와의 결합 union으로 이루어진 것이다. 각각의 단순한 물리적 느낌과 그 개념적인 대응물(對應物)과의 통합은 후속하는 위상에서 하나의 물리적 느낌을 산출한다. 이 물리적 느낌이 지니는 재연의 주체적 형식은, 개념적 느낌에 있어서의 가치의 평가 절상과 평가 절하에 따라 주체적 강도를 획득하기도 하고 상실하기도 한다. 여기까지는 주체적 형식들에 대한 단순한 주체적 재조정이 있을 뿐이다. 이것은 물리적 목적의 위상이다. 따라서 여기까지에서 개념적 느낌의 결과가 말해 줄 수 있는 것은 다만, 수정된 주체적 형식이 단지 객체화된 현실적 존재의 재연으로부터 단순히 파생되는 것이 아니라는 것뿐이다. 그리고 잇달아 일어나는 복합적인 통합에 있어서 우리가 알 수 있는 것은 개념적인 상대자가, 자신을 낳은 물리적 느낌으로부터 분리되어 어떤 역할을 한다는 것이다.

범주 V. 개념적 역전의 범주 Category of Conceptual Reversion. 정신적인 극의 최초 위상에 있어서 여건을 형성하고 있는 영원한 객체들과 부분적으로는 동일하고 부분적으로는 상이한 여건들을 갖는 개념적 느낌의 2차적인 발생이 있다. 이때의 동일성과 상이성은 대비에 근거하여 강도의 깊이를 달성하려는 주체적 지향에 의해서 결정된다.

그러므로 정신적 극의 최초의 위상은 개념적인 재생이며, 제2의 위상은 개념적인 역전의 위상이다. 이 제2의 위상에서 근사적인 새로움이 개념적으로 느껴진다. 바로 이러한 과정을 거치면서 후속하는 주체적 형식들은 질적 패턴에 있어서, 그리고 대비 contrast를 통한 강도에 있어서, 관련된 선택지들[1]에 대한 긍정적인 개념적 파악에 의해 계속해서 풍부해질 수 있게 된다. 거기에는 물리적으로 양립 불가능한 것들의 개념적 대비가 있다. 이것은, 그렇게 진술되고 있듯이 플라톤의 상기설(想起說)과 흄의 회상의 원리의 엄밀한 적용을 제한한다고 생각되는 범주이다. 아마도 그것은 플라톤이 상기설을 통해 의도했던 그 어떤 것과도 모순되지 않을 것이다. 그러나 그것은 흄의 원리의 엄격한 적용을 제한한다. 실제로 흄 자신도 예외를 인정했다. 그것은 세계 속에 새로움을 가능케 하는 범주이다. 그렇기 때문에 안정 속에서조차 획일적인 존속 같은 것은 결코 존재하지 않는다. 그러나 이 범주가 말하고 있는 바와 같이, 역전은 선행하는 위상의 여러 느낌에 있어서의 요소와 동일한 요소를 필연적으로 포함함으로써 항상 제한된다. 주체적 통일성의 범주와 뒤에서 설명하게 될 일곱 번째 범주인 주체적 조화의 범주에 따라, 모든 느낌의 발생은 최종적인 종합을 위해 주체가 부과하는 적성 aptitude에 의해서 통제되고 있다. 그리고 객체적 통일성의 범주에 의해 그 적성은 언제나, 자기 동일적인 요소들이 지니는 두 측면의 기능에 그 근거를 가지고 있다. 따라서 종합에 있어서는 항상 동일성의 근거와 대비에의 지향이 있지 않으면 안 된다. 대비에의 지향은 대비에 의해 촉진되는 강도의 깊이로부터 생겨난다. 동일성의 이러한 근거와 대비를 향한 이러한 지향이 동시에 필요하다는 것은 개념적 역전의 범주에서 부분적으로 표현되고 있다. 이 〈대비에의 지향〉은 각각의 통일화로 하여금 그 합생의 조건에 따르면서, 어떤 최대 깊이의 느낌의 강도를 성취하게 하려는 궁극적인 창조적 목적의 표현이다. 이 궁극적 목적은 범주 Ⅷ에 정식화되어 있다.

---

1) 이 주제에 관한 또 다른 논의로는 나의 『형성 도상의 종교 *Religion in the Making*』, 제3장, 제7절을 참조.

실현되어 있지 않은 하나의 영원한 객체가, 실현되어 진입하고 있는 영원한 객체 ── 즉 느껴지지 않고 있는 어떤 다른 영원한 객체와 비교되는 영원한 객체 ── 에 어떻게, 그리고 어떤 의미에서 보다 더 또는 보다 덜 가까울 수 있는 것인가 하는 문제는 이 역전의 범주에 의해 답변되지 않은 채 남아 있다. 존재론적 원리상 이 문제는 어떤 현실적 존재와의 관련을 통해서만 답변될 수 있다. 모든 영원한 객체들은 신의 개념적 느낌 속으로 들어간다. 따라서 보다 근본적으로 설명하자면, 시간적 주체에 있어서의 역전된 개념적 느낌은, 신의 경험에 있어서 개념적으로 질서지어진 관련항들에 대한 혼성적인 물리적 느낌들로부터 범주 IV에 따라 파생된, 그 주체의 개념적 느낌에 귀속되지 않으면 안 되는 것이다. 이런 식으로, 신이 창조적 작용에다 어떤 특성을 부여한다고 봄으로써 보다 완전한 합리적 설명이 이루어진다. 이때 역전의 범주는 폐기된다. 그리고 개념적 경험이란 물리적 경험으로부터 파생되는 것이라는 흄의 원리는 그대로 온전하게 보존된다.

제 4 절

변환. 일자로서의 결합체에 대한 느낌, 변환된 물리적 느낌. 변환에 있어서의 공평한 개념적 느낌의 역할, 변환의 범주, 진척된 설명. 물리적 느낌을 수정하는 개념적 느낌. 중요한 부정적 파악.

앞의 절의 두 범주는, 물리적 느낌의 주체의 후기 단계에서 개념적 느낌이 발생하는 데에 기여하는 그 물리적 느낌 ── 순수하건 혼성적이건 ── 의 효과와 관계가 있었다. 이 절에서는 어떤 결합체의 성원 전체에 산재하는 다양한 주체를 동반하고 있는 유사한 느낌들을 고찰한다. 또한 이 절에서 우리는 그 결합체에 잇달아 일어나는 단일의 주체를 고찰하는데, 이 단일의 주체는 이처럼 산재하는 다수의 느낌들을, 그것들과 대응되는 그 자신의 다수의 단순한 물리적 느낌들—어떤 것은 순수하며 어떤 것은 혼성적이다—의 여건으로서 파악하고 있다. 그러고 나서 우리는 다음과 같은 과정을 정식화한다. 즉 그 주체에 있어서 이러한 여러 느낌들 간의—이 느낌들의 여러 유사한 여건에 관련되어 있는 하나의 영원한 객체(이것이 아무리 복잡한 것이라 하더라도)에 의해 구성되는—유사성이, 후속하는 통합 과정에 의해서, 하나의 존재로서의 결합체와 저 영원한 객체와의 특수한 대비를 그 여건으로서 갖는 하나의 느낌으로 전환되는 과정이다. 이 대비는 그 영원한 객체에 의한 그 결합체의 질적인 규정으로서 잘 알려져 있다. 이 통합 과정에 있어서의 중간 단계는 그 영원한 객체를 여건으로 갖는 하나의 개념적 느낌이 최종적 주체에 있어서 형성되는 단계이다. 이 개념적 느낌은 앞에서 말한 그 결합체의 성원들의 단순한 물리적 느낌들과 공평하게 관련되어 있다. 개념적 느낌의 이러한 공평성이야말로 그 결합체의 많은 성원들이 모여서 하나의 결합체를 형성하게 되는, 또 그 결합체가 그 성원들의 유사성으로부터 출현한 하나의 영원한 객체와 대조되게 되는 그런 통합을 낳는 것이다.

따라서 궁극적으로 단일의 개념적 느낌이 되는 순수한 물리적 느낌들과 혼성적인 물리적 느낌들은 파악하는 주체에 있어서의 이러한 변환의 예비적인 위상을 구성한다. 이 주체에 있어서의 이러한 느낌들의 통합은 결국, 단일의 개념적 느낌의 여건인 저 영원한 객체에 의해 규정된 것으로서의 결합체에 대한 변환된 물리적 느낌이 되기에 이른다. 이렇게 해서 세계는 통일체로서 물리적으로 느껴지고 여러 통일체, 즉 결합체들인 여러 부분으로 분할 가능한 것으로 느껴진다. 그와 같은 통일체는 저마다 그 결합체의 성원들인 식별되지 않는 현실적 존재들로부터 생기는 자기 자신의 특징을 가지고 있다. 일부의 경우 이 결합체의 객체화는 그 개개의 원자적 현실태들의 특징과 오직 간접적인 관련만을 가진다. 이러한 경우에 그 객체화는 세계에 새로운 요소들—행운의 또는 불운한—을 도입할 수도 있다. 객체화는 보통 직접적인 정보를 준다. 그래서 파악하는 주체는 파악된 결합체에 편재(遍在)하고 있는 질서의 직접적인 결과로서 자기 자신을 형성한다. 변환이라는 것은 현실세계가 그것에 편재하는 질서에 힘입어 공동체로서 느껴지는 방식이다. 왜냐하면 그것은 파악된 결합체의 여러 성원들 간의 유사성에 근거하여 생겨나고, 또 그 성원들 간의 차이를 배제하기 때문이다. 변환을 떠날 경우 우리들의 연약한 지성의 활동은 사물의 지배적인 특징을 꿰뚫어 보지 못한다. 우리는 오직 폐기 discarding를 통해서만 이해할 수 있다. 변환은 범주적 조건에 따른다.

범주 Ⅵ. 변환의 범주 Category of Transmutation. (범주 Ⅳ, 또는 범주 Ⅳ와 범주 Ⅴ에 따라) 여러 현실적 존재의 유사한 단순 물리적 느낌들로부터, 파악하는 주체에 의해 동일한 개념적 느낌이 공평하게 도출되는 경우, 이 파생적인 개념적 느낌과 그 단순한 물리적 느낌들이 통합되는 후속하는 위상에 있어서, 이 파악하는 주체는 이러한 개념적 느낌의 여건을 그 파악된 현실적 존재들의 결합체와의 대비나 혹은 그 결합체의 어떤 부분과의 대비로 변환시킬 수 있다. 그래서 이렇게 질적으로 규정되는 결합체(또는 그 부분)는 이 파악 주체가 품는 느낌의 객체적 여건이다.

많은 현실태에 대한 단순한 물리적 느낌들을 이처럼 일자로서의 결합체에 대한 하나의 물리적 느낌으로 변환하는 것을 〈변환된 느낌 transmuted feeling〉이라고 부른다. 그러한 느낌의 발생은 상호 조화를 이루는 강도와 가치 평가와 제거에 의존한다.

이러한 범주적 조건을 이해하려면, 다음과 같은 점에 주목해야 한다. 즉 단순한 물리적 느낌들을 하나의 복합적인 물리적 느낌으로 통합하는 일은, 단지 서로를 필요로 하고 있는 분리된 존재들로서 느껴지는, 결합체의 다양한 현실적 존재들을 제공할 뿐이라는 것이다. 우리는 하나의 결합체가 그것을 구성하는 현실적 존재들과 대체되는 것을 설명해야 한다. 이것은 『단자론』에서 생기는 라이프니츠의 문제이다. 그는 이 문제를 〈혼란 confusion〉이라는, 분석이 안 된 학설로 해결하고 있다. 그 나름의 범주적 유형의 현존을 갖는 하나의 존재로서의 어떤 결합체에 대한 물리적 느낌을 제공하기 위해서는 어떤 범주가 필요하다. 최종적 주체에 있어서 이러한 하나의 물리적 느낌은 그 결합체의 여러 성원들이 품고 있는 여러 유사한 물리적 느낌들로부터 변환에 의해 도출되는데, 이 후자의 물리적 느낌들은 그들로부터 범주 Ⅳ에 따라 직접적으로, 혹은 범주 Ⅴ에 따라 간접적으로 생기는 그들의 (그 결합체의 여러 성원들을 주체로 갖는) 여러 유사한 개념적 느낌들과 결부되어 있다. 물리적 느낌들의 유사성은, 그것들의 한정적인 성격이 동일한 영원한 객체를 구성요소로서 드러내 보여준다는 사실 속에 있다. 개념적 느낌의 유사성은 이 하나의 영원한 객체나 이 영원한 객체로부터의 역전이, 이 결합체의 성원들이 제각기 품고 있는 여러 관련된 개념적 느낌들을 위한 여건이라는 사실 속에 있다. 최종적인 파악 주체가 이 결합체의 성원들을 파악하게 되는 것은 ⅰ) 이 성원들이 저마다 이들 유사한 물리적 느낌에 의해 객체화되고 있는 통로인 〈순수한〉 물리적 느낌에 의해서, 그리고 ⅱ) 이 성원들이 저마다 이들 유사한 개념적 느낌에 의해 객체화되고 있는 통로인 혼성적인 물리적 느낌에 의해서이다.

파악하는 주체에 있어서, 유사한 순수 물리적 느낌들은 범주 Ⅳ에 따라 개념적 느낌을 발생시킨다. 그리고 범주 Ⅴ에 따라, 역전된 개념적 느낌이 있게 될 수 있다. 거기에는 오직 하나의 직접적인 개념적 느낌만이 있게 될 것이다. 왜냐하면 (최종적 주체에 있어서) 단순한 물리적 느낌들은 동일한 영원한 객체를 예증한다는 의미에서 유사하기 때문이다. (만일 역전이 없다면, 이 유사성은 순수한 물리적 느낌과 혼성적인 물리적 느낌으로까지 확대될 것이다. 만일 중요한 역전이 있다면 이 유사성은, 단지 역전된 개념적 느낌을 여건으로 갖는 혼성적인 느낌으로까지만 확대될 것이다. 이 후자의 사례는 오직 역전된 느낌이 현저하게 강한 가치 평가를 포함하는 경우에만 중요하다). 따라서 다양한 현실태들에 대한 이러한 다수의 물리적 느낌들은 최종적인 주체 속에 하나의 개념적 느낌을 발생시킨다. 그렇기 때문에 이 단일의 개념적 느낌은 결합체 내의 모든 현실태들에 대해서 공평하게 연관되어 있다. 그리고 이러한 결합에 있어서 결합체 속의 역전된 개념적 느낌들은 만일 그것들이 그 결합체의 도처에서 이처럼 공평한 연관성을 유지하지 않는 것이라면 무시될 수 있다. 결합체 내의 현실태들에 있어서 역전된 느낌에 관한 고찰을 잠시 제쳐놓는다면, 파악하는 주체에 있어 혼성적인 물리적 느낌들도 범주 Ⅳ에 의해 공평한 연관성을 갖는 하나의 개념적 느낌을 낳는다. 이는 또한 (최종적인 주체에 있어서) 순수한 물리적 느낌들이 산출한 것과 동일한 개념적 느낌이기도 하다. 따라서 (역전이 없을 경우) 혼성적인 물리적 느낌의 영향력은 순수한 물리적 느낌들로부터 파생된 개념적 느낌의 강도를 강화시킨다. 그러나 고려되어야 할 역전, 다시 말해서 결합체의 도처에 걸쳐 공평한 연관성을 갖는 역전이 있을 수 있다. 이 역전은 그 결합체 속에 흩어져 있는 현실태들에서 일어날 수도 있고 최종적인 파악 주체 속에서 일어날 수도 있으며, 이 두 원천을 포함한 이중적인 역전이 일어날 수도 있다. 따라서 우리는 저마다 공평한 연관성을 지니고 있는 여러 가지 역전된 느낌들의 가능성을 인정하지 않으면 안 된다. 조화가 있고 역전이 우세한 한에 있어서는 강화된 강도를 갖는 하나의 개념적 느낌이 생기게 될 것이다. 이러한 여러 개념적 느낌들 사이에 부조화가 있게 될 경우에는 제거가 있게 되고, 일반적으로 아무런 변환도 없게 될 것이다. 그러나 공평한 개념적 느낌들의 이러한 원천들 가운데 일부(혹은 그것들 모두)로부터 하나의 지배적인 공평한 개념적 느낌이 충분한 강도를 가지고 출현할 경우엔 변환이 잇달아 일어나게 될 것이다.

이러한 연관의 공평성은 어떤 하나의 영원한 객체와 대비된 그 결합체 ── 전체이건 그 부분이건 간에 ── 에 대한 물리적 느낌으로 변환되어 왔다. 이 공평한 하나의 개념적 느낌이 그 결합체 전체와의 공평한 연관을 도입시키는 과정의 본질적 요소라는 사실에 특히 주목해야 할 것이다. 그렇지 않다면 다수의 성원들과의 특수한 관련들을 결합체 전체와의 일반적 관련으로 변환시킬 어떠한 요소도 없게 될 것이다.

이 물리적 느낌에 있어서 결합체를 특징짓는 영원한 객체는 이 결합체의 성원들 전부 혹은 일부에 속하는 유사한 물리적 느낌들을 특징짓는 영원한 객체일 수 있다. 이 경우 전체로서의 그 결합체는 그것의 여러 성원에 어떤 방식으로 속하는 하나의 특성을 이끌어낸다.

또한 변환된 느낌에 있어서도 최초 결합체의 일부만이 객체화되는 수가 있다. 그리고 영원한 객체는 최초 결합체의 다른 부분의 성원으로부터 파생된 것일 수 있다. 이는 뒤의 장에서 다시 논의하게 될 〈현시적 직접성〉의 양태에 있어서의 지각의 사례이다(제4부, 제5장, 그리고 제2부, 제2장, 제1절 및 제2부, 제4장, 제7절 및 제2부, 제8장 참조).

그리고 영원한 객체는 최초 결합체의 성원들로부터 간접적으로 도출될 뿐인, 역전된 개념적 느낌의 여건일 수도 있다. 이러한 경우에는 결합체에 대한 변환된 느낌이 새로움 novelty을 이끌어들인다. 그리고 불운한 경우에 이 새로움은 〈오류〉라고 불릴 수 있다. 그렇기는 하지만 변환된 느낌은 여전히, 그 변환의 역사가 무엇이든 간에, 최종적 주체가 그 결합체를 파악하는 작용으로서의 일정한 물리적 사실이다. 예를 들어 현시적 직접성 presentational immediacy의 사례를 생각해 본다면, 〈색맹〉은 〈오류〉라 불릴 수 있겠지만 그렇더라도 그것은 하나의 물리적 사실인 것이다. 변환된 느낌은 물리적 느낌의 정의(定義)에 포섭된다.

우리들이 세계를 의식적으로 파악하는 보통의 방식은 이러한 변환된 물리적 느낌에 의해서이다. 우리가 외부의 여러 정신을 의식적으로 깨닫고 있을 경우에만 우리는 단일의 현실적 존재에 대한 의식적 파악에 접근하고 있는 셈이 된다. 변환된 느낌은 명제적 느낌과 매우 유사할 뿐만 아니라, 계속해서 통합되어 가는 의식적 지각 및 판단과도 극히 유사하다는 것을 알게 될 것이다. 모호성은 변환된 느낌에 그 기원을 두고 있다. 왜냐하면 어떤 결합체의 전 성원들 간의 상호 파악을 특징짓는 하나의 성질은 그 결합체의 술어로 변환되기 때문이다. 반복의 힘에서 생기는 강도는 이 변환된 지각으로 하여금, 그 이상의 통합에 있어서 의식을 주체적 형식 내의 한 요소로서 획득하는 우세한 유형의 느낌이 되도록 한다. 그것은 통합의 과정에서 이루어지는 물리적 느낌의 단순화를 의미한다.

이 범주에 따르면 임의의 결합체가 품고 있는 개념적 느낌들은, 물리적인 객체적 여건으로서의 그 결합체의 미래의 역할을 수정한다. 이 범주는 하나의 현실적 존재의 개념적 느낌으로부터 그 존재의 후속하는 위상에 있어서의 물리적 느낌이나, 그 존재 다음에 오는 현실적 존재의 물리적 느낌으로의 이행을 지배하고 있다. 보다 초기에는 개념적이었던 것이, 보다 후기에 확대된 역할에서는 물리적으로 느껴진다. 따라서 예컨대 새로운 〈형상(形相)〉은 역전에 의해서 창발적 진입 emergent ingression 을 개념적으로 확보하고 있으며, 다른 범주적 조건들이 허용하는 경우에는 지연된 예증을 물리적으로 받아들인다.

범주 Ⅳ와 Ⅵ이 접합된 이러한 작용은 〈역작용 adversion〉과 〈혐오 aversion〉라고 불려왔던 것을 산출한다. 왜냐하면 범주 Ⅳ에 따라 산출된 결합체 내의 현실태들에 있어서의 개념적 느낌들은, 많은 물리적 느낌의 객체적 여건들 속에 예시된 패턴과 동일한 여건을 가지기 때문이다. 개념적 느낌 속에 평가 절상이 있게 될 경우 물리적 느낌은 그 주체적 형식에 있어서 강도가 강화되어, 새로운 합생으로 전달된다. 이것이 곧 〈역작용〉이다.

그러나 개념적 느낌 속에 평가 절하가 있게 될 경우, 물리적 느낌은 (후기의 합생에 있어서) 제거되든가 강도가 감소되어 그 합생에 전달된다. 이것이 〈혐오〉이다. 그러므로 〈역작용〉과 〈혐오〉는 〈결단 decision〉의 유형이다.

위에서 말한 바와 같이, 가치 평가를 동반한 개념적 느낌은 기본적으로 목적 purpose이라는 성격을 가진다. 왜냐하면 그것은 그 주체가 스스로를 초월하여 객체화되면서 행사하는 인과적 효과에 관해서 결단을 내리는 작인 agent이기 때문이다. 그러나 개념적 느낌이 이러한 목적이라는 성격을 획득하게 되는 것은, 그것이 자신을 탄생시켰던 물리적 느낌과 통합될 때뿐이다. 이 통합은 〈비교적인 느낌 comparative feelings〉에 관해 논하고 있는 제5장에서 고찰된다.

역작용과 혐오 및 변환의 범주가 고등의 유기체의 경우에만 중요성을 가진다는 것은 분명하다. 비록 그것들 자체만으로는 의식에 이르지 못하지만, 그것들은 지적 정신성으로 나아가는 첫걸음이 된다. 그러나 이러한 작용을 포함하고 있는 현실적 존재는 단순한 물리적 느낌을 은폐시키거나 접합시킬 수 있는 개념적 느낌의 중요한 강도를 가지고 있을 것임에 틀림없다.

또한 변환의 범주에 관한 검토가 보여주는 것은, 지성에로의 접근이 추상의 힘을 획득하는 데 있다는 것이다. 관계가 없는 세부적인 다수의 것들은 제거되고 현실 세계에 들어 있는 체계적 질서의 요소들이 강조된다. 평범한 일상적인 질서가 있는 한, 평범하게 일상화된 현실적 존재들이 틀림없이 있을 것이다. 부정적 파악들의 올바른 조정은 정신적 진보의 한 가지 비결이다. 그러나 관계성의 어떤 체계적 도식이 그 환경을 특징짓고 있지 않은 한, 세계에 관한 생생한 파악을 구성하는 것은 아무것도 남아 있지 않게 될 것이다. 하등 유기체란 에너지의 형식들——이 형식들은 그 온갖 다양한 세부적인 것들에 있어서 그 유기체 속으로 들어간다——의 총화 summation에 지나지 않는다. 그것은 수용하고, 또 전달한다. 그러나 그것은 이해할 수 있는 체계로 단순화시키지는 못한다. 에너지의 구조적 흐름에 관한 물리적 이론은, 개개의 현실태로부터 개개의 현실태로의 단순한 물리적 느낌의 전달과 관계된다. 따라서 물리학에서는 현존하는 유형의 우주 질서와 관련된 모종의 양자 이론을 기대할 수 있는 것이다. 에너지의 선택 가능한 여러 형태라든지 한 형태로부터 다른 형태로의 변형 등에 관한 물리 이론은, 변환과 역전의 범주들의 예증에 의해 제약되는 전달에 궁극적으로 의존하고 있다.

제 5 절

주체적 조화, 제7의 범주적 제약.

제7의 범주적 조건은 개념적 느낌이 그 자신의 주체의 완결에 있어서, 그리고 후속하는 합생에서의 그 주체의 객체화에 있어서 갖는 효과를 지배한다. 이는 〈주체적 조화 Subjective Harmony〉의 범주이다

범주 Ⅶ. 주체적 조화의 범주. 개념적 느낌들에 대한 가치 평가들은, 그 느낌들이 그 주체가 지향하는 만족에 있어서의 공동 요소가 되기 위해 적응하게 됨으로써 상호적으로 결정된다.

이 범주적 조건은 〈주체적 통일성〉의 범주 및 〈개념적 역전〉의 범주와 서로 비교되어야 한다. 전자의 범주에 있어서는 〈논리적〉이라 불리는 본질적인 모순들이 예정 조화에서의 형성 조건이다. 제7의 범주와 역전의 범주에 있어서는 목적에의 미적 적응 aesthetic adaptation이 예정 조화에서의 형성 조건이다. 이들 세 가지 범주는 느낌들의 궁극적인 개별성을 표현하고 있다. 왜냐하면 이 느낌들의 산물인 자기초월체는 그것들을 산출할 때 작용하는 주체이기도 하기 때문이다. 이러한 느낌들은 그 자신의 피조물을 창조한다. 유의해야 할 점은, 현실적 존재가 아직 충분히 한정적인 것이 아닌 과정의 상태에 있으면서, 그 자신의 궁극적인 한정성을 결정한다는 것이다. 이것은 도덕적 책임의 핵심이다. 이러한 책임은 여건의 한계와 합생의 범주적 조건에 의해 제약되고 있다.

그러나 복합성이라는 것이 역전의 범주에 따라 개념적 느낌을 산출함에 있어 큰 에너지가 있게 되는 그런 성격의 것이 아닌 경우, 자율성은 무시될 수 있다. 이 역전의 범주는 미적 조화 Aesthetic Harmony* 의 범주와의 관련 아래에서 고찰되어야 한다. 왜냐하면 역전이 만들어내는

---

* 〈미적 조화〉는 〈주체적 조화 Subjective Harmony〉로 변경되어야 한다는 주장도 있지만, 이 표현은 〈범주적 제약 Ⅶ〉을 가리키는 별개의 방식에 지나지 않는다고 생각된다.

대비는 미적 이상(理想)을 달성하는 데 있어 필수적인 대비이기 때문이다. 만일 복합성이 없는 경우라면, 이상적인 다양성은 결국 물리적으로 불가능하게 되고 말 것이며, 그래서 궁핍화로 이어지게 될 것이다. 다양성을 일관된 대비로 연출하기 위해서는 복합적인 구조가 필요하다.

과정 process이 산출된 것의 성격을 지니게 되고, 역(逆)으로 이 산출된 것에 대한 분석이 그 과정을 드러내게 되는 것은 오직 주체적 통일성의 범주와 주체적 조화의 범주에 근거해서인 것이다.*

* 당초에 이 단락에는, 현재 다음 장의 제5절의 마지막 단락 바로 앞에 있는 두 개의 단락이 이어져 있었다. 515쪽 주 참조.

4장

명제와 느낌

제 1 절

의식, 명제적 느낌은 반드시 의식적일 필요는 없다. 명제적 느낌은 개념적 느낌과 물리적 느낌과의 통합의 산물이다. 영원한 객체는 현실적 계기에 관해 어떠한 이야기도 하지 않는다, 명제는 논리적 주어에 관해서 **말해질 수 있을지도 모르는** 이야기이다. 참이건 거짓이건 간에 명제는 자기 자신에 관해서 아무 말도 하지 않는다, 근거를 기다린다. 개념적 느낌은 술어적 패턴을 제공한다, 물리적 느낌은 논리적 주어를 제공한다, 통합. 논리적 주어의 지시, 참과 거짓에 요구되는 소여성 *givenness*의 요소.

의식의 본성은 아직 충분히 분석되지 않았다. 물리적인 것과 개념적인 것으로서의 최초의 기본적인 느낌들에 관해서는 언급되어 왔다. 그리고 긍정-부정의 대비에로의 최종적 종합에 대해서도 언급해 왔다. 그러나 의식으로의 통합의 처음과 끝 사이에서 〈명제적 느낌 propositional feeling〉이 생겨난다. 명제적 느낌이란 그 객체적 여건이 명제인 느낌을 말한다. 이러한 느낌은 그 자신 속에 의식을 포함하고 있지 않다. 그러나 모든 형태의 의식은 명제적 느낌이 다른 느낌——물리적 느낌이든 개념적 느낌이든——과 통합되는 여러 방식으로부터 생겨난다. 의식은 이러한 느낌의 주체적 형식에 속한다.

명제는 물리적 느낌과 개념적 느낌의 통합에서 파생되는 복합적 느낌의 여건을 형성하고 있는 존재entity로서 경험에 개입해 온다.[1] 그런데 개념적 느낌은 이 현실 세계의 역사가 그 개념적 느낌의 여건과 특별한 관련을 가진다는 의미에서 그 현실 세계와 관련을 갖지는 않는다. 이 여건은 영원한 객체이다. 영원한 객체라는 것은 결정되어 있지 않은 현실적 존재들 가운데서 오직 순수하게 일반적인 임의의 것any과 관계될 따름이다. 영원한 객체는 그 본질에 있어, 현실태들 가운데서나 여러 시대 가운데서의 어떠한 선택도 기피한다. 단순히 빨강에 대해 생각하는 것만으로는 빨강이 무엇인지what is red를 알 수 없다. 우리는 오직 이 현실 세계에서 여러 가지 물리적 경험의 모험을 감행함으로써만 빨간 사물을 찾아낼 수 있게 된다. 이 학설은 경험론의 궁극적인 근거이다. 요컨대 영원한 객체들은 그들의 진입ingression에 관해서 아무런 이야기도 하지 않는다는 것이다.

그러나 이제 새로운 종류의 존재가 등장한다. 이 존재는 개개의 현실태에 관해서 말해질 수 있을지도 모르는 이야기이다. 이 존재는 현실적 존재도, 영원한 객체도, 느낌도 아니다. 그것은 명제proposition이다. 명제는 참이든가 거짓이어야 한다. 이 점에서 명제와 영원한 객체는 서로 다르다. 영원한 객체가 참이나 거짓이 되는 경우는 결코 없기 때문이다. 명제와 영원한 객체와의 이러한 차이는, 참과 거짓은 언제나 어떤 근거에 기초를 두고 있다는 사실에서 생겨난다. 그러나 존재론적 원리(제18번째의 〈설명의 범주〉)에 따르면, 근거는 항상 결정된 현실적 존재와 관계된다. 그런데 영원한 객체는 그 본질에 있어, 신까지도 포함하는 일체의 결정된 현실적 존재들로부터 분리되어 있다. 영원한 객체는 단지 임의의

1) 제5장에서 고찰되는 〈물리적 목적〉도 참조할 것.

존재, 절대적으로 일반적인 의미에서 임의의 존재와 관련될 뿐이다. 그러므로 영원한 객체의 참이나 거짓의 기초를 이루는 근거 같은 것은 있을 수 없다. 영원한 객체가 다양한 이유는 이 현실 세계에 있어서 그것들의 기능이 다양하다는 데에 있다.

따라서 영원한 객체를 현실 세계로부터 완전히 추상하여 이해하려는 노력은 그것들을 분화(分化)되지 않은 비존재로 환원시키는 결과를 낳게 된다. 이것은, 존재임 being an entity이라는 것의 보편적인 형이상학적 성격이 〈여러 현실태의 생성에 있어서의 결정자임 to be a determinant〉이라고 하는 범주적 원리의 예증이다. 따라서 영원한 객체들이 창조 과정의 각 사례와 차별적인 관련을 맺게 되기 위해서는 그것들이 신의 원초적 본성에 있어서 개념적으로 실현되어 있어야 할 필요가 있다. 신은 영원한 객체를 창조하지는 않는다. 왜냐하면 신의 본성은 영원한 객체가 신을 필요로 하는 것과 꼭 마찬가지로 영원한 객체를 필요로 하기 때문이다. 이는 존재의 범주적 유형들 간의 정합성 coherence을 예시해 주는 한 사례가 된다. 영원한 객체들 상호 간의 일반적 관계, 차이의 관계 및 패턴의 관계는 신의 개념적 실현에 있어서의 그 객체들의 관계이다. 이러한 실현을 떠나서는 비존재와 구별될 수 없는 단순한 고립이 있을 뿐이다.

그러나 명제는 한편으로는 영원한 객체가 갖는 미결정성 indeterminatedness을 보유하고 있으면서, 다른 한편으로는 결정된 현실적 존재로부터 불완전하게 추상되어 있다. 그것은 결정된 현실적 존재들을 그 자신의 구성 요소로서 수반하고 있는 복합적인 존재 complex entity이다. 이 결정된 현실적 존재들은 명제로부터 추상된 것으로서가 아니라 형상적인 것으로 *formaliter* 고찰될 때, 명제의 참과 거짓을 결정하는 근거를 제공한다. 그러나 명제 그 자체는 이러한 근거에 의지하지 않고서는 자기 자신에 대해서 아무런 이야기도 하지 않는다. 이런 점에서 명제는 영원한 객체와 마찬가지로 미결정의 것이다.

(이미 진술한 바와 같이) 명제적 느낌이라는 것은 물리적 느낌과 개념

적 느낌을 종합하는 특수한 유형의 통합에서 생긴다. 물리적 느낌의 객체적 여건은 ── 그 느낌이 단순한 경우 ── 하나의 현실적 존재이거나, ── 물리적 느낌이 보다 복잡한 경우 ── 현실적 존재들의 결정된 결합체이다. 개념적 느낌의 여건은 임의의 ── 절대적으로 일반적이며 어떠한 선택도 수반하고 있지 않다는 의미에서 임의의 ── 현실적 존재들과 (가능태의 자격으로서*) 연관되어 있는 영원한 객체이다. 통합된 객체적 여건에 있어서 물리적 느낌은 결정된 현실적 존재들 ── 그것들이 갖는 느낌의 주체와의 느껴진 물리적 관계에 의해 드러나는 그런 현실적 존재들 ── 의 집합을 제공한다. 이런 현실적 존재들이 명제의 논리적 주어이다. 따라서 영원한 객체가 본래적으로 갖추고 있는, 임의의라는 개념의 절대적 일반성은 이러한 융합에 있어서 제거된다. 명제에 있어 영원한 객체는 결합체들의 결정자라는 자신의 여러 가능태와 관련하여 이와 같은 논리적 주어에 제한된다. 명제는 이렇게 제공된 논리적 주어들 가운데 임의의 것과 관계된다는 제한된 일반성을 가질 수도 있을 것이다. 아니면 명제는, 그것이 영원한 객체인 복합적 패턴 내에 각기 배정된 지위를 갖는 가능적인 관계항들로서 제공된 논리적 주어들의 완결된 집합과 관계한다는 특이성을 가질 수도 있다. 명제는 논리적 주어에 대한 제한된 연관성의 어떤 결정된 양태에 있는, 한정성의 결정자로서의 영원한 객체의 가능태이다. 이 영원한 객체가 명제의 〈술어적 패턴 predicative pattern〉이다. 논리적 주어들의 집합은 이 술어적 패턴을 지닌 이 논리적 주어들로서 완결적으로 선정되든가, 아니면 이 패턴을 지니고 있는 이 논리적 주어들 중 임의의 것으로서 집합적으로 선정되든가, 또는 이 패턴을 지니고 있는 이 논리적 주어들 중 일부의 것으로서 집합적으로 선정되든가 한다. 그러므로 물리적 느낌은 논리적 주어들을 지시하며, 그것들에다 술어적 패턴에 있어서의 그것들 각각의 가설적인 지위를 배

* 화이트헤드는 자신의 케임브리지판 사본에서, 〈(가능태의 자격으로서 *qua* possibility)〉는 〈연관되어 referent〉의 뒤에 삽입시켜야 한다고 표기하고 있다.

정하는 데 필요한 그 개체적 한정성을 제공한다. 개념적 느낌은 술어적 패턴을 제공한다. 따라서 명제에 있어서 논리적 주어는 가능성을 위한 식량의 지위로 환원된다. 그래서 현실태에 있어서 논리적 주어가 갖는 실재적인 역할은 사상(捨象)되어 버린다. 그것들은 물리적 지시라는 그 본래적인 목적에 있어서가 아니라면 이미 사실에 들어 있는 요인들이 아니다. 각 논리적 주어는 술어와의 가설적 관련을 배정받은, 현실태 속의 단순한 〈그것〉이 되는 것이다.[2)]

개념적 느낌의 여건이, 통합적인 명제적 느낌의 여건인 명제에서 술어로 다시 나타난다는 것은 분명하다. 이 종합〔과정〕에서 영원한 객체는 연관에 있어 그것이 갖는 절대적 일반성을 잃게 된다. 그리고 물리적 느낌의 여건도 제거된다. 왜냐하면 물리적 느낌에 있어 실재적으로 이루어진 현실적 존재의 독특한 객체화는, 지시하는 데 그것이 필요한 경우가 아닌 한 제거되기 때문이다. 이 객체화는 오직 논리적 주어가 그 술어를 위한 가설적인 식량이 되기 위해 반드시 가져야 할 한정성 definiteness을 지시하기 위해서만 없어지지 않고 남아 있다. 논리적 주어의 이러한 필연적 지시는 체계적 환경으로서의 현실 세계를 필요로 한다. 왜냐하면 순수한 추상에 있어서는 어떠한 한정적 위치도 있을 수 없기 때문이다. 명제는, 그 배정된 방식으로 이러한 논리적 주어에 적용될 그 술어의 가능성이라고 할 수 있다. 그 자체로서의, 그래서 그 자체를 넘어서지 않는 것으로서의 모든 명제에는, 명제적 느낌에서의 그 자신의 실현에 관한 한, 그리고 그 자신의 진리치와 관련하여 완전한 미결정성이 들어 있다. 그런데 논리적 주어는 그럼에도 불구하고 사실상 그 실현된 상호 관계성에 있어서 한정되고 있는 현실적 존재들이다. 따라서 명제는 사실상 참이든가 거짓이다. 그러나 명제의 참 또는 거짓은 명제 자체와는 무관하다. 그 문제는 그 명제를 여건으로 가지는 명제적

2) 이러한 일련의 사상에 대한 별개의 해명으로는 내가 쓴 『자연의 개념』(1920), 제1장을 참조할 것.

느낌을 마음속에 품고 있는 주체에만 관계된다. 이와 같은 현실적 존재는 명제의 〈파악 주체 prehending subject〉라고 불린다. 파악 주체라고는 하지만 그것이 반드시 명제를 판단하고 있는 것은 아니다. 그 개별적인 사례에 관해서는 제2부, 제9장에서 이미 논한 바 있다. 그 장에서는 〈판단 주체 judging subject〉라는 용어가 〈파악 주체〉라는 보다 광의의 용어 대신 사용되었다.

명제의 일반적인 본성에 관한 지금까지의 논의를 요약해 보면, 명제는 현실태에 있어서의 그 실현이 결정되어 있지 않은, 현실태를 위한 한정적인 가능태라는 점에서 영원한 객체와 마찬가지로 미결정성이라는 성격을 지니고 있다. 그러나 양자는 영원한 객체가 절대적인 일반성을 가지고 현실태와 관계하는 반면, 명제는 지시된 논리적 주어와 관계된다는 점에서 다르다. 참과 거짓은 항상 순수한 소여성의 어떤 요소를 필요로 한다. 영원한 객체는 어떤 주어진 사실에서가 아니고서는 자신이 무엇인지를 드러내지 못한다. 명제의 논리적 주어는 참과 거짓에 필수적인 소여성의 요소를 공급한다.

제 2 절

명제가 반드시 판단되는 것은 아니다, 명제적 느낌이 반드시 의식적인 것은 아니다. 새로운 명제가 생겨난다. 〈명제의 범위〉 내에 있는 가능한 지각 주체.

명제는 느낌의 개별성이나 결합체의 실재성을 갖지 않는다. 그것은 그것을 느끼는 주체를 기다리고 있는, 느낌을 위한 하나의 여건이다. 그 논리적 주어를 통한 현실 세계와의 관련은 그 명제를 느낌에의 유혹 lure for feeling이 되게 한다. 사실 많은 주체들이 그것을 다양한 느낌으로, 그리고 다양한 종류의 느낌으로 느낄 수도 있다. 명제를 일차적으로 논리학과 결부시켜 고찰했다는 사실, 그리고 참인 명제를 도덕주의적으로 선호했다는 사실은 현실 세계에서의 명제의 역할을 불분명한 것으로 만들고 말았다. 논리학자들은 명제의 판단만을 논할 뿐이다. 그뿐만 아니라 어떤 철학자들은 사실상 명제와 판단을 구별하지 못하며, 대부분의 논리학자들은 명제를 판단의 단순한 부속물로 보고 있다. 그 결과 거짓 명제는 부당하게 취급되어 쓰레기처럼 버려지고 무시되어 왔다. 그러나 실재의 세계에서는 명제가 참이라는 것보다 명제가 흥미를 끈다는 것이 더 중요하다. 진리의 중요성은 그것이 흥미로움을 증가시킨다는 데에 있다. 여기에서 주장하고 있는 학설에 따른다면 판단의 느낌 judgement-feeling은 명제적 느낌의 한 가지 갈래 subdivision를 이루고 있을 뿐이며, 명제적 느낌과 다른 느낌들과의 특수한 통합에서 생겨난다. 명제적 느낌은 그 가장 단순한 사례에서 볼 때, 의식적 느낌 conscious feeling이 아니다. 의식은 명제적 느낌을 통합된 구성 요소 속에 포함하고 있는 그런 어떤 통합에서 생겨난다. 또 하나 주목해야 할 점은 통합적인 명제적 느낌의 역사에 있어서 항상 하나의 구성 요소가 되는 물리적 느낌이 문제의 명제와 아무런 특이한 관계도 갖지 않으며, 또한 이 명제를 파악하는 주체인 그 느낌의 주체도 그 명제와 아무런 특유의 관계를 갖지 않는다는 것이다. 필수적인 논리적 주어를 객체적 여건 속에 포함한 임의의 물리적 느낌을 수반하는 임의의 주체는, 후속하는 위상에 있어서, 그 명제를 그 여건으로서 수반하고 있는 명제적 느낌을 영입할 수 있다. 그것은 단지 필수적인 술어 패턴을 자신의 여건으로 수반하는 개념적 느낌을 발생시키고, 이어서 그 두 느낌을 필요한 명제적 느낌으로 통합하기만 하면 되는 것이다.

분명히 새로운 명제는 세계의 창조적 전진과 더불어 생겨난다. 왜냐하면 모든 명제는 논리적 주어를 포함하고 있기 때문이며, 또 이 논리적 주어가 지금의 그와 같은 현실적 존재가 아니라면 명제는 그와 같은 명제일 수 없을 것이기 때문이다. 따라서 어떠한 현실적 존재도 자신의 현실 세계가 그 명제의 논리적 주어들을 포함하고 있지 않다면 그 명제를 느낄 수 없다. 〈카이사르가 루비콘 강을 건넜다〉라는 명제는 한니발에 의해서는 ── 그의 생존의 어떠한 시점에서도 ── 느껴질 수 없었다. 한니발은 이 명제와 유사한 명제들을 느꼈을지는 모르지만 이 명제를 느끼지는 못했던 것이다. 또한 주목해야 할 점은 명제를 구성하는 여러 말들의 형식도 긍정 판단의 느낌을 발생케 하는 자극제를 포함하고 있다는 것이다. 창작 문학에 있어서 이러한 자극제는 전반적인 문맥에 의해서, 그리고 심지어 물질로서의 책의 형태나 조판에 의해서 억압된다. 때로는 〈옛날 옛적에〉와 같이 판단의 느낌의 형성을 억압하기 위해 고안된 말의 형식조차 있다. 언어적 진술은 또한 명제의 논리적 주어를 지시하는 데 필요한 종류의 물리적 느낌들을 상징하는 말이나 구절을 포함하고 있다. 그러나 언어는 항상 생략적이며, 또 그것이 사용될 때의 정황에 따라 그 의미가 달라진다. 예를 들면 〈카이사르〉라는 말은 강아지를 의미할 수도 있고, 흑인 노예를 의미할 수도 있으며, 초대 로마 황제를 의미할 수도 있는 것이다.

자신의 현실 세계 속에 명제의 논리적 주어들을 포함하고 있는 현실적 존재들은 그 명제의 〈장소 locus〉 내에 들어간다고 말해질 것이다. 그 명제는 이와 같은 존재들에 의해서 파악될 수 있다. 명제의 장소 내에 들어 있는 현실적 존재들 가운데서 오직 일부의 것들만이 그 명제를 긍정적으로 파악한다. 순수한 명제적 느낌에는 두 종류, 즉 〈상상적 느낌 imaginative feeling〉과 〈지각적 느낌 perceptive feeling〉이 있다. 이 두 종류는 명확히 구별되지 않고 있지만 그것들의 극단적인 사례들은 매우 다른 기능을 가지고 있다.

제 3 절

명제적 느낌의 성립, 네 가지(내지 다섯 가지)의 단계, 지시적 느낌, 물리적 인지, 술어 패턴(술어), 술어적 느낌. 명제적 느낌은 지시적 느낌과 술어적 느낌의 통합이다.

명제적 느낌은 파악 주체가 갖는 과정의 후기 위상에서만 생길 수 있다. 왜냐하면 그 느낌은 이전의 위상에서 다음과 같은 것들을 필요로 하기 때문이다. 즉 (α) 그 객체적 여건이 필수적인 논리적 주어를 포함하는 물리적 느낌, (β) 그 여건의 한정성을 결정하는 것들 속에 어떤 영원한 객체를 포함하는 물리적 느낌, (γ) 범주적 조건 Ⅳ에 따라, (β)에서 지적된 물리적 느낌으로부터 필연적으로 파생되는 그 영원한 객체에 대한 개념적 느낌, 그리고 아마도 (δ) 범주적 조건 Ⅴ에 따르는 앞의 개념적 느낌으로부터의 역전인, 다른 영원한 객체를 그 여건으로서 포함하고 있는 어떤 개념적 느낌이 그것이다.

(α)에서 말한 물리적 느낌은 〈지시적 느낌 indicative feeling〉이라 불리고, (β)에서 말한 물리적 느낌은 〈물리적 인지 physical recognition〉라고 불린다. 이 물리적 인지는 술어적 패턴을 제공하는 개념적 느낌의 물리적 기초이다.

〈술어적 패턴〉은 (γ)에서 말한 개념적 느낌의 여건인 영원한 객체이든가, 아니면 (δ)에서 말한 개념적 느낌의 여건인 영원한 객체이다. 전자의 경우 두 번째 개념적 느낌, 즉 (δ)에서 말한 개념적 느낌은 명제적 느낌에 대한 고찰과 관계가 없다. 이 두 경우 모두에서, 그 여건이 술어적 패턴인 개념적 느낌은 〈술어적 느낌 predicative feeling〉이라고 불린다.

이 술어적 느낌의 기원에 관한 이와 같은 설명에 있어 우리는, 모든 개념적 느낌이 물리적 기초를 가진다고 보고 있는 로크와 흄의 의견에 대체로 동의한다. 그런데 흄은 모든 영원한 객체는 처음에 물리적으로 느껴진다는 원리를 설정해 놓고 있다. 그렇기 때문에 그는 (γ)에서 말한 술어적 느낌의 발생만을 인정하고 있는 셈이 된다. 하지만 흄은 그의 일반 원리를 무너뜨리는 두 가지 양보를 하고 있다. 왜냐하면 그는 여러 색조의 순차적인 배열 scale of shades에 있어서 중간적인 색조(色調, shade)가 독자적으로 발생한다는 점, 그리고 패턴의 새로운 〈양식 manners〉이 독자적으로 발생한다는 점을 인정하고 있기 때문이다. 이 두 사례는 (δ)에서 도입되고 있는 〈역전〉의 원리에 의해서 허용된다. 명제적 느낌은 〈지시적 느낌〉과 〈술어적 느낌〉과의 통합이 이루어지는 후기의 위상에서 생겨난다. 이 통합에 있어서 두 여건은 이 두 여건에 연루된 이중적인 제거를 통해서 종합된다. 지시적 느낌의 여건 속에 포함된 현실적 존재들은 단순한 다수성 bare multiplicity ― 여기에서 각각의 현실적 존재는, 그 결합체의 한정성을 실제로 구성하고 있는 영원한 객체가 제거된 단순한 〈그것〉이 된다 ― 으로 환원된다. 그러나 통합은 그 현실적 존재들을 주어진 술어적 패턴을 갖는 명제의 통일성 속에 집어넣음으로써 이와 같은 단순한 다수성으로부터 그것들을 구출한다. 따라서 처음에 단순한 사태로서 느껴졌던 현실태들은, 배정된 술어적 패턴을 실현하기 위한 가능태를 갖는 일련의 논리적 주어로 변형되고 있다. 이때 그 술어적 패턴도 제거를 통해서 제한된다. 왜냐하면 그것은 개념적 느낌에 있어서의 여건으로서, 절대적인 임의의 현실적 존재와 관련하여 실현될 여러 가능성을 지니고 있었는데, 명제에 있어서는 그 여러 가능성이 바로 이들 논리적 주어에 제한되고 있기 때문이다.

명제적 느낌이 갖는 주체적 형식은 범주적 조건 Ⅶ에 따라 여러 가지 환경에 의존하게 될 것이다. 그것은 의식을 수반할 수도 있고 그렇지 않을 수도 있다. 그것은 판단을 포함할 수도 있고 그렇지 않을 수도 있다. 그것은 혐오나 역작용, 즉 결단을 포함할 것이다. 주체적 형식은 〈긍정-부정〉의 대비가 그것에 개입하는 경우에만 의식을 포함할 것이다. 달리 말한다면 의식이 느낌들의 주체적 형식에 개입하게 되는 것은 이 느낌들이 다음과 같은 통합적 느낌, 즉 현재 있는 결합체와 그 자신의 본성상 자신의 진위(眞僞)에 대한 결단을 부정하는 명제와의 대비를 여건으로 하고 있는 그런 통합적 느낌 내의 구성 요소가 될 경우이다. 명제의 논리적 주어는 결합체 내의 현실적 존재이다. 의식이란 그 개개의 실재하는 결합체를 그것에 관한 상상적인 자유와의 대비 가운데 있는 것으로서 느끼는 방식을 말한다. 의식은 그 실재하는 사물이 무엇이냐에 중요성을 부여할 수도 있고, 그 상상력이 무엇이냐에 중요성을 부여할 수도 있으며, 이 양자 모두에 중요성을 부여할 수도 있다.

제 4 절

명제적 느낌의 주체적 형식은 발생의 여러 위상에 의존한다. 지시적 느낌과 물리적 인지(認知)가 동일한 경우, 지각적 느낌. 동일하지 않은 경우, 상상적 느낌. 구별이 반드시 선명한 것은 아니다. 지각적 느낌의 여러 종(種) : 근거 있는 지각적 느낌, 근거 있는 직접적인 지각적 느낌, 근거 있는 간접적인 지각적 느낌, 근거 없는 지각적 느낌. 묶여 있는 상상력.

명제 그 자체는 그 파악 주체들 사이에서 공평하다. 그리고 명제는 그 자신의 본성상 이러한 파악의 주체적 형식들을 완전히 결정하지는 않는다. 그러나 동일한 명제를 여건으로 갖는, 상이한 파악 주체들에 있어서의 상이한 명제적 느낌들은, 이러한 주체들에 있어서 그들의 역사가 상이함에 따라 서로 크게 다르다. 이들은 여기서 각기 〈지각적 느낌 perceptive feelings〉과 〈상상적 느낌 imaginative feelings〉이라 불리는 두 가지 주요 유형으로 분류될 수 있다. 이 양자의 차이는 논리적 주어를 파생시키는 〈지시적 느낌〉과, 그 술어적 패턴을 파생시키는 〈물리적 인지〉 간의 비교에 기초를 두고 있다.

*이 물리적 느낌들은 동일한 경우도 있고 다른 경우도 있다. 그것들이 동일한 느낌인 경우, 파생된 명제적 느낌은 여기서 〈지각적 느낌〉이라고 불린다. 왜냐하면 나중에 보게 되겠지만, 이 경우 명제는 그 논리적 주어들에다, 그것들이 저 파악 주체에 의해 물리적으로 느껴지는 방식에서 파생된 하나의 성격을 술어로 부여하기 때문이다.

* 이 단락은 당초에는, 현재 이 절의 마지막 단락 앞에 나타나고 있는 단락에 이어지고 있었다.

물리적 느낌들이 다른 경우, 파생된 명제적 느낌은 여기서 〈상상적 느낌〉이라고 불린다. 왜냐하면 나중에 역시 보게 되겠지만 명제는 그 논리적 주어에다 그 논리적 주어와 밀접히 관련된다는 데 대한 아무런 보증도 없는 어떤 성격을 술어로서 부여하기 때문이다. 이 물리적 느낌들은 복합적이기 때문에 그들 사이에는 정도의 차이가 있다. 두 물리적 느낌은 크게 다를 수도 있고 거의 동일할 수도 있다. 따라서 두 유형의 명제적 느낌 간의 구별은 그렇게 선명한 것이 못 된다. 이 구별은, 또한 지각적 느낌을 계속해서 세 가지 종(種)──이것들은 이것들대로 서로 뚜렷하게 구별되지 않는다──으로 분화시키는 세 가지 구별되는 사례가 나타난다는 데에 주목하게 됨으로써 더욱 모호해지게 된다.

우리는 지금 지각적 느낌을 문제삼고 있기 때문에 우리가 고려할 것은 다만 지시적 느낌과 물리적 인지의 두 역할을 모두 향유하고 있는 하나의 물리적 느낌이다. 우선 먼저 술어적 패턴이 (γ)에서 지적한 물리적 인지로부터 직접 파생되고, 따라서 역전은 없으며 (δ)의 언급도 여기서 불필요하다고 가정해 보자. 이런 경우에 파생된 명제적 느낌은 〈근거 있는 지각적 느낌 authentic perceptive feeling〉이라고 불린다. 이러한 느낌은 그 성립 방식 때문에 다음과 같은 명제, 즉 그 술어가 그 논리적 주어의 실재적인 결합체에서 어떻게든 실현되고 있는 그런 명제를 그 여건으로서 가지고 있다. 따라서 이때 느껴진 명제는 파악 주체에 의해 굴절됨이 없는, 실재하는 결합체에서 파생된 술어를 제시하고 있는 것이다. 그러나 그럼에도 불구하고 이 명제는, 그 술어를 논리적 주어에 관련시키는 방식에 관한 한 참이어야 할 필요가 없다. 왜냐하면 그 결합체에 대한 파악 주체의 최초의 물리적 느낌이 범주적 조건 VI에 따르는 〈변환 transmutation〉을 포함하고 있었을 수 있기 때문이다. 이런 경우 명제는 그 술어의 한정성을 지니고 있는 결합체에 대한 물리적인 향유를 그 논리적 주어에 귀속시키지만, 실제로 그 술어는 이러한 논리적 주어에 의해 단지 개념적으로 향유되었을 뿐일 수 있는 것이다. 따라서 이때 이 명제가 그 결합체 속의 물리적 사실로서 제시하는 것은 사실상 정신적인 사실에 지나지 않았던 것이다. 정신적 사실이 사실상의 그것으로서 이해되지 않을 경우 오류가 일어나게 된다. 그러한 이해는 주체적 형식에 속한다.

그러나 만일 최초의 물리적 느낌이 어떠한 단계에서도 역전을 포함하지 않고 있다면, 명제의 술어는 그 결합체의 한정성을 구성하고 있는 바로 그 영원한 객체이다. 이런 경우에 명제는 무조건 참이다. 이때 그 근거 있는 지각적 느낌은 〈직접적인 direct〉 것이라고 불린다. 따라서 (〈역전〉이 포함되어 있을 때의) 〈간접적인〉 지각적 느낌과 〈직접적인〉 지각적 느낌이 있게 되는데, 이 두 종류의 느낌은 모두 〈근거 있는〉 것이라 불린다. 이 〈근거 있는〉 느낌들의 경우에, 술어는 파악 주체와의 모든 관련을 떠나서 물리적으로건 관념적으로건 physically or ideally 간에 결합체 속에 실현되고 있다.

*그리고 마지막 세 번째로는, 술어적 느낌 predicative feeling이 제3절의 (δ)에서 지적된 것에 따라 역전에 의해 파악 주체에 일어났을 수도 있다. 이 경우에 술어는 결합체의 한정성에 실재적으로 기여하는 약간의 요소를 포함하지만, 또한 그 결합체 내의 대응되는 요소와 대비 contrast를 이루는 약간의 요소도 가지고 있다. 이 후자의 요소들은 파악 주체의 합생에서 도입된 것들이다. 따라서 술어는 파악 주체의 주체성에 의해 사실로부터 왜곡되고 있다. 이러한 지각적 느낌은 〈근거 없는 unauthentic〉 느낌이라 불린다.

근거 없는 느낌은 〔느낌의〕 전체적인 성립을 위한 단 하나의 물리적 기초, 즉 〈지시적〉 느낌인 동시에 〈물리적 인지〉인 하나의 물리적 느낌만이 있다는 의미에서, 〈묶여 있는 tied〉 상상력으로부터 파생된 느낌이다. 상상력은 하나의 궁극적 사실에 묶여 있는 것이다.

---

* 이 단락은 처음에 이 절의 두 번째 단락이었다.

제 5 절

상상적 느낌, 지시적 느낌과 물리적 느낌이 다르다, 자유로운 상상력. 주체적 형식은 발생에, 의식보다는 가치 평가에 의존한다. 창조적 발현에의 유혹. 물리적 느낌에 대한 비판, 진리, 비판적 조건들.

상상적 느낌은 지시적 느낌과 물리적 인지가 상이한 일반적 사례에 속한다. 그러나 이 상이성에도 정도의 차이가 있어서, 이 두 느낌의 객체적 여건을 이루고 있는 두 결합체가 멀리 떨어져 서로 아무런 관련도 없는 극단적인 경우로부터 이 두 결합체가 거의 동일한 또 하나의 극단적인 경우에 이르기까지 다양하다. 그러나 느낌들 사이에 차이가 있는 한 거기에는 자유로운 상상력의 어떤 흔적이 있다. 상상적 느낌의 객체적 여건인 명제는 논리적 주어를 제공하는 결합체와는 몇 가지 점에서 다른 그런 결합체로부터 파생되는 ― 역전을 동반하건 동반하지 않건 간에 ― 술어를 가지고 있다. 따라서 이 명제는 그 논리적 주어에 관한 상상적인 개념으로서 느껴지고 있다. 명제는 그 본성상 그것이 어떻게 느껴져야 하느냐에 대해서 아무런 시사도 하지 않는다. 그것은 어떤 파악 주체에 있어서는 지각적 느낌의 여건이고, 다른 어떤 파악 주체에 있어서는 상상적 느낌의 여건일 수 있는 것이다. 그러나 이 두 느낌의 주체적 형식은 각 주체에 있어서 그 느낌들이 생겨난 역사의 차이에 따라 달라질 것이다.

명제적 느낌의 주체적 형식은 의식에 의해서보다는 오히려 가치 평가에 의해서 지배된다. 순수한 명제적 느낌에 있어서 논리적 주어는, 지시된 개별성 particularity은 유지하고 있지만 그 자신의 객체화된 실재적 양식은 상실하고 있다. 그 주체적 형식은 물리적 느낌과 상상되는 가능성과의 대비를 파악하는 명석한 의식과 순수한 물리적 느낌 간의 중간 지대에 놓여 있다. 명제적 느낌은 초월적 미래에 있어서의 창조적 발현 creative emergence에 대한 유혹 lure이다. 그것이 유혹으로 기능할 때,

명제의 논리적 주어들에 대한 명제적 느낌은 어떤 후속하는 위상에서, 결합체 속의 이들 주어에 대한 물리적 느낌을 강화시키는 결단을 촉진할 수 있다. 그러므로 여러 범주적 조건에 따라 명제는, 반드시 명석한 의식에 개입하거나 판단과 조우(遭遇)함이 없이도, 강화시키거나 약화시키거나 억제하거나 변환시킨다.

따라서 진리를 추구하는 데 있어서는, 물리적 느낌일지라도 그 명증성이 그것의 성립에 대한 분석을 떠나서는 궁극적인 것이 아니기 때문에, 비판되지 않으면 안 된다는 결론이 나온다. 이 결론은 결코 독단적 확실성을 출발점으로 삼을 수 없다는, 모든 과학적 탐구에 있어서의 상식을 확인하고 있는 데에 지나지 않는다. 그러한 확실성은 언제나 우리가 비판적 분석의 결과로서 접근해 가는 이상(理想)인 것이다. 우리가 그 성립에 있어 아무런 역전도 포함하지 않는 근거 있는 지각적 느낌에 의거하고 있다는 것을 입증하게 될 때, 우리는 그 느낌의 여건인 명제가 참(眞)이라는 것을 알게 된다. 따라서 명제적 느낌의 성립 방식에 대한 비판적 음미를 떠날 때, 그 성립 방식을 근거로 하는, 명제의 진리에 대한 직접적인 보증은 있을 수 없게 된다.

그 느낌은 (i) 지각적이고, (ii) 근거 있으며, (iii) 직접적이어야 한다. 그리고 이들 각 조건의 의미는 앞 단락에서 이미 명확히 제시되었다.

*그러나 직접적인 물리적 느낌에 기초를 둔 직접적 인식의 안정성에는 다음과 같은 한계, 즉 창조적 발현은 현실 세계에 대한 물리적 느낌 속으로, 그 세계 내의 물리적 느낌으로부터가 아니라 그 세계 속에 영입되어 있는 개념들로부터 생기는 사이비 결정자 pseudo-determinants를 끌어들일 수 있다는 한계가 있다.

이러한 오류의 가능성은 〈현시적 직접성 presentational immediacy〉

* 이 단락과 이에 뒤따르는 단락은 당초에 이 제3부, 제3장의 마지막 자리에 있었다. 이 두 단락에 대한 이와 같은 위치 수정은 제1장, 제7절과 제4장, 제4절에서 행한 바 있는 위치 수정과 마찬가지로 분명한 근거가 있는 것은 아니다. 그러나 우리가 보기에 이 두 단락은 다른 어느 자리보다도 이곳에 놓이는 것이 더 적절한 것 같다.

이라는 양태에 속하는 특수한 부류의 물리적 느낌의 경우에 두드러지게 분명해진다.

상상적 느낌의 여건인 명제는 참일 수도 있다. 느낌의 주체적 형식에 있어서 의식의 성립 및 명제에 대한 직관적 판단이라는 두 문제는 이제 그 명제에 대한 느낌의 성립 방식과는 별도로 고찰되지 않으면 안 되겠다.

제 6 절

언어, 그 기능. 필연적인 일련의 느낌들의 성립.

일상의 언어는 그것이 가리키는 정확한 명제에 관해서 언제나 모호하다. 말하는 언어는 단지 찍찍거리는 일련의 소리에 지나지 않는다. 그 기능은 (α) 명제의 논리적 주어를 지시하는 어떤 물리적 느낌을 파악 주체 속에 불러일으키고, (β) 〈물리적 인지〉의 역할을 수행하는 어떤 물리적 느낌을 파악 주체 속에 환기시키며, (γ) 이 〈물리적 인지〉가 개념적인 〈술어적 느낌〉으로 승화되도록 촉진하고, (δ) 지시적 느낌과 술어적 느낌이, 요구되는 명제적 느낌으로 통합되도록 촉진하는 일이다. 그러나 이러한 복합적인 기능에는, 발언하고 있는 계기가 갖는 환경과의 묵시적인 관련이 언제나 있다. 그 전통적인 예로써 〈소크라테스는 죽는다 Socrates is mortal〉라는 명제를 고찰해 보자.

이 명제는 〈그것은 죽는다〉를 의미할 수도 있겠다. 이 경우 그것을 발언하는 상황 가운데서 〈소크라테스〉라는 말은 죽게 되어 있는 그것을 지시하는 물리적 느낌을 촉진시킬 뿐이다.

이 명제는 〈그것은 소크라테스적이고 죽는다 It is Socratic and mortal〉를 의미하는 것일 수도 있다. 여기에서 〈소크라테스적〉이란 말은 술어적 패턴에 있어서의 추가적 요소이다.

그런데 술어적 패턴을 표시하는 말, 즉 〈죽는다〉나 〈소크라테스적이고 죽는다〉에 눈을 돌려보자. 조금만 생각해 보더라도 이 명제에 오직 하나의 논리적 주어만이 있다고 가정하는 것은 순전한 인습이라는 사실이 명백해진다. 〈죽는다〉는 말은, 임의의 한 현실적 존재에게 가능한, 이 세계 속에 들어 있는 현실적 존재들의 일반적 결합체와의 어떤 관계성을 의미한다. 〈죽는다〉는 〈임의의 가능한 세계에서 죽는다〉를 의미하지 않는다. 그것은 〈이 세계에서 죽는다〉를 의미한다. 따라서 가사성(可死性, mortality)의 실현을 가능케 하는 사물들의 도식을 예증하는 것으로서의 이 현실 세계에 대한 일반적인 연관이 있는 것이다.

〈소크라테스적〉이란 말은 〈소크라테스적이라는 술어를 아테네의 사회에서 실현하는 것〉을 의미한다. 그것은 〈임의의 가능한 세계에서 소크라테스적임〉을 의미하지 않는다. 그것은 또 〈이 세계의 임의의 장소에서 소크라테스적임〉을 의미하는 것도 아니다. 그것은 〈아테네에서 소크라테스적임〉을 의미한다. 따라서 여기에서 사용되고 있는 〈소크라테스적〉이라는 말은, 소크라테스적이라는 술어가 실현될 수 있는 환경으로서의 어떤 일반적인 체계적 특성을 실현하고 있는 현실적 존재들의 사회와 연관되어 있다. 그리고 〈아테네 사회〉는, 이 현실 세계가 〈아테네의 특성 Athenianism〉이 실현될 수 있는 어떤 체계적 도식을 예증하고 있다는 것을 전제로 한다.

따라서 〈소크라테스는 죽는다〉라는 말이 지니고 있는 하나의 의미에서 볼 때, 논리적 주어는 단 하나의 것으로서의 그것(소크라테스)과, 이 그것을 포함하고 있으면서 가사성(可死性)이 실현될 수 있는 사회를 형성하고 있는 이 현실 세계의 현실적 존재들이다. 또 다른 의미에서 보자면 논리적 주어들 속에는 아테네 사회를 형성하는 현실적 존재들도 포함되어 있다. 이 현실적 존재들은 〈소크라테스적이고 죽는다〉라는 술어적 패턴의 실현을 위해서 요구되는 것이며, 한정적으로 지시된 논리적 주어들이다. 그것들은 또한 이 현실 세계의 일반적 도식이, 〈아테네의 특성〉을 〈가사성〉*과 결합한 상태에서 유지시키는 성격의 것임을 전제로 하고 있다.

* 〈아테네의 특성〉 뒤의 as well as 'immortality', and를 삭제하고 〈가사성 mortality〉에 따옴표를 붙인다. 이 삭제는 화이트헤드가 자신의 케임브리지판 사본에 표시해 놓고 있다.

5장

경험의 보다 고차적인 위상

제 1 절

비교적 느낌, 의식적 지각, 물리적 목적. 명제적 느낌보다도 더 근원적인 물리적 목적.

〈비교적 느낌 comparative feeling〉은 아직 고찰되지 않은 통합의 성과이다. 그 여건은 유적 대비(類的 對比, generic contrast)이다. 무한히 다양한 보다 복합적인 느낌들은 〈비교적 느낌〉이라는 표제 밑에 들어간다.

이제 우리는 두 가지 단순한 유형의 비교적 느낌을 검토해 보아야 한다. 한 가지 유형은 〈명제적 느낌〉과 그것을 부분적으로 파생시키는 〈지시적 느낌〉과의 통합에서 생긴다. 이러한 유형의 느낌은 〈지성적 느낌 intellectual feelings〉이라고 불릴 것이다. 이러한 유형의 비교적 느낌은 다시 두 종류로 세분된다. 그 한 종류는 〈의식적 지각〉으로 이루어지고, 또 한 종류는 〈직관적 판단〉으로 이루어지고 있다. 직관적 판단의 주체적 형식도 의식을 포함하고 있다. 따라서 〈의식적 지각〉과 〈직관적 판단〉은 똑같이 〈지성적 느낌〉이다. 다른 한 가지 유형의 비교적 느낌은 〈물리적 목적 physical purpose〉이라고 불린다. 이러한 느낌은 개념적 느낌과 그것을 ── 범주적 조건 Ⅳ(개념적 가치 평가의 범주)에 따라 직접적으로, 혹은 범주적 조건 Ⅴ(개념적 역전의 범주)에 따라 간접적으로 ── 파생시키는 기본적인 물리적 느낌과의 통합으로부터 생겨난다. 그러나 이 통합은, 동일한 기본적인 물리적 느낌에 기초하여 〈지각적〉이라고 불리는 명제적 느낌의 종(種)을 산출하는 통합보다도 더 원초적인 유형의 통합이다. 이러한 물리적 목적의 주체적 형식은 〈역작용 adversions〉이거나 〈혐오 aversions〉이다. 물리적 목적의 주체적 형식은 이러한 느낌들이 의식적 지각이나 직관적 판단과의 통합을 손에 넣지 않는 한, 의식을 포함하지 않는다.

제 2 절

지성적 느낌, 논리적 주어를 포함하고 있는 결합체에 대한 물리적 느낌과 명제적 느낌과의 통합. 객체적 동일성의 범주, 긍정-부정의 대비. 의식은 주체적 형식이다.

지성적 느낌에 있어서의 여건은 현실적 존재들의 결합체와 그 결합체의 성원들을 논리적 주어로 삼는 명제와의 유적(類的)인 대비이다. 모든 유적 대비에 있어서 그 대비의 통일성은 대비된 각 요인의 구성 요소들인 어떤 존재들의 양면적 기능에서 생겨난다. 이 통일성은 제2의 범주적 조건(객체적 동일성의 범주)에의 순응 conformation을 표현하고 있다. 두 개의 느낌을 품고 있는 공통의 〈주체〉는, 이 현실적 존재들로 하여금 저마다 하나의 유적 대비에 있어서 양면적 기능의 한 가지 역할을 획득하게 하는 통합을 가져온다. 주체 내의 한 요소로서 객체화된 어떤 현실적 존재도 두 가지 별개의 역할을 수행할 수 없다. 거기에는 오직 분석 가능한 한 가지 역할만이 있을 수 있다. 따라서 발생에 있어, 유적 대비의 두 요인에 들어 있는 각 현실적 존재의 판이한 두 방식의 기능으로 각기 기술될 수 있는 것이, 양 측면을 갖는 하나의 역할로서 주체 속에 실현되어 있다. 이 양면적 측면은 〈대비 contrast〉로 통일되어 있다. 이 분석 가능한 하나의 역할이 그 자신 속에 포함하고 있는 것은 단적인 사실, 즉 문제의 객체화된 현실적 존재가 물리적 느낌에서 객체화된 결합체에 기여하는 것과, 명제가 실현될 때 바로 그 현실적 존재가 그 명제의 술어 패턴에 있어서 자기에게 배정된 역할을 수행하기 위한 그 현실적 존재의 단순한 가능태 간의 대비이다. 이 대비가 〈긍정-부정의 대비〉라고 명명되어 왔던 것이다. 그것은 물리적 느낌에 있어서의 객체화된 사실에 대한 긍정과, 명제적 느낌에 있어서의 이러한 긍정에 대한 부정인 단순한 가능태와의 대비이다. 그것은 이 현실 세계에 있어서의 개별적인 사례와 관련한 〈실제로 in fact〉와 〈일 수도 있다 might be〉 간의 대비이다. 이 대비에 대한 느낌의 주체적 형식이 의식이다. 그러므로 경험에 있어 의식은 지성적 느낌 때문에, 그리고 이 느낌들의 다양성과 강도에 비례해서 생겨나는 것이다. 그러나 임의의 느낌에 있어서 요인으로서 생겨나는 주체적 형식들은 결국 제7의 범주적 조건(주체적 조화의 범주)에 따라, 모든 느낌의 동일성에 관여하고 있는 만족 속에 있게 된다. 모든 느낌은 조명(照明)의 몫을 의식에서 얻는다.

이 설명은 우리가 갖는 의식적 경험의 분명한 사실들과 일치한다. 의식은 명멸(明滅)한다. 그리고 가장 빛나고 있을 때라도 선명하게 조명된 작은 초점적 영역과, 희미하게 포착되는 강도 있는 경험을 말해 주는 경험의 광범위한 반음영적(半陰影的) 영역 penumbral region이 있다. 명석한 의식의 단순성은 결코 완전한 경험의 복합성을 재는 척도가 아니다. 그리고 우리의 경험의 이러한 성격은, 의식이란 경험의 불가결한 토대가 아니라 어쩌다 우연히 얻어질 뿐인 경험의 월계관이라는 것을 시사해 주고 있다.

제 3 절

신념, 확실성, 로크, 직접적인 직관.

어떤 느낌의 여건이 명제일 때, 그리고 그 주체적 형식이 그 정서적 패턴에 있어서 한정하는 요소로서 어떤 단계적인 강도와 결부된 어떤 형상 내지 영원한 객체를 포함하고 있을 때, 그 느낌은 〈신념 belief〉이라고 불리거나 아니면 〈신념〉의 요소를 포함하고 있다고 한다. 이 영원한 객체는 〈신념 특성 belief-character〉이다. 이러한 특성이 정서적 패턴에 개입하게 될 때, 포함되어 있는 강도에 따라 그 느낌은 그것이 어떠한 것이든 간에 어느 정도 하나의 신념인 것이다.

신념 특성의 강도에 있어서 이러한 변화는 로크의 『인간 지성론』에서 강조되어 있다. 그는 이렇게 쓰고 있다(제Ⅳ권, 제15장, 제3절).

> 이런 종류의 명제에게 마음이 베푸는 대접은 〈신념〉, 〈동의〉, 〈억견(臆見)〉인데, 이는 어떤 명제가 참이라는 데에 대한 확실한 앎이 없이 그 명제를 참인 것으로 받아들이도록 우리를 설득하는 것으로 보이는 증명 내지 논증에 기초하여, 그 명제를 참인 것으로 인정하거나 받아들이는 것을 말한다. 그래서 개연성과 확실성 및 믿음과 앎 사이에는 다음과 같은 차이가 있다. 즉 앎의 모든 부분에는 직관이 있어서, 〔직관적 앎에서의〕 각각의 직접적인 관념, 각각의 단계는 두드러지게 분명하고도 확실한 〔다른 관념, 다른 단계와의〕 연관이 있는 데 반해 신념에서는 그렇지 않다는 것이다.

확실성과 불확실한 신념에 대한 로크의 구별은 감탄할 만하다. 하지만 그것은 언뜻 생각되는 것만큼 그렇게 중요한 것은 아니다. 왜냐하면 그것은 우리가 평소에 관여하고 있는 직접적인 직관이 아니기 때문이다. 우리는 다만 언어로 기록된 직접적 직관의 기억을 가지고 있을 뿐이다. 기억에 대한 언어 기록이 우리의 마음속에 올바른 명제를 불러일으키는지 어떤지는 언제나 매우 불확실한 문제임에 틀림없다. 따라서 직접적 직관에 대한 우리의 태도는 〈이제 죽으려는 우리들이 그대에게 인사하노라 *morituri te salutamus*〉라는 〔옛 로마〕 검사(劍士)의 태도가 되지 않으면 안 된다. 이때에 우리는 우리가 불확실한 기록에 의존하고 있는 연옥의 변방(邊方)으로 들어간다. 우리가 지금 말하고 있는 것은 어떤 한 명제와 다른 명제들과의 관계를 표현하고 있는, 그 명제의 객관적 개연성이 아니라는 것을 이해해야 한다. 신념의 비교적인 견고성이란 객관적 증거에 의해 정당화될 수도 있고 되지 않을 수도 있는 심리적인 사실에 속한다. 이 신념 특성은 다양한 유형의 지적 느낌들에서 파생되는 의식과 융합하여 다양한 형식을 취한다.

제 4 절

의식적 지각, 기원의 개괄. 근거 있는 직접적 및 간접적 느낌, 근거 없는 느낌. 변환. 지각적 오류, 새로움. 검사, 힘과 생기, 발생에 대한 분석. 검사에는 오류 가능성이 있다.

의식적 지각은 직접적인 사실과 관련되어 있는 것에 대한, 그 잠재적인 무관련성과의 대비 속에서의 느낌이다. 이 개괄적인 기술은 이제 자세히 설명되어야 하겠다.

〈의식적 지각〉은 그것이 성립되는 자초지종을 상세히 열거할 가치가 있을 만큼 중요하다. 어느 하나가 선택될 수 있는 여러 가지 성립 방식이 포함되어 있고, 또 이 방식들 가운데 어떤 것들은 잘못된 지각을 산출한다는 것을 보게 될 것이다. 따라서 의식적 지각에 대한 비판적 연구는, 직관적 판단이나 추론적 판단에 대한 비판적 연구에 못지않은 중요성을 가진다.

무엇보다도 먼저 하나의 기초적인 물리적 느낌이 있고, 그로부터 일련의 느낌들 전체가 문제의 〈주체〉에게 일어난다. 이 물리적 느낌으로부터 〈지각적〉이라고 불리는 종류의 명제적 느낌이 생긴다. 의식적 지각은 지각적 느낌과 이 원초적인 물리적 느낌과의 통합에서 생기는 비교적인 느낌이다.

〈지각적〉 느낌의 성립에 관한 설명(제Ⅳ부, 제4장, 제4절)에 있어서, 이와 같은 다양한 종류의 느낌들은 우선 〈근거 있는〉 느낌과 〈근거 없는〉 느낌으로 분석되고, 그 다음으로 〈근거 있는〉 느낌은 〈직접적인〉 느낌과 〈간접적인〉 느낌으로 분석되고 있다. 직접적인 지각적 느낌은 무조건 그 논리적 주어들을, 물리적 느낌의 최초 여건인 결합체의 고유한 성격을 표현하는 술어를 잠재적으로 부여받은 것으로서 느낀다. 이 진술은 조건부로 간접적 느낌에도 적용된다. 그 조건이란, 역전(범주적 조건 V를 참조)에 의해 결합체 속에 영입된 이차적인 개념적 느낌들이, 마치 그 결합체에 있어서의 물리적 사실이었던 것처럼 그 〈주체〉(의식적 지각의 최종적 주체)에서 느껴지기 위해 변환되었다는 것이다. 물론 이러한 물리적 느낌의 변환은, 어떠한 양립 불가능성도 포함되어 있지 않을 경우에만 일어난다.

따라서 일반적으로, 변환된 물리적 느낌은 여러 양립 불가능성과 여러 억제가 빚어내는 하나의 복합적인 과정의 결과로서만 생겨난다. 소수의 고등 유기체에서만 찾아볼 수 있는 예외적인 상황을 제쳐놓는다면, 변환은 무시될 수 있는 강도를 갖는 물리적 느낌을 설명할 뿐이다. 그러나 근거 있는 물리적 느낌조차도, 느껴진 개념을 느껴진 물리적 사실로 변환함으로써, 느껴진 결합체의 성격을 왜곡하는 수가 있다는 점을 주목할 필요가 있다. 이런 방식으로 근거 있는 지각적 느낌은 사고 속에 오류를 끌어들이게 되며, 이렇게 변환된 물리적 느낌은 새로움을 물리적 세계에 끌어들일 수 있게 된다. 이러한 새로움은 다행스러운 것일 수도 있고 불운한 것일 수도 있다. 그러나 이 논의의 핵심은, 물리적 세계에 있어서의 새로움 및 근거 있는 지각적 느낌에 따르는 오류가 역전의 범주에 따라 개념적 기능에 의해서 생겨나고 있다는 것이다.

이러한 변환된 지각적 느낌이 중요한 것이 되는 사례는 제쳐놓고, 직접적인 지각적 느낌을 갖는 파악 주체 prehending subject에 대하여 고찰해 보자. 이 주체는 근원적인 물리적 느낌과 파생된 지각적 느낌이라는 두 요인을 포함하는 합생적 위상을 가지고 있다. 그것의 보다 선행하는 요인에 있어 물리적으로 느껴진 결합체는, 그 자신의 고유한 물리적 결속을 통해서 객체화된다. 사실과 역전된 개념 사이에 약화를 초래하는 양립 불가능성은 없다. 그러므로 객체적 여건은 그 자신의 고유한 강도와 더불어 느껴지며, 물리적 느낌의 주체적 형식으로 전달된다. 통합에 있어서의 또 하나의 요인은 〈지각적〉 느낌이다. 이 느낌의 여건은, 결합체의 현실적 존재들을 그 논리적 주어로서 동반하고 있고 또 결합체로부터 파생된 술어를 동반하고 있는 명제이다. 이 지각적 느낌의 성립 전체는, 〈지시적 느낌〉과 〈물리적 인지〉(제III부, 제4장, 제3절 참조)라는 두 가지 역할을 동시에 수행하는 물리적 느낌 속에 그 유일한 기초를 가지고 있다.

따라서 의식적 지각에로의 이 두 요인의 통합은 사실로서의 결합체를, 그 결합체 자체로부터 파생되고 그 결합체 자체에 국한되고 그 결합체 자체에서 예증되는 가능태와 대조시킨다. 이 대조가 그 통합적 느낌의 객체적 여건인 유적 대비 generic contrast이다. 따라서 이 주체적 형식은 실현된 가능태로서의 그 결합체의 실재적 본성 what the nexus really is에 대한 생생한 직접적 의식으로 나타난다. 흄의 용어를 빌려 말하자면, 이 경우 최대한의 〈힘과 생기〉를 띤 〈인상〉이 있는 것이다.

그러므로 의식적 지각의 정확성에 관해서는 두 가지 직접적인 보증이 있다. 그 하나는 흄이 말한 〈힘과 생기〉에 대한 검사이며, 다른 하나는 과정 속에 포함된 다양한 느낌들에 대한, 의식에 의한 조명이다. 따라서 물리적 느낌이 개념을 물리적 결속으로 변환시키지 않았다는 사실은 검토될 수 있도록 개방되어 있다. 이 두 검사는 모두 무오류적인 infallible 것이 아니다. 또 미래가 이 가정에서 파생된 기대에 순응한다는 연기된 검사도 있다. 이 연기된 검사는 존속하는 객체, 즉 존속하는 지각자의 생활의 미래에 들어 있는 계기들에 의해서만 실현될 수 있다.

의심의 대상이 되고 있는 것은 현실 세계의 한 단편인 어떤 결합체에 대한 직접적 지각이 아니라는 데에 주목해야 한다. 의심스러운 요소는 관찰된 술어에 의한 이 결합체의 한정이다.

근거 없는 지각적 느낌이 주체에서 생기는 것은, 그 자신의 기초적인 물리적 느낌으로부터 생기는 그 자신의 개념이 술어적 느낌의 역할을 수행하기 위해, 역전된 개념적 느낌을 산출하는 제2의 단계로 이행했을 때이다. 물리적 느낌은 결합체 속의 개념적 역전에서 파생되기 때문에 직접적인 연관을 잃어버리게 될 수도 있고, 그렇지 않을 수도 있다. 그러나 어쨌든 주체는 그 자신의 역전의 과정에 의해, 논리적 주어를 위하여, 그 결합체와 직접 관련을 갖지 않는 술어를, 물리적 사실로서 또는 그 결합체에 있어서의 개념적 기능으로서 산출해 냈다. 따라서 물리적 느낌을 근거 없는 지각적 느낌과 통합하는 비교적인 느낌은 결합체와 명제와의 유적 대비를 그 여건으로 가진다. 이 명제의 논리적 주어는 결합체 내의 현실적 존재들을 포함하고 있으며, 그 술어는 그 결합체에서 예증되고 있는 복합적 패턴과 부분적으로 일치하고, 또 부분적으로 일치하지 않는다. 사실상 이러한 사례는, 그 결합체와 연관되어 있으나 사실들과는 일치하지 않는, 상상에 의해 도달된 명제에 대한 의식적 지각인 것이다. 이 사례는 사실상 제2종의 지성적 느낌, 즉 직관적 판단과 보다 유사하다. 그러나 비교적인 느낌에 있어서의 명제는 지시적 느낌과 물리적 상기(想起)라는 이중적인 기능을 하는 하나의 기초적인 물리적 느낌을 사용하고 있기 때문에, 근거 있는 지각의 사례에서 생기는 것과 동일한 느낌에 있어서의 결합체와의 생생한 관련을 어느 정도 가지게 될 것이다. 그러나 실제로 이 사례는 명제를 틀린 것으로 의식하고 있는 직관적 판단이다.

제 5 절

판단, 긍정 형식, 부정 형식, 유보 형식. 긍정 형식에 있어서의 패턴의 동일성, 부정 형식에 있어서의 다양성과 양립 불가능성, 유보 형식에 있어서의 다양성과 양립 가능성. 직관적 판단, 의식적 지각.

〈판단〉이란 용어는 우리가 문제삼고 있는 비교적인 느낌들 가운데 세 가지 종(種)과 관계된다. 이들 각 느낌에 있어 여건은, 객체화된 결합체와 ── 그 논리적 주어가 그 결합체를 구성하고 있는 ── 명제와의 유기적 대비이다. 그 세 가지 종은 i)〈긍정 형식 yes-form〉에 있어서의 비교적인 느낌, ii)〈부정 형식 no-form〉에 있어서의 비교적인 느낌, 그리고 iii)〈유보 형식 suspense-form〉에 있어서의 비교적인 느낌으로 되어 있다.

느껴진 대비의 세 가지 종 모두에 있어서 그 여건은, 대비의 양측에 있는 현실적 존재들의 객체적 동일성에 근거하여 통일성을 획득하게 된다. 〈긍정 형식〉에서는 객체화된 결합체의 패턴과 술어와의 동일성 때문에 그 이상의 통일성의 근거가 있다. 〈부정 형식〉에서는 이 후자의 통일성의 근거가, 양립 불가능한 다양성을 포함하고 있는 대비에 의해 대체된다. 〈유보 형식〉에 있어서는 술어가 결합체의 패턴과 동일하지도 않고, 또 그것과 양립 불가능한 것도 아니다. 그것은 객체화된 것으로서의 결합체에 있어서의 패턴과 다르며 또 그것과 양립이 가능하다. 결합체는 그 자신의 〈형상적〉 존재에 있어서 패턴과 술어 양자를 사실상 예증할 수도 있고, 안할 수도 있다. 그러므로 비교적 느낌의 이러한 종에는 양립 불가능성을 수반하지 않은, 패턴과 술어와의 대비가 있는 것이다.

이미 말한 바와 같이 직관적 판단에 있어 비교적 느낌은 어떤 결합체에 대한 물리적 느낌과, 그 결합체의 현실적 존재들을 논리적 주어로 하고 있는 명제적 느낌과의 통합이다. 이러한 일반적 서술에 관한 한, 직관적 판단과 의식적 판단은 서로 다르지 않으며, 따라서 그것들은

〈지성적〉 느낌으로 일괄된다. 그러나 직관적 판단의 경우에 있어서는 보다 복잡한 성립 과정이 있다. 지시적 느낌과 물리적 상기라는, 뚜렷이 구별되는 두 물리적 느낌이 있다(제3부, 제4장, 제3절 참조). 술어적 느낌은 범주적 조건 Ⅳ에 따라 직접적으로, 또는 범주적 조건 Ⅴ에 따라 간접적으로 물리적 상기로부터 생겨난다. 술어적 느낌과 지시적 느낌과의 통합은 〈상상적 느낌〉을 낳는다(제3부, 제4장, 제5절 참조). 이것은 지시적 느낌에서 파생된 그 여건의 논리적 주어와, 그 물리적 상기에서 파생된 술어적 패턴을 수반하고 있는 명제적 느낌이다. 이 두 물리적 느낌은 그것들의 성립에 있어서는 비교적 서로 유리되어 있는 것일 수도 있다. 따라서 상상적 느낌은 그 주체적 형식 내에 신념 내지 불신에 관한 어떠한 편견도 가지고 있지 않을 수 있는 것이다. 그렇지 않고 그러한 편견이 있다고 하더라도 정서의 강도는 미약할 것이다.

직관적 판단은 지시적 느낌에 포함된 결합체와 상상적 느낌에 포함된 명제와의 유적 대비에 의해 구성되는 여건을 갖는 비교적인 느낌이다. 이 유적 대비에 있어서 각 현실적 존재는 양면적 기능의 대비를 가진다. 그 한 측면은 그 결합체의 예증된 패턴에 있어서의 기능이며, 다른 한 측면은 그 명제의 잠재적인 패턴에 있어서의 기능이다. 만일 예증과 가능태와의 대비 이외에 패턴과 술어의 동일성이 있다면, 거기에는 객체적 통일성의 범주에 따라, 양면적으로 — 예증되고 있는 것으로서와 잠재적인 것으로서 — 기능하고 있는 단일의 복합적인 영원한 객체가 있을 것이다. 이러한 경우 그 명제는 그 결합체와 정합하고 있으며, 이러한 정합성 coherence은 그 명제의 진리성이다. 따라서 〈진리〉는, 유적인 대비에 있어 결합체의 패턴과 명제 패턴 간의 양립 불가능성의 부재, 또는 〈실질적인 대비〉의 부재이다. 객체적 다양성의 범주를 포함하고 있는 유일한 대비는 단지 예증과 가능태 간의 대비에 지나지 않으며, 다른 모든 점에서 정합성은 객체적 동일성의 범주에 의해서 지배되고 있다.

만일 대비가 예증과 가능태 간의 대비와는 별도로 어떤 다른 점에서 생겨난다면, 그 두 패턴은 동일한 것이 아니다. 이때에 명제는 어떤 의미에서, 중요하건 중요하지 않건 간에 참된 것으로 느껴지지 않는다.

나중에 보게 되겠지만, 직관적 판단은 그 주체적 형식에 있어서, 그 여건 속에 느껴지기 위해서 있는 것에 순응한다. 따라서 그 판단을 구성하고 있는 통합의 주체적 형식으로부터는 오류가 생겨날 수 없다. 그러나 오류는 통합된 요인 중의 하나인 지시적 느낌이 그 기원에 있어서 역전을 포함하고 있었을 수도 있기 때문에, 생겨날 수 있는 것이다. 이처럼 오류는 의식보다 밑에 있는 작용—비록 이러한 작용이 의식 가운데 나타나서 비판의 대상으로 노출되는 수가 있긴 하지만—때문에 발생한다.

마지막으로 직관적 판단이 의식적인 지각과 구별되는 점은, 의식적인 지각이 이처럼 의식적으로 지각된 사실에 가능한 한 가장 밀접하게 제한되어 있는 창시적 과정의 산물이라는 데 있다. 그러나 이 두 종 간의 차이는 절대적인 것이 아니다. 의식적 지각들 가운데서 우리는 결합체가 품고 있는 개념들을 결합체 속의 물리적 느낌으로 변형시키는 작용이라든지, 〈역전된〉 술어를 갖는 명제가 생겨나는 근거 없는 명제적 느낌을 발견하게 된다. 이것들은 의식적인 지각이 직관적 판단의 일반적 성격을 드러내고 있는 사례이다. 반면에 두 물리적 느낌—그것들이 서로 다른 경우—사이의 차이는 보잘것없는 것일 수 있다. 한쪽의 여건인 결합체가 다른 쪽의 여건인 결합체와 실제로 동일할 수도 있는 것이다. 이러한 경우에 직관적 판단은 의식적 지각과 거의 같아진다.

직관적 판단의 여러 성립 단계를 간결하게 분석해 보면 다음과 같다. 즉 i)〈물리적 상기〉와 〈지시적 느낌〉, ii)〈물리적 상기〉에서 파생된 〈술어적 느낌〉, iii)〈술어적 느낌〉과 〈지시적 느낌〉과의 통합에 의해 파생된 〈상상적 느낌〉, iv)〈상상적 느낌〉과 〈지시적 느낌〉과의 통합에 의해서 파생된 〈직관적 판단〉이 그것이다.

직관적 판단의 주체적 형식을, 명제 속에 일정한 신념이나 불신을 반드시 포함하는 것으로 기술한다면 이는 커다란 잘못이다. 거기에는 세 가지 경우가 있을 수 있다. 첫째로 직관적 판단의 여건인 유적 대비 generic contrast는, 명제의 술어를 객체화된 결합체 속에 예증된 것으로 보여주는 수가 있다. 이러한 경우에 주체적 형식은 일정한 신념을 포함할 것이다. 둘째로, 술어는 객체화된 결합체에 예증된 영원한 객체와 양립하지 못하는 것으로 나타나는 수가 있다. 이런 경우 주체적 형식은 일정한 불신을 포함할 것이다. 그러나 세 번째 경우가 있는데, 사실상 이것이 보다 더 흔히 있는 사례이다. 즉 술어는 객체화된 결합체에 예증된 영원한 객체와 전체적으로 혹은 부분적으로 무관한 것으로 나타날 수가 있다. 이런 경우에 주체적 형식은 신념도 불신도 드러낼 필요가 없다. 그것은 이 결단 가운데 어느 한쪽을 포함할 수도 있겠지만, 반드시 그렇게 할 필요는 없는 것이다. 이 세 번째의 경우는 〈유보된 판단 suspended judgment〉의 사례로 불리게 될 것이다. 따라서 직관적 판단은 신념이든가, 불신이든가, 유보된 판단이다. 최종적 만족에 관한 한, 유보된 판단을 신념이나 불신으로 전환하는 것이 때때로 추론적 과정의 임무가 된다.

그러나 지성적 느낌의 주된 기능은 신념도 불신도, 심지어 판단의 유보도 아니다. 이러한 느낌의 주된 기능은 그것에 연관되어 있는 개념적 느낌에 있어서의 가치 평가와, 어떠한 지성적 느낌보다도 더 원초적인 단순한 물리적 목적에 있어서의 가치 평가에 수반되고 있는 정서적 강도를 고양하는 일이다. 지성적 느낌은, 특정의 논리적 주어와 관련된 여러 가능성들을 표현하기 위하여 추상적인 가치 평가를 제한하는 선명한 방식에 의해서 이러한 기능을 수행한다. 이러한 논리적 주어가 그 밖의 다른 여러 파악 때문에 흥미 있는 논제가 되는 한에 있어서, 명제는 창조적 활동의 조절을 위한 유혹이 된다. 다시 말하면, 이 명제에 대한 파악은 주체적 지향을 변화시키게 되는 것이다.

지성적 느낌은 그 일차적 기능에 있어, 중요성의 증대를 수반하는 주의(注意) 집중이다. 이 주의 집중은 또한 참 또는 거짓에 관한 지성적 판단인, 물리적 목적에 대한 비판을 끌어들인다. 그러나 지성적 느낌이 그 자신보다도 더 원초적인 〈물리적 목적〉이 작용 중임을 이미 알아차리고 있다는 사실을 염두에 두지 않는다면, 우리는 지성적 느낌을 이해하지 못하게 될 것이다. 의식은 관련된 보편자들에 대한 개념적 파악의 성립에 뒤따르는 것이지, 그것에 선행하는 것이 아니다.

제 6 절

긍정적인 직관적 판단은 의식적 지각과 유사하다, 차이가 설명된다. 추론적 판단. 로크의 명명법으로부터의 이탈. 유보된 판단.

긍정적인 직관적 판단이 의식적 지각과 매우 유사하다는 것은 분명하다. 의식적 지각은 매우 단순화된 유형의 긍정적인 직관적 판단이다. 그리고 직접적인 긍정적 직관적 판단은 매우 복잡한 의식적 지각의 한 사례이다. 이 양자의 차이점은 한쪽이 지각적 느낌을 포함하고 있는 데 반해, 다른 한쪽이 상상적 느낌을 포함하고 있다는 사실에 있다. 지각적 느낌의 형성에는 오직 한 조의 현실적 존재들만이 포함된다. 이러한 현실적 존재들은 느껴지는 명제의 논리적 주어이다. 그러나 상상적 느낌의 형성에는 두 조의 현실적 존재들이 포함된다. 이 두 조 가운데서 한 조만이, 느껴지는 명제의 논리적 주어를 제공하며, 다른 조는 성립 과정에서 최종적으로 배제된다. 따라서 지각적 느낌과 상상적 느낌이라는 두 느낌의 차이는 느껴지는 명제에 있는 것이 아니다. 그것은 그 두 느낌의 정서적 패턴에 있는 것이다. 그 두 경우 모두에서 이 정서적 패턴은 성립 과정으로부터 파생된다. 지각적 느낌의 경우, 정서적 패턴은 성립 과정 전체에 걸친 술어와 논리적 주어와의 긴밀한 결합을 반영하고 있다. 상상적 느낌의 경우, 이 정서적 패턴은 술어와 논리적 주어가 최초에 분리되어 있었음을 반영한다. 이러한 예는 다음과 같은 사실을 시사해 준다. 즉 느낌의 통합에 있어 그 통합의 성분으로부터 배제된 구성 요소는, 그럼에도 불구하고 자신의 흔적을 그 정서적 패턴에 남기는 수가 있다는 것이다. 의식의 승리는 부정적인 직관적 판단과 더불어 온다. 이러한 경우, 그럴 수는 있으나 현재 그렇지 않은 것에 대한 의식적 느낌이 있다. 이 느낌은 바로 그 주체가 향유하는 일정한 부정적 파악과 관계된다. 그것은 부재에 대한 느낌이며, 이 느낌은 그 부재를, 실재로 현존하고 있는 것을 명확하게 배제함으로써 산출된 것으로서 느낀다. 따라서 의식의 고유한 특질인 부정 작용negation은 여기에서 가장 명백하게 드러나게 된다.

직관적 판단의 두 사례, 즉 긍정적인 직관적 판단과 부정적인 직관적 판단은 비교적 드물다. 이 직관적 판단의 두 사례는 의식적 지각과 함께, 로크가 〈지식〉이라 부른 것에 부합된다. 로크가 이 주제에 관해 논하고 있는 절(제Ⅳ부, 제14장, 제4절)은 매우 짧기 때문에 그 전부를 인용할 수 있다.

> 판단이란, 사물을 그런 것으로 지각함이 없이, 그런 것으로 추정하는 행위이다. ── 따라서 마음은 참과 거짓에 관계되는 두 가지 기능을 갖고 있다.
>
> 첫째 기능은 인식이다. 인식 기능을 통해서 마음은 어떤 관념들의 일치 혹은 불일치를 확실하게 지각하며, 또 그것들에 대해 의심 없는 만족 상태에 이르게 된다.
>
> 둘째 기능은 판단이다. 판단이란, 관념들의 일치 혹은 불일치가 확실하게 지각되지 않고 다만 그렇다고 추정되었을 때, 마음속에서 관념들을 결합시키거나 분리시키는 것을 말한다. 그리고 여기서 추정한다presume는 것은 이 말이 함의하고 있는 바와 같이, 일치 또는 불일치가 확실하게 드러나기에 앞서 그렇다고 생각하는 것을 말한다. 그래서 판단은 사물들이 실재 가운데 있는 방식을 좇아 관념들을 결합시키거나 분리시키고 있다면 올바른 판단이다.

로크가 〈판단〉이라 부른 것을 여기에서는 〈추론적 판단〉이라고 부른다.
유보된 판단suspended judgment의 발생 과정은, ⅰ) 〈물리적 상기

physical recollection〉와 〈지시적 느낌 indicative feeling〉, ii)〈물리적 상기〉에서 파생된 〈개념적 상상 conceptual imagination〉, iii)〈개념적 상상〉과 〈지시적 느낌〉과의 통합에 의해 도출된 〈명제적 상상 propositional imagination〉, iv)〈지시적 느낌〉과 〈명제적 상상〉과의 통합에 의해 도출된 〈유보된 판단〉으로 되어 있으며, 여기서 객체화시키는 술어와 상상된 술어와의 관계는 두 경우의 직접적 판단을 모두 미리 배제하는 그런 성격의 것이다.

그러므로 유보된 판단은 상상된 술어가, 객체화시키는 술어나 이 술어의 어느 부분과의 동일성을 발견하는 데에는 실패하고 있으면서도 이것과 양립 가능한 대비를 발견하고 있는 경우에 있어, 상상적 느낌과 지시적 느낌의 통합으로써 이루어지고 있다. 그것은 논리적 주어가 실제로 지니고 있는 분명한 모습 what과 바로 그 논리적 주어가 달리 지닐 수도 있는 모습 사이의 대비에 대한 느낌이다. 이 유보된 판단은 객체화 속에 포함되는 여러 한계에 대한 우리의 의식이다. 상상적 느낌과 사실과의 비교에 있어, 무엇이 그러하고 무엇이 그렇지 않은지밖에 모른다면, 우리는 사물의 형상적 구조로부터의 탈락을 야기하는 객체화의 작용을 발견할 기반을 갖지 못한 셈이 되고 말 것이다. 이러한 정보를 제공하는 것은, 우리가 상상하는 것과 우리가 물리적으로 느끼는 것의 양립 가능성에 대한 이와 같은 부가적인 지식이다. 우리는 유보된 판단을 마치 부정적 판단인 것처럼 해석함으로써 보다 고도의 합생 작용의 형상적 구조를 지나치게 단순화시켜서는 안 된다. 과학 이론에서, 그리고 심지어 직접적 관찰의 정교성에 있어서조차도 우리의 모든 진보는 유보된 판단의 사용에 의존하고 있는 것이다. 유보된 판단은 개연성의 판단이 아니라는 데에 주의할 필요가 있다. 그것은 양립 가능성의 판단이다. 이 판단이 우리에게 말해 주는 것은, 논리적 주어의 형상적 구조에 관한 부가적인 정보 — 우리의 직접적 지각에 의해서 포섭되지도 배제되지도 않는 정보 — 가 무엇일 수 있는가 하는 것이다. 이는 우리 자신에 관한 사실의 판단이다. 유보된 판단은 과학의 진보에 있어 본질적인 무기이다. 그러나 직관적 판단에 있어서는, 정서적 패턴이 참과 거짓에 대한 무관심으로 지배되고 있을 수도 있다. 이때 우리는 〈의식적 상상〉을 갖게 된다. 우리는 상상된 술어 — 이것이 참이건 거짓이건 간에 — 를 현실 세계에 의식적으로 전가함으로써 현실 세계를 느끼고 있는 것이다.

(진리에의 주의를 수반하고 있는) 직관적 판단의 이들 세 사례를 (진리에의 방심을 수반하고 있는) 의식적인 상상, 즉 〈전가하는 느낌 imputative feeling〉과 비교해 보면, 부정적 판단의 경우를 제외하고는 의식적인 상상의 여건이 그것에 대응하는 판단의 여건과 동일하다는 것을 깨닫게 된다. 그럼에도 불구하고 그 느낌들은 정서적 패턴에서 매우 다르다. 한쪽의 정서적 패턴은 진리에의 무관심으로 지배되고 있고, 다른 한쪽의 정서적 패턴은 진리에의 주의로 지배되고 있다. 이처럼 진리에 무관심하다는 것은 문제의 물리적 느낌의 객체적 여건에 예증된 진정한 객체화의 패턴을 자진하여 제거하려는 것으로 달리 표현될 수 있는 반면, 진리에 주의한다는 것은 단지 이 패턴의 제거를 거부하는 것에 지나지 않는다. 그러나 주체적 형식에 들어 있는 이러한 정서적 요소들은 이 두 느낌의 여건에 있어서의 어떠한 차이에 의해서도 규정되지 않는다. 왜냐하면 직접적인 부정 판단의 경우를 제외하고는, 그 여건이 그 두 유형의 느낌에 있어서 동일하기 때문이다. 느낌의 정서적 형태는 느껴진 여건과 밀접한 관계를 갖고 있기는 하지만, 단순히 그로부터 연역될 수 있는 것은 아니다. 임의의 한 느낌의 주체적 형식에 있어서의 정서적 패턴은 합생 과정 전체를 지배하는 주체적 지향에서 생겨난다. 이 주체의 다른 느낌들은 촉매적 작인으로 간주될 수도 있다. 그것들은 문제되는 느낌과 지적으로 분리될 수 있다. 그러나 그 느낌은 사실상 그것의 장소 locus인 주체의 주체적 지향의 산물이다. 그리고 정서적 패턴은 주체가 그 자신의 느낌 속에서 자신을 내세우는 독특한 방식이다. 정서적 패턴의 지위에 관한 이러한 설명은 다음과 같은 학설을 적용한 것에 지나지 않는다. 즉 느낌은 주체와는 본질적으로 다른 우주 내의

요소들을 사유화하며 appropriate, 그 자신의 주체성을 표현하는 정서적 패턴의 통일성 속에 그 요소들을 종합함으로써, 그 주체의 실재적인 내적 구조 속으로 그것들을 흡수한다는 학설이다.

어떤 느낌의 정서적 패턴과 동일 주체의 다른 느낌들 간의 이러한 상호 의존은, 느낌들의 〈상호 감수성 mutual sensitivity〉이라고 불릴 수 있을 것이다. 그것은 또한 어떠한 느낌도 그 주체로부터 추상될 수 없다는 의미에서 느낌이 갖는 뿌리 깊은 〈개별성〉의 한 측면이기도 하다.

제 7 절

물리적 목적, 근원적 유형의 물리적 느낌. 가치 평가와 목적을 유지하는 것, 복합적인 영원한 객체의 미결정성을 제거하는 것. 호응적인 재연. 결단.

〈물리적 목적 physical purpose〉은 지성적 느낌의 유형보다 더 근원적인 비교적인 느낌 comparative feelings의 유형을 구성한다. 일반적으로 지성적 느낌은 무시될 수 있고, 따라서 그것은 예외적인 현실적 존재에 있어서만 중요성을 갖게 되는 것으로 보인다. 우리는 이 가정을 결정적인 방식으로 확인할 어떠한 수단도 갖고 있지 않다. 그러나 그것은 흔히 제시되고 있는 가정이다. 그러므로 이 학설을 받아들이도록 사람들을 설득할 만한 증거가 있을 것이라고 생각될지도 모르겠다. 하지만 실제로는 지금까지 어떤 방식으로든 간에 증거가 제시되어 본 적은 한 번도 없다. 우리는 이 지구상에 지성적 느낌을 지니는 약간의 존재가 있다는 것을 알고 있으며, 우리의 인식은 시간적 존재에 관한 한, 그것이 전부이다.

비교적인 느낌의 보다 근원적인 유형에 있어서, 그 자신의 진입에 관한 ― 지성적 느낌에 있어서 매우 두드러진 ― 미결정성은, 배경으로 밀려나는 영원한 객체의 양상이다. 이러한 유형의 물리적 목적에 있어,

물리적 느낌과 개념적 느낌의 통합은 물리적 느낌의 객체적 여건을 다수의 단순한 논리적 주어로 환원하는 작용을 수반하지 않는다. 객체적 여건은 영원한 객체들——이것들의 진입이 그 여건의 한정성을 이룬다——을 예증하면서, 여전히 동일한 결합체로 남는다. 그리고 개념적 느낌의 여건인 영원한 객체에는, 그 영원한 객체 자신의 진입에 관한 미결정성이 제거되어 있다. 통합적인 비교적 느낌에 있어서 여건은 개념적 여건과 객체화된 결합체의 실재성 간의 대비이다. 물리적 느낌은 실재적인 사실을 느끼고 있으며, 개념적 느낌은 추상적 가능성을 평가하고 있다. 새로운 여건은 느껴진 것으로서의 사실과 느낌의 여건으로서의 영원한 객체 간의 양립 가능성 내지 양립 불가능성이다. 순수한 추상성과 느낌 속에 있는 것으로서의 실재적인 사실과의 이러한 종합이 유적인 대비 generic contrast이다. 물리적 목적과 관련하여, 여기에 전개되고 있는 우주론적 도식은 우리에게, 모든 현실적 존재가 물리적 목적을 포함한다고 보도록 요구한다. 물리적 목적의 항구성은 자연 질서의 영속성, 특히 〈존속하는 객체〉의 영속성을 설명해 주고 있다.

물리적 목적이 생기는 일련의 단계들은 지성적 느낌의 경우보다 단순하다. 즉 i) 물리적 느낌이 있다. ii) 물리적 느낌의 일차적인 개념적 상관자가 범주적 조건 Ⅳ에 따라 산출된다. iii) 이 물리적 느낌은 그 개념적 상관자와 통합되어 물리적 목적을 형성한다. 이러한 물리적 목적은 제1종의 물리적 목적이라고 불린다.

이러한 물리적 목적에 있어 여건은, 물리적 느낌에서 느껴진 결합체와 개념적 느낌에서 평가된 영원한 객체 간의 유적 대비이다. 이 영원한 객체는 또한 결합체의 패턴으로서 예증되어 있다. 그래서 이제 개념적 가치 평가는, 평가된 영원한 객체를 예증하면서 유적 대비 속에 있는 것으로서의 결합체에 대한 느낌 위에 밀려든다. 이 물리적 느낌에 부여되는* 가

* 〈따르는 according〉을 〈부여되는 accorded〉으로 변경. according이란 말은 화이트헤드의 주장과는 달리 개념적 가치 평가가 물리적 느낌에 의해 완전히 결정된다는 것을 연상시킬 것이다. 그리고 이 말은, 이 문장으로 하여금 이 단락의 나머지를 좌우하

치 평가는 초월적인 창조성에다 역작용 adversion이나 혐오 aversion의 성격을 제공한다. 역작용의 성격은 자신을 넘어서는 주체의 객체화에 있어서의 한 요소로서, 물리적 느낌을 재생시킨다. 그러한 재생은 다른 느낌으로부터 파생되는 양립 불가능한 객체화에 의해 좌절될 수도 있다. 그러나 그 가치 평가가 역작용을 낳게 되는 물리적 느낌은, 이때에 그 자신의 주체를 넘어서서 미래에로 영속해 가는 어떤 힘을 갖는 요소가 된다. 그것은 존속하는 객체를 형성하고 있는 계기들의 경로를 따라 느껴지고 재연된다. 최종적으로 이 일련의 전달은 여러 양립 불가능한 것과 만나서, 약화되거나, 변형되거나 더 이상 지속될 수 없게 된다.

역작용 대신 혐오가 있는 경우, 초월적 창조성은 그 느낌을 구실로 하여 그 주체의 객체화를 억제하거나 약화시키는 성격을 띤다. 그래서 혐오는 주체가 미래에 있어서 스스로 객체화될지도 모르는 하나의 가능성을 제거하는 경향이 있다. 따라서 역작용은 안정성을 조장하고, 혐오는 변화의 종류에 대한 아무런 지침도 없이 변화를 조장한다. 혐오는 그 본질에 있어, 내용의 배제와 사소성으로의 전이를 조장한다.

그 최초의 위상에 있어서의 최초의 물리적 느낌을 구성하고 있는 순전한 호응적인 재연 responsive re-enaction의 단순한 성격은 제2의 위상에 있어, 개념적 상관자와의 통합에서 생기는 가치 평가에 의해서 풍부해진다. 이렇게 해서 합생 중에 있는 경험의 양극적(兩極的) 성격은, 그 물리적 극에 있어서는 외적 현실계로부터 파생되는 경험의 객체적 측면에 이바지하고, 정신적 극에 있어서는 물리적 느낌들에 연관된 주체적인 개념적 가치 평가로부터 파생되는 경험의 주체적 측면에 이바지한다. 정신적 작용들은 이중의 임무를 가진다. 그것들은 직접적 주체 속

는 논점, 즉 물리적 목적에 있어 물리적 느낌의 운명이 그것에 주어진(부여된) 개념적 가치 평가에 의해 어떻게 결정되는가 하는 것을 말하지 못하게 하는 결과가 될 것이다. 분명히 화이트헤드는 다른 곳에서 개념적 가치 평가가 부분적으로 partly 물리적 느낌에 의해 결정된다는 것을 강조하고 있긴 하지만, 이는 이 단락의 논제가 아닌 것이다.

에서, 그 주체의 최초의 여건으로부터 얻어질 수 있는 만족과 관련하여 그 주체의 주체적 지향을 획득한다. 이렇게 해서 작용인인 현실 세계로부터 파생된 결단은, 목적인인 주체적 지향 속에서 구현된 결단에 의해 완결된다. 다음으로 어떤 주체의 물리적 목적은 그 가치 평가에 의해서, 스스로를 초월하는 창조적 전진에 있어서의 그 주체의 객체화 속으로 들어가는 여러 느낌들의 상대적 효과를 결정한다. 이 기능 가운데서 정신적 작용은 그 주체를 작용인의 성격으로 결정한다. 따라서 정신적 극은 창조성에 목적인과 작용인이라는 두 가지 성격을 부여하는 고리 link라고 할 수 있다. 정신적 극은 사태를 창조성 속으로 몰고 가는 여러 결단으로 이루어진다. 그것은 의식과 아무런 필연적인 연관도 없다. 비록 지성적 느낌이 발생하는 경우에는 의식이 주체적 형식 속으로 실제로 개입해 들어가기는 하지만.

제 8 절

제2종의 물리적 목적, 역전이 포함되어 있다. 제8의 범주적 제약, 주체적 강도. 직접적 주체, 관련된 미래. 균형, 대비를 위한 조건. 균형 잡힌 대비를 위한 조건으로서의 역전. 주기적 반복, 진동. 범주적 조건. 물리적 목적과 명제적 느낌이 비교된다.

물리적 목적 physical purpose의 제2종은 정신적 극에서의 역전 reversions의 발생에 기인한다. 진동과 주기적 반복이 물리적 세계에서 지배적인 중요성을 갖는 까닭은 이 제2종 때문이다. 역전은 경험의 강도를 위한 조건으로서의 대비의 유혹으로 말미암아 생겨나는 개념 작용 conception이다. 이 유혹은 범주적 조건으로 표현될 수 있다.

범주적 조건 Ⅷ. 주체적 강도의 범주. 개념적 느낌을 발생시키는 주체적 지향은 (α) 직접적 주체에 있어서, 그리고 (β) 관련된 미래에 있어서 느낌의 강도를 목표로 하고 있다.

우리는 먼저 다음과 같은 것을 주목하게 된다. i) 어떤 영원한 객체의 실현된 진입에 기인하는 느낌의 강도는, 그 영원한 객체가 영원한 객체들 간의 실현된 대비에 있어서의 한 요소가 되는 경우에 고양된다는 것, 그리고 ii) 두 가지 내지 그 이상의 대비는 공동으로 진입하기에 양립 불가능할 수도 있고, 또는 공동으로 보다 높은 차원의 대비로 들어갈 수도 있다는 것이다.

그러므로 균형이 잡힌 복합성 balanced complexity은 이 주체적 지향의 범주의 산물이다. 여기서 말하는 〈복합성〉이란 대비들의 실현, 대비들의 대비의 실현 등을 의미하며, 〈균형〉이란 그 패턴 내의 일부 요소가 도입하고 다른 요소들이 억제하는 대비들의 배제에 기인하는 약화의 부재를 의미한다.

따라서 대비의 조건 밑에 있어야만 한다는 제약 아래에 있는 영원한 객체들 중 최대 다수를 실현시키려는 충동이 있다. 그러나 〈대비의 조건〉에로의 이러한 제한은 〈균형〉을 위한 요구이다. 왜냐하면 여기서 〈균형〉이란, 실현된 어떠한 영원한 객체도 다른 실현된 영원한 객체들 간의 잠재적 대비를 배제해서는 안 된다는 것을 의미하고 있기 때문이다. 그러한 배제는 그 패턴의 여러 요소들의 진입에서 파생될 수 있는 느낌의 강도를 약화시킨다. 따라서 직접적인 현재적 주체에 관한 한, 범주 Ⅳ에 따르는 개념적 가치 평가의 성립은 가장 바람직한 균형에서 파생될 수 있는 통합적 강도를 극대화시키는 것을 강조하는 경향에 전적으로 투입된다. 주체적 지향은 주어진 재료의 한가운데서 균형을 선택한다. 그러나 합생하는 주체의 직접적 느낌들 가운데 들어 있는 하나의 요소는 직접적 사실과의 관계에서의 초월적 미래에 대한 예기적 느낌들 anticipatory feelings로 이루어져 있다. 이는 현실태의 본성에 내재해 있는 객체적 불멸성의 느낌이다. 이러한 예기적 느낌들은 신의 원초적 본성에서 결단된 것으로서의 영원한 객체들의 관련성의 실현을 포함하고 있다. 이러한 느낌들이 보다 고등한 유기체에 있어서 중요한 강도로 상승하는 한, 보다 소원한 선택적 가능성들에 대한 효과적 느낌이 있게 된다. 이러한 느낌은 역전의 범주(범주 V)에 따라 생기는 개념적 느낌이다.

그러나 〈균형〉은 있어야 한다. 그리고 〈균형〉이란 양립 불가능한 것에 의한 억제의 회피를 수반하는 대비를 도입하기 위해 동일성과 다양성을 조정하는 것을 말한다. 그래서 미래를 포함하고 있는 이와 같은 이차적인 위상은 역전을 이끌어들이며, 범주 Ⅷ에 종속되어 있다. 역전된 개념적 느낌은 저마다 그것과 상관적인 동일한 극의 최초 느낌과 대체로 동일한 여건을 가지고 있다. 이렇게 해서 종합을 위한 준비 작업이 촉진된다. 그러나 대비의 도입은 복합적 여건의 일부 요소에 있어서의 상이함 내지 역전에 의해서 달성된다. 이 범주는, 동일한 것과 역전되는 것은 바람직한 균형에로의 지향에 의해 결정된다는 규칙을 표현하고 있다. 역전은 강도를 위한 하나의 조건으로서의 복합성에의 지향에 기인한다.

이 역전된 개념적 느낌이 그 주체적 형식에 있어 비교적 고도의 상향적인 가치 평가의 강도를 획득하게 될 때, 그로부터 귀결되는 물리적 느낌과 최초의 개념적 느낌과 이차적인 개념적 느낌과의 통합은, 역전된 개념적 느낌이 무시될 수 있었던 전자의 경우에서보다도 더 복합적인 물리적 목적을 산출한다. 그래서 이제 최초의 개념적 느낌과의 통합에 의해 가치 평가된 것으로서의 물리적 느낌, 대비된 이차적인 개념적 느낌과의 통합, 개념적 대비의 도입에 의한 주체적 강도의 등급의 상승, 그리고 역전된 느낌이 이 대비를 도입하는 새로운 요인이기 때문에 이루어지는, 이 역전된 느낌에의 이러한 상승된 강도의 집중이 있게 된다. 따라서 물리적 목적은 창조성에다 복합적인 성격을 부여한다. 이러한 복합적 성격은 다음과 같은 것들에 의해 지배되고 있다. 즉 그것은 ⅰ) 개념적 역전의 범주——이를 통해서 이차적인 개념적 느낌이 생겨난다——에 의해, ⅱ) 변환의 범주——이를 통해 개념적 느낌은 물리적 느낌으로서 전달될 수 있다——에 의해, ⅲ) 주체적 조화의 범주——이를 통해 그 두 개념적 느낌의 주체적 형식들이 주체적 지향을 조달하도록 조정된다——에 의해, 그리고 ⅳ) 주체적 강도의 범주——이를 통해 그 지향은, 가까운 동일성 near identity에 의해 통합되고 또 역전에 의해 대비된 느낌들로부터 균형 잡힌 강도를 달성하도록 결정된다——에 의해 지배되고 있는 것이다.

따라서 이 복합적인 물리적 목적에 의해 그 계승 inheritance이 지배되고 있는 존속체의 연속적인 계기들에 있어, 역전된 개념적 느낌은 물리적 느낌으로서 다음의 계기로 전달되며, 이때 최초의 물리적 느낌의 패턴은 역전된 개념적 느낌 내의 여건으로서 재현된다. 그러므로 그 생활사 life-history의 경로에 따라, 계기(繼起)하는 계기(契機)들 successive occasions의 물리적 느낌 속에 대비의 연쇄가 있게 된다. 이 연쇄는 물리적 느낌들의 생생한 대비로서 계승된다. 그리고 각 계기에는 역전된 개념적 느낌과의 대비 속에 있는, 자신의 근원적 가치 평가를 동반한 물리적 느낌이 있다.

그래서 존속하는 객체는 계승과 새로운 결과와의 대비에서 생기는 느낌의 고양된 강도를 얻게 되며, 또 그 생활사를 통한, 안정된 주기적 성격의 결합된 계승에서 생기는 고양된 강도를 얻게 되기도 한다. 그것은 강도의 무게, 대비의 강도, 대비의 두 요건 간의 균형을 가지고 있다. 이런 방식으로, 어떻게 존속이 주기적 반복 및 물리적 진동과 연합되는가 하는 것이 설명될 수 있다. 주기적 반복이나 물리적 진동은 강도와 안정성을 위한 조건에서 생겨난다. 주체적 지향은 일반적인 설계 general design의 통일성 내에서 그것의 대비를 수반한 넓이를 추구하고 있다. 강도 있는 경험 intense experience은 미적 사실 aesthetic fact이며, 그 범주적 조건은 예술의 여러 특수 분야에서 통용되고 있는 미적 법칙들을 일반화시킴으로써 추출될 수가 있다.

위에서 의지했던 범주적 조건들은 다음과 같이 개괄될 수 있겠다.[1)]

1) 내가 쓴 『형성 도상의 종교 *Religion in the Making*』, 제Ⅲ장, 제7절.

1. 새로운 결과는 그 성격에 있어 기반과 어떤 동일성을 유지하도록 관련성에 있어서 등급화되어 있지 않으면 안 된다.

2. 새로운 결과는, 그 성격에 있어 기반과 동일하다는 점에서, 그 기반과 어떤 대비를 유지하도록 관련성에 있어서 등급화되어 있지 않으면 안 된다.

이 두 원리는 현실적 사실이란 미적 경험의 사실이라는 학설에서 도출된 것이다. 모든 미적 경험은 동일성 아래에서의 대비의 실현으로부터 생겨나는 느낌이다.

여기에서 이루어진 설명을 부연하는 가운데 제3의 원리, 즉 새로운 형상은 우선 개념적 경험으로서 긍정적으로 실현되고, 이어서 물리적 경험으로 변환된다는 원리가 부가되었다. 그러나 개념적 경험은 그 본질에 있어 의식을 포함하지 않는다. 그 본질은 가치 평가인 것이다.

물리적 목적과 지성적 느낌에 의해 도입된 의식적 목적 사이에는, 지성적 느낌과의 연합에 의해 그 주체적 형식에 있어 의식을 획득하지 못하고 있는 명제적 느낌이 있다. 이러한 명제적 느낌은 순수한 물리적 단계와 의식적인 지성적 작용의 단계 사이에 있는 중간적인 존재자 existence intermediate의 단계를 나타내고 있다. 명제는 느낌에의 유혹 lures for feelings으로서, 물리적 느낌을 물리적 목적으로 가감 없이 그대로 평가하는 데에는 결여되고 있는 향유와 목적의 한정성을 느낌에다 부여한다. 이와 같은 가감 없는 평가에서는 단지 현실적 존재를 구성하고 있는 느낌들의 비교적인 창조적 효과에 대한 결정이 있을 따름이다. 명제적 느낌에는 경험의 특정한 요소로서 달리 느껴지기도 하는 특정의 논리적 주어와 관련하여, 술어적 패턴에 대한 평가의 〈중지 hold up〉—또는 그 말의 본래의 의미로 하자면 〈정지 epoch〉—가 있게 된다. 가능태로서의 이러한 단적인 사실의 주변에는 정서적 패턴이 얽매여 있는데, 이 가능태는 자신과 미래와의 관련의 판명성에 있어 그에 상응하는 이점(利點)을 동반하고 있다. 주체로부터 주체로의 전진이라는 의미의 이 초월적 창조성을 위한 개별적인 가능태는, 포섭되고, 지지되고, 정서로 뒤덮여 왔다. 명제적 느낌이 중요하게 되는 존재자의 단계는 지성적 느낌을 별문제로 한다면, 베르그송이 말하는 순수하고 본능적인 직관의 단계와 동일시될 수 있을 것이다. 따라서 순수한 물리적 목적의 단계, 순수한 본능적 직관의 단계, 지성적 느낌의 단계라는 세 가지 단계가 있는 셈이다. 그러나 이 단계들이 뚜렷이 구별되는 것은 아니다. 중요성 내지 비중요성에서 조금씩 그 정도를 달리하는 명제적 느낌들이 들어 있는 여러 단계들이 있다. 또 중요성 내지 비중요성에서 조금씩 그 정도를 달리하는 지성적 느낌들이 들어 있는 여러 단계들이 있다. 그리고 보다 고차적인 단계에 있어서조차도 최종적인 만족에서, 물리적이건 명제적이건 간에 그 자신의 고유한 단계의 특질만을 획득할 뿐인 느낌의 전면적인 휴식 recess이 있다.

4부 연장의 이론

1장

등위적 분할

제 1 절

발생적 분할은 합생의 분할이며, 등위적 분할은 구체적인 것의 분할이다. 물리적 시간은 만족의 등위적 분석에서 생긴다. 발생적 과정은 시간적 계기 succession가 아니다. 연장적 양자(量子)에 있어서의 시·공적 요소. 양자는 연장적 영역이다. 등위적 가분성. 불가분적인 주체적 통일성. 주체적 형식은 주체적 목적에서 생긴다. 매체로서의 세계는 연장적으로는 가분적이다. 선택된 양자에 관한 미결단.

현실적 존재의 만족을 그것을 구성하고 있는 느낌으로 〈분할하는 dividing〉 데는 두 가지의 상이한 방식, 즉 발생적인 것과 등위적인 것이 있다. 발생적 분할은 합생(合生, concrescence)의 분할이며, 등위적 분할은 구체적인 것의 분할이다. 〈발생적〉 양태에 있어서 파악 prehensions은 그것들 상호 간의 발생적 관계 속에 나타난다. 현실적 존재는 하나의 과정 process으로 나타난다. 거기에는 위상 phase으로부터 위상으로의 성장이 있다. 거기에는 통합과 재통합의 과정이 있다. 결국 객체적 여건의 복합적 통일성은, 그것과 대응되는 주체적 형식의 복합적 통일성을 가지고 느껴진 현실적 존재, 영원한 객체, 그리고 명제의 대비 contrast라는 형태로 얻어진다. 위상에서 위상으로의 이러한 발생적 이동은 물리적 시간 속에 있는 것이 아니다. 도리어 그와 정반대의 관점이 합생과 물리적 시간과의 관계를 표현하고 있다. 이를 잘라서 말한다면, 물리적 시간은 성장의 어떤 특징을 표현하고 있는 것이지 그 특징의 성장을 표현하는 것이 아니라는 것이다. 최종적으로 완결된 느낌이 〈만족 satisfaction〉이다.

물리적 시간은 〈만족〉의 〈등위적(等位的, coordinate)〉 분석에서 나타난다. 현실적 존재는 물리적 시간의 일정한 양자(量子, quantum)를 향유한다. 그러나 발생적 과정은 시간적 계기(繼起)가 아니다. 이러한 견해는 바로 시간의 획기성 이론 epochal theory of time에 의해 부정된다. 발생적 과정의 각 위상은 양자 전체를 전제하고 있으며, 각 위상의 느낌 하나하나도 그러하다. 이 과정을 지배하고 있는 주체적 통일성은, 주체적 지향의 최초 위상과 더불어 생기는 연장적 양자의 분할을 허용하지 않는다. 합생을 지배하고 있는 과제는 전체로서의 양자 quantum *in solido*의 현실화이다. 이 양자는 신으로부터 원초적으로 파생되는 주체적 지향과 조화를 이루고 있는, 연장적 연속체에 있어서의 입각점이다. 여기에서 신은 세계 안에서의 현실태이며, 이를 기초로 물리적 〈법칙〉이 있게 된다.

양자에는 시간적 요소뿐만 아니라 공간적 요소도 있다. 따라서 양자는 연장적 영역 extensive region이다. 이 영역은 합생이 전제하고 있는 결정적인 토대이다. 이 토대는 새로운 합생에 있어 가능한, 현실 세계의 객체화를 지배하고 있다. 만족의 등위적 가분성 coordinate divisibility은 이 영역의 가분성과의 관계에서 고찰된 〈만족〉이다.

합생이 이 토대를 이루는 영역을 전제로 하는 것이지, 이 영역이 그 합생을 전제로 하는 것이 아니다. 따라서 합생의 주체적 통일성은 그 영역의 가분성과는 관계가 없다. 우리는 이러한 영역을 분할함에 있어 그와 같은 분할과 모순되는 주체적 통일성을 무시하고 있는 것이다. 그러나 이 영역은 비록 발생적 성장에 있어서는 분할되지 않지만 결국 가분적이다.

따라서 이처럼 분할되지 않은 영역의 가분적 성격은 만족의 성격 속에 반영되어 있다. 만족을 등위적으로 분할할 때 우리가 발견하게 되는 것은 분리되어 있는 느낌들이 아니라, 분리될 수도 있는 느낌들이다. 이와 마찬가지로 영역의 분할도 이루어져 있는 분할이 아니라, 이루어질 수도 있는 분할인 것이다. 연장적 영역에 대한 이와 같은 방식의 각 분할은 〈연장적 양자extensive quanta〉를 산출한다. 그리고 〈연장적 양자〉는 〈입각점〉으로 불려왔다. 이 〈입각점〉이라는 개념을 이제 간단히 설명해야 한다.

이 개념은 연관된 세 가지 학설과 관계된다. 첫째는, 직접 합생하고 있는 문제의 현실태로부터 그 한정을 받아들이는 것으로서의 〈현실 세계〉에 관한 학설이다. 현실적 존재는 저마다 그 자신의 독특한 현실적 세계로부터 생겨난다. 둘째는 〈매체 medium〉로서의 각 현실적 세계에 관한 학설이다. 이 학설에 따르면, 만약 S가 문제의 합생적 주체이고 A와 B는 그 현실적 세계 내의 두 현실적 존재라고 한다면, A가 B의 현실적 세계 속에 있든가, B가 A의 현실적 세계 속에 있든가, 아니면 A와 B가 동시적인 것이든가 해야 한다. 예컨대 만일 A가 B의 현실적 세계 속에 있다면, 직접적 주체 S에게는 (1) S에 있어서의 A의 직접적 객체화가 있고, 또 (2) B에 있어서의 A의, 그리고 S에 있어서의 B의 객체화의 연쇄에 따르는 간접적 객체화가 있게 된다. 이러한 연쇄 관계는 A와 S 사이에 많은 중간적 현실태를 포함시킴으로써 얼마든지 확장될 수 있다.

셋째로, 〈결단된〉 조건들은 결코 자유를 내쫓는 성격의 것이 아니라는 데에 주목할 필요가 있다. 그것들은 자유를 제한할 따름이다. 항상 직접적 결단의 여지를 남기는 우연성이라는 것이 있다. 이러한 고찰은 직접적인 새로운 합생을 위한 조건들을 결단해야 하는 〈이 현실적 세계〉에 관련된 미결정성에 의해서 예증된다. 그러한 결단과 관련해서는 여러 선택지들이 있는데, 그것들은 직접적 결단을 위해서 유보되어 있다.

어떤 현실적 존재들은 직접적인 결단에 따라, 정착된 과거 속에 있을 수도 있고, 동시적 결합체 속에 있을 수도 있으며, 심지어 아직 결단이 내려지지 않은 미래에 던져져 있을 수도 있다. 또한 계기적(繼起的) 객체화의 간접적 연쇄는 그러한 선택 여하에 따라 변모할 것이다. 이러한 선택지들은 새로운 합생의 토대로서 선택될 수 있는, 연장의 개별적인 양자에 관한 미결단을 통해 나타나 있다.

제 2 절

등위적 분할과 느낌. 정신적 극은 불치의 일자(一者)이다. 등위적 분할의 주체적 형식은 정신적 극에 의존하며, 달리는 설명될 수 없다. 등위적 분할은 대비, 명제, 허위이지만 유용한 모체 matrix이다.

만족에 관한 등위적 분할이 〈분리될 수도 있는 느낌들〉이라는 의미가 무엇인지 이제는 논의되어야 한다.

그러한 등위적 분할은 저마다 그 토대 영역의 일정한 하위 영역 definite sub-region과 대응된다. 이는 현실적 세계에 대한 그 하위 영역의 입각점으로부터의 통일된 느낌이라는 성격을 갖는, 만족의 구성 요소를 표현하고 있다. 이 제한된 입각점으로부터의, 현실적 세계의 객체화에 관한 한, 등위적 분할을 현실적 존재와 구별할 만한 것은 아무것도 없다. 그러나 이렇게 가분적인 것은 현실적 존재의 물리적 극에 지나지 않는다. 정신적 극은 불치의 일자(一者)이다. 따라서 이 등위적 분할의 주체적 형식은 그 영역 전체에 주목하는 개념적 느낌의 발생에서 파생되는 것이지, 문제의 하위 영역에만 제한되어 있는 것이 아니다. 달리 말하면 개념적 느낌은 완전한 현실적 존재와 관계하는 것이지, 문제의 등위적 분할과 관계하는 것이 아니라는 것이다. 따라서 등위적 분할이 파생되어 나오는 경로 전체는, 제한된 객체적 여건에 대한 단순한 물리적 느낌에서 생기는 느낌의 합생을 제어하는 범주적 조건에 의해서는 설명될 수 없다. 정신적 극의 창시적 에너지는, 그 개념적 파악이 주체적 형식을 조절하거나 재조정하여, 〈만족〉으로 귀착되는 통합의 특수 양태를 결정하는 충동을 구성하고 있다.

정신적 극이 독창성과 관련하여 하찮은 것이 되고 있는 한, 등위적 분할(실제로 분리되어 있는 것으로 간주되는)에서 설명될 수 없는 것도 또한 그 때문에 하찮은 것이 된다는 것은 분명하다. 따라서 낮은 등급의 현실적 존재에 관한 많은 추상에 있어, 등위적 분할은 그것들을 파생시킨 현실적 존재와 동일 수준의 현실적 존재라는 성격에 접근한다.

따라서 등위적 분할과 진정한 현실적 존재와의 구별이 과연 적절한 것인지의 여부는 특수한 논제들과 연관시켜 결정해야 할 경험상의 문제가 된다. 그것이 적절치 않은 것인 한, 우리는 일정치 않게 세분이 가능한 연장적 우주를 다루고 있는 것이 된다.

그러므로 등위적 분할은 유적 대비 generic contrast로 분류되어야 한다. 이 대비를 구성하는 두 개의 요소는 i) 모체가 되는 현실적 존재 parent actual entity와, ii) 제한된 하위 영역의 물리적 입각점에서 생겨난 그 자기초월체의 가능태인 명제이다. 이 명제는, 그러한 입각점에서 파생될 수 있는 요소를 제외한, 객체화된 현실 세계 전체를 모체의 존재의 물리적 극으로부터 배제하면서도 주체적 형식의 관련된 요소를 보유하고 있는 가능태인 것이다.

무제약적인 명제는 거짓 명제이다. 왜냐하면 실제로 작동하고 있는 정신적 극은 이 명제의 가정 아래에서의 정신적 극이 아닐 것이기 때문이다. 그러나 어떤 목적과 관련해서 고찰되는 대개의 경우에 있어 명제의 허위성은 중요치 않다. 명제는 지극히 복잡하다. 그리고 문제의 논제에 따르는 적절한 제약이 가해질 때 그것은 진리를 표현한다. 달리 말하면, 무제약적인 거짓 명제는 불특정 수의 제약된 참 명제를 도출해 낼 수 있는 모체이다. 필요 불가결한 제약은 문제의 특정 논제에 의해 좌우된다. 그리고 그것은 무제약적인 명제의 적용을 그 논제와 관련시켜 제한하는 것을 표현하고 있다.

이 무제약적 명제는 현실 세계의 일정치 않은 가분성(可分性)을 표현하고 있다. 그리고 이에 대한 제약들은 이 다음의 원리가 경솔하게 사용됨으로써 사상되어 버리는 세계의 특징을 표현하고 있다. 현실 세계는 원자적이다. 그렇지만 어떤 의미로는 일정치 않게 가분적이다.

제 3 절

등위적 분할, 일정치 않은 다수성의 세계. 연장적 질서, 전달의 경로. 외적인 연장적 관계, 내적인 연장적 분할, 하나의 기본적인 도식. **사이비** 하위 유기체, **사이비** 상위 유기체, 드 라구나 교수의 〈연장적 결합〉.

원자적인 현실적 존재는 우주의 발생적 통일성을 개별적으로 표현하고 있다. 세계는 자율적으로 다수성을 새롭게 재창조하는 가운데 자기 자신을 추가함으로써 자신의 반복적 통합을 통해 팽창해 간다.

각 원자적 현실태의 일정치 않은 등위적 가분성에 의해 도입되는 다른 유형의 불특정의 다수성은, 적어도 어떤 목적을 위해서는 현실적 세계를 단순한 불특정의 다수성으로 보아야 한다는 것을 시사해 주는 것으로 보인다.

그러나 이 결론은 거기에 개입해 오는 〈연장적 질서〉의 원리에 의해 제한되어야 한다. 원자의 다수성에 의해 표현되는 세계의 원자적 통일성은 이제 연장적 연속체의 연대성으로 대체된다. 이 연대성은 각 원자적 현실태 내의 등위적 분할을 포함할 뿐만 아니라, 모든 원자적 현실태들 상호 간의 등위적 분할을 관계성의 한 도식 속에서 보여주기도 한다.

앞의 한 장(제2부, 제4장, 제4-9절)에서, 세계는 여러 영향을 전달하기 위한 하나의 매체로 볼 수 있다고 할 때의 그 의미에 대하여 논의한 바 있다. 선행하는 현실태 A의 선택적인 객체화가 후속하는 현실태 B의 구조 속으로 간접적으로 수용되는 다양한 전달 경로의 그와 같은 질서 정연한 배열은 다양한 현실적 존재들 간의 연장적 관계성의 기초가 된다. 그러나 외적인 연장적 관계의 이러한 도식 자체는, 여러 현실적 존재에 있어 내적인, 내적 분할의 도식들과 연결되어 있다. 이런 방식으로 하나의 기본적인 연장적 결합의 도식이 있게 되는데, 이 도식은 ⅰ) 원자적 현실태들을 하나의 결합체로 통일시키는 결합이 순응하는 일반적 조건과, ⅱ) 임의의 현실적 존재의 만족에 대한 무수한 등위적 하위 분할을 통일시키는 결합이 순응하는 일반적 조건을, 하나의 제일적인 도면 위에 표현하고 있다.

ⅱ)의 예로서, P가 현실적 계기 A의 등위적 분할 가운데 하나라고 가정해 보자. P는, 그 자신의 발생적 성립의 최초의 위상에서 최초의 여건을 형성하는 그 자신의 현실 세계를 수반하고 있는 현실적 계기로 볼 수 있다. 사실상 P는 이러한 입각점을 갖는 가정적(假定的) 합생 과정의 가정적 만족이다. A의 다른 등위적 분할들은 P에게 있어서의 〈현실적 세계〉 속에 있든가, P와 동시적이든가, P의 등위적 분할이든가, 또는 그들 각자가 Q_1, Q_2……라는 파악들 ── 이들 각각은, 방금 말한 P와의 세 가지 관계 중의 어느 하나로 P와 관계 맺고 있는 그런 파악들이다 ── 로 등위적으로 분할될 수 있다는 특성에 의해 표현되는, P와의 복합적인 관계를 갖든가 한다.

더 나아가 만족에 대한 등위적 느낌 coordinate feeling으로의 단순한 가능적인 하위 분할 이외에도, 상위 현실태 super-actuality로의 현실적 존재들의 단순한 기능적 집성이 있다. 이때 이 상위 현실태와 관련하여 진정한 현실태들은 등위적인 하위 분할의 역할을 수행하게 된다. 다시 말하면, 어떤 목적을 위해서 하나의 원자적인 현실태가 마치 많은 등위적 현실태인 양 다루어지는 것과 꼭 마찬가지로, 다른 목적을 위해서는, 많은 현실태로 된 결합체가 마치 하나의 현실태인 양 다루어질 수 있다는 것이다. 이것은 우리가 분자나 바윗덩이나 인체와 같은 것들의 수명(壽命)을 다룰 때에 흔히 하고 있는 일이다.

이 연장성(延長性)은 세계 내의 유기체들의 형태학적 구조가 순응하고 있는 널리 퍼진 유적 형식이다. 이러한 유기체에는 두 가지 유형이 있다. 그 하나는 개체적인 현실적 존재로 구성되어 있고, 또 하나는 현실적 존재들의 결합체로 구성되어 있다. 이 양자는 공통의 연장성에 의해서 서로 연관되어 있다. 만일 우리가 현실적 존재를 등위적인 부분으로 세분하는 것에만 주의를 국한시킨다면, 우리는 연장성을 단순히 〈전체와 부분〉, 즉 〈연장적 전체와 연장적 부분〉이라는 개념으로부터 파생된 것으로 보게 될 것이다. 이것은 이 주제에 관한 이전의 두 연구[1]에서 내가 채택했던 견해이다. 이러한 출발점의 결함은 이 두 저작에서 전개시켰던 〈연장적 추상화의 방법 method of extensive abstraction〉이 〈지속 duration〉의 이론을 개입시키지 않고서는 〈점 point〉을 정의할 수 없었다는 사실에서 극명하게 드러났다. 이리하여 〈지속〉의 속성이어야 했던 것이 점의 정의가 되었던 것이다. 이러한 접근 방식 때문에, 서로 외적으로 상관되는 현실적 존재들의 연장적 관계들은 똑같이 근본적인 것임에도 불구하고 배경으로 밀려나게 되었다.

그 시점 이후에 드 라구나 T. de Laguna[2] 교수는 〈연장적 결합〉이라는 좀더 일반적인 개념이 연장의 연구를 위한 출발점으로 채택될 수 있다는 것과, 그것에 의해 〈전체와 부분〉이라는 보다 제한된 개념이 정의될 수 있다는 것을 보여주었다. 드 라구나 교수가 보여준 이와 같은 방식으로, 다른 고찰에 의존하지 않고서도 점의 정의에 관련된 나의 난점은 극복될 수 있는 것이다.

이 문제 전체는 이 제Ⅳ부의 다음 여러 절에서 탐구된다. 거기서 또 나는 측정이나 지속과는 아무런 관계도 없는 순수한 연장적 원리들을 이용하여 일반적 측면에서 직선과 〈평탄한〉 장소를 정의하겠다.

---

1) 『자연 인식의 원리들 *The Principles of Natural Knowledge*』(1919) ; 『자연의 개념 *The Concept of Nature*』(Cambridge University Press, England, 1920)을 참조.

2) *Journal of Philosophy, Psychology and Scientific Method*, Vol. XIX(1922)에 실린 드 라구나 교수의 세 편의 논문, 특히 세 번째 논문을 참조.

제 4 절

연장적 결합은 느낌의 전달과 전망의 기저에 있는 체계적 도식이다. 규제적 조건. 데카르트. 여러 등급의 연장적 조건, 차원.

현실적 존재는 물리적 계기라는 성격의 측면에서는 현실 세계의 다른 물리적 계기들을 맹목적으로 지각하는 행위이다. 우리가 그러한 계기를 주어진 존재로서 형태론적으로 고찰해 볼 때, 그 지각적인 결합은 그 계기 자신의 입각점의 연장적 가분성 때문에, 그리고 다른 현실적 계기들의 연장적 가분성 때문에 가분적이다. 이리하여 우리는 지각자의 토대 영역의 한 하위 영역 및 지각 대상의 토대 영역의 한 하위 영역을 포함하고 있는 지각적인 결합에 도달한다. 이와 같은 하위 영역들 간의 관계는 전달 과정에서 작인으로 기능하는 중간 영역의 지위를 포함하고 있다. 다시 말하면, 하나의 하위 영역에 대한 다른 하위 영역으로부터의 전망은, 연장적 관계가, 매체로서 기능하는 현실 세계에 부과시킨 조건을 표현하고 있다는 사실에 의존하고 있다.

이러한 연장적 관계들은 무엇이 전달되느냐를 결정하지는 않지만, 모든 전달이 순응해야 할 조건들을 결정한다. 그것들은 모든 현실적 계기가 그것으로부터 생기는 그런 실재적 가능태에 포함된 체계적 도식을 대변한다. 이 도식은 또한, 달성되어 있는 사실로서의 현실적 계기 하나하나 속에 포함되어 있다. 〈연장적〉 도식은, 현실적 계기들을 하나의 결합체로 결합하고, 임의의 한 현실적 계기의 파악을 등위적으로 가분적인 통일성으로 결합하는 내적 관계의 일반적인 형태론에 불과하다.

데카르트에게 있어 물체의 원초적 속성은 연장 extension이다. 유기체 철학에 있어 물리적 계기의 원초적 관계성은 연장적 결합 extensive connection이다. 이 궁극적 관계는 독자적인 것 *sui generis*이어서 정의되거나 설명될 수 없다. 그러나 그 형식적 특성은 진술될 수 있다. 그리고 그 형식적 특성에 비추어 볼 때, 형태론적 구조를 표현함에 있어 중요한, 정의 가능한 파생적인 개념들이 있다. 등위적 가분성의 어떤 일반적 성격은 아마도 물리적 계기의 모든 우주 시대에 항존하는 궁극적인 형이상학적 성격일 것이다. 따라서 여기에서 진술되고 있는 연장적 결합의 보다 단순한 특징들 가운데 일부는 아마도 그러한 궁극적인 형이상학적 필연성일 것이다.

그러나 우리가 다음 장에서 고찰하게 될 특징들을 검토해 볼 때, 그것과 대체될 만한 것을 생각할 수 없을 만큼 일반적인 그런 특징과, 단지 우리의 우주 시대에만 속한다고 생각될 만큼 특수한 그런 특징을 구분짓는 선을 긋기는 어렵다. 이러한 우주 시대는 우리의 능력과 비교해 본다면, 시간적·공간적으로 광대무변한 넓이를 가지고 있을지 모른다. 그러나 사물의 궁극적 본성과 관련하여 그것은 제한된 결합체이다. 그 결합체의 저편에는 우리의 경험에서 실현되지도 않고, 우리의 상상력으로도 예견되지 않는, 새로운 관계를 수반한 존재들이 우주에 새로운 유형의 질서를 도입하면서 나타나게 될 것이다.

그러나 우리의 우주 시대에 있어, 다양한 특질을 갖는 연장적 결합은, 물리적 세계를 하나의 공동체로서 적절하게 기술할 수 있게 해주는 근본적인 유기적 관계성이다. 연장적 도식을 제외하고는 달리 중요한 물리적 관계는 아무것도 없다. 물리적 세계 속에 하나의 현실적 계기로서 있다는 것은, 문제의 존재가 그 연장적 결합의 도식 속의 한 관계항(關係項, relatum)이 되고 있음을 의미한다. 이 우주 시대에 있어 그 도식은, 물리적으로 현실적인 것을 한정하고 있는 것이다.

이 도식의 보다 궁극적 측면, 아마도 형이상학적으로 필연적인 측면은, 연장적 전체와 연장적 부분의 상호적인 함의 관계 mutual implication를 고찰해 볼 때 즉시 분명해진다. 만일 전체가 폐기된다면 그 부분도 폐기된다. 또한 어떤 부분이 폐기된다면 그 전체 역시 폐기된다.

연장의 상태에 대한 지금까지의 일반적 기술에서는, 물리적 시간이나 물리적 공간 또는 창조적 전진의 보다 일반적 관념에 대해서 한마디도 언급하지 않았다. 이것들은 연장의 보다 일반적인 관계성을 전제로 하는 관념이다. 그것들은 현실적 계기에 관한 추가적 사실을 표현한다. 공간의 연장성은 실제로는 연장의 공간화이다. 그리고 시간의 연장성은 실제로 연장의 시간화이다. 물리적 시간은 발생적 가분성이 등위적 가분성에 반영된 것을 표현한다.

순수한 연장성에 관한 한, 공간은 현재의 우주 시대에 알맞은 3차원 대신에 333차원을 가질 수도 있다. 공간의 세 차원은 물리적 계기들에 관한 추가적 사실을 형성하고 있다. 특정 수의 차원을 떠나 있는 공간의 단순한 차원성은 사실상 연장의 순수한 관념에는 포함되어 있지 않은 그러한 추가적인 사실인 것이다. 또한 시간의 순차성(順次性, seriality)도, 단선적이건 복선적이건 간에 단순한 연장의 관념으로부터는 파생될 수 없다.

유기적인 연장적 공동체라는 자연의 개념은 마찬가지로, 자연이란 결코 완결적인 것이 아니라는 본질적인 관점을 간과하고 있다. 자연은 항상 자신을 넘어서 간다. 이것이 자연의 창조적 전진이다. 여기에서 우리는 시간의 문제에 봉착하게 된다. 주목해야 할 직접적 관련점은, 시간과 공간은 연장의 도식을 전제로 하는 자연의 특질이라는 것이다. 그러나 연장 그 자신은, 물리적 시간과 물리적 공간에 관해서 참이 되는 특정의 사실을 결정하지 않는다.

제 5 절

자연의 이분화. 공공성과 사사성.

등위화(等位化)와 발생 coordination and genesis에 관한 고찰은 이 장에서 지금까지 논했던 어떤 것보다도 더 광범한 문제를 제기한다.

〈파악〉 이론은 자연을 〈이분화 bifurcation〉하는 데 대한 항의를 구현하고 있다. 아니 그 이상의 것을 구체화하고 있다. 이 항의는 현실태의 이분화에 대한 것이다. 현실태를 분석할 때, 공공성(公共性, publicity)과 사사성(私事性, privacy) 간의 대립은 어느 단계에서나 등장한다. 문제되는 사실의 저편에 있는 것과의 관계에 의해서만 이해될 수 있는 요소가 있다. 그리고 문제되는 사실의 직접적이며 사적인 고유의 개체성을 표현하는 요소들이 있다. 전자의 요소는 세계의 공공성을 표현하고, 후자의 요소는 개체적인 사사성을 표현한다.

사물의 공공성과 관련시켜 고찰된 현실적 존재는 〈자기초월체 superject〉이다. 즉 그것은 자신이 찾아낸 공공성에서 생기고, 그것이 전달하는 공공성에 자기 자신을 부가시킨다. 그것은 결정된 공공적 사실로부터 새로운 공공적 사실로의 추이(推移)의 요소이다. 공공적 사실은 본성상 등위적이다.

사물의 사사성과 관련시켜 고찰된 현실적 존재는 〈주체〉이다. 즉 그것은 자기 향유의 발생 genesis of self-enjoyment의 요소이다. 그것은 그 공공성에 기인하여 주어지는 소재로부터의, 목표된 자기 창조로 이루어진다.

영원한 객체는 동일한 이중적인 연관을 가진다. 사물의 공공성과 관련시켜 고찰된 영원한 객체는 〈보편자〉이다. 즉 그 자신의 본성상 그것은 세계의 일반적인 공공적 사실과 관계되지만, 그러한 사실들 속에 그 자신이 함축되는 데에 따르게 되는 경험적인 세부 사항을 드러내지는 않는다. 존재로서의 영원한 객체 자신의 본성은, 모든 세부적인 현실태에로의 ── 긍정적이건 부정적이건 간에 ── 진입을 필요로 한다. 그러나 그 본성은 어떠한 현실태의 사적인 세부 사항도 드러내지 않는다.

사물의 사사성과 관련시켜 고찰된 영원한 객체는 〈질 quality〉 내지 〈특질 characteristic〉이다. 즉 임의의 현실태 내에서 예증되는 것으로서의 그 자신의 본성상, 그것은 그 현실태의 사적인 한정성의 한 요소가 되고 있다. 그것은 자신을 공공성과 연관시킨다. 그렇지만 그것은 사적으로 향유된다.

파악의 이론은 전적으로 공적이거나 전적으로 사적인 그런 구체적 사실은 존재하지 않는다는 학설에 기초를 두고 있다. 공공성과 사사성 간의 구별은 이성의 구별이지 상호 배타적인 구체적 사실들 간의 구별이 아니다. 현실태를 분석할 때 나타날 수 있는 유일한 구체적 사실은 파악이다. 그리고 모든 파악은 공적 측면과 사적 측면을 가진다. 그 공적 측면은 파악된 복합적 여건으로 구성되어 있고, 그 사적 측면은 사적인 성질이 공적인 여건에 부여되는 통로가 되는 주체적 형식으로 구성되어 있다. 지각적 사실을 정서적 사실과 분리시키고, 인과적 사실을 정서적 사실 및 지각적 사실로부터 분리시키며, 또 지각적 사실, 정서적 사실, 인과적 사실을 목적적 사실로부터 분리시키는 것은, 만족할 만한 우주론을 위해서는 치명적인 여러 복합적인 이원화를 야기해 왔다. 자연의 사실들은 현실태들이다. 그리고 이러한 현실태가 분할되어 나타날 수 있는 사실들은, 그들 자신의 공적 기원, 사적 형식, 그리고 사적 지향을 수반한 파악들이다. 그러나 현실태는 공공성의 새로운 단계로의 추이의 계기이다. 그리고 파악의 등위화coordination of prehensions는, 그것이 사적 발생으로부터 추상되어 고찰될 수 있는 한, 세계의 공공성을 표현한다. 파악은 공공적 경력을 갖지만 사적으로 태어난다.

제 6 절

영원한 객체의 분류. 수학적 형식, 감각 여건.

공공성과 사사성의 대립은, 영원한 객체가 현실적 존재로 진입하는 원초적 양태에 따라 분류될 때 반영된다. 영원한 객체는 현실적 존재의 합생에 있어 다음의 세 방식 중 하나로 기능할 수 있을 뿐이다. i) 그것은 느낌의 여건인 어떤 객체화된 결합체나 어떤 단일의 현실적 존재를 한정하는 요소일 수 있다. ii) 그것은 어떤 느낌의 주체적 형식의 한 정성의 요소일 수 있다. 그리고 iii) 그것은 개념적 내지 명제적 느낌의 여건에 있어서의 요소일 수 있다. 진입의 다른 모든 양태는 이러한 양태들을 전제로 하는 통합에서 생긴다.

그런데 이 제3의 양태는 다른 두 양태 중 하나에 있어서의 가능적 진입에 대한 개념적 가치 평가에 지나지 않는다. 그것은 현실태로의 실재적인 진입이지만, 한정성을 부여한다는 그 기능의 직접적 실현을 보류하고 있는 단순한 가능성을 수반한 제한된 진입이다.

따라서 앞의 두 진입 양태는 영원한 객체의 기능이 무제한적으로 실현되는 방식을 구성하고 있다. 그러나 우리는 지금 과연 이 두 양태가 무차별적으로 각 영원한 객체에 대해서 열려 있는 것인지 어떤지를 묻고 있다. 그 대답은 영원한 객체를 〈객체적〉 종(種)과 〈주체적〉 종이라는 두 개의 종으로 분류하는 것이다.

객체적 종의 영원한 객체는 제1의 양태에 있어서만 진입을 획득할 수 있고, 제2의 양태에서는 결코 진입할 수 없다. 그것은 그 무제한적인 실현에 있어 언제나, 문제의 주체에 속하는 느낌의 여건인 현실적 존재 내지는 결합체의 한정성에 있어서의 요소인 것이다.

따라서 이러한 종의 성원은 관계적으로만 기능할 수 있다. 즉 그것은 그 본성의 필연성에 의해서, 하나의 현실적 존재 내지 결합체를 다른 현실적 존재의 실재적인 내적 구조 속으로 도입하고 있다. 그 유일한 본업은 객체화에 있어서 작인으로 기능하는 것이다. 그것은 결코 주체적 형식의 한정성의 요소일 수 없다. 세계의 연대성 solidarity of the world은 영원한 객체의 이런 종 species이 지니는 불치의 객체성에 기초를 두고 있다. 이 종의 성원은 어쩔 수 없이 직접적 주체 속에 다른 현실태를 도입한다. 그것이 외적 세계에 부여하는 한정성은 객체화된 현실태의 실재적인 내적 구조에 순응할 수도 있고, 그렇지 않을 수도 있다. 그러나 순응적이건 비순응적이건 간에 그러한 한정성은 그 현실적 존재에 대한 그 결합체의 성격이다. 이는 그 물리적 귀결을 수반한 실재적인 real 물리적 사실이다. 객체적 종의 영원한 객체는 플라톤의 수학적인 형상이다. 그것은 매체로서의 세계와 관계된다.

그러나 상술한 바와 같은(제2부, 제4장, 제3절), 감각 여건에 대한 기술은 주체적 종의 몇몇 성원을 포함하게 될 것이다.

주체적 종의 성원은 그 원초적 성격에 있어, 느낌의 주체적 형식의 한정성의 요소이다. 그것은 느낌이 느낄 수 있는 결정적인 방식이기도 하다. 그것은 정서이든가, 강도(强度)이든가, 역작용이든가, 혐오이든가, 쾌락이든가, 고통이든가이다. 그것은 하나의 현실적 존재에 있어 느낌의 주체적 형식을 한정한다. A_1은, A가 그것을 통해 B에 대해서 객체화되는 A의 구조의 구성 요소일 수 있겠다. 그래서 B가 A_1을 느낄 때, 그것은 〈그 느낌을 수반한 A〉를 느낀다. 이리하여 A의 느낌의 한정성에 기여하는 영원한 객체는, A에 대한 B의 파악에 있어서의 객체적 여건으로서의, A의 한정성에 기여하는 영원한 객체가 된다. 이때 이 영원한 객체는 주체적으로도 관계적으로도 기능할 수 있다. 그것은 주체적 형식의 사적 요소인 동시에 그 객체화의 작인일 수 있는 것이다. 이 후자의 성격에 있어 그것은 변환의 범주 Category of Transmutation의 작용하에 들어가서, 지각자에게 있어 객체화된 것으로서의 결합체의 특질이 될 수도 있다.

B의 물리적 느낌의 제1단계에 있어, B의 느낌의 주체적 형식은 A의 느낌의 주체적 형식에 순응하도록 되어 있다. 그래서 B의 경험에 있어 이 영원한 객체는 양면적 양태의 기능을 가진다. 그것은 B를 위한 A의 결정자 가운데 하나이면서, 또 B가 A와 공감하는 방식을 결정하는 것일 수 있다. 물리적 에너지의 강도는 영원한 객체의 주체적 종에 속하지만, 에너지 흐름의 특정 형식은 그 객체적 종에 속한다.

예를 들면 〈붉음 redness〉은 처음에는 A의 경험에 있어서 주체적 형식인 정서의 한정성일 수 있을 것이다. 이로부터 그것은 A를 B에 대해서 객체화하는 작인이 되며, 그 결과 A는 이 정서를 수반한 자신의 파악을 통해서 객체화된다. 그러나 A는, 그 성원들이 저마다 유사한 주체적 형식을 수반한 파악에 의해 B에 있어 객체화되고 있는 그런 결합체의 한 계기에 불과한 것일 수도 있다. 이럴 경우에 변환의 범주의 작용에 의해 그 결합체는 B에 대하여, 〈붉음〉이라는 특질에 의해 예시된 것으로서 객체화된다. 이 결합체는 또 객체적 종의 영원한 객체인 그 수학적 형식에 의해 예시되기도 할 것이다.

제 7 절

경험 주체의 제거, 합생적 직접성.

현실적 존재의 등위적 분할에 의해 도입된 느낌 ── 더 정확히 말해서 유사 느낌 quasi-feeling ── 은, 그 느낌을 마음속에 품는 주체의 고유한 지위를 제거한다. 왜냐하면 느낌의 주체적 형식은 주체의 통일성에서 생기는 범주적 요구에 의해서만 설명될 수 있기 때문이다. 그래서 현실적 존재의 등위적 분할은, 그 주체적 형식이 일부는 제거되고 일부는 설명될 수 없는 그런 느낌들을 산출한다. 그러나 이러한 방식의 분할에서, 객체적 종의 영원한 객체에 의해 도입되는 한정성의 요소는 왜곡됨이 없이 보존되고 있다.

따라서 이러한 느낌의 관계성을 설명하기 위해 주체적 형식에 호소해야 할 필요가 있는 한, 여러 강도의 관계를 조절하는 자의적인 자연법칙의 도입으로 그 간격이 메워져야 한다. 그 대신 주체적 형식은 비록 그것이 효과적인 중요성을 주장한다고 해도, 물리적 자연에서는 무기력한 부대 현상적(附帶現象的) 사실이 되고 만다.

문제의 우주 시대에 편재해 있는 자연의 질서는, 객체적 종의 영원한 객체를 포함하고 있는 형태론적 도식으로서 나타난다. 이 도식에 있어 가장 근본적인 요소는 이러한 영원한 객체이며, 이것들에 의해 등위적 분할 자체의 일반적 원리가 표현된다. 이러한 영원한 객체는 연장의 이론을 가장 일반적인 국면에서 표현하고 있다. 이 이론에서 현실적 존재들의 원자성이라는 개념은, 그들 각각의 합생적인 사사성과 함께 전적으로 배제된다. 우리에게 남겨진 것은 연장적 결합, 전체와 부분, 점, 선, 면, 직선성(直線性)과 평면성(平面性)에 관한 이론이다.

이 장의 골자는 다음과 같이 개괄적으로 요약될 수 있을 것이다. 발생적 분할은 그 합생적 직접성이라는 성격에 있어서의 현실적 계기와 관계된다. 등위적 분할은 그 구체적 객체의 성격에 있어서의 현실적 계기와 관계된다. 따라서 발생적 분할에 있어 어떤 계기에 관한 원초적 사실은 그 최초의 〈여건적 dative〉 위상이며, 등위적 분할에 있어서의 원초적 사실은 최종적인 〈만족〉이다. 그러나 〈만족〉의 달성과 함께 목적인의 직접성은 상실되고, 이 계기 occasion는 그 객체적 불멸성으로 넘어가는데, 이로 말미암아 작용인이 구성된다. 그러므로 등위적 분할에 있어 우리는 이 계기의 복합성을 그 작용인의 기능에서 분석하고 있는 것이다. 바로 이와 관련하여 연장성의 형태론적 구도가 중요하게 된다. 이렇게 해서 우리는 과거 세계의 〈만족〉에 의한 여건적 위상의 분석을 획득하게 된다. 이러한 만족들은, 이들 중 어느 하나가 다른 어느 하나의 현실 세계에 들어 있느냐 없느냐 하는 데 따르는 그것들의 상대적인 지위를 통해, 체계적으로 배치된다. 그것들은 또한 상대적 지위의 동일한 형태론적 체계를 지닌 유사 현실태 quasi-actualities로 다루어질 수 있는 파악들로 분할이 가능하기도 하다. 이 형태론적 체계는 현재의 우주 시대의 한정 특성에서 특수한 질서를 획득한다. 연장적 연속체는 구체적인 계기들의, 그리고 그것들의 가분적인 파악들의 이와 같은 특수화된 질서 작용이다.

2장

연장적 결합

제 1 절

연장적 결합, 일반적 기술(記述).

이 장에서는 〈연장적 결합〉이라고 불리는 물리적 관계의 주요 특징들을 열거한다. 우리는 또 우리의 물리적 경험에 있어 중요한 파생적 개념들도 열거한다. 그 중요성은 열거되는 특징 속에 기원을 두고 있다. 파생적 개념의 정의는 단순한 정의로서는 관계성의 어떤 구도에 대해서도 그 특징과 상관없이 똑같이 적용될 수 있다. 그러나 이러한 정의들은 문제의 관계성이, 연장적 결합에 속하는 것으로서 여기에 열거된 특징들을 갖는 경우에만 중요한 것이 된다.

우리는 여기에 열거된 특징들을, 그 밖의 것들이 엄밀한 연역으로 추론될 수 있는 그런 논리적 최소 logical minimum로 환원하려는 어떠한 시도도 하지 않을 것이다. 그 밖의 것이 연역되어 나올 수 있는 그런 유일한 논리적 최소의 집합 set이란 존재하지 않는다. 그러한 집합들은 여러 개가 존재한다. 이러한 집합에 관한 연구는 논리학적으로 매우 흥

도표 I

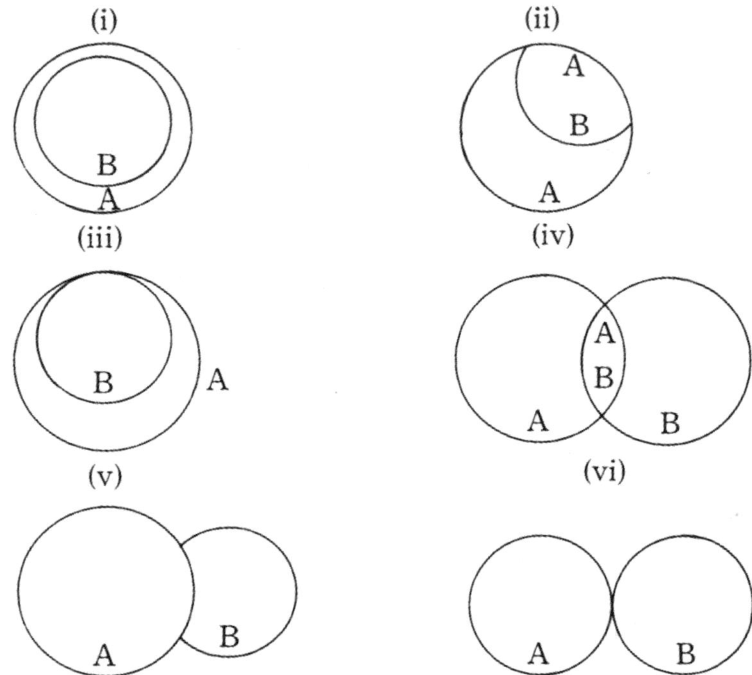

미 있는 것이고, 또 논리학을 넘어서는 중요성을 지닌 것이긴 하지만, 현재 논의의 목적과는 아무런 관련이 없다.

간결하게 하기 위해서, 〈연장적 결합〉과 〈연장적으로 결합된〉 대신에 〈결합〉과 〈결합된〉이라는 용어를 사용하기로 하겠다. 〈영역 region〉이라는 용어는 〈연장적 결합〉의 구도에 포함되는 관계항(關係項, relata)을 위해서 사용될 것이다. 따라서 간략화된 표현으로 하자면, 영역이란 결합되어 있는 사물을 말한다.

도표 I은 〈결합〉이 의미하는 관계성의 유형을 예시하고 있다. 각 도표 속의 A, B 두 구역 area은 상호 결합의 한 예를 나타낸다.

도표 II

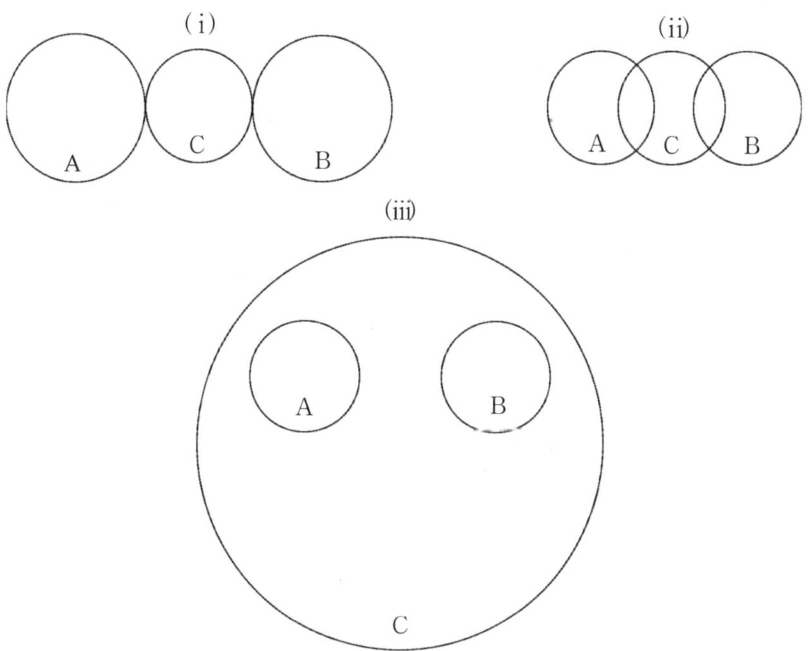

이 도표들은 오해되기 쉽다. 왜냐하면 우선 그것들이 〈결합〉이라는 기본적 개념에 의해서 정의되어야 할 특징들을 자명한 것으로 도입하고 있기 때문이고, 또한 그것들이 종이가 지니는 2차원적인 공간적 연장성에 특유한 특징들을 도입하고 있기 때문이다.

도표 II의 세 개의 도형에서는 A와 B의 구역이 결합되지 않고 있지만, 구역 C에 의해 〈매개적으로〉 결합되어 있다.

제 2 절

가정, 즉 공준, 즉 연역적 체계를 위한 공리와 명제.

정의 1. 두 영역은 양자가 제3의 영역과 결합되어 있을 때, 〈매개적으로〉 결합되어 있다.

가정 1. 결합과 매개적 결합은 양자 모두 대칭적 관계이다. 즉 만일 영역 A가 영역 B와 결합되어 있든가 또는 매개적으로 결합되어 있다면, 영역 B는 영역 A와 결합되어 있든가 또는 매개적으로 결합되어 있다.

이 가정에서 매개적 결합에 관한 부분이 정의 1의 용어로부터 증명될 수 있다는 것은 분명하다. 정의와 가정의 후속되는 전개 과정에서 우리는 이러한 증명의 가능성의 사례에 주의를 환기시키지 않을 것이다.

가정 2. 다른 모든 영역과 결합되는 영역은 하나도 없다. 그리고 어떠한 두 영역도 매개적으로 결합되어 있다.

가정 3. 결합은 이행적(移行的)인 transitive 것이 아니다. 즉 A가 B와 결합되고, B가 C와 결합되어 있을 경우, 반드시 A와 C가 결합되는 것은 아니다. 비록 어떤 경우에는 그런 일이 있을 수도 있긴 하지만.

가정 4. 자기 자신과 결합되어 있든가 또는 자기 자신과 매개적으로 결합되어 있는 영역은 하나도 없다.

이 가정은 전적으로 용어 체계상의 편의적인 약정에 지나지 않는다.

정의 2. 영역 B와 결합된 모든 영역이 A와도 결합되고 있을 때, 영역 A는 영역 B를 〈포함한다 include〉고 말한다. 또 다른 용어법으로, 영역 B는 영역 A의 〈부분 part〉이라고도 말할 수 있을 것이다.

이 〈포함〉의 정의는 드 라구나 교수에 따른 것이다. 그것은 연장의 이론을 위해서 중요한 공헌을 하고 있다. 지금 진행되고 있는 것과 같은 연구에 있어, 이 정의들은 그 주제의 지극히 중요한 부분이다.

가정 5. 하나의 영역이 다른 영역을 포함할 때, 이 두 영역은 결합되어 있다.

가정 6. 포함의 관계는 이행적이다.

가정 7. 영역은 그 자신을 포함하지 않는다.

가정 8. 포함의 관계는 비대칭적(非對稱的, asymmetrical)이다. 즉 만일 A가 B를 포함한다면, B는 A를 포함하지 않는다.

가정 9. 하나하나의 영역들은 모두 다른 영역들을 포함한다. 그리고 한 영역에 이처럼 포함되는 한 쌍의 영역이 반드시 서로 결합되는 것은 아니다. 그러한 쌍은 임의의 주어진 영역에 포함되어 있는 것으로 항상 발견될 수 있다.

정의 3. 두 영역은 양자가 포함하는 제3의 영역이 있을 때, 〈중첩된다 overlap〉고 말한다.

가정 10. 중첩의 관계는 대칭적이다.

가정 11. 한 영역이 다른 영역을 포함한다면, 이 두 영역은 중첩된다.

가정 12. 중첩된 두 영역은 결합되어 있다.

정의 4. 임의의 주어진 영역 A의 〈분해 dissection〉는 다음과 같은 영역들의 집합이다. 즉 ⅰ) 그 모든 성원이 A에 포함되어 있으며, ⅱ) 그 어느 두 성원도 중첩되지 않으며, ⅲ) A에 포함되어 있는 임의의 영역이며 그 집합의 성원이 아닌 것은, 그 집합의 한 성원에 포함되어 있든가 아니면 그 집합의 둘 이상의 성원과 중첩되고 있는 그런 집합이다.

가정 13. 임의의 주어진 영역에 대한 다수의 분해가 있다.

가정 14. 어떤 영역의 분해는 임의의 다른 영역의 분해가 아니다.

정의 5. 어떤 영역이 두 개의 중첩된 영역 A와 B의 〈교차 부분 intersect〉으로 불리게 되는 것은 ⅰ) 그것이 A와 B의 양쪽에 포함되어 있든가, 아니면 그것이 두 영역 중 한쪽이면서 또한 다른 쪽에 포함되어 있는 경우, 그리고 ⅱ) A와 B의 양쪽에 포함된 어느 영역도 그것에 포함되지 않고서는 그것과 중첩될 수 없는 경우이다.

정의 6. 두 영역 A와 B에 교차 부분이 하나, 그리고 오직 하나만 있을 때, 이 A와 B의 영역은 〈유일한 교차 unique intersection〉로 중첩된다고 말한다. 만일 둘 이상의 교차 부분이 있다면, 그것은 〈다중적인 교차 multiple intersection〉로 중첩된다고 말한다.

가정 15. 두 개의 중첩되는 영역의 양쪽에 포함되어 있는 임의의 영역으로서 교차 부분이 아닌 것은 하나의, 그리고 하나뿐인 교차 부분에 포함되어 있다.

가정 16. 만일 A가 B를 포함한다면, B는 A와 B의 유일한 교차 부분이다.

가정 17. 두 영역의 교차 부분—그 두 영역 중 하나가 아닌—은 양쪽의 영역에 포함된다.

가정 18. 중첩된 영역의 모든 쌍들은 각기 적어도 하나의 교차 부분을 가진다.

정의 7. 두 영역이 〈외적으로〉 결합되는 것은 i) 그것들이 결합되어 있으면서 ii) 중첩되지 않는 경우이다. 이러한 정의의 가능성은 나의 당초의 출발점[1)]이었던 〈연장적 전체와 연장적 부분〉보다도, 드 라구나 교수의 출발점이었던 〈연장적 결합〉을 채택함으로써 얻어진 이점의 하나이다. 외적 결합은 도표 I에서의 v)와 vi)의 그림으로 예시되어 있다. 지금까지 우리는 이 두 도표에서 각각 예시되고 있는 두 사례를 구별하지 않았다. 외적 결합이라는 개념은 지금까지 언급되지 않았던 〈면 surface〉의 개념을 마무리하는 데 크게 도움이 된다.

정의 8. 영역 B가 〈접선적으로 tangentially〉 영역 A에 포함되는 경우는 i) B가 A에 포함되고, ii) A와 B 양쪽과 외적으로 결합되고 있는 영역이 있을 때이다.

정의 9. 영역 B는, i) B가 A에 포함되면서도 ii) A와 B 양쪽에 외적으로 결합되고 있는 제3의 영역이 존재하지 않는 경우, 영역 A에 〈비접선적으로 nontangentially〉 포함되어 있다.

이 단계에서 7, 8, 9의 세 정의의 가능성은 드 라구나 교수의 〈연장적 결합〉의 개념으로부터 출발함으로써 얻어지는 이점들이다. 비접선적

1) 나의 『자연 인식의 원리에 관한 연구』와 『자연의 개념』을 참조.

포함은 도표 I의 i)에서 예시되어 있고, 접선적 포함의 두 사례 ── 아직은 구별되지 않았지만 ── 는 ii)와 iii)에서 예시되어 있다.

제 3 절

연장적 추상, 기하학적 요소, 점, 선분.

정의 10. 영역의 집합이 〈추상적 집합 abstractive set〉이라고 불리게 되는 것은, i) 이 집합의 임의의 두 성원 중 어느 한쪽이 다른 쪽을 비접선적으로 포함하며, 또한 ii) 이 집합의 모든 성원에 포함되는 그러한 영역이 없는 경우이다.

이 정의는 실제적으로 추상적 집합을, 나의 저서 『자연 인식의 원리에 관한 연구』(단락 37.6)에서 〈단순한 추상적 집합 simple abstractive sets〉이라고 불렀던 집합에 국한시킨다. 어느 영역이든지 다른 영역을 포함하기 때문에, 그리고 포함의 관계가 이행적이기 때문에, 모든 추상적 집합이 무수히 많은 성원으로 구성되어야 한다는 것은 분명하다.

3차원 공간이라는 특수 사례를 참고로 한다면, 추상적 집합은 상이한 유형의 수렴 convergence을 가질 수 있다는 것을 알게 된다. 왜냐하면 이 사례에서 추상적 집합은 점이나 선, 또는 면에 수렴할 수 있기 때문이다. 하지만 우리는 아직 점이나 선이나 면을 정의하지 않았다는 점과, 그리고 그것들을 추상적 집합으로 정의할 것을 제안하고 있다는 점에 유의할 필요가 있다. 따라서 우리는 점, 선, 면이라는 개념과 상관없이 다종다양한 유형의 추상적 집합을 정의해야 한다.

정의 11. 추상적 집합 α의 그 모든 성원들이 각각 추상적 집합 β의 어떤 성원들을 포함하고 있을 경우, α가 β를 〈망라한다 cover〉고 말한다.

각 추상적 집합은 포함의 관계에 의해서 결정되는 계열적 순서 serial order에 따르고 있는, 그 성원들과 함께 이해되지 않으면 안 된다는 점을 주목해야 한다. 이 계열은 임의의 크기의 영역에서 시작되어, 아무런 한계 영역도 없이 갈수록 작아지는 영역을 향해서 비한정적으로 수렴해 간다. 집합 α가 집합 β를 망라하고 있을 때, 만일 우리가 집합 β의 계열적 배치의 아주 밑바닥에서 출발한다고 하면, α의 각 성원은 β의 수렴된 말단에 있는 모든 성원들을 포함하게 된다. 추상적 집합이 그 큰 말단에 있는 어떤 영역에서 시작해야 한다고는 하지만, 이 최초의 대규모 영역들은 결코 우리의 추론에 들어오지 않는다는 것을 알게 될 것이다. 늘 주의를 끄는 것은 우리가 이 계열을 충분히 밑으로 따라 내려갔을 때, 어떠한 관계가 발생하는가 하는 점이다. 흥미를 끄는 관계는, 그것이 어디에서 시작하건 간에, 무한 계열의 잔여를 통해서 계속되는 관계뿐이다.

정의 12. 두 개의 추상적 집합은 각 집합이 상대방을 망라하고 있을 때, 〈동치(同値, equivalent)〉라고 한다.

따라서 α와 β가 동치인 두 추상적 집합이라 하고 A_1이 α의 임의의 성원이라고 한다면, A_1에 포함되는 β의 어떤 성원—B_1이라고 하자—이 존재하고, 또 B_1에 포함되는 α의 어떤 성원—A_2라고 하자—도 존재하며, 다시 A_2에 포함되는 β의 어떤 성원—B_2라고 하자—또한 존재하게 되는데, 이런 관계는 무한히 계속될 수 있다. 동치인 두 개의 추상적 집합은 그것들의 수렴과 관련해서도 동치이다. 그러나 이 두 집합이 서로 다른 경우에 있어서는, 〈동치〉라는 용어의 보다 일반적 의미에서, 이 집합들을 동치의 것일 수 없게 하는 관계성과 특질이 존재할 것이다. 〈동치〉의 이러한 특수한 의미와 물리적 성질과의 결합 관계는 『자연의 개념』, 제4장에서 더 상세히 설명되고 있다.

가정 19. 추상적 집합은 그 자신과 동치이다. 이 가정은 전적으로 용어 체계의 편의적인 약정에 지나지 않는다. 추상적 집합은 명백히 재귀적(再歸的, reflexive) 동치를 위한 조건을 충족시키고 있다.

정의 13. 기하학적 요소는 서로 동치인 추상적 집합들의 완결된 군(群, group)이며, 이 추상적 집합들은 그 군 밖에 있는 어떠한 추상적 집합과도 동치가 아니다.

가정 20. 동치의 관계는 이행적이며 대칭적이다.

따라서 기하학적 요소의 임의의 두 성원은 서로 동치이며, 또 그 기하학적 요소에 속하지 않는 추상성의 집합은 그 기하학적 요소의 어느 성원과도 동치가 아니다. 각 추상적 집합이 하나의 그리고 오직 하나의 기하학적 요소에만 속한다는 것은 분명하다.

정의 14. 어떤 추상적 집합이 속하고 있는 기하학적 요소는 그 추상적 집합과 〈연합한 associated〉 기하학적 요소라고 불린다. 따라서 기하학적 요소는 그것의 각 성원과 〈연합하고〉 있다.

가정 21. 어떤 기하학적 요소의 임의의 성원을 망라하고 있는 모든 추상적 집합들은 제각기 그 요소의 모든 성원을 망라하고 있다.

가정 22. 어떤 기하학적 요소의 임의의 성원에 의해 망라되고 있는 추상적 집합은 또한 그 요소의 모든 성원에 의해 망라되어 있다.

가정 23. a와 b가 두 개의 기하학적 요소라고 한다면, a의 모든 성원이 b의 모든 성원을 망라하고 있든가, 아니면 a의 어떠한 성원도 b의 성원을 망라하고 있지 않든가이다.

정의 15. 기하학적 요소 a가 기하학적 요소 b에 〔부수적으로〕 〈일어난다 incident〉고 말하는 것은, b의 모든 성원이 a의 모든 성원을 망라하고 있지만, a와 b가 동일하지 않은 경우이다.

가정 24. 기하학적 요소는 그 자체에 있어 〔부수적으로〕 일어나지 않는다.

이 가정은 전적으로 용어 체계의 편의적인 약정에 지나지 않는다.

기하학적 요소 a가 기하학적 요소 b에 부수적으로 일어날 때, a의 성원은 b의 성원보다도 〈더 명확한 수렴 sharper convergence〉을 가진다고 말할 것이다.

정의 16. 기하학적 요소는 그것에 부수적인 기하학적 요소가 없을 때, 〈점〉이라고 불린다. 〈점〉에 대한 이 정의는, 〈점은 부분을 갖지 않는다〉는 유클리드의 정의와 비교되어야 한다.

정의 16.1. 하나의 기하학적 요소의 성원들은 다음과 같은 경우에, 배정된 조건들과 연관해서 〈소(素, prime)〉라고 말한다. 즉 i) 그 기하학적 요소의 모든 성원이 그 조건들을 충족시키고, ii) 임의의 추상적 집합이 이 조건들을 충족시킬 때, 그것과 연합된 기하학적 요소의 모든 성원이 그 조건들을 충족시키며, iii) 이 조건들을 충족시키는 성원을 동반하면서, 주어진 기하학적 요소에도 부수되는 그런 기하학적 요소가 없는 경우이다.

〈소(素)〉라는 용어는, 기하학적 요소의 성원들이 위에서 정의한 의미로 〈소〉인 경우, 그 기하학적 요소에도 적용될 것이다.

점은 어떤 의미에서 〈절대적인〉 소임이 분명하다. 사실상 이는 여기에 제시된 점의 정의가 유클리드의 정의와 합치된다고 할 때의 의미이다.

정의 17. 점의 한 성원인 추상적 집합은 〈점적(點的, punctual)〉이라고 불릴 것이다.

정의 18. 어떤 기하학적 요소가 〈두 개의 점 P와 Q 간의 선분 segment〉이라고 불리게 되는 것은, 그 요소의 성원들이 점 P와 Q가 그 요소에 있어 부수적이라는 조건과 관련하여 소일 경우이다.

정의 19. 기하학적 요소가 두 점 사이의 선분일 때, 이 점은 그 선분의 〈끝점〔末端點〕 end-points〉이라고 불린다.

정의 20. 선분의 성원인 추상적 집합은 〈선분적 segmental〉이라고 불린다.

가정 25. 동일한 끝점을 가진 다수의 상이한 선분들이 있다. 그러나 하나의 선분은 단지 한 쌍의 끝점을 가질 뿐이다.

이 가정은 몇몇 주어진 조건과 관련하여 소(素)인, 많은 기하학적 요소가 있을 수 있다는 사실을 예시해 준다. 그러나 다음과 같은 조건들, 즉 그 조건들 가운데 어느 하나에 대하여 소인 기하학적 요소가 오직 하나만 존재하게 되는 그런 조건들이 있다. 예를 들면, 하나의 기하학적 요소에 부수적인 점의 집합은 유일하게 그 기하학적 요소를 정의한다. 그리고 이 유일성의 또 다른 사례는, 다음의 장에서 고찰하게 될 〈평탄한 flat〉 기하학적 요소에 관한 이론에서 찾아볼 수 있다. 그러한 〈평탄한〉 요소들의 개별 사례는 직선에 의해서 주어진다. 기하학의 이론 전체는 소(素)인 하나의, 그리고 오직 하나의 기하학적 요소에 대응되는 조건들의 발견에 의존하고 있다. 고대 그리스인들은 흔히 있는 행운의 직관을 가지고, 이러한 조건들을 직선과 평면에 대한 그들의 개념 속에서 우연히 찾아냈다. 그러나 다른 우주 시대에 있어서는 이러한 특성을 지닌, 매우 다른 유형의 조건들이 중요한 것이 될 수 있다—어쩌면 우리의 우주 시대에 있어서도—고 믿을 만한 충분한 이유가 있다. 그러한 조건들의 발견이야말로 분명코 무엇보다도 중요하다. 아인슈타인에 의한 현대 물리학의 재건은, 그러한 여러 다른 유형의 조건들의 본성 속에 있는 짜임새 interweaving의 발견으로 간주될 때 가장 잘 이해될 수 있을 것이다.

제 4 절

점, 영역, 장소. 차원의 무관련성.

정의 21. 점이 어떤 영역에 〈위치해 있다 situated〉는 것은, 그 영역이 그 점을 구성하는 점적인 추상적 집합들 가운데 어느 한 집합의 성원일 때를 말한다.

가정 26. 만일 어떤 점이 어떤 영역에 위치해 있다면, 그 점을 구성하고 있는 다양한 추상적 집합의 수렴하는 말단의 훨씬 아래쪽에 있는 영역은 그 영역 속에 비접선적(非接線的)으로 포함되어 있다.

정의 22. 점이 어떤 영역의 〈표면 surface〉에 위치해 있다는 것은, 그 점이 위치하고 있는 모든 영역이 그 영역과 중복되지만, 그것에 포함되지는 않는 경우를 말한다.

정의 23. 〈완결된 장소 complete locus〉란 다음과 같은 점들의 집합을 말한다. 즉 그 점들은 ⅰ) 어떤 영역에 위치하고 있는 모든 점들을 구성하든가, 아니면 ⅱ) 어떤 영역의 표면에 위치하고 있는 모든 점들을 구성하고 있든가, 아니면 ⅲ) 어떤 기하학적 요소에 있어 부수되고 있는 모든 점들을 구성하고 있든가이다.

〈장소 locus〉란 언제나 〈점들의 장소〉를 의미한다.

가정 27. 〈완결된 장소〉는 정의 23으로 정의된 바와 같이, 무수히 많은 점으로 되어 있다.

정의 24. 완결된 장소가 어떤 영역에 위치하고 있는 모든 점들로 이루어지고 있을 때, 그것은 그 영역의 용적(容積, volume)이라고 불린다. 완결된 장소가 어떤 영역의 표면에 있는 모든 점으로 이루어지고 있을 때, 그 장소 자체는 그 영역의 〈표면 surface〉이라고 불린다. 그리고 완결된 장소가 끝점들 간의 선분에 부수되는 모든 점들로 이루어지고 있을 때, 그 장소는 이 끝점들 간의 〈선형 신장(線形伸張, linear stretch)〉이라고 불린다.

가정 28. 용적과 영역 사이에, 표면과 영역 사이에, 선형 신장과 선분 사이에, 그리고 임의의 기하학적 요소와 그것에 부수되는 점들의 장소와의 사이에는 1대 1의 상관관계가 있다.

가정 29. 만일 두 점이 하나의 주어진 용적 속에 있다면, 모두 그 용적 속에 있는 점들로 된, 두 점을 잇는 선형 신장들이 있다.

가정 30. 만일 두 점이 하나의 주어진 표면에 있다면, 모두 그 표면에 놓여 있는 점들로 된, 두 점을 잇는 선형 신장이 있다.

가정 31. 만일 두 점이 하나의 주어진 선형 신장 속에 있다면, 그 두 점을 끝점으로 하고, 전적으로 선형 신장 속에 있는 점들로 된, 두 점을 잇는 하나의, 그리고 오직 하나의 선형 신장이 있다.

〈용적〉 및 〈표면〉이라는 용어는 그 용적이 3차원적이라든지, 그 표면이 2차원적이라는 것을 의미하지 않는다는 데에 유의할 필요가 있다. 이 연장의 이론을 우리 시대 epoch의 현존하는 물리적 세계에 적용했을 경우에, 용적은 4차원이고 표면은 3차원이다. 그러나 선형 신장은 1차원이다.

어떤 것은 증명 가능하고 어떤 것은 공리적인 그런 충분한 수의 가정을 지금까지 서술해 왔다. 그것들은 이 단계의 정의(定義)를 위해 필요한 이론 전개를 천명하기 위한 것이었다. 특히 선형 신장에 있어서 점의 순서라는 개념은 이제 〈사이 between〉라는 개념의 정의로부터 정밀하게 마무리될 수 있겠다. 하지만 그러한 연구는 너무 기하학의 수학적 원리에 깊이 파고 들어가는 것이 될 것이다.

*이 장을 끝내기에 앞서 영역이라는 개념에 있어, 즉 현실화를 위한 실재적 가능태에 있어서의 연장적 입각점이라는 개념에 있어, 어떤 결정적인 한계성 boundedness이 필요하다는 원리를 명확히 하기 위해 간단한 해설이 필요하다. 영역의 내부, 즉 그 용적은, 그 외부의 연장적 가능태에 대해서는 부정되는 완전한 한계성을 가지고 있다. 이 한계성은 연장의 시간적 측면과 공간적 측면에 다 같이 적용된다. 내부와 외부 사이의 한계성의 대비가 모호한 경우, 고유한 영역이란 존재하지 않는다. 다음의 장에서는, 하나의 난형의 클래스 ovate class의 성원인 모든 난형체 ovals는, 각각의 타원체에 있어서와 동일한 의미의 이러한 한계성의 특성을 유지하고 있다. 따라서 타원 기하학의 경우에(630쪽) 절반의 직선을 포함할 수 있는 타원체는 없다. 585쪽의 조건 vii)은 무한한 공간성의 사례, 즉 유클리드 기하학과 쌍곡선 기하학에 대해서만 적용되도록 소홀하게 표현되고 있다.

* 케임브리지판에서는, 이 단락이 이곳에 있었는데, 맥밀런판에서는 495쪽에 속한다는 표시가 붙여져서 색인 뒤에 있는 텍스트의 가장 마지막에 (〈정정 사항 corrigenda〉이라는 표제 아래에) 두고 있다. 이 단락에서의 참조 페이지는 맥밀런판의 463, 504쪽에 해당된다.

3장

평탄한 장소

제 1 절

〈직선〉에 관한 유클리드의 정의.

수학의 정밀한 개념에 의존하고 있는 근대 물리학은, 그리스 기하학을 기초로 해서 시작되었다. 유클리드의 『원본(原本)』에 들어 있는 최초의 정의는 이렇다.

> 점이란 부분이 없는 것을 말한다.
> A point is that of which there is no part.

제2의 정의는 다음과 같다.

> 선이란 폭이 없는 길이이다.
> A line is breadthless length.

제4의 정의는 다음과 같다.

> 직선이란 그 위에 있는 점들에 균등하게 가로놓인 선이다.
>
> A straight line is any line which lies evenly with the points on itself.

이 번역은, 유클리드의 『원본』에 관해서 현존하는 최고의 권위자인 토머스 L. 히스 경Sir Thomas L. Heath이 주석을 붙여 편찬한 『유클리드 원전*Euclid In Greek*』 제1권으로부터 발췌한 것이다. 히스는 제2의 정의를 〈플라톤 자신의 것이 아니라면, 플라톤 학파의 것〉으로 보고 있다. 또 그는 〈균등하게 evenly〉라고 번역된 그리스어가, 〈동등한 자격으로 on a footing of equality〉, 〈균등하게 놓인 evenly placed〉, 〈치우침이 없이 without bias〉라는 말로 대체될 수 있음을 시사하고 있다.

유클리드의 제1의 〈공준〉은 (히스의 역으로는),

> 임의의 점에서 임의의 점으로 직선을 긋는다고 가정하라.

이다.

히스는, 이 공준이 존재성과 유일성 existence and uniqueness을 함의하도록 의도된 것이었다고 지적하고 있다.

이러한 언명이 그리스의 학문에 출현했을 때, 〈형상〉과 구체적인 물질적 사물 사이에 혼란이 일어나고 있다. 기하학은 물질적 사물의 어떤 형상을 연구할 목적으로 출발한다. 그러나 〈점〉과 〈선〉에 대한 최초의 정의 단계에서 기하학은, 곧바로, 매우 특이한 성격을 지닌 특정의 궁극적인 물질적 사물을 요청하고 있는 것같이 보인다. 플라톤이 〈점을 사물들과 전적으로 분리된 클래스로 보는 데에 반대〉했을 때(히스의 인용구 참조), 그 자신은 이러한 혼란에 어떤 의혹을 가졌던 것으로 보인다. 그는 한 걸음 더 나아가서 모든 기하학적 존재, 즉 점, 선, 면에 대해서도 똑같은 반론을 폈어야 했다. 그는 〈형상(形相)〉을 바랐던 것인데, 그가 얻은 것은 새로운 물질적 존재였다.

앞의 장에 따른다면, 〈연장〉은 〈연장적 결합〉에 의해서 해석되었어야 한다. 즉 연장은 결합체의 현실태들 간의 관계가 지니는 한 형식인 것이다. 점은 어떤 〈형상〉을 갖는 현실적 존재의 한 결합체이다. 〈선분〉도 그러하다. 따라서 기하학은 결합체들의 형태에 관한 연구인 것이다.

제 2 절

유클리드적 정의의 약점. 최단 거리로서의 직선, 측정에의 의존성. 직선의 새로운 정의, 난형(卵形).

직선에 관한 유클리드의 정의가 갖는 약점은, 그 정의로부터 아무것도 연역되지 않았다는 데에 있다. 〈균등하게 evenly〉라든지 〈균등하게 놓인 evenly placed〉이라는 말로 표현되는 개념은 정의를 필요로 한다. 그 정의는 두 점 간의 곧은 선분의 유일성이 연역될 수 있는 그런 성격의 것이어야 한다. 이 두 요구는 어느 것도 아직껏 충족되지 않았다. 그 결과 근대에 와서 직선성 straightness이라는 개념이 측정 measurement 개념에 기초를 두게 되었다. 직선은 근대에 와서는 두 점 간의 최단 거리로 정의되었다. 고전 기하학에서는 이와 정반대의 절차가 채택되었었다. 측정이 직선을 전제로 하고 있었던 것이다. 그러나 근대의 정의에 있어서 〈최단 거리〉라는 개념 또한 그것대로의 설명을 필요로 한다.[1] 이 개념은 실제로는 어떤 물리적 사건의 경로인 선을 의미하는 것으로 정의되어 있다.

이 절에서는 진부한 고전 이론이 갖는 결함이 교정될 수 있다는 것을

1) 제4부, 제5장 「측정」을 참조.

보여줄 것이다. 직선은 앞의 장에서 전개된 연장의 개념으로 정의될 것이다. 또 두 점을 연결하는 직선의 유일성은 그 정의에 쓰인 용어에서 비롯되고 있다는 것이 증명될 것이다.

먼저 〈난형(卵形)〉 영역들 oval regions의 클래스가 정의되어야 한다. 그런데 이것을 정의하는 데 사용할 수 있는 유일한 무기는, 유일한 교차 부분 unique intersect(앞 장의 정의 6 참조)에서 중첩되는 영역이라는 개념뿐이다. 유일한 교차 부분에서 중첩될 수 있다는 것은, 분명히 한 쌍의 난형체(卵形體)의 특성이다. 그러나 난형이 아닌 몇몇 영역이 유일한 교차 부분으로 중첩된다는 것도 똑같이 분명하다. 그렇지만 난형체의 클래스는 그 클래스의 성원이 아닌 임의의 영역이 어떤 난형체와 다수의 교차 부분에서 교차한다는 특성을 가진다. 그리고 난형체들의 부분 집합은 다양한 조건들을 충족시키고 있음을 볼 수 있다.

따라서 우리는, 그것의 영역이 상호 간에 그리고 우리가 난형체의 클래스에 귀속시킨 다른 영역들에 대해서 여러 관계들을 가지게 될, 여러 관계들을 갖는 그런 영역들의 클래스에 대한 정의로 나아간다. 다시 말하면, 우리는 단일의 난형체를 정의하지는 못하지만 난형체들의 클래스를 정의할 수는 있다. 그러한 클래스는 〈난형 ovate〉이라고 불릴 것이다. 난형의 클래스에 대한 정의는, 그 클래스의 개개의 성원이 가지고 있는 독특한 특성들이나, 그 성원의 부분 집합이 갖는 독특한 특성들을 열거함으로써 진행된다. 이렇게 열거하는 가운데 난형의 클래스를 소유하는 연장적 연속체는 그 클래스와 관련하여 차원적 dimensional이라는 것을 알게 될 것이다. 따라서 연장적 연속체에 있어서의 직선의 존재는 그 연속체의 차원적 성격과 결부되어 있다. 그리고 이 두 특징은 그 연속체 내의 영역들의 특정한 난형의 클래스에 상대적인 것이다. 연장적 연속체가 오직 하나의 난형의 클래스를 소유하게 되는 수도 있을 것처럼 보인다. 그러나 나는 그와 같은 특성을 확증해 내지 못했고, 또 그것은 이 논의를 위해 반드시 필요한 것도 아니다.

다음과 같은 예비적 정의는 편리하다.

정의 0.1. 〈난형의 추상적 집합 ovate abstractive set〉은, 그 성원이 모두 문제의 완전한 난형의 클래스에 속하는 추상적 집합이다.

난형의 클래스의 특징은 두 개의 군(群)으로 나뉜다. 그 하나는 (a) 비추상적 조건의 군이고, 다른 하나는 (b) 추상적 조건의 군이다.

정의 1. 영역들의 클래스는 다음의 두 군 (a)와 (b)에 속하는 조건을 만족시킬 때, 〈난형〉이라고 불린다.

(a) 비추상적 군

i) 난형의 클래스의 중첩되는 임의의 두 영역은, 그 난형의 클래스에도 속하는 유일한 교차 부분을 가진다.

ii) 난형의 클래스의 성원이 아닌 임의의 영역은, 그 클래스의 몇몇 성원들과 〈다수의 교차 부분〉에서 중첩된다(앞 장의 정의 6을 참조).

iii) 난형의 클래스의 임의의 성원은, 그 클래스의 성원이 아닌 몇몇 영역과 다수의 교차 부분에서 중첩된다.

iv) 외적으로 결합되고 있는 난형의 클래스의 임의의 성원 한 쌍은, 점들의 〈완결된 장소 complete locus〉(제2장, 정의 23 및 가정 27 참조)에서 접촉하거나 단일의 점에서 접촉하고 있는 그들의 표면 surface을 가진다.

v) 난형의 클래스에 속하지 않는 모든 영역은 그 클래스의 몇몇 성원과 외적으로 결합되어 있어서, 〈완결된 장소〉를 형성하고 있지 않는 점들의 집합에서 그들의 표면이 서로 접촉하고 있다.

vi) 난형의 클래스의 모든 성원은 그 클래스에 속하지 않는 어떤 영역과, 〈완결된 장소〉를 형성하지 않고 있는 점들의 집합에서 그들의 표면이 접촉하도록, 외적으로 결합되어 있다.

vii) 유한수(有限數)의 영역은, 난형의 클래스의 어떤 성원 속에 연대적으로 jointly 포함되어 있다.

viii) 만일 A와 B가 난형의 클래스의 성원이고, A가 B를 포함한다면, B를 포함하고 A에 포함되는 클래스의 성원이 있다.

ix) 난형의 클래스의 모든 성원에는, 전적으로 그 클래스의 성원으로 이루어지는 분해(分解, dissection)가 있다(앞 장의 정의 4 참조). 그리고 전체적으로 또는 부분적으로, 그 클래스에 속하지 않는 성원으로 이루어지는 분해가 있다.

(b) 추상적 군

i) 임의의 점의 성원들 사이에는 난형의 추상적 집합이 있다.

ii) 만일 두 개의, 또는 세 개의, 또는 네 개의 점의 임의의 집합이 고찰된다면, (a) 문제의 점들을 망라하고 있으며, (b) 하나의 난형의 추상적 집합과 동치(同値)가 되고 있다는 이중적인 조건과 관련하여 〈소 prime〉인 추상적 집합들이 있다.

iii) (a) 문제의 점들을 망라하고 있으며, (b) 난형의 추상적 집합과 동치가 되고 있다는 이중적인 조건과 관련하여, 그 어떠한 추상적 집합도 소일 수 없는, 다섯 개의 점으로 이루어진 집합들이 있다.

이 후자의 군에 대한 정의에 의해 문제의 〈연장적 연속체〉는 〈4차원적 four-dimensional〉이라고 불린다. 이와 유사하게, 임의적인 수의 차원을 갖는 연장적 연속체가 정의될 수 있다. 이 우주 시대에 있어 우리가 관계하고 있는 물리적인 연장적 연속체는 4차원적이다. 〈차원적(次元的)〉이라는 이 특성은, 연장적 연속체에 있어서 특정한 난형의 클래스에 상대적이라는 데 주목하기 바란다. 〈차원적〉 조건들을 제외하고, 모든 조건을 충족시키는 〈난형의〉 클래스가 있을지도 모른다. 또한 연속체는, 어떤 한 난형의 클래스와 관계되고 있는 어떤 수의 차원을 갖고 있으면서, 다른 어떤 난형의 클래스와 관계되는 다른 어떤 수의 차원을 갖고 있을 수도 있다.

아마도 연속성을 전제로 하는 유형의 물리적 법칙은, 두 개 또는 그 이상의 상이한 난형의 클래스가 지니는 직조(織造)된 특성에 의존하고 있을 것이다.

제 3 절

직선의 정의, 평탄한 장소, 차원.

가정 1. 현재의 우주 시대의 연장적 연속체에는, 앞의 절에서 말한 (a)와 (b)의 두 군의 특징을 갖는 난형의 클래스가 적어도 하나는 있다.

정의 2. 이러한 하나의 난형의 클래스는 α로 표시된다. 모든 정의는 이 선택된 난형의 클래스에 상대적으로 이루어질 것이다.

또 다른 난형의 클래스가 있는지의 여부는 이 논의와 상관이 없다. 만일 있다고 한다면, 이 또 다른 클래스와 관련해서 정의된 파생적인 존재는, α와 관련해서 정의된 것과는 전혀 다른 것이다. 우리의 논의를 위해서는, 이러한 하나의 클래스가 그 물리적 관계의 중요성으로 해서 우리의 관심을 끌고 있다는 것으로 충분하다.

가정 2. 만일 두 추상적 집합이 동일한 이중적 조건, 즉 (a) 점들의 주어진 군을 망라하고 있다는 조건 및 (b) 어떤 난형의 추상적 집합과 동치가 되고 있다는 조건과 관련해서 소prime라면 그 두 추상적 집합은 동치이다.

이 명제는 중요하기 때문에 증명이 필요하다.

증명. 두 개의 추상적 집합은 동일한 난형의 추상적 집합과 동치이든가, 아니면 서로 다른 추상적 집합들과 동치이다. 전자의 경우에 있어 요구되는 결론은 명백하다. 후자의 경우에 있어, μ와 ν를 두 개의 상이한 난형의 추상적 집합이라고 하자. 이 집합 μ와 ν는 각기 상술한 이중의 조건을 충족시킨다. 우리는 그것들이 서로 동치라는 것을 증명하지 않으면 안 된다. M과 N을 각각 μ와 ν에 속하고 있는 임의의 영역이라고 하자. 그렇다면 주어진 군의 여러 점에 속하는 추상적 집합들의 수렴 부분convergent portion은 궁극적으로, 그 모두가 M 속에 있으면서 동시에 N 속에 있는 그런 영역들로 이루어져 있어야 하기 때문에, M과 N은 교차된다. 그러나, M과 N은 난형이기 때문에 오직 하나의 교차만을 가지며, 또한 문제의 모든 점들은 거기에 위치해 있지 않으면 안 된다. 그리고 이 교차도 난형을 이루고 있다. 따라서 그러한 교차를 선별해 낼 때, 이중적인 조건을 충족시키면서, 또 μ와 ν 양자에 의해 망라되고 있는 제3의 추상적 집합이 발견될 수 있다. 그런데 μ와 ν는 이 조건과 관련하여 소 prime이기 때문에, 이 양자는 다 같이 이 제3의 추상적 집합과 동치이다. 따라서 그것은 서로 동치이다. 증명 끝.

계(系). 그러므로 이런 유형의 동일한 이중적인 조건과 관련하여 소인 모든 추상적 집합은 하나의 기하학적 요소에 속하는 것이 된다.

정의 3. 가정 2에서 거론된 것과 같은, 두 점의 집합으로 정의되는 단일의 기하학적 요소는 이 끝점 사이의 〈곧은〉 선분 straight segment이라고 불린다. 만일 이 집합이 두 점 이상으로 성립된다면, 그 기하학적 요소는 〈평탄 flat〉하다고 불린다. 〈곧은〉 선분은 〈평탄한 기하학적 요소〉라는 명칭으로도 포섭된다.

만일 점들의 집합이 가정 2에서 거론된 것과 같은 평탄한 기하학적 요소를 정의하고 있다면, 그 동일한 기하학적 요소는 이 점들의 어떤 부분 집합 sub-set에 의해 정의되는 일이 있을 수도 있다. 따라서 우리는 다음과 같은 정의를 가진다.

정의 4. 평탄한 기하학적 요소를 정의하고 있는 점들의 집합은, 그것이 동일의 평탄한 기하학적 요소를 정의하는 어떠한 부분 집합도 포함하고 있지 않을 때, 그 최저 항 lowest terms에 있다고 말한다.

가정 3. 양자가 다 같이 최저 항에 있는, 유한 개의 점들로 이루어지는 어떠한 두 집합도 동일의 평탄한 기하학적 요소를 정의하지 않는다.

정의 5. 〈곧은 선분〉에 부수하는 점들의 장소는 그 선분의 끝점 사이의 〈직선 straight line〉이라고 불린다.

정의 6. 평탄한 기하학적 요소에 부수하는 점들의 장소는 그 요소의 〈내실 content〉이라고 불린다. 그것은 또 〈평탄한 장소 flat locus〉라고도 불린다.

가정 4. 만일 점들의 임의의 부분 집합이 평탄한 장소에 있다고 한다면, 그 부분 집합도 그 주어진 장소의 내부에 포함되어 있는 평탄한 장소를 정의한다.

정의 6.1. 완결된 직선 complete straight line은 다음과 같은 점들의 장소이다. i) 그 장소의 임의적인 두 개의 성원을 연결시키고 있는 직선이 전적으로 그 장소의 내부에 있으며, ii) 그 장소 내의, 그 최저 항에 있는 부분 집합들 하나하나는 모두 한 쌍의 점으로 되어 있고, iii) 어떠한 점도 i)과 ii)의 특징의 하나 또는 양쪽을 훼손하지 않고서는 그 장소에 추가되지 못한다.

정의 7. 삼각형은 공선상(共線上, collinear)에 있지 않은 세 점에 의해 정의되는 평탄한 장소이다. 이 세 점은 그 삼각형의 꼭짓점 angular point이다.

정의 8. 평면 plane은 다음과 같은 비공선적인 non-collinear 점들의 장소이다. i) 그 장소의 임의의 세 비공선적인 성원에 의해 정의되는 삼각형이 전적으로 그 장소의 내부에 있고, ii) 그 장소 내 임의의 유한 개의 점은 그 장소에 전적으로 포함된 어떤 삼각형 속에 있으며, iii) 점들의 어떠한 집합도, i)과 ii)의 특징의 하나 내지 양쪽을 훼손하지 않고서는 그 장소에 추가될 수 없다.

정의 9. 사면체 tetrahedron는 공면상(共面上, coplanar)에 있지 않은 네 개의 점에 의해 정의되는 평탄한 장소이다. 이 네 개의 점은 그 사면체의 꼭짓점 corners이라고 불린다.

정의 10. 3차원의 평탄한 공간 flat space은 다음과 같은 비공면적(非共面的)인 점들의 장소이다. 즉 i) 그 장소의 임의의 네 개의 비공면적인 점에 의해 정의되는 사면체가 전적으로 그 장소의 내부에 있고, ii) 그 장소에 있는 어떠한 유한 개의 점들도 그 장소에 전적으로 포함되는 어떤 사면체 속에 있으며, iii) 점들의 어떠한 집합도, i)과 ii)의 특징의 하나 내지 양쪽을 훼손하지 않고서는 그 장소에 추가될 수 없다.

더 이상 정의나 명제를 전개한다는 것은, 우리의 당면 목적과 상관없는 수학상의 세부 사항들을 끌어들이는 것이 되겠다. 우리로서는 직선,

평면 및 3차원의 평탄한 공간의 독특한 특성들을 측정에 의존하지 않고, 연장적 연속체 속에서 발견할 수 있다는 것을 증명한 것으로 충분하다. 연속체의 체계적 성격은 연속체가 소유하는 하나 내지 그 이상의 난형의 클래스에 달려 있다. 여기에서는 〈차원적인〉 난형의 클래스의 특수 사례를 검토하였다.

제 4 절

인접성.

〈외적 결합 external connection〉의 개념의 중요성은 보다 상세히 논의될 필요가 있다.

우선, 주목해야 할 순수한 기하학상의 문제가 있다. 난형 영역 oval region들의 외적 결합에 관한 이론은 〈균등성 evenness〉이라는 유클리드의 개념에 빛을 던진다. 한 쌍의 난형체는(제3절 참조) 〈완결된 장소 complete locus〉나 단일의 점에 있어서 외적으로 결합될 수 있을 뿐이다. 이제 외적으로 결합된 한 쌍의 난형체의 표면에 공통된 점일 수 있는 〈완결된 장소〉라는 종(種)에 대하여 고찰해 보자. 한 점에서의 접촉이라는 사례는 제외한다. 그런데 이 종은 그리스인들이 〈균등한 even(ἴσος)〉이라는 용어로 의미하던 것을 가지고 있는 것처럼 보인다. 그러한 장소의 양쪽 측면 모두에 하나의 난형체의 내부와 다른 한 난형체의 외부가 있고, 따라서 그 장소는 〈오목한 면〔凹面〕〉과 〈볼록한 면〔凸面〕〉 concavity and convexity이라는 대비된 개념에 대해서 〈균등〉하다. 모든 〈균등한〉 장소가 〈평탄〉하며, 또 모든 〈평탄한〉 장소가 〈균등하다〉는 것은 ── 채택되었을 수 있는 주제의 특수한 논리적 전개에 따라 증명될 수도 있고 그렇지 않을 수도 있는 ── 여분의 〈가정〉이다.

논의되어야 할 두 번째 문제는 〈외적 결합〉의 물리적 중요성에 관한 것이다. 현실적 존재의 원자적 성격이 인정되지 않는 한, 제논의 논증 방법의 적용은 물리학을 지배하고 있는 연속적인 전달의 개념을 이해하기 어려운 것으로 만든다. 그러나 유기체 철학에서 채택한 〈현실적 계기〉라는 개념은, 물리적 전달에 대한 다음과 같은 설명을 가능케 한다.

두 개의 현실적 계기의 〈입각점〉을 구성하고 있는 영역이 외적으로 결합되고 있을 때, 이 두 현실적 계기를 〈인접적 contiguous〉이라 부르기로 하자. 이때에 중간적인 intermediate 현실적 계기가 존재하지 않기 때문에, 뒤의 계기 속에서의, 앞서는 계기의 객체화는 각별히 완벽하다. 임의의 주어진 계기에 있어서 객체화된, 앞선 인접적 계기들의 집합이 있을 것이다. 그리고 모든 객체화에 수반되는 추상화는 단지 이러한 객체화들의 필연적인 조화 necessary harmonization에 기인하고 있을 뿐일 것이다. 보다 소원한 과거의 객체화는 〈매개된 mediate〉 객체화라 불릴 것이며, 인접적 계기들은 〈직접적〉 객체화를 갖게 될 것이다. 매개된 객체화는 계기적(繼起的)인 직접적 객체화들의 다양한 경로를 통해서 전달될 것이다. 따라서 과학에서의 연속적 전달이라는 개념은, 연장성의 계기적 양자들 successive quanta의 경로를 통한 직접적 전달이라는 개념으로 대체되지 않으면 안 된다. 이러한 연장성의 양자들은, 계기적(繼起的)인 인접적 계기(契機)의 밑바탕이 되는 영역이다. 유기체 철학은, 하나의 계기가 그것과 인접되지 않은 후속의 계기에 직접적으로 객체화되고 있다는 것을 전면적으로 부정할 필요가 없다. 사실상 이와 정반대의 견해가 이 학설에서는 더 자연스럽게 생각될 것이다. 물리학이 〈원격 작용 action at a distance〉①을 끝내 부정한다면, 우리로서

① 공간적으로 떨어져 있는 두 물체 간에 작용하는 힘이 중간 매질의 상태의 변화를 수반하지 않고, 직접 순간적으로 전달되는 경우를 말한다. 물체 간에 작용하는 힘이 중간에 존재하는 매질의 물리적 변화를 통해서 전달되는 경우에는 근접 작용이라고 한다. 근대의 물리학은 원격 작용론에서 근접 작용론으로 이행했고, 맥스웰의 전자장 이론, 아인슈타인의 일반 상대성 이론에 있어서의 만유인력도 근접 작용으로 설명되었다. 근대 물리학의 이론을 화이트헤드가 어떻게 파악하고 있는가에 대해서는 『과학과 근대세계』, 특히 제7장 「상대성 원리」, 제8장 「양자론」에서 상세히 드러나고 있다.

는, 직접적 객체화가 인접적 계기들에 대한 것이 아닌 경우에는 실제로 무시될 수 있고 또 이처럼 실제로 무시될 수 있다는 것은 형이상학적 일반성을 갖는 것이 아니라 현재의 우주 시대의 특징일 것이라고 추론하는 것이 무난하겠다. 그리고 또 하나의 구별을 끌어들일 필요가 있다. 물리적 파악은 순수한 물리적 파악과 혼성적 hybrid인 물리적 파악이라는 두 종으로 구분된다. 순수한 물리적 파악은 그 여건이 선행하는 계기 ─ 그 자신의 물리적 파악들 가운데 하나에 의해서 객체화된 계기 ─ 인 파악이다. 혼성적 파악은 개념적 파악에 의해서 객체화된 선행 계기를 그 여건으로 가지고 있다. 따라서 순수 물리적 파악은 물리적 느낌의 전달인 반면 혼성적 파악은 정신적 느낌의 전달이다.

혼성적 파악을 위한 조건을 순수한 물리적 파악을 위한 조건과 동일시할 만한 근거는 어디에도 없다. 오히려 그 반대의 가설이 더 자연스럽다. 왜냐하면 개념적 극은 물리적 극의 등위적 가분성(等位的 可分性, coordinate divisibility)을 공유하지 않으며, 연장적 연속체는 그 등위적 가분성으로부터 도출되기 때문이다. 따라서 정신적 극에 있어서의 직접적 객체화와 물리적 극에 있어서의 간접적 객체화의 학설은, 현재의 우주 시대에 적용되는 유기체 철학과 가장 잘 조화되는 것으로 보인다. 이러한 결론은 텔레파시(정신 감응)의 특수 사례를 위한 증거에 의해서, 그리고 일상적인 사회적 교제에서 갖게 되는 느낌의 색조에 대한 본능적 이해를 통해서 경험적으로 확증되고 있다.

그러나 이러한 직접적인 객체화가, 가정적인 객체화의 경로에 따라 강화되기도 하고 약화되기도 한다는 것은 말할 것도 없다. 또한 순수한 파악과 혼성적 파악은 통합되기도 하며, 그래서 어쩔 수 없이 혼합되기도 한다. 따라서 오직 예외적인 상황에서만, 직접적인 혼성적 파악은 명석한 의식적 주시(注視)라는 주체적 형식을 받아들이기에 충분한 뚜렷한 선명도를 갖게 될 것이다.

제 5 절

요약.

우리는 지금까지 물리적 계기의 최초의 위상이 생겨나는 장소인 저 실재적인 가능태의 주요 특징을 추적해 왔다. 이 특징은 자기 형성의 모험을 통해서 주체의 구조 속에 짜여 있다. 현실적 존재는 물리적 극과 정신적 극 간의 상호 작용의 산물이다. 이렇게 해서 가능태가 현실태로 이행하게 된다. 그리고 연장적 관계는, 다른 개별적인 것들의 질적인 내용과 객체화에서 하나의 유한한 정합적 경험을 만들어낸다.

대체로 의식은 무시될 수 있다. 그리고 생생한 명제적 느낌에 있어서의 의식에로의 접근조차도 중요한 것이 못 되고 있다. 맹목적인 물리적 목적이 지배하고 있다. 물리적 및 정신적인 맹목적 파악은 물리적 우주의 궁극적인 벽돌 bricks이라는 것이 이제 분명해진다. 그러한 맹목적인 파악들은, 그것들의 연관된 발생과 그것들의 최종적인 합생을 지배하는 지향의 주체적 통일에 의해, 각 현실태의 내부에서 결합된다. 그것들은 또한, 그 주체들의 한계를 넘어서는 곳에서 결합하게 되는데, 이런 방식을 통해 하나의 주체에 있어서의 파악은 후속하는 주체의 파악에게 객체적 여건이 되고, 또 그래서 선행하는 주체는 후속하는 주체에 대하여 객체화된다. 파악들 간의 상호 결합의 이러한 두 유형은 그들 스스로 하나의 공통된 구도, 즉 연장의 관계성 속에서 결합된다.

〈연장 extension〉에 의해서 비로소 파악들 간의 결합은 내적 관계의 이중적인 국면을 취하게 되는데, 어떤 의미에서 아직도 그것은 외적 관계이다. 물리적 세계의 연대성이 그 개체적 현실태의 기술(記述)과 관련이 있을 수 있다면, 그 연대성이 오직 문제의 관계들의 근본적인 내재성 때문에 가능해지는 것이라는 점은 분명하다. 다른 한편으로, 만일 현실태들의 개체적 분산이 상당한 비중을 가질 수 있으려면, 그 현실태들이 외적인 것으로서, 즉 분할된 사물들 간의 결합으로 생각될 수 있는 측면이 이 관계들 속에 있지 않으면 안 된다. 연장적 구도는 이러한 이중적인 목적에 이바지한다.

물리학에 적용된 데카르트적 주관주의는, 단지 외적 관계만을 갖는 개체적 존재로서의 물체에 관한 뉴턴의 가설이 되었다. 우리는 데카르트가 물체의 원초적 속성으로 기술했던 것이 실제로는 현실적 계기들 간의, 그리고 현실적 계기들 내부의 내적 관계의 형식이라고 보기 때문에, 그와 의견을 달리한다. 이러한 사고의 변화는, 물리학의 기초가 되는 사상에 있어서의, 유물론으로부터 유기체론으로의 전환이다.

물리학의 언어로 말하면, 유물론으로부터 〈유기체적 실재론 organic realism〉 ── 이 새로운 전망을 그렇게 부르기로 한다 ── 으로의 변화는, 정태적인 물질 static stuff이라는 개념을 유동적인 에너지 fluent energy라는 개념으로 바꾸어놓은 것을 말한다. 이러한 에너지는 작용과 유동의 구조를 가지고 있으며, 그러한 구조를 떠나서는 이해될 수 없다. 이는 또한 〈양자(量子)〉의 요건들로 조건지어져 있다. 이러한 요건들은 하나하나의 파악들과, 이 파악들이 속해 있는 하나하나의 현실적 존재들이 물리학 속에 반영된 것이다. 수리물리학은 〈모든 사물은 흐른다〉는 헤라클레이토스의 격언을 자기 자신의 언어로 번역한다. 그래서 이 격언은 〈모든 사물은 벡터 vector이다〉가 된다. 수리물리학은 데모크리토스의 원자론도 수용한다. 그것은 그 원자론을 〈에너지의 모든 흐름은 '양자' 조건 quantum conditions에 따른다〉는 말로 번역한다.

그러나 궁극적인 과학적 개념의 현장에서 사라진 것은 공허한 물질적 존재 vacuous material existence ── 수동적으로 지속하고, 원초적인 개체적 속성을 가지며, 우유적(偶有的)인 모험을 겪는 ── 라는 개념이다. 물리적 세계의 몇몇 특징은 이러한 방식으로 표현될 수 있다. 하지만 이 개념은 과학과 우주론의 궁극적 관념으로서는 쓸모가 없다.

4장

변형

제 1 절

변형의 정의, 느낌은 그 객체적 여건의 한정의 형식 속에 평탄한 장소를 포함하고 있다. 변형의 〈자리〉. 변형과 물리적 행태. 전자기적 계기는 변형을 수반한다.

현실 세계에는 전적으로 불활성적인 사실 inert fact인 것이 하나도 없다. 실재하는 것은 모두 느껴지기 위해 거기에 있는 것이다. 그것은 느낌을 촉진하고, 또 느껴진다. 또한 단지 하나의 개체적인 현실태의 느낌의 사사성(私事性)에만 속한 것이라고는 아무것도 없다. 모든 창시(創始, origination)는 사적이다. 그러나 사적으로 창시된 것은 공적인 세계에 널리 퍼진다. 따라서 곧고 평탄한 장소에 관한 기하학적 사실들은 현실적 존재들의 느낌을 특징짓는 공적 사실 public facts이다. 그래서 이 우주 시대에 있어서는, 이러한 기하학적 사실을 포함한 느낌이 압도적으로 중요하게 되는 경우가 있게 된다. 여건 속에 예증된 형식이 곧고 평탄한 기하학적 장소와 관계하고 있는 그런 느낌은 〈변형(變形, strain)〉

이라고 불린다. 변형에 있어서, 기하학적 형식 이외의 질적 요소는 이러한 형식에 함의된 성질로서 나타난다. 또한 이 기하학적 형식들은, 문제의 물리적 느낌의 객체적 여건을 형성하고 있는 특수한 결합체에 있어 그 구성 요소가 되고 있는 형식들이다. 두 개의 점이 완전한 직선을 결정하고, 세 개의 비공선적(非共線的)인 점들이 완전한 평면을 결정하며, 네 개의 비공면적(非共面的) 점들이 완전한 3차원의 평탄한 장소를 결정한다는 점을 상기해야 한다.

따라서 변형은 기하학적 의미의 복합적인 분포를 가진다. 일정한 점의 집합인 장소의 유한한 집합으로 구성되고 있는 기하학적 〈자리 seat〉라는 것이 있다. 이러한 점은 경험 주체의 입각점을 한정하는 용적(容積)에 속해 있다. 변형은 보다 단순한 느낌들의 복합적인 통합이다. 그래서 그것은, 문제의 성질들이 보다 특수하게 이 자리와 결합되고 있는 그런 보다 단순한 느낌들을 자신의 복합적인 성격 속에 포함하고 있다. 그러나 변형의 증대를 지배하고 있는 기하학적 관심은, 이 변형의 자리에 의해 한정되는 완전한 선, 면 및 3차원의 평탄한 부분을 중요한 것으로 끌어올린다. 그 통합 과정에서 이러한 보다 폭넓은 기하학적 요소들은 보다 단순한 단계에서 성립된 성질들과 연관을 맺게 된다. 이 과정은 변환의 범주Category of Transmutation의 한 예이다. 그래서 이는 매개적인 개념적 느낌의 개입으로 설명되어야 한다. 따라서 문제의 기하학적 요소에 의해 침투되어 있는 연장적 영역은, 보다 단순한 느낌에서 파생되는 성질이나 기하학적 관계에 의해서 객체화된다. 이런 유형의 객체화는 성질과 일정한 기하학적 관계와의 긴밀한 연합으로 특징지어진다. 이는 소위 감각 여건의 〈투사〉projection of sensa라고 하는 것의 기초이다. 변형에서의 이러한 감각 여건의 투사는 각양각색의 변형간의 차이에 따라 여러 가지 형태를 취한다. 즉 어떤 때는, 이 〈자리〉가 그 개체적 중요성을 보유하기도 하고, 또 어떤 때는 그것이 최종적인 종합 단계에 있어, 하나의 변형으로의 느낌들의 최종적 종합으로부터 거의 제거되기도 한다. 또 어떤 때는, 보다 넓은 기하학적 요소에 의해 표시되는 연장적 영역 전체가 단지 막연하게만 기하학화 geometricized 되기도 한다. 이러한 경우에는 미약한 기하학적 표시가 있게 된다. 이 때 변형은 막연한 외적인 어떤 성질을 느끼는 막연한 형태를 취한다. 또 어떤 때는 연장적 영역이, 그 자리로부터 중요성을 제거하는 어떠한 대응도 함이 없이 기하학화되기도 한다. 이러한 경우, 이곳 here이라는 자리와 저곳 there이라는 어떤 객체화된 영역으로의 이중적인 관련 dual reference이 있게 된다. 지금 말한 이곳은 대개의 경우 동물 신체의 어떤 부분인 데 반해 기하학화된 영역은 문제의 동물 신체의 내부에 있을 수도 있고, 외부에 있을 수도 있다.

변형에 대한 중요한 느낌들이 합생의 복합적인 과정을 포함한다는 것은 분명하다. 따라서 그러한 느낌들은 단지 비교적 고도의 현실적 존재에서 발견될 수 있을 뿐이다. 그러한 느낌들은 어떠한 점에서도 의식을, 또는 우리가 생명과 결부시키는 유사 의식조차도 필연적으로 포함하고 있는 것은 아니다. 그러나 존속하는 물체의 행태는, 그 물체들의 변형의 특이성을 통해서만 설명될 수 있다는 것을 발견하게 될 것이다. 이와는 달리, 공허한 공간 속의 사건은 변형의 특이한 질서화에 대한 집중적인 강조를 필요로 하지 않는다. 그러나 질서화된 물리적 복합성의 증대는 변형들 간의 질서화된 관계성의 증대에 의존한다. 맥스웰의 전자기 방정식과 같은 수리물리학의 기본적인 방정식은 물리적 우주를 관통하는 변형들의 질서화를 표현하고 있다.

제 2 절

현시적 직접성은 변형을 수반한다. 신체를 지니고 있다는 것, 투사, 초점적 영역. 신체적 변형의 전달, 변환, 궁극적 지각자, 강조. 감각 여건의 투사, 현시적 직접성에서 변환된 인과적 효과. 광범한 단순화. 에너지의 여러 유형. 흄. 상징적 전이, 물리적 목적.

현시적 직접성(顯示的 直接性, presentational immediacy)은 감각 기관에 의한 동시적 세계의 지각이다. 그것은 물리적 느낌이다. 그러나 그것은 복합적 유형의 물리적 느낌이다. 그것의 형성을 위해서, 개념적 느낌과 보다 근원적인 물리적 느낌 및 변환이 통합 과정의 한복판에서 각기 자기 역할을 수행하고 있다. 그 객체적 여건은 일정한 성질과 관계를 분명하게 예시하고 있는, 동시적 사건들의 결합체이다. 이러한 성질과 관계는 근원적인 물리적 느낌에서 파생된 주체적 형식을 통해 파악되며, 우리의 〈사적인〉 감각 our private sensation이 된다. 마지막으로 모든 물리적 느낌의 경우와 마찬가지로 이 복합적이며 파생적인 물리적 느낌은, 어떤 유형의 경험으로서 그 개념적 실현에 내속하는 가치 평가와의 통합을 획득한다.

소박한 상식이 역설하는 것은, 우선 첫째로 이러한 느낌을 품고 있는 〈주체〉이며, 둘째로는 다음의 순서에 따르는 분석적인 구성 요소이다. 즉 i) 여건으로서의 동시적 세계 내의 영역, ii) 이 여건에서 파생되고, 그것을 예시하는 것으로서의 감각, iii) 이러한 요소들을 포함하고 있는 통합적 느낌, iv) 평가하는 주체적 형식, v) 해석하는 주체적 형식, vi) 목적적인 주체적 형식 등의 순서이다. 그러나 이러한 현시적 직접성의 분석은 그와 같은 느낌의 내용을 남김없이 논한 것이 아니다. 왜냐하면 우리는 신체를 가지고 with the body 느끼기 때문이다. 거기에는 어떤 특수한 감각 기관으로의, 그 이상의 어떤 특수화가 있을지도 모른다. 그러나 어떠한 경우에도, 신체를 〈가지고서라는 것 withness of the body〉은 우리의 현시적 직접성의 지각 속에, 비록 붙잡기 어려운 것이긴 하나 항상 현재하는 ever-present 요소이다. 이 〈가지고서라는 것〉은, 문제의 느낌에 의해서 그 주체적 형식과 그 객체적 여건 속에 비장된, 그 느낌의 발생의 흔적이다. 그러나 이 〈신체를 가지고서라는 것〉 자체는 최종적 〈만족〉을 구성하는 느낌으로서 격리될 수 있다. 이와 같은 관점에서 본다면, 신체 내지 그 감각 기관은 구성 요소인 느낌의 객체적 여건이 되며, 또한 이 느낌은 그 자신의 주체적 형식을 가진다. 또 이 느낌은 물리적이며, 따라서 우리는 객체적 여건으로서의 이 신체의 한정성의 결정자가 되어야 할 영원한 객체를 찾아보아야 한다. 이 구성 요소로서의 느낌은 신체적 효과성의 느낌으로 불리게 될 것이다. 그것은 그로부터 생기는 현시적 직접성의 느낌보다도 더 근원적이다. 상식적으로나 생리학적 이론상으로나 이 신체적 효과성은, 현시적 직접성에 의해서 전제되고 또 이것에 유도되는 구성 요소이다. 따라서 직접적 주체에 있어서 현시적 직접성은, 신체적 효과성의 느낌과 다른 느낌들과의 통합에 의해 후기 위상에서 성립되는 것으로 볼 수 있다. 이제 우리는 이들 다른 느낌의 본성과, 신체적 효과성의 느낌에 관여하고 있는 복합적인 영원한 객체를 고찰해 보지 않으면 안 된다.

우선 먼저 이 영원한 객체는 현시적 직접성의 최종적 느낌에 있어서의 영원한 객체와 부분적으로 동일시되어야 한다. 이 두 느낌의 결합에서 중요한 점은, 현시적 직접성이 신체적 효과성에서 파생된다는 것이다. 생리학의 교훈이 전적으로 폐기될 수는 없는 것이라면, 현재의 지각은 순전히 선행하는 신체적 활동으로부터 계승되고 있는 것이다. 양쪽의 영원한 객체는 고도로 복합적이며, 또 제2의 영원한 객체의 복합적 요소는 적어도 전자의 영원한 객체의 복합적 요소들 속에 포함되어 있어야 한다.

이 복합적인 영원한 객체는 감각 여건 sense-datum과 기하학적 패턴으로 분석될 수 있다. 물리학에서 이 기하학적 패턴은 그 느낌의 주체인, 신체 내의 현실적 계기의 변형 상태로서 나타난다. 그러나 최종적 지각자에 있어서의 이 신체적 효과성의 느낌은 신체 내의 선행하는 현실적 존재에 의한, 선행하는 느낌의 재연(再演)이다. 따라서 이 선행하는 존재 내에는, 동일한 감각 여건 및 지극히 유사한 변형의 상태와 관계되는 느낌이 있다. 이 느낌은 앞의 절에서 정의한 의미의 〈변형〉과 다름없다. 그런데 이 변형은 기하학화된 영역을 포함하고 있으며, 이러한 경우에 이 영역은 또한 그 자신의 일부로서 〈초점적 영역 focal region〉을 포함하고 있다. 이 〈초점적〉 영역은, 그 〈자리 seat〉에 의해 정의된 직선들의 조밀한 공점(共點) dense concurrence의 영역이다. 그것은 이른바 〈투사(投射, projection)〉라는 것이 행해지는 영역이다.

이러한 선들은 근원적으로 이 패턴의 〈자리〉와 관계되는 한층 더 단순한 느낌들의 통합 과정을 통해서 느낌 속으로 개입한다. 이런 선들은 느낌의 결정자로서 이중적인 기능을 가지고 있다. 그것들은 느끼는 자의 〈변형〉을 한정하고, 또 그것들이 느끼는 자와 그렇게 관계하는 초점적 영역을 한정한다. 우리가 단순히 하나의 추상적인 패턴을 단순히 고찰하고 있는 한, 우리는 하나의 추상적인 영원한 객체를 문제삼고 있는 것이다. 그러나 구체적 지각자에게 있어서의 구체적 느낌의 결정자를 고찰하고 있는 한, 우리가 문제삼고 있는 것은 그 주체(그 용적 속에 〈자리〉를 포함하고 있는)를 그 자신 밖의 일정한 공간적 영역(초점적 영역)과 관계짓는 것으로서의 느낌이다. 이 일정한 동시적인 초점적 영역은 객체적 여건의 부분인 결합체이다. 따라서 신체적 효과성의 느낌은, 계승된 변형에 의해서 기하학적으로 한정된(선행하는 〈자리〉와 초점적 영역의) 전 영역 속에 일반적으로 함축되어 있는 것으로서의 감각 여건의 느낌이다. 이 패턴화된 영역은 특히 느끼는 자의 신체 내의 최종적 〈자리〉에 의해, 그리고 최종적인 〈초점적〉 영역에 의해 좌우된다. 따라서 감각 여건은 두 개의 공간적 영역이 지배적인 것이 되고 있는 그런 일반적인 공간적 관계를 가지고 있다. 이런 종류의 느낌은 선행하는 신체적 신경으로부터 많은 가닥 strand을 통해 계승된 것이다. 그러나 현시적 직접성의 한정된 한 느낌을 고찰해 본다면, 신체적 효과성을 전달하는 이러한 다수의 가닥들은, 궁극적 지각자에게 최종적으로 넘겨질 때, 많은 신체적 〈변형〉에 의해 선택된 동일한 초점적 영역으로 수렴된다.

이러한 느낌들의 통합에 있어 변환의 이중적인 작용이 수행된다. 신체적인 신경 가닥의 계기(繼起)하는 현실적 존재들을 따라 전달되는 계기하는 각 느낌에는, 주된 문제가 되고 있는 두 개의 영역이 있다. 그리고 이 두 영역 간에는, 그 패턴의 연결로써 선택된 매개적 영역으로 이루어진 관계가 있다. 한 영역은 이미 논의했던 초점적 영역이며, 다른 한 영역은 그 기하학적 입각점을 구성하는 직접적 주체 내의 자리이다. 최종적인 현실적 존재의 〈변형〉은 〈자리〉와 〈초점적 영역〉 및 매개적 영역을 한정하며, 〈현재화된〉 공간 presented space을 보다 모호하게 한정한다. 신체적 〈변형〉—앞의 절에서 정의했던 의미에서—의 이러한 최종적 느낌은, 어떤 신경이나 신체 내의 별도의 통로를 따라 일련의 신체적 계기들이 한쪽에서 다른 쪽으로 계승되는 유사한 느낌들의 경로의 종착점이다. 거기에는 이와 유사한 느낌의 병행하는 경로들이 있을 것이다. 최종적으로 이것들은 병발적(倂發的)으로 보강 concurrent reinforcement되어, 궁극적 지각자인 단일의 계기 내지 계기들의 경로에로 수렴된다.

이러한 신체적인 변형 느낌 bodily strain-feelings은 각기 자신의 자리와 자신의 초점적 영역 및 매개자를 한정한다. 감각 여건은 그렇게 느껴지고 한정된 것으로서의 외부 세계와 모호하게 결부되어 있다. 그러나 이러한 느낌들이 점차적으로, 또는 신체 내부의 결정적인 마디에서 〈변환〉됨에 따라, 거기에 특유한 강조 emphasis가 증대되어 나타난다. 그런데 강조란 가치 평가 valuation이며, 새롭게 가치 평가됨으로써만 변화될 수 있다. 그러나 가치 평가는 개념적 느낌에서 출현한다. 이러한 물리적 느낌의 개념적 상관자는, 변형에 의해 한정된 영역과 감각 여건을 결합시키고 있는 다수의 개념적 느낌으로 분석될 수 있다. 특정의 영역과 연관된 이러한 개념적 느낌은 〈명제의 느낌〉이라고 불리는 이차적인 유형의 개념적 느낌에 속한다. 하나의 종속적인 명제적 느낌이 감각 여건을, 느끼는 자의 〈자리〉와 결합시키고, 또 하나의 종속적인 명제적 느낌은 감각 여건을, 느끼는 자의 〈초점적〉 영역과 결합시키며, 또 다른 종속적 명제의 느낌은 그것을, 느끼는 자의 매개적 영역과 결합시키고, 또 다른 종속적 명제의 느낌은 그것을 신경의 가닥 nervous strand에 선행하는 요소들의 자리와 결합시킨다. 감각 여건과 시-공과의 총체적 결합은, 동시적인 일정 영역이나 선행하는 일정 영역과의 지극히 다양한 결합으로 분석될 수 있다. 일반적으로, 그리고 고등의 유기체를 별도로 하고 말한다면, 감각 여건의 이러한 시-공적 결합은 막연한 외재성의 감각 vague sense of externality으로 통합된다. 이러한 경우에, 그 구성 요소가 되고 있는 여러 가치 평가는 여러 등급의 강도로 차별화(差別化)되지 않은 채로 있다. 그러나 현시적 직접성이 우세한 고등의 유기체들에 있어서는, 다음과 같은 세 가지 경우가 가능하다. 즉 i) 어떤 선행하는 몇몇 조의 느끼는 자의 자리와 감각 여건과의 결합이 배타적으로 강조되든가, ii) 최종 지각자의 초점적 영역과 감각 여건과의 결합이 배타적으로 강조되든가, iii) 선행하는 느끼는 자의 자리와 직접 느끼는 자의 초점적 영역과 감각 여건과의 결합이 강조되든가이다.

그러나 이들 영역은 일반적인 시-공적 연속체로부터 추상되어서는 이해되지 않는다. 어떤 영역에 대한 파악은 언제나, 직접 느끼는 자의 자리와 그 영역 간의 연장적 관계성 내의 체계적 요소에 대한 파악이다. 이러한 가치 평가가 이루어졌을 때, 변환의 범주는 그 감각 여건으로 규정된(즉 그 감각 여건과 대비된) 영역들의 느낌이 후속하는 주체에게 전달되도록 예비책을 마련한다. 우선 첫째로 순수한 신체적 감각이 있다. 둘째로는, 신체 밖의 동시적 공간의 영역을 포함하는 〈투사된〉 감각이 있다. 셋째로는 신체적 느낌 및 외적으로 투사된 감각이 있다. 따라서 모든 감각적 느낌의 사례에 있어서, 개념적 강조 conceptual emphasis가 갖는 최초의 사사성(私事性)은 물리적 느낌의 공공성(公共性)으로 이행한다.

그러므로 변환의 범주의 작용으로 말미암아, 식별되지 않은 현실적 존재를 동반한 결합체를 그 객체적 여건으로 하는 두 유형의 느낌이 있게 된다. 그 첫째 유형의 느낌은 〈인과적 효과성〉의 느낌이며, 둘째 유형의 느낌은 〈현시적 직접성〉의 느낌이다. 첫째 유형에서는, 신체적 결합체의 여러 현실태에 대한 다양한 느낌에 있어서 유사한 요소들이, 하나의 존재로서의 신체적 결합체에 귀속된 느낌으로 변환된다. 둘째 유형의 느낌에서는, 그 변환이 한층 더 다듬어져서는 문제의 결합체를 선행하는 신체적 결합체(즉 〈자리〉)로부터 동시적인 초점적 결합체로 옮겨놓는다.

이 두 유형의 느낌은 보다 고등의 현실적 존재의 특징인 광범한 단순화 massive simplification라는 복합적 과정의 결과이다. 이 두 유형은 공허한 공간 속의 현실적 계기의 구조에 있어서는 명백히 근소한 중요성밖에 갖지 않지만, 존속하는 유기체 ── 무기적인 것이건 유기적인 것이건 ── 의 생활사에 속하는 물리적 느낌에 있어서는 압도적인 중요성을 가진다.

문제가 되고 있는 감각 여건 sensa에 대해서 말한다면, 그것이 하나의 계기로부터 다른 계기로의 계승 경로에 따라 어떤 최종적인 고등의 경험 주체로까지 이행해 감에 따라 그 기능에 점차적으로 변환이 일어난다. 가장 근원적 형태의 기능에 있어 감각 여건은 그 단순한 개체적 본질이 정서적으로 향유되는 가운데 물리적으로 느껴진다. 예컨대 빨강 red은 그 단순한 붉음 redness이 정서적으로 향유되는 가운데 느껴진다. 이러한 근원적인 파악에서 우리는 원생적인 물리적 느낌 aboriginal physical feeling을 갖게 되는데, 이 느낌에서 주체는 스스로를 붉음을 향유하는 것으로 느끼고 있다. 이것이 다른 감각 인상과의 모든 공간적 관계를 박탈당한 흄의 〈감각 인상 impression of sensation〉이다. 그것들이 이처럼 근원적이며 원생적인 방식으로 생겨나고 있는 한, 흄의 말을 빌리면, 그것들은 〈미지의 원인에서 마음속에 일어나고 있는 것이다〉. 그러나 사실상 우리는 이처럼 궁극으로 불합리한 것들을 결코 고립시키지 못한다. 명석한 분석에서 그렇듯이 우리의 경험에서, 물리적 느낌은 항상 어떤 선행하는 경험 주체로부터 도출된다. 계기 B는 계기 A를, 정서적 강도를 가지고 어떤 감각 여건을 경험하는, 선행하는 경험 주체로서 파악한다. 또 B의 정서의 주체적 형식은 A의 주체적 형식에 순응되어 있다. 따라서 거기에는 A로부터 B로의, 어떤 감각 여건에 대한 정서적 느낌의 벡터 vector 전달이 있다. 이렇게 해서 B는 이 감각 여건을 A로부터 파생되는 것으로서 느끼며, 또 그것을 A로부터 역시 파생되는 정서적 형식으로서 느낀다. 이것이 인과적 효과성의 느낌의 가장 근원적인 형태이다. 물리학에서는 이를 에너지 형태의 전달로 본다. 고등한 동물 신체의 계기로부터 계기로의 신체적 전달에 있어서는, 이 감각 여건의 기능에 점차적인 수정이 있게 된다. 동물 신체 내의 최초의 계기를 위한 그 가장 근원적인 작용에 있어 감각 여건의 기능은 정서에 대한 규정이며, 이는 물리학의 언어로 말하면, 에너지의 여러 유형이다. 이 경로의 종점인 고등의 경험 주체를 위한 그 최종적 기능에 있어, 감각 여건은 현재화된 동시적 결합체에 〈내속하고 있는〉 성질이다. 최종적 지각자에게 있어 이 감각 여건의 근원적인 정서적 기능에 대한 의식적 느낌은, 종종 전적으로 결여되어 있다. 그러나 항상 그렇지는 않다. 예를 들면, 빨간 외투에 대한 지각은 종종 격렬한 초조감과 결부될 수도 있는 것이다.

〈감각 인상〉이 미지의 원인에서 생긴다는 흄의 학설(『인성론』, 제1편, 제3부, 제5절 참조)로 되돌아갈 때, 먼저 논리적 우선성을 물리적 우선성과 구별할 필요가 있다. 틀림없이 감각 인상은 논리적으로 가장 단순한 물리적 파악이다. 그것은 감각 여건을 그 자신의 합생에 관여하는 것으로서 느끼는 지각하는 계기이다. 이것이 사적 감각의 향유 enjoyment of a private sensation이다.

거기에는 그러한 감각을 근원적이고 원생적인 유형의 물리적 느낌으로 만드는 논리적 단순성이 있다. 그러나 감각 인상에 물리적 우선성을 부여하는 흄의 학설에 대한 두 가지 반론이 있다. 첫째는 경험에 의한 반론이다. 공통의 물리적 세계를 상정하는 데까지 다듬어놓은, 인상의 복합체에 관한 흄의 학설은 소박한 경험과 전적으로 모순된다. 우리는 공통의 세계 속에서 능동자와 수동자로서의 이중적인 역할을 하고 있으며, 의식적으로 인지된 감각 인상은 정교하게 다듬어진 작품이라고 볼 수 있다. 이것은 또한 『인간 지성론』 제3, 4권에서 논의되고 있는 로크의 학설이기도 하다. 어린아이는 처음에, 개별적인 사물들의 복합적인 외재성 complex externality을 뒤섞인 한정의 형식들을 지니고 나타나는 것으로 희미하게 설명하고, 그 다음에 가서 그러한 형식들에 대한 그의 인상들을 하나하나 풀어놓는다. 젊은이는 감각 인상과 함께 춤추는 경험을 시작하고 나서 상대가 누구인지를 추측하는 데로 나아가지 않는다. 그의 경험은 그 반대의 경로를 취한다. 흄에게서 유래되는 철학 유파의 비경험적 성격은 아무리 강조해도 지나치다고 할 수 없다. 진정한 경험주의적 학설은, 물리적 느낌은 그 기원에 있어 벡터이며, 발생적인 합생 과정이 사적 성격을 강조하는 요소를 이끌어들인다는 것이다.

둘째로 흄의 학설은 필연적 결과로서 불합리하다. 왜냐하면 감각 인상이 미지의 원인(이미 인용한 흄의 구절 참조)으로부터 일어난다면, 합리적 우주론을 합리적으로 탐구한다는 것은 더 이상 불가능하게 될 것이기 때문이다. 합리적 우주론이 요구하는 것은, 형이상학이 형상과 그것에 관여하는 임의의 계기 사이의 관련성에 관한 학설을 제공해야 한다는 것이다. 만일 그런 학설이 없다면 세계를 합리적으로 보려는 희망은 사라지고 만다.

흄의 학설은 그의 지지자들에게 주고 있는 즐거움 이외에는 장점으로 취할 만한 것이 하나도 없다.

유기체 철학은 그러한 관련성을 다음의 두 학설로 제공한다. 즉 i) 욕구의 기본적인 완결성을 구현하고 있는 신(神)에 관한 학설, ii) 신을 포함한, 우주의 합생을 가져오는 각 계기에 관한 학설이 그것이다. 그래서 개념적 재생의 범주 Category of Conceptual Reproduction에 의해, 신의 욕구 God's appetition와 다른 계기들에 대한 벡터적 파악은 개념적 파악의 정신적 극 mental pole에 귀착되고, 이 정신적 극과 순수한 물리적 파악과의 통합에 의해, 정서적 및 목적적인 주체적 형식을 수반한, 감각 여건에 대한 근원적인 물리적 느낌이 생기게 된다. 근원적 단순성을 띠고 있는 이러한 느낌은 벡터 파악과 개념적 욕구와의 통합으로 야기되는 제거 때문에 더욱 선명해진다. 그러한 근원적 느낌은 그 주체적 형식에서 분리될 수 없다. 주체는 수용자 recipient, 수난자 patient, 행위자 agent라는 삼중적인 성격을 잃는 법이 결코 없다. 이러한 근원적 느낌에 대해서는 이미 〈물리적 목적 physical purposes〉이라는 표제 아래에서(제3부, 제5장) 고찰된 바 있다. 이는 흄의 〈감각 인상〉에 해당된다.

그러나 이것은 경험의 과정을 창시하지 않는다.

현시적 직접성의 느낌은, 신체적 효과성에서 유도된 개념적 느낌과, 신체적 효과성의 복합적 느낌의 구성 요소이기도 한, 순수한 영역적 느낌 bare regional feeling과의 통합에 의해서 생겨난 것을 우리는 알고 있다. 그리고 이 순수한 영역적 느낌은 동시적 세계에 대한 우리의 직접적인 물리적 느낌의 전체인 총체적인 영역적 느낌 general regional feeling에 의해서 보강되고, 그 개념적 느낌은 물리적 목적의 발생에 의해서 보강된다. 이 통합은 신체적 효과성에 있어 구성 요소가 되고 있는 복합적인 영원한 객체를, 변형의 느낌에 있어서 느껴지는 어떤 동시적인 초점적 영역에 창조적으로 귀속시킨다는 형식을 취한다. 그리고 주체적 형식은 개념적 가치 평가 및 파생적인 〈물리적 목적〉으로부터 전달된다. 그러나 이 주체적 형식은 그것을 발생시킨 신체적 효과성에 적합한 것이다. 따라서, 귀속되는 영원한 객체를 갖는 영역 그 자체는, 마치 그것의 효과에 대한 느낌이 있었던 것처럼 느껴진다. 그러나 동시적 영역의 상호적인 효과란 존재하지 않는다. 이러한 주체적 형식의 전이(轉移, transference)는 〈상징적 전이〉[1]라 불린다.

가치 평가를 수반한 부가적인 개념적 느낌은 현시적 직접성에 대한 이와 같은 물리적 느낌에서 생긴다. 그것은 그렇게 성격지어진 어떤 영역에 대한 개념적 느낌이다. 이는 현시적 직접성의 순수한 객체적 여건에 고유한 심미적 가치 평가 aesthetic valuation이다. 그러나 이 가치 평가는 상징적 전이에 의해 개념적 파악에서 얻은 것만큼 근원적인 것이 아니다. 근원적인 주체적 형식은, 마치 동시적 영역이 그 자신의 고유한 구조에 의해서 인과적 효과성을 지각 주체에게 끼치기나 한 것처럼 가치 평가를 포함하고 있다. 이차적인 가치 평가는 단순한 사실에 대한 심미적 평가 aesthetic appreciation이다. 이 단순한 사실은 그렇게

1) 버지니아 대학에서 내가 3회에 걸쳐 행한 바버-페이지 강연으로 이루어진 『상징 작용』(뉴욕 : 맥밀런, 1927 ; 케임브리지 대학교 출판부, 1928) 및 상술한 제2부, 제8장 참조.

규정된, 그 영역에 지나지 않는다. 따라서 오관을 통해서 느껴진 동시적 세계는 그 자신을 위해 후기의 개념적 느낌에 의해서 가치 평가되기도 하지만, 또한 파생적인 〈물리적 목적〉과 결부된 전기의 개념적 느낌으로부터의 변환 transmutation에 의해서, 선행하는 신체적 효과성에서 파생되기 위해 가치 평가되기도 한다.

그러나 이러한 작용 가운데 그 어느 것도, 자연을 떠나 정신의 주체적인 사적 성격 속으로 격리될 수 없다. 정신적 작용과 물리적 작용은 풀어헤칠 수 없게 서로 얽혀 있고, 이 양자는 모두 공공성(公共性)의 한가운데에 나타나고 있으며, 공공성으로부터 파생된다. 파악의 벡터 성격은 근본적인 것이다.

제 3 절

무관련성의 제거, 체계적 질서에 대한 광범위한 주의력. 대비의 설계. 동시적 독립성의 중요성. 지속하는 객체의 이점.

고등 유기체의 특징은 부정적 파악에 의해서 그 환경 내의 무관련적인 우유성(偶有性)을 제거하고, 체계적 질서의 온갖 다양성에로 광범위한 주의 massive attention를 끌고 가는 데에 있다. 이 목적을 위해서 변환의 범주는 주요 원리가 된다. 이 범주의 작용에 의해서 각 결합체는, 그 자신의 성원들 간의 유비성(類比性, analogies)의 견지에서 또는 자신과 연관되는 다른 결합체의 성원들 간의 유비성의 견지에서 파악될 수 있다. 이런 방식으로 문제의 유기체는 사물들의 단순한 잡다성(雜多性)을 억제하면서, 자기 자신의 대비를 설계한다. 예술의 규준은 경험의 깊이를 위해서 필수적인 것들을 특수화된 형태로 표현한 것에 지나지 않는다. 도덕의 원리도 이와 같은 필수적인 것들을 별개의 결합으로 표현한다는 점에서 예술의 규준과 동류이다. 동시적인 현실적 존재들이 상대적 독립성에 있어서 생긴다는 원리로 인하여 동시적인 현실적 존재들의 결합체는 다른 결합체로부터 자신에게로의 체계적 성질의 이러한 전이에 특히 적합하다. 왜냐하면 변환의 범주가 작용하는 데 있어 난점이 생기게 되는 것은, 한 결합체의 개개의 존재들 간에 편재하는 특성이, 통일체로서 다루어지는 별개의 결합체로 전이되어야 할 때이기 때문이다. 이 난점은, 수용하는 결합체의 개개의 현실태가 또한 자신의 결합체에게로 전이되기를 똑같이 요구하는 체계적 특성에 의해서, 지각 주체에 있어 각각 객체화되는 것이다. 그러나 이 후자의 결합체는 다른 전이의 수용자가 되어야 할 결합체이다. 따라서 같은 결합체의 객체화를 이루어내려고 서로 경합하는 성질들이 있게 된다. 그 결과는 약화 attenuation이며, 제거 elimination이다.

수용하는 결합체가 지각 주체와 동시적인 현실적 존재들로 이루어져 있을 때, 이 난점은 해소된다. 왜냐하면 동시적 존재들은 그 자신의 느낌들 가운데 그 어느 것을 통한 객체화에 의해서도 지각 주체의 구조에 개입하지 않기 때문이다. 그래서 그 주체와의 유일한 직접적 결합은 그것들이 동일한 연장적 도식 속에 포함되어 있다는 것이다. 따라서 지각 주체와 동시적인 현실적 존재의 결합체는, 선행하는 결합체로부터 파생되는 특성이 자신에게로 전이되는 것을 억제하는 그 밖의 다른 어떠한 특성도 소장(所藏)하고 있지 않다.

고등의 지각자 high-grade percipient란 필연적으로 존속체의 역사적 경로에 들어 있는 하나의 계기 occasion이다. 만일 이 경로가 성공리에 미래를 향해서 자신을 전파시키려고 한다면, 무엇보다도 필요한 것은 직접적 계기에 있어서 그 결단이 동시적 계기들 간의 병발적(倂發的) 사건들 concurrent happenings과 최대한의 밀접한 관련을 갖는 것이다. 왜냐하면 이 동시적 존재는 가까운 미래에, 이 존속체의 미래적 구현에 있어 〈직접적 과거〉를 형성할 것이기 때문이다. 이 〈직접적 과거〉는 압도적인 영향력을 가진다. 왜냐하면 더 먼 과거로부터 전달되는 모든 경로는 그곳을 통과해야 하기 때문이다. 따라서 동시적 계기들은 아무런 말이 없다. 그러나 그럼에도 불구하고 이들은 존속체의 생존을 위해서는 가장 중요한 것이다.

지각 주체의 경험에 있어서의 이러한 간극은 현시적 직접성으로 메워진다. 이런 유형의 경험은 현재 속에 반영된 과거의 교훈이다. 보다 중요한 동시적 계기는 가까운 곳에 있는 계기들이다. 이들의 현실 세계는 사실상 지각 주체의 현실 세계와 동일하다. 이 지각자는 그 자신의 과거로부터 계승한 영원한 객체를 매개로 하여 동시적 계기들의 결합체를 파악한다. 그것은 또 이렇게 파악된 동시적 결합체를 변형——그 초점적 영역은 결합체의 과거에 있어서 중요한 요소이다——의 효과에 의해서 선택한다. 따라서 성공적인 유기체에 있어서 현시적 직접성은——그것이 동시적 세계에 대한 아무런 직접 경험도 산출하지 않는다고는 하지만, 또 불운한 경우, 그것이 산출하는 경험이 부적절한 것이 될지도 모르긴 하지만——그 동시적 세계가 실제로 그 자신의 과거로부터 어떻게 출현했는지를 표현하고 있는 경험을 산출한다.

현시적 직접성은 동시적 세계에 관한 정보를 획득하는 것이 상책——그것은 때때로 오해를 유발시키기도 하지만——이라는 원칙에 따라 작용한다.

제 4 절

구조적 체계, 개별적 변화를 버리는 것. 물체는 변형의 장소를 수반한다.

경험의 깊이는 환경의 체계적인 구조적 조직을 집중적으로 강조함으로써, 그리고 개개의 변화를 버림으로써 얻어진다. 체계적 구조의 요소는 모두 강조되고 개개의 변이(變異) individual aberration는 모두 뒷전으로 밀려난다. 추구되는 다양성은 구조의 다양성이지 결코 개체들의 다양성이 아니다. 예를 들면 우리는 존속체의 역사적 경로인 구조적인 체계적 결합체와의 비교에서 공허한 공간을 무시한다. 보다 진보한 유기체는 모든 가능한 방식으로, 체계적 구조의 견고한 요소를 수반한 결합체를 강조하기 위해서, 자신의 경험을 단순화한다.

이 원리를 추구함에 있어, 이러한 유기체 내의 다양한 변형에 의해서 기하학화된 영역들은 동시적 세계 속에 있을 뿐만 아니라 그 동시적 세계에서 하나의 통일된 장소를 강조하기 위해 합체(合體)한다 coalesce. 이 선정된 장소는 변형과 결부된 직선과 평면 및 3차원의 평탄한 장소에 의해서 침투되어 있다. 이것이 어떤 존속체의 역사에 들어 있는 어느 한 계기에 속하는 〈변형의 장소 strain-locus〉이다. 이 계기는 문제의 직접적인 지각 주체이다. 이러한 각 계기는 그 모든 변형에 이바지하는 하나의 변형의 장소를 가지고 있다. 다양한 변형의 초점적 영역은 모두 이러한 변형의 장소 내부에 있으며 일반적으로 뚜렷이 식별된다. 그러나 전체로서의 변형의 장소는 모든 변형에 공통된다. 각 계기는 그 자신의 변형의 장소 내에 있다.

〈정지 rest〉라는 용어의 의미는, 어떤 계기와 그 변형의 장소와의 관계 ── 만일 그러한 것이 있다면 ── 이다. 통일된 변형의 장소를 가지고 있지 않은 계기는, 그것이 〈정지〉의 관계를 가질 만한 그런 지배적 장소를 갖지 않는다. 계기라는 것은 그 변형의 장소에 〈정지해 있다〉. 이는 공허한 공간 속에 있는 한 계기를 놓고 그것이 어떤 장소와 관련하여 〈정지하고〉 있는지 어떤지를 묻는 것이 무의미하게 되는 이유이다. 왜냐하면 이러한 계기는 변형의 장소를 전혀 가지고 있지 않음으로 인해, 〈정지〉의 관계가 그것에 적용되지 않기 때문이다. 변형의 장소란 지각하는 계기의 여러 변형의 느낌 strain-feelings에 의해 철저하게 기하학화되는 장소를 말한다. 그것은 직선과 모든 차원의 평탄한 장소의 대륙(大陸)이 되고 있다는 특성을 가지고 있지 않으면 안 된다. 따라서 그 경계는 교차 부분을 갖지 않는 3차원의 평탄한 장소일 것이다. 변형의 장소는 3차원의 평탄한 장소와 가깝지만 사실은 시간의 두께 time-thickness를 갖는 4차원적인 것이다.

제 5 절

포함된 다양한 장소, 인과적 과거, 인과적 미래, 동시적인 것, 지속, 지속의 부분, 지속의 미래, 현재화된 지속, 변형의 장소.

이 장의 앞 절들과 제2부, 제4장의 여러 절을 통해서 논의된 바를 돌이켜본다면, 임의의 한 현실적 계기 M과 관련하여 일곱 개의(단 제8절* 을 참조) 뚜렷한 요건들이 다른 현실적 계기들로 이루어진 장소를 한정한다는 것을 알 수 있다. 우선 첫째로 인과적 효과성, 즉 M의 〈인과적 과거〉와, M의 〈인과적 미래〉의 M과 〈동시적인 것〉에 의해 한정되는 세 개의 장소가 있다. M의 인과적 과거에 속하는 현실적 계기 P는, 그 자신(즉 P)의 느낌의 성질 및 느낌의 강도에 대한 전망적 표상 perspective representation에 의해서, M에게 객체화된다. P로부터 M에 이르는 느낌의 양적이고 질적인 벡터적 흐름이 있다. 이렇게 해서 주체적인 것으로서의 P가 이 M에게 객체적으로 속하게 되는 것이다. M의 인과적 미래에 속하고 있는 현실적 계기 Q는, M에 대한 P의 관계와 비교해 볼 때, 역의 관계에 있다. 왜냐하면 이 인과적 미래는 M을 각자의 인과적 과거에서 갖게 될 현실적 계기들로 구성되어 있기 때문이다. M과 동시적인 현실적 계기인 R과 S는 M의 인과적 과거에도 없고 M의 인과적 미래에도 없는 현실적 계기이다. M과 동시적인 것들의 장소의 특이성은 R과 S와 같은 임의의 두 성원이 반드시 동시적일 필요는 없다는 것이다. 그것들이 서로 동시적인 것일 수는 있다. 그러나 반드시 동시적일 필요는 없다. 〈동시성〉에 관한 정의의 형식에서 볼 때, 만일 R이 M과 동시적이라면 M은 R과 동시적이라는 것이 분명하다. M과 동시적인 것들의 장소의 이 특이성——즉 R과 S는 양자 모두 M과 동시적인 것이

* 〈제6절〉을 〈제8절〉로 변경하고, 방점을 제거한다. 이 참조는 제2부, 제4장, 제8절을 말한다.

지만 서로 동시적인 것이 아닐 수도 있다는——은 장소들의 또 다른 집합을 가리키고 있다. 〈지속 duration〉은 다음과 같은 현실적 계기들의 장소이다. 즉 (α) 이 장소의 임의의 두 성원은 동시적인 것이고, (β) 이 지속에 속하지 않는 모든 현실적 계기는 그 지속의 몇몇 성원의 인과적 과거에 있든가, 아니면 인과적 미래에 있게 되는 그러한 장소이다.

지속은 〈생성의 일치 unison of becoming〉 속에 있든가, 아니면 〈합생적 일치 concrescent unison〉 속에 있는 현실적 계기들의 완결된 장소이다. 그것은 구식의 〈세계의 현재적 상태 present state of the world〉이다. 어떤 주어진 지속 D와 관련하여, 현실 세계는 서로 배타적인 세 개의 장소로 구분된다. 그중의 한 장소는 지속 D 자체이다. 다른 한 장소는 D의 일부 성원들의 과거 속에 있는 현실적 계기로 이루어진다. 이 장소는 〈지속 D의 과거〉이다. 나머지 한 장소는 D의 일부 성원들의 미래 속에 있는 현실적 계기로 이루어진다. 이 장소는 〈지속 D의 미래〉이다.

어떤 계기 M을 포함하는 지속은 그 정의에 의해서, M과 동시적인 것의 장소에 있어야 한다. 상대성 이론 이전의 시간의 고전적인 관념에 따른다면 M을 포함하는 지속은 오직 하나밖에 없으며, 또 그것은 M과 동시적인 것들을 모두 포함할 것이다. 현대의 상대성 이론에 따른다면 M을 포함하는 지속에는 다수——실제로는 부정수(不定數)——가 있으며, 따라서 이들 지속 중에서 M과 동시적인 모든 것을 포함하는 것은 하나도 없다는 것을 인정해야 한다.

따라서 지속 D의 과거는 D에 속하는 임의의 현실적 계기——예컨대 M——의 과거 전체를 포함하고, 또 M과 동시적인 것들 가운데 일부도 포함한다. 그리고 지속 D의 미래는 M의 미래 전체를 포함하고 M과 동시적인 것들 중의 일부도 포함하고 있다.

지금까지 우리는 현실적 계기 M으로부터 출발하여, 〈인과적 효과성〉에서 파생된 관념에 의해서 순수하게 한정되는 여섯 개의 장소 내지 장소의 유형을 찾아냈다. 이러한 장소로는 M의 인과적 과거, M의 인과적 미래, M과 동시적인 것, M에 의해 한정된 지속의 집합이 있으며, 마지막으로 D라고 불리는 이러한 임의의 지속을 전형적인 것으로 본다면, D의 과거와 D의 미래가 있다. 그러므로 M에 의해서 유일하게 한정되는 인과적 과거, 인과적 미래, 그리고 동시적인 것이라는 세 개의 특정한 장소가 있고, M에 의해서 한정된 지속의 집합, 〈지속하는 과거〉의 집합, 그리고 〈지속하는 미래〉의 집합이 있다. 현대의 상대성 이론에 의해 도입된 패러독스는 이중적이다. 우선 첫째로, 모든 현실적 계기의 일반적 특징으로서, 현실적 계기 M은 유일한 지속을 한정하지 않는다. 둘째로, 이러한 유일한 지속은 만일 그것이 한정된다고 하더라도, M과 동시적인 모든 것을 포괄하지는 않는다.

그러나 지속의 집합에는 M과 유일하게 연합한 하나의 지속이 있을지도 모른다. 왜냐하면 현시적 직접성의 양태는 M에 대해서, 하나의 특수한 지속 속에서 현실적 계기들을 객체화시키기 때문이다. 이것이 〈현재화된 지속 presented duration〉이다. 이렇게 현재화된 지속은 〈존속하는 물체 enduring physical object〉의 성격에 들어 있는 요소이다. 그것은 사실상 변형의 장소와 동일하다. 이 장소는 정지, 속도, 가속도와 같은 개념에 어떤 절대성이 있게 되는 근거가 된다. 왜냐하면 이 현재화된 지속은, 물체가 그 계기 M에게 있어 적어도 순간적으로 정지하고 있는 그런 공간화된 세계이기 때문이다. 이 공간화된 세계는 문제의 현실적 계기, 즉 M의 인과적 과거로부터 계승된, M 자신의 느낌의 색조 feeling-tones의 제약된 범위 내에서, M에 대하여 객체화된다. 따라서 현재화된 지속은 독특한 활기를 띤, 현실적 계기의 부분적인 성격이 된다. 각기 자신의 현재화된 지속을 갖는 현실적 계기의 역사적 경로가 물체를 구성하고 있다.

현재화된 지속의 객체화에 대한 우리의 부분적 의식은, 그것이 감각으로부터 도출되는 한, 현재의 세계에 대한 우리의 지식을 구성하고 있다. 객체화란 어떤 현실적 계기(M)가 그것으로부터 느낌의 연속적 위상을 창시하게 되는 그런 객체적 조건을 구성하는 것이라는 점을 상기한다면, 가장 일반적인 의미에서 이러한 객체화는 외계(外界)가 그것에 의해서 문제의 현실적 계기를 형성하게 되는 그런 인과성을 표현하고 있다는 것을 인정해야 한다. 따라서 현재화된 지속의 객체화는 그 동시적인 것에 의한, M에 대한 결정에 있어서의 그 실재적인 효과 real efficacy의 회복을 반영하고 있다. 이러한 객체화를 야기하는 영원한 객체가, M이 과거로부터 도출한 느낌의 색조에 속한다는 것은 확실하다. 그러나 그것은 M과 현재화된 지속에게 대체로 공통되는 과거이다. 그래서 과거의 매개에 의해서, 현재화된 지속은 M이 산출되는 데에 그 효과를 발휘하고 있다. 이 효과는 동시적 계기가 서로 독립해 있다는 원리를 훼손하지 않는다. 왜냐하면 현재화된 지속 속의 동시적 계기들이 효과를 발휘하게 되는 것은 그들의 원천이 되는 느낌의 색조를 통해서이지, 그들 자신의 직접적 느낌의 색조를 통해서가 아니기 때문이다.

따라서 베르그송이 세계의 〈공간화 spatialization〉를 지성에 의한 왜곡의 탓으로 돌리는 한, 그의 생각은 잘못된 생각이다. 이 공간화는 존속하는 물체의 생활사에 속하는 모든 현실적 계기의 물리적 구조에 있어서 실재적 요인인 것이다. 이른바 〈공허한 공간〉 내의 현실적 계기에 있어, 어떤 지속이 공간화를 위해서 선정되었다는 것을 믿을 만한 이유는 어디에도 없다. 즉 현시적 직접성의 양태에 있어서의 물리적 지각이 이러한 계기에서는 무시될 수 있다는 것은 근거 없는 주장인 것이다. 존속하는 물체의 정지와 운동의 실재성은, 역사적 경로의 도상에 있는 계기에 있어서의 이러한 공간화에 기초를 두고 있다. 현재화된 지속은, 존속하는 객체가 그것에 대하여 순간적으로 정지하고 있는 그런 지속이다. 그것은 존속하는 객체의 생활사에 들어 있는 계기의 변형의 장소가 되고 있는 지속인 것이다.

5장

측정

제 1 절

변형의 장소와 지속을 동일시하는 데에는 단지 근사성이 있을 뿐이다. 여러 정의의 비교. 변형의 자리, 투사자. 변형의 장소와 현시적 직접성.

변형의 장소와 지속을 동일시하는 데에는 단순히 경험적 증거에 근거한 근사성이 있을 뿐이다. 양자의 정의는 전적으로 다르다. 지속이란, 그것의 모든 성원이 상호 간에 동시적인, 그런 현실적 계기들의 완결된 집합이다. 이 특질은 성원들이 〈직접성의 일치〉를 향유하고 있다는 진술로 표현된다. 이 완결성 completeness은 어떠한 다른 현실적 계기도 이 직접성의 일치를 훼손하지 않고서는 그 집합에 추가될 수 없다는 사실에 있다. 이 집합에 속하지 않는 계기들은 모두 이 집합의 어떤 성원의 과거나 미래 속에 있으면서 이 집합의 다른 성원과는 동시적이다. 어떤 계기가, 한 지속의 일부의 성원의 과거에 있느냐 미래에 있느냐에 따라 그 계기는 그 지속의 과거에 있다거나 미래에 있다고 말해진다.

어떠한 계기도 한 지속의 과거와 미래 모두에 있을 수는 없다. 따라서 지속이라는 것은 그것의 과거와 미래 사이에서 세계의 울타리를 이루고 있다. 계기들의 임의의 경로——거기에서는 근접하는 성원들이 접촉하고 있고, 어떤 지속의 과거와 미래의 성원을 포함하고 있는 경로——는 그 지속의 하나 내지 그 이상의 성원을 포함하고 있지 않으면 안 된다. 이것이 지속의 개념이며, 이는 이미 설명된 바 있다(제2부, 제4장, 제8-9절 참조).

변형의 장소에 대한 정의(앞의 장 참조)는 문제의 경험 주체를 포함하고 있는 결합체의 객체화에 있어서의 기하학적 형식의 요소인 기하학적 요소에 전적으로 의존하고 있다. 이 요소들은 i) 경험하는 계기들이 갖는 영역적인 입각점의 용적(容積) 내에 있는 점들의 집합과, ii) 이 점들의 모든 쌍 pairs에 의해 한정되는 직선의 집합이다. 이 점들의 집합은 변형의 〈자리 seat〉이며, 직선의 집합은 투사자들 projectors의 집합이다. 이러한 투사자들에 의해 침투되어 있는 완결된 영역이 변형의 장소이다. 변형의 장소는 두 개의 〈평탄한〉 3차원의 면에 의해 한계지어진다. 이 자리의 일부의 성원이 이 변형의 느낌 strain feeling에 있어서 특별한 기능을 가지고 있을 경우, 이러한 점들의 쌍을 서로 결합시키는 투사자들은 그 변형의 장소 내의 종속적 영역을 한정할 수도 있다. 이 종속적 영역은 〈초점적 영역〉이라고 불린다.

현재의 우주 시대에 있어서 변형의 장소 strain-loci는 그 경험 주체와 동시적인 것들로 국한되어 있는 것처럼 보인다. 사실 〈변형의 장소〉는 현시적 직접성의 양태에 있어서의 지각을 위한 본질적인 구성 요소로서 생겨난다. 이러한 지각 양태에 있어서는 이와 같은 각 경험자를 위한 독자적인 변형의 장소가 있다. 정지와 운동은 실재적인 변형의 장소나 잠재적인 변형의 장소와 관련하여 한정될 수 있다. 따라서 물체——이것에 있어 역학은 중요한 것이 된다——를 구성하고 있는 분자들은 그들의 파악과 결부된 독자적인 변형의 장소를 갖는 것으로 추정될 수도 있다.

지속과 변형의 장소에 관한 이론을 이렇게 요약해 놓고 보면 그 정의들이 전적으로 별개의 것임을 알 수 있다. 경험 주체〔계기〕의 변형의 장소와, 그 주체〔계기〕를 자기의 성원 속에 포함하는 지속 사이에 어째서 밀접한 연합이 있어야 하는가 하는 물음은, 상술한 정의로부터 답변될 수 없다. 인류가 변함없이, 현재화된 세계를 그와 같은 지속으로 이루어진 것이라고 보고 있다는 것은 경험적 사실이다. 이 지속은 감각에 의해 직접 지각된 동시적 세계이다. 그러나 밀접한 연합이 반드시 무조건적인 동일시를 포함하는 것은 아니다. 과학 이론에 따라 우주론을 구상함에 있어, 이 연합된 쌍associated pair, 즉 변형의 장소와 현재화된 지속은 하나의 동일한 연장적 영역을 포함하고 있지 않다고 가정해도 무방할 것이다. 이 차이는 비록 과학 이론에 있어서는 중요할지 모르지만 의식적 지각의 관점에서 보면 무시될 수 있는 것이다.

제 2 절

변형의 장소는 전적으로 경험자에 의해 결정된다. 자리와 투사자는 초점적 영역을 결정한다. 동물 신체는 결정의 유일한 작인. 동시적 세계의 실재적 가능태의 생생한 현시. 직선의 새로운 정의는 이 이론을 해명한다. 여러 가지 표현 방식, 직접적 관찰에 대한 해석. 데카르트의 내관*Inspectio*, 상념적 실재*Realitas Objectiva*, 판단*Judicium*.

〈투사된〉 감각 여건projected sensa을 〈2차 성질〉로서 특징짓는 말투를 낳았던 관념은 〈변형의 장소〉와 그것들과 연합된 〈현재화된 지속〉 간의 근본적인 차이에서 생겨난다. 변형의 장소는 전적으로 문제의 경험자에 의해서 결정된다. 그것은 전적으로 이 경험 주체의 입각점인 연장적 영역 내에 있는 기하학적 요소들에 의해 한정된다고는 하나, 그 경험 주체를 넘어서서 무한히 뻗쳐 있다. 이 영역 내의 점들의 집합인 그 변형의 장소의 〈자리〉는 〈투사자〉라고 불리는 직선의 도움으로, 완결된 변형의 장소를 이렇게 한정해 내는 데 충분하다. 이러한 직선은 결합체인데, 이 결합체의 기하학적 관계는 그 결합체를 여건으로 갖는 변형의 느낌에 있어서 구성 요소가 되고 있는 형식들이다. 현시적 직접성은 변형의 느낌과 〈물리적 목적〉의 통합에서 생긴다. 따라서 변환의 범주에 의해, 〈물리적 목적〉에 포함된 감각 여건은 투사자에 의해 한정된 어떤 외적인 초점적 영역 위에 투사된다.

현시적 직접성과 변형의 장소에 관한 이 이론이 순수 연장성에 의한 직선의 정의에만 전적으로 의존한다는 것은 주목해야 할 점이다. 만일 이 정의가 경험 주체를 넘어선 물리적인 현실적 계기에 의존하는 것이라면, 그 경험 주체는 자신의 환경의 현실적인 물리적 구조들이, 그것들을 넘어서는 초점적 영역에 자신을 〈투사〉하는 데 있어서 장애물이나 보조물이 되고 있다는 것을 발견하게 될 것이다. 현시적 직접성에 있어서의 감각 여건의 투사는 전적으로 뇌수의 상태와 뇌수를 특징짓는 체계적인 기하학적 관계에 의존하고 있다. 뇌수가 어떻게 자극을 받는가 하는 것은 그것이 눈을 통한 시각적 자극에 의한 것인가, 귀를 통한 청각적 자극에 의한 것인가, 또는 과도한 음주에 의한 것인가, 아니면 히스테리 특유의 정동(情動)에 의한 것인가 하는 것과는 전혀 상관없다. 뇌수가 적절히 자극되기만 한다면, 경험 주체는 투사된 감각 여건에 의해 예시되는 어떤 특정의 동시적 영역을 지각할 것이다. 현시적 직접성이 환경의 동시적 현실태에 무관심하다는 것은 결코 과장된 것이 아니다. 다행히 경험 주체와 그 동시적인 현실태가 공통의 과거에 의존하기 때문에 현시적 직접성은 불모의 감성적 현시 barren aesthetic display 이상의 것이 되고 있다. 그것은 어떤 것, 즉 동시적 세계의 실재적 연장성을 현시한다. 현시적 직접성은 동시적인 현실태를 포함하지만 그것들을 연장적 관계에 의해 제약된 것으로서만 객체화시킨다. 그것은 경험 주체를 포함하면서 초월하고 있는 세계에 편재하는 체계를 현시한다. 그것은 경험 주체를 포함하면서 그것을 넘어서 뻗쳐 있는 체계적인 실재적 가능태를 생생하게 현시한다. 직선이, 그 실행을 위해서는 개별적인 현실적 계기가 필요한 그런 측정에 의해서만 정의될 수 있는 한, 기하학적 이론은 특수한 물리적 사실로부터의 필요한 이탈 disengagement을 성취하지 못하고 있는 셈이 된다. 이럴 경우, 필요한 기하학적 형식은 측정을 위해 필요로 하는 특수한 현실적 계기들을 검토한 연후에 있어서만 비로소 도입될 수 있다. 그러나 앞서 설명한 〈투사〉의 이론에서 보자면 완전한 직선에 대한 정의가 연장적 환경 내의 특수한 현실태보다 논리적으로 앞서야 할 필요가 있다. 이 필요조건은 전술한 직선의 이론(제3장* 참조)에 의해서 주어진다. 투사자는 하나의 경험하는 계기에 의존한다. 그러나 이러한 의존조차도 다만, 그 계기를 구성하는 느낌이 자신의 여건 내의 어떤 기하학적 요소, 즉 점의 집합과 이 점의 집합에 의해 한정되는 직선에 관여하고 있을 것을 요구하고 있을 뿐이다. 따라서 이 설명에 따른다면, 현시적 직접성은 어떤 〈초점적〉 영역을 특히 강조하는, 동시적인 기하학적 관계에 대한 생생한 느낌이 경험 안으로 들어오는 방식이다.

이 이론은 상식이 언제나 가정하고 있는 것이다. 우리가 채색된 어떤 형태를 목격할 때에, 그것은 실재하는 인간일 수도 있고, 유령 또는 거울에 비친 영상일 수도 있으며, 환각일 수도 있다. 그러나 그것이 무엇이든 간에, 그것은 거기에 있으면서, 우리에게 외적 공간의 어떤 영역을 보여주고 있는 것이다. 만일 일천 광년(光年) 떨어진 성운(星雲)을 응시한다고 할 때에, 우리는 일천 광년 전의 과거를 되돌아보는 것이 아니다. 그러한 표현은 설명을 위한 것인데, 이는 우리로 하여금 하늘의 동시적 반점의 광휘(光輝)를 관찰하고 있는 직접 경험의 원초적 사실을 간과하게 한다. 철학에서는 언어가 낳는 설명상의 변덕을 경계하는 일이 지극히 중요하다. 뿐만 아니라 그 조명된 반점의 크기는 사용된 망원경의 확대 능력에 전적으로 의존할 것이다. 이처럼 망원경을 통해서

* 〈앞 장〉을 〈제3장〉으로 변경. 화이트헤드가 이 단락을 쓰던 당시에 의도하지 않았던 한 개의 장을 4부의 마지막에 추가시켰다는 것은 분명하다.

목격된 반점과 관찰자로부터의 직접적인 〈투사〉에 의해 한정된 보다 작은 반점과의 상관관계는 다시 과학적 설명의 문제가 된다. 보다 작은 이 반점은 망원경을 사용하여 〈확대시켜〉 우리가 목격했다고 말하는 바로 그것이다. 우리가 지금 목격하고 있는 것은 보다 큰 반점이며, 우리는 이론적인 계산을 통해 그것을 보다 작은 반점과 서로 연관시킨다. 과학적 설명은 망원경과 실제로 목격했던 보다 큰 반점을 무시하고, 그것들을 단지 방편적인 매개물로만 생각한다. 그것은 일단 동시적인 보다 작은 반점에 전념하다가, 결국에는 일천 광년 전의 과거의 또 다른 영역을 위해 그 반점도 무시해 버린다. 이 설명은 이른바 직접적 관찰의 진술이 어디까지나 단지 단순한 직접 경험의 해석상의 진술에 지나지 않게 되는 방식의 하나를 예시한 데에 불과하다. 우리가 인간을 목격했다고 할 때, 우리는 인간이라고 믿고 있는 반점을 목격했다는 것을 의미할지도 모른다. 이러한 경우, 우리가 당면하고 있는 문제와 연관된 전체의 경험은 단순한 시각 bare sight 경험 이상의 것일 수도 있다. 데카르트의 표현을 빌려 말한다면, 외부 세계에 대한 우리의 경험은 문제의 파악에 있어서의 〈상념적 실재 *realitas objectiva*〉에 대한 내관 *inspectio*을 포함하고 있을 뿐만 아니라, 이 파악을 넘어서는 경험 전체를 활동케 하는 〈판단 *judicium*〉도 포함하고 있다. 〈현시적 직접성〉의 이론――현시적 직접성은 외적 현실태에 의존하지 않는, 직선의 정의를 전제한다는 것――에 대한 반론은 제3장에서 그러한 정의를 내림으로써 제거되었던 것이다. 말할 것도 없이, 이 정의의 요점은 연장적 연속체가, 그것을 원자화시키는 개별적 현실태와는 아무런 관계도 없이, 자신의 체계적 구조 속에 직선으로 표현된 영역들의 관계들을 포함하고 있다는 것을 논증하는 데에 있다. 이러한 관계들은 지각되기 위해서 거기에 있다.

제 3 절

사적인 심리적 장(場)에 관한 현대 이론. 2차 성질, 감각 여건. 데카르트의 상념적 실재를 버림. 과학적 이론에서의 난점, 사적인 심리적 장에서의 모든 관찰. 예시, 흄. 결론, 수학적 형식, 현시적 직접성은 어떤 의미에서 불모의 것이지만, 또 다른 의미에서는 압도적으로 중요하다.

현시적 직접성과 결부된 〈상념적 실재〉에 관한 데카르트의 학설은 사적인 심리적 장(場)에 관한 현대의 이론에 의해서 전면적으로 부인되고 있다. 〈2차 성질〉에 관한 로크의 학설은 현대적 입장으로 가는 중간역이며, 데카르트 자신의 입장도 전체적으로 놓고 고찰해 본다면 사실상 그렇다. 이 점에 대한 데카르트의 학설은 모호하지만 유기체 철학의 학설과 일치하는 것으로 해석될 수 있다. 그러나 로크는 감각 여건을 물리적 자연의 사실에 대한 순수한 정신적 추가물로 보고 있다. 이 두 철학자는 비록 물리적 세계와 정신적 세계가 불분명한 우유적(偶有的) 관계 accidental relationships를 가지고 있긴 하지만 물리적 세계는 정신적 세계로부터 본질적으로 독립해 있다고 보고 있다. 유기체 철학에 의하면, 물리적 작용과 정신적 작용은 풀리지 않을 만큼 뒤엉켜 있다. 그리고 감각 여건은 한쪽의 계기에 대한 다른 쪽 계기의 벡터적 파악에 관여하는 형식으로 기능한다는 것을 우리가 알 수 있다. 또한 마지막으로, 현시적 직접성의 기원을 추적하면서 우리가 알 수 있는 것은, 정신적 작용이 감각 여건의 기능을 변환시켜, 인과적 파악의 관여자였던 감각 여건을 현시적 파악의 관여자로 전이(轉移)시킨다는 것이다. 그러나 감각 여건은 시종 그 밖의 다른 모든 것과 꼭 마찬가지로 자연에 관여하고 있다. 정신성의 기능은 영원한 객체의 물리적 관여를 수정하는 일이다. 현시적 파악의 경우는 두드러진 하나의 사례에 지나지 않는다. 신(神)의 경우를 정점으로 하는, 정신성에 관한 이 학설 전체는, 정신성이 수정하는 작인(作因, modifying agency)이라는 것이다. 그러나 데카르트와 로크는 감각 여건에 관한 한, 〈상념적 실재〉를 폐기하고(그러나 데카르트에 대해서는 『성찰』 1, 즉 〈적어도 그것을 구성하는 빛깔만은 실재하는 것이어야 한다〉를 참조), 연장적 관계에 관한 한, 그것을 보존하려 했다. 이것은 불가능한 절충안이다. 버클리와 흄은 이 절충안을 일축해 버렸다(『인간 지성에 관한 연구』, 제12절, 제I부 참조. 흄은 명백히 버클리가 이 일련의 논증을 최초로 제시했다고 말하고 있다). 〈사적인 심리적 장〉에 관한 현대 이론은 〈대변자로서의〉 흄이 수용하기를 거부했던 결론이긴 하나, 흄의 학설의 논리적 귀결이다. 이 현대 이론은 근대 과학을 해석할 적에 커다란 난점을 불러일으킨다. 왜냐하면 모든 정밀한 관찰은 이러한 사적인 심리적 장에서 이루어지기 때문이다. 이때에 기구라든지 실험실이라든지 물리적 에너지 같은 것을 내세우더라도 소용이 없다. 실제로 관찰되는 것은 색시력(色視力)의 사적인 심리적 공간에 들어 있는 색채 감각 여건의 좁은 띠 band인 것이다. 이와 같은 전적인 사적 경험을 집합적으로 만들어내고 있는 감각 인상은 〈미지의 원인으로부터 마음속에 생겨난다〉. 분광기라는 것은 신화이며, 방사 에너지라는 것도 신화이고, 관찰자의 눈도 신화이며, 관찰자의 뇌도 신화이고, 관찰자가 그의 경험을 종이 위에 기록해 놓은 것도 신화이다. 몇 개월 후에 자기의 노트를 학회에서 발표하고자 할 때에, 그는 흰 배경 위의 검은 기호에 대한 새로운 시각 경험을 새로운 사적인 심리적 장에서 갖게 된다. 또한 재차 이 경험은 〈미지의 원인으로부터〉 그의 마음속에 일어난다. 그로 하여금 그 이전의 경험을 그 이후의 경험과 결합시킬 수 있게 하는 것으로는 오직 〈관습 custom〉이 있을 뿐이다.

이 이론에 있어 모든 정밀한 측정은 그러한 사적인 심리적 장에서의 관찰이다.

〈대변자로서의〉 흄 자신은 이 학설을 수용하지 않았다. 여기서의 결론은 경험에 관한 흄의 설명이 지나치게 단순화되어 있다는 것이다. 이것이 유기체 철학이 채택한 결론이다.

그러나 한 가지 중요한 사실이 이 논의에서 떠오른다. 즉 모든 정밀한 측정은 현시적 직접성의 양태의 지각과 관계되어 있고, 그러한 관찰은 순수하게 환경의 체계적·기하학적 형식 ― 변형의 자리 seat of the strain로부터 투사자 projectors에 의해 한정되며, 환경을 구성하는 현실태와는 무관한 그런 형식 ― 과 관계되어 있다는 것이다. 세계의 동시적 현실태는 이러한 관찰과 아무런 관련도 없다. 모든 과학적 측정은 다만 이러한 현실태가 생겨난 체계적인 실재적 가능태와 관계될 뿐이다. 이것이 물리학은 단지 세계의 수학적 관계만을 문제삼는다는 학설의 의미인 것이다.

이러한 수학적 관계는, 우리들이 삶을 향유하고 있는 이 우주 시대의 특징을 이루고 있는 연장성의 체계적 질서에 속하고 있다. 전자, 양성자, 분자, 물체와 같은 존속체들의 사회는 그러한 질서를 유지시키는 동시에 그것으로부터 생겨나기도 한다. 따라서 현시적 직접성에 포함되어 있는 수학적 관계는 지각된 세계와 지각자의 본성에 똑같이 속해 있다. 이러한 수학적 관계는 공공적 사실인 동시에 사적 경험이기도 하다.

현시적 직접성의 지각 양태는 어떤 의미에서 불모(不毛)의 것이다. 그것이 상징적 전이 symbolic transference를 떠나서 동시적 세계를 드러내고 있는 한, 그렇게 객체화된 세계는 주체적 형식을 구성하는 모든 요소, 즉 정서적, 감상적, 목적적 요소를 결하고 있다. 객체화된 결합체의 결속 bonds은 단지 수학적 관계의 한정성을 보여줄 뿐이다.

그러나 또 다른 의미에서 이 지각 양태는 압도적인 중요성을 가진다. 그것은 우리의 ― 가장 넓은 의미의 ― 우주 시대의 모든 결합체에 관여하고 있는 체계적인 수학적 관계의 복합체를 보여준다. 이러한 관계는 다만 이 우주 시대를 지배하고 있는 계기들의 사회의 직접적 경험에 있어 기초가 되고 있음으로 해서 이 시대를 특징짓고 있는 것이다. 이렇게 해서 우리는 계기들의 사회와 자연법칙과의 교호 작용에 관한 학설이 특수하게 적용되고 있음을 발견하게 된다. 현시적 직접성의 지각 양태는 물체라고 불리는 결합체를 구성하고 있는 사회의 한정 특성들 defining characteristics 가운데 하나이다. 또 그것은 다소간 보다 미약한 강도에 있어서, 공허한 공간의 전자기적 계기에 속해 있기도 하다. 그 지각 양태는, 단일의 경험자의 관점에 있어, 환경을 지배하는 체계적 관계를 나타낸다. 그러나 환경이 이러한 관계에 의해서 지배되고 있는 까닭은 사회를 구성하고 있는 개개의 계기의 경험 때문이다.

물리적 우주에 대한 지적 이해가 가능한 것은 바로 이러한 궁극적 체계의 현시 때문이다. 모든 관련된 사실에 침투해 있는 체계적 골격이라는 것이 있다. 이러한 골격과 관련됨으로써, 풍부한 세계의 가변적이고도 상호 이질적이며, 변덕스럽고도 무상(無常)한 세부 사항들은 우주 체계의 공통항(項) common terms과의 상관관계에 의해 드러나는 상호 관계를 지닐 수 있게 된다. 소리는 소리끼리 질적으로 다르고, 소리는 빛깔과 질적으로 다르며, 빛깔은 정서나 고통의 율동적인 고동과 질적으로 다르다. 그럼에도 불구하고 모든 것은 한결같이 주기적이며, 공간적 관계와 파장을 가진다. 현시적 직접성에서 드러나는, 수학적 관계와의 진정한 관련성의 발견이야말로 자연을 지적으로 정복하는 첫걸음이었던 것이다. 정밀과학은 그 다음에 탄생하였다. 자연의 사실로서의 이러한 관계를 도외시한다면, 그런 과학은 무의미하고, 바보가 믿는 백치의 이야기가 되고 만다. 예를 들어, 어떤 저명한 천문학자가 사진판의 측정치를 토대로 은하계(銀河系)의 공전(公轉) 주기가 대략 3억 년이라고 추측할 경우, 그 의미는 이 우주 시대에 편재해 있는 체계적인 기하학적 관계로부터 도출될 수 있을 뿐이다. 그러나 만일 그 천문학자가 어린이의 팽이의 회전 주기(週期)에 대해서 유사한 진술을 했더라도, 그는 체계에 대한 동일한 관련을 필요로 했을 것이다. 또한 이 두 주기는 그 체계의 견지에서 비교 가능하게 되는 것이다.

제 4 절

측정은 계산과 영속성에 의존한다. 무엇이 계산되고 무엇이 영속하는가. 자〔尺〕

는 영속적이며 직선적이다. 무한소는 아무런 설명도 되지 않는다. 직선성에의 근사, 따라서 직선성은 전제되어 있다. 계산된 인치, 동일한 위치를 점하지 않는 것. 근대 이론은 동일한 위치를 점하는 가능성이다. 비판되는 학설. 동일한 위치를 점한다는 것은 합동에 대한 **검사**이지 **의미**가 아니다. 기구의 사용은 그것의 자기 합동을 전제로 한다. 결국 모든 측정은 검사되지 않은 기구의 영속성에 대한 직접적 직관에 의존한다. 사적인 심리적 장의 이론은 과학적 측정을 무의미하게 만든다.

측정은 계산하는 것 counting과 영속성 permanence에 의존하고 있다. 문제는 무엇이 계산되고 무엇이 영속하느냐에 있는 것이다. 계산되는 것은 곧은 금속성 측량간(測量桿, rod), 즉 야드 자 yard-measure의 인치이다. 그리고 영속하는 것은 그 내적 관계에 있어서나 그 세계의 기하학에 대한 몇몇 연장적 관계에 있어서나 이 야드 자이다. 무엇보다도 이 측량간은 일직선이다. 따라서 측정이 직선성 straightness에 의존하고 있는 것이지 직선성이 측정에 의존하고 있는 것이 아니다. 이 진술에 대한 근대적인 답변은 측정이 무한소(無限小, infinitesimals)와 무한소의 비교 내지 무한소와 근사치의 비교라는 것이다. 이 답변에 대한 답변은 무한소라는 것은 없고, 따라서 그 근사치라는 것도 있을 수 없다는 것이다. 수학에 있어, 무한소(극미량(極微量))에 관한 모든 표현은 단지 유한한 것들의 클래스에 관한 가장된 진술에 지나지 않는다. 이 학설은 19세기 중엽의 바이어슈트라스 K. Weierstrass 시대 이래로 반론의 여지가 없는 수학 이론이 되고 있다. 그리고 곡률(曲率)을 가진 온갖 일그러짐은 어떠한 끝점 간의 선분(線分)에 대해서도 가능하다.

모든 측정에는, 야드 자〔尺〕에 관한 우리의 가정 속의 근사가 들어 있다는 것은 말할 것도 없다. 그러나 그것은 직선성의 근사이다. 그리고 직선에 관한 체계적 기하학 및 측량간이 가리키는 근사의 유형을 고려한다면, 사용되는 부분이 작으면 작을수록 직선성에서의 결함이 가져오는 오차의 비율은 그만큼 무시될 수 있는 것이다. 그러나 직선성이라는 개념이 외연적 관계와 관련하여 일정한 의미를 갖지 않는다면, 실제 측정상의 모든 절차는 무의미한 것이 된다. 끝점 간의 어떤 뒤틀린 선분과 끝점 간의 또 다른 어떤 뒤틀린 선분을 구별할 수 있게 하는 것은 아무것도 없다. 한쪽이 다른 쪽보다 더 직선적인 것은 결코 아니다. 또한 그것들의 길이에도 어떤 비율의 차이가 있을 수 있다.

그리고 인치 inch는 그것이 합동(合同, congruent)이고, 직선적인 측량간 위에 눈에 보이도록 나타나 있기 때문에 셈될 수 있다. 동일 공간을 점하는 인치를 계산하는 사람은 아무도 없다. 셈한다는 것은 본질적으로 동일 공간을 점하지 않는 직선적인 선분(線分)과 관계된다. 길이에 대한 수적인 측정은 야드 자가 합동인 36인치 크기의 선분들로 나뉘는 직선적인 측량간이라는 사실을 표시한다.

합동 congruence이란 동일한 공간을 점하는 coincidence 가능성을 의미한다고 보는 근대의 학설이 있다. 이것이 사실이라면, 합동의 중요성은 그 가능성이 실현될 때 나타날 것이다. 또 한편에서, 이러한 가능성은 주체적 지향에 개입해 오는 하나의 유혹으로서 중요한 것이 될 수 있을 것이다. 만일 이 후자의 경우가 참이라면, 합동은 합동인 물체가 합체(合體, coalesce)하거나 합체에 저항하는 경향의 형태로 자신의 역할을 연출할 것이다. 사실상 거기에는 합체에 대한 역작용 adversion 내지 혐오 aversion가 있게 될 것이다. 물론 이러한 시사가 공상적이라는 것은 말할 것도 없다. 전자의 경우로 되돌아가 본다면, 야드 자의 끝에서 끝에 이르는 36인치의 중요성은 그것이 동일한 위치를 점하지 않으며, 그 측량간이 파괴되기 전에는 결코 동일한 위치를 점하는 일이 없을 것이라는 사실에 달려 있다. 그 자는 길이에 있어 36인치라는 실현된 속성을 가지고 있다. 따라서 〈동일한 위치를 점한다는 것〉이 합동에 대한 검사로 사용된다고 하더라도 그것이 합동의 의미는 아니다.

그런데 우리는 〈동일한 위치를 점한다는 것〉이 갖는, 검사로서의 용도를 고찰해 보아야 한다. 합동은, 하나의 금속성 야드 자를 한쪽의 물체와 동일한 공간을 점하는 것으로부터 다른 쪽의 물체와 동일한 공간을 점하는 것으로 이동시킴으로써, 또는 광학 기구의 사용이나 일련의 파동에서 계기(繼起)하는 파장의 합동에 의존하는 어떤 광학적 수단을 통해서, 또는 유사한 원리에 따르는 어떤 또 다른 진동 장치를 통해서 검사된다.

이 모든 검사는 영속성에 대한 직접적인 직관에 기초를 두고 있다는 것이 당장 분명해진다. 이 〈영속성 permanence〉이란 사용되는 여러 기구, 즉 야드 자나, 광학 기구 내지 이와 유사한 기구에 있어서의 〈합동에 관한 영속성〉을 의미한다. 예컨대, 야드 자는 그것이 한쪽의 위치에서 다른 쪽 위치로 옮겨졌을 때도 여전히 그 이전의 그것과 동일한 공간을 점하는 것(합동)으로 가정되어 있다. 그것이 동일한 물체 그대로라고 직관하는 것만으로는 불충분하다. 변형되기 쉬운 물질도 그러한 종류의 자기 동일성을 유지하고 있다. 필요로 하는 속성은 자기 합동 self-congruence이라는 속성이다. 물리적 조건의 미세한 변화는 그 측량자를 약간 변형시킬 것이다. 그리고 감각 지각이라는 것도 결코 절대적으로 정확한 것은 아니다. 그러나 〈정확성 exactitude〉에 의미가 없다면, 〈근소한 변화〉라든지 〈정확성이 근소하게 결여되어 있다〉는 관념은 무의미해진다. 그런 의미를 도외시한다면, 그 측량자의 현존을 구성하는 두 계기는 동일 원리에 따르는 별개의 실험에 의하지 않고서는 비교할 길이 없게 된다. 그러한 실험의 수는 유한하다. 따라서 궁극적으로 우리는 이 실험에서 직접 판단으로 되돌아가게 된다.

기구(器具)의 점검이라든지, 온도와 같은 물리적 요인의 변화에 대한 정정이 어디까지 이루어지든지 간에, 관련된 상황은 불변이라는 직접적인 직관에 언제나 최종적으로 의존하고 있다. 기구는 이전의 점검이나 관련된 상황의 외관상의 불변이 보증해 주는 동일성만을 지닌 채 시시각각으로 그리고 매일 사용된다.

이러한 〈외관(外觀)〉은 항상 현시적 직접성의 양태에 있어서의 지각이다. 만일 이러한 지각이, 공공적(公共的)이라는 말이 지니고 있는 상호 의존 관계라는 의미와 구별되는 어떤 사적(私的)인 것이라고 한다면,

과학적인 측정이 의존하고 있는 지각은 개개의 관찰자의 사적 심리에 빛을 던질 뿐, 아무런 공공적 의미도 지니지 못한 것이 되고 만다.

이러한 결론은 공공적 세계의 실재적인 현실태들 간의 상호 교통 intercommunication에 대한 우리의 신념과 아주 명백히 모순되기 때문에, 모든 과학과 철학의 최종적 시금석인 공통 경험이라는 토대를 중시할 경우, 그것은 귀류법(歸謬法, *reductio ad absurdum*)으로서 기각시킬 수도 있겠다. 근대의 과학적 철학은 그 상당 부분이, 이러한 진술이 진술의 단순성에 이르는 지름길을 제공한다고 생각될 때, 그러한 〈사사성(私事性)〉의 이론으로 되돌아가는 데서 성립되고 있으며, 또 한편으로는, 공공적 세계를 관찰한다는 개념이 공통 경험에 있어서의 과학의 지위를 표현하는 데에 본질적인 것일 때, 이러한 개념을 사용하는 이론으로 되돌아가는 데서 성립되고 있다. 과학은 공통 세계의 관찰들을 서로 연관시키는 체계적 이론의 중요한 진술이든가, 아니면 출판한다는 백일몽을 취미로 삼는 고독한 지식인의 백일몽이다. 그러나 전자의 관점과 후자의 관점 사이에서 흔들거리는 것은 철학이 아니다.

제 5 절

직선의 기하학에 의한 합동의 의미. 기하학의 체계. 공리들의 조(組), 동치(同値)인 조, 양립 불가능한 조. 세 가지의 중요한 기하학, 타원 기하학, 유클리드 기하학, 쌍곡선 기하학. 평면의 두 가지 정의. 세 가지의 기하학 간의 특징적 구분. 합동은 체계적 기하학에 의존한다.

최종적으로, 변형의 장소에 들어 있는 두 기하학적 요소 간의 관계로서의 합동의 의미에 대하여 고찰해 보아야 한다. 우리로서는 이 의미를 직선의 두 선분과 연관시켜 고찰하고, 다른 모든 의미를 그것으로부터 파생되는 것으로 다룬다면 충분할 것이다.

변형의 장소는 그 내부의 어떤 유한한 영역에 침투해 있는 〈투사자〉에 의해서 한정된다. 이러한 장소는 그것을 원자화시킬 수도 있는 현실태들과는 독립된, 체계적인 전체 systematic whole이다. 이 점에서 그것은 그것의 물리적 내용에 의존하는 〈지속〉과 구별되어야 한다. 변형의 장소는 단지 그것의 기하학적 내용에 의존하고 있을 뿐이다. 이 기하학적 내용은 그것이 포함하고 있는 직선 및 점의 체계적 상호 결합 interconnection이 그로부터 연역될 수 있는 그런 임의의 충분한 조(組)의 〈공리들〉에 의해 표현된다. 이 결론은 변형의 장소의 기하학의 체계적 제일성 systematic uniformity을 필요로 하지만, 이 제일적 체계의 개별적 특성을 발견하기 위해 그 이상의 경험적 관찰에 의지한다. 예컨대, 완전한 직선은 점의 〈닫힌〉 계열적 장소 closed serial locus인가, 〈열린〉 계열적 장소인가 하는 물음은 전적으로 그러한 발견을 위한 물음이다. 결단은 오직 경합하는 이론들을, 관찰된 사실들에 대한 그들의 해명 능력을 통해 비교해 봄으로써 이루어질 수 있을 뿐이다.

직선의 관련된 특징들은, ⅰ) 그것이 완결적이라는 것, ⅱ) 그것이 점을 포함한다는 것, ⅲ) 포함된 점의 임의의 쌍에 의해 그것이 일의적으로 정의된다는 것, ⅳ) 그것이 단일의 점에서 서로 교차 mutual intersection할 수 있다는 것이다. 체계적인 기하학 이론을 표현하는 추가적 공리는 길이나 합동을 언급할 필요가 없다. 왜냐하면 길이나 합동이라는 개념은 체계적인 기하학 이론에서 도출될 수 있기 때문이다. 따라서 이러한 공리는 오로지 직선들의 교차, 그리고 다른 선들의 교차에 의해 표시되는 점들에 대한 이 직선들의 포함 내지 배제만을 언급하고 있어야 한다. 이러한 몇몇 조(組)의 공리는 수학자들에게 잘 알려져 있다. 이와 같은 공리들의 조에는 다수가 있으며, 이들은 각기 선택 가능한 기하학 이론을 구성하고 있다. 그리고 특정의 기하학 이론을 구성하는 한 조의 공리가 주어질 때, 그들 중의 임의의 한 조로부터 다른 모든 조가 연역될 수 있다는 의미에서 서로 동치인 equivalent 그런 다른 몇 조의 공리가 쉽게 얻어질 수 있다. 이와 같은 동치인 모든 조의 공리는 동일한 기하학 이론을 산출한다. 동치인 조들은 각기 중요성을 갖는 것이지만, 현재의 우리의 연구를 위해서는 중요하지 않다. 그러므로 우리는 이를 무시할 수 있겠다. 그리고 상이한 조의 공리들은 양립 불가능한 기하학 이론을 구성하는 조의 공리를 의미하게 될 것이다.

지극히 다양한 특징을 갖는 이와 같은 많은 조들이 있다. 그러나 관찰된 사실에 대한 일반적인 순응conformation을 독특한 단순성과 결부시키고 있는 세 개의 조가 있다. 그 조들은 타원 기하학, 유클리드 기하학, 쌍곡선 기하학이라는 이론으로 각기 수학자들에게 알려져 있는 세 가지의 기하학 이론의 비계량적 특성들을 제공하고 있다. 이 세 개 조의 공리를 이 자리에서 논한다는 것은 아무런 도움도 되지 않을 것이다. 그러나 철학적 논의에서 크게 이탈하지 않으면서 이 이론의 주요 상이점을 설명하기는 매우 쉬운 일이다.

우선 첫째로, 세 개의 이론에 공통되는 평면plane에 대한 정의가 제시될 수 있다. 이미 이 제4부의 제3장에서 제시했던 정의로도 충분할 것이다. 하지만 그것과는 또 다른 정의가 다음과 같이 진술될 수 있을 것이다. 만일 A, B, C가 비공선적(非共線的, non-collinear)인 임의의 세 점이고, AB, BC, CA가 각기 A와 B, B와 C, C와 A를 포함하는 세 개의 완전한 직선을 나타내는 것이라면, 이 세 개의 선 가운데 임의의 한 쌍의 두 선과 각각 교차하지만 점 A, B, C 중의 하나에서 그 두 선과 교차하지 않는 그런 직선들은 하나의 평면을 구성하는 모든 점을 통과하고, 또 그 직선에 부수되는 모든 점은 그 평면에 부수되게 된다.

따라서 평면은 이러한 일군의 직선들 중 적어도 하나에 부수되는 모든 점의 장소로서 정의된다. 이러한 공리들은 이 정의가 제3장에서 내렸던 정의와 동치(同値)가 되도록 하는 것이다. 또한 이 공리들은, 어떤 평면상의 두 점을 통과하는 임의의 직선은 그 자체가 그 평면에 전적으로 부수된다는 것을 보증한다. 그리고 평면의 정의에서, 선 *L*과 *L*에 부수되지 않는 점 P는 공면적(共面的, coplanar)이라는 사실이 도출된다〔점·선이 동일한 평면에 있다는 것을 말한다〕.

이제야 세 개의 기하학 이론 간의 구별이 다음과 같은 3조, 즉 점 P, P를 통과하지 않는 선 *L*, 그리고 P와 *L* 모두에 부수되는 평면 π의 도움으로 설명될 수 있게 되었다. P를 통과하면서 평면 π에 부수되는 모든 선을 생각해 보자. 타원 기하학 이론에서, 이 선들은 모두 선 *L*과 교차된다. 유클리드 기하학 이론에서, 이 선들은 모두 하나의, 그리고 오직 하나의 선──P를 통과하는 π의 유일한 평행선──을 예외로 하여 선 *L*과 교차한다. 쌍곡선 기하학 이론에서는, 평면상에서 *L*을 통과하는 선은 두 개의 클래스로 나뉠 수(가분적(可分的)) 있다. 하나의 클래스는 *L*과 교차하는 선으로 되어 있고, 또 다른 클래스는 *L*과 교차하지 않는 선으로 되어 있으며, 이들 각 클래스는 무한수의 성원을 가진다. 그래서 케일리 A. Cayley와 폰 슈타우트 von Staudt[1)]는 선분(線分)의 합동 및 포함된 기리의 수량적 도량법(度量法)이 정의될 수 있음을 보여주었던 것이다. 가장 단순한 사례는 유클리드 기하학의 경우이다. 이 사례에서 기본적 사실은, 평행사변형의 대변(對邊)은 상등(相等)하다는 것이다. 평행이 아닌 선분 간의 합동을 정의하자면 보다 복잡한 것들이 요구된다. 그러나 이런 수학적인 문제의 상세한 해결에 깊이 관여하는 것은 아무런 도움이 되지 않을 것이다.

그러나 평행사변형의 대변이 합동이라는 특수한 사례가 제공하는 예는 합동이라는 개념의 밑바닥에 있는 일반적 원리의 설명을 가능케 한다. 두 개의 선분이 합동하는 것은, 양자를 포함한 직선의 체계적 패턴에 있어 그것들의 기능 간에 어떤 유비(類比)가 있는 경우이다.

이 유비에 대한 정의는 비계량 기하학에 의한 합동의 정의이다. 합동에 관한 상호 모순되는 정의들을 제공하는 유비들을 발견한다는 것은 가능한 일이다. 지배적인 사회적 존재들의 내적 구조에 중요한 것으로서 개입해 오는 정의는 문제되는 우주 시대에 있어서 중요한 정의가 된다.

---

1) 케일리, "Sixth Memoir on Quantics," *Transactions of the Royal Society*(1859) ; 폰 슈타우트, *Geometrie der Lage*(1847) 및 *Beiträge zur Geometrie der Lage*(1856)를 참조.

측정은 이제 연장적 연속체를 통해서 가능해진다. 이 측정은 우주 시대의 지배적인 사회에 의존하는 체계적인 수속 절차이다. 측정의 한 형식이 주어질 때, 그 최초의 형식에 배정됐던 수학적 관계를 갖는 그 밖의 다른 형식들이 정의될 수 있다. 수학 상의 수속 절차에 관한 한, 이러한 체계는 다른 모든 체계와 마찬가지로 똑같이 타당하다. 다만 명심해두어야 할 점은, 〈좌표 coordinates〉의 각 체계는 합동을 구성하는 유비에 대해서, 정의 가능한 관계를 갖지 않으면 안 된다는 것이다.

제 6 절

물리적 측정, 최소 작용은 기하학적 측정을 전제한다. 개체적인 특수성에 의해서 교란된다. 물리적 측정은 미분기하학에 의해서 표현된다. 논의 전체의 요약.

물리적 측정이 이제 가능하다. 아인슈타인에 의해 도입된 현대적 방법은 〈최소 작용 least action〉이라는 방법의 일반화이다. 그것은 시-공적 연속체에 있어서 임의의 두 점 간의 임의의 연속선을 고찰하고, 그 장의 물리적 특징을 이 선에 따르는 적분(積分)으로 표현하려는 데서 성립한다. 전제된 측정은 포함된 다양한 점의 좌표를 구성하는 기하학적 측정이다. 다양한 물리량(物理量)이 문제의 대수적 함수에 포함된 〈상수(常數)〉로서 등장한다. 이 상수는 연장적 연속체를 원자화하는 현실적 계기에 의존한다. 이 매체의 물리적 특성은 이 적분에 의해 충족되는 다양한 조건에 의해서 표현된다.

이 적분의 〈무한소〉의 요소는 보통 거리 요소 element of distance라는 명칭으로 불린다. 그러나 이 명칭은 전문 용어로는 충분하지만, 오해를 불러일으키기 쉽다. 그 길 path에 속하는 서로 다른 요소의 합동에 관한 이론 같은 것은 있을 수 없다. 동일 위치를 점한다는 관념도 적용되지 않는다. 이른바 〈무한소의 거리〉라는 것은 환경에 편재하는 현실적 존재에 의존하는 것이기 때문에, 어떠한 체계적 이론도 거기에서는 불가능하다. 이와 같은 거리를 표현하는 유일한 방법은 전제된 기하학적 측정을 이용하는 것이다. 오류가 생기게 되는 까닭은 물리학자들의 마음이 부지불식간에 아리스토텔레스로부터 칸트를 거쳐 내려온 어떤 전제에 의해서 오염되어 있기 때문이다. 아리스토텔레스는 그의 범주에 〈양(量)〉을 포함시키고, 외연량(外延量)과 내포량(內包量)을 구별하지 않았다. 칸트는 이를 구별하고 이 양자를 범주적 개념으로 간주했다. 외연량이 구성물이라는 것은 케일리와 폰 슈타우트의 연구(앞의 논문 참조)의 결과로 분명해졌다. 오늘날의 물리 이론은 이른바 길이에 대한 선분 segment 간의 비교를 전제로 하고 있지만, 여기서 물리학은 그러한 비교가 이루어질 수 있는 기초에 관해서 아무런 이론도 갖고 있지 않고, 또 모든 정밀한 관찰이 현시적 직접성의 양태에 속하고 있다는 사실도 모르고 있다. 또한 무한소라는 것은 없고 따라서 유한한 선분 finite segments의 비교가 요구된다는 사실이 무시되고 있다. 이러한 이유 때문에, 설명에 관한 한, 적분을 위한 명칭으로서 〈거리〉라는 용어를 버리고, 그것을 물리적 의미[2)]를 시사하는 〔움직이는 물체의〕 힘 impetus이라는 명칭으로 부르는 것이 더 좋을 것이다.

그러나 유의해야 할 점은, 이 논의의 결론이 궁극적인 물리적 법칙을 미분기하학의 문제라는 형식으로 다루는 데 아무런 이의를 달지 않았다는 것이다. 적분적 힘 integral impetus이란 연장량, 즉 〈길이〉를 말한다. 힘 impetus의 미분적 요소는, 그 관련된 상황의 개체적 특수성으로 적재된 체계적 길이의 미분적 요소이다. 물리적 장에 관한 이론 전체는 현실적 계기의 개체적 특수성을 체계적 기하학의 배경 속에 짜넣고 있다. 이 체계적 기하학은[3)] 합생을 제약하는 원초적인 실재적 가능태를

2) 나의 『상대성 원리 *The Principle of Relativity*』(University Press, Cambridge, 1922) 참조.

3) 합동을 위해서, 따라서 측정을 위해서 필수적인 근본적 제일성(齊一性)의 유래에 관한 이 이론은 예일 대학의 노스럽 F. S. C. Northrop 교수의 두 편의 매우 흥미 있는 논문

구성하고 있는 거대한 우주적 사회를 통해 계승되는 가장 일반적인 〈실체적 형상〉을 표현하고 있다. 이러한 학설에서 유기체 철학은 데카르트의 철학과 매우 가깝다.

이 논의 전체는 다음과 같이 요약될 수 있다.

i) 현실적 계기는 움직이지 않으며, 따라서 동일한 위치를 점한다는 학설은 무의미하다.

ii) 외연량(外延量)은 논리적 구성물로서, (a) 중복되지 않고 (b) 해당 결합체를 망라하는 합동 단위의 수 the number of congruent units를 표현하고 있다.

iii) 합동 congruence은 합동하는 양쪽의 요소를 포괄하는 체계적 복합체에 있어서의 기능의 일정한 유사성으로서만 정의될 수 있다.

iv) 모든 실험상의 측정은 사용되는 기구의 초기와 후기의 상태 간의 합동에 대한 궁극적 직관을 포함한다는 것.

v) 모든 정밀한 관찰은 현시적 직접성의 양태에 있어서의 지각으로 이루어지고 있다는 것.

vi) 이러한 지각이 단지 사적인 심리적 장과 관계될 뿐이라면, 과학은 아무런 공공적(公共的) 의미 public import도 갖지 않는, 한 개인의 백일몽이 되고 만다는 것.

vii) 현시적 직접성의 양태에 있어서 지각은 오로지 〈신체〉를 〈가지고 있음〉 withness of the body에 의거하고 있으며, 그 외적인 동시적 세계를, 〈신체〉에 대한 체계적인 기하학적 관계에 있어서만 나타낸다는 것.

---

i) "The Theory of Relativity and The First Principles of Science," 그리고 ii) "The Macroscopic Atomic Theory," *Journal of Philosophy*, Vol. XXV와 비교되어야 한다. 나는 그의 〈거시적 원자〉의 학설을 나의 우주론적 견해에 적용시키지 못한다. 그리고 이 개념은 나의 〈미시적인 원자적 계기〉라는 학설을 수용한다면, 필요 없을 것으로 보인다. 그러나 만일 나의 학설이 폐기될 경우, 노스롭 교수의 학설은 유일한 대안이 될 것으로 생각된다. 나의 이 저작이 간행을 위해 마지막으로 교정될 때까지, 그의 논문이 나의 눈에 띄지 않았다는 것은 유감이다.

5부 최종적 해석

1장

이념적으로 대립하는 것들

제 1 절

철학에 있어서의 위험은 선택의 협소성이다. 대립하는 것들의 다양성 : 청교도적 자기 억제와 심미적 기쁨, 슬픔과 기쁨. 종교적 열정과 회의적 비판, 직관과 이성.

철학에 주요 위험이 되는 것은 증거를 선택하는 데 있어서의 협소성이다. 이러한 협소성은 특정한 저자의, 특정의 사회 집단의, 특정의 사상 학파의, 문명사에 있어서의 특정 시대의 개성이나 소심함에서 생겨난다. 준거로 삼는 증거는 개개인의 기질, 집단의 편협성, 사유 구도의 한계에 의해 제멋대로 편중된다.

이러한 왜곡된 증거에서 귀결되는 악은, 이 연구의 마지막 논제인 궁극적 이념에 대한 고찰에서 그 극에 달한다. 우리는 여러 시기와 장소에서 유행했던 일반적 유형의 위대한 이념들을 공평하게 진술하려고 노력하면서 이 논제에 착수해야 한다. 선택의 공평성을 가늠하는 시금석은 실용적인 것이어야 한다. 선택된 예증의 무대는 그 자체 고유의 흥미로 말미암아, 혹은 그로부터 유출되는 결과 고유의 흥미로 말미암아, 주목하지 않을 수 없는 그런 성질의 것이어야 한다. 예컨대 공화제의 초기 역사에 있어, 로마 농민들의 엄격한 자기 억제는 결과적으로 로마 제국의 위대한 시대를 낳았다. 또 뉴잉글랜드의 초기 청교도들의 엄격한 자기 억제는 결국 뉴잉글랜드 문화의 개화(開花)로 이어졌다. 서약자들 Covenanters①의 시대는 현대 문명이 스코틀랜드에서 받고 있는 깊은 인상을 그 결과로서 계속 유지해 오고 있다. 로마의 농부들도, 미국의 청교도들도, 서약자들도 전적으로 헌신을 강요하지는 못한다. 또 그들은 서로 다르기도 하다. 그러나 어느 경우에서나 숭고하게 예증된 위대함이 있다. 이런 사례와 대조적으로 우리가 발견하게 되는 것은 고대 그리스의 심미적 문화의 개화기, 로마의 아우구스투스 황제 시대, 이탈리아의 문예 부흥기, 영국의 엘리자베스 1세 시대, 영국의 왕정복고 시대, 근대 세계의 몇 세기에 걸친 프랑스 및 독일 문명, 현대의 파리 및 현대의 뉴욕이다. 도덕가들 moralists은 이런 사회들 가운데 일부에 대해서 말이 많다. 그러나 사람들의 삶 속에 비판적으로 판단되어야 할 것이 있기는 하지만, 그와 같은 성취는 결코 망각될 수 없다. 이러한 대조적인 예들 가운데 어느 유형의 것을 평가함에 있어서도 단적으로 경멸만 한다면 이는 무지의 소치밖에 되지 않는다. 이러한 사례들 하나하나에는 경탄하지 않을 수 없는 요소들이 들어 있다. 종교의 조직을 구축하는 사람들의 삶에 위대함이 있는바, 곧 행동에, 사상에, 그리고 자기 복종에 위대함이 있으며, 이러한 위대함은 발전하는 수세기에 걸쳐 잇달아 일어나는 사례들 가운데 구현되고 있다. 이러한 조직을 파괴하는 반항자들에게도 위대함이 있다. 그들은 열정적인 성실성으로 무장하고서 하늘을 공격하는 거인들이다. 그 반항은 젊은이들이 그들의 고유한 재기 발랄함과 직접적 환희라는 저 궁극적 선에 대하여 내세우고 있는 단순한 권리 주장일 수도 있겠다. 철학은 이 세계의 잡다성 multifar-

① 1643년, 장로교파 옹호를 위해 잉글랜드와 스코틀랜드 간의 계약에 서명한 사람들.

iousness을 무시할 수 없다——요정들은 춤추고, 그리스도는 십자가에 못 박힌다.

제 2 절

영속성과 유동, 시간과 영원성.

시대에 따르는 정신성의 형성을 지배하는 다양하고도 대조적인 성질을 갖는 기질이라는 것이 있다. 이미 앞의 장(제2부, 제10장)에서, 〈나와 함께하소서 Abide with me〉라는 기원(祈願)을 지배하고 있는 영속감 sense of permanence과 〈때 저물어 날 이미 어두우니〉라는 귀결절을 지배하고 있는 유동감 sense of flux에 대해 주의를 환기시킨 바 있다. 이념들은 영속성과 유동성이라는 두 관념을 둘러싸고 형성된다. 피할 수 없는 유동 속에는 무엇인가 머무르는 것이 있고, 압도적인 영속성 속에는 유동성으로 빠져나가는 요소가 있다. 영속성은 오직 유동성으로부터만 추출될 수 있고, 일시적인 계기는 영속성에 복종함으로써만 충분한 강도를 확보할 수 있다. 이 두 요소를 분리시키려는 사람들은 명백한 사실조차도 해석할 수 없게 될 것이다.

플로렌스의 메디치 교회에 있는 네 개의 상징적 조상(彫像)——미켈란젤로(1475-1564)의 걸작 조각인 낮과 밤, 저녁과 아침——은 사실의 추이 속에 들어 있는 영속적 요소를 드러내 보여주고 있다. 이 조상들은 순환하는 연속에 기대어, 사물의 본성 가운데 있는 본질을 영원히 보이면서 거기에 있다. 완전한 실현이란 단지 추상에 있어서의 초시간적인 것의 예증에 불과한 것이 아니다. 그것은 그 이상의 것이다. 그것은, 그 본질에 있어서 일시적인 것 위에 초시간성을 심어놓는다. 완전한 순간은 시간의 경과 속에서 쇠하지 않는다. 이때 시간은 〈끊임없이 소멸한다 perpetual perishing〉는 성격을 잃게 된다. 그것은 〈영원성의 움직이는 영상moving image of eternity〉이 된다.

제 3 절

탁월성을 위한 조건으로서의 질서, 탁월성을 질식시키는 것으로서의 질서. 권태, 새로움에 들어가는 질서가 요구된다. 살아 있는 지배적인 계기는 동물 신체에 있어 새로움의 기관이다.

또 하나의 대조가 이념을 이해하는 데 똑같이 필수적이다. 그것은 탁월성excellence을 위한 조건으로서의 질서와, 생활의 신선함을 질식시키는 것으로서의 질서 사이의 대조이다. 이 대조는 교육론에서 등장한다. 탁월성을 위한 조건은 기술에 있어서의 철저한 훈련이다. 진정한 기능(技能)은 의식적인 연습의 영역을 벗어나서 무의식적인 습성의 특성을 띠고 있어야 한다. 고도의 성과를 거두기 위한 제1, 제2, 제3의 조건은, 행동을 통제하는 후천적인 천성과 지식을 포함하고 있는 확장된 의미에서의 학식이다.

그토록 많은 유망한 교육 이론들을 무너뜨리는 역설paradox은, 기능을 탄생시키는 훈련이 상상력을 동원하려는 열의를 질식시키기가 매우 쉽다는 데 있다. 기능은 반복을 요구한다. 그리고 상상에의 열의는 충동의 빛깔을 띠고 있다. 어떤 시점까지는, 기능에서 진보가 이루어질 때마다 상상력에 새로운 길이 열린다. 그러나 개개인에게 있어 형식적 훈련은 그 유용성에 한계가 있다. 이 한계를 넘어서면서부터는 퇴보가 있게 된다. 〈들의 백합은 수고도 하지 않고, 길쌈도 하지 않는다The lilies of the field toil not, neither do they spin.〉②

인류의 사회사는 진보를 위한 조건과 인간성을 저해하는 책략이 교

② 「마태복음」, 6장 28절.

호적으로 작용alternating functions하고 있는 가운데 거대한 조직을 드러내 보여주고 있다. 지중해 여러 나라의 역사 및 서구의 역사는 정치 조직, 종교 조직, 사유의 도식에 대한, 그리고 커다란 목적을 위한 사회적 행위들에 대한 축복과 저주의 역사이다. 지극히 고결한 정신을 소유한 세대들이 기원하고, 추진하고, 헌신했던 지배의 순간은 축복이 저주로 옮겨가는 전환점을 나타내고 있다. 원기를 회복시켜 줄 수 있는 새로운 원리가 요구된다. 진보의 기술은 변화의 한복판에서 질서를 유지시키는 것이며, 질서의 한복판에서 변화를 유지시키는 것이다. 생명은 산 채로 미이라가 되기를 거부한다. 질서의 어떤 단조로운 체계 내에 오랫동안 정체하게 되면 정체하게 될수록 생기 없는 사회의 붕괴 소리는 그만큼 더 커지게 마련이다.

이와 동일한 원리는 예술에 있어 어떤 양식이 변함없이 지배하는 데서 오는 지루함에 의해서도 드러난다. 유럽은 고딕 건축의 보물로 채워진 뒤 몇 세대에 걸친 권태기에 들어갔었다. 이 권태의 시기는 저 독특한 형태의 멋에 대한 감각을 모두 잃어버리고 있었던 것처럼 보인다. 그것은 마치 느낌의 최종적인 섬세함이 과거의 체계로부터 거대한 유산을 구출하기 위해서 어떤 새로운 요소를 요구하고 있는 것처럼 보인다. 질서만으로는 충분하지 않다는 것이다. 요구되는 것은 훨씬 더 복잡한 어떤 것이다. 그것은 새로움으로 들어가는 질서이다. 따라서 그 질서의 거대함이 단순한 반복으로 퇴화하는 일은 없게 되며, 또 새로움이 항상 조직의 배경에 반영되어 있게 된다.

그러나 이 두 요소는 실제로 분리되어서는 안 된다. 세계의 정착된 질서가 또 다른 시대의 새벽을 알리는 조화롭지 못한 서광을 부드럽게 다루어야 한다는 것은 세계의 선함에 속한다. 또 질서는 새로운 조건 앞에서 배경으로 물러날 때에, 자신의 여러 요구를 가지고 있다. 과거에 있어 지배적이었던 것은, 체계와 신선함 간의 복잡미묘한 대조로부터 강도를 얻고 있는 새로운 느낌들을 산출할 수 있는 확고한 토대로 전환되어야 한다. 과거가 상실되거나 과거가 지배하거나 하여 그 어느 쪽이 지나치게 될 때, 현재는 약화된다. 이는 아리스토텔레스의 〈중용golden mean〉설을 응용한 것에 지나지 않는다. 현시적 직접성으로의 인과적 효과성의 변형이 주는 교훈은, 위대한 목표가 현재의 삶——새롭고 직접적인 삶, 그러나 그 풍요함을, 바르게 조직된 동물 신체로부터 전적으로 계승된 것에 의해 이끌어내고 있는 삶——에 의해 달성된다는 것이다. 과거 환경의 보배들이 살아 있는 계기 속으로 흘러 들어가게 되는 것은, 질서라는 기적을 수반하고 있는 신체의 작용 때문이다. 계기들의 최종적인 지각 경로는 아마도 대뇌의 틈새에 있는 〈빈〉 공간을 따라 나아가는 어떤 사건의 줄기some thread of happenings일 것이다. 그것은 수고도 하지 않고, 길쌈도 하지 않는다. 그것은 과거로부터 받아들인다. 그것은 현재에 산다. 그것은 역작용과 혐오라는 사적인 느낌의 강도에 의해서 흔들린다. 다음으로 이 신체적 삶의 절정도 신체의 여러 통로를 거쳐 새로움의 요소로서 전달된다. 신체에 대한 그것의 유일한 효용은 생생한 독창성이다. 그것은 새로움의 기관organ of novelty인 것이다.

제 4 절

역설 : 새로움에 대한 갈망, 상실에 대한 공포. 최종적인 종교 문제. 궁극적인 악은 〈끊임없이 소멸하는 것〉으로서의 시간이다. 궁극적인 대립자들 : 기쁨과 슬픔, 선과 악, 이접(離接)과 연접(連接), 유동과 영속성, 위대성과 사소성, 자유와 필연, 신과 세계. 해석을 위한 이 마지막 쌍을 제외하고는 이들 쌍은 직접적인 직관에서 주어진다.

따라서 세계는 다음과 같은 역설, 즉 적어도 보다 고차적인 현실태들을 놓고 볼 때 세계는 새로움을 갈망하고 있으면서도, 친숙했던 것들과 사랑했던 것들을 동반하고 있는 과거를 상실하게 될지 모른다는 두려움을 한시도 떨쳐 버리지 못하고 있다는 역설에 직면해 있다. 세계는 〈끊임없이 소멸해 간다 perpetually perishing〉는 성격의 시간으로부터 탈출하려고 한다. 새해가 주는 기쁨의 일단은 우정, 사랑, 오랜 교제와 같은 안정된 사실들을 동반한 채 이루어지는 계절의 순환에 대한 기대이기도 하다. 그러나 이러한 공포와 함께, 변화 없는 과거의 단순한 유지로서의 현재는 그 과거를 두려워하고, 그것을 거부하고, 그것에 반항하는 성격을 띤다.

> 죽음이 주어져라, 아니면 죽음이 있게 하라,
> 또 한 번 하는 것이 가혹한 일이라면.③*

새로운 시대는 저마다 직접적으로 그에 선행하는 시대의 미적인 신들에게 가혹한 싸움을 걸어서 이력을 쌓기 시작한다. 그러나 의식적인 합리적 삶의 정점을 이루는 사실은 스스로를, 일시적으로만 유용한 덧없는 향유 transient enjoyment로 생각하기를 거부한다. 물리적 세계의 질서에 있어, 의식적인 합리적 삶의 역할은 명백히 새로움을 도입하는 데에 있다. 그러나 물리적 느낌이 언제나 인과성을 막연하게 고집하고 있는 것과 마찬가지로, 고차적인 지적 느낌은 늘 또 다른 질서 —— 거기에는 불안정, 편력, 난파가 없는, 요컨대 〈더 이상 바다가 존재하지 않게 될〉④ —— 를 막연하게 고집하고 있다.

---

③ 매튜 아널드 Mathew Arnold(1822-1888)의 시 "Resignation"의 서두에서 인용.

* 매튜 아널드의 시 「포기 Resignation」 —— 누이동생에게 주는 충고로 쓴 —— 는 다음의 두 행으로 시작된다.

> To die be given us, or attain!
> Fierce work it were, to do again.

이 두 행은 메카를 향해 가는 순례자가 표현한 소감을 나타낸 것이다. 화이트헤드는 분명히 기억에 따라서 이 두 행의 시구를 (불완전하게) 인용하고 있다. 그리고 아널드의 시의 표제가 의미하는 바와는 다른 의미로 이 구절을 화이트헤드가 받아들이고 있다는 것은 분명하다.

이는 종교가 문명사회에서 고차적인 국면으로 접어들어 감에 따라 서서히 형태를 갖추게 되는 문제이다. 종교 문제를 가장 일반적인 형식으로 나타낸다면, 그것은 시간적 세계의 과정이, 새로움이 상실을 의미하지 않는 그런 질서 속에 서로 결부되어 있는 다른 현실태들의 형성으로 이행하여 가는가 어떤가 하는 문제이다.

시간적 세계에 있어서의 궁극적 악은 그 어떤 악보다도 뿌리가 깊다. 그것은 과거가 사라진다는 사실, 시간이 〈끊임없는 소멸〉이라는 사실에 있다. 객체화는 제거 elimination를 수반한다. 현재의 사실은 과거의 사실을 충분한 직접성에 있어서 동반하고 있지 않다. 시간의 과정은 과거를 분명한 느낌 아래에다 은폐시킨다. 현재의 사물들 간에는 생성의 일치 unison of becoming가 있다. 어찌하여 사물들 간의 이 직접성의 직접적인 일치를 상실하지 않은 새로움이 있어서는 안 되는가. 시간 세계에 있어서 시간의 과정이 상실을 수반한다는 것은 경험적인 사실이다. 과거는 추상 아래에서 현재한다. 그러나 어찌하여 이것이 자초지종 the whole story이어야 하는가라는 데에 대한, 궁극적인 형이상학적 일반성을 갖는 이유는 없다. 악의 본성은 사물의 성격이 서로 방해가 되고 있다는 데에 있다. 따라서 생명의 깊이는 선택의 과정을 필요로 한다. 그러나 선택은 방해하는 양상을 최소화시키려고 하는 별개의 시간적 질서를 향한 첫걸음으로서의 제거이다. 선택은 악의 척도인 동시에 그 악을 회피하는 과정이다. 그것은 사실상 방해 요소를 버린다는 것을 의미한다. 사실에 있어 무기력한 요소는 하나도 없다. 따라서 악과의 싸움은, 복합적인 조화의 구성을 도입시키는 중간적 요소를 동원함으로써 유용한 양상을 건설하는 과정이다. 최초의 질서 재건에 따르는 사소성 triviality은 현실태들이 산출되고 있다는 사실을 표현한다. 이 현실태들은 그들 자신의 직접적인 〈목적〉이 지니는 고유의 성격에 있어서는 사소한

④ 『신약성서』, 「요한 묵시록」, 21장 1절, 〈또 내가 새 하늘과 새 땅을 보니 처음 하늘과 처음 땅이 없어졌고, 바다도 다시 있지 않더라〉.

것이지만, 투명할 뿐만 아니라 본질적으로 직접적 가치를 갖는 세계가 출현하기 위한 본래적인 〈수단〉인 것이다.

세계의 악은, 전달에 관한 한 반투명한 요소들이 그 자체로는 보잘것없는 비중을 지닌다는 것, 그리고 각기 그 나름의 비중을 갖는 이 요소들이 그들의 부조화 때문에 생생한 직접성이 어둠 속으로 사라져야 한다는 제약을 그 직접성에 부과한다는 것이다. 〈여호와께서 그 사랑하시는 자에게 잠을 주시는도다.〉⑤

따라서 우리가 우주론을 구성함에 있어, 우리에게 남아 있는 것은 기쁨과 슬픔, 선과 악, 이접과 연접 ― 다시 말하면, 일자(一者)에 있어서의 다자(多者) the many in one ― 유동과 영속성, 위대성과 사소성, 자유와 필연, 신과 세계라는 궁극적인 대립자들이다. 이 목록에서 대립자들의 쌍은, 마지막 쌍을 제외하고는 직관의 어떤 궁극적인 직접성을 수반하는 경험 속에 있는 것들이다. 신과 세계는 해석이라는 주해(註解, note of interpretation)를 이끌어들인다. 신과 세계는 창조적인 창시성(創始性) creative origination의 성질, 즉 개념적 욕구와 물리적 실현에 관한 기본적인 형이상학적 학설에 의해, 우주론적 문제에 대한 해석을 구현하고 있다. 이 논제는 이 우주론의 마지막 장을 이룬다.

⑤ 『구약성서』, 「시편」, 127장 2절, 〈너희가 일찍이 일어나고 늦게 누우며 수고의 떡을 먹음이 헛되도다. 그러므로 여호와께서 그 사랑하시는 자에게 잠을 주시는도다〉.

2장

신과 세계

제 1 절

영속성과 유동, 부동의 동자로서의 신. 신의 관념 : 통치자, 도덕적 힘, 철학적 원리.

시간적 세계가, 탁월하게 실재적인 동시에 부동의 동자 unmoved mover인 궁극적 원리에 기원을 둔 것으로 설명될 수 있는 창조 행위의 자기 충족적 완성으로 간주되는 한, 다음과 같은 결론을 피할 길이 없다. 즉 우리가 혼란에 대해서 말할 수 있는 것은 기껏해야 〈그러므로 여호와께서는 그 사랑하시는 자에게 잠을 주시도다〉라는 것이다. 이는 불교적 유형의 교훈으로서 어떤 의미로는 진실이다. 우리는 이 마지막 논의에서, 과연 형이상학적 원리들이 이를 전적으로 진리라고 믿도록 강요하는지 어떤지를 물어야 한다. 세계의 복잡성이 그 답변 속에 반영되어 있어야 한다. 세계는 무엇으로 만들어졌는가라는 단순한 질문을 내걸고 사색에 착수한다는 것은 유치한 것이다. 이성의 임무는 다면성을 지닌 사물들의 보다 깊은 심층을 속속들이 탐색하는 일이다. 우리는 광범한 물음에 대해 단순한 답변을 기대해서는 안 된다. 우리의 응시가 아무리 멀리 미친다 해도 우리의 비전을 가로막는 높은 곳은 언제나 있는 법이다.

〈부동의 동자〉로서의 신의 관념은 적어도 서구 사상에 관한 한, 아리스토텔레스에게서 비롯되었다. 〈탁월하게 실재적인〉 것으로서의 신의 관념은 기독교 신학이 애호하는 학설이다. 이 두 관념이 결합되어, 근원적이며 탁월하게 실재적인 초월적 창조자, 즉 그의 명령으로 세계가 존재하게 되고 그가 강요하는 의지에 그 세계가 복종하는 그런 초월적 창조자라는 관념이 된 것은, 기독교와 이슬람교의 역사에 비극을 야기해 온 오류이기도 하다.

서구 세계가 기독교를 받아들였을 때, 카이사르 Caesar는 승리를 거두었고, 서구 신학의 표준 텍스트는 카이사르의 법률가들에 의해서 편찬되었다. 유스티니아누스 법전과 유스티니아누스 신학은 인간 정신의 한 운동을 표현하고 있는 두 권의 책이다. 겸양 humility에 대한 갈릴리 사람〔예수 그리스도〕의 간결한 비전은 여러 시대에 걸쳐 불확실하게 명멸하였다. 그 종교의 공식적인 정식화에 있어 그것은, 유대인들이 그들의 구세주에 대해 잘못된 생각을 품었던 것을 단순히 그들의 탓으로 돌려버리는 지엽적인 형식을 취해 왔다. 그러나 이집트, 페르시아, 로마의 황제와 같은 이미지로 신을 만들어내는, 보다 뿌리 깊은 우상 숭배가 존속되고 있었다. 교회는 전적으로 카이사르에게 속해 있던 속성들을 신에게 부여했던 것이다.

문명과 함께 이어져 오다가 이슬람교가 일어나면서 종식된 유신론적 철학의 위대한 형성기에 있어, 세 계통의 사상이 나타난다. 이들은 세부적으로 많은 차이를 수반하는 가운데 각기 신을 황제의 이미지로, 도덕적인 힘 energy을 의인화한 이미지로, 그리고 궁극적인 철학적 원리의 이미지로 만들고 있다. 흄의 『자연 종교에 관한 대화』는 세계의 체계를 설명하는 이런 방식들을, 반박의 여지가 없을 정도로 비판하고 있다.

이 세 사상 학파는 신격화된 카이사르, 히브리의 예언자, 그리고 아리스토텔레스와 각기 연결될 수 있다. 그러나 아리스토텔레스는 인도의 사상과 불교의 사상이 성립된 이후에 활동했다. 히브리의 예언자들은 보다 초기 사상의 흔적에서 이들 사상과 유사점을 보이고 있다. 이슬람교와 신격화된 카이사르는, 모든 시대와 장소에 있어 가장 자연스럽고도 명백한 우상 숭배적 유신론의 상징을 나타내고 있는 데에 지나지 않는다.

유신론적 철학의 역사는 이 문제에 대응하는 세 가지 상이한 방식들이 결합하고 있는 다양한 무대를 보여준다. 그러나 갈릴리인〔예수 그리스도〕에 의한 기독교의 기원에는, 이 세 주요 사상 계통의 어느 것과도 잘 들어맞지 않는 또 다른 암시가 들어 있다. 그것은 통치하는 카이사르도, 무자비한 도덕가도, 부동의 동자도 역설하지 않는다. 그것은 정적 속에서 서서히 사랑에 의해 작용하는 세계 내의 부드러운 요소들을 강조한다. 그것은 또 이 세계가 아닌 왕국의 현재적 직접성 속에서 목적을 찾는다. 사랑은 통치하지 않으며, 또 부동의 것도 아니다. 또 사랑은 도덕에 대해 별로 주의하지 않는 편이다. 그것은 미래에 눈을 돌리지 않는다. 왜냐하면 그것은 직접적 현재에서 그 보답을 발견하기 때문이다.

제 2 절

흄의 『자연 종교에 관한 대화』에 대한 또 한 사람의 대화자. 원초적 본성은 현실성을 결하고 있다, 원초적 본성은 현실태에 대한 사랑도 증오도 없다, 아리스토텔레스로부터의 인용.

현재의 것 그대로이든 또는 마땅히 그래야 할 것으로서이든 간에 기성 종교와의 관련을 떠나서, 우리는 여기서 전개되고 있는 형이상학적 원리들이 신의 본성에 관해 이런 점에서 무엇을 요구하는가를 냉철하게 연구해 보아야 한다. 여기에는 증명의 성질을 띤 것은 아무것도 없다.

단지 이론적 체계와 사실들에 대한 기술과의 대결이 있을 뿐이다. 그러나 사실에 관한 체계화되지 않은 보고는 그 자체로서 상당한 논란거리가 되며, 그 체계는 명백하게 불충분하다. 이 특수한 영역의 사상에 있어서 이러한 체계로부터 연역되는 것들은, 문제가 그 체계에 비추어 어떻게 변형되는가를 시사하는 것 이상으로 간주될 수 없다. 아래에서 말하려는 것은 저 흄의 명저『자연 종교에 관한 대화』에 또 한 사람의 화자speaker를 추가하려는 시도에 지나지 않는다. 논의의 모든 설득력은 우리의 의식적 경험에 들어오는 다소 예외적인 요소들 —— 종교적·도덕적 직관으로서 대충 개괄될 수 있는 요소들 —— 에 대한 해명에 전적으로 의존하고 있다.

우선 첫째로, 신은 형이상학적 원리들의 붕괴를 막기 위해서 불러들여진, 모든 형이상학적 원리들로부터의 예외자로 취급되어서는 안 된다. 신은 형이상학적 원리들의 주요한 예증 사례exemplification인 것이다.

원초적인primordial 것으로서 고찰될 경우, 신은 절대적으로 풍부한 가능태의 무제한적인 개념적 실현conceptual realization이다. 이런 측면에 있어 신은 모든 창조에 앞서before 있는 것이 아니고, 모든 창조와 더불어with 있다. 그러나 원초적인 것으로서의 신은 〈탁월한 실재성 eminent reality〉으로부터 아주 멀리 떨어져 있기 때문에, 이러한 추상에 있어 신은 〈현실성을 결하고〉 있다. 그리고 이는 두 가지 측면에서 그러하다. 우선 신의 느낌들은 단지 개념적일 뿐이고, 그래서 충만한 현실성을 결하고 있다. 둘째로, 개념적 느낌은 물리적 느낌과의 복합적인 통합을 떠나서는 그 주체적 형식에 의식을 수반하지 못한다.

따라서 우리가 이성으로 구별하고 신을 원초적 현실태의 추상에서 고찰할 때, 우리는 느낌의 충만성이나 의식을 신에게 귀속시켜서는 안 된다. 신은 사물의 바탕에 있는 개념적 느낌의 무제약적 현실태이다. 그래서 이 원초적인 현실태 때문에 창조의 과정에 대한 영원한 객체의 관련에는 질서가 있게 되는 것이다. 신의 개념적 작용의 통일성은 어떠한 특수 사태와의 관련에 의해서도 구속받지 않는 자유로운 창조적 행위이다. 그것은 실제로 일어나는 것에 대한 사랑이나 증오에 의해서 왜곡되지 않는다. 현실 세계의 온갖 특수성은 신의 통일성을 전제로 하고 있다. 한편 신의 통일성은 다만 창조적 전진creative advance이라는 일반적인 형이상학적 성격——신의 통일성은 이것의 원초적 예증이다——을 전제로 하고 있을 뿐이다. 신의 원초적 본성은 창조성에 의해 획득되는 원초적 성격이다.

신의 개념적 현실성은 범주적 조건을 예증하는 동시에 확립시킨다. 신의 원초적 본성을 구성하는 개념적 느낌들은 그들의 주체적 형식에 있어서, 상호적인 감수성과 주체적 지향의 주체적 통일성을 예증한다. 이 주체적 형식들은 현실태의 각 계기에 있어서의 영원한 객체들의 상대적 관련을 결정하는 가치 평가이다.

신은 느낌을 위한 유혹lure for feeling이며, 욕구의 영원한 충동이다. 세계 내에서 그 자신의 제약된 입각점으로부터 생겨나는 각 창조적 행위에 대한 신의 특수한 관련은 신을, 각 주체적 지향의 최초의 위상을 확립시키는 최초의 〈욕구의 대상〉으로 만든다. 아리스토텔레스의 『형이상학』[1]에서 인용한 다음의 구절이 나타내고 있는 것은 이러한 사고 방향과 부분적으로 유사하고 부분적으로 상이하다.

> 움직여져서 움직이게 하는 것은 중간 위치에 있기 때문에, 움직여지지 않으면서 움직이게 하는 무엇인가가 있다. 이는 영원한 것이자, 실체이며, 현실태이다. 〔그렇다면 어떤 방식으로 움직이게 하는가?〕 그것은 마치 욕구의 대상이나 사유의 대상이 〔욕구하는 자나 사유하는 자를〕 움직이게 하는 것처럼, 움직여지지 않으면서 움직이게 한다. 그런데 욕구와 사유의 일차적 대상은 동일하다. 왜냐하면 현상적인 선(善)은 비이성적 욕구의 대상이며, 진정한 선은 이성적 갈망의 일차적 대상이기 때문이다. 그러나 우리가 그것을

---

1) *Metaphysics*, 1072a 23-32, trans. Professor W. D. Ross. 나는 F. J. Carson 씨에 의해 각별히 인용된 이 구절의 적절함에 이끌렸다.

욕구하는 것은 그것이 선하다고 생각되기 때문이며, 우리가 그것을 욕구하기 때문에 선하다고 생각되는 것은 아니다. 왜냐하면 사고가 출발점이 되기 때문이다. 그리고 사유는 사유의 대상에 의해 움직여지며, 저 대립자들의 일람표의 한쪽 난column에 있는 것들은 본질적으로 사유의 대상이다…….

아리스토텔레스는 개념적 느낌과 단독으로 의식을 포함하고 있는 지성적 느낌intellectual feelings을 구별하지 않았다. 그러나 가치 평가라는 주체적 형식을 수반한 〈개념적 느낌conceptual feeling〉을 위의 인용문에 나타난 〈이성적 사유thought〉, 〈사고thinking〉, 〈생각opinion〉에 대치시킨다면, 〔유기체 철학과〕 정확하게 일치한다.

제 3 절

신의 본성은 개념적이며 물리적인 양극성을 가진다. 이 물리적 본성은 세계로부터 파생된다. 두 본성의 비교.

신의 본성에는 빠뜨릴 수 없는 또 하나의 측면이 있다. 지금까지 유기체 철학을 설명하는 가운데 우리는 세계에 미치는 신의 원초적 작용을 고찰해 왔다. 이런 관점에서 보면, 신은 구체화의 원리 ── 그것이 아니었으면 모호성투성이가 되고 말 상황으로부터 일정한 결과를 창출시키는 원리 ── 이다. 따라서 여기까지는 신의 본성의 원초적 측면만이 관련되어 왔다.

그러나 신은 원초적일 뿐만 아니라 결과적consequent이기도 하다. 신은 처음이자 끝이다. 신은 모든 구성원들의 과거 속에 있다는 의미에서 처음이 아니다. 신은 모든 다른 창조적 행위와의 생성의 일치unison of becoming 가운데 있는 개념적 작용의 전제된 현실태이다. 따라서 모든 사물이 갖는 상대성 때문에 신에 대한 세계의 반작용이 있는 것이다. 신의 본성이 물리적 느낌의 충만으로 완결되는 것은 세계가 신 속에서 객체화되는 데에 연유한다. 신은 자신의 현실 세계를 모든 새로운 창조와 공유하고 있다. 그리고 합생하는 피조물은 그 현실 세계에 대한 신의 객체화에 있어서의 새로운 요소로서 신 속에서 객체화된다. 각 피조물에 대한 신 속으로의 이와 같은 파악은 주체적 지향으로 인해 방향이 잡히고, 다시 신의 전(全) 포괄적인 all-inclusive 원초적 가치 평가로부터 전적으로 파생되는 주체적 형식을 부여받는다. 그 궁극적인 완결성 때문에, 신의 개념적 본성은 변치 않는다. 그러나 신의 파생적 본성은 세계의 창조적 전진의 결과로 생겨난다.

그러므로 모든 현실적 존재와 마찬가지로 신의 본성은 양극적 dipolar 이다. 신은 원초적 본성 primordial nature과 결과적 본성 consequent nature을 갖고 있다. 신의 결과적 본성은 의식적이다. 그것은 신의 본성의 통일성에 있어서의, 그리고 신의 지혜의 변형을 통한, 현실 세계의 실현이다. 원초적 본성은 개념적이며, 결과적 본성은 신의 물리적 느낌들이 신의 원초적 개념들 위에 짜여 들어간 것을 말한다.

신의 본성의 한 측면은 신의 개념적 경험으로 구성되어 있다. 이 경험은 그것이 전제하는 어떠한 현실태에 의해서도 제한되지 않는 세계 내의 원초적 사실 primordial fact이다. 그러므로 그것은 무한한 것으로서 어떠한 부정적 파악도 수반하고 있지 않다. 신의 본성의 이러한 측면은 자유롭고, 완전하며, 원초적이고, 영원하며, 현실성을 결하고 있고, 또 무의식적이다. 다른 한쪽의 측면은 시간적 세계에서 파생된 물리적 경험과 더불어 생겨나고, 이어서 원초적 측면과 통합되기에 이른다. 그것은 결정되어 있고, 불완전하며, 결과적이고, 〈영속적 everlasting〉이며, 완벽하게 현실적이면서 의식적이다. 신의 필연적인 선함은 신의 결과적 본성의 결정성을 표현하고 있다.

개념적 경험 conceptual experience은 무한할 수 있다. 그러나 물리적 경험은 그 본성상 유한하다. 시간적 세계의 현실적 존재는, 최초에 신으로부터 파생된 결과적인 개념적 경험에 의해 유발되는 완결의 과정을 수반하고 있는 물리적 경험에 의해 창출되는 것으로 간주되어야 한다. 신은, 최초에 시간적 세계에서 파생된 결과적인 물리적 경험에 의해 유발되는 완결의 과정을 수반한 개념적 경험에 의해 창출되는 것으로 간주되어야 한다.

제 4 절

신의 결과적 본성, 창조적 전진은 직접성의 일치를 유지하고 있다, 영속성. 보다 진척된 분석, 애정, 지혜, 인내. 세계의 시인, 진·선·미의 비전.

신의 원초적 본성의 완결성에서 유래하는 신의 주체적 지향의 완전성은 결국 신의 결과적 본성의 특성이 된다. 이 결과적 본성에는 아무런 손실도 장애도 없다. 세계는 직접성의 일치에서 느껴진다. 창조적 전진을 상호적인 직접성의 유지와 결합시키는 속성은, 앞의 절에서 〈영속적〉이라는 용어가 의미했던 그것이다.

주체적 지향의 지혜는 모든 현실태를 완성된 체계 내에 적절히 자리할 수 있는 것 — 그 고뇌, 그 슬픔, 그 실패, 그 승리, 그 기쁨의 직접성 — 으로서 파악한다. 그리고 이렇게 파악된 것들은 느낌의 적절성 rightness of feeling에 의해 짜여서 보편적 느낌 — 항상 직접적이고, 항상 다자(多者, many)이며, 항상 일자(一者, one)이고, 항상 새로운 전진을 수반하며, 앞으로 계속 나아갈 뿐 결코 소멸되지 않는 보편적 느낌 — 이 된다. 순전히 자기 본위적인 파괴적 악의 반항들은 단지 사소한 개개의 사실들에 지나지 않는 것으로 밀려난다. 그렇지만 그것들이 하나하나의 기쁨에서, 하나하나의 슬픔에서, 필요한 대비의 도입에서 성취한 선(善)은 그것과 완결된 전체와의 관계에 의해 이미 구제되어 있다. 신의 본성의 이와 같은 작용하는 성장을 가장 잘 이해할 수 있는 이미지 — 그것은 한갓 이미지에 지나지 않지만 — 는, 그 어떤 것도 상실되지 않도록 하려는 애정 어린 배려 tender care의 이미지이다.

신의 결과적 본성은 세계에 대한 신의 심판이다. 신은 세계가 신 자신의 삶의 직접성 속에 들어올 때, 세계를 구원한다. 신의 결과적 본성은 구원될 수 있는 것은 그 어떤 것도 버리지 않는 사랑의 심판이다. 그것은 또 시간적 세계 내의 단순한 잔해에 지나지 않는 것을 활용하는 지혜의 심판이다.

신의 결과적 본성을 이해하는 데 필요한 또 하나의 이미지는 신의 무한한 인내 infinite patience라는 이미지이다. 우주는 다음과 같은 삼중의 창조적 행위를 포함하고 있다. 즉 i) 하나의 무한한 개념적 실현 infinite conceptual realization, ii) 시간적 세계에서의 자유로운 물리적 실현의 다양한 연대성, iii) 다양한 현실적 사실과 원초적인 개념적 사실과의 궁극적 통일성이 그것이다. 만일 우리가 제1항과 제3항을 통일시키고 이를 시간적 세계에서의 중간적이며 자유로운 다양한 물리적 실현과 대립시켜 생각한다면, 우리는 신 자신의 본성의 완결성에 의해 중간 세계의 동요를 애정으로 구제하는 신의 인내를 생각해 볼 수 있게 된다. 사물들의 순수한 힘은 중간적인 물리적 과정 속에 있다. 이는 물리적 산출의 힘이다. 신의 역할은 산출력과 산출력의 투쟁도 아니고, 파괴력과 파괴력의 투쟁도 아니다. 신의 역할은 그의 개념적 조화의 압도적 합리성이 그의 인내 속에서 행사되는 데 있다. 신은 세계를 창조하지는 않는다. 신은 세계를 구제한다. 아니 보다 정확히 말하면, 신은 진·선·미에 관한 자신의 비전에 의해 세계를 이끌어가는* 애정 어린 인내심을 갖고 있는, 세계의 시인이다.

---

* 화이트헤드는 자신의 맥밀런판의 사본에서 〈이끌어가는 leading〉에 선을 긋고, 난외에 〈설득하는 persuading〉, 〈좌우하는 swaying〉이라고도 써놓고 있다. 그러나 화이트헤드는 이를 구체적으로 명기하지 않는 경우도 있기 때문에 여기서는 텍스트에 변경을 가하지 않았다.

제 5 절

영속성과 유동, 신과 세계와의 관계. 일련의 대구(對句). 신과 세계는 각기 상대편에 있어서의 새로움을 위한 도구이다.

유동 flux을 영속성 permanence으로부터 잘못 분리시킬 때, 불완전한 실재성 deficient reality을 수반하는 전적으로 유동적인 세계와의 관계에 있어 탁월한 실재성 eminent reality을 갖는 전적으로 정태적인 신의 관념에 이르게 된다. 정태적인 것과 유동적인 것이라는 대립자가 다양한 여러 현실태를 제각기 특징지어 주는 것으로 일단 설명되어 버릴 경우, 정태적인 사물과 유동적인 사물 간의 교호 작용은 그것이 설명되는 모든 단계에서 모순을 포함하는 것이 되고 만다. 그러한 철학은 근본 원리로서 〈환상 illusion〉의 개념 ―〈단순한 현상 mere appearance〉이라는 개념 ―을 가지고 있지 않으면 안 된다. 이것이 최종적인 플라톤적 문제이다.

그리스, 히브리, 그리고 기독교 사상의 직관들이 하나같이, 세계에 대해서 자기를 낮추는 정태적인 신의 관념과, 철저하게 유동적이든가 아니면 우연히 정태적일 수 있을 뿐 결국은 유동적인 ―〈하늘과 땅은 사라질 것이다〉― 세계의 관념을 구현시키고 있었다는 데에는 의심의 여지가 없다. 일부 몇몇 사상 학파에서는 세계 속의 특정한 구성 요소들이 이런 최종적인 유동성으로부터 면제되어 정태적인 생존을 확보하고 있다고 가정함으로써 세계의 유동성을 완화시키고 있다. 이런 구성 요소들은 그렇게 가정되지 않는 다른 유사한 구성 요소들과 결정적으로 분리되어 있는 것이 결코 아니다. 게다가 그 생존은, 어떤 이들에게는 행복이요 또 어떤 이들에게는 고통이라는 최종적인 한 쌍의 대립물에 의해 해석되고 있다.

이런 체계들은 우리가 바로 표현하려고 마음먹고 있는 근본적인 직관에서 출발하고 있으며, 또 유동성에 있어서의 영속성, 그리고 영속성에 있어서의 유동성이라는 최초의 직관과 일치하지 않는 귀결을 가져다주는 언어 표현에 말려들고 있다는 공통적인 성격을 가지고 있다.

그러나 문명화된 직관은 막연하게나마 늘 이 문제를 단일적인 것으로서가 아니라 이중적인 것으로 파악해 왔다. 단순한 유동성·영속성의 문제란 없다. 영속성을 수반한 현실태가 유동성을 자신의 완결로서 요구하고, 유동성을 수반한 현실태가 영원성을 자신의 완결로서 요구하는 이중적인 문제가 있는 것이다. 이 문제의 전반은 신의 결과적 본성이 시간적 세계로부터 파생됨으로써 이루어지는 신의 원초적 본성의 완결과 관계된다. 그리고 이 문제의 후반은 〈끊임없는 소멸〉을 결한 ─〈영속적인〉─ 객체적 불멸성의 기능에 의한, 각각의 유동적인 현실적 계기의 완결과 관계된다.

이러한 이중적인 문제는 두 개의 판이한 문제로 분리될 수 없다. 어느 쪽 측면도 다른 쪽 측면에 의해서만 설명될 수 있기 때문이다. 신의 결과적 본성은 신 속에서의 그 객체적 불멸성에 의해 〈영속적인〉 것이 된 유동적 세계이다. 그리고 현실적 계기의 객체적 불멸성은 신의 원초적 영속성을 필요로 한다. 이러한 신의 원초적 영속성에 의해서 창조적 전진은, 신이 진전하는 세계와 관련을 맺는 데서 연유하는 최초의 주체적 지향을 부여받아 끊임없이 되풀이된다.

그러나 시간적 세계 내에서의 객체적 불멸성은 보다 세련된 종교적 직관의 통찰에 의해 제기된 문제를 해결하지는 못한다. 〈영속성〉은 상실되었다. 그래서 〈영속성〉은 보다 세련된 종교의 기초가 되는 저 비전의 내용 ─ 최종적인 통일성 속으로 영속적으로 흡수되는 다자(多者) ─ 이 된다. 신의 유동성과 변천하는 경험의 영속성의 문제는 우주의 동일한 요인에 의해서 해결된다. 이 요인이란, 모든 질서의 기초가 되는 원초적 욕구의 성취로서의 그 욕구의 수용과 변혁을 통해 완성되는 시간적 세계를 말한다. 이렇게 해서 신은 유한한 사실들이 가지는 개개의 유동하는 만족 fluent satisfaction에 의해 완결되고, 시간적 계기는 궁극적인 절대적 〈지혜〉인 영원한 질서에 순응하게 되는 변형된 자기와의 영속적인 합일에 의해서 완결된다. 마지막 요약은 오직 일련의 대구 antithesis ── 그 외견상의 모순은 현존의 여러 다양한 범주를 무시하는 데 있다 ── 에 의해 표현될 수 있을 뿐이다. 각 대구에는 대립을 대비로 전환시키는 의미의 전환이 있다.

신은 항구적이고 세계는 유동적이라고 말하는 것은, 세계는 항구적이고 신은 유동적이라고 말하는 것과 마찬가지로 참이다.

신은 일자(一者)이고 세계는 다자(多者)라고 말하는 것은, 세계는 일자이고 신은 다자라고 말하는 것과 마찬가지로 참이다.

세계와 비교할 때 신이 탁월하게 현실적이라고 말하는 것은, 신과 비교할 때 세계가 탁월하게 현실적이라고 말하는 것과 마찬가지로 참이다.

세계가 신에 내재한다고 말하는 것은 신이 세계에 내재한다고 말하는 것과 마찬가지로 참이다.

신이 세계를 초월한다고 말하는 것은 세계가 신을 초월한다고 말하는 것과 마찬가지로 참이다.

신이 세계를 창조한다고 말하는 것은 세계가 신을 창조한다고 말하는 것과 마찬가지로 참이다.

신과 세계는 대비된 대립자이며, 이 대립자에 의해서 창조성 creativity은 대립 속에 다양성을 갖는 이접적인 다수성 disjoined multiplicity을, 대비 속에 다양성을 갖는 합생적 통일 concrescent unity로 변형시키는 그 최상의 임무를 수행한다. 각 현실태에는, 실현의 합생하는 두 극 ── 〈향유 enjoyment〉와 〈욕구 appetition〉, 즉 〈물리적인 것〉과 〈개념적인 것〉 ── 이 있다. 신에게 있어서는 개념적인 것이 물리적인 것보다 우선하며, 세계에 있어서는 물리적인 극이 개념적인 극보다 우선한다.

물리적 극은 그 자체의 본성상 배타적이며, 모순에 의해서 제한된다.① 개념적 극은 그 자체의 본성상 총괄적이며 all-embracing, 모순에 의해

① 〈백색〉과 〈흑색〉이라는 영원한 객체는 그 자체로서는 모순되지 않는다. 그러나 그것이 동시에 동일 사물에 진입하는 방식으로 물리적 세계에서 실현된다면, 그것은 모순된다고 할 수 있다. 이처럼 물리적 세계는 모순에 의해서 제한되어 있다.

제한되지 않는다. 전자는 그 무한성의 몫을 욕구의 무한성에서 이끌어내지만, 후자는 그 한정성의 몫을 향유의 배타성에서 이끌어낸다. 따라서 신의 욕구의 우선성으로 말미암아 신에게는 단 하나의 원초적 본성만이 있을 수 있다. 그리고 현실태들의 향유의 우선성으로 말미암아 물리적 세계에는 많은 현실태들의 한 가지 역사가 있음에 틀림없다.

신과 세계는, 욕구적 비전과 물리적 향유가 창조에 있어 우선성을 똑같이 요구하고 있다는 최종적인 형이상학적 진리를 표현하면서, 서로 대치하고 있다. 그러나 어떠한 두 현실태도 서로 유리될 수 없다. 하나하나가 저마다 소중하다. 그래서 각 시간적 계기temporal occasion는 신을 구현하고, 신 속에서 구현된다. 신의 본성에서는 항구성이 원초적인 것이며, 유동은 세계로부터 파생된다. 또 세계의 본성에 있어서는 유동이 원초적인 것이며, 항구성은 신으로부터 파생된다. 그리고 세계의 본성은 신에게 있어 원초적 여건이며, 신의 본성은 세계에게 있어 원초적 여건이 된다. 창조 작용은 영속성인 그 최종 극final term — 세계의 신격화② — 에 도달했을 때, 항구성과 유동을 성공적으로 화해시킨다.

대립되는 요소들은 서로를 필요로 하면서 맞서 있다. 그것들은 통일성 속에 있게 될 때, 서로 억제하거나 대비를 이룬다. 신과 세계는 이처럼 서로를 필요로 하면서 맞서 있다. 신은 모든 정신성의 무한한 근거이며, 물리적 다양성을 추구하는 비전의 통일이다. 세계는 완성된 통일을 추구하는 유한한 것들, 곧 현실태들의 다양성이다. 신도 세계도 정태적인 완결에 이르지는 못한다. 이 양자는 궁극적인 형이상학적 근거, 즉 새로움을 향한 창조적 전진의 손아귀에 있다. 신과 세계는 각기 상대편에 있어서의 새로움을 위한 도구인 것이다.

모든 점에서 신과 세계는 그들의 과정과 관련하여 서로 역으로 움직인다. 신은 원초적으로 일자(一者)이다. 즉 신은 다수의 가능적 형상들

② 〈세계의 신격화〉란, 세계가 자신 속에 신을 완전히 체현(體現)하는 것을 말한다. 이는 화이트헤드에게 있어 세계의 자기 형성 작용의 궁극 형태로 간주된다.

의 관련성에 대한 원초적 통일이다. 과정에서 신은 결과적 다양성을 획득하고, 원초적 성격은 이러한 다양성을 그 자신의 통일성 속에 흡수한다. 세계는 원초적으로 다자(多者), 즉 물리적 유한성을 지닌 다수의 현실적 계기들이다. 과정에서 세계는 결과적 통일성을 획득하는데, 이 통일성은 하나의 새로운 계기로서, 원초적 성격의 다양성 속으로 흡수된다. 따라서 신은, 세계가 다자이면서 일자인 것으로 간주되어야 하는 것과는 정반대의 의미에서, 일자이면서 다자인 것으로 간주되어야 한다. 모든 종교의 기초가 되는 우주론의 주제는 영속적 통일성 속으로 이행하는 세계의 역동적인 노력에 대한 이야기이며, 세계의 다양한 노력을 흡수함으로써 완결의 목적을 달성하는 신의 비전의 정태적인 위엄에 관한 이야기이다.

제 6 절

우주는 대립하는 것들의 자기표현을 달성하고 있다.

신의 결과적 본성이란 현실태의 다양한 자유를 신 자신의 현실화의 조화로 수용함으로써 신 자신의 경험을 성취하는 것을 말한다. 그것은 신의 순수한 개념적 현실태에 따르는 결여성을 보완하여 완전한 것이 되게 하는, 실재적으로 현실적인 것으로서의 신이다.

세계 속의 현존의 모든 범주적 유형은 저마다 그것을 설명하는 다른 범주적 유형을 전제로 한다. 따라서 순수하게 고립된 다양성으로 이해되는 다수의 영원한 객체들은 어떠한 현존의 성격도 결하고 있다. 그것들은 신에 의한 그 개념적 실현 때문에 효과적으로 존재하는 것으로 달리 이해되어야 할 필요가 있는 것이다.

그러나 신의 개념적 실현은 불모의 영원한 가설의 형태로 생각될 경우 무의미하다. 그것은 우주의 다양한 통일화 unification에서 효과적인 역할을 수행하는 신의 개념적 실현이다. 이 통일화들은 결정된 상황에서 생기는 현실태의 자유로운 창조 활동들이다. 그리고 불일치하는 다양한 현실적 사물들은 서로를 필요로 하거나 무시하며, 이용하거나 버리고, 소멸하면서도 또한 굽힐 수 없는 엄연한 사실로서 삶을 주장하는 가운데 사물들이 지니고 있는 본성의 또 다른 국면에 대한 파악을 위해 이해의 폭을 확대시킬 것을 요구한다. 이 후자의 위상에 있어, 다수의 현실태는 하나의 현실태이며, 또 하나의 현실태는 다수의 현실태이다. 각 현실태는 자신의 현재의 삶을 가지며, 새로움에로의 직접적인 추이를 가진다. 그러나 이러한 추이는 그것의 죽음이 아니다. 신의 본성에 있어 이러한 추이의 최종적인 위상은 끊임없이 스스로를 확대시키고 있다. 기쁨과 고통의 직접성에 대한 완벽한 조정 adjustment은 거기에서 창조의 최종 목적에 도달한다. 이 목적은 수단으로서의 조정의 완전한 통일성에 있어서의 현존이며, 자기 현존 self-existence의 개별적인 유형의 달성에 따르는 완전한 다수성에 있어서의 현존이다. 수단이라는 기능은 목적이라는 기능에서 분리되지 않는다. 자신을 초월하는 가치감 sense of worth은 개체적인 자기 성취에 들어 있는 압도적인 요소로서 직접적으로 향유된다. 바로 이렇게 해서 슬픔과 고통의 직접성은 승리의 요소로 전환된다.③ 이것이 세계를 떠나지 않는, 수난을 통한 속죄라는 개념이다.④ 그것은 예술에 있어서의 부조화의 미적 가치로서 극히 사소한 예증을 일반화시킨 것이다.

따라서 우주는 그 자신의 여러 다양한 대립자들——그 자신의 자유와 그 자신의 필연성, 그 자신의 다양성과 그 자신의 통일성, 그 자신의 불완전성과 그 자신의 완전성——의 적극적인 자기표현을 달성하고 있

---

③ 화이트헤드에 의하면, 각 현실적 존재는 그 과정의 종식 단계에서 〈소멸한다〉고 한다. 〈소멸한다〉는 것은 괴로움이다. 그러나 소멸함으로써 그것은 자신을 초월하여 불멸의 객체성이라는 방식으로 신 속에서 구제된다.

④ 각 현실적 존재는 소멸한다. 그런 한에서 그것은 있을 수 없다. 그러나 신의 결과적 본성 속에 구제되어 거기에 있다.

는 것으로 간주될 수 있다. 이 모든 〈대립자들〉은 사물의 본성 속에 있는 요소들로서 뿌리 깊게 거기에 존재하고 있다. 〈신〉이라는 개념은, 우리가 이 믿기 어려운 사실 ── 존재할 수 없는 것임에도 존재하고 있다는 사실 ── 을 이해하는 방식인 것이다.

제 7 절

천국으로서의 신. 객체적 불멸성이 영속성을 달성한다, 직접성과 객체적 불멸성과의 화해.

따라서 신의 결과적 본성은 개별적인 자기실현을 수반하고 있는 다수의 요소들로 이루어져 있다. 그것은 통일성인 것과 마찬가지로 다수성이며, 자기 자신을 초월하는 끊임없는 전진인 것과 마찬가지로 하나의 직접적인 사실이다. 그렇기 때문에 신의 현실태는 또한 창조의 과정 가운데 있는 현실적 구성 요소의 다수성으로서 이해되지 않으면 안 된다. 이것이 천국의 기능을 하고 있는 신이다.⑤

시간적 세계의 각 현실태는 신의 본성 속으로 수용된다. 신의 본성 가운데서 그것과 대응하는 요소는 시간적 현실태가 아니고, 살아서 항상 현재하는 사실로 변형된 시간적 현실태이다. 시간적 세계에 있어 존속하는 인격성 enduring personality은, 후속자들이 어떤 특수한 완결성을 가지고 그 선행자들을 개괄하는 계기들의 경로이다. 신의 본성에 있어서 그것에 상응하는 사실은 일련의 요소들 ── 그것들에게는 계기(繼起, succession)가 직접적인 일치의 상실을 의미하지 않는다 ── 에 있어서 생명이 갖는 보다 완전한 통일성이다. 신의 본성에 들어 있는 이러

⑤ 원초적 본성에 있어서의 신은 세계에 내재한다. 결과적 본성에 있어서의 신은 세계를 초월한다. 세계를 초월하는 신은 〈천국의 기능을 하고 있는 신〉이라고 불린다.

한 요소는 시간적 세계에서 미래가 과거를 계승할 때 따르는 원리와 똑같은 원리에 따라 시간적 상관자의 뒤를 계승하고 있다. 따라서 현재의 계기가 지금의 인격이면서도 그 자신의 과거를 수반하고 있다는 의미에서, 신에 있어서의 상관자는 신에 있어서의 그 인격이다.

그러나 보편적 상관성의 원리는 신의 결과적 본성에 제한되어서는 안 된다. 이 본성 자체는 다양한 합생적 계기와의 연관 등급에 따라 시간적 세계로 이행해 간다. 따라서 우주가 자신의 현실태를 완성시키는 데는 네 가지 창조적 위상이 있다. 첫째로, 현실성에는 결함이 있으나 가치평가의 조정에 있어서는 무한한, 개념적 창시 conceptual origination의 위상이 있다. 둘째로, 현실태들의 다수성을 갖는 물리적 창시의 시간적 위상이 있다. 이 위상에서는 완전한 현실성이 확보되지만, 개체 상호 간의 연대성에 결함이 있다. 이 위상은 그 결정적 조건을 첫째의 위상에서 도출하고 있다. 셋째로, 완성된 현실태의 위상이 있다. 여기서 다자(多者)는, 개체적 동일성에 있어서나 통일성의 완결성에 있어서나 어떤 상실이 있다고 하는 제약 없이, 영속적으로 하나이다. 영속성에 있어서 직접성은 객체적 불멸성과 화해한다. 이 국면은 그 존재 조건을 선행하는 두 위상에서 이끌어낸다. 넷째 위상에서는 창조적 행위가 완결된다. 왜냐하면 완성된 현실태는 시간적 세계 속으로 되돌아가고, 또 이 세계를 제약하여 각각의 시간적 현실태가 그 세계를 관련 있는 경험의 직접적 사실로서 포함하도록 하기 때문이다. 왜냐하면 천국은 오늘 우리와 함께 있기 때문이다. 이 넷째 국면의 행위는 세계에 대한 신의 사랑이다. 그것은 개별적인 계기들에 대한 개별적인 섭리이다. 세계에서 이루어지는 것은 천국에서 실재성으로 변형되고, 천국에서의 실재성은 세계로 되돌아 이행한다. 이러한 상호 관계 때문에, 이 세상의 사랑은 천국의 사랑이 되고, 다시 이 세상에 흘러넘친다. 이런 의미에서 신은 위대한 동반자 companion — 이해하는 일련탁생(一蓮托生)의 수난자 fellow-sufferer who understands — 이다.⑥

우리는 여기에서 객체적 불멸성이라는 학설의 마지막 적용을 발견하게 된다. 각각의 시간적인 피조물의 삶에 있어 소멸하는 계기들의 도처에 있는 혐오나 상쾌함의 내적인 원천, 사물의 진정한 본성에서 생겨나는 심판자, 구원자, 혹은 재난의 여신 등은 신의 존재 속에 영속하는 〔그 피조물〕 자신의 변형이다. 이렇게 해서 끈질긴 갈망——소멸해 가면서도 영구히 사는 우리의 직접 행위가 지니고 있는 항상 현재하는 불멸의 중요성에 의해, 현존을 향한 열정이 새롭게 되기를 바라는 끈질긴 갈망——은 의로운 것으로 인정된다.

---

⑥ 각 현실적 존재에게는 그 자신의 세계가 주어져 있다. 이러한 소여성의 근거는 신의 자기초월적 본성에서 발견된다. 각 현실적 존재의 합생 과정을 매개로 하여 스스로를 형성하는 세계는, 신의 결과적 본성 속에 섭취된다. 신은 이처럼 자신 속에 개념적인 것과 물리적인 것의 통합을 가져올 때마다, 자신을 세계에 부여한다. 그것이 신의 자기초월적 본성이다. 화이트헤드는 신의 이러한 존재 방식을 다른 곳에서는 〈초월적 결단〉이라고도 부른다. 초월적 결단을 통해서, 신——〈원초적 본성에 있어서의 신〉——을 포함한 세계가 그때마다 각 현실적 존재에게 주어진다.

부록

1 화이트헤드의 용어 해설집

2 화이트헤드 연보

부록 1

화이트헤드의 용어 해설집

화이트헤드의 사상과 용어들은 매우 난해하다는 평을 듣는다. 이 『과정과 실재』에서도 독자들은 낯선 용어들을 만나면서 당혹감을 느꼈을 것이다. 그러나 새 술은 새 부대에 담아야 한다. 무릇 독창적 사상은 그것을 표현하는 데 있어 그 독창성에 상응하는 새로운 개념들을 요구하기 때문이다. 이는 특히 화이트헤드의 형이상학인 〈유기체 철학〉에서 그러하다고 볼 수 있다. 그의 주저 『과정과 실재』가 출판된 지 반세기가 훨씬 넘었는데도 아직 우리말로 옮겨지지 않았다는 사실은 부분적으로는 그의 용어법의 참신성과 난해성에 기인하는 것으로 생각된다. 예를 들어 〈actual entity〉, 〈eternal object〉, 〈feeling〉, 〈superject〉, 〈prehension〉과 같은 것들은 화이트헤드의 특유한 신조어 neologism들이다.

화이트헤드는 그의 철학을 발전시키는 과정에서 의도적으로 새로운 일련의 전문 용어들을 도입하고 있다. 그 이유는 낡은 용어로는 그가 기도하는 인간 〈경험의 모든 요소를 해석하는 일반적 관념들의 정합적, 논리적, 필연적 체계를 구축〉(PR 3)하기 위한 새로운 구도를 표현하기에 부적당하다고 보기 때문이다. 예를 들면, 그는 주어와 술어, 실체, 속성 등과 같은 종래의 기본적인 용어들을 〈파악 prehension〉, 〈영원한 객체 eternal object〉, 〈진입 ingression〉 등과 같은 신조어로 대체하고 있다.

그의 새로운 용어들은 그의 철학의 가장 기초적인 개념들과 밀접한 연관을 맺고 있기 때문에 만약 그의 용어들을 낡은 철학적 어휘로 번역하려고 한다면 화이트헤드의 사상을 왜곡하거나 오해하는 위험을 수반하게 된다. 사실상 그러한 시도는 그로스M. W. Gross도 지적한 바와 같이 화이트헤드의 사상에 들어 있는 본질적인 독창성을 보지 못하게 한다.

화이트헤드는 형식논리학자의 정의(定義) 방식에 의거하여 자신의 용어들을 정의하고 있다. 각각의 새로운 개념은 그에 앞서 정의된 어떤 개념에 의해 정의된다. 그리고 궁극적으로는 그 체계 내에서 형식적으로 정의되지 않는 근원적인 개념들이 남아 있게 되는데, 이들은 그 체계에 있어 기본적인 정의에 사용되는 개념들이다. 임의의 어떤 체계가 보다 큰 체계에 포함되어 있는 종속적인 체계인 경우, 이 종속적인 체계 내의 정의되지 않은 기본 개념들은 그보다 큰 체계를 배경으로 해서 설명될 수 있다. 그러나 그 문제되는 체계가 전체를 포괄하는 것으로 설정되어 있는 경우, 정의되지 않은 근원적인 개념들이나 이들에 의해 정의되는 개념들을 해명 내지 해석하기 위해 체계 밖의 무엇에 호소한다는 것이 불가능하게 된다.

이러한 경우에는 오직 관념들의 체계를 하나의 전체로서 취급하고, 나아가 그 체계가 우리의 경험을 분석하고 범주화시켜 조직하는 방식으로부터 어떻게 그 의미를 얻고 있는가를 검토하는 것이 가능할 뿐이다. 화이트헤드는 수시로 그의 기본 개념들과 다른 철학자들의 관념들을 대비시키고 있다. 실제로 일부 고전적인 체계에서의 기본적인 난점에 대한 그의 지적은 새로운 기본 개념을 끌어들이기 위한 그의 통상적인 도약대가 되고 있다.

그러므로 다른 철학자들에게서 통용되었던 용어들을 이용하여 화이트헤드의 기본 개념들을 정의하려는 것은 잘못이다. 왜냐하면 그의 개념적인 재조직conceptual reorganization은 과거의 우주론에 내재해 있던 결함들을 피하기 위해 고안된 것이기 때문이다. 그러므로 이하에서 우리는 화이트헤드 자신의 말을 길잡이로 사용하면서, 화이트헤드가 그의 기본적인 개념들을 독자들에게 소개하는 방식을 요약해 보기로 하겠다. 독자가 화이트헤드의 전문 용어들의 명확한 의미를 파악하고 숙지하는 데는 일정한 시간이 걸린다. 이를 돕기 위해서 부록으로 여기에

「화이트헤드의 용어 해설집」을 첨가하였다. 이 용어 해설집 작성을 위해서 F. S. C. Northrop and Mason W. Gross ed., *Alfred North Whitehead, An Anthology*(New York: The Macmillan co., 1953)와 Donald W. Sherburne ed., *A Key to Whitehead's Process and Reality*(Indiana University Press, 1966)를 텍스트로 사용, 참조했음을 부기해 둔다. 또한 PR로 약기된 부호와 숫자는 A. N. Whitehead, *Process and Reality: An Essay in Cosmology*, corrected ed. D. R. Griffin and D. W. Sherburne (New York: The Free Press, 1978)를 옮긴 이 책의 쪽수를 가리키는 것이다.

가능태; 일반적 가능태와 실재적 가능태 Potentiality; general and real
〈연장적 연속체 extensive continuum〉를 보라.

가치 평가 valuation
〈개념적 파악 conceptual prehension〉과 〈주체적 형식 subjective form〉을 보라.

개념적 역전 conceptual reversion
합생의 두 번째 위상인 개념적 파악의 위상(이 용어 해설집 끝에 있는 「그림 1」을 보라)은 합생의 최초 위상에 있어 현실적 존재인 여건을 특징짓고 있는 것으로서 경험되었던 영원한 객체들을 개념적으로 반복한다. 그러나 합생의 이러한 두 번째 위상은 현실태에 있어, 개념적 반복 conceptual reiteration과 개념적 역전이라는 판이한 두 하위 위상으로 이루어지고 있다. 반복은 합생에 있어 언제나 나타나는 요소인 반면 역전은 나타날 수도 있고 그렇지 않을 수도 있다.

개념적 역전은 〈〔합생의 두 하위 위상 가운데〕 최초의 하위 위상에서 여건을 형성하고 있는 영원한 객체들과 부분적으로는 동일하고 부분적으로는 상이한 여건들을 갖는 개념적 느낌의 이차적인 발생〉(PR 491)이다. 개념적 역전의 결과로 〈근사적인 참신성이 개념적으로 느껴진다. 바로 이러한 과정을 거치면서 주체적 형식들은 질적인 패턴에서, 그리고 대비를 통한 강도에서, 관련된 선택지들에 대한 긍정적인 개념적 파악에 의해 계속해서 풍부해질 수 있게 된다. …… 〔개념적 역전〕은 세계 속에 새로움을 가능케 하는 범주이다. 따라서 안정 속에서조차 획일적인 존속 같은 것은 결코 존재하지 않는다〉.(PR 492)

모든 개념적 느낌은 영원한 객체를 여건으로 하는 느낌이다. 개념적 느낌들 가운데는 물리적 느낌의 최초 위상에서 물리적으로 느껴진 한정의 형식을 개념적으로 단순히 반복하는 것들도 있고, 사실을 특징짓고 있는 것으로 느껴진 것이 아니라 역전에 의해 발생한 영원한 객체들을 여건으로 하는 것들도 있다. 하지만 역전의 결과로 말미암아 관련을 맺게 된 이 후자의 영원한 객체들은 반복된 영원한 객체들과 어떤 공통점을 지닌다. 그들의 새로움은 관련된 새로움이다. 관련성은 느낌의 강도에로의 최종적 지향 final aim에 의해 지배되는 대비 contrast에로의 지향에 의해 결정된다. 여기서 최종적 지향이란 〈각각의 통일화로 하여금 최대 깊이의 느낌의 강도를 성취하게 하려는 궁극적인 창조적 목적의 표현……〉(PR 492)이다. 이 궁극적 목적은 최종적인 분석에서 신의 목적이 된다. 그리고 〈보다 근본적으로 설명하자면, 시간적 주체에 있어서의 역전된 개념적 느낌은, 신의 경험에 있어서 개념적으로 질서지어진 관련항들에 대한 혼성적인 물리적 느낌 hybrid physical feeling으로부터……파생된, 그 주체의 개념적 느낌에 귀속되지 않으면 안 되는 것이다〉.(PR 493) 그러므로 역전이란 〈다수의 가능적 형상들의 관련성에 대한 원초적 통일〉(PR 659-660)인 신의 원초적 본성에 대하여 각 현실적 존재의 느낌이 행사하는 기능인 것이다. (〈주체적 지향 subjective aim〉을 보라.)

개념적 파악 conceptual prehension

개념적 파악은 영원한 객체를 그 여건으로 하는 파악이다. 물리적 파악도 비록 현실적 존재를 그 여건으로 하는 파악이긴 하지만 영원한 객체들을 포함하고 있다. 다만 이때의 영원한 객체들은 내재적인 것으로서, 다시 말해 특정의 현실태를, 즉 파악되고 있는 현실적 존재들 속에 결정되어 있는 것으로서 포함되고 있을 뿐이다. 이에 반해 개념적 파악은 〈무제약적인 부정에 대한 느낌이다. 다시 말하면 그것은 어떠한 개별적인 실현과도 관계가 없는 하나의 특정한 영원한 객체에 대한 느낌이다〉.(PR 481)

「그림 2」가 보여주고 있듯이 합생의 두 번째 위상은 개념적 파악의 위상이다. 각각의 현실적 존재는 순응적인 물리적 느낌들의 위상에서 자신의 합생을 시작한다. 그리고 범주적 제약 Ⅳ에 따라 각각의 물리적 느낌으로부터, 〈물리적으로 느껴진 현실적 존재의 한정성 내지 결합체의 한정성에 있어 예증된 영원한 객체를 여건으로 하는 하나의 순수한 개념적 느낌이 파생되어 나온다〉.(PR 490) 개념적 파악의 출현과 더불어, 그것의 무제약적 부정이라는 특성에 힘입어 소여의 압제로부터 해방될 수 있는 가능성이 열리게 된다. 개념적 느낌의 주체적 형식은 가치 평가──평가 절상(역작용 adversion)일 수도 있고 평가 절하(혐오 aversion)일 수도 있다──이다. 합생을 진척시키는 데에 있어 그 여건인 영원한 객체의 중요성을 높이거나 억제하는 이 개념적 가치 평가는 현실적 존재들에게 있어 가능한 창조적 반응의 가장 근원적인 유형이다. 여기 바로 이러한 지평에서도 이미 창조적 목적은 작용하고 있으며, 합생하고 있는 주체는, 비록 그 이후의 비교적 파악 comparative prehension의 위상이 창조적 반응을 위한 훨씬 더 풍부한 기회를 제공하는 것이 사실이긴 하지만, 그 자신의 합생을 결정짓는 자로서 자율적으로 작용하고 있는 것이다.

객체적 불멸성 objective immortality

〈독특한 한정성을 달성하려 한다는 것은 객체적 과정에 생기를 불어

넣는 목적인이다. 그것의 달성은 그 과정을 멈추게 한다. 그 결과 초월을 통해 그 개별적 과정은, 달성 가능한 한정성의 보고(寶庫, riches)인 우주의 '실재적 가능태'에 추가되는 하나의 새로운 객체적 조건으로서의 그 객체적 불멸성으로 이행하게 된다.〉(PR 444) (〈객체적 존재 objectivé, 〈자기초월체 superject〉, 〈만족 satisfaction〉을 보라.)

객체적 존재 objectivé

〈'객체'는 우리의 '경험'이 순응해야만 하는 '한정성 definiteness'을 특징짓는 초월적인 요소이다.〉(PR 432) 그리고 객체적 존재로 간주되는 현실적 존재는 〈형상적인 것 formaliter〉으로, 즉 그 자신의 생성의 직접성을 향유하고 있는 것으로 간주되는 현실적 존재가 아니라 단순한 사실이 되어버린 죽은 여건 dead datum으로 간주되는 현실적 존재, 따라서 주어지는 어떤 것, 즉 객체로서 그 자신을 넘어서는 모든 합생을 조건짓는, 객체적으로 불멸하는 죽은 여건으로 간주되는 현실적 존재이다. 〈데카르트의 표현으로 하자면, 만족 satisfation은 '객체적 존재'로서의 그 현존과 관련하여 분석될 수 있는 것으로 간주되는 현실적 존재이다. 그것은 완고하고 피할 수 없는 여러 귀결을 수반하고 있는, 확정적으로 결정된, 정착된 사실로서의 현실적 존재이다.〉(PR 438) (〈만족 satisfaction〉, 〈자기초월체 superject〉, 〈객체적 불멸성〉을 보라.)

객체화 objectification

〈어떻게 현실적인 개체적 계기들이 새로운 창조를 위한 시원적 original 요소가 되는가에 대한 논의는 객체화 이론이라 불린다. ……한 현실적 존재의 자기 창조에 있어서의 다른 현실적 존재의 기능은 전자의 현실적 존재에 대한 후자의 '객체화'이다.〉(PR 424, 91)

객체화 이론은 화이트헤드의 인식론에 핵심이 된다. 〈상대성의 원리 The Principle of Relativity〉에서 구현되고 있듯이 객체화 이론은, 궁극에 있어 흄 D. Hume의 회의론에 이르게 되는 기본적인 가정들을 폐기하려고 한다. 상대성의 원리에 따르면 〈다수의 존재로부터 하나의 현실태가 생성되는 실재적인 합생에 있어 요소가 될 수 있다는 가능성은 모든 현실적 존재와 비현실적 존재가 지니고 있는 하나의 일반적인 형이상학적 성격이다〉.(PR 86) 이것은 각 현실적 존재가 생성하여 일단 그 만족에 도달하면 그 주체성, 즉 그 자신의 생성의 직접성을 상실하고, 다음 세대의 현실적 존재들을 위한 여건으로 기능하게 된다는 것을 의미한다. 이때 이들 다음 세대의 현실적 존재들은 그 존재를 그들의 합생 속에 흡수될 수 있는 여건으로 파악함으로써 그 존재를 그 일부의 측면을 통해 그들 자신의 존재 속으로 통합하여 끌어들인다. 아리스토텔레스에게서 비롯되어 흄에 이르고 있는 주어-술어, 실체-속성, 개별자-보편자의 이분법은 이러한 객체화 이론에서 한결같이 거부된다. 〈보편적 상대성의 원리는 '실체란 다른 주체에 내재하지 않는다'는 아리스토텔레스의 언명을 정면에서 파기한다. 그와 반대로 이 원리에 따르면 현실적 존재는 다른 현실적 존재에 내재한다. ……유기체 철학은 '다른 존재에 내재한다 being present in another entity'는 관념을 명확하게 밝히려는 작업에 주력하고 있다. 이 구절은 아리스토텔레스에게서 유래한 것이지만 상서로운 표현이 못 된다. 그래서 이하의 논의에서는 그것을 '객체화'라는 용어로 대체하기로 하겠다.〉(PR 140)

화이트헤드의 객체화 이론은 어떤 현실적 존재들과 임의의 한 현실적 존재 α 사이의 관계가 α의 본질을 구성하고 있다는 의미에서 그 현실적 존재들은 α 속에 들어 있다는 학설이다. α의 파악은 그것과 이들 다른 존재들과의 관계와 그 자신의 본질을 구성한다. 영원한 객체는 이러한 객체화에서 중심적인 역할을 한다. 〈저 아리스토텔레스의 구절은 한 현실적 존재가 다른 존재에 단순히 부가된다는 조잡한 관념을 암시하고 있다. 이는 유기체 철학이 의도하는 바가 아니다. 영원한 객체들의 한 가지 역할은 그것이, 하나의 현실적 존재가 어떻게 해서 다른 현실적 존재들의 종합에 의해 구성되게 되는 것인가를 표현하는 요소가 된다는 것이다. …… 영원한 객체들은 다수의 현실적 존재들(여건)을 문제의 (합생하는) 현실적 존재의 구성 요소로서 이끌어들이는 역할을 하고 있다. …… 이는 '존재하기 위해 그 자신 이외에 아무것도 필요로 하지 않는 존재자'……에 관한 데카르트의 학설을 정면에서 부정하는 것이다.〉(PR 140, 157)(여건적으로 기능하는 영원한 객체에 대한 더 이상의 설명을 위해서는 〈영원한 객체 eternal object〉를 보라. 또 〈파악 prehension〉을 보라.)

결합체 nexus

현실적 존재는 미시 세계적 존재이다. 일상적인 경험에서 만나게 되는 거시 세계적 존재 ― 사람, 나무, 집 ― 는 결합체 내지 사회라 불리는 현실적 존재들의 집합체이다. 비록 대부분의 논의에 있어 〈사회〉라는 말과 〈결합체〉라는 말은 서로 대체 가능하긴 하지만, 결합체의 집합은 사회의 집합보다 그 외연이 넓다. 사회는 모두 결합체이지만 모든 결합체가 다 사회는 아니다.

〈현실적 존재들은 그들 상호 간의 파악에 의해서 서로를 포섭한다. 그렇기 때문에 현실적 존재와 파악이 실재적이고 개별적이며 개체적이라고 하는 것과 동일한 의미에서 실재적이고 개별적이며 개체적인, 현실적 존재들의 공재(共在, togetherness)라는 실재적인 개별적 사실들이 존재하게 된다. 현실적 존재들의 공재라는 이와 같은 개체적 사실은 모두 '결합체'라 불린다.〉(PR 80-81)

〈상호 내재 mutual immanence〉는 결합체를 구성하고 있는 현실적 존재들의 가장 일반적인 공통의 기능이다. 가장 공통되는 조건은 결합체가 공간적으로나 시간적으로 펼쳐져 있어야 한다는 것이다. 어느 한 순간에 있어서 공간적으로 두께를 지닌 다수의 현실적 존재들인 한 그루의 나무는 또한 시간적으로 두께를 지닌 여러 세대의 현실적 존재들이다. 결합체에는 두 가지 극단적인 종류가 있는데 그 하나는 순수하게 시간적인 것이고 다른 하나는 순수하게 공간적인 것이다. 순수하게 시간적인 결합체는 동시적인 현실적 계기들을 포함하고 있지 않다. 그것은 계기에서 계기에로의 시간적인 전이의 단순한 줄기이다. 여기에 관련된 상호 내재는 그 줄기 내에 있는 현실적 존재들이 제각기 자신에 직접적으로 선행하는 존재를 파악하고 있는 인과적인 내재 causal immanence이다. 순수하게 공간적인 결합체는 선후 관계에 있는 계기들을 포함하고 있지 않다. 그것은 동시적인 현실적 존재들로 이루어진 시간상의 한 켜 slice이다. 그래서 여기에 관련된 상호 내재는 동시적 계기들에 고유한 간접적 유형의 내재이다. 다시 말해 그것은 연장적 연관이라는 하나의 도식에 상호 함축되어 있는 데서 비롯되는 내재이다(보다 상세한 설명을 위해서는 〈동시적인 것〔동시태〕 contemporaneousness〉을 보라).

사회는 사회적 질서를 향유하는 결합체이다. 사회적 질서란 이전 세대에 대한 파악에서 파생되어, 각 세대의 현실적 존재 가운데 들어 있는 특성을 보여주는 질서를 말한다. 따라서 순수하게 공간적인 결합체는 사회일 수 없는 것이다. 사회의 개념은 질서의 관념과 연관되어 있다. 그래서 화이트헤드는 〈비사회적 결합체란 '혼돈 chaos'의 관념에 해당되는 것〉(PR 180)이라고 단언하고 있다.

결합체와 사회는 상당한 복잡성을 띠고 나타날 수 있다. 구조를 갖는 사회들이 있다. 이런 사회는 종속하는 사회와 종속하는 결합체를 모두, 또는 어느 하나를 포함하고 있다. 구조를 갖는 사회에 들어 있는 종속하는 사회와 종속하는 결합체의 차이는, 종속하는 사회가 구조를 갖는 사회를 떠나 일반적인 환경 가운데 놓일 때에도 그 지배적인 특성을 유지하는 데 반해 종속하는 결합체는 〈그 구조를 갖는 사회에 의해서 제공되는 특수한 환경을 떠나서도 그들 자신을 발생적으로 유지할 수 있게 해주는 어떤 특성도 보여주지 못한다는 데 있다〉.(PR 225)

과정 process

〈두 종류의 유동성 fluency이 있다. …… 한 종류는 개별적 존재자 particular existent의 구조에 내재하는 유동성이다. 나는 이런 종류의 유동성을 '합생 concrescence'이라고 불러왔다. 다른 한 종류는 개별적 존재자의 완결에 따르는 과정의 소멸이 그 개별적 존재자를, 과정의 반복에 의해 생겨나게 되는 다른 개별적 존재자들을 구성하는 시원적인 요소 original elements로 만들어가는 유동성이다. 이런 종류의 유동성을 나는 '이행 transition'이라고 불러왔다. 합생은 그것의 주체적 지향 subjective aim인 어떤 목적인 final cause을 향해서 나아가고, 이행은 불멸하는(즉 객체적으로 불멸하는) 과거인 작용인 efficient cause의 매개체이다.〉(PR 423)

우리는 이 구절을 해석하기에 앞서 이것을 또 하나의 다른 구절과 병치시켜 볼 필요가 있다. 〈과정에는 두 종류, 즉 거시적 macroscopic 과정과 미시적 microscopic 과정이 있다. 거시적 과정은 성취된 현실태로부터 성취 중에 있는 현실태에로의 이행인 반면, 미시적 과정은 단순히 실재적일 뿐인 조건들을 결정적인 현실태로 전환시키는 것이다(다시 말해 이것은 합생이다).〉(PR 431) 이 두 번째 인용문은 저 두 종류의 유동이 과정의 두 종(種)이라는 사실을 분명히 밝혀 주고 있다. 그래서 그것들은 〈하나의〉 과정에 속하는 종(種)들이라는 데 주의해야 하겠다. 화이트헤드의 체계 내에 두 가지 과정이 있는 것이 아니다. 하나의 과정이 있다. 그러나 그것은 상이한 두 전망으로부터, 상이한 두 맥락에서 논의될 수 있는 것이다.

두 가지의 유동이 어떻게 하나의 과정의 종들일 수 있는가를 이해하기 위해서는 창조성의 원리를 먼저 이해해야 한다. 그래서 이하의 설명은 〈창조성〉에 관한 항목에서 제공되고 있는 설명들을 전제로 해서 진행하기로 하겠다. 과정은 〈다자 many〉로부터 〈일자 one〉에로의 창조적 전진이다. 여기서 일자는 그것을 탄생시킨 다자와는 별개의 것으로서의 새로운 존재이며, 이렇게 해서 생겨나는 새로운 다자는 계속해서 새로운 일자들을 탄생시키게 된다. 〈다자〉와 〈일자〉 사이의 이와 같은 규칙적인 순환적 변화가 곧 과정이다. 때때로 화이트헤드는 〈다자〉로부터 발생하는 새로운 〈일자〉의 〈출현 emergence〉에 초점을 맞춘다. 이런 경우 그는 합생, 즉 미시적 과정을 논하고 있는 것이다. 이 과정의 연속되는 각 위상에 있어, 출현하는 현실적 존재는 만족에 도달하려는 창조적 충동을 머금은 채, 자신에게 주어진 여건과 만나게 된다. 또 어떤 경우에 화이트헤드는 사라지는 현실적 존재로부터 새로운 현실적 존재에로의 창조적인 전진, 곧 우주의 진행 중인 팽창을 강조하고 싶어 한다. 이런 경우에 그는 전이, 즉 과거가 미래에 행사하는 작용인의 활동인 거시적 과정을 논하고 있는 것이다.

〈'유기체'라는 개념은 두 가지 측면에서 '과정'의 개념과 결부되어 있다. 현실적인 사물들의 공동체 community는 유기체이다. 그러나 그것은 정태적인 유기체가 아니다. 그것은 산출의 과정 가운데 있는 미완의 것이다. 따라서 현실적인 것들과 관련한 우주의 팽창이 '과정'의 일차적인 의미가 된다. 그리고 그 팽창의 임의의 단계에 있는 우주가 '유기체'의 일차적 의미인 것이다. 이런 의미에서 유기체는 결합체이다. 그 다음으로, 각 현실적 존재는 하나의 유기적 과정으로서 기술될 수 있을 뿐이나. 그것은 대우주에 있어서의 우주를 소우주 microcosm에서 되풀이한다. 그것은 위상에서 위상으로 진행해 나아가는 과정이며, 이때의 각 위상 그 후속 위상이, 문제되는 사물의 완결을 향해 나아가기 위한 실재적인 토대가 된다.〉(PR 432)

구조를 갖는 사회 structured society

구조를 갖는 사회는 종속적인 사회와 종속적인 결합체를 모두 포함하고 있거나 아니면 이 둘 가운데 어느 하나를 포함하고 있는 복잡한 사회이다. 〈구조를 갖는 사회는 현저하게 상이한 한정 특성을 지니고 있는 다양한 결합체들이 뒤얽혀 패턴화한 것이다. 이 결합체들 가운데 어떤 것은 다른 것보다 낮은 유형의 것이고, 또 어떤 것은 현저하게 보다 높은 유형에 속할 것이다. 구조를 갖는 하나의 사회 속에는 '추종적인 subservient' 결합체와 '지배적인 regnant' 결합체가 있을 것이다. 이 구조를 갖는 사회는, 추종적인 것이든 지배적인 것이든 간에 그 각각의 하위 사회를, 똑같이 뒷받침해 주는 직접적인 환경을 제공할 것이

다.〉(PR 231)

일부의 구조를 갖는 사회들은 〈무기적인 inorganic〉 것이라 불린다. 이런 사회들도 사실상 복잡한 것이긴 하지만 충분할 정도의 복잡성에는 도달하지 못한 것들이다. 이러한 수준에서 그 사회 내의 계기들은 그들의 주변 세계를 파악할 때 문제되는 결합체의 여러 성원들이 지니고 있는 세부적인 다양성들은 제거하면서, 그 〈결합체를 전체적, 평균적으로 객체화시킨다〉.(PR 228) 여기서 우리는 〈수정, 바위, 행성, 태양〉 등과 같은 것들의 수준에 있게 되며, 〈변환의 범주 Category of Transmutation에 따라 작용하는 정신성의 개입〉(PR 228)을 다루고 있는 것이다.

구조를 갖는 살아 있는 사회는 더욱 복잡하다. 그것은 그 내부에 있는 구조를 갖는 무기적인 사회들을, 그 자신을 구성하는 결합체로서 포함하고 있을 것이다. 구조를 갖는 살아 있는 사회 내의 지배적인 결합체는 살아 있을 것이다. 결합체는 그것이 살아 있는 어떤 계기들을 포함하고 있을 때 살아 있는 것이다. 〈따라서 사회는 살아 있는 계기들이 그 속에서 행사하는 영향력에 따라 '살아 있음'의 정도가 달라질 수 있다.〉(PR 230-231) 살아 있는 계기는 〈개념적 파악, 즉 욕구에 있어서의 선도(先導, initiative)〉(PR 229)를 산출하는 현실적 존재이다. 이러한 계기들은 하나의 사회 속에 배치될 때 단순히 전체적인 평균만을 끌어낸다든가 세부적인 것들을 무시한다든가 하지 않는다. 그것들은 환경의 새로움에 부응하기 위해 새로움을 산출해 낸다. 〈보다 고등한 유기체의 경우, 이러한 개념적 선도는 결국 다양한 경험에 관해 '사고하는 것'을 의미하게 되며, 보다 열등한 유기체의 경우에는, 단지 조화라는 이상에 복종하며 미적인 강조를 무반성적으로 조정하는 것을 의미하는 데 지나지 않게 된다.〉(PR 230) 〈'생명 life'에 관한 이러한 학설에 따를 때, '생명'이라는 말의 일차적인 의미는 개념적인 새로움 — 욕구의 새로움 — 의 창출이다.〉(PR 230)

토마토와 하나하나의 세포들은 살아 있다. 살아 있는 동물이나 살아 있는 인간을 충분히 설명하자면 훨씬 더 복잡한 논의가 필요하다. 〈살아 있는 사회에 있어서는 그것을 구성하고 있는 여러 결합체들 가운데 오직 일부만이, 그들의 모든 성원들의 정신적인 극이 어떤 독창적인 반응을 하는 그런 성격의 것일 것이다. 이들은 그 사회 내의 '완전히 살아 있는' 결합체들일 것이며, 실제로 사회는 그와 같은 결합체들이 지배적일 때만 '살아 있는' 것이라 불린다.〉(PR 231-232) 완전히 살아 있는 결합체는 종속적 결합체이지 종속적 사회가 아니다. 그것이 생존할 수 있기 위해서는 전체 사회의 보호가 필요하다. 어째서 그런가 하는 것이 중요하다. 완전히 살아 있는 결합체는 입자적 사회가 아니다. 즉 그것은 존속하는 객체들의 줄기로 구성되어 있지 않다. 존속하는 객체들은 인격적으로 질서지어져 있다. 그들의 과거는 그들 속에 보존되어 있는 것이다. 그러나 생명은 이러한 제한으로부터 자유로워야 한다. 〈생명이란 자유를 얻으려는 노력이다. 존속하는 존재는 그것의 모든 계기들 하나하나를 그 계통의 노선과 결부시킨다. 영속하는 특성을 지니는 존속하는 영혼을 주장하는 학설은 생명이 제기하는 물음에 대해 전적으로 부적절한 답변이다.〉(PR 234) 완전히 살아 있는 결합체는, 〈유사한 경험을 지니고 있는 과거의 계기들의 단순한 '인격적 질서'로부터가 아니라 물질적인 동물 신체의 복잡한 질서로부터 파생되는〉(PR 236) 강도 높은 경험을 향유한다. 〈과거로부터의 반복이라는 구속이 없는 강도 높은 경험이 존재한다. 이것은 개념적 반작용의 자발성을 위한 조건이다.〉(PR 236) 요컨대 완전히 살아 있는 결합체는 주로 동물 신체에 의해 제공되는 복잡한 환경으로부터 계승하며, 그 자신의 이전 세대들로부터 계승하지 않는다. 그러나 완전히 살아 있는 결합체는 비록 이런 의미에서 비사회적인 것이긴 하지만, 〈그 성원들의 어떤 역사적 경로에 따르는 인격적 질서의 줄기를 뒷받침할 수 있을 것이다. 이렇게 존속하는 존재는 '살아 있는 인격 living person'이다. 살아 있는 인격이라는 것은 생명의 본질에 속하지 않는다. 사실상 살아 있는 인격은 그 직접적인 환경이 살아 있는 비사회적 결합체일 것을 요구하고 있다.〉(PR 238-239) 살아 있는 인격이라는 이와 같은 개념은 영혼이라는 전통적인 개념에 상응하는 것이다. 거기에 전제된 비사회적 결합체는 신체적 활동을 보고하는 뇌의 부분들로부터 계승하면서 뇌의 부분에서 부분으로 돌아다닌다. 이에 반해 살아 있는 인격은 살아 있는 피조물인 구조를 갖는 완전하고 복잡한 사회를 지배하는 통일된 중추적 통제의 장소이다.

궁극자 ultimate, the

〈창조성 creativity〉을 보라.

긍정-부정의 대비 affirmation-negation contrast

대비란 복잡한 하나의 여건 속에 있는 여러 상이한 구성 요소들에 대한 경험 내의 통일이다. 긍정-부정의 대비는 아주 특수한 두 종류의 구성 요소를 통일 속에 결합시키고 있는 것이다. 그리고 이러한 특정 종류의 대비는, 의식이란 바로 이런 종류의 대비를 느끼는 데에 포함되어 있는 주체적 형식을 말한다는 중요한 이유 때문에 그것에 특수한 명칭을 부여하는 가운데 부각되어 왔다.

긍정-부정의 대비에 있어 통일 속에 결합되어 있는——즉 하나의 여건 속에 종합되어 있는——두 구성 요소는 (1) 현실적 존재들의 결합체에 대한 느낌과 (2) 그 결합체의 구성원들인 논리적 주어를 갖고 있는 명제 proposition에 대한 느낌이다. 화이트헤드는 명제를 이론이라 부른다. 그래서 이 대비는 주어진 사실과, 그 사실에 연관되어 있는 오류 가능한 이론 사이의 대비라고 할 수 있다. 「그림 1」에서 괄호 z는 긍정-부정의 대비를 시각적으로 pictorially 나타내고 있으며 원 d는, 주체적 형식에 의식을 포함하고 있을 수 있는, 그 대비에 대한 느낌을 나타내고 있다.

(명제의) 논리적 주어 logical subjects(of preposition)

〈명제 proposition〉를 보라.

느낌 feeling

느낌은 긍정적 파악 positive prehension이다(〈파악 prehension〉을 보라). 〈'느낌'이라는 말은 단순한 전문 용어 technical term이다. 그러나 이 말은 합생하는 현실태가 여건을 사유화하여 appropriate 자신의 것으로 만들어가는 작용을 시사하기 위해 채택되었다.〉(PR 342) 화이트헤드는 로크 J. Locke가 〈개별자에 결정되어 있는 관념들 ideas determined to particulars〉에 대해서 말하고 있는 구절을 중시한다. 여기서의 요지는 로크가 적어도 몇 군데에서 지각의 표상 이론을 버리는 한편, 경험에 있어 우리의 관념들은 단순한 표상이 아니라 주제가 되는 존재들을 이끌어들여 자신의 구조 내의 구성 요소로 통합시키는 방편적 매체라고 주장하고 있다는 것이다. 〈느낌〉이라는 기술적인 용어에는 로크가 우연히 제시했던 개념을 유기체 철학의 핵심으로 포섭하려는 시도가 담겨 있다. 〈현실적 존재에 대한 직접적인 '관념'——또는 '느낌'——이라는 개념은 모든 상식의 전제이다. …… 현실적 존재 하나하나는 그 여건에서 생겨나는 경험의 행위로 간주된다. 그것은 다수의 여건들을 하나의 개체적 '만족 satisfaction'의 통일 속에 흡수하기 위해 그 여건들을 '느끼는' 과정이다. 여기서 '느낌'이란 용어는 여건의 객체성으로부터 문제되는 현실적 존재의 주체성에로 이행하는 기본적인 일반적 작용을 지칭하는 데에 사용되는 용어이다.〉(PR 144, 120)

〈느낌 feeling〉이라는 말은 일상어에서는 〈정서적 반응 an emotional response〉, 〈미적 감수성 an aesthetic sensitivity〉, 혹은 〈대상과의 물리적 접촉 a physical contact with an object〉을 의미하는데, 화이트헤드는 이 세 가지 의미를 모두 포섭하는 포괄적인 의미로 사용한다.

다수성 multiplicity

다수성은 화이트헤드의 체계에서 논리적 집합의 개념에 해당되는 것이다. 〈다수성은 다수의 존재들로 성립되며, 그것의 통일은 그것을 구성하고 있는 모든 존재들이 제각기 최소한 다른 어떤 존재도 충족시키지 못하는 하나의 조건을 충족시킨다는 사실에 의해서 이루어지고 있다.〉(PR 88) 다수성은 발생적으로 유지되는 질서짓는 특성 genetically sustained ordering characteristic의 결과로 그 통일성을 갖게 되는 사회와 대조될 수 있다. 이러한 사회는 자립적 self-sustaining인 데 반해 다수성은 수학적 개념의 질서를 포함하고 있을 뿐으로, 동일한 집합명 class-name이 적용되는 존재들의 한 집합에 지나지 않는다. 〈다수성은, 그 각 구성 요소에 참여하는 어떤 규정 qualification에서 파생되는 통일성을 갖고 있는 복잡한 사물의 한 유형이다. 그러나 다수성은 단순히 그 다양한 구성 요소들로부터 파생되는 통일성을 갖고 있지는 않다.〉(PR 132)

단순한 느낌 simple feeling

〈최초의 느낌 primary feeling〉을 보라.

대비 contrast

대비는 복잡한 하나의 여건 가운데 들어 있는 다수의 구성 요소들이 지니는 통일성이다. 이 명칭은 다소간 오해의 소지가 있다. 왜냐하면 〈—과 대비시킨다는 것 to set in contrast with〉은 〈—과 통일시킨다는 것 to put in a unity with〉을 의미하기 때문이다. 〈대비〉란 〈양립 불가능성〉과 반대되는 것을 가리키는 말이다. 현실적 존재가 그 경험의 항목들을 보다 많이 대비 속에, 그리고 대비들의 대비 속에 놓을 수 있으면 있을수록 그만큼 더 그 현실적 존재는 자신의 만족에 있어 깊이와 강도를 이끌어낼 수 있게 된다. 그 경험의 항목들을 대비 속에 놓을 수 없는 근원적인 현실적 존재들은, 그에 따르는 양립 불가능성 때문에 항목들 가운데 일부를 관련 없는 것으로 떨쳐버리지 않을 수 없게 되며, 그 결과 그들의 경험은 비교적 천박하고 사소한 것이 되고 만다.

동시적인 것〔동시태〕 contemporaneousness

동시적인 현실적 존재들은 상호 간에 인과적으로 독립해서 발생하는 현실적 존재들이다. 다시 말해, 그들은 그들 가운데 그 어느 것도 다른 것의 합성의 초기 수용적 위상을 위한 여건으로서 객체화되지 않는다. 〈현실적 존재들 가운데 그 어느 것도 다른 것에 의해 한정되는 '주어진' 현실적 세계에 속하지 않을 때, 그 현실적 존재들은 '동시적 contemporary'이라 불린다.〉(PR 167)

아인슈타인 A. Einstein의 상대성 이론은 동시성에 대한 화이트헤드의 설명 속에 포섭된다. 위의 정의를 따른다면 어떤 현실적 존재 M은, 서로 동시적인 것이 아닌 두 현실적 존재 N, P와 동시적인 것이 될 수 있다. (「그림 3」을 보라, 또 〈지속 duration〉을 보라.)

동시적 영역들 regions은 현시적 직접성의 양태에 있어서의 지각에 의해 인식된다. 이런 지각의 양태는 〈세계의 '연장적' 관계에 대한 명석 판명한 의식〉(PR 159)을 제공한다. 동시적인 현실적 존재들은 상대방의 느낌의 객체화에 의해 상대방의 구조 속에 들어가지 않는다. 그들 사이의 유일한 연관성은 〈그것들이 동일한 연장적 도식 extensive scheme 속에 포함되어 있다는 것〉(PR 608)이다. 이러한 연관성은 동시적인 두 현실적 존재 A와 B가, 〈A와 B 모두에게 있어 여건이 되는 시공적 연장성의 가능적 도식 내의 원자적 영역〉(PR 269)이라는 사실에서 오는 것이다. A와 B는 모두 연장적 연관의 고리 내에서 발생하고 있다. 여기서 연장적 연관의 이들 양태가 지니는 연장성은 공간적, 시간적 그리고 기하학적 관계가 과거로부터 중요한 것으로 주어져 있을 경우, A와 B가 속해 있는 특정한 우주 시대에 있어 전개되고 있는 우주로서는 유일하게 택할 수 있는 실재적 가능태이다. 따라서 A와 B는 모두 상대방의 연장적 속성에 관한 무엇인가를 느낀다. 왜냐하면 그들은 그들을 출현시킨 과거를 직접적으로 느끼기 때문이다. 동시적인 것들과 관련하여, 현시적 직접성의 양태에 있어서의 지각에서 얻어지는 것은 바로 이와 같은 연장적 속성에 대한 앎이다. (〈현시적 직접성 presentational immediacy〉을 보라.)

만족 satisfaction

〈현실적 존재는 우주의 모든 항목과의 완벽하게 결정적인 유대 관계 ― 이는 긍정적인 파악이거나 부정적인 파악이다 ― 를 동반하는 하나의 복잡한 느낌에서 그 생성을 종결한다. 이러한 종결이 그 현실적 존재의 '만족'이다.〉(PR 128-129) 〈만족〉은 〈'합생의 과정'으로부터 추상된 '응결체로서의 존재'라는 개념〉(PR 199-200)을 구현하고 있다. 〈그것은 과정으로부터 유리된, 그래서 과정인 동시에 결실인 원자적 존재의 현실성을 상실하고 있는 결과물 outcome이다. ……'만족'은 '실체'나 '주체'라기보다는 오히려 '자기초월체 superject'이다. 그것은 존재를 마감한다. 그러면서도 그것은 문제의 존재에 대체되는 존재들의 생성을 가능케 하는 창조성에 그 자신의 특성을 부과하는 자기초월체이다.〉(PR 200) 현실적 존재의 이와 같은 종결은 〈그 자신을 넘어서는 현실적 존재의 자기초월을 구현한다.〉(PR 438) 다시 말해 그것은 현실적 존재가 〈자신을 넘어서는 미래의 개척지에다 결정적인 조건을 부가하는〉(PR 316) 방편이 되고 있다. (〈객체적 존재〉, 〈자기초월체 superject〉, 〈객체적 불멸성〉을 보라.)

명제 proposition

명제는, 단순하거나 복잡한 영원한 객체가 현실적 존재나 현실적 존재들의 결합체와 융합되어 있는 혼성적 hybrid 종류의 존재이다. 이러한 융합에 있어 관련된 영원한 객체와 현실적 존재들은 모두 그들의 특성 가운데 일부를 상실하게 된다. 영원한 객체의 자격으로서의 영원한 객체는 비결정의 현실적 존재들 가운데 순수하게 일반적인 〈임의의 것 any〉과 관계할 뿐이다. 그러나 명제 속에 들어 있는 것으로서의 영원한 객체(이때 그것은 그 명제의 〈술어적 패턴 predicative pattern〉이라 불리게 된다)는, 비록 그것이 현실적 존재의 가능적 한정자라는 특성을 여전히 보유하고 있다고는 하더라도, 관련의 절대적 일반성을 잃어버리고 오로지 그것에 융합된 현실적 존재들에 제한되고 만다. 또 융합에 연관된 현실적 존재들도 완벽하게 결정적이던 특성을 잃게 된다. 현실태들의 구체적인 한정성이 제거되어 특정한 장소를 지적해 주는 지시적 기능만이 남는다. 그리고 실제로 그 현실태들을 특징지어 주던 영원한 객체들은 제거된다. 그래서 그 현실태들은 단순한 〈그것들 its〉, 즉 할당되는 어떠한 술어적 패턴도 수용할 수 있는 단순한 가능태로 환원되어 버린다. 단순한 〈그것들 its〉로서의 현실태들은 그 명제의 〈논리적 주어 logical subject〉라 불리게 된다.

명제 그 자체는 그것의 진리치와 관련하여 결정되어 있지 않다. 비록 논리적 주어들이 사실로서 완벽하게 결정되어 있기 때문에, 명제는 그 술어적 패턴이, 그 논리적 주어들에 의해 현실적 세계 속에 예증된 한정의 현실적 형식인가 아닌가에 따라 참이거나 거짓이 되는 것이긴 하지만 말이다. 명제는 또한 명제적 느낌 속에 그 자신을 실현시키는 일과 관련해서도 본질적으로 결정되어 있지 않다. 그것은 그것을 느낄 주체를 기다리고 있는 느낌의 여건이다. 그래서 세계에서의 그것의 기능은 느낌에 대한 유혹으로 작용하는 것이다. 화이트헤드는 이러한 기능이 논리학자들에 의해 강조되어 왔던 명제의 단순한 진리치 truth value보다 훨씬 더 중요하다고 되풀이해서 주장한다. 존재론적 원리에 따르면 모든 존재는 어떤 곳(여기서 〈어떤 곳 somewhere〉은 어떤 현실적 존재를 의미한다)에 있어야 한다. 그래서 모든 명제는 장소 locus를 갖는다. 명제의 장소는, 그들의 형식적 세계가 그 명제의 논리적 주어를 포함하고 있는 그런 모든 현실적 존재들로 이루어진다. 물론 이때 그 장소 안에 있는 모든 현실적 존재들이 그 명제를 긍정적으로 파악하는 것은 아니다. 어떤 도시에 살고 있는 많은 사람들이 그 도시 중앙에 빈 터가 있다는 것을 인식하고 있는데도 오직 한 사람의 진취적인 기업가만은 〈저 모퉁이에 있는 식당〉이라는 말로써 지칭되는 명제를 긍정적으로 파악하는 수가 있는 것이다. 그가 처음으로 그 명제를 파악하는 순간에 있어 그 명제는 거짓이다. 그러나 이것은 그 명제에 있어 중요한 것이 아니다. 느낌에 대한 유혹으로서의 그 명제는 그 기업가로 하여금 그 땅을 사서 식당을 짓도록 할 수가 있다. 이것이 명제의 중요한 기능이다. 그러므로 명제는 새로움으로의 전진을 위한 길을 열어주고 있는 것이다.

명제적 느낌 propositional feeling

명제적 느낌은 명제를 그 여건으로 하고 있는 느낌이다. 명제적 느낌은 단순한 비교적 느낌이다(「그림 1」을 보라). 〈결정된 논리적 주어와 관계 맺고 있는 것으로서, 그 순수한 가능태에 있어서 실현된 영원한 객체는 문제되는 현실적 계기의 정신성에 있어서의 '명제적 느낌'이라 불린다.〉(PR 430) (〈명제 proposition〉와 〈물리적 목적 physical purpose〉을 보라.)

물리적 목적 physical purpose

물리적 목적은 합생의 세 번째 위상에서 발생할 수 있는 단순한 비교적 느낌 comparative feeling들 가운데 가장 근원적인 종류의 느낌이다(「그림 2」를 보라). 단순한 비교적 느낌에서는(첫 번째 위상에서 생겨난) 단순한 물리적 느낌과 그것의 개념적 대응물, 즉 (두 번째 위상에서) 그 단순한 물리적 느낌에서 파생된 개념적 느낌과의 통합이 이루어진다. 물리적 목적과 보다 복잡미묘한 명제적 느낌 propositional feeling 사이의 차이는 바로 이러한 통합의 성격에 있다. 이 차이는 두 번째 위상에서 생겨난 개념적 느낌의 운명 속에 있다. 통합에 있어 개념적 느낌의 여건인 영원한 객체가 사실에 대한 그것의 비결정성, 즉 그것의 보편성 또는 그것의 사실 초월성을 보존하고 있을 때 그 통합은 세 번째 위상에서 명제적 느낌을 낳게 된다. 그러나 그 영원한 객체가 사실에 대한 그것의 비결정성, 곧 그것의 초월성을 상실하고 사실 속으로 내재해 들어갈 때, 즉 첫 번째 위상에서의 물리적 느낌에서 시원적으로 예증되었던 것으로서의 그 자신과 결합해 들어갈 때 그 통합은 세 번째 위상에서 물리적 목적을 낳게 되는 것이다.

실질적으로 보자면 물리적 목적은, 두 번째 위상에서의 개념적 느낌의 주체적 형식이 역작용 adversion일 수도 있고 혐오 aversion일 수도 있다는 사실만 접어둔다면, 첫 번째 위상에서의 물리적 느낌의 반복이다. 주체적 형식이 역작용일 경우 물리적 목적의 주체인 현실적 존재는 그 물리적 느낌을 보존하여 이를 미래의 계기에로 전달하려는 경향을 띠게 되며, 그 주체적 형식이 혐오일 경우 어떻게든 그 물리적 느낌은 그 주체를 넘어서는 미래에 있어 중요성을 상실하게 되는 경향을 보이게 될 것이다.

명제적 느낌들은 의식을 낳을 수 있는 보다 복잡미묘한 통합과 통합을 위한 유혹이 되는 데 반해 물리적 목적들은 최종적인 것이 되는 경향이 있다. 이들은 더 이상의 통합을 금하며, 의식을 동반하지 않는다. 그래서 이들은 우리가 무생물이라 부르는 사회의 구성원인 근원적인 종류의 현실적 존재들의 특징을 이루고 있다.

물리적 파악 physical prehension

〈순응적 느낌 conformal feeling〉을 보라.

물리적인 극 physical pole

〈정신적인 극 mental pole〉을 보라.

변화 change

현실적 존재들은 변화하지도 않으며 운동하지도 않는다. 그것들은 생성한다. 그리고 그들의 생성은 또한 그들의 소멸의 순간이기도 하다. 〈현실적 존재는 결코 운동하지 않는다. 그것은 지금 있는 곳 where it is에 있으며 지금의 그것 what it is일 뿐이다.〉(PR 181) 그러나 그렇다면 화이트헤드가 지적하고 있다시피, 〈'운동'이라든지 '운동하는 물체'라는 개념에 주어질 의미가 있어야 한다는 것은 너무나 명백하다.〉(PR 181) 이 의미는 사건이라는 개념에 의해 짜인다. 사건은 현실적 존재들의 결합체, 즉 상호 연관된 현실적 존재들의 연장적 줄기 extensive string이다. 〈'변화'라는 개념의 근본적인 의미는 '결정된 어떤 사건 속에 포함되어 있는 현실적 계기들 사이의 차이'이다.〉(PR 182) 이런 사실을 표현하는 보다 기본적인 또 다른 방식은 영원한 객체라는 개념을 통하는 길이다. 〈'변화'는 현실적 사물들로 이루어진 발전하는 우주에서 영원한 객체들이 겪는 모험을 기술하는 말이다.〉(PR 155) 이들 두 설명 방식은 서로를 전제로 하고 있다. 계기(繼起)하면서 사건을 구성하고 있는 현실적 존재들 가운데 현존하는 영원한 객체들의 패턴에 아무런 변경도 없을 경우, 변화도 운동도 없게 될 것이며 오직 반복에서 비롯되는 단순한 지속 mere duration만이 있게 될 것이다.

변환 transmutation

변환은 미시 세계적 파악들로부터 거시 세계적 지각을 발생시키는 작용이다. 예를 들어 변환을 통해, 하나의 탁자에 대한 지각은 그 탁자를 구성하고 있는 개개의 현실적 존재들에 대한 파악들을 대신하게 되는 것이다. 변환은 임의의 한 주체 내의 순수한 물리적 느낌들의 계열에 있어(이 느낌들은 어떤 중요한 특정의 질서를 지니고 있는 결합체의 개별적인 구성원들에 대한 느낌들이어야 하겠다) 그 느낌들 속의 영원한 객체들 내에 동일한 패턴이 있게 될 때 일어날 수 있다. 그 임의의 주체의 두 번째 위상에서 동일한 개념적 느낌이 이 물리적 느낌들 각각에서 발생하게 된다. 첫 번째 위상에서의 순수한 물리적 느낌들 모두 또는 그들 중의 대다수와 공평하게 관련되는 이 하나의 개념적 느낌은 변환에 있어 열쇠가 된다. 세 번째 위상에서 따라나오는 통합된 느낌에서 이 하나의 개념적 느낌은 전체로서의 그 결합체와 대비되어 들어간다. 그리고 〈전체로서의 그 결합체는 그것의 여러 성원에 어떤 방식으로 속하는 하나의 특성을 이끌어낸다.〉(PR 498) 어떤 특정의 특성을 예증하고 있는 하나의 전체로서의 그 결합체에 대한 이와 같은 변환된 물리적 느낌은, 결합체의 여러 현실적 존재들에 대한 처음의 여러 느낌들을 그 결합체에 대한 하나의 느낌으로 대체한 셈이 된다. 그래서 탁자를 구성하고 있는 현실적 존재들에 대한 다수의 느낌들을 대신하는 것으로서의 그 탁자에 대한 느낌이 있게 되는 것이다(「그림 2」를 보라).

불순한 파악 impure prehension

〈파악 prehension〉을 보라.

사건 event

화이트헤드의 초기 저작에서는 사건의 개념이 중심에 있었다. 사건은 (『과정과 실재』를 포함하는) 후기 저작에서 현실적 존재들이 행하고 있는 역할과 유사한 역할을 수행했었다. 초기 저작에서 사건은 시간적으로 명백히 연장될 수 있었다. 그러나 현실적 존재는 한 순간에 발생한다. 그것의 생성은 또한 그것의 소멸의 순간이다. 그리고 이런 점에서 사건과 현실적 존재는 완전히 서로 다른 것이다.

화이트헤드는 후기 저작에서도 사건의 개념을 사용한다. 그러나 그것은 더 이상 초기 저작에서처럼 근본적인 개념이 아니다. 『과정과 실재』에서 〈사건은 '어떤 연장량 extensive quantum'에 있어 어떤 결정적인 방식으로 서로 관계 맺고 있는 현실적 계기들의 결합체이다. 그것은 그 형상적 완결성 formal completeness을 누리고 있는 결합체이거나 객체화된 결합체이다. 하나의 현실적 계기는 단 하나의 구성원만을 지니고 있는 사건의 극단적 유형이다. …… 예컨대 분자는 현실적 계기들의 역사적 경로이며, 이러한 경로가 곧 하나의 '사건'이다〉.(PR 194, 181)

사회 society

사회는 사회적 질서를 갖추고 있는 결합체이다(보다 일반적인 설명을 위해서는 〈결합체〉를 보라). 〈결합체는 다음과 같은 경우에 '사회적 질서'를 향유하고 있다. 즉 i) 그 결합체에 포함된 각 현실적 존재들의 한정성에 예시된 공통 요소로서의 형상이 있을 것, ii) 그 결합체의 각 구성원이 그 결합체의 다른 구성원들을 파악함으로 말미암아 그 각 구성원에 부과되는 조건들에 근거하여, 이 공통 요소로서의 형상이 그 결합체의 각 구성원에서 생겨나고 있을 것, 그리고 iii) 이때의 파악들이 그 공통 형상에 대한 긍정적 느낌을 포함하고 있음으로 해서 재생 reproduction의 조건을 부여하고 있을 것 등이다.〉(PR 108) 이 공통 요소로서의 형상은 그 사회의 〈한정 특성 defining characteristic〉이라 불린다.

형상적 한정의 의의는 다음과 같은 구절에서 분명하게 드러난다. 〈여기서 일컬어지는 '사회'의 핵심은 그것이 자립해 있다 self-sustaining는 것, 다시 말하면 그것은 그 자신의 근거 reason가 되고 있다는 것이다. 따라서 사회는 동일한 집합명 class-name이 적용되는 존재들의 어떤 집합 이상의 것이다. 즉 그것은 단순한 수학적 개념의 '질서' 이상의 것을 포함하고 있다. 사회가 성립하기 위해서는 그 사회의 각 성원들이 동일한 사회 내의 다른 성원들로부터 파생되어 나왔다는 데에 근거하여, 하나의 집합명이 그 각 성원들에게 적용되어야만 한다. 그 사회의 성원들은, 그것들이 그들의 공통 특성을 근거로 하여 각기 그 사회의 다른 구성원들에다, 그와 같은 유사성을 낳게 되는 여러 조건을 부과하기 때문에 유사한 것들이 된다.〉(PR 208)

사회에는 여러 유형이 있으며 그 복잡성의 등급도 천차만별이다. 그리고 사회들의 사회 내에는 상이한 종류의 많은 사회들이 있다(그 이상의 자료를 위해서는 〈입자적 사회〉, 〈존속하는 객체 enduring object〉, 〈구조를 갖는 사회〉를 보라).

상징적 연관 symbolic reference

상징적 연관은 인간의 극히 민첩한 지각을 특징짓고 있는 혼합된 양태의 지각이다. 그것은 인과적 효과성의 양태에 있어서의 지각과 현시적 직접성의 양태에 있어서의 지각과의 통합 내지 그들 간의 상호 작용이다.

인과적 효과성의 양태에 있어서의 지각은, 〈그 느낌의 여러 색조에 의해 구성되는 것으로서의, 그리고 이들 느낌의 여러 색조를 통해 효과를 낳는 것으로서의 과거의 정착된 세계에 대한 지각이다〉.(PR 264) 이러한 양태의 느낌은 물리적인 세계에 충만해 있으며 인간의 경험에서는 내장의 느낌 visceral feeling ── 예컨대 오래 끄는 위통 ── 이나 맹목적으로 나타나는 기억 같은 것으로 예증된다. 이에 반해 현시적 직접성의 양태에 있어서의 지각은 〈단지 감각 여건에 의해 동시적인 공간 영역을, 그것의 공간적 형태 및 지각자로부터의 그것의 공간적 전망과 관련하여 모호성으로부터 구출해 내는 데 그치는 지각……〉(PR 265)이다. 현시적 직접성은 〈단순한 시각 bare sight〉의 산물이다. 〈그러나 우리 모두는 회색의 돌에 대한 지각 속에 있는 단순한 시각이, 그 지각자와 동시적인 회색의 형태, 그러면서도 지각자와 다소 모호하게 한정되는 어떤 공간적 관계를 맺고 있는 회색의 형태에 대한 시각이라는 것을 알고 있다. 따라서 단순한 시각은 지각자와 동시적인 어떤 공간적 영역이 그 지각자에 대해 갖는 기하학적인 전망적 관계를 예시하는 데 그친다. 그리고 이러한 예시는 '회색'을 매개로 해서 이루어진다. '회색'이라는 감각 여건은 그 영역을 다른 영역들과의 모호한 혼재 상태로부터 구출해 낸다.〉(PR 265)

화이트헤드는 철학자들이 지각을 분석하면서 인과적 효과성의 양태에 있어서의 지각을 무시하는 경향이 있어왔다고 주장한다. 〈철학자들은 내장의 느낌을 통해 얻어지는 우주에 관한 정보를 멸시하고 시각적 느낌 visual feeling에만 주의를 집중시켜 왔다.〉(PR 264) 그 결과 철학은 현시적 직접성에 의해서만 지각을 분석하려 하게 되었다. 그리고 이는 흄의 회의론을 낳았다. 〈인과율에 관한 흄의 논박은 사실상……순수한 현시적 직접성이……어떠한 인과적 영향력도 드러내 보여주지 못한다는 것을 장황하지만 설득력 있게 논증한 것이다. …… 결론은 현시적 직접성에 의해 밝혀지는 것에 관한 한, 동시적인 우주 내의 현실적 존재들은 인과적으로 상호 독립해 있다는 것이다.〉(PR 269)

그러나 화이트헤드는 일상적인 지각을 꿰뚫고 있는 〈인과적인 영향력 causal influence이 있다〉고 주장한다. 〈우리가 회색의 돌에 대한 우리의 시지각 visual perception을 의식에 새겨 넣을 때, 거기에는 단순한 시각 sight 이상의 무엇인가가 연관되어 있다. 그 '돌'은 그것의 과거와 관련을 맺고 있다. '돌'은 명백히 역사를 갖고 있는 것이다. 그리고 그것은 아마도 미래를 갖게 될 것이다. 미래에 있어 그것은, 아주 작은 것일 경우 돌팔매용으로 사용될 수도 있고, 아주 큰 것일 경우 의자로서 사용될 수도 있을 것이다.〉(PR 265) 현시적 직접성에 포함되는 감각 여건은 선행하는 동물 신체에서의 근원적인 느낌으로부터, 즉 인과적 효과성의 양태에 있어서의 지각으로부터 파생되어 나온 것이다. 그래서 인과적 효과성의 양태에 있어서의 지각 내의 감각 자료에 기본적으로 따라다녔던, 과거의 현존이 지니는 모호한 견실성 massiveness은, 그 감각 자료가 현시적 직접성의 양태에 있어서의 지각 내의 선명하게 한정된 동시적인 공간적 영역에 투사되고, 그 결과 혼합된 양태의 상징적 연관이 그 돌을 공간의 동시적인 영역에 분명하게 자리 잡고 있는 것으로서 지각하는 동시에 그 돌을 과거를 지니고 있고 또 미래에 있어 영향력을 행사할 수 있는 지속하는 존재로 지각하게 될 때에도 완전히 사라지지 않는다. (〈인과적 효과성 causal efficacy〉, 〈현시적 직접성 presentational immediacy〉, 〈의식 consciousness〉을 보라.)

생명 life

〈구조를 갖는 사회〉를 보라.

순응적 느낌 conformal feelings

합생의 최초 위상은 순응적 위상, 호응적 responsive 위상, 최초의 initial 위상, 수용적 receptive 위상, 또는 근원적 primary 위상 등으로 명명된다. 그래서 이 위상을 구성하는 파악들은 순응적 느낌, 반응적 느낌 또는 순수 물리적 느낌 등으로 불린다. 순응적 위상은 과거와 현재 사이의 연결 고리를 제공함으로써 합생을 개시한다. 과거는 객체화된 여건으로서 주어지는데, 〈호응적 위상은 이러한 여건들을 느낌의 주체적 통일을 위한 소재로서 흡수한다〉.(PR 356) 이 순응적 느낌들은 〈'벡터 vector'이다. 왜냐하면 그것은 저곳에 있는 것을 느끼고는 이를 이곳에 있는 것으로 변형시키기 때문이다〉.(PR 204) 순응적 느낌은 〈객체적 내용을 주체적 느낌으로 변형시킨다〉.(PR 344) 순응적 느낌들은 〈단순한 가능태 potentiality였던 여건이 실현의 복잡한 통일을 위한 개체화된 기반이 되는〉(PR 251) 통로가 되고 있다. 비록 이러한 통일은 합생의 보다 후기 위상에 이르러서야 비로소 달성되는 것이긴 하지만, 그러한 통일의 기반이 되는 재료는 순응적 느낌에 의해 제공되고 있는 것이다.

순응적 느낌은 반복하고 재생한다. 이 다음의 보충적 국면의 비교적인 느낌들이 새로움의 원천이며, 순응적 느낌은 새로움을 낳지 못한다. 그렇기는 하지만 순응적 느낌의 지평에서도 주체적 지향 subjective aim의 지배에 따르는 창조적 선택이 있게 된다. 왜냐하면 순응적 느낌의 여건이 되는 계기 occasion 내의 어떤 요소는 객체화되어 선택되는 반면 다른 어떤 요소는 부정적 파악에 의해 배제되어 아무런 영향력도 행사하지 못하게 되기 때문이다.

다음의 인용문은 화이트헤드의 도식에서 순응적 느낌이 갖는 중요성을 잘 보여주고 있다. 〈단순한 주체적 반응이라는 특징을 지니고 있을 뿐, 보다 높은 위상에서의 독창성을 결하고 있는 이 직접적인 지각은 수용성 receptivity의 모습으로 나타난 현실적 존재의 구조를 보여준다. 인과 관계의 표현으로 하자면, 그것은 현실 세계에서 작동하고 있는 작용인을 기술하고 있다. 로크 J. Locke가 제기했던 것과 같은 인식론의 표현으로 하자면, 그것은 개별적 존재자 particular existent의 관념이 어떻게 지각자의 주관 속으로 흡수되고, 어떻게 외부 세계에 대한 그 지각자의 경험을 위한 여건이 되는가를 기술하고 있다. 과학의 표현으로 하자면, 그것은 국지화된 localized 에너지의 양적(量的) 강도가 그 자신 속에 그 기원의 여러 벡터적 흔적 vector marks과 그 종적(種的) 형식들의 특수성들을 띠게 되는가를 기술하고 있다. 그것은 또한 원자적 양자(量子)들 atomic quanta이 일정량의 에너지 집성 building up 속에서 식별될 수 있는 근거를 제공한다. 이런 방식으로 유기체 철학은—마땅히 그래야 하겠지만—사실에 호소한다.〉(PR 257-258)

술어적 패턴 predicative pattern

〈명제〉를 보라.

신 God

〈신은 현실적 존재이며, 아득히 멀리 떨어져 있는 텅 빈 공간에서의 지극히 하찮은 현존의 한 가닥도 현실적 존재이다. 그런데 비록 그 중요성에서 등급이 있고 기능에서 차이가 있긴 하지만, 현실태 actuality가 예증하는 여러 원리에서 볼 때 모든 현실적 존재들은 동일한 지평에 있는 것이다. ……오직 한 가지 유(類)의 현실적 존재들이 있을 뿐이라는 가정은 유기체 철학이 따르려는 우주론의 이상에 속한다.〉(PR 78, 245) 신에 대한 화이트헤드의 설명이 정확히 어떻게 이러한 이상과 조화될 수 있는 것인지에 대해서는 전문가들 사이에 의견이 분분하다. 하지만 화이트헤드가 그의 철학에서 〈신은 형이상학적 원리들의 붕괴를 막기 위해서 불러들여진, 모든 형이상학적 원리들로부터의 예외자로 취급되어서는 안 된다〉(PR 650)고 보았던 것만은 분명하다. 〈신은 형이상학적 원리들의 주요한 예증 사례인 것이다.〉(PR 650)

신의 구조는 세계의 구조와 대칭 mirror image을 이룬다. 세계는 미완의 것이다. 그것은 그 본성상 자신을 완결짓기 위해 모든 사물의 기초에 있는 하나의 존재를 필요로 한다. 이 존재가 신이다. 세계를 완결짓는 존재로서의 신은, 왼손이 오른손의 보완물이듯이 세계의 보완물이며, 그 결과 모든 현실적 존재들을 지배하는 원리들은 신에게서 몇몇 사례를 통해 반대되는 방식으로 예증된다.

시간적 세계의 존재들은 여건으로서의 계기들에 대한 물리적 파악과 더불어 생겨난다. 그래서 그 존재들은 시간과 공간 속에 확고하게 뿌리박고 있게 된다. 신은 영원한 객체들의 비시간적 영역에 대한 그의 〈개념적〉 파악과 더불어 생겨난다 ── 이것은 신의 〈원초적 본성 primordial nature〉이며, 이런 본성 때문에 신은 비시간적인 현실적 존재로 지칭될 수 있게 되는 것이다. 시간적 영역의 현실적 존재들은 물리적 파악으로부터 개념적 파악으로 나아간다. 신은 이와 반대이다. 왜냐하면 그의 〈결과적 본성 consequent nature〉은 시간적 세계 내의 현실적 존재들에 대한 그의 물리적 파악들로 이루어지기 때문이다. 시간적 계기들과 마찬가지로 신은 그의 결과적 본성에 속하는 물리적 느낌들이 그의 원초적 본성에 속하는 개념적 느낌들과 통합되는 비교적 느낌의 위상에 의해 완결된다. 또 시간적 존재들에서와 마찬가지로 신에게서도 이러한 통합은 〈자기초월체적 본성 superjective nature〉을 낳는다. 이것은 〈갖가지 시간적인 사례들 속에서 초월적인 창조성을 규정하는 신의 특수한 만족이 가지는 실용적 가치의 성격〉(PR 206)이다.

하나의 영역으로 간주되는 영원한 객체들은 존재론적 원리상 현실태와의 연계 link를 필요로 하는 존재의 일종이다. 〈모든 것은 어떤 곳에 있어야 한다. 여기서 '어떤 곳 somewhere'이란 '어떤 현실적 존재'를 의미한다. 따라서 우주의 일반적인 가능태는 어떤 곳에 있어야 한다. …… 이 '어떤 곳'은 비시간적인 현실적 존재…… (즉) 신의 원초적 정신이다.〉(PR 131) 이것은 체계의 내적 구조가 신을 필요로 하는 한 가지 방식이다.

그 체계는 또한 객체화의 학설과 관련해서도 신을 필요로 한다. 현실적 존재들은 생성하고 이어서 소멸한다. 그러나 그것들은 또한 객체적으로 불멸하는 것으로 기능한다. 객체적으로 불멸하는 것으로서의 현실적 존재들은 현실태와의 연계를 상실한 것들이며, 이런 점에서 그것들은 영원한 객체들의 영역과 유사한 것이다. 객체적으로 불멸하는 현실적 존재들은 신의 결과적 본성을 통해 현실태와 연계된다. 결과적인 것으로 간주되는 신은 현실적 존재들의 각 세대를 파악하고 보존하여 미래에로 그들의 역량을 매개한다. 이러한 역할에 있어 신은 그의 전통적인 구원의 능력과 심판의 권능을 보여준다. 신의 결과적 본성은 세계의 성장과 더불어 성장한다. 그리고 그의 결과적 본성에서 구원된 것으로서의 세계에 대한 그의 가치 평가를 통해 신은 〈구원될 수 있는 것은 그 어떤 것도 버리지 않는 사랑의 심판〉(PR 655)을 보여준다.

마지막으로 그 체계는 새로움과 진보가 가능하도록 현실태와 가능태를 매개해 줄 존재를 필요로 한다. 원초적 본성에 있어서의 신은 가능태의 무한한 영역을 파악하며, 결과적 본성에 있어서의 신은 세계의 현실태들을 파악한다. 그리고 그의 자기초월체적 본성은 그의 원초적 통찰과 그의 결과적 파악들이 짜여 들어간 것이다. 여기서 현실적 사실이 가능태의 영역과 병치될 때, 그 사실적 상황에 있어 새로운, 그러면서도 관련된 가능태들이 실제로 일어났던 것과 중요한 대비를 이루며 나타나게 된다. 창조적 전진에 있어서의 신의 목적은 세계에 대한 그의 경험이 그 자신의 경험에 있어 가능한 최대의 강도를 낳게 할 그런 성격의 세계를 출현시키는 데에 있다. 그러므로 신—이는 자기초월체적으로 기능하는 신이다—은 발생하는 각 현실적 존재에다 주체적 지향을 제공한다. 그리고 그 존재 자체의 합생을 통한 그러한 지향의 완결은, 신에 의해 파악될 때 신에게 최대 강도의 만족을 가져다줄 수 있는 그런 류의 질서지어진 복잡한 세계를 창출하게 될 것이다. 이처럼 현실적 존재의 초기 주체적 지향을 제공한다고 하는 제한된 의미에 있어 〈신은 각각의 시간적인 현실적 존재의 창조자라 할 수 있다〉.(PR 448) (〈주체적 지향 subjective aim〉을 보라.)

여건 datum

파악의 여건은 파악되는 것이요, 주어지는 것이다. 〈느낌의 분석에 있어, '사물에 앞서는 ante rem' 것으로 나타나는 것은 모두 여건이다…….〉(PR 463) 〈현실적 존재의 성격은 궁극적으로 그 여건에 의해 좌우된다. 합생에서 생겨나는 느낌의 자유가 어떤 성격의 것이든 간에 현실적 존재는 그 여건에 내재하는 잠재 능력의 한계를 벗어날 수 없다. 여건은 제한하면서 동시에 제공한다. 바로 이러한 학설로부터, 유기체의 성격은 그 환경의 성격에 달려 있게 된다는 결론이 나온다.〉(PR 246)

화이트헤드는 최초의 여건 initial datum과 객체적 여건 objective datum을 구별한다. 이 구별은 단순 물리적 느낌, 즉 단 하나의 현실적 존재를 여건으로 하고 있는 느낌을 고찰하고 있을 경우 관련이 있게 된다. 여건인 하나의 현실적 존재 전체는 최초의 여건이라 불린다. 이 최초의 여건은 자신을 구성하고 있는 느낌들 가운데 어느 하나에 의해서 합생하는 주체에 대하여 객체화된다. 이처럼 그것을 객체화시키는 느낌은 객체적 여건이라 불린다. 〈객체화는 객체화된 존재의 완전한 구조를 관련성 없는 것으로, 또는 종속적 관련성만을 지니는 것으로 축출해 버린다. 객체화된 존재 내의 어떤 실재적인 구성 요소는, 그 객체화된 특정의 존재가 그 주체의 경험에 있어서 여건이 되는 방식의 역할을 떠맡는다.〉(PR 161) 이 〈실재적 구성 요소〉는 객체적 여건이며, 그것이 만들어내는 객체화는 합생하는 주체에 있어서의 최초의 여건에 대한 〈전망 perspective〉이라 불린다.

역전 reversion
〈개념적 역전〉을 보라.

연장적 연속체 extensive continuum
사회들은 고립되어 존재하지 않는다. 각 사회는 그 사회적 환경을 전제로 한다. 그리고 그것들은, 마치 한 도시가 어떤 지방에 속하고 그 지방은 어떤 주(州)에 속하며 다시 그 주는 어느 한 국가에 속하듯이 서로 간에 순차적으로 감싸 안고 있다. 물론 어느 한 주 안에 여러 지방이 있듯이, 감싸 안고 있는 사회 안에는 같은 유형의 여러 사회들이 들어 있을 수 있다. 그래서 자연은 〈보다 특수한 사회가 보다 넓은 사회 속에 포함되어 있는 방식으로, 점차 그 지배의 폭에서 넓어지고 있는 사회들의 계열〉(PR 213)로 이루어져 있다. 우리의 우주 시대는 전자적인 현실적 존재들과 양성자적인 현실적 존재들의 거대한 사회에 의해 주도되고 있다. 그리고 이 사회가 보여주고 있는 질서는 우리가 〈자연의 법칙〉이라 부르고 있는 것이다. 그러나 이 사회는 기하학적 공리들을 머금고 있는 보다 넓은 사회적 배경 속에 들어 있는 것이다. 그리고 이 보다 넓은 사회 가운데는, 한 지방에 두 도시가 있을 수 있는 것과 꼭 마찬가지로 반(反)전자적, 반(反)양성자적인 사회들이 존재하고 있을 수 있다. 그러나 기하학적 사회는 훨씬 더 넓은 4차원의 사회를 전제로 한다. 그리고 이것을 넘어설 때 단순한 차원성 dimensionality만을 지닌 사회에 부딪히게 된다. 그리고 궁극적으로는 오늘날 우리의 인식 범위 내에서 생각할 수 있는 가장 넓은 사회, 즉 화이트헤드가 〈연장적 연속체〉라 부르고 있는 단순한 연장성의 사회와 만나게 된다. 〈연장적 결합의 일반적 속성들 속에서 우리는 우리의 직접적인 우주 시대를 훨씬 넘어서서 확대되고 있는 거대한 결합체의 한정 특성을 식별하게 된다. …… 이 궁극적이고도 거대한 사회는, 우리가 우리의 현 발전 단계에서 체계적인 특성들을 식별할 수 있는 한, 우리의 시대가 놓여 있는 전체 환경을 구성하고 있다.〉(PR 222)

지금까지는 연장적 연속체의 개념을 사회에 의거한 외적인 역할에서 고찰했다. 순수한 또는 일반적인 가능태라는 관념에서 출발하여 그 내적인 역할에서 그 개념에 접근해 가는 것도 이해에 도움이 된다. 일반적 가능태란 〈영원한 객체의 다수성에 의해 제공되는, 서로 무모순적이거나 선택적인 가능태들의 묶음이다〉.(PR 167) 그것은, 세계 속으로 진입할 때 논리적인 제한 외에는 아무런 제한도 받지 않는, 그 자체로서 고찰된 영원한 객체들의 영역이다. 그러나 실제로 세계에로의 진입에 있어 논리에 의한 제한뿐만 아니라 과거의 환경에 의한 제한도 있게 된다 ── 순수한 가능태에서 보자면 키가 5피트인 40대의 뚱뚱한 사람이 7피트의 높이까지 뛰어오를 수 있으나 이는 실재적인 가능태가 아니다. 실재적 가능태란 순수한 가능태를 제한한 것, 곧 한정한 것으로서, 주어진 사실적 세계의 여러 조건들이 그 세계로부터 생겨나는 임의의 특정 현실적 존재에다 제공하는 가능태이다. 연장적 연속체는 〈세계의 일반적 특성에서 생기는 질서 ── 즉 실재적 가능태 ── 에 대한 최초의 규정이다. 현재의 시대를 넘어서는 그 완전한 일반성에서 볼 경우, 연장적 연속체는 형태나 차원 또는 측정 가능성 같은 것을 포함하지 않는다.

이것들은 우리의 우주 시대에서 비롯되는 실재적 가능태의 부가적인 결정들이다〉.(PR 169) 우리의 우주 시대 밖으로 뻗어나가는 거대한 사회로서의 연장적 연속체는 그 무수한 세대들의 집단적인 사회적 계승을 통해, 일반적인 가능태에다 최초의 가장 일반적인 제한을 가하고 있다. 이 제한은 현실적 존재들의 각 세대가 그 나름의 어떤 특수한 성격의 질서를 지니고 있든지 간에 최소한 그것들은 〈'연장적 결합', '전체와 부분', '연장적 추상'에 의해 도출될 수 있는 다양한 유형의 '기하학적 요소들'〉(PR 221) 등과 같은 일반적 속성들을 띠고 있게 되리라는 것이다. 그런데 〈그것에는 직선을 정의할 수 있게 하며, 그래서 측정 가능성을 이끌어들이는 보다 특수한 속성들은 포함되지 않는다〉.(PR 221) 이 이론에 들어 있는 전문적인 기하학적 측면들은 지금과 같은 입문적 연구의 범위를 넘어선다. 여기서는 다음과 같은 언급으로 충분하겠다. 즉 시공연속체는 단순한 연장을 전제로 하는 보다 특수한 성질들의 집합이며, 〈그 시간화와 공간화를 떠난 연장은 다수의 객체들이 하나의 경험이라는 실재적 통일 속으로 결합해 들어갈 수 있는 가능성을 제공하는, 관계들의 일반적 도식이라는 것이다. 따라서 하나의 경험 행위는, 그 자신의 전망적 관점이 연장적 내용을 가지며, 다른 현실적 존재들은 그들 자신의 연장적 관계를 유지한 채 객체화된다는 두 가지 사실에 근거하여 연장적 질서의 객체적 도식을 가진다〉.(PR 171)

영원한 객체 eternal object

〈그에 대한 개념적 인지에 있어 시간적 세계의 어떠한 특정의 현실적 존재와도 필연적인 관련이 없는 그런 존재는 모두 '영원한 객체'라 불린다.〉(PR 128) 영원한 객체들은 현실적 존재들의 성격을 특징지을 수 있는 한정의 형식이다. 그것들은 〈사실의 종적인 결정 specific determination을 위한 순수 가능태 pure potentials〉(PR 85)이다. 현실적 존재의 생성 과정이란 한정의 다양한 형식들(영원한 객체들)을 취사선택하는 일련의 결단을 통해 한정성을 획득해 가는 과정이다. 〈각 현실태의 결정적인 한정성은 이러한 형상들로부터의 선택의 표현이다. 그것은 이런 형상들을 다양한 관련성 속에 등급화시킨다〉.(PR 127) 취사선택하는 주체는 현실적 존재이다. 〈영원한 객체는 항상 현실적 존재들을 위한 가능태이다. 그러나 그 본질상 그것은 개념적으로 느껴지는 것으로서, 시간적 세계의 임의의 특정 현실적 존재에로의 그 물리적 진입 physical ingression과 관련하여 중성적이다.〉(PR 128)

임의의 현실적 존재는 완전히 자유로운 상태에서 결단하는 것이 아니다. 〈현실적 존재는 그것을 위해 주어진 여러 결단에서 생겨나며, 바로 그 자신의 현존에, 그것 다음에 오는 다른 현실적 존재들을 위한 결단을 제공한다.〉(PR 125) 그것이 계승하는 과거는 그것에다 그것이 반복하지 않을 수 없는 어떤 한정의 형식들을 제공한다. 〈과거와 현재를 통합시키는 벡터 전이 vector transition의 토대로서 얼마간의 순응이 필요하다. 여건을 결정하고 주체적 형식을 결정한다는 두 가지 기능에 있어서의 영원한 객체는 따라서 관계적 relational이다. …… 영원한 객체가 파악의 여건을 제공하기 위해, 현실적 세계를 객체화시키는 기능을 통해 진입할 때, 그것은 '여건적으로 datively' 기능하고 있다.〉(PR 343)

개별적이고 구체적인 사실이 되려면 현실적 존재는 어떤 결정적인 형식을 취해야만 한다. 현실적 존재는 그의 합생의 구성 요소로서 어떤 영원한 객체를 참여토록 하고 어떤 영원한 객체를 참여하지 못하도록 할 것인가를 결정하는 결단을 통해 이를 성취한다. 현실적 존재의 결단에 내포되어 있는 생성, 곧 과정은 그 현실적 존재의 생존과 하나가 되고 있다. 이에 반해 영원한 객체들은 그 본질상 영원하다는 점에서 본질적으로 변화를 벗어나 있다. 그러나 그것들은 임의의 현실적 존재인 생성의 과정 자체가 그 현실적 존재를 그것이게끔 해줄 일종의 한정인 종적 특성을 선택된 영원한 객체에 의해 결정해 가는 과정이라는 점에서 변화 가운데 내포되어 있다. 〈세계의 과정을 구성하는 현실태들은, 모든 현실적 존재에 있어 한정의 가능태를 조성하는 다른 사물들의 진입(또는 '관여 participation')을 예시하고 있는 것으로 간주된다. 시간적인

사물들은 영원한 사물에 관여함으로써 생겨난다.〉(PR 119)

이런 주장은 플라톤Platon의 학설과 유사한데 사실상 어느 정도는 그의 학설을 염두에 두고 이루어진 것이다. 화이트헤드는 주체적 종subjective species의 영원한 객체와 객체적 종objective species의 영원한 객체를 구별하고, 나아가 〈객체적 종의 영원한 객체들은 플라톤의 수학적인 형상〉(PR 563)이라고 분명하게 말하고 있다. 이러한 형식(형상form)들은 〈느낌의 여건인 어떤 객체화된 결합체나 어떤 단일의 현실적 존재를 한정하는 요소〉(PR 562)라는 의미에서 객체적이다. 주체적 종의 영원한 객체는 〈느낌의 주체적 형식을 한정하는 요소〉(PR 562)라는 의미에서 주체적이다. 〈그것은 정서이든가, 강도이든가, 역작용이든가, 혐오이든가, 쾌락이든가, 고통이든가이다.〉(PR 563) 화이트헤드의 도식은 영원한 객체의 영역에다 두드러진 실재성을 부여하지 않는다는 점에서 플라톤적 도식과 다르다. 존재론적 원리는 가장 완전한 의미의 실재성을 현실적 존재에 부여한다. 그리고 여기서 화이트헤드는 플라톤의 〈피안other worldliness〉에 대한 아리스토텔레스의 반론을 구현하고 있다. 그런데 존재론적 원리에 따르면 〈모든 것은 어떤 곳에 있어야 한다. 여기서 '어떤 곳somewhere'이란 '어떤 현실적 존재'를 의미한다. 따라서 우주의 일반적인 가능태(즉 영원한 객체의 영역)도 어떤 곳에 있어야 한다. 왜냐하면 그것은, 그것이 거기서 실현되어 있지 않은 그런 현실적 존재들에 대하여 근사적인 관련을 보유하고 있기 때문이다……. 이 '어떤 곳'은 비시간적인 현실적 존재이다. 따라서 '근사적인 관련성'은 '신의 원초적인 정신에 있어서의 관련성'을 의미한다〉.(PR 131) (그 이상의 논의를 위해서는 〈신〉을 보라.)

욕구 appetition

〈욕구란 우선 개념적으로 파악된 여건을 실현시키려는 충동과 결부되어 있는, 직접적인 물리적 느낌에 대한 개념적 가치 평가conceptual valuation이다.〉(PR 104) 네 번째 범주적 제약Categoreal Obligation에 따르면 각각의 물리적 느낌으로부터 파생되는 순수한 개념적 느낌이 있다. 그리고 개념적 느낌의 주체적 형식은 평가 절상(역작용 adversion)일 수도 있고 평가 절하(혐오 aversion)일 수도 있는 가치 평가라는 특성을 지닌다. 욕구는 〈불안정 unrest의 원리를 자기 자신 속에 간직하고 있는 직접적인 사태 matter of fact이다〉.(PR 104) 그래서 이 가치 평가의 요소 — 역작용 또는 혐오 — 는 불안정의 장소 locus인 것이다. 역전 reversion에 의해서 현실적 존재의 정신적 극에 새로운 개념적 느낌이 현존할 수 있게 되며, 욕구에 의해서 그러한 현실적 존재는 〈창조성 creativity을 제약하여 미래에 있어 그 정신적 극의 물리적 실현을 달성할 수 있게 된다〉.(PR 104)

〈욕구〉라는 개념은 신의 원초적 본성과 관련하여 사용되기도 한다. 신의 원초적 본성은 영원한 객체의 영역에 대한 〈무제약적인 개념적 가치 평가, 즉 스피노자 B. Spinoza가 사용했던 의미의 '무한한' 개념적 가치 평가〉(PR 489)이다. 이것은 단순히 개념적 느낌이 아니라 개념적 가치 평가라는 점에 유의해야 하겠다. 〈이것은 창조적 질서가 의존하는 영원한 객체들의 공재에 대한 궁극적이고도 기본적인 조정 adjustment이다.〉(PR 105) 〈신의 원초적 본성 primordial nature을 구성하는 여러 욕구의 등급화된 질서〉(PR 417)는 모든 현실적 존재에 의해 파악되는데, 이들 존재 하나하나에 있어 그 질서는 이들 각 존재가 각자의 합생을 이끌어가면서 지향하는 하나의 유혹이 되고 있다. 신의 목적은 느낌의 강도를 증진시키는 데에 있다. 그의 욕구들은 그의 목적을 구성한다. 그래서 세계 속에서 느껴진 것으로서의 그의 욕구들은 그의 목적에 이바지한다. (〈주체적 지향 subjective aim〉을 보라.)

우주 시대 cosmic epoch

현실적 존재들의 철저한 형이상학적 특성은 모든 현실적 존재들이 공유하고 있는 특성이다. 그러나 현실적 존재들의 어떤 특정 집합은, 철저하게 형이상학적인 것이 아니라 특수한, 즉 보편적이지 않은 사회적 관계에서 비롯되는 많은 특성들을 가지고 있다. 우리의 우주 시대라는 개념은, 명백하게 보편적이지도 않고 완벽하게 일반적이지도 않으나 〈우리 자신과의 직접적 관련을 추적해 볼 수 있는 현실적 존재들의 가장 넓은 사회〉(PR 211)를 구성하고 있는 그런 관계들의 기반으로서의 거대한 사회를 가리키는 개념이다. 〈이 시대를 특징짓는 것은 전자적인 현실적 존재, 양성자적인 현실적 존재, 그리고 에너지의 양자(量子)에서 희미하게 식별될 수 있는 훨씬 더 궁극적인 현실적 존재들이다.〉(PR 211)

이 학설에 내포되어 있는 흥미로운 사실은 화이트헤드가 자연의 법칙을 진화하는 것으로 보고 있다는 점이다. 〈그러나 한 사회의 무한한 존속을 보장해 줄 이상적인 질서의 완전한 달성이란 있을 수 없다. 사회란, '무질서'가 그 사회의 이상과 관련하여 정의되는 경우, 바로 그런 무질서로부터 생겨나는 것이다. 그 사회가 어느 정도의 성장을 거쳤을 때, 그것의 보다 넓은 환경이었던 유리한 배경은 소멸하거나 그 사회의 존속에 디 이상 유리한 것으로 작용하지 않게 된다. 이렇게 될 때 그 사회는 그 구성원들의 재생을 중지하게 되며, 궁극적으로는 일정한 쇠퇴의 단계를 거친 후 소멸하게 된다. 따라서 우주의 어떤 부분에 있어서의 재생을 결정하는 '법칙들'의 체계는 서서히 등장하여 지배력을 갖추고 나서 그 나름의 지속의 단계를 거친 후, 그 체계를 낳았던 사회의 쇠퇴와 함께 소멸해 버리는 것이다.〉(PR 211) 우리의 우주 시대는 이와 같은 어떤 법칙들의 체계에 의해 구성되어 있으며, 상당한 시간이 경과한 후, 지금으로선 생각할 수도 없는 어떤 새로운 형태의 사회적 질서로 대체될 것이다.

이렇게 분석해 놓고 보면 자연의 법칙들은 오늘날의 다른 몇몇 설명에서 보다 훨씬 덜 신비스럽고 훨씬 덜 불가사의한 것으로 나타난다. 〈전자기장에 관한 맥스웰 J. C. Maxwell의 방정식은 방대한 수의 전자와 양성자를 근거로 하여 힘을 발휘하고 있다. 또한 각 전자는 전자적 계기들 electronic occasions의 사회이며, 각 양자는 양성자적 계기들 protonic occasions의 사회이다. 이러한 계기들은 전자기적 법칙의 근거이다. ……

그러나 법칙들이 완전히 지켜지지는 않고 있다는 의미에서, 또 그 재생이 실패하는 경우가 종종 있다는 의미에서 무질서가 생겨난다. 따라서 현재의 자연법칙들을 대신하여 점차적으로 지배력을 행사하면서 뒤이어 등장하는 새로운 유형의 질서에로의 점차적인 전이가 있게 되는 것이다.〉(PR 212)

원인 : 작용인과 목적인 causation : efficient and final

〈건전한 형이상학이 해결해야 할 하나의 과제는, 목적인과 작용인을 이들 상호 간의 적절한 관계 속에서 해명하는 일이다.〉(PR 199) 생물학에 대한 아리스토텔레스의 관심은, 〈중세 기독교로 하여금 목적인의 개념을 무모하리만큼 지나치게 강조하는 방향으로 나아가게 하였고, 근대의 과학 시대를 통해서는 그에 대한 반동으로 '작용인'의 개념을 똑같이 지나치게 강조하는 방향으로 이끌었던〉(PR 199) 그런 여러 원리들을 빚어냈다. 화이트헤드는 이들 양극단 사이의 중간을 택하고자 한다.

화이트헤드의 철학에 있어 작용인과 목적인의 관계는 합생의 초기 순응적 위상과 후속하는 보충적 위상들 간의 관계이다. 초기의 위상은 작용인의 위상이요 인과적 효과성의 위상이며, 보충적 위상들은, 이들이 일단 중요한 것일 경우, 새로움과 합목적적 조정의 위상들이다. 생명 없는 물질적 대상들을 구성하는 단순한 계기들인 경우, 보충적 위상들은 무기력하고 작용인이 지배력을 행사하지만, 보충적 위상이 중요하게 되는 보다 복잡미묘한 현실적 존재들인 경우, 전적으로 작용인을 통해서만 이루어지는 기술 description은 관련된 현실적 존재들의 완전한 실재성을 사상(捨象)하게 되며, 그 결과 왜곡의 오류를 범하게 된다. 보충적 작용은 사소한 것에 머무는 단계로부터, 인간과 동물에 있어 지배적인 현실적 존재들의 경로에서처럼 지극히 중요한 것이 되는 단계에 이르기까지 차등화될 수 있다.

〈유기체 철학의 학설은, 합생의 구성 요소들을 결정함에 있어 작용인이 아무리 광범하게 그 영향력을 행사한다 해도…… 이러한 구성 요소들의 결정 너머에는 언제나 우주의 자기 창조적 통일의 최종적 반작용이 있다고 본다. 이 최종적 반작용은 작용인의 여러 결정에다 창조적 강조의 결정적인 날인(捺印)을 함으로써 자기 창조적 활동을 완결짓는다. 각 계기는 그 주체적 강도의 정도에 비례하여 그 창조적 강조의 정도를 나타낸다. ……그러나 시간적 세계에 있어 비교적 경미한 경험적 강도를 지니는 계기들인 경우, 그 창조적 강조의 결단 하나하나는, 그것들이 수용하여 전달하는 결정된 구성 요소들과 비교해 볼 때 무시될 수 있다.〉(PR 134-135)

의식 consciousness

〈의식은 우리가 긍정-부정의 대비를 느끼는 방식이다.〉(PR 481) 긍정-부정의 대비는 현실적 존재들의 결합체에 대한 느낌과, 그 결합체의 구성원들을 그 논리적 주어로 하고 있는 명제에 대한 느낌을 결합시켜 하나의 여건으로 통일시키는 작용을 수반하고 있다(보다 상세한 설명을 위해서는 〈긍정-부정의 대비〉를 보라).

명제적 느낌은 합생의 세 번째 위상에서 발생하며, 명제적 느낌과 의식을 포함하고 있는 사실 사이의 대비는 합생의 네 번째 위상에서 이루어지는 한층 더 높은 통합의 산물이기 때문에, 의식은 〈경험의 불가결한 토대가 아니라 어쩌다 우연히 얻어질 뿐인 경험의 월계관 crown이라는〉(PR 523) 결론이 나온다. 〈의식은 경험을 전제로 하지만 경험은 의식을 전제로 하지 않기〉(PR 144) 때문에 〈의식에 있어서의 명석성이 발생 과정에 있어서의 근원성을 보증하는 증거일 수 없고, 오히려 그 반대의 학설이 진실에 보다 가깝다〉(PR 359)고 하겠다. 화이트헤드의 체계에 중핵이 되는 이러한 일련의 연관 관계는 흄에 대한 그의 논박에서 핵심을 이루고 있다. 왜냐하면 화이트헤드는 흄이 의식적인 지각을 그의 근원적인 사실로 삼아 출발했고, 그래서 인과 관계에 대한 일체의 앎이 어떻게든 이 근원적인 사실로부터 유도될 수 있어야 한다고 주장했기 때문에 인과 관계에 대한 흄의 분석 전체가 처음부터 부적절한 것이 될 수밖에 없었다고 주장하고 있기 때문이다. 물론 흄은 그러한 앎을 유도해 낼 수 없었다. 그러나 화이트헤드는 이런 사실은 인과 관계에 관해 아무것도 입증해 주는 바가 없다고 주장할 것이다. 왜냐하면 인과적 연관성은, 의식이 전제로 하고 있으면서도 모호하게 인지할 수 있을 뿐인 근원적인 파악에서 발견될 수 있는 것이기 때문이다. 화이트헤드는 〈의식이란 다만 복잡한 통합의 후기에 속하는 파생적 위상에서 나타나는 것일 뿐〉(PR 338)이라고 말한다. 〈이러한 종류의 위상이 그 합생에 있어 무시될 수 있는 그런 현실적 계기인 경우, 그 계기의 경험 속에서는 어떠한 인식 knowledge도 있을 수 없게 된다. 의식은 보다 후기의 위상에 속하는 주체적 형식이기 때문에, 그것이 직접적으로 조명하는 파악들은 불순한 impure 유형의 파악들이다. 의식은 다만 보다 근원적인 유형의 파악들이, 통합을 낳게 될 여러 요소로 남아 있는 한에 있어, 이러한 파악들을 조명할 뿐이다. 따라서 우리의 의식 속에 명석판명하게 부각되어 나타나는 우리 경험의 요소들은 경험의 기본적인 사실들이 아니다. 그것들은 과정에서 생겨난 파생적인 양상들 derivative modification이다. 예컨대, 의식은 단지 인과적 효과성의 양태에 있어서의 파악을 희미하게 조명할 뿐이다. 왜냐하면 이런 파악은 우리의 경험에 있어 근원적인 요소이기 때문이다. 그러나 현시적 직접성의 양태에 있어서의 파악은 우리가 가장 생생하게 의식하면서 향유하는 파악들 가운데 하나이다. 이런 파악은 경험 주체의 합생에 있어서의 후기의 파생물이다. 이처럼 후기의 파생적 요소가 근원적인 요소보다도 더욱 명석하게 의식에 의해 조명된다고 하는 법칙을 무시한 결과, 경험하는 계기를 적절히 분석하려는 작업은 치명적인 손상을 입었다. 사실상 철학의 여러 난제들 가운데 대다수가 바로 여기에 기인하고 있다.〉(PR 338) (〈상징적 연관〉을 보라.)

이론 theory

〈명제〉를 보라.

인격적으로 질서지어진 사회 personally ordered society

〈존속하는 객체 enduring object〉를 보라.

인과적 효과성 causal efficacy

인과적 효과성은 지각의 두 가지 순수 양태 가운데 보다 근원적이고 근본적인 것이다(다른 하나의 양태는 현시적 직접성 presentational immediacy으로서 이 두 가지가 결합하여 우리의 일상적인 앎의 양태인 상징적 연관 symbolic reference이라는 복합적 지각 양태를 형성하게 된다). 지각의 순수 양태로서의 인과적 효과성은 의식이나 생명을 내포하고 있지 않으며, 생명 없는 물질적 대상들을 구성하고 있는 현실적 존재들을 포함하여 모든 현실적 존재들에게서 일어나고 있다.

인과적 효과성의 양태에 있어서의 지각은 과거의 여건으로부터 느낌을 계승하는 기본적인 양태이다. 그래서 그것이 전달하는 느낌들은 과거의 효과로서 느껴지는 것들로서 모호하고 전체적 massive이며 불분명하다. 그것은 화이트헤드가 〈생경한 crude〉 지각이라는 말로 지칭하고 있는 것이다. 그리고 그것은 합생의 최초 위상에 있어 순응적 conformal 느낌으로서 일어난다. 순응적 느낌은 벡터 vector 성격을 지니고 있다. 그것은 합생의 과정에 있는 임의의 주체 속으로 다른 사물들이 들어와 구성 요소가 되는 ── 즉 객체화되는 ── 통로이며, 그래서 또한 〈인과적 느낌 causal feeling〉이라 불리기도 한다. 〈한 현실적 존재가 다른 존재에 작용하는 '힘 Power'이란 단지 전자가 후자의 구조 속에서 객체화되는 방식에 지나지 않는다.〉(PR 154) (〈현시적 직접성 presentational immediacy〉과 〈상징적 연관〉을 보라.)

입자적 사회 corpuscular society

입자적 사회는 구조를 갖는 사회의 일종이다(배경이 되는 예비 지식을 위해서는 〈결합체〉, 〈사회 society〉, 그리고 〈구조를 갖는 사회〉를 보라). 입자적 사회의 독특한 성격은 그것을 구성하는 하위 사회들이 한결같이 존속하는 객체들enduring objects의 줄기라는 점이다. 존속하는 객체란 순수하게 시간적이면서 연속하는 사회를 말한다. 다시 말해, 그것은 어떠한 두 동시적인 현실적 계기도 포함하고 있지 않은 연속적인 계승의 단순한 줄기인 것이다. 〈입자적 결합체 전체의 한정 특성의 중요성과 비교된, 여러 존속하는 객체들의 한정 특성들의 상대적인 중요성에 따라 사회는 보다 더 입자적인 것이 될 수도 있고 보다 덜 입자적인 것이 될 수도 있다.〉(PR 110)

자기초월체 superject
〈현실적 존재는 그 자신의 생성의 직접성을 관장하는 주체로서, 그리고 객체적 불멸성의 기능을 행사하고 있는 원자적 피조물인 자기초월체로서 각각 고찰되지 않으면 안 된다……그것은 자기초월적 주체이며, 이 두 측면의 기술은 모두 어느 한 순간도 간과될 수 없다.〉(PR 129, 98) 현실적 존재의 자기초월체적 특성은 〈초월적인 창조성을 규정하는, 특수한 만족의 실용적인 가치이다〉.(PR 205) 다시 말해 그것은 현실적 존재가 후속하는 세대의 현실적 존재들의 합생을 위해 주어진 여건으로서 기능하게 될 때 그 존재가 갖게 되는 죽은 여건dead datum으로서의 특성인 것이다. (〈만족〉, 〈객체적 존재〉, 〈객체적 불멸성〉을 보라.)

작용인 efficient cause
〈인과적 효과성〉을 보라.

정신적인 극 mental pole
몇 가지 분석을 위해서 화이트헤드는 현실적 존재를 정신적인 극과 물리적인 극이라는 구별 가능한 두 부분으로 분할한다. 물리적인 극은 「그림 1」에서 합생의 최초 위상, 즉 순응적 느낌의 초기 위상으로 분류되어 있는 것에 해당된다. 그리고 정신적인 극은 「그림 1」에서 보충적 위상으로, 즉 개념적 느낌들과 비교적 느낌들이 속하는 독창적인 국면으로 분류된 것에 해당된다.

물리적인 극은 과거로부터 그것에 주어진 것을 단순히 수용할 뿐, 그 나름의 어떠한 기여도 하지 않는 현실적 존재의 측면이다. 정신적인 극은 주어진 것에 반응하는 현실적 존재의 측면이다. 〈정신적인 극은 그 합생의 결정자로서 주체를 이끌어들인다. 정신적인 극은 그 자신의 이상을 결정하는 주체이다. …… 합생 중에 있는 경험의 양극적 성격은, 그 물리적인 극에 있어서는 외적인 현실적 세계로부터 파생되는 경험의 객체적 측면에 이바지하고, 정신적인 극에 있어서는 물리적 느낌들에 연관된 주체적인 개념적 가치 평가로부터 파생되는 경험의 주체적 측면에 이바지한다.〉(PR 490, 539)

〈물리적인 극〉과 〈정신적인 극〉이라는 말은, 데카르트의 이원론을 거부하고 현실적 존재들이 궁극적으로 유일한 실재적 현실태라고 주장하는 철학 속에 자리하기에는 그다지 적절한 것이 못 될 수도 있겠다. 물론 화이트헤드도 정신과 물질이라는 낡은 개념을 다시 도입할 생각은 추호도 없었다. 그리고 물리적 세계에 있는 현실적 존재들은 단지 물리적인 극만을 가지며 정신적인 극은 보다 고등한 유기체에만 들어 있다고 하는 것도 결단코 사실이 아니다. 〈어떠한 현실적 존재도 양극 가운데 어느 하나를 결여하고 있을 수 없다. 비록 상이한 현실적 존재에서 그들의 상대적 중요성이 달라질 수는 있다 해도. …… 따라서 현실적 존재는 본질적으로 양극적인 것으로서, 물리적인 극과 정신적인 극을 가지고 있다. 그리고 물리적 세계조차도 정신적 작용들의 복합체인 반대쪽 측면과의 관련을 떠나서는 올바르게 이해될 수 없다.〉(PR 475) 반면에 이것은 〈이러한 정신적인 작용이 복잡한 통합의 산물인 의식을 수반하고 있다〉(PR 490)는 것을 의미하지는 않는다.

존속하는 객체 enduring object

〈'존속하는 객체' 또는 '존속하는 피조물'이란, 그 사회적 질서가 '인격적 질서 personal order'라는 특수한 형태를 취하고 있는 그런 사회이다.〉(PR 108) 인격적으로 질서지어진 사회는 연속적으로 질서지어진다. 다시 말해 그것은 순수하게 시간적인 사회, 즉 동시적인 어떤 두 계기도 포함하고 있지 않은 연속적 계승의 단순한 줄기이다. (보다 상세한 설명을 위해서는 〈결합체〉, 〈사회〉, 〈입자적 사회〉, 그리고 〈구조를 갖는 사회〉를 보라.)

존재 entity

화이트헤드에 의하면 어떠한 것도 그 자체만으로 자족(自足)적으로 고립해서 존재하는 것은 없다. 존재하는 것은 항상 상호 간에 연관되어 있고, 또 그 체계적 우주를 필요로 한다는 것이 화이트헤드의 인식의 밑바닥에 깔려 있다. 그의 주안점은 종래의 낡은 용어로 말미암아 소용없게 되고 만 직접 경험을 구출하자는 데 있었고, 나아가서는 동적인 우주론 속에서 보다 광범한 일반성을 탐구하려는 데에 있었다고 할 수 있다.

〈entity〉란 말은 본래 라틴어의 〈ēns〉, 고대 그리스어의 〈einai〉와 연결되는 말로서, 〈있다〉나 〈있는 것〉을 의미한다. 번역어로는 존재(물), 유(有), 실재, 실체 등을 생각할 수 있고, 또 단순히 〈사물〉이라고도 옮길 수 있는 말이다. 사실상 화이트헤드는 어떤 특정한 용어와 구별할 필요가 없는 한 〈entity〉를 〈사물 thing〉과 동의어라고까지 말하고 있다.

술어(術語)로서 화이트헤드가 현실적 존재 actual entity를 사용할 때 그것은 〈세계를 구성하는 궁극적인 실재적 사물 real thing〉을 의미한다. 이때에 과정 자체가 현실적 존재의 구조이며, 〈현실적 존재가 어떻게 생성하느냐가 바로 그 현실적 존재가 무엇이냐를 구성한다〉는 과정의 원리가 중요하다. 화이트헤드에게 있어 존재하는 것은 과정과 끊을 수 없는 것이다. 이러한 관점에서 화이트헤드는 〈entity〉에 독특한 의미를 부여하고 있다.

존재론적 원리 ontological principle

존재론적 원리는 〈생성의 과정이 임의의 특정 순간에 순응하고 있는 모든 조건은 그 근거를 그 합생의 현실적 세계 속에 있는 어떤 현실적 존재의 성격에 두고 있거나 합생의 과정에 있는 그 주체의 성격에 두고 있다〔고 천명한다〕. …… 존재론적 원리에 따르면 알지 못하는 곳 nowhere으로부터 세계 속으로 유입되는 것은 아무것도 없다〉.(PR 89, 483)
신은 모든 현실적 계기가 갖는 현실적 세계의 부분이다. 신은 그의 원초적 본성 가운데 영원한 객체의 영역을 포섭해 가지고 있다. 〈이러한 신적인 요소 divine element를 인정함으로써, 현실적인 것을 떠나서는 아무것도 ― 사실에 있어서든 효과에 있어서든 ― 존재하지 않는다는 아리스토텔레스의 일반 원리가 보존된다. …… 따라서 현실 세계는 현실적 계기들로 구성되어 있는 것이며, 또한 존재론적 원리에 의하자면, 〈현존 existence〉의 어떤 의미에 있어서이건 존재하는 모든 사물은 현실적 계기들로부터 추상되어 파생된 것들이다.〉(PR 120, 181)

주체적 지향 subjective aim

현실적 존재의 주체적 지향은 그 주체가 장차 실현하려는 이상(理想)으로서, 바로 그 생성하고 있는 주체의 본성을 결정한다. 각 현실적 존재가 자기 원인자 causa sui라는 학설은, 처음에 주체가 있고 이로부터 느낌들이 생겨난다는 것을 의미하는 것이 아니다. 오히려 그것은, 먼저 느낌들이 있고 이들이 통합을 거쳐 통일된 하나의 주체를 성립시키게 된다는 것을 의미한다. 과정은 주체를 전제로 하지 않는다. 오히려 주체가 과정으로부터 창출되어 나온다. 〈주체가 그 자신의 산출 과정에 내재되어 있다는 이 학설은, 주체적 과정의 최초 위상에서 주체적 지향의 개념적 느낌이 있다는 것을 전제로 한다. 물리적인 느낌들과 그 밖의 다른 느낌들은, 초기 여건들을 처리하는 가운데 이 개념적 지향을 실현하기 위한 여러 중간 단계로서 생겨난다.〉(PR 446)

이러한 주체적 지향은, 신에 대한 혼성적인 물리적 느낌 hybrid physical feeling의 결과로 각 현실적 존재의 최초 위상에서 생겨난다. 원초적인 것으로서의 신은 영원한 객체의 영역을 개념적으로 파악한다. 그리고 결과적인 것으로서의 신은 세계의 현실태들을 그 발생과 동시에 물리적으로 파악한다. 느낌의 통합을 통해 신은 그의 물리적 느낌과 그의 원초적 통찰을 결부시키는 가운데, 특정 단계에 도달해 있는 세계를 위해 관련성 있는 새로운 가능태들을 부각시킨다. 자기초월체로서의 신은 각 현실적 존재에다, 그 현실적 존재가 장차 되어갈 수 있는 것에 대한 통찰을 그것의 주체적 지향으로서 제공한다. 이 주체적 지향은 각 현실적 존재에 있어 성장을 위한 이상을 형성한다. 이러한 이상은 실제로 실현될 경우, 질서지어진 최대의 복잡성을 세계 속에 낳게 될 그런 성격의 것이다. 이것은, 자신의 결과적 본성에 의해 물리적으로 파악될 때 자신에게 최대 강도의 만족을 선사해 줄 그런 종류의 세계를 산출하려는 의도를 수반하고 있는 신이 세계 속에서 작용하는 방식이다. 따라서 주체적 지향은 세계 속에서 신이 영향력을 행사하는 수단이 되고 있다. 화이트헤드가 자신은 신을, 통치자 카이사르 Caesar의 상(像)이나 냉혹한 도덕주의자나 부동의 동자 unmoved mover로 생각하지 않고 오히려 〈정적 속에서 서서히 사랑에 의해 작용하는, 세계 내의 부드러운 요소들을 강조〉(PR 649)하는 겸양에 대한 갈릴리 Galilee 사람들의 간결한 통찰과 같은 것으로 생각한다고 말할 때, 그는 주체적 지향의 원천으로서의 신에 대한 그의 학설을 암암리에 지적하고 있는 것이다. 신은 서서히 작용한다. 왜냐하면 현실적 존재로 하여금 제공된 유혹을 받아들이도록 강요하는 것은 아무것도 없기 때문이다. 주체적 지향은 합생의 계속되는 여러 위상을 거치는 가운데 단순화되거나 수정될 수도 있다. (〈신〉을 보라.)

주체적 형식 subjective form

파악의 주체적 형식은 그 파악의 주체가 그 파악의 여건을 느끼는 〈방식 how〉이다(〈파악 prehension〉을 보라). 주체적 형식은 그 속에 들어 있는 (주체적 종의) 영원한 객체들에 의해 이루어지는 종적인 한정성 specific definiteness을 지니기 때문에 주체적 형식이다. 〈주체적 형식에는 정서, 평가, 목적, 역작용, 혐오감, 의식과 같은 많은 종들 species이 있다.〉(PR 88) 동일한 여건도 전혀 상이한 주체적 형식들로 채색되어 서로 다른 주체 속에 수용될 수 있다. 예를 들어, 응석을 잘 받아주는 어머니와 이웃의 노처녀는 개구쟁이의 똑같은 거짓부렁을 전혀 다른 각도에서, 전혀 다른 정서적인 반응을 보이며 받아들일 수 있는 것이다. 가치평가는 개념적 느낌의 주체적 형식으로서, 평가 절상 valuation up(역작용 adversion)일 수도 있고 평가 절하 valuation down(혐오 aversion)일 수도 있다. 전자의 경우에 그것은 현재의 합생에 있어, 그리고 이를 넘어서는 미래에 있어 그 여건들의 계속되는 중요성을 보장한다. 그러나 후자의 경우에는 여건들의 중요성이 어느 정도 줄어들게 된다.

임의의 한 주체를 구성하고 있는 파악들의 주체적 형식들은 독립적으로 발생하는 것이 아니다. 그것들은 서로 영향을 미친다. 그래서 그들의 전반적인 특성은 그 합생하는 주체의 자기 형성을 지배하고 있는 하나의 주체적 지향에 의해 결정된다.

지배적인 사회 regnant society

〈구조를 갖는 사회〉를 보라.

지성적 느낌 intellectual feeling

지성적 느낌은 임의의 복잡미묘한 합생의 네 번째 위상을 구성하는 복잡한 비교적 느낌이다(「그림 2」를 보라). 그것은 이론과 사실의 대비, 있을 수 있는 것과 있는 것의 대비를 느낀다. 대비되는 요소들은 세 번째 위상에서의 명제——이론——와, 그 명제의 논리적 주어를 포함하고 있는 첫 번째 위상에서의 사실에 대한 느낌이다. 의식은 〈긍정-부정의 대비〉로 이따금 지칭되는 이와 같은 대비에 대한 느낌의 주체적 형식으로서 생겨난다. 〈추상적 가능성 속에 있는 몇몇 영원한 객체들이 현실적 사실에 관련된 것으로서 실현될 경우, 지성적 작용을 수반하는 현실적 계기가 있게 된다.〉(PR 430)

지속 duration

지속이란, 〈그 임의의 두 성원이 동시적인 것이라는 특성에 의해 정의되는〉(PR 273) 우주의 횡단면 cross section이다. 임의의 현실적 존재 M이 있을 때, M을 포함하는 지속의 모든 구성원은 M과 동시적이다. 〈지속의 특징적인 속성은 '생성의 일치 unison of becoming'라고 불린다.〉(PR 273)

고전적인 시간 이론은 임의의 현실적 존재를 가로지르는 지속은 하나밖에 없다고 가정했었다. 화이트헤드가 현대의 상대성 이론을 그의 체계 속에 통합시키는 방식은 하나 이상의 지속이 임의의 현실적 존재를 관통하고 있다는 주장을 축으로 하고 있다. M을 통과하는 모든 지속의 모든 구성원은 M과 동시적인 것이 된다. 그러나 하나 이상의 지속이 M을 관통하고 있기 때문에, 그들 자체는 상이한 지속의 구성원이어서 동시적이지 않으나 M과는 모두 동시적인 두 계기가 있을 수 있다. 이것은 오늘날의 이론에서 시간과 공간의 뒤틀림 warping이라는 표현으로 지칭되고 있는 것이 보여주는 효과의 한 가지 사례이다.

그러나 화이트헤드는 〈어떤 에포크에서의 세계의 직접적인 현재적 상태〉(PR 271)라는 개념에 대한 일상적인 신념에 따라다니는 지극히 명백한 확신은 〈어느 정도의 수용이 형이상학에서 피할 수 없는 것〉(PR 271)이라는 사실을 받아들이도록 한다는 점을 인정한다. 〈이러한 관념이 전적으로 거부된다면, 확신이 갖는 보편적 명백성은 아무런 가치도 없게 될 것이다. 왜냐하면 이러한 명백성을 지닌 보다 강력한 사례는 달리 있을 수 없기 때문이다.〉(PR 272) 명백한 확신과 최근의 물리학 사이에 존재하는 갈등에 대한 화이트헤드의 해결책은 임의의 어떤 현실적 존재에 결부되어 있는 하나의 특정한 지속을 떼어내어 이 지속으로 하여금 일상적인 확신에 답하도록 하는 것이다. 이 특정한 지속은 〈현재화된 지속 presented duration〉이라 불린다. 그것은 그것에 결부되어 있는 존재가 갖는 현시적 직접성의 양태에 있어서의 지각의 기능이다. 이러한 양태의 지각에 있어 감각 여건 sensa은 세계의 횡단면 내에 있는 잠재적인 하위 분할 subdivision을 예시한다. 이 횡단면은 그 존재의 직접적 현재이며, 그 존재의 현재화된 지속은 그것의 직접적 현재 내의 모든 것을 포함하는 하나의 지속이다.

진입 ingression

이 용어는 플라톤의 〈관여 participation〉라는 개념과 내용적으로 유사하다. 그것은 영원한 객체가 현실적 존재 속에 현존하게 되는 방식을 가리킨다(〈영원한 객체〉를 보라).

창조성 creativity

〈창조성〉은 화이트헤드가 〈궁극자의 범주 Category of the Ultimate〉라 부르고 있는 것에 포함되어 있는 세 가지 개념 가운데 하나이다. 이 범주는 유기체 철학(화이트헤드가 그 자신의 학설에 붙인 이름)의 다른 모든 측면이 전제로 삼고 있는 일반적인 원리를 표현한다. 여기에 들어 있는 다른 두 개념은 〈다자 many〉와 〈일자 one〉이다.

화이트헤드의 철학은 과정 철학 process philosophy이다. 그래서 창조성이라는 개념은 과정을 이해하는 데 있어 대단히 중요하다. 체계 전체의 기본적인 전제는 진행 ongoingness이다. 현실적 존재들의 세대는 끊임없이 계승하면서 이어진다. 창조성은 진행을 이해할 수 있게 해주는, 현실적 존재들에 관한 궁극적인 사실을 표현하고 있다.

창조성의 원리는 〈다자〉와 〈일자〉 간의 관계성을 다음과 같이 천명한다. (1) 임의의 순간에 우주는 이접적으로 다양하게 존재하는 〈다자〉이다. (2) 〈다자가 복잡한 통일 속으로 들어간다는 것은 사물의 본성에 속한다.〉(PR 84) (3) 이러한 단일화, 즉 합생에서 비롯되는 새로운 〈일자〉는 진실로 새로운 것이다. 다시 말해 그것은 그것이 통일시킨 것에 맞서 있으며, 그렇기에 또한 그것이 통일시킨 하나하나의 항목들과 구별되는 별개의 것이다. (4) 여기에 그 과정이 시작되었던 당시와 동일한 상황(즉 이접적인 다양성)이 있게 되며, 그래서 과정은 피조물에서 피조물로 창조적으로 전진하는 가운데 최후의 심판 날까지 자신을 되풀이하게 되는 것이다. 〈궁극적인 형이상학적 원리는 이접 disjunction에서 연접 conjunction으로 전진하는 가운데 이접적으로 주어진 존재들과는 다른 또 하나의 새로운 존재를 창출한다는 것이다.〉(PR 84)

창조성에 대한 화이트헤드의 이해는 존재론적 원리를 침해하지 않는다. 창조성은 현실적 존재들과는 다른 어떤 종류의 존재도 아니요 현실적 존재들보다 더 실재적인 어떤 것도 아니다. 그리고 창조성은 또한 그런 것들을 지칭하는 개념도 아니다. 그것은 오히려 모든 현실적 존재들이 관여하고 있는 가장 근본적인 관계성을 기술하고 있다. 〈'창조성'은 궁극적인 사태를 특징짓는 보편자들의 보편자이다.〉(PR 83) (〈과정〉을 보라.)

최초의 느낌 primary feeling

〈두 가지 극단적인 경우에 있어서, 느낌의 초기 여건들은 그들 자신의 통일성을 갖고 있다. 한 경우에 있어서는 여건이, 그 느낌의 주체를 별개로 할 때, 단 하나의 현실적 존재로 환원된다. 다른 한 경우에 있어서는 그 여건이 단 하나의 영원한 객체로 환원된다.〉(PR 460) 화이트헤드는 최초의 느낌을 〈단순한 느낌 simple feeling〉이라 부르기도 한다. 그는 〈단순한 물리적 느낌〉을 길게 논하고 있다 ― 이것은 첫 번째 종류의 원초적 느낌에 속할 것이다. 이와 같은 단순한 물리적 느낌들은, 비록 모든 순응적 느낌 conformal feeling이 단순한 느낌일 필요는 없지만, 〈순응적 느낌들〉이다.

파악 prehension

파악은 〈관계성의 구체적 사실 Concrete Facts of Relatedness〉(PR 85)로 정의된다. 파악을 통해 임의의 한 현실적 존재는 다른 현실적 존재 속에 객체화되며 영원한 객체는 현실적 존재 속에 진입하게 된다. 그것은 〈'벡터 vector'이다. 왜냐하면 그것은 '저곳에 there' 있는 것을 느끼고

는 이를 '이곳에 here' 있는 것으로 변형시키기 때문이다〉.(PR 204)

파악은 현실적 존재를 구성한다. 〈현실적 존재에 대한 그 가장 구체적인 요소들로의 최초의 분석은, 그 존재가 그것의 생성 과정에서 생겨났던 여러 파악들의 합생임을 드러내 보여준다.〉(PR 87) 파악은 그 관계적 특성을 본질로 한다. 〈모든 파악은 세 가지 요인으로 이루어져 있다. (a) 파악하는 '주체', 즉 그 파악을 자신의 구체적인 요소로 하고 있는 현실적 존재, (b) '파악되는 여건', (C) 그 주체가 그 여건을 파악하는 방식인 '주체적 형식 subjective form.'〉(PR 87-88)

〈물리적 파악〉은 그 여건이 현실적 존재들을 포함하는 파악이다. 〈개념적 파악〉은 그 여건이 영원한 객체들을 포함하는 파악이다. 물리적 파악과 개념적 파악은 공히 〈순수한 pure〉 것으로 지칭된다. 〈불순한 impure 파악〉은 두 유형의 순수한 파악을 통합하는 합생의 후기 위상에 속한 파악이다. 〈혼성적 hybrid 파악〉은 〈다른 어떤 주체에 속해 있는 개념적 파악 내지 '불순한' 파악에 대한 어떤 주체의 파악〉(PR 239)이다. 〈긍정적 파악 positive prehension〉(또는 〈느낌〉)은 그 여건을, 주체가 되는 계기의 종합 속으로 포섭하는 반면 〈부정적 파악 negative prehension〉은 그런 종합으로부터 그 여건을 배제한다.

〈현실적 존재의 지각 구조는, 저마다 그 나름의 형상적 현존 formal existence을 수반하고 있는 현실적 존재들이 어떻게 문제되는 현실적 존재의 지각적 구조 속에 객체적으로 개입할 수 있는 것인가 하는 문제를 제기한다. 이는 우주의 연대성 solidarity에 관한 문제이다. 보편과 특수, 주어와 술어, 다른 개별적 실체에 내재할 수 없는 개별적 실체, 관계의 외재성 등에 관한 고전적 학설들은 하나같이 이 문제를 해결 불가능한 것으로 만들고 있다. 유기체 철학이 제시하는 해결책은, 합생하는 통합에 포함되어 있다가 느낌의 일정한 복합적 통일에서 종결되는 파악에 관한 학설이다.〉(PR 150-151)

화이트헤드는 이 용어를 사용하는 데 있어 라이프니츠 G. W. Leibniz에게 간접적으로 빚지고 있음을 시인한다. 라이프니츠는 하나의 단자(單

子, monad)가 다른 단자를 고려하거나 인식할 수 있는 보다 하등한 방식과 보다 고등한 방식을 각각 〈지각 perception〉과 〈통각 apperception〉이라 불렀다. 화이트헤드로서도 이와 같은 용어들이 필요했지만 그는 이런 용어들을 그대로 사용하려 하지 않는다. 왜냐하면 라이프니츠가 사용한 용어들은 화이트헤드가 거부하는 표상적 지각 representative perception의 관념과 밀접하게 결부되어 있기 때문이다. 그런데 〈철저한 이해〉를 의미하는 〈파악 apprehension〉이라는 유사한 용어가 있다. 그래서 화이트헤드는 라이프니츠의 본을 따라 〈파악 prehension〉이라는 용어를 만들어내게 되는데, 이 용어는 의식이나 표상적 지각과 같은 것을 전혀 시사함이 없이, 임의의 계기가 다른 현실적 존재들이나 영원한 객체들을 그 자신의 본질을 구성하는 요소로서 이끌어들이는 일반적이고도 보다 기본적인 방식을 가리키는 말이다(그 이상의 논의를 위해서는 〈객체화〉와 〈느낌〉을 보라).

한정 특성 defining characteristic
〈사회〉를 보라.

합생 Concrescence
합생이란 임의의 어떤 현실적 존재인 하나의 과정에 붙여진 명칭이다. 그것은 〈개별적 존재자의 실재적인 내적 구조〉(PR 423)이다. 합생은 다자 many가 일자 one의 통일 속에 결합해 들어가는 것이다(〈창조성〉을 보라). 합생의 초기 위상은 문제되는 현실적 존재의 현실적 세계를 구성하는 다수의 이접적 존재들에 대한 별개의 여러 느낌들로 이루어진다. 그 이하의 위상에서 이러한 별개의 여러 느낌들은 그 현실적 존재의 만족이라 불리는 느낌의 통일 속에 하나로 결합해 들어가게, 곧 합생하게 된다. 〈'합생'이란 다수의 사물들로 구성된 우주가, 그 '다자(多者)'의 각 항을 새로운 '일자(一者)'의 구조 속에 결정적으로 종속시킴으로써 개체적 통일성을 획득하게 되는 그런 과정을 일컫는 말이다.〉(PR 424) 만족에 도달하면서 현실적 존재는 완결되어 소멸한다——즉 그것은 합생의 새로운 사례들을 위한 여건이 되기에 이르는 것이다. (〈과정〉을 보라.)

현시적 직접성 presentational immediacy

현시적 직접성은 지각의 두 가지 순수 양태 가운데 보다 복잡미묘한 것이다(인과적 효과성 causal efficacy은 다른 하나의 순수 양태인데, 이 양자가 결합하여 우리의 일상적인 앎의 양태인 상징적 연관 symbolic reference이라는 지각의 복합 양태를 형성한다).

현시적 직접성은 〈세계의 '연장적' 관계에 대한 명석판명한 의식을 포함하고 있는〉(PR 159) 지각의 양태이다. 〈이 양태에서 동시적 세계는 연장적 관계의 연속체로서 의식적으로 파악된다.〉(PR 159) 과거를 계승하는 양태인 인과적 효과성은, 모호하고 불분명하면서도 정서적인 힘에서는 견실한 massive 여건들을 현재 속으로 전달하는 반면 현시적 직접성은, 선명하고 정확하며 공간적으로 정초되어 있으나 고립되어 분리되어 있고 시간적으로 독립해 있는 여건들을 전달해 준다. 그리고 이런 여건들은 연속의 능력을 갖고 있지 않다. 왜냐하면 그것들은 파악하는 주체와 동시적인 세계를 구성하는 연장적 관계들에 대한 앎에 지나지 않기 때문이다.

현시적 직접성은 인과적 효과성 가운데 이미 들어 있는 것이 지닌 어떤 측면들을 가공한 것이다. 이렇게 될 수 있는 까닭은, 비록 인과적 효과성의 양태에 있어서의 지각이 합생의 최초 위상에서 발생하는 것이긴 하지만 현시적 직접성의 양태에 있어서의 지각은 보다 후기 위상에서 발생하는 것으로서, 인과적 효과성을 전제로 하고 있다는 데에 있다. 특히 인과적 효과성은 모호하고 불명확하며 거의 관련 없는 방식으로 감각 여건들을 포함하고 있다. 현시적 직접성은 이들 모호한 정서적 느낌들을 포착하여, 그 지각적 계기와 동시적인 영역에 투사되는 선명한 성질들로 변형시킨다. 그 결과 〈저기에 있는 회색 gray there〉과 같은 순간적인 앎이 성립하게 되는데, 이것은 현시적 직접성의 양태에 있어서의 지각의 전형적인 사례이다. 이것은 색채의 순간적인 움직임이 눈의 가장자리에서 포착될 때 우리가 갖게 되는 인식이다. 지속하는 회색의 돌에 대한 우리의 일상적인 인식이 있게 되는 것은 복합적 양태에 있어서의 지각이 성립하고 나서의 일이다. (〈인과적 효과성〉, 〈상징적 연관〉, 〈동시적인 것〔동시태〕〉을 보라.)

현실 세계 actual world

임의의 한 현실적 존재의 현실 세계는 그 현실적 존재의 합생에 있어 초기의 수용적 위상에 주어진 여건으로서 객체화된 현실적 존재들의 집합이다. 〈현실 세계〉라는 표현은 〈현재〉라는 표현과 마찬가지로 상대적인 것이다. 다시 말해 그 표현은 관점이 변할 때마다 그 의미가 변하는 것이다. 그래서 어떠한 두 현실적 존재도 동일한 현실 세계를 경험하지 못한다.

현실적 계기 actual occasion

온갖 실질적인 논의에 있어 〈현실적 계기〉와 〈현실적 존재〉는 교체 가능한 개념이다. 화이트헤드는 단 한 가지 차이점만을 지적하고 있다. 즉 〈계기〉라는 말은 시-공적 위치 spatio-temporal location를 함의하고 있다는 것이다. 신(神)은 하나의 비시간적인 현실적 존재이다. 그래서 화이트헤드는 〈신은 언제나 '현실적 계기'라는 용어가 적용되는 영역 밖에 있게 될 것〉(PR 207)이라고 말한다. 그러나 비록 〈'현실적 계기'라는 용어가 '현실적 존재'와 동의어로 사용된다〉(PR 188)고는 하더라도 〈현실적 계기〉라는 말이 사용되고 있을 경우, 우리는 〈연장성이라는 특성 ── 시간적 연장, 즉 '지속'이라는 형태의 연장성이건, 공간적 연장이라는 형태의 연장성이건, 아니면 시공적 연장이라는 보다 완전한 의미에서의 연장성이건 간에 ── 이 문제의 논의와 다소간 직접적으로 관련된다〉(PR 188)는 점에 유의해야 할 것이다.

현실적 존재 actual entity

〈'현실적 존재'——'현실적 계기'라고도 불린다——는 세계를 구성하고 있는 궁극적인 실재적 사물이다.〉(PR 78) 이들은 데모크리토스 Democritus의 원자들처럼 미시적 microcosmic 존재로서, 사회 또는 결합체라 불리는 이들의 집합체는 우리가 일상적으로 경험하는 거시적 macrocosmic 존재, 예컨대 나무나 집, 사람 같은 것들을 형성한다. 그러나 데모크리토스의 원자들은 활성이 없고 소멸 불가능한 물질적 질료인 데 반해 화이트헤드의 현실적 존재들은 활성과 무상성(無常性)을 지닌 〈복잡하고도 상호 의존적인 경험의 방울들 drops of experience〉(PR 78)이다. 세계를 구성하고 있는 궁극적인 실재적 사물들은 경험의 방울들이라는 주장이, 의식이 무생물계에 충만해 있다는 주장을 함의하고 있는 것은 아니다. 왜냐하면 의식이란 지극히 복잡미묘한 현실적 존재들의 특성에 지나지 않기 때문이다. 그래서 현실적 존재들은, 이들이 우리가 인간의 뇌라고 부르는 사회와 같은 고도로 복잡한 사회의 구성원이 될 때 비로소 의식을 산출하게 되는 복잡미묘성의 가능태 potentiality를 지니고 있는 것이다. 화이트헤드의 통찰은, 우리가 진화론을 진지하게 수용하고서 감각력을 갖춘 합목적적인 생명체가 원초적인 늪지로부터 점차적으로 발생하게 되었다고 주장할 수 있으려면 그 늪지는 그 늪지로부터의 동물과 인간의 발생을 불가사의한 사태로 만들어버리지 않는 그런 성격의 것으로 이해되어야 한다는 것이다. 그래서 화이트헤드는 다음과 같은 성격의 중성적 일원론 neutral monism을 내세우고 있다. 즉 현실적 존재들은 물질적 질료도 아니요 라이프니츠의 영혼도 아니다. 그것들은 오히려 다른 현실적 존재들과 결합하여 물질의 시간적 줄기를 형성할 수도 있고, 뇌와 같은 복잡한 사회와 얽혀 있는 다른 복잡미묘한 현실적 존재들과 결합하여, 우리가 보통 지속성을 지닌 인격체의 의식적인 영혼이라 부르고 있는 계승의 경로 route of inheritance를 형성할 수도 있는 과정의 단위들 units of process이다(보다 상세한 설명을 위해서는 〈구조를 갖는 사회〉를 보라).

현실적 존재들은 과정의 단위들이다. 그리고 『과정과 실재 *Process and Reality*』라는 제목은 화이트헤드에게 있어 과정의 이 미시적 단위들이 궁극적 실재라는 점을 보이기 위해 채택되고 있다 ── 〈보다 더 실재적인 어떤 것을 발견하기 위해 현실적 존재의 배후로 나아갈 수 없다.〉 (PR 78) 다른 한편 현실적 존재들의 집합체를 궁극적인 실재로 오해하는 것은 〈잘못 놓인 구체성의 오류〉를 범하는 것이다. 데카르트는 정신과 물질을 판이한 두 종류의 실재로 상정함으로써 이런 오류를 범했다.

현실적 존재는 〈합생의 개별 사례에 귀속될 수 있는 통일성 unity이다〉.(PR 426) 합생이란 사라져가는 과거의 잔여물들이 현재의 새로운 통일체의 생동하는 직접성 속으로 결합해 들어오는 것을 말한다. 현실적 존재의 존속은 한 순간 ── 그 생성의 순간, 즉 사라져가는 과거의 요소들로부터 자기를 창조하는 그 적극적인 과정의 순간 ── 에 불과하며, 이어서 그것 또한 소멸한다. 그것은 이제 객체적으로 불멸하는 것으로서, 후속하는 현실적 존재들의 발생을 위한 죽은 여건이 되기에 이른다. 현실적 존재의 합생은 과거의 소여 givenness가 그것에게로 밀려오는 수동적이고 수용적인 시점에서 시작된다. 다음으로 그것은 주어진 여건들을 조정하고 통합하고 때때로 수정하는 일련의 창조적인 보충의 여러 위상을 거쳐 자신의 생성을 완결짓는다. 단순한 현실적 존재들인 경우에는 소여의 단순한 반복이 있게 된다. 그것들은, 〈받아들여 그대로 간직했다가 아무런 가감 없이 복원시키는 매개체〉인 셈이다. 복잡미묘한 현실적 존재들은 복잡한 계승 complex inheritance을, 그들의 사회적 환경의 결과로서 향유한다. 그리고 이와 같은 계승의 복잡성은 통합과 통일을 실현하는 수단으로서의 여러 보충의 위상에서 독창성 originality을 낳게 된다.

현재화된 장소 presented locus

임의의 한 현실적 존재의 현재화된 장소란 〈감각 여건에 의해 한정된 자신의 영역을 지니고 있는, 현시적 직접성의 양태에서 지각된〉, 그 현실적 존재와 〈동시적인 결합체〉(PR 273)를 말한다. 이따금 화이트헤드는 현재화된 장소를 현실적 존재의 〈직접적 현재 immediate present〉, 또는 현실적 존재의 〈현재화된 지속 presented duration〉이라는 말로 지칭하기도 한다(〈지속〉을 보라. 거기서 이 개념은 현재화된 지속이라는 명칭 아래에서 논의되고 있다).

형상적인 것 formaliter

형상적인 것으로서 고찰되는 현실적 존재는 주체적인 것으로서, 즉 그 자신의 생성의 직접성을 향유하고 있는 것으로서 고찰되는 현실적 존재이다. 〈나는 칸트 이전의 용어법을 채택해서, 현실적 존재가 향유하는 경험은 형상적 존재라고 말하겠다. 이것을 통해 내가 뜻하는 바는 '형상적으로 formally' 고찰되고 있는 존재는 그 구조의 여러 형상과 관련하여 기술되고 있다는 것이다. 그리고 여기서 그 존재는 그 형상에 힘입어 그 나름의 절대적인 자기실현을 달성한 개체적 존재가 되고 있다. …… 문제의 현실태가 갖는 '형상적 formal' 실재성은 그 합생 과정에 속하며 그것의 '만족'에 속하지 않는다.〉(PR 142, 200) (〈객체적 존재〉를 보라.)

형이상학 metaphysics

형이상학 또는 사변철학은 〈우리의 경험의 모든 요소를 해석해 낼 수 있는, 일반적인 관념들의 정합적이고 논리적이며 필연적인 체계를 축조하려는 시도이다. 여기서 내가 말하는 '해석 interpretation'이라는 개념은, 우리가 향유하고 지각하고 의지하고 생각할 때 의식되는 모든 것이 일반적 도식의 특수한 사례라는 특성을 갖게 되리라는 것을 의미한다. …… 철학적 구성의 참된 방법은 가능한 한 최선을 다해 관념들의 도식을 축조하고, 그 도식에 의거하여 과감하게 경험을 해석해 나아가는 것이다〉.(PR 51, 47)

화이트헤드는 완벽하게 일반적인 현실적 존재들의 특성을 논할 때

〈형이상학적〉이란 형용사를 사용한다. 〈현실적 존재의 형이상학적 특성 ― '형이상학'이라는 말 본래의 일반적 의미에서 ― 은 모든 현실적 존재에 적용되는 것들이어야 한다.〉(PR 210) 화이트헤드의 태도에는 독단주의의 기색이 전혀 없다. 〈그러한 형이상학적 개념들이 지금까지 그 엄격한 순수성에 있어서 한 번이라도 정식화되어 본 적이 있는지에 대해서는 의문의 여지가 있을 것이다. 논리나 수학의 가장 일반적인 원리들을 고찰하고 있는 경우에도 사정은 마찬가지다. 우리는 충분히 넓은 사회, 그러면서도 그 한정 특성이 지금까지 있어왔거나 앞으로 있게 될지도 모르는 모든 현실적 존재들에다 그대로 귀속될 수는 없는 그런 사회에 국한시켜 고찰하지 않으면 안 된다. …… 철학적 논의에서는 어떤 진술을 궁극적인 것으로 보려는 독단적 확실성을 암시하는 것만으로도 어리석음의 징표가 된다.〉(PR 210, 47)

혼성적 파악 hybrid prehension
〈파악〉을 보라.

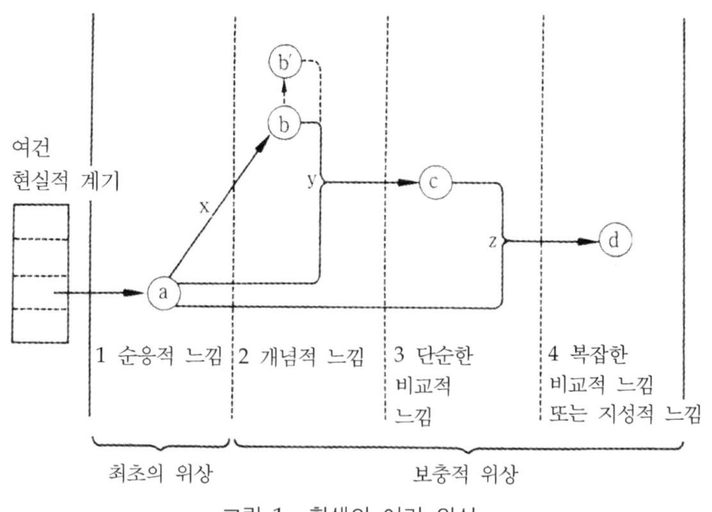

그림 1 합생의 여러 위상

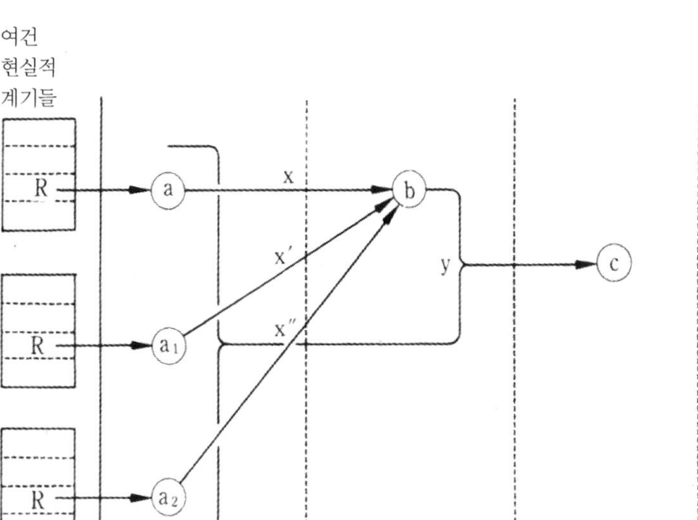

그림 2 변환

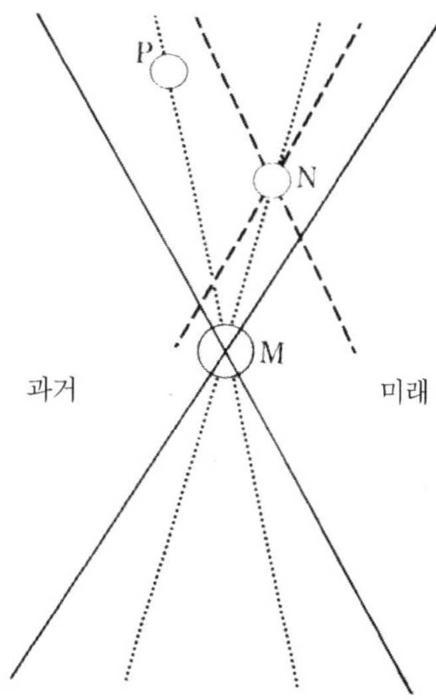

그림 3 동시적인 것(또는 동시태)

화이트헤드 연보

1861년 2월 15일, 화이트헤드는 잉글랜드의 동남단 켄트 주의 전원 소도시 램즈게이트에서 태어났다. 할아버지 토머스는 퀘이커 교파의 조지 화이트헤드의 후예로 1815년, 21세의 약관으로 이곳의 사립학교 교장이 되었으며 아버지 앨프리드도 1852년 25세에 할아버지의 후임으로 같은 학교 교장이 되었다. 또한 1860년부터 영국 성공회의 성직을 겸임, 후에 지방 부감독, 캔터베리의 명예 성직회 의원, 대사교구회의 간사를 거쳐 고위 성직자가 된다. 이처럼 화이트헤드 가는 종교적·교육적 분위기가 감도는 집안이었다.

1875년(14세) 남잉글랜드 중부 도싯 주의 사립 셔본 학교 ── 675년에 창립됐으며, 앨프리드 대왕 등 많은 역사적 인물을 배출한 명문 학교 ── 에 입학. 여기서 주로 그리스어, 라틴어 중심의 고전 교육을 받으면서 헤로도토스의 『역사』와 그 밖의 중요한 원전들을 모조리 정독하였다. 각종 스포츠에서 주장으로 활약하였고, 워즈워스, 셸리의 시를 즐겨 읽었으며, 우수한 성적을 올려 최종 학년에는 학생 대표로 선출된다.

1880년(19세) 케임브리지 대학의 트리니티 칼리지에 입학하여 순수수학, 응용수학(수리물리학)을 전공, 기숙사 생활을 하였으며, 철학, 문학, 역사, 정치, 종교, 예술 분야에도 열렬한 관심을 쏟았고, 동료 교사들과의 토론을 통해 사물의 이치를 깊이 연구하였다. 성적은 우수했다.

1885년(24세) 트리니티 칼리지로부터 특별 연구원 Fellow 자격을 획득하는 한편, 응용 수학과 역학 강의를 담당하였다. 이 무렵의 주된 학문적 관심은 여러 대수 이론의 공리주의적 재구성으로 체계를 통일시키는 데 있었다.

1890년(29세) 군인, 외교관의 딸로 프랑스에서 성장한 이블린 웨이드 Evelyn W. Wade와 결혼, 1891–1898년에 2남 1녀를 낳았다. 화이트헤드는 그의 부인으로부터 윤리적·심미적 감각뿐만 아니라 세계관에 있어서도 많은 영향을 받았다.

당시에 18세이던 버트런드 러셀 B. Russell이 트리니티 칼리지에 입학. 주로 철학과 수학을 공부하던 러셀은 화이트헤드의 추천으로 2급 장학금을 받는 특대생이 된다. 1895년에 다시 화이트헤드의 추천으로 러셀은 트리니티 칼리지의 특별 연구원이 된다.

1898년(37세) 처녀작 『보편 대수론 *A Treatise on Universal Algebra*』 제1권을 출판, 이 저작은 과거 8년 동안의 연구의 결정으로 나타난 것이며 통일적 관점에서 수학의 기초를 정립시키고자 한 작업이다. 그라스만 H. G. Grassman의 『연장론 *Ausdehnungslehre*』(1844)과 불 G. Boole의 『사고의 법칙 *Laws of Thought*』(1859) 등에서 자극과 시사를 받았다. 『보편 대수론』 제2권의 준비를 진행시키다.

1900년(39세) 러셀(28세)은 『라이프니츠 철학의 비판적 해설 *A Critical Exposition of the Philosophy of Leibniz*』을 출판.

화이트헤드와 러셀은 파리의 국제 철학회에 참석하고, 수학자 페아노 G. Peano를 만난다. 이것이 자극이 되어, 러셀은 『수학의 원리』의 집필에 착수하는 동시에 관계에 관한 이론을 페아노가 주관하는 학술지에 발표한다.

1903년(42세) 『보편 대수론』의 업적으로 왕립협회의 회원으로 선출된다. 『보편 대수론』 제2권의 원고를 완성, 출판 예정으로 있었을 때, 마침 러셀의 『수학의 원리 *Principles of Mathematics*』가 출판되었다. 러셀도 제2권을 준비 중에 있었다는 것, 그리고 양자가 사실상 동일한 목적과 기도하에 연구를 진행시키고 있다는 것을 알게 되어, 두 사람의 제2권은 『수학 원리 *Principia Mathematica*』로서 공동 집필 형식으로 할 것에 화이트헤드가 동의하여 이로부터 두 사람의 공동 연구가 시작된다.

1906년(45세) 『사영 기하학의 공리 *The Axioms of Projective Geometry*』와 『물질세계에 관한 수학적 개념들에 대하여 *On Mathematical Concepts of the Material World*』를 출판. 전자는 사영 기하학을 공리적으로 재구성한 것이며, 후자는 물리학의 기초 개념의 공리화를 시도한 것으로서 4차원 기하학을 구성하고 있다. 맨체스터 대학의 W. 메이즈 교수는 이 저서를 가리켜 중기, 후기 철학의 초석이 되었다며 높이 평가했다.

1907년(46세) 『도형 기하학의 공리 *The Axioms of Descriptive Geometry*』를 출판.

1910년(49세) 화이트헤드와 러셀의 공저 『수학 원리』 제1권 출판. 이 저작은 수학 전반에 걸친 이론을 통일적 언어를 사용해서 공리적으로 재구성하는 한편, 그것에 대한 철학적 기초를 부여하고자 한 시도라고 할 수 있는 것으로, 화이트헤드와 러셀의 7년간에 걸친 피나는 노력의 결정이다. 수학적 형식화에 관한 작업은 화이트헤드가 담당하였고, 그에 대한 철학적 기초 작업은 러셀이 담당하였다.

화이트헤드는 케임브리지 대학의 비과학적 봉건성, 보수성에 더 이상 견디기 어려움을 절감한 나머지 케임브리지 대학의 수학 주임 강사직을 사임하고, 런던 대학으로 자리를 옮긴다.

1911년(50세) 새로운 교육 이념에 입각한 『수학 입문 *An Introduction to Mathematics*』 출판. 이해에 런던 대학교의 유니버시티 칼리지의 강사로 임명된다.

1912년(51세) 화이트헤드와 러셀의 공저 『수학 원리』 제2권 출판. 러셀은 『철학의 문제들 *The Problems of Philosophy*』, 『보편자와 개별자의 관계에 대하여 *On the Relation of Universals and Particulars*』를 출판. 비트겐슈타인 L. Wittgenstein은 트리니티 칼리지에 입학, 러셀 밑에서 수학 기초론과 논리 철학 연구를 시작한다.

1913년(52세) 화이트헤드와 러셀의 공저 『수학 원리』 제3권 출판.

1914년(53세) 런던 대학의 임페리얼 칼리지 오브 사이언스 앤드 테크놀로지(이공 학부)의 응용 수학 정교수로 취임, 대학장, 대학 평의회 의장, 대학 이사 등 눈부신 사회적 활동을 한다.

1915년(54세) 『공간, 시간, 그리고 상대성 *Space, Time and Relativity*』 간행. 독자적인 시공론에 입각한 상대성 이론을 전개한다. 아인슈타인의 『일반 상대성 이론』이 발표되다.

1917년(56세) 『사고의 유기화 *The Organization of Thought*』, 『약간의 과학적 관념의 분석 *The Anatomy of Some Scientific Ideas*』을 출판. 전자에서 수리 논리학적 방법을 자연과학에 적용시켜야 할 필요성을 강조하다. 아울러 『수학 원리』의 해설도 부기하고 있다.

1919년(58세) 『자연 인식의 원리에 관한 연구 *An Inquiry Concerning the Principles of Natural Knowledge*』를 출판. 물리학의 기초 개념의 형식화를 꾀하면서 과학철학이 나아갈 방향을 제시하고 있다.

1920년(59세) 『자연의 개념 *The Concept of Nature*』을 출판. 물리학의 기초를 철학적으로 정립하고자 시도했다.

1922년(61세) 『상대성 원리 *The Principle of Relativity, with Applications to Physical Science*』를 출판. 이 저작은 〈과학철학 3부작〉의 전(前) 2부작에서 추고된 시공론, 사건론, 대상론과 같은 과학철학의 기초 이론을 일반 상대성 이론으로 발전시킨 것이다. 그 전제와 기본 개념에 있어 아인슈타인의 이론과 논리적 구조를 달리하고 있다. 아리스토텔레스 협회장으로 임명된다. 취임 강연에서 흄 비판을 통해서 경험론과 합리론의 새로운 종합을 시도한다.

1924년(63세) 런던 대학을 정년퇴직하고 하버드 대학의 초빙을 받아 처음으로 철학 정교수가 되어 미국으로 건너감.

1925년(64세) 『과학과 근대세계 *Science and the Modern World*』를 출판. 이 저작은 하버드 대학에서의 첫 작품으로 그의 과학철학에서 형이상학으로 발전해 가는 과도기의 저작이다. 독자적인 근대 사상사 내지 서구 지성사로서 그의 형이상학 체계로 넘어가는 추이를 매력적인 필치로 묘사하고 있으며, 미국 지식인의 주목을 끈, 그리고 그의 전 저작 중 가장 널리 읽힌 명저.

1926년(65세) 『형성 도상의 종교 *Religion in the Making*』를 출판. 이 저서는 보스턴의 킹스 채플에서 행한 종교에 관한 4회에 걸친 강의를 정리한 것으로, 새로운 시대에 알맞은 비독단적 새 종교관을 제시한다.

1927년(66세) 『상징 작용 : 그 의미와 효과 *Symbolism : Its Meaning and Effect*』를 출판. 이것은 〈과학철학 3부작〉을 다른 각도에서 정리한 것으로서, 경험론과 합리론을 새로운 관점에서 종합하는 독자적인 인식론을 전개한다. 제3장은 사회철학을 다루고 있다.

1929년(68세) 『과정과 실재 *Process and Reality*』, 『이성의 기능 *The Function of Reason*』, 『교육의 목적 *The Aims of Education*』을 출판. 『과정과 실재』에서는 그의 유기체 철학으로서의 형이상학 체계가 집대성되고 있다. 『이성의 기능』은 독일 관념론에 의해 신비화되고 왜곡된 이성의 개념을 자연주의적으로 새롭게 규정하고 있다. 『교육의 목적』은 런던 시대와 도미(渡美) 이후에 교육 관계에 대해 쓴 글들을 묶은 논문집이다.

1933년(72세) 『관념의 모험 *Adventures of Ideas*』을 출판. 이 저작은 그의 과학철학, 형이상학, 역사, 미학을 유기적으로 통합한 것이며, 『과학과 근대세계』, 『과정과 실재』와 나란히 〈형이상학 3부작〉으로 불린다. 『과학과 근대세계』 다음으로 널리 읽히는 명저.

1934년(73세) 『자연과 생명 *Nature and Life*』을 출판. 그리고 『수학 원리』를 개정하는 작업의 하나로 논문 「지시, 집합, 수, 타당화 Indication, Classes, Numbers, Validation」를 발표. 같은 해에 출판된 콰인 W. V. O. Quine의 『기호 논리학 체계』에 서문을 쓰다.

1937년(76세) 하버드 대학을 정년퇴직하고 명예 교수가 되다. 전년도 미국 철학회의 〈화이트헤드 철학 심포지엄〉에서의 약간의 비판에 대해 반박하는 논문을 발표.

1938년(77세) 『사고의 양태들 *Modes of Thought*』 출판. 이 책은 1934년의

저작에서도 1부로 포함시키고 있으며, 그의 형이상학적 체계의 기본 입장을 비전문적인 언어로 기술한 저작. 논리실증주의의 논리와 수학관도 비판하고 있다.

1939년(78세) 논문 「수학과 선 Mathematics and the Good」, 「건전한 정신에의 호소 An Appeal to Sanity」를 발표. 실프 P. A. Schilpp가 편집한 『존 듀이의 철학 *The Philosophy of John Dewey*』에 「듀이론」을 기고.

1941년(80세) 실프가 편집한 같은 총서의 하나인 『앨프리드 노스 화이트헤드의 철학』에 논문 「불멸성 Immortality」과 앞에서 말한 「수학과 선」, 그리고 최초로 그의 「자서전 Autobiographical Notes」을 발표. 세계 대전의 와중에서 가치 체계의 충돌로 생기는 철학적 가치론을 재검토하고 있다.

1942년(81세) 다시 현실의 문제를 철학적으로 고찰한 논문 「재건의 문제 The Problem of Reconstruction」를 발표(≪애틀랜틱 먼슬리 *Atlantic Monthly*≫, 2월호). 전후 재건에 있어 정치적 기술이 특수한 시야에만 한정되는 관심으로 이끌려가서는 안 된다는 점을 재차 경고, 평화 공존 사상을 제창하였다. 80세를 넘어서면서도 지적 활력에 있어서는 좀처럼 쇠퇴할 줄 모르는 불굴의 정신의 소유자였지만 육체적으로 서서히 쇠약해지기 시작했다.

1945년(84세) 영국의 문화 훈장 〈오더 오브 메리트〉를 받다.

1947년(86세) 12월 30일 하버드의 교외에서 일생을 마치다. 『과학, 철학 논문집 *Essays in Science and Philosophy*』이 출판되었으며, 존슨 A. H. Johnson이 엮은 『화이트헤드의 기지와 지혜 *The Wit and Wisdom of Whitehead*』가 캐나다에서 간행되었다.

1954년 그의 친구이자 저널리스트인 프라이스 L. Price에 의해서 『화이트헤드 대화록 *Dialogues of A. N. Whitehead*』이 간행되다. 이 책은 14년간에 걸친 화이트헤드와의 대화의 기록으로, 생전에 그의 검열을 받았다. 화이트헤드의 사회관, 정치관, 인생관, 세계관을 이해하는 데 귀중한 자료가 된다.

화이트헤드의 『과정과 실재』의 세계

유기체적 세계관의 구상

화이트헤드의 생애와 학문

이 책의 저자 화이트헤드(Alfred North Whitehead, 1861-1947)의 모교인 영국의 케임브리지 대학교 트리니티 칼리지에는 유서 깊은 칼리지 채플이 있다. 이곳에는 유명한 프랜시스 베이컨과 뉴턴을 비롯하여 역사에 이름을 빛낸 기라성 같은 이 트리니티 칼리지 출신의 역사적 인물들의 조상(彫像)들이 즐비하게 들어서 있고, 한쪽 벽면에는 다음과 같은 라틴어 비문이 새겨진 동판이 박혀 있다.

기적비(紀績碑)

앨프리드 노스 화이트헤드 O. M.

이 대학에서 62년간 특별 연구원으로 있었고, 한동안 강사직에 근무하다. 그리고 런던에서 수학과 교수, 마지막에는 미국 케임브리지에서 철학과 교수를 거쳐 명예 교수가 되다. 말하자면 두 개의 조국에서 첫째는 수학, 둘째는 물리학 그리고 셋째는 형이상학의 세 학문 영역에 헌신했던 삼중(三重)의 생애를 보내다. 영국 왕립협회 및 영국 학술원 회원이며, 인문학의 모범이 되는 인물. 서기 1947년 12월 30일

작고. 향년 87세.

HOC TITULO COMMEMORATUR

ALFRED NORTH WHITEHEAD O.M.

HUIUS COLLEGII PER LXII ANNOS SOCIUS ET ALIQUAMDIU LECTOR TUM LONDINII MATHEMATICAE PROFESSOR PHILOSOPHIAE DENIQUE APUD CANTABRIGIENSES TRANSATLANTICOS PROFESSOR MOX PROFESSOR EMERITUS BINIS VELUTI PATRIIS TRINA VITAE SPATIA EGISSE VIDETUR PRIMUM MATHEMATICAE ALTERUM PHYSICAE TERTIUM METAPHYSICAE STUDIIS DICATA ET REGIAE SOCIETATIS ET ACADEMIAE BRITANNICAE SOCIUS OBIIT VIR SI QUIS ALIUS HUMANITATIS EXEMPLAR DIE DECEMBRI XXX A. D. MCMXLVII. AETATIS SUAE LXXXVII.

위의 기적비문이 말해 주고 있듯이 A. N. 화이트헤드는 본래 영국의 수학자이자 이론물리학자로서 케임브리지 대학교 강사(1885-1911)를 거쳐 런던 대학교 응용수학 및 이론물리학 교수직을 역임하였고(1914-1924) 1924년 63세의 노령으로 미국 하버드 대학의 초빙을 받아 그의 생애 중 처음으로 정식 철학 교수가 되었다. 그로부터 1936년에 명예교수가 되기까지 12년간 철학을 강의하였거니와, 이제는 미국의 6대 고전 철학자의 한 사람으로 인정받고 있다.

이처럼 수학과 물리학의 투철한 연구를 거쳐 과학에 대한 비판적 자각을 가지고 철학의 영역으로 넘어온 화이트헤드의 사상적 발전은 크게 세 시기로 구분된다. 먼저 제1기는 수학 전반에 걸친 원리를 다루어 과거의 수리 논리 사상을 집대성해 『수학 원리 *Principia Mathematica*』(1910-1913) 전 3권을 수제자인 러셀과 공동으로 저술하여 수학 기초론과 현대 논리학의 성립에 기여함으로써 화이트헤드가 수학자·논리학자로서 대성한 시기이다. 제2기는 특히 아인슈타인의 상대성 원리를 계기로 현대 물리학을 철학적으로 고찰하는 길로 나아가, 『자연 인식의 원리에 관한 연구 *An Inquiry Concerning the Principles of Natural Knowledge*』(1919), 『자연의 개념 *The Concept of Nature*』(1920), 『상대성 원리 *The Principle of Relativity*』(1922)를 저술하여 그의 독창적인 〈자연과학의 철학〉, 즉 과학철학을 형성시킨 시기이다. 마지막 제3기는 하버드 대학의 철학 교수로 부임했던 시기와 동시에 시작되었고, 앞의 1·2기에 걸친 사상을 기반으로 하는 보다 포괄적인 형이상학 체계로서의 그의 〈유기체 철학 Philosophy of Organism〉을 전개한 시기가 된다. 이 시기에 그는 『과학과 근대세계 *Science and the Modern World*』(1925)(오영환 옮김(서광사, 1989)), 여기에 번역된 『과정과 실재 *Process and Reality*』(1929), 『관념의 모험 *Adventures of Ideas*』(1933)(오영환 옮김(한길사, 1996)) 등의 중요한 철학적 저작을 출간, 독자적인 형이상학을 건설하였다. 그 밖에도 특히 1927년에 나온 『상징 작용, 그 의미와 효과 *Symbolism: Its Meaning and Effect*』는 부피가 작은 책이지만 인식론적 연구서로서 주목할 필요가 있다. 그의 형이상학은 20세기의 상대성 이론 및 양자역학에 근거하여 자연과 인간 사회를 포괄적·통일적으로 이해하는 가설적 구도를 제시하려는 것이며, 그 치밀한 논리적 분석과 종합은 그의 깊고 풍부한 감각과 청순한 지조(志操)로 뒷받침되어 있음을 엿볼 수 있다.

화이트헤드 철학의 위치와 성격

페츠는 화이트헤드 철학의 특이성에 대해 언급하면서 다음과 같이 말한 바 있다. 〈화이트헤드에게는 이상하리만큼 풍부한 문제사적 직관이 내재해 있고, 그것들이 반드시 언제나 역사적으로 확립되어 있다고는 할 수 없지만 독창적이고 또 계발적인 데가 있다. 화이트헤드는 진부하게 된 사고 습관에 근본적으로 의문 부호를 던지고, 그 사안에 새로운 빛을 비출 수 있는 가망이 있을 때에는 주저 없이 그러한 사고 습관을 전면적으로 변경해 마지않는다. 특히 고전적 형이상학의 전통에 뿌리를 두고 있는 사람들은, 그처럼 많은 '모든' 문제를 결정적으로 새로운 형태로 담고 있는 사상가를 화이트헤드 이외에는 달리 발견하지 못할 것이다.〉(Reto Luzius Fetz, *Whitehead: Prozessdenken und Substanzmetaphysik* (Verlag Karl Alber, 1981), 15–16쪽)

〈20세기의 데카르트〉라고 평가되는 화이트헤드는, 그리스의 플라톤 이후의 철학적 전통의 주류에 위치하고 있는 당대의 일류 철학자이다. 그는 사색의 독창성과 포괄성에 있어 동시대의 러셀이나 하이데거에 비해 손색이 없는 현대 철학계를 대표할 만한 거장인데도, 한국에서는 그의 사상에 대한 연구 활동이 아직은 미약한 것으로 보인다. 그 이유는 많을 것이다. 본래 수학자였고, 상대성 원리에 관해서 아인슈타인과 논쟁을 벌일 만큼 현대 물리학에도 정통해 있던 그가 서양의 철학 전통에 뿌리박고 있으면서 수리물리학적 연구 성과를 응집시켜, 인간 〈경험의 모든 요소를 해석할 수 있는 일반적 관념들의 정합적·논리적·필연적 체계를 세우고자〉(PR 3)[1]했던 〈유기체 철학〉이라고 그 자신이 부른 바 있는 형이상학 체계는, 그 스케일과 용어의 참신성 그리고 독창성에 있어서 연구자의 이해 범위를 넘어서 있다는 데도 큰 이유가 있을 것이

1) 이 글에서 인용·언급된 화이트헤드의 저작과 옮긴이가 사용한 판(괄호 안에 표시한)은 다음과 같다.

SMW: *Science and the Modern World*, 1926(Cambridge at the University. Press, 1953) (오영환 옮김, 『과학과 근대세계』(서광사, 1989)).

PR: *Process and Reality*, 1929, Corrected Edition by D. R. Griffin and D. W. Sherburne (The Free Press, 1978).

AI: *Adventures of Ideas*, 1933(Cambridge at the University. Press, 1933).

S&P: *Essays in Science and Philosophy*, 1948(London, Rider & Company, 1948).

다. 그러나 그 넓은 시야, 풍부한 감각, 그 유연하고 명석한 사고력은 일찍부터 세계적으로 널리 식자들 간에 인정되어 왔고, 실재(實在)의 구도를 탐구적으로 표출해 내는 그 사유의 궤적은 당대 일류 지성들에게 많은 시사와 신선한 통찰력, 그리고 자극을 주어왔다.

새 술은 새 부대에 담아야 한다. 무릇 독창적 사상은 그것을 표현하는 데 있어 그 독창성에 상응하는 새로운 개념들을 요구한다. 이는 특히 화이트헤드의 〈유기체 철학〉에서 그러하다고 볼 수 있다. 그래서 어떤 이는 화이트헤드를 가리켜 〈이제부터 해명되어야 할 미래의 철학자〉(Charles E. Raven, *Science and Religion*)라고 일컫는다. 또 어떤 이는 화이트헤드의 철학은 21세기에 있어 동·서 철학 사상의 대화·융합의 상황에 대응하는 하나의 유효한 원리를 제공할 수 있는 가능성을 지녔다고도 한다.

철학이 과학과 겨루면서 체계를 구축할 수 있었던 시대는 이미 지났다. 오늘날 철학에의 기여는 도리어 철학 외부로부터 주어지는 경우가 많다. 철학자는 진화론에 대해서, 물리학의 성과에 대해서, 순수수학에 대해서 전혀 무지한 상태에 안주할 수 없다. 더욱이 거기에 독자적인 철학적 사색이 요구된다고 할 때, 그 요구를 충족시키는 일은 오늘날의 철학자에게는 거의 불가능할 것으로 보인다. 그러나 화이트헤드는 바로 이러한 요구에 응답할 수 있는 자격을 지닌 철학자였다. 그는 전술한 바와 같이, 재능이 풍부한 수학자이며 동시에 고전에도 정통해 있었다. 그리고 새로운 물리학의 의미를 정확히 인식하고 있었으며, 또 한편으로는 전통적인 철학을 오랫동안 깊이 연구해 왔다. 우리는 그가 근대 자연과학의 성과를 가장 완벽하게 철학적으로 흡수하고 있다는 것을 발견하게 된다.

화이트헤드는 누구보다도 신중한 인물이었다. 〈진리를 그 가장 깊은 뿌리에서부터 탐구〉(SMW, 1장)하는 작업을 평생 멈추지 않았던 사상가였으며, 오랫동안 수학의 전문가였고 그의 최초의 철학적 저작 『과학과 근대세계』가 출판된 것은 그의 나이 63세 때였으며, 그의 최대의 철학적 역저 『과정과 실재』가 출간된 것도 68세 때였다. 그로부터 다시 4년 후에 『관념의 모험』이 출간되었던 것이다. 그때 화이트헤드는 모험심에 찬 사상가로 등장하고 있었다. 사람들은 그 독특한 새로운 용어의 사용과 그 사상의 기이함에 어리둥절했다. 철학자들은 사상뿐만 아니라 그의 언어도 새로 배우지 않으면 안 된다고 느낄 정도였다. 그보다도 당시에 사람들은 이미 사멸한 것으로 알았던 형이상학이 우주에 관한 상상적 사유라는 형태로 당당하게 부활하고 있는 데에 놀랐다. 그의 형이상학 체계는 사물의 유동(流動)을 둘러싸고 전개되는 체계라는 형태의 우주론으로서, 어디까지나 개방된 체계였다.

현대에 와서는 보기 드문 일이지만, 화이트헤드는 체계적인 철학 systematic philosophy을 구축했던 철학자이다. 그리고 그의 형이상학은 철학만을 전문으로 하는 인물에 의해서가 아니라, 널리 과학 일반에도 조예가 깊었던 인물에 의해서 건설되었다는 것이 가장 큰 특징이라고 볼 수 있다. 따라서 그의 형이상학은 당연히 다른 학문 영역과 깊은 관련을 맺게 된다. 화이트헤드의 체계는 수학, 과학, 일반철학, 형이상학(종교철학도 포함한)이 서로 교차되는 광대한 스케일을 가지고 있다. 그의 초기의 수리논리학에 나타난 하나의 착상은 중기의 과학철학에서 명확한 형태를 취하게 되고, 다시 그것은 후기의 형이상학에서 중요한 개념으로 결실을 맺는다. 그래서 그의 체계는 단지 광대할 뿐만 아니라 초기의 개념과 중·후기의 개념 간에 〈유기적〉 관련을 가지고 있다. 말하자면 초기의 개념들은 후기의 개념으로 〈합생(合生, concrescence)〉되고 통일적으로 〈파악 prehension〉된다.

화이트헤드의 사상과 용어들이 매우 난해하다는 평을 듣는 것도 무리는 아닐 것이다. 그 한 예로 〈파악 prehension〉이라는 용어의 경우, 우리에겐 낯선 말이고 다시 〈물리적 파악 physical prehension〉에 이르게 되면 즉각적인 공감을 느끼는 독자는 줄어들 것이다. 그러나 그의 사상을 난해한 것으로 만드는 최대의 요인은 그것이 변화, 유동(流動)에 관한 철학이기 때문이다. 그는 정지된 우주를 기술하는 것이 아니고 변화,

유동의 한복판에 있는 〈과정 process〉을 대상으로 기술하고 있다는 것에 유의할 필요가 있다.

유기체적 세계관

모든 사상은 추상성을 떠날 수 없기 때문에 우리는 추상적인 것 없이는 해결하지 못한다. 그러나 추상적인 것은 유용한 점이 있는 반면에 위험이 뒤따르기도 한다. 일단 추상화가 되고 나면 원칙은 교조화되고 추상적인 관념이 구체적인 실재(實在)로 오인된다. 이것이 화이트헤드가 논하는 〈잘못 놓인 구체성의 오류 Fallacy of Misplaced Concreteness〉이다. 예를 들면, 뉴턴의 물리학에서는 유클리드적 시·공 좌표상의 일정한 위치에 물체가 있는 것으로 보고 있다. 이것은 구체적인 사실을 지극히 추상적인 논리적 구성의 형태로 표현한 것에 지나지 않는다. 이러한 추상적인 논리적 구성을 그대로 구체적 사실로 본다는 것은 〈잘못 놓인 구체성의 오류〉를 범한 허위의 관념이다. 화이트헤드는 특히 그의 철학적 출발점에서부터 근대 과학의 위기를 직시하고, 근대의 과학적 우주관의 오류를 지적하고 비판한다. 『과학과 근대세계』에서 물질적 실체의 시·공적 위치 변화를 자연의 기초적 기술이라고 보려는 사고 방식을 가리켜 〈과학적 유물론 scientific materialism〉이라고 부르면서, 이를 구체적인 것과 추상적인 것의 위치를 전도시킨 〈잘못 놓인 구체성의 오류〉를 범한 것으로 비판하고 있다. 오늘날까지 과학이 기본적인 용어로 삼아왔던 단순한 〈대상〉이라든지 〈시간〉이라든지 〈공간〉 등의 개념도 어디까지나 추상물이다. 구체적인 자연은, 그에 의하면 상호 간에 관계되면서 생성 becoming하는 일련의 사건 event이며, 우리의 지각 대상이나 물리적 대상은 사건 속에 출현하는 형상(形相)으로서 받아들인다. 단독으로 드러나는 대상이라는 것은 추상화의 소산이며, 모든 대상은 반드시 사건의 장(場) 속에서 일정한 맥락을 가지고 다른 대상들과 유기적 관련을 맺으면서 출현한다. 화이트헤드의 형이상학을 유기체 철학이라고 부르는 이유는 〈자기 원인 *causa sui*〉으로서의 전통적인 실체 개념을 자연의 기본적인 존재 범주로 인정하지 않기 때문이다. 그래서 화이트헤드에게 있어 우리의 경험에서 보다 구체적인 단위는 〈사건〉이며 〈생성〉이다. 그러나 이 구체적인 것을 어떤 이유에서인지 우리는 적절히 표현하지를 못한다. 그것은 종래의 과학의 기계론적 세계관과 요소로의 환원이라는 물리학적 사고방식이 우리의 일상적 사고의 패러다임으로 되어버린 나머지, 이를 자명하고 구체적인 것이라고 생각했기 때문이다. 화이트헤드는 과학의 입장을 충분히 인정하면서도, 그것이 추상적인 것으로 빠지는 데 대하여 비판하고 도리어 형이상학에서 구체성을 탐구한다.

화이트헤드는 세계의 궁극적 요소, 혹은 〈직접적 경험 immediate experience〉의 내용을 〈사건 event〉 또는 〈사건적 계기 occasion〉라고 보고, 이에 〈현실적 존재 actual entity〉라는 이름을 붙였다. 즉 화이트헤드는 우주를 구성하는 최종적 사물을 〈현실적 존재〉 또는 〈현실적 계기 actual occasion〉라는 개념으로 파악한다.(PR 18) 〈현실적 존재〉는 그 자신의 환경 세계 ── 실재 ── 속에 놓여 있으면서, 그것에 의해 한정되고 또 자신을 한정하는 〈과정 process〉으로 보고 있다. 그리고 이 과정은 환경적 세계에 의해 한정되면서〔被限定〕 그 즉시 스스로를 한정함으로〔能限定〕 인해서 종식될 때 〈소멸〉되고, 이번에는 후속하는 현실적 존재의 여건으로서 〈객체화〉된다. 객체화된다는 것은 후속하는 현실적 존재에게는 하나의 환경적 세계를 구성하는 최종적 〈실재 reality〉가 된다는 것을 의미한다. 그런데도 이러한 〈실재〉는 이번에는 그 후속하는 현실적 존재의 〈과정〉 속에 여건으로 수용되어 작용해 간다. 이렇게 고찰해 볼 때 〈과정〉이 〈실재〉가 되고, 〈실재〉가 〈과정〉이 되어간다는 것을 알 수 있다. 화이트헤드의 주저 『과정과 실재』의 책 제목의 의미도 그와 같이 이해될 수 있을 것이다. 그는 〈과정과 실재〉라는 동일한 제목을 붙인 다른 짧은 논문에서 이 책의 취지를 다음과 같이 말하고 있다. 〈『과정과 실재』의 거의 대부분은 아리스토텔레스의 생성 becoming에 관한 분석과 대등한 수준에서 소멸 perishing에 관한 분석을 시도한 것으로 읽힐 수 있을 것이다. 과거의 '파악 prehension'의 관념이 의미하는 바는, 과거는 소멸하는 요소이며 그것으로 말미암아 넘어온 상태에 있는 요소로 남게 되고, 그렇게 해서 객체화된다는 것이다.〉 (S&P 89)

화이트헤드는 같은 책 속에서 〈철학이란 제약된 언어를 가지고 무한한 우주를 표현하려는 시도이다〉(S&P 15)라고도 말하고 있다. 우주 — 세계라고 해도 좋겠다 — 는 〈과정〉과 〈실재〉와의 끊임없는 변화·교체 속에 있는 현실적 존재들을 통해 자신의 질서를 형성하면서 부단한 창조적 전진 속에 있다. 그 자체가 과정이기도 한 현실적 존재는 우선 먼저 그 자신의 세계 속에 놓여 있다는 것을 앞에서 논했다. 그래서 이 현실적 존재가 세계를 자신 속에 수용하면서 자기를 한정하는 한, 〈세계〉는 문제의 현실적 존재 속에 있다고 할 수 있다. 그러나 이 현실적 존재가 피한정 즉시로 능한정적으로 자신의 실현을 끝내고, 그 주체적 직접성이 소멸되고, 후속하는 것의 환경적 〈세계〉의 일부 여건으로서 객체화되는 한, 그것은 〈세계〉 속에 있다고 할 수 있다. 이처럼 현실적 존재가 그 자신의 〈과정〉이면서 〈실재〉가 되고, 〈실재〉가 또 〈과정〉이 된다는 것은, 그것이 〈세계〉를 포섭하면서 〈세계〉 속에 포섭된다는 것을 의미한다. 세계에 있어서는 〈있음〉-〈실재〉-〈생성〉-〈과정〉-〈소멸하는〉 현실적 존재가 〈원인〉이 되고 〈결과〉가 되어 생성 유전한다. 세계란 그런 방식으로 자신을 형성해 가는 〈연장적 연속체〉라고 보아도 좋을 것이다.

이와 같은 세계관에 있어서는 세계 속의 그 어느 것을 취하더라도 그것만으로 자존(自存)하는 것은 없는 것으로 보아야 한다. 그 어떠한 것도 다른 모든 것과 관계를 맺고 있다. 화이트헤드는 이러한 사태를 〈상호적 내재성〉, 〈보편적 상대성〉의 개념으로 파악하고 있다. 이로부터 이른바 데카르트적인 실체의 개념이 부정되는 결과가 나온다. 데카르트 철학의 부인은 또한 주체-객체 관계를 의식상의 장에 나타나는 인식자와 인식 대상 간의 관계와 동일시하는 철학을 부정한다는 것도 의미한다.(AI 225-226) 화이트헤드에 의하면 주체는 과정으로서, 우선 먼저 여건으로 주어진 객체를, 저편의 것을 이쪽 편으로라는 방식으로 그대로 수용하는 일부터 시작하고, 그러한 과정이 종식되면 그것 자체가 이제는 객체화된다. 그렇기 때문에 주체-객체 관계를, 인식자와 인식 대상 간의 관계로 본다든지, 또는 인식자를 바깥쪽에서 다양한 성질들을 수용하는 것으로 본다든지, 아니면 그것들을 통일케 하는 어떤 자기 동일적인 기체(基體)로서의 실체로 본다든지, 또는 독립·자존하는 실체를 기본으로 하는 전통적인 형이상학은 화이트헤드의 〈유기체 철학〉과는 근본적으로 다르다는 것을 알 수 있다. 여기에서 우리는 주체를 단지 기체로서만 존재한다고 보는 이른바 주관주의적 원리는 화이트헤드에 의해서 부정되고 있다는 것을 발견하게 된다. 화이트헤드에게 있어 주체는 언제나 〈자기초월적 주체 subject-superject〉로서 파악된다. 자기초월체란 다름 아닌 객체화된 것을 말한다.

화이트헤드에 의하면 이 세계의 어떠한 것도 그것이 존재하기 위해서 다른 어떠한 것에도 의존하지 않는 실체일 수 없다. 현실적 존재는 현재는 경험의 직접적 주체가 되는 것이지만 〈과거〉는 원인으로서, 혹은 기억의 형태로, 〈미래〉는 예상이라는 형태로, 각각 〈현재〉에 내재한다. 이러한 〈현재〉는 단지 과거와 미래가 구획되는 어떤 추상적인 〈점〉으로서가 아니고, 또는 오는 즉시 사라지는, 그런 어떤 〈일순간〉이 아니라 일정한 폭을 지닌 살아 있는 시간이다. 화이트헤드는 이와 같은 지속하는 〈순간〉을 〈시간의 획기성(劃期性) 이론 The epochal theory of time〉의 개념으로 파악하고 있다. 현실적 존재는 이러한 〈순간〉에 있어서, 그 자신의 환경적 세계에 의해서 한정됨과 동시에 스스로를 한정하면서, 다시 말하면 과거를 기억 속에 간직하고 미래를 예견하면서, 한정되는 즉시 다시 한정적으로 〈새로움 novelty〉을 창조해 간다. 이렇게 창조된 새로움을 그것이 출현했던 세계에 추가함으로써 그만큼 세계에 대해서 기여한다. 현실적 존재가 과거적 세계로부터 유래되고 다시 미래적 세계로 이행하는 한, 거기에는 〈연속성〉이 있는 것으로 보아야 한다. 그러나 지속하는 순간에 새로움을 창조하고, 〈원자적 개체성〉을 실현시켜 가는 한, 거기에는 〈불연속성〉이 있다고 보아야 할 것이다. 그러므로 현실적 존재는 연속적인 동시에 불연속적인 존재이다. 그것은 물리적 에너지의 흐름에서 볼 수 있는 파동성과 입자성과도 대응된다. 무기물을 비롯하여 식물, 동물을 거쳐 인간, 그리고 신(神)까지도 포함한 모든 것에서 경험의 궁극적 단위를 화이트헤드가 일원적으로 〈현실적 존재〉라는 개념으로 파악하고자 했던 주된 이유도 여기에 있었다고 할 수 있다.

이 개념은 그 자신이 구축해 놓았던 상대성 이론뿐만 아니라 핵물리학의 소립자론과 양자역학적 연구 성과의 강한 영향을 받아서 탄생된 개념이다. 그것들에 따른다면 외계와 무관계적인, 자기 완결적인 완고한 궁극적 실체와 같은 원자는 존재하지 않으며, 원자는 다시 양성자, 중성자, 전자, 광자 등의 소립자로 구성되어 있고, 다시 그것들은 각각 하위 미립자로 구성되어 있다는 것을 알게 되었던 화이트헤드는 이러한 상황으로부터 원자를 하나의 유기체로 보게 되었던 것이다. 그는 다시 이 유기체의 개념을 상상적으로 일반화시켜 이를 〈현실적 존재 actual entity〉라고 명명하면서, 모든 사상(事象)에 적용되는 일반적인 존재 범주로 설정했던 것이다. 〈현실적 존재〉는 화이트헤드에게 있어 하나의 가설적 개념이긴 하지만 인간의 직접 경험에서 입증될 수 있고 동시에 물리학, 생물학 등의 연구 성과를 통해서 그 유효성과 타당성을 검증할 수 있는 길이 열려 있다. 그렇기 때문에 그의 형이상학이 기술적 descriptive이라고 불리는 이유도 여기에 있는 것이다. 화이트헤드의 철학은 인간 경험이 직접 관여하는 사회적·역사적 세계와 물리학, 생물학 등의 연구 대상인 자연현상과 관계되는 연구 성과를 서로 교환하고 확인할 수 있는 가능성을 만들어낸 것으로 볼 수 있다.

이러한 상호 교류를 더욱 촉진시키는 요인으로서 우리는 현실적 존재가 그것이 무엇이건 간에 물리적 극(물질성)과 개념적 극(정신성)을 겸비한 하나의 유기체라는 점을 들 수 있을 것이며, 따라서 세계는 이러한 유기체들로 구성되어 있기 때문에 세계를 무기물과 유기물, 물질과 생명, 자연과 문화로 양분하려는 종래의 전통적인 주어·술어=실체·속성의 이분법적 사고방식에 따르는 기계론적 인식론은 부정될 수밖에 없으며, 이에 대한 대안으로 화이트헤드의 유기체적인 형이상학적 우주론을 유력한 구도로서 들 수 있을 것이다. 현실적 존재는 그것이 어떠한 것이든 간에 하나의 유기체인 이상, 일정한 환경적 세계 속에 놓여 있다고 할 수 있다. 그리고 그것은 환경적 세계에 의해 한정되고 또 자기 스스로를 한정하면서 새로움을 만들어간다. 다자(多者)의 일자(一者)에 게로의 종합적 통일이 새로움을 창조한다. 현실적 존재가 새로움을 창조할 때마다 그것은 세계를 자신 속에 포함할 것이다. 동시에 현실적 존재는 새로움을 창조한 다음에는 자기 창조 과정이 종식되고 세계를 구성하게 될 하나의 요소가 된다. 이리하여 세계는 끊임없이 창조적으로 전진해 가는 거시적 우주가 된다. 〈우주 전체는 서로 어울려서 새로움을 창조한다〉는 화이트헤드의 우주관은 주목할 만한 사고라고 하지 않을 수 없다.

세계는 이처럼 유기적인 〈현실적 존재〉의 완전한 상호 의존적 사건 내지 과정의 조직체에 지나지 않게 된다. 그는 더 나아가서 〈파악 prehension〉에 의한 새로운 개체가 생기는 경우, 이를 긍정적 파악 positive prehension이라고 불렀으며, 그 예로는 전자, 양성자, 원자, 분자 등의 개체화의 경우를 들면서, 세계를 진화의 과정으로 보는 〈창발적 진화 emergent evolution〉를 논하고 있다. 개체화에 의한 새로운 합동의 창출을 화이트헤드는 〈합생 concrescence〉이라고 부른다. 그리고 합생으로 생긴 고차적인 현실적 존재가 〈결합체 nexus〉이다. 그리고 결합체보다도 한층 복합적인 차원이 바로 〈사회 society〉이다.

〈파악 prehension〉이란 가능성의 실현을 의미하는 것이지만, 그것은 가능적 존재인 〈영원한 객체 eternal object〉가 〈사건〉으로서의 〈현실적 존재〉 속으로 〈진입 ingression〉해 온다는 것을 의미한다. 이런 의미에서 그는 이것을 〈개념적 파악 conceptual ingression〉이라 부르며, 〈영원한 객체〉 속에 기하학적 성질, 수학적 대상뿐만 아니라 빛깔, 소리, 향기와 같은 감각적 성질도 그것이 〈일반자〉로 생각되는 한, 모두 그 속에 포함시킨다. 이 무수한 〈영원한 객체〉 가운데서 어떤 공가능적 compossible인 조(組)를 선택하여 이것을 시·공 속으로 끌어내어, 거기에 질서 있는 우주를 성립케 하는 것이 〈구체화의 원리 principle of concretion〉로서의 신(神)이다. 신은 현실적이면서, 또한 비시간적 존재이며, 궁극적 비합리성 the ultimate irrationality이다. 신은 세계 속에 내재적이면서 동시에 초월적이다. 신은 모든 존재 속에 현존하는 한에서 내재적이며 각 현실적 존재가 다른 현실적 존재를 넘어서 있는 것과 같은 양상으로 초월적이다.

화이트헤드가 상정한 〈신〉은 우주의 창조주나 입법자로서의 초월적 신이 아니라, 우주에 편재하는 이법(理法) 그 자체를 신으로 보고자 했던 저 아인슈타인의 신관과 일맥상통하는 바가 있다. 다른 모든 〈현실적 존재〉와 마찬가지로 〈신〉 또한 〈정신적 극〉과 〈물리적 극〉이라는 대립을 자기 속에 통일하고 있는 하나의 〈현실적 존재〉로 보고 있으며, 전자의 극(極)은 〈신〉의 〈원초적 본성 primordial nature〉, 그리고 후자의 극은 신의 〈결과적 본성 consequent nature〉이라고 불린다. 화이트헤드 자신의 말을 빌린다면, 〈신의 '원초적 본성'이란 그 여건으로서 모든 영원한 객체를 포함하는, 개념적 느낌('긍정적 파악'과 동의어인 전문 용어 ── 지은이)의 통일체가 구체화되는 것을 말하며……신의 '결과적 본성'이란 진화하면서 있는 우주의 현실태들('현실적 존재'를 말함)을 신이 물리적으로 파악해 가는 것을 말한다〉.(PR 345) 〈신〉은 또한 〈자기 초월체적 본성 superject nature〉을 가지며, 그것은 신이 자신의 내용을 다른 〈현실적 존재〉의 자기 창조적인 〈파악〉 과정에 대해서 〈파악〉되어야 할 〈여건〉으로서 제공한다는 것을 말한다. 요컨대 화이트헤드가 말하는 〈신〉은 어떤 자기 충족적인 실체가 아니고, 〈신〉도 스스로 존립하기 위해서는 다른 여러 〈현실적 존재〉와 서로 〈파악〉을 주고받아야 한다(이것이 신의 〈결과적 본성〉)는 것이다. 그렇기 때문에 그는 결코 범신론자일 수 없다. 신은 전술한 바와 같이 정신적이면서 동시에 물리적이며, 이러한 양 측면을 자신 속에서 통합할 때마다 ── 이는 곧 신이라는 하나의 현실적 존재의 통합 과정의 종식을 의미한다 ── 신은 다른 시간적인 현실적 존재와는 달리 결코 〈소멸〉하지 않으며 자신을 세계에 부여하는 인격적 존재자이다. 신은 이러한 인격적 존재자로서 세계에 대하여 초월함과 동시에 내재한다. 그러면서도 신은 시간적인 현실적 존재와 공동으로 활동하면서 항상 새로움으로 나아가는 영속적임과 동시에 변천해 가는 우주 질서의 형성적 요소로서, 세계와 역동적 관계를 맺으면서 작용한다.

화이트헤드의 형이상학 체계는, 과거의 철학사적 의미의 이원론을 극복하려고 한다. 그는 유심론(관념론) 또는 유물론이라는 단순한 일원론적 입장과도 자신을 구별하면서, 새로운 국면에 있어서 일원적 및 이원적 성격을 띠면서 양쪽을 통일하려고 한다. 그것에 관해 그 자신의 말을 통해서 알아보기로 하자. 〈세계는 단지 물리적인 것도 아니고, 또 단지 정신적인 것도 아니다. 세계는 단지 다수의 종속적 국면을 갖는 일자(一者)가 아니며, 또 단지 그 본질에 있어 정적이거나 변화가 착각인 것 같은 완결된 사실도 아니다. 악 이원론 vicious dualism이 나타났을 때 그것은 언제나 어떤 추상화를 궁극적인 구체적 사실이라고 오인하기 때문에 일어난다는 것이다.

우주는 가장 완전한 의미에서 과도기적이며 동시에 영원하기 때문에 이원적이다. 우주는 모든 궁극적 현실이 물리적임과 동시에 정신적이기 때문에 이원적이다. 우주는 모든 계기 occasion가 자신의 형식적 직접성과 객체적 타자성 objective otherness을 통일시키고 있기 때문에 이원적이다. 우주는 다수의 궁극적 현실로 완전히 분석될 수 있기 때문에 다자(多者)이다. …… 우주는 〈현실의 상호적이며〉 보편적인 내재성 때문에 일자(一者)이다. 이리하여 통일성과 다수성과의 대비 속에 이원론이 있다.

우주의 어느 곳에서나 여러 대립의 통합이 지배하고 있다〉.(AI 244-245)

화이트헤드 철학의 현대적 의의

화이트헤드의 철학 체계는 20세기에 등장한 가장 적절한 형이상학의 이론으로 평가되고 있다(P. G. Kuntz, *Alfred North Whitehead*(Boston : Twayne Publishers, 1984), "Preface"). 과학이 모든 지식의 원천으로서 신뢰받는 시대에, 그리고 예지는 순전한 신앙심이나 절망적 결단에 달렸다고 보는 시대에 살면서, 화이트헤드는 감히 사변철학을 〈중요한 지식을 생산하는 방법〉이라고 옹호해 마지않는다. 위에서 본 바와 같이, 『과정과 실재』는 형이상학 또는 체계적 철학의 옹호에서 출발한다. 그에게 있어 〈사변철학이란, 우리의 경험의 모든 요소를 해석할 수 있는 일반적 관념의 정합적, 논리적, 필연적 체계를 축조하려는 노력이다〉. 실증주의란 실험실을 거치지 않는 지식을 모두 경시하려는 입장이라고 보기 때문에 화이트헤드는 이를 거부한다. 그는 실존주의도 거부한다. 혹은 적어도 극단적인 실존주의 운동의 형태를 거부한다. 왜냐하면 그러한 실존주의는 선택이라는 것을 근거 없는 신앙심의 행위로 보며 그것에 관해서는 어떠한 입증도 논의의 가능성도 배제하기 때문이다. 화이트헤드 철학의 의의는 다음과 같은 점에 있다. 즉 그의 철학 체계에 있어서 논리학이나 과학은 역사의 유일한 상황 속에 살아 있는 구체적인 개인의 관심과 항상 연관을 맺고 있다는 점이다. 우리들에게는 두 개의 문화의 영역이 있고 그것들 간에는 공통의 언어도 없고 교류도 없다는 논의(스노 C. P. Snow의 『두 문화』)는 이제 와서는 기술할 필요가 없게 되었다. 왜냐하면 화이트헤드의 체계야말로 그러한 언어이며 그러한 교류의 양식이라고 보기 때문이다.

이제 우리는 화이트헤드 철학의 의의를 전통적 철학 그리고 현대 사상과 연관시켜 정리해 보기로 하자.

먼저 화이트헤드는 피타고라스나 플라톤으로부터 우주론의 착상을 이끌어들이고 있다. 그리고 그는 형이상학적 체계화를 기도하지만 그것은 물론 아리스토텔레스를 의식하면서 특히 그 주어-술어, 실체-속성 도식과의 대결에서 시도되고 있다. 이러한 고대적 비전에 대한 반성의 계기는 화이트헤드의 문명론이나 종교론에도 짙게 반영되어 화이트헤드 철학의 토양을 형성하고 있다. 그 다음으로 간과해서 안 될 점은 근대 인식론과의 대결이라는 측면이다. 경험과 지각에 관한 데카르트나 로크의 견해가 유기체론적 관점에서 여러모로 평가되고 비판되고 있다. 그리고 흄 이래의 인과성의 문제가 이른바 귀납의 문제로서 특히 주목되고, 흄과 칸트가 또한 유기체설의 관점에서 비판되고 있다. 그리고 버클리의 철학도 과학 비판이라는 문맥에서 적극적으로 평가된다. 그리고 간접적인 헤겔의 영향도 무시할 수 없을 것으로 보인다.

다음으로 현대 사상과 연관시켜 볼 때, 무엇보다도 러셀과의 공저 『수학 원리』를 중심으로 하는 화이트헤드의 수학 기초론 및 현대 논리학의 성립에 기여한 공헌을 특기할 만한 업적으로 들 수 있다. 특히 화이트헤드의 논리 사상을 러셀의 것과 대비시켜 『수학 원리』의 문제를 재검토하는 문제뿐만 아니라 화이트헤드 고유의 논리 사상을 그의 철학 전체의 사정권 안에 넣어서 이해하는 관점도 항상 필요할 것이다. 그리고 화이트헤드 철학이 상대론이나 양자론과 같은 현대 물리학의 성과를 자신의 체계 속에 섭취하고 있다는 것도 주목해야 할 점이다. 양자론이 밝힌 양자의 비연속성, 유동성, 불확정성은 아직도 우리들에게 난제를 던져주고 있지만, 이러한 난제가 분명해진 직후에 화이트헤드가 유기체설의 관점에서 〈사건〉에 기초를 둔 독자적인 시·공을 파악하고, 원시적 요소를 〈진동하는 에너지 흐름의 유기체적 결집계 Primordial element will be organized system of vibratory streaming of energy(SMW 46 (64))를 통해서 그 해결책을 모색하려고 했던 점은 자못 우리의 흥미를 끈다. 이는 경청할 만한 화이트헤드 철학의 현대적 측면이라고 할 수 있다.

다시 이것들에 못지않게 화이트헤드 철학이 현대 사상에 강한 영향을 끼치고 있는 점은 그의 유기체와 환경에 관한 고찰이다. 화이트헤드의 유기체 철학은 자연의 계층적 질서를 밝혀내고 있지만, 거기에는 인간이 자연 속에서 감당해야 할 책임이라는 착상이 함의되어 있다. 거기에는 환경 윤리라고 불리는 가치 체계가 출현한다. 그는 전문적인 윤리학자는 아니었지만 한 시대를 앞서서 환경 윤리를 제창하고 있는 것이다. 그의 입장은 보다 좋은 윤리학과 마찬가지로 보다 좋은 과학도 생명 형식의 상호 의존성을 인식하는 유기체론자의 형이상학을 기초로 해서만 성립될 수 있다는 것이다. 이렇게 해서 도달한 개념이 분명히 생태계 ecosystem의 개념이다. 환경 파괴의 문제라든지 생명 윤리와 같은, 말하자면 유기체적 문제들이 우리의 절박한 현실적 문제로서 다가서고 있는 오늘날, 한 시대를 앞질러 그러한 문제를 주제적(主題的)으로 그리고 체계적으로 전개하려고 했던 화이트헤드 철학이 갖는 의의는 결코 과소평가될 수 없을 것이다. 유기체와 환경에 관한 고찰이 넓은 의미의 윤리학적 문제에 속하는 것이라면, 윤리학이라는 측면에서도 화이트헤드를 이해하는 길이 열려 있다고 볼 수 있다.

그런데 화이트헤드 철학의 일반적 성격이라는 점에서 볼 때, 무엇보다도 〈모험〉의 요소가 강조되어야 할 것이다. 화이트헤드가 유기체, 과정, 창조와 같은 계기들을 강조하는 이유도 자연이나 문명이나 종교의 동적인, 즉 〈모험〉적인 측면에 주목하기 때문이며, 그것이 또한 화이트헤드 철학의 존재 방식을 결정한다. 요컨대, 화이트헤드에게 있어 진리나 질서는 결코 정적인 것이 아니라 항상 창조적 과정 속에 있으며, 이는 당연히 화이트헤드 자신의 철학에도 적용된다고 할 수 있을 것이다. 쿤츠 P. G. Kuntz가 지적한 바와 같이 〈화이트헤드의 생각을 문자 그대로 다시 진술하기보다는 그를 창조적으로 해석하는 것이 화이트헤드의 정신에 더욱 충실한 것이 될 것이다〉. 즉 우리들에게 있어 화이트헤드를 배운다는 것은, 일종의 지적 〈모험〉을 감행해야 할 기회를 얻는 것이 될 것이다. 그의 아이디어를 초극하는 노력 그 자체야말로, 진정한 의미의 〈화이트헤디언〉이 되는 길이라고 보기 때문이다.

끝으로 화이트헤드의 〈유기체 철학〉 체계 내에서 『과정과 실재』는 어떠한 위치를 점하고 있으며, 오늘날과 같은 분석의 시대에 있어서 〈유기체 철학〉과 같은 포괄적인 형이상학 체계는 과연 어떠한 존재 이유를 갖는지에 대해서는 옮긴이의 『과학과 근대세계』(서광사, 1989, 1991)의 권말에 붙인 해제 논문 「과학과 근대세계의 철학적 의미」를 참고하기 바란다.

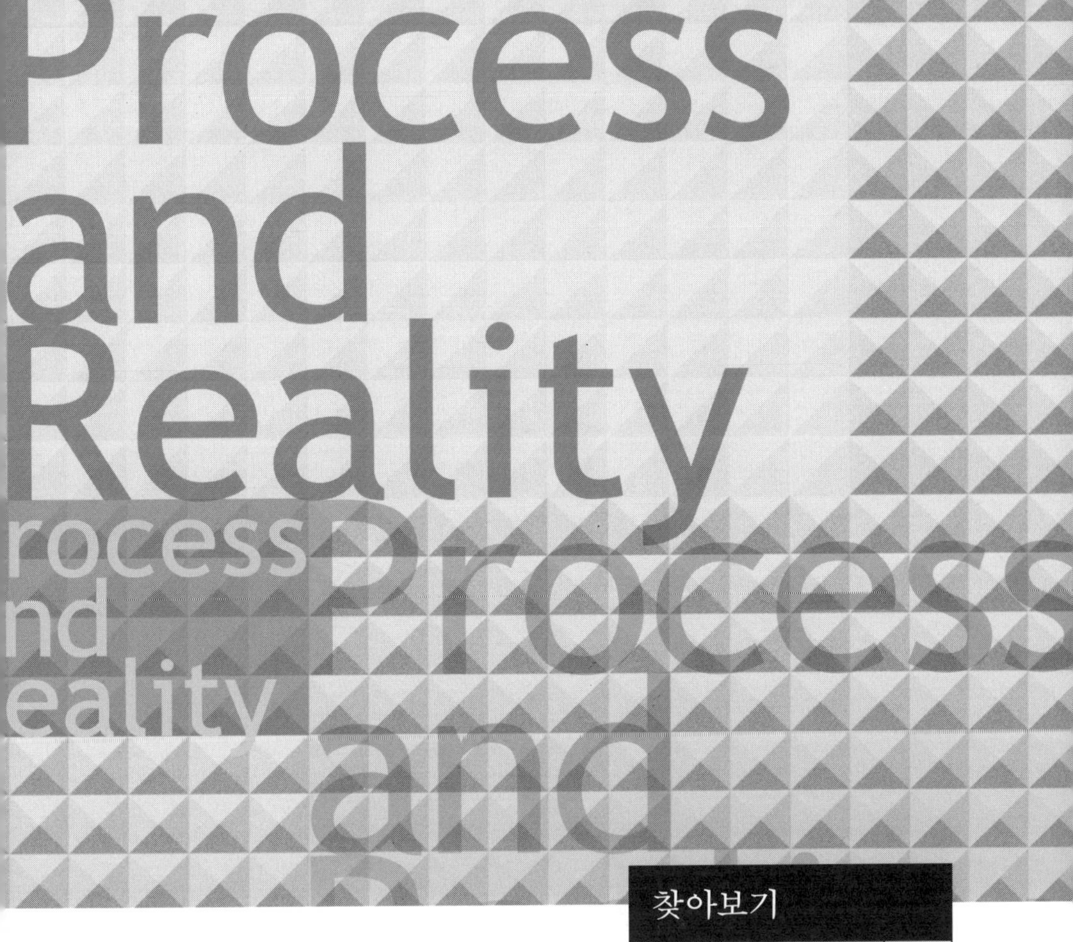
Process
and
Reality
rocess
nd
eality
Process
and

찾아보기

데이비드 레이 그리핀에 의해 작성된 찾아보기

〈저자 주〉

1. 수식된 소항목 다음에 오는 페이지 표시는 때때로 그 수식어보다 앞에 놓인 경우가 있다. 그리고 페이지 표시는 두 유형으로 되어 있다. 단수 페이지 표시는 크게 중요하지도 않고 (또는 중요하지 않거나) 그 수식어의 어느 것에도 정확히 일치하지 않는 대목을 가리킨다. 복수 페이지 표시는 대개의 경우 논의가 확대되고 있는 대목을 가리킨다.
2. 목차는 찾아보기에 포함시키지 않았다.

〈옮긴이 주〉

1. 이 찾아보기에 관해서는 「편찬자 서문」을 참조
2. 찾아보기 항목 배열 순서에서는 원서의 알파벳순을 가나다순으로 변경하였다.

343 ; -의 근거, 345, 449 ; -의 제거, 316 ; 사물들의 본성에 내재한 -, 322 ; 사소성의 토대로서의 -, 248
양성자 Protons, 168, 190, 191, 211, 213, 224, 225, 623
양식, 방식 Manner : 결합(정합)의 -, 283, 285, 287, 309 ; 관계성의 -, 268 ; 인과적 결합의 -, 287 ; 패턴의 -, 254, 512
양자 Quantum : 에너지의 -, 190-191 ; 연장적 -, 170, 193, 550, 551 ; - 요건, 594 ; - 이론, 217, 474, 500
양태(양식) Modes : 기능의 -, 345 ; 스피노자의 -, 58, 194 ; 포함의 -, 87 ; 표현의 -, 220
어떤 Some, 253
어떤 것 Something, 427. 〈사물〉도 보라.
어떤 것이 생성한다 Something becomes, 293
어떤 곳에 Somewhere, 120, 131, 157, 459
억제 Inhibition, 210, 243, 341, 429, 445, 471, 517
언어 Language : -와 분화되지 않은(숨겨진) 존속, 189, 191 ; -와 실체-성질 개념, 330 ; -와 해석된 것으로서의 현시적 직접성, 358 ; -의 설명상의 변덕〔奇行〕, 619 ; 말하는 -, 518 ; 명제와의 관계에 있어서 모호한 -, 65, 66, 69, 398, 510, 518 ; 상징 작용의 실례로서의 -, 372-375 ; 생략법으로서의 -, 69, 510 ; 원시인의 -, 333 ; 이집트의 그리고 바빌로니아의 -, 375 ; 일상적(문학적) 및 철학적 -, 52, 67, 68, 347, 348, 359 ;지식의 보고로서의 -, 55, 63, 65
에너지 Energy : -와 정서, 257, 604 ; -의 구조, 594 ; -의 물리(적) 이론, 500 ; -의 발생, 486, 553 ; -의 벡터적 성격, 258 ; -의 양, 258, 474 ; -의 전이(轉移), 256-258, 474, 486 ; -의 정도를 복합성이 결정한다, 502 ; -의 형태들, 256, 262, 474, 500 ; 방사 -, 243 ; 유동하는 -, 594
「에제키엘」(『구약성서』 중의 한 편) Ezekiel, 201
에포크(시대) Epochs : 역사적 -, 71, 73, 75, 271, 340, 641. 〈우주 시대〉도 보라.
여건 Datum(data), 87, 134, 142, 201, 202, 237, 343, 411, 446, 459-460, 490 : -과 자유, 246, 254, 411 ; -과 최초의 위상, 74, 234, 286, 323, 415 ; -은 신체적 기관을 포함한다, 259-261 ; -은 현실적 존재(세계)를 포함한다, 321, 322, 425, 447, 463, 467 ; -의 객체성, 120 ; -의 벡터(적) 성격, 256, 258, 264 ; -의 복합성, 322, 380, 486 ; -의 분석적 의식, 264 ; -의 성격, 246, 330 ; -의 제한과 제

우유성(偶有性, Accidents), 58, 149, 189
우주Universe, 86, 90, 134, 208, 216, 218, 346, 448 : -에 관한 인식, 261, 266, 267, 624 ; -에 내재해 있는 자유, 206 ; -에 있어서의 새로움, 443, 461 ; -의 가능태, 131, 444 ; -의 본질, 53 ; -의 연대성, 120, 151, 343, 439 ; -의 창조성, 448, 655, 663 ; -의 파악, 151 ; -의 합리성, 53 ; -의 현실태, 406 ; 각 현실태에 포함된 -, 96, 128-129, 193, 312, 323-324, 344, 444, 485, 605 ; 유기체로서의 -, 431-432 ; 일자와 다자로서의 -, 151, 348, 454 ; 정태적인 것으로서의 -, 131, 443 ; 존재로부터 추상될 수 없는 -, 96-97, 392 ; 진화하고 있는 -, 155, 206. 〈세계〉도 보라.
우주론Cosmology : - 내에서의 해석, 645 ; -과 공허한 현실태, 594 ; -과 과학적 이론, 617 ; -과 기하학에서의 임의적인 요소들, 212 ; -과 물리적 목적, 538 ; -과 유일한 순차성, 110 ; -과 합생, 348 ; -을 저해하는 세 가지 오해, 326 ; -의 동기, 43 ; -의 마지막 장(章), 645 ; -의 일반 원리, 217 ; -적 사색, 178 ; 17세기의 -, 46 ; 뉴턴의 -, 215-217 ; 단순한 물리적 느낌에 기초한 -, 473 ; 단자적 -, 94 ; 만족스러운, 43, 278, 304, 561, 605 ; 유기체 철학의 -, 233 ; 종교의 토대로서의 -, 660 ; 칸트의 -, 389 ; 플라톤의 -, 46, 214, 216-217 ; 하나의 실체의 -, 80, 245
우주론적 증명Cosmological argument, 215
우주 시대Cosmic epoch, 211-213, 215-216, 218-223, 249, 256, 340, 401, 404, 414, 485, 592 : -와 객체적 종(種)의 영원한 객체, 564 ; -와 산술, 403 ; -와 연장적 연속성, 111, 623 ; -와 형이상학적 필연성, 558 ; -의 곧고 평탄한 장소, 595 ; -의 변형된 장소, 616 ; -의 사회들, 199, 262 ; -의 체계적 기하학, 199, 256, 634 ; -의 한정 특성, 565, 632 ; 전자기적 -, 212-213 ; 현재의 특이한 속성, 169
운동Motion(Movement) : -과 지속과의 관계성, 273 ; -은 공간화에 의존한다, 614 ; -은 제논의 논증과는 무관, 172-174 ; -은 현실적 계기에 귀속시킬 수 없다, 181-182, 187 ; -의 의미, 181 ; 변형의 장소의 견지에서 정의될 수 있는 -, 616 ; 분자의 -, 194 ; 철봉의 -, 75. 〈변화〉도 보라.
워즈워스Wordsworth, William, 300
원인Cause : -으로서의 객체적 여건(소여), 473 ; -으로서의 최초의 여건(소여), 470 ; -은 결과로 넘어간다, 471-472 ; 미지의 -, 354, 603, 605, 622

원자 Atoms, 190, 218, 554, 634 각주
원자(성) Atomicity, 원자론, 94, 257, 468, 471 : -과 연속성, 연장성, 111, 169, 180, 181, 268, 564 ; -과 제논, 591 ; -과 최종적 인과 작용, 80 ; 양자론의 -, 474, 594 ; 현실태의 -, 111-112, 129, 160, 161, 188, 300, 453, 468, 554, 591
원추곡선론 Conic section, 56
위대성(위대함) Greatness, 638, 645
위상 Phase(s), 단계 stage(s), 150, 155, 200, 202, 231, 340-345, 440-441, 549 : -은 명제의 통일성을 갖는다, 446, 470 ; -은 전 양자(entire quantum)를 전제한다, 550 ; -의 비교상의 중요성, 245-246 ; -의 새로움, 461 ; -의 주체적 목표, 446 ; 네 개의 -, 316-317 ; 미완성의 -, 92, 446, 483 ; 보완적 -, 248, 262, 343-344, 357, 364, 369, 426, 429-430, 489 ; 분석의 -, 489 ; 세 개의 -, 342, 426 ; 정신적 극의 -, 93 ; 주체적 지향의 -, 134 ; 주체적 형식의 -, 466 ; 중간 -, 335 ; 최초의 느낌의 -, 369, 474 ; 최초의(순응적, 소여적, 호응적) -, 140, 167, 170, 193, 198, 200, 237, 255, 286, 314, 323, 339, 342, 356, 369, 379, 412, 415, 426, 446, 448, 451-453, 466, 470-471, 478, 484-486, 489, 555, 565, 593 ; 통합적 -, 93, 356 ; 후기의(최종적인, 마지막, 보다 고도의, 독창적인) -, 91-92, 255, 257, 265, 267, 323, 336, 338, 350, 356, 364, 428, 458, 470, 511 ; 후속적 -, 92, 314, 323, 342, 343, 428, 446, 476, 613
위치 Position, 91, 397, 507
위치 이동, 운동 Locomotion, 181, 190
유기체 Organism : -와 과정과의 결합, 431 ; -의 두 가지 유형, 556 ; -의 두 가지 의미, 278-279, 431 ; 기초적 관념으로서 -는 유물론을 대체한다, 594 ; 자기초월체로서의 -, 317
유기체들 Organisms : -에 있어서의 변환의 중요성, 602 ; -의 진동적 성격, 474 ; -의 형태학적 구조, 556
—— 고등(한) : -에 있어서의 변환, 526, 602 ; -에 있어서의 예기적 느낌, 541 ; -에 있어서의 현시적 직접성, 602 ; -와 영양물, 237 ; -은 비교적 소수, 357 ; -의 고차적인 범주의 협소성, 250 ; -의 정서와 개념, 73-74
—— 하등(한) : -는 단순화에 실패한다, 500 ; -에 있어서의 협소성의 유형, 250 ; -은 발아적인 인과적 효과성을 갖는다, 356
유기체 철학 Organism, philosophy of(organic philosophy), 77, 78, 80, 90, 94,

97, 113, 117, 134, 137, 140, 146, 148, 154, 156, 168, 179, 180, 184, 185, 192, 196, 200, 203, 204, 233, 241, 250, 272, 296, 298, 302, 304, 306, 309, 311, 315, 317, 329, 330, 335, 338, 345, 348, 390, 407, 411, 413, 433, 437, 480, 487, 591, 594, 605, 621, 622, 634, 652 : -과 실체의 철학, 317, 324 ; -과 칸트, 207, 324-326, 358 ; -에 있어 근본적인 지각적 사실, 260 ; -에 있어 상징적 연관의 중추성, 301 ; -에 있어 현실태의 표준, 307 ; -에 있어서의 궁극자, 59 ; -에 있어서의 유기체의 의미, 278 ; -에서는 반복의 개념이 근본적이다, 294 ; -은 감각의 인상을 일반화시킨다, 479 ; -은 두 개의 궁극적인 존재들의 집합을 가진다, 337 ; -은 브래들리를 역전시킨다, 406 ; -은 스피노자를 전도시킨다, 58, 194 ; -은 윤리적 전제를 확장시킨다, 412 ; -은 플라톤을 반복한다, 218-219 ; -의 근본적인 개념, 156 ; -의 느낌의 구심점, 250, 345, 473 ; -의 다양한 근본 개념, 77 ; -의 목적, 278 ; -의 방법, 42, 43 ; -의 (개조된) 주관주의, 191-193, 335, 388, 389 ; -의 주요 임무, 138-140 ; -이 따르려는 우주론의 이상에 속한다, 245 ; 과학적 사실에의 호소, 258 ; 데카르트의 관념은 -에 전혀 어울리지 않는다, 307 ; 로크에 의해 예견된 -, 41, 146, 268, 278, 309 ; 칸트 이전의 사상과의 관계, 42, 281

유기체적 실재론 Organic realism, 594

유대, 결합 Bonds, 121, 128, 473, 555, 556

유동성, 유동, 흐름 Fluency, flux, 72, 133-134, 421, 422, 594 ; -과 항구성, 영속성, 348, 420, 639, 645, 654-658 ; -의 두 종류, 423

유물론 Materialism, 189, 594

유보된(중지된) 판단 Suspended judgment, 390, 529, 532, 535

유사 느낌 Quasi-feelings, 564

유사한 계기들 Analogous occasions, 225, 494, 496-498

유스티니아누스 Justinian, 648

유신론 Theism, 648-649

유아론 Solipsism, 195, 319-320, 332

유일 실체의 세계(하나의 실체 세계) One-substance world, 57, 80

유추, 유비 Analogy : -와 개연성(확률), 귀납, 137, 407, 412, 414, 415-416 ; -와 합동, 222, 631, 634

유클리드(의) Euclid(ean), 161, 590, 630

윤리학 Ethics, 55, 387
은유(隱喩), 비유 Metaphors, 53
의미 Meaning : -의 판명성과 연관성, 371 ; 경험과의 관계, 43 ; 과학의 기초 개념의 -, 63 ; 다루기 힘든 것으로서의 -, 375 ; 말에 나타난 어구상의 -, 42, 69, 399 ; 불확정적인 것으로서의 -, 375 ; 상징적 연관 없이는 신비적인 것이 된다, 349 ; 우주론적 관념의 -, 43, 81 ; 지각 대상의 종(種)으로서의 -, 371, 373. 〈명제〉, 〈상징적 연관〉도 보라.
의식 Consciousness, 109, 143-144, 150, 159, 241, 264, 268, 339-341, 344, 362, 365, 404, 457, 478-482, 498, 504, 517, 523, 597, 604, 613, 640, 650 : -과 공간 및 시간, 175, 457 ; -과 넓이, 340 ; -과 로크의 관념, 324 ; -과 만족, 200 ; -과 명제의 실현, 378, 400, 489, 509 ; -과 변형, 470, 498, 500 ; -과 부정, 338, 481, 533 ; -과 오류, 350, 529 ; -은 경험을 전제한다, 113, 144, 337, 479, 523 ; -은 단순한 물리적 느낌에는 없다, 462, 470 ; -은 보완 단계에서 생긴다, 344, 430 ; -은 원초적으로 고차원의 위상을 조명한다, 337-339 ; -은 이론과 사실의 대비를 포함한다, 385, 480 ; -은 일반적으로 무시될 수 있다, 593 ; -은 적절한 여건을 필요로 한다, 478, 482 ; -은 〈정신 mind〉이라는 용어보다 적절하다, 430 ; -은 현실적 계기, 파악, 정신성, 결단에 반드시 포함되어 있지는 않다, 88, 90, 125, 144, 150, 201, 299-301, 315, 462, 475, 490, 533, 544 ; -은 회상을 포함한다, 480 ; -의 명석성, 359 ; -의 배아(胚芽)(싹틈), 338, 385, 597 ; -의 선택성, 72 ; -의 중요성, 336, 512 ; 분석적 -, 264 ; 연장적 관계의 -, 159 ; 인과적 객체화의 -, 154, 367 ; 주체적 형식으로서의 -, 88, 144, 338, 339, 467, 479, 481, 504, 512, 516, 522, 523, 540, 650 ; 철학의 기반으로서의 -, 51, 75, 364 ; 통합(종합)의 산물로서의 -, 154, 339, 367, 438, 470, 480, 481, 490, 503 ; 판단에 포함된 -, 392, 400
의식, 앎, 인식 Awareness, 310, 481
의식적 상상 Conscious imagination, 536
의식적 지각 Conscious perceptions, 154-155, 337, 498, 521, 525-527, 531, 533, 534, 617
이론 Theories, 85, 123, 338, 377, 385-386. 〈명제〉도 보라.
이분화〔二元分裂〕 Bifurcation, 559, 560
이상, 이념 Ideals, 199, 211, 316, 426, 502, 637

이슬람교 Mahometanism, 648
이유, 근거, 이성 Reason, 117, 647 : -로서의 현실적 존재, 78, 89, 120, 125-126, 130, 133, 206, 211, 265, 285, 363, 432, 504 ; -를 갖는 것으로서의 사회, 208 ; -의 구별, 561
이접(離接, Disjunction), 83, 99, 119, 645. 〈다자〉, 〈다수성〉도 보라.
이차 성질(제2성질) Secondary qualities, 163, 190, 251, 267, 617, 621
이행(移行), 변천, 전이, 추이(推移) Transition, 149, 243, 262, 280 : -로서의 느낌, 440 ; 개념적 느낌으로부터 물리적 느낌으로의 -, 499 ; 객체성으로부터 주체성으로의 -, 120-122 ; 거시적 과정으로서의 -, 431 ; 과거로부터 현재로의 -, 316, 342 ; 끊임없이 소멸하는 것으로서의 -, 423 ; 미결정으로부터 결정으로의 -, 130 ; 순응적 느낌에 기초한 -, 344 ; 순응적인 느낌으로부터 보완적인 느낌으로의 -, 343-344 ; 신에 의해 조건지워진(제약된) 것으로서의 -, 484 ; 유동성, 창조성, 과정의 한 종류로서의 -, 423, 425 ; 작용인으로서의 -, 316, 423 ; 최초의 여건으로부터 객체적 여건으로의 -, 441 ; 현실태로부터 현실태로의 -, 316
인격, 인격성 Person, personality, 209, 238, 242, 262, 371, 662
인격적(연속적) 질서 Personal(serial) order, 108-110, 209, 212, 236, 238, 337
인과성(인과적 효과성) Causality(causal efficacy) : -과 우주론적 증명, 215 ; -과 지각, 256, 346-361, 470, 474, 561 ; -에 관한 난점들, 366 ; -에 관한 학설, 43 ; -에 관한 흄, 269, 287-289, 300 ; -은 결코 지배력을 상실하지 않는다, 364 ; -을 믿게 되는 원인, 359-361 ; -의 느낌, 359-361, 499, 603, 643 ; -의 인식, 194-195, 264-265, 366-367 ; 경험의 요소로서의 -, 346-348 ; 느낌의 전이자(轉移者)로서의 -, 472-473 ; 단순한 -, 78 ; 실체들 간의 -, 240 ; 외적 세계로부터의 -, 613-614 ; 작용인(의), 89, 98, 134, 193, 199 ; 파악에 포함된, 79, 470, 474 ; 현실적 존재에 포함된, 79. 〈목적인〉도 보라.
인과적 파악(느낌) Causal prehension, 312, 338, 362, 470, 474, 621
인과적 효과성 Causal efficacy : -과 현시적 직접성, 356, 362-365, 642 ; -에 의해 한정된 장소, 611-612 ; -으로부터 파생된 정보, 352, 368 ; -은 신체의 영역을 정확하게 한정한다, 195, 363 ; -의 사례, 266 ; -의 양태에 있어서의 지각, 154, 165, 256, 349-375, 499 ; -의 의식, 338 ; 원초적인 지각으로서의 -, 265, 338 ; 철학에 의해 무시된 -, 264, 295 ; 현재화된 지속, 613

인식론 Epistemology, 43, 136, 144, 146, 181, 258
인접성 Contiguity, 591, 615
인체 Human body : -와 우주의 다른 여러 부분, 261 ; -와 현재화된 장소, 274-277 ; 경험에 포함된 것으로서의 -, 267, 274, 466 ; 증폭기(增幅器)로서의 -, 261 ; 현실태로서의 -, 555. 〈동물 신체〉, 〈신체〉도 보라.
일관성, 무모순성 Consistency, 42, 46, 52, 55, 141, 152, 452
일반적 관념, 개념, 진리 General ideas, notions, truths, 43, 51, 52, 55, 59, 63, 64, 73, 74, 78, 118, 197, 394, 404, 423, 425
일반화 Generalization, 55, 56, 59, 74, 250, 332, 419
일상생활 Daily life, 274, 359
일원론 Monism : -에 있어서의 궁극적인 것, 59 ; 상대성 원리에 의해서 회피된 -, 312 ; 스피노자의 -, 59, 136, 182, 194 ; 정적(靜的)인 -, 131 ; 주어-술어적 사고에서 생기는 -, 295, 306 ; 철학을 위한 하나의 대안, 192 ; 헤겔의 -, 423
일자 One : -로서의 세계, 658, 660 ; -로서의 신, 658, 659. -와 다양성, 453 ; -와 다자, 83-84, 307, 348, 645 ; 1+1=2, 400-403 ; 새로운 -, 424 ; 수적으로 -, 189. 〈통일성〉도 보라.
임의성 Arbitrariness, 57, 58, 211
임의의 Any, 253, 338, 504-506, 512
입각점(관점) Standpoint, 170, 188, 197, 425, 551, 553, 555, 591, 601, 616, 617, 651 : -과 최초의 지향, 170, 550 ; -은 현실적 세계를 한정한다, 393 ; -의 가분성, 557 ; 용적에 의해 정의되는 -, 559, 596
입자적 사회 Corpuscular society, 224, 234 : -로서의 존속하는 객체, 212-213, 234 ; -의 정의, 110, 233, 402
자기 Self, 317, 327 : - 교정, 72 ; - 결정, 485, 501 ; - 경험, 151 ; - 계시와 -초월, 453 ; - 구성, 368, 484 ; - 다양성, 91 ; - 달성, 661 ; - 동일성, 91, 149, 151, 189, 190, 449, 455 ; - 보존, 230 ; - 분석, 255 ; - 비판, 483 ; - 산출, 215, 446 ; - 실현, 444 ; - 억제, 638 ; - 원인, 206, 317, 441, 484 ; - 의식, 239 ; - 일관성, 93 ; - 정당화, 74 ; - 창조, 91, 134, 175, 201, 560 ; - 한정, 202 ; - 향유, 307, 560 ; - 활동, 91 ; - 형성, 241, 593
자기 원인 *Causa sui*, 58, 202, 206, 441, 443
자기초월체 Superject, 95, 134, 461, 463, 553 : -는 이미 현재하고 있다, 446 ; -

생명으로서의 -, 444
정지 Rest, 610, 613, 616
정태적인 Static, 196, 421, 431, 443, 594, 656, 659
정합성(整合性, Coherence) : - 이론, 390, 530 ; 이상으로서의 -, 52, 54, 56, 278, 446, 505, 667 ; 현실적 존재에 있어서의 -, 446, 451
제1 및 제2성질 Primary and secondary qualities, 163-164, 189, 251, 267, 617, 621
제1실체 Primary substance, 46, 84, 100, 139, 295, 331, 332
제1원리 First principles, 53-54, 64, 69
제거, 배제 Elimination, 88, 345, 424, 441, 450-451, 461, 467, 477, 499, 507, 512, 539, 541, 564, 605, 608, 644
제논 Zeno, 111, 172-174, 591
제일성(齊一性) Uniformity, 228, 249, 629, 633 각주
제임스 James, William, 44, 45 각주, 139 각주, 172
조화 Concordance, 497
조화 Harmony : -라는 이상, 230 ; -의 필수 조건, 248, 249 ; 복합적인 -의 구성, 644 ; 사고, 지각 및 주체적 형식의 -, 74 ; 예정 -, 136, 447
존속 Endurance : -과 리듬, 진동, 543 ; -과 제논, 166-173 ; 반복으로서의 -, 233, 277, 292-294 ; 분화(分化)되지 않은 -, 187-190, 385 ; 수동적인 -, 594
존속하는 Enduring : - 실체, 191 ; - 영혼, 234 ; - 인격성, 278, 662 ; - 지각자, 527
존속하는 객체 Enduring objects, 224 : -의 정의, 109, 242, 336 ; -는 다른 사회들, 현실적 존재들과 구별된, 179-180 ; -로서의 물체, 623 ; -로서의 분자, 225, 623 ; -로서의 양성자(陽性子), 623 ; -로서의 인간, 212, 337 ; -로서의 전자, 212, 623 ; -에서의 주체적 지향 내지 물리적 목적, 384, 538, 543 ; -와 변형, 597 ; -와 변형-장소, 610 ; -와 현재화된 지속, 613 ; -의 교차, 403 ; -의 동시적 계기들, 609 ; -의 자기 동일성, 149 ; 단순한 -, 402 ; 무기적(無機的)인, 살아 있지 않은, 357, 365 ; 물질 내지 성격의 추이, 243 ; 살아 있는 -, 238, 242, 365 ; 의식, 지식을 갖는 -, 337, 365, 527 ; 인칭 대명사를 지시하는 것으로서의 -, 185 ; 제한된 입자적 사회로서의 -, 212, 224 ; 힘과 -와의 관련, 150
존재, 있는 것 Being : -와 생성, 86, 87, 129, 167, 346 ; -와 행복, 63 ; -의 본성, 129 ; 실현되어 있는 -, 463 ; 존재 entity, 사물 thing과 동의어로서의 -, 83 ;

주관주의적 학설 Subjectivist doctrine, 388, 389 ; 개조된 -, 388, 389
주기성 Periodicity, 624
주어-술어 Subject-predicate, 45, 58, 70, 100, 138, 146, 184, 294-296, 307, 333, 443
주체, 주어 Subject 122, 129, 157, 372 : -는 스스로를 느낀다, 604 ; -로 두 번 다시 경험을 하지 않는다, 98 ; -로서의 현실적 존재, 88, 90-91, 97, 151, 170, 441-444 ; -와 경험된 사실, 397 ; -와 느낌, 88, 207, 441, 446-448, 460, 461-462, 463, 465, 469-471, 598 ; -의 삼중적인 성격, 605 ; -의 의미, 207 ; 궁극적 -, 261, 263, 370 ; 마음에 품는 -, 522 ; 실체로서의 -, 200, 333 ; 자기초월체로서의 -, 95, 98, 129, 134, 174, 198, 200, 207, 317, 324, 345, 442, 446, 461, 463, 478, 485, 501, 560 ; 종교의 논제로서의 -, 74 ; 파악하는 -, 302, 509 518, 526, 527 ; 판단하는 -, 390, 406, 411, 508 ; 현실적 존재의 사사성으로서의 -, 559, 560. 〈논리적 주어〉도 보라.
주체적 가치 평가(의 범주) Subjective valuation(category of), 487
주체적 강도(의 범주) Subjective intensity(category of), 134, 540, 542, 543
주체적 목표 Subjective end, 446
주체적 조화(의 범주) Subjective harmony(category of), 94, 467, 478, 492, 501, 523, 542
주체적 지향(목적) Subjective aim : -과 객체적 유혹, 205 ; -과 목적인, 80, 89-90, 205, 234, 423, 540 ; -과 역전, 93, 229 ; -과 자기초월체, 174, 204 ; -과 존재론적 원리, 483 ; -과 주체적 조화, 541, 542 ; -과 헤겔의 이념, 348 ; -은 통합을 주도한다, 231, 447-448, 592 ; -의 범주적 조건, 277 ; -의 불가분성, 175 ; -의 세 가지 가능성, 384-386 ; -의 위상, 134 ; -의 정의, 90 ; -의 최초의 위상, 170, 446, 485, 550, 651, 657(〈원초적 지향〉도 보라) ; -의 합생, 자기창조, 134, 174-175, 348, 446, 478, 483 ; 강도를 향한 -, 95, 491, 540, 541 ; 느낌에의 유혹, 201, 626 ; 신의 -, 206, 654 ; 이중적인 것으로서의 -, 95, 201, 540 ; 정신의 싹, 201 ; 정신적 작용에 기인한 -, 540 ; 주체적 형식의 결정자, 80, 94, 467, 536
주체적 직접성 Subjective immediacy, 97, 98, 324
주체적 통일(의 범주) Subjective unity(category of), 92, 438, 443-447, 451, 459, 467, 471, 478, 487, 489, 491, 492, 501, 550-551

직접적인 지각적 느낌 Direct perceptive feelings, 513, 515, 526-527
진동 Vibration, 190, 217, 340, 385, 474, 540, 543
진리, 진리성, 참 Truth, 71, 75, 117, 332, 517, 647 : -는 흥미를 증가시킨다, 509 ; -로서의 정합성, 530 ; -를 탐구하는 명제로서의 위상, 447 ; -에 대한 주시와 무관심, 536 ; -와 거짓, 61, 66, 444, 504, 507, 514, 532 ; -와 신, 68, 387, 658 ; -의 실용주의적 의미, 372 ; 가치에 대한 -, 379 ; 명제의 -, 61, 379, 507, 524 ; 유한 -의 가능성, 67, 440 ; 형이상학적 명제의 -치(直), 401
진보 Progress, 70, 246, 383, 488, 500, 640
진입 Ingression, 99, 119, 122, 128, 143, 156, 165, 463 : -과 로크의 관념, 315 ; -은 객체화를 필요로 한다, 315 ; -의 세 기본적 양태, 561, 562 ; -의 정의, 87, 91 ; 가능적 -, 561, 562 ; 결정성을 끌어들이는 것으로서의 -, 314 ; 긍정적 및 부정적 -, 560 ; 제한된 그리고 제한되지 않은 -, 561, 562
진정한(참된) 사물 *Res vera(e)*, 46, 85, 97, 172, 174-175, 183, 278, 346, 348
진정한(참된) 원인 *Vera casua*, 189, 261
진화 Evolution, 100, 205, 215, 218, 299, 341, 350, 371, 456
질료, 물질 Matter : -와 방사 에너지, 243 ; -의 진화, 218 ; 아리스토텔레스적 -, 102 ; 현실적인 것으로서의 -, 176, 179
질서 Order : -는 궁극적인 것이 아니다, 247 ; -는 탁월성에 대해서 양면적으로 관계한다, 640, 641 ; -와 길이, 강도, 224, 258, 484, 639 ; -와 만족, 199 ; -와 무질서, 198 ; -와 변화, 641 ; -와 소여성, 198, 227 ; -와 영속성, 474 ; -와, 감각여건과 파장(波長)과의 연합, 340 ; -의 견실성, 240 ; -의 근거, 198 ; -의 기반으로서의 신, 206, 240, 484, 488, 657 ; -의 보다 높은 유형과 보다 낮은 유형, 246 ; -의 수학적 개념, 208 ; -의 임의적인 요인, 211 ; -의 특수한 유형, 119, 212, 219, 558 ; -의 파괴, 341 ; 객체화된 여건에 있어서의 -, 197-209, 227, 495 ; 귀납적 판단에서 전제된 -, 410-413 ; 기하학적 -, 213 ; 물리적 목적의 항구성은 자연 -의 영속성을 설명한다, 538 ; 물리학적 -, 213 ; 불가피한 -, 484 ; 사회적 -, 108-110, 210, 413-417, 484 ; 생존이 필요로 하는 -, 413 ; 순차적 -, 109, 209 ; 연장적 -, 171, 554 ; 영원한 -, 657 ; 자연의 -에 관한 칸트와의 대비, 179 ; 영원한 객체에서의 -, 119, 650 ; 유적(類的) 및 종적(種的) -, 198 ; 의식에서의 여명의 (순서)-, 337 ; 이상적인 -, 199 ; 인격적 -, 108, 110, 209, 212, 236, 238, 337 ; 일상적인 -, 500 ; 창조적 -, 105 ; 현상으로서의 -, 180 ;

옮긴이 약력

지은(知隱) 오영환(吳榮煥)

1931년 충북 충주 수안보 출생
연세대학교 철학과 졸업, 동 대학원 수료
네덜란드 라이덴 Leiden 국립대학교 철학대학원 졸업(Drs. Phil.)
영국 옥스퍼드 대학교 브리티시 카운슬 펠로우(1983–1984)
미국 프린스턴 대학교 방문교수(1991–1992)
일본 교토〔京都〕 대학교 초빙교수(1993)
연세대학교 인문과학연구소 소장(1987–1991)
연세대학교 철학과 교수 역임(1972–1997)
현재 연세대학교 명예교수
한국 화이트헤드학회 창립회장 연임
한국 화이트헤드학회 고문
미국 클레어먼트 화이트헤드 철학연구소(CPS) 학술전문지 *Process Studies*의 Advisory Board Member

주요 저서와 역서
『문화의 전략』(C. A. 반 퍼슨, 법문사, 1979)
『과학과 근대세계』(A. N. 화이트헤드, 서광사, 1989)
『과정과 실재——유기체적 세계관의 구상』(A. N. 화이트헤드, 민음사, 1991), 제4회 서우철학상(曙宇哲學賞) 수상작
『열린사고와 철학』(A. N. 화이트헤드, 고려원, 1992, 공역)
『과학과 형이상학』(자유사상사, 1993, 공저)
『관념의 모험』(A. N. 화이트헤드, 한길사, 1996)
『두 문화』(C. P. 스노우, 민음사, 1996)
『화이트헤드와 인간의 시간경험』(통나무, 1997)
『두 문화』(C. P. 스노우, 사이언스북스, 2001)
『사고의 양태』(A. N. 화이트헤드, 다산글방, 2003, 공역)
『교육의 목적』(A. N. 화이트헤드, 궁리, 2004)
『화이트헤드와의 대화』(A. N. 화이트헤드, 루시언 프라이스, 궁리, 2006)
『과학과 근대 세계』 개정판(A. N. 화이트헤드, 서광사, 2008)

현대사상의 모험 12

과정과 실재 유기체적 세계관의 구상

1판 1쇄 펴냄 1991년 9월 20일
2판 1쇄 펴냄 2003년 9월 26일
2판 10쇄 펴냄 2024년 1월 9일

지은이 앨프리드 노스 화이트헤드
옮긴이 오영환
발행인 박근섭·박상준
펴낸곳 ㈜민음사

출판등록 1966. 5. 19. 제16-490호
주소 서울특별시 강남구 도산대로 1길 62 (신사동)
강남출판문화센터 5층 (06027)
대표전화 02-515-2000/팩시밀리 02-515-2007
홈페이지 www.minumsa.com

ISBN 978-89-374-1612-5 (94160)
978-89-374-1600-2 (세트)

* 잘못 만들어진 책은 구입처에서 교환해 드립니다.